한국의 행정

[제 4 판]

오 석 홍

法 文 社

제4판 서 문

증보와 수정을 해서 「한국의 행정」 제4판을 간행하게 되었다. 이 책의 개정을 거듭하면서 서문도 개정하여 싣고 있다.

이 책의 전력을 알 수 있도록 초판과 제2판, 제3판의 서문 몇 구절씩을 여기에 옮겨 적으려 한다.

초판 서문의 첫 머리를 그대로 옮기면 다음과 같다.

> "이 책은 우리나라 행정에 관한 이야기를 쓴 것이다. 모두(冒頭)에서 미국식 행정개념에 관한 논의를 하고 각 주제마다 이론적 도입 부분을 적기도 했지만 시종 우리 행정을 직면하고 그에 바로 접근하려는 강한 집착을 가졌다. 학술적 문헌자료보다는 우리 정부의 간행물이나 자료들에 더 많은 애착을 가지고 검토하였다.
>
> 이 책의 문제선정에서는 우리나라의 행정 현안들을 반영하려 하였다. 행정 현안에 대한 판단은 물론 저자의 주관에 따른 것이다. 저자의 전공과 관심이 주제선정을 이끌었을 것이다. 그러한 유도과정은 자연스럽고 어찌 생각하면 잠재의식적인 것이었다. 저자의 전공과 관심을 생각해 다른 사람들이 문제를 주기도 했고 저자 스스로 탐색해 선정하기도 했다."

이 밖에 우리나라 행정 현장에서의 언어와 보다 대중화된 표현방식에 접근하려 했다는 말도 하였다. 이 책을 만들게 된 계기에 대해서도 언급했다. 그리고 학자생활의 의미에 대한 소회를 피력한 바 있다.

제2판 서문에서는 다음과 같은 이야기를 했다.

> "이 책을 전면 개정했다는 것은 이 책 내용의 처음부터 끝까지를 개정작업의 시야에 포함시켰다는 뜻이다. 내용서술의 편제부터 고쳤다. 내용편성의 순서와 배열방법을 바꿨다. 편별 제목도 여러 가지가 달라졌다. 내용을 광범하게 첨삭하였다. 초판에 없던 문화론 등을 추가하고, 초판에 있던 공무원론은 삭제하였다. 낡은 내용은 갱신하였다. 신세대가 낡았다고 생각하는 용어와 표현방법들을 솎아내는 데도 많은 노력을 기울였다.

초판의 독자들은 우리 행정 현안들에 대한 이야기가 다소 어수선하게 배열되었다는 느낌을 받았을 수 있다. 이 점을 유념하여 제2판의 내용편성에서는 그 구조화 수준을 훨씬 높였다. 따라서 이 책은 행정학 입문 교과서라는 성격을 더 강하게 지니게 되었다."

제3판의 서문에서도 이 책의 전면개정에 대해 다음과 같이 말한 바 있다.

"이 책의 전부를 샅샅이 검색하여 잘못되거나 소루(疏漏)하거나 낡은 내용들을 고치고 필요한 첨삭을 하였다. 특히 그동안 바뀐 제도들을 따라잡아 서술하는 데 주력하였다. 책의 기본적인 편별은 유지했으나 그 안에서 많은 것을 바꾸거나 추가하기도 했다."

이 책에 지적 기반을 제공해 준 많은 연구인들과 정부자료 탐색에 협조해 준 공무원들에게 사의를 표한다. 이 책의 출간을 계속 맡아준 법문사 배효선 사장에게 감사한다.

나의 성공한 후원자 엘리사벳에게 감사하는 것은 당연하다.

2010년 9월

서울대학교 명예교수연구동 연구실에서

吳 錫 泓

차　　례

제 3 편 행정문화

제 4 편 공직윤리

제 5 편 직무수행동기

제 6 편 인사행정

제 7 편 재무행정

제 8 편 민원행정과 행정지도

제 9 편 지방자치

第10편 행정개혁

제 1 편
행정과 그 환경

행정을 논의하려면 행정에 대한 개념정의를 먼저 해야 한다. 저자는 우리나라의 행정문제에 주의를 집중하고 일반이론보다는 행정현실의 설명과 평가에 역점을 두어 이 책을 쓰려 한다. 그러나 개념과 이론의 안내 없이 현실문제를 조리 있게 탐구할 수 있는 것은 아니다. 이론에 치우친 책이 아니더라도 꼭 필요한 개념과 이론의 검토는 피할 수 없다.

제1편에서는 행정의 의미를 정의하고 행정의 환경을 설명하려 한다. 먼저 개념정의의 다양성에 대해 언급하고 저자의 개념정의를 제시하려 한다. 저자의 개념정의에는 외래적 성격이 강한 현대행정학의 일반적 관점이 반영되어 있음을 밝혀 둔다.

행정의 개념정의에 긴밀히 연관된 문제들 가운데서 행정의 기능, 행정과 정치 그리고 경영의 관계를 설명하려 한다.

행정의 의미를 밝힌 다음에는 행정의 환경을 논의할 것이다. 행정은 그 환경 속에 존재하며 환경과는 경계를 넘나드는 교호작용을 한다. 그러므로 행정을 제대로 설명하려면 그 환경을 이해하여야 한다. 행정의 환경인 우리 사회의 일반적 특성을 설명하는 데 길잡이가 될 몇 가지 개념 즉 산업화사회, 행정국가, 정보화사회 등을 먼저 검토하고 우리 사회의 부문별 특성과 변화추세를 설명하려 한다.

Ⅰ. 행정이란 무엇인가?

1. 행정의 정의

행정에는 때와 장소를 초월하는 공통적·보편적 요소가 있는가하면 때와 장소의 제약을 받는 고유요소가 있다. 따라서 상세한 정의는 상황에 따라 그 적실성이 달라질 수밖에 없다. 그리고 행정의 정의는 행정연구인들의 행정관(行政觀) 내지 접근방법을 반영하게 된다. 실제로 연구인들마다 다소간에 서로 다른 행정의 정의를 보이고 있다.

행정에 대한 고전적 정의들은 대개 고전적 행정학의 집합적 특성들을 공동의 배경으로 삼고 있으나 어떤 특성을 더 강조하느냐 하는 것은 논자에 따라 다르다. 고전적 정의들이 행정의 특성으로 중시한 것들을 보면 정치·행정이원론, 행정의 집행기능, 관료제의 공식적 구조와 관리작용, 합리성, 능률성 등이 있다.

고전적인 개념정의들을 비판하고 수정·보완해 온 개념정의들은 고도로 분화되어 있다. 정치·행정일원론, 행정의 정책기능, 행정의 환경, 행정의 가치 내지 목표와 책임, 민주행정, 고객지향적 사업, 행정의 중·하위관리층 내지 일선부문, 행정행태, 발전관리기능, 의사결정 등을 강조하는 개념정의들을 그 중요한 예로 들 수 있다.

그러나 행정학의 패러다임이 느슨하고, 행정을 정의하는 역점이 여러 가지로 갈려있다고 하지만 행정학자들 사이에 행정에 대한 공통의 인식이 전혀 결여되어 있는 것은 아니다. 서로 다른 표현에도 불구하고 행정에 관한 많은 사람들의 개념정의에 나타난 이견들은 대개 상호배척적이기보다 상호보완적이라는 사실도 잊어서는 안 된다.

현대 행정학의 행정에 대한 공동인식을 이해하고 허다히 분화된 개념정의들의 공헌을 종합할 수 있다면 우리의 목적에 부응하는 행정의 정의를 해 낼 수 있다.

이 책에서 우리가 관심을 가지고 연구하려는 것은 우리나라의 행정이다. 우리나라의 행정은 현대국가의 행정이며 3권분립의 원리를 수용하고 국민의 기본권을 보장하려는 민주국가의 행정이다. 현대의 민주적 정치체제라는 상황적 조건하에서 운영되는 행정을 다음과 같이 정의할 수 있다.

"행정은 국민의지의 표출에 의하여 설정되는 국가목표의 성취를 위해 수임받은 독점적 권력을 바탕으로 봉사·이익배분·조정·규제 등에 관한 정책의 입안에 참여하고 이를 집행하는 활동이다. 공적·정치적 상황에서 작용하는 행정은 정치과정에 긴밀히 연계되어 있다. 행정은 필요한 여러 가지 자원을 동원·조직화하고 인간의 협동적 노력을 관리하며 요구·지지 등의 투입을 받아 이를 산출로 처리하는 체제를 가지고 있다. 그러한 체제의 중심이 되는 기관적 기초는 대규모의 공식적 조직이다."

이러한 행정개념에 포함된 기본적 속성은 다음과 같다.

① **국가목표 추구의 책임** 행정은 국가목표에 귀일되는 행동을 하도록 규범적으로 요구되어 있다. 행정체제는 국가 그리고 정부라는 상위체제에 속해 있으며 그러한 상위체제들의 목표에 부합되는 활동을 할 것이 기대되어 있다. 민주국가에서 국가목표의 형성은 국민의 뜻에 따르도록 되어 있으므로 행정은 궁극적으로 국민에게 책임을 져야 한다.

② **공적 상황에서의 작용** 행정은 공적 상황 그리고 정치적 상황에서 작용한다. 공적 상황에서 작용한다는 것은 국민일반의 관심·감시·비판에 노출된다는 뜻이며 정치적 상황에서 작용한다는 것은 정치과정에 긴밀히 연관된다는 뜻이다.

③ **정책의 형성과 집행** 행정은 정부의 정책형성에 참여하고 정책을 집행한다. 집행과정에서는 여러 가지 재량권을 행사한다.

④ **독점적 권력** 행정은 임무수행에 필요한 독점적 권력을 행사한다.

⑤ **기관적 기초** 행정은 자원을 동원·조직화하고 인간의 협동적 노력을 관리하며 투입을 산출로 처리하는 체제에 의해 수행된다. 이러한 체제는 일련의 규범·구조·과정·기술을 가지고 있다.

행정체제의 중심이 되는 기관적 기초는 거대하고 복잡한 공식적 조직이다. 공식적 조직은 물론 비공식적 요소를 포함하는 것이다. 공식적 행정조직의 경계는 모호한 경우가 많다. 행정조직은 국가의 입법·사법구조와 긴밀히 연관되어 있으며 민간부문의 많은 조직 및 개인과 협동적 또는 공동적 활동을 수행한다.

⑥ **방대성 · 복잡성**　　현대의 행정체제는 규모가 방대하며 매우 복잡하다. 광범하고 적극적인 기능을 수행한다.

⑦ **민주행정**　　현대 민주국가의 행정은 '민주행정'이다. 민주행정은 민주주의의 원리를 수용하고 그러한 원리의 구현에 헌신할 것이 요구된 행정이다. 민주행정은 국민 각자의 존엄성과 권리 및 자유 · 평등, 그리고 잠재력을 존중하고 신장하는 데 헌신하는 행정이며 대내적 민주화를 추구하는 행정이다.

민주행정은 i) 공익추구, ii) 국민의사의 존중, iii) 국민에 대한 책임, iv) 국민의 권리와 자유를 보장하기 위한 민주적 절차와 상징의 존중, v) 대내적 민주성 등의 요건에 부합되는 행정이다.

2. 행정의 기능

행정의 기능을 분류하는 기준은 구체적인 필요에 따라 달라질 수 있다. 가장 흔히 볼 수 있는 기능분류의 기준은 기능의 내용, 즉 정책이나 사업의 영역이지만 그 밖에도 다양한 기준들이 쓰인다. 예컨대 행정간여의 방법을 기준으로 규제 · 봉사 · 조성 등의 기능을 분류하기도 한다. 행정과정의 단계에 착안하여 정책형성기능과 집행기능을 구분하기도 하고 의사결정 · 사업입안 · 의사전달 · 통제 · 평가의 기능을 분류하기도 한다. 관리작용의 대상에 착안하여 정책관리 · 자원관리 · 집행관리를 구분하기도 하며, 구조관리 · 목표설정 · 환경관계관리의 기능을 분류하기도 한다. 기능을 담당하는 기관을 기준으로 한 분류도 있다.

여기서는 기능의 내용 내지 사업영역을 기준으로 행정의 기능을 분류하려 한다. 민주적 정치체제, 혼합경제체제, 국가발전 추구에 있어서 행정의 적극적 역할 등 상황적 조건을 전제하고 현대 국가의 행정이 수행하는 기능을 다음과 같이 분류해 볼 수 있다.

(1) 국가형성에 관한 기능　　국가적 정치사회의 통합성을 유지하고 국민적 일체감을 증진시키며 정권의 정당성에 관한 국민의 신뢰감을 획득하는 국가형성 임무의 일익을 담당한다. 각급 선거를 포함한 민주적 정치과정을 지지 · 보호하는 기능도 행정의 국가형성 기능에 포함된다. 국가형성의 과제는

아주 초보적인 것으로부터 시작하여 점차 복잡한 것에 이르는 지속적인 과제이다.

(2) 국가의 보위와 대내질서의 유지에 관한 기능　외침을 막아 국가안보를 유지하고 국제관계를 관리하는 기능, 그리고 인권을 보호하고 국내의 치안을 유지하는 등 법과 질서를 유지하는 기능이 여기에 포함된다.

(3) 경제발전에 관한 기능　이 기능은 상당히 광범한 것이다. 경제계획, 자원동원, 민간경제의 관리, 경제제도의 개선, 경제발전에 대한 국민참여의 유도, 그리고 경제발전 성숙단계에 심각해지는 문제들의 관리 등이 포함된다. 경제발전 성숙단계에 특히 심각해지는 과제의 예로 균형있는 복지증진, 자연자원의 개발과 보존, 공해방지와 환경보전을 들 수 있다.

(4) 사회발전에 관한 기능　행정체제는 국가발전이 가능하도록 사회의 여러 세력을 재편하고 국민의 가치관 변화를 유도하는 기능을 수행한다. 사회적 통합을 유지하고 사회변동에서 생겨나는 불안과 긴장을 해소하며 국민에게 안전감을 주는 기능도 맡는다. 국민생활의 질적 향상, 교육기회의 확대, 보람있는 직업생활의 보장에 관한 기능도 수행한다.

(5) 내부관리에 관한 기능　행정체제는 스스로의 유지와 발전을 위한 체제유지적 기능을 수행한다. 조직, 인사, 예산에 관한 기능이 내부관리 기능에 해당한다.

3. 행정과 정치의 관계

정치(政治: politics)는 행정의 가장 가까운 이웃이다. 행정학은 정치와 행정이 가까운 이웃이라는 사실을 언제나 인정해 왔다. 그러나 양자를 어떻게 구별할 것이며 양자의 관계를 구체적으로 어떻게 설정할 것인가에 대한 해답은 상황에 따라 그리고 연구인의 관점에 따라 달라져 왔다.

행정과 정치의 관계를 설명하는 이론들은 많으나 행정학설사를 관통하는 접근방법의 양대산맥은 정치·행정 이원론과 정치·행정 일원론이라 할 수 있다. 이 두 가지 접근방법에 대해 간단히 설명하려 한다.

1) 정치·행정 이원론

(1) 정치·행정 이원론의 주장　정치·행정 이원론(政治·行政 二元

論: politics-administration dichotomy)은 정치·행정을 절대적으로 구별하고 양자의 활동영역을 별개로 규정하는 이론이다. 이원론자들은 정치는 정책결정이며 행정은 정책의 집행이라고 단순하게 정의한다.

정치·행정 이원론은 정치와 행정이 상대방의 고유영역에 간섭해서는 안 된다고 주장한다. 특히 행정에 대한 정치적 간섭의 배제를 강조한다. 정치는 행정의 목표를 포함한 정부의 목표를 설정하는 일 이외에 행정작용에 대한 간섭을 해서는 안 된다고 한다.

(2) 정치·행정 이원론의 지지배경 이원론은 고전기 행정학의 이론적 성향과 시대적 배경을 반영하며 그러한 연구경향과 시대적 배경으로부터 지지를 받았던 것이다.

정치·행정 이원론은 정치적으로 중립적이고 기술적으로 유능한 행정의 발전을 추구한 행정이론의 일반적인 경향과 일관되는 것이다. 실천세계에서는 권력분립원리의 신봉자들, 실적체제의 신분보장을 환영하는 공무원들, 전문적·능률적 행정조직의 발전을 추진하는 사회개혁·행정개혁 운동가들, 행정규범의 공평하고 보편적인 적용을 바라는 일반국민들이 정치·행정 이원론을 지지하게 되었다.

가장 강력한 지지기반은 정치에 대한 불신에 있었다. 썩은 정치를 청소하고 정치가 당파적인 이익을 위해 행정을 이용하지 못하게 해야 한다는 개혁운동의 이론적 기초를 제공한 것이 이원론이었다. 정치적 부패, 행정의 당파적 이용, 엽관의 만연과 그로 인한 행정의 무능을 시정하고 비정당적·과학적·보편적 행정을 발전시켜야 하다는 생각이 정치·행정 이원론 전개의 강력한 동기가 되었을 것이다.

2) 정치·행정 일원론

(1) 정치·행정 일원론의 주장 정치·행정 일원론(政治·行政 一元論: politics-administration monism)은 정치와 행정을 연속된 과정으로 보고 양자의 개념을 상대적으로 구별한다. 일원론은 정치와 행정의 긴밀한 관계 그리고 상호중첩을 강조한다. 특히 행정에 포함된 정책적·정치적 역할을 중요시한다.

일원론은 행정이 실제로 가치개입적인 현상임을 확인한다. 행정담당자들은 과학과 기술뿐만 아니라 정치의 기초 위에서 정책결정을 한다고 본다. 행정담당자들은 정책결정, 행정재량 등을 통해서 사실뿐만 아니라 가치(목표·정책)에 관한 결정도 한다고 주장한다.

(2) 정치·행정 일원론의 지지배경 고전적 논조에서 벗어난 행정학의 일반적인 연구경향은 정치·행정 일원론을 지지하게 되었다. 연구인들은 거대한 정부의 역할변화를 직시하고 행정의 정치적·정책적 역할을 올바로 기술하려 하였다. 정치의 부정적 측면보다 정책결정적 측면에 많은 관심을 보이게 되었다. 연구인들은 행정의 가치문제에 많은 관심을 보였으며 행정의 목표와 수단은 결코 분리될 수 없다는 것을 이해하게 되었다. 이러한 관점변화는 정치·행정 일원론의 입장과 일관되는 것이다.

실천세계에서 행정의 기능확대와 행정국가화가 촉진됨에 따라 정치·행정 이원론보다는 일원론의 설명력이 커지게 되었다.

행정의 규모확대와 국민생활에 대한 행정간여의 적극화는 행정의 정치적·정책적 역할을 확대해 놓았다. 민주적인 정부의 구현이 강조되고 따라서 행정에 대한 국민참여의 필요가 높아졌다. 거대해진 관료적 권력을 정치적으로 통제할 필요도 커졌다.

행정서비스의 고객중심주의 그리고 행정의 자기책임주의가 강조된 것도 행정의 정치적 역할을 강화하는 요인이었다. 행정의 국민대표적 기능 그리고 국민의 이익표출과 조정에 관한 기능이 강조된 것도 행정의 정치적 기능을 강화하는 데 기여하였다.

3) 우리나라의 정치·행정 관계

현대행정학의 주류는 정치·행정 일원론의 처방을 지지하는 쪽으로 기울어져 있다. 그러나 이를 보편적 법칙으로 받아들이는 것은 아니다. 그리고 정치·행정의 실제적인 관계는 서로 다를 수 있으며, 그에 대한 개혁처방의 적실성도 상황적 조건에 따라 달라질 수 있다.

우리나라에서는 오랫동안 정치적 역할과 행정적 역할의 분화가 부진하고 양자의 관계에는 부정적 측면이 더 많았다. 권력분립과 공무원의 정치적 중립 등에 관한 헌법적·법률적 제도는 대한민국정부의 수립과 더불어 도입되었으며, 그러한 공식적 제도의 근간이 달라진 일은 없다. 그러나 정치·행정의 실제에서 행정은 정파적 조종으로 크게 오염되었으며, 정치·행정·경제가 연계된 부패는 체제화되었다. 공무원의 정치적 중립제도는 유명무실하였다.

행정이 정책과정에서 정치와 긍정적·효과적으로 공조하지는 못하고 정치적 혼탁에 휘말려 있었다고 해야 할 것이다. 경우에 따라서는 행정이 정치의 적정영역까지 침해하고 낙후된 정치영역의 발전을 저해하기도 했다.

정치와 행정의 관계에 대한 우리나라의 법적·공식적 제도는 정치·행정 이원론의 틀에 가까웠다. 그러나 실천에서는 심한 형식주의가 노정되고 정치와 행정은 병폐적인 결탁관계를 유지해 왔다고 하지 않을 수 없다. 단지 최근에 와서야 행정에 대한 정파적·엽관적 농간을 배제하고 정치와 행정의 적정한 기능분담 및 연계를 이룩하려는 자성의 움직임이 일고 있다. 행정의 바람직한 정치적 역할 확충을 지지해 줄 수 있도록 제도를 재편해야 한다는 요청도 커지고 있다.

4. 행정과 경영의 관계

정부의 행정과 민간(사기업)의 경영(經營: business administration)도 서로 긴밀히 연계되어 있다. 행정과 경영은 긴밀히 교호작용한다. 행정과 경영에는 중첩적·공통적 속성이 있는가 하면 서로 다른 고유한 속성도 있다.

1) 상호연계와 중첩

행정과 경영은 본래 조직을 운영한다는 점에서 어느 정도의 공통적 속성을 지니는 것이다. 실천세계에서는 양자가 깊이 연계되어 있고 그 경계가 불분명할 때도 있다.

오늘날의 추세를 보면 정부의 행정과 기업경영이나 사행정(私行政: private administration) 사이의 교호작용은 더욱 긴밀해져 가고 있음을 알 수 있다. 행정과 경영 사이의 교호작용과 기능중첩이 늘어나고 양자의 경계가 흐려지는 이유는 여러 가지이다.

예컨대 i) 행정이 그 환경 전체에 미치는 영향이 크다는 것, ii) 행정은 좀 더 구체적으로 민간기업·단체를 규제하고 지원한다는 것, iii) 행정은 기업의 산출을 구입하는 가장 큰 소비자라는 것, iv) 기업이나 민간단체가 행정서비스를 공동생산하거나 대행하거나 그에 협력할 기회가 많다는 것, v) 민간부문은 행정활동의 조건을 설정한다는 것, vi) 정부행정과 민간행정은 운영방식·절차·기술 등에서 상호 학습의 수준을 높여가고 있다는 것, vii) 기업의 거대화는 그 공공성을 강화한다는 것을 그 이유로 들 수 있다.

2) 행정의 고유한 특성

오늘날 행정연구인들은 위에서 지적한 바와 같은 공·사행정(公·私行政)의 상호접근을 인정한다. 그러나 행정과 경영을 동일시하지 않는 것이 대세이다. 변함없이 양자의 차이를 인정한다.

사행정이나 경영에 대조되는 행정의 특성을 규정하는 이론이 많은 만큼 특성규명의 접근방법과 기준도 다양하다.

기업에 대비한 행정의 특성을 규정할 때 흔히 쓰이는 기준으로는 i) 환경적 또는 상황적 특성, ii) 법적·정치적 제약, iii) 목표와 평가기준, iv) 담당기관, v) 조직의 구조와 과정, vi) 조직구성원의 행태, vii) 자원의 공급원, viii) 기능의 우선순위, 관심과 활동의 범위 및 영향권, ix) 활동의 독점성 또는 경쟁성, 시장성, x) 강제성 등이다.

① **환 경** 행정의 환경은 훨씬 더 광범하고 복잡하다. 행정의 환경에 대한 관심의 폭은 대단히 넓은 것이다. 행정의 환경에 대한 노출도는 높고 행정은 더 많은 공공감시와 통제를 받는다.

② **정치적·법적 제약** 행정은 정치적·법적 제약과 통제를 더 많이 받는다.

③ **목표와 평가기준** 행정의 목표는 원칙적으로 국민에 대한 봉사이며 이윤추구가 아니다. 행정의 목표는 기업의 경우에 비해 더 모호하며 경제적 기준이나 계량적 기준으로 평가하기 어려운 경우가 많다.

④ **기관적 기초** 행정은 정부와 그에 긴밀히 연계된 조직들이 수행하는 것이다. 민주국가에서 행정조직의 최고관리층은 정치적으로 선출된다.

⑤ **담당조직의 구조와 과정** 조직의 구조는 방대하며 복잡하다. 구조의 융통성은 제약된다. 행정과정의 합법성·정당성·공평성·공개성이 더욱 강조된다.

⑥ **조직구성원의 행태** 행정을 담당하는 사람들은 국민에 대한 높은 봉사의식과 충성심을 가질 것이 기대된다. 그들에 대한 역할기대나 행동규범에는 이원적 기준이 적용된다. 즉, 그들은 다른 사람들보다 더 높은 윤리수준을 유지하도록 요구된다. 그들에 대한 인사행정에서는 신분보장·정치적 중립의 원리 그리고 공평성의 원리가 더욱 강조된다. 그들에 대한 통제와 유인

체제도 기업의 경우와 구별된다.[1] 경제적 유인의 비중이 일반적으로 낮다.

⑦ **자원의 공급원**　　행정에 필요한 재정자원의 공급원은 원칙적으로 세금이다. 일부 기업적 활동에 의한 재정동원이 있으나 판매의 대가결정에 시장가의 원리가 잘 지켜지지 않는다.

⑧ **기능의 우선 순위**　　행정기능의 국민생활에 대한 불가결성과 우선순위는 비교적 높다. 행정의 고려요인·활동범위·영향권은 매우 광범하다.

⑨ **독점성**　　행정의 독점성은 높고 시장성은 낮다.

⑩ **강제성**　　행정은 그 의지실현을 위해 법적 강제력을 동원할 수 있다.

3) 우리나라의 행정·경영 관계

경영 또는 민간활동에 대조되는 행정의 특성 그리고 양자의 관계에 대한 위의 일반적 설명은 오늘날 넓은 지지를 받고 있다. 그러나 시간과 공간의 제약하에 있는 구체적 행정·경영관계는 상황적 조건에 따라 달라질 수 있다. 그 관계는 경제발전의 수준, 정치·행정체제의 성격, 구체적인 경제정책의 성격, 역사적 전통 등이 다르면 달라지게 마련이다.

우리나라의 경우 1960년대까지는 민간산업부문 그리고 민간조직의 발전이 부진하였다. 행정에 특유한 요소는 전통적이었으며 그것은 아주 뚜렷하였다. 정부·민간의 관계는 정부부문 군림형이었다. 민간부문에 대한 행정의 작용은 소극적·통제적인 쪽에 기울어졌었다.

그 뒤 산업화의 길을 걷게 되면서 민간부문의 팽창이 있었지만 경제성장은 정부주도로 추진되었다. 경제성장을 정부가 주도하는 발전행정의 과정에서 민간부문에 대한 행정간여는 엄청나게 확대되었다. 공·사행정의 차이는 비교적 큰 가운데 행정과 정치의 민간에 대한 통제력은 아주 강력하였다. 행정우월형의 관계 속에서 부패를 수반하는 관재유착(官財癒着)과 같은 바람직하지 못한 일들이 조장되고 있었다.

1990년대부터 작은 정부의 구현과 민간, 특히 기업경영에 대한 정부간여·행정규제의 축소를 지향하는 개혁목표가 각광을 받게 되었다. 기업경영으로부터 배워야 한다는 행정개혁처방도 널리 확산되었다. 이러한 요청에 따라 행정·경영관계의 재조정이 진행되었다. 그런가하면 21세기에 집어들면서

---

1) 유인체제(誘因體制: incentive system)는 조직구성원들이 만족을 느끼고 일할 의욕을 갖게 하기 위해 조직이 제공하는 보수와 편익, 근무조건 등을 규정하는 제도이다.

학계의 일각에서는 신자유주의에 입각한 최소정부론을 비판하는 사람들도 나오게 되었다. 정부에서 최소정부론에 어긋나는 확장전략을 채택하기도 하였다. 그러나 작은 정부 구현과 민간에 대한 정부간여 감축을 주장하는 정부 내외의 목소리는 수그러들지 않고 있다.

5. 이 책의 구성

앞에서 제시한 행정의 개념정의가 이 책의 문제를 선정하고 편별을 구성하는 데 가이드라인이 되었다. 행정의 구성요소로 규정한 기관적 기초로부터 이 책의 내용을 구성하는 실마리를 풀어냈다.

행정의 기관적 기초 즉 행정체제(정부관료제)는 공무원이라는 인간의 행동과 교호작용으로 구성된다. 행정체제는 조직을 구성하는 인적자원뿐만 아니라 재정자원, 권력, 정보 등 여러 가지 자원을 동원하고 조직화하여 스스로의 체제를 유지·발전시키고 환경에 대한 산출활동을 수행한다. 행정체제는 공식적·비공식적 구조 및 과정을 통해 그러한 일을 수행한다. 행정체제는 그 행태를 규율하는 규범체계 또는 가치체계를 가지고 있다.

행정체제는 그 정체성을 확인할 수 있게 해 주는 경계를 가지고 있다. 그러나 행정체제의 경계는 개방적인 것이다. 행정체제는 개방체제로서 그 환경과 교호작용한다. 행정체제는 환경으로부터 자원과 요구 및 지지투입을 받는다. 그 활동에 관한 환류도 받는다. 그리고 봉사·이익배분·조정·규제 등에 관한 산출을 환경에 전달한다.

행정체제는 다른 어떤 사회현상과 마찬가지로 동태적인 현상이다. 즉 시간과 분리될 수 없는 현상이다. 행정체제는 시간선상을 흘러가면서 변동한다. 그러한 변동을 사람들은 바람직한 방향으로 유도하기 위해 계획적인 노력을 한다. 행정의 바람직한 변동을 우리는 행정개혁이라 부른다.

행정에 대한 기본적 개념정의 그리고 거기서 도출한 정부관료제의 체제구성 개념들은 이 책의 구상에 길잡이를 제공하였다. 그러나 이 책의 목적은 행정체제의 구성요소를 망라적으로 기술하려는 것이 아니다. 우리 시대의 현안이라고 할 수 있는 주제들만 골라 이 책에서 다루기로 했다. 저자가 생각한 현안이란 정부와 많은 국민들이 관심을 가지고 쟁점화하고 우선적인 개혁과제로 지목하는 문제들이다.

행정체제에 포함되거나 그에 결부된 연구대상의 범주는 i) 인간, ii) 가치, iii) 구조와 과정, iv) 환경, 그리고 v) 개혁으로 요약할 수 있다.

우리의 격동하는 행정환경은 그에 대한 관심을 고조시키고 있다. 제일 먼저 우리나라 행정환경의 변화추세를 논의하려 한다. 행정이 그 환경의 국민과 직접 교호작용하는 과정은 따로 설명할 것이다.

행정체제의 구조에 관한 중요문제들은 행정조직이라는 제하에 모아 검토하려 한다. 지방자치단체의 조직은 별도로 설명할 것이다. 가치체계에 관련된 문제들은 행정문화와 공직윤리라는 두 가지 범주로 나누어 다루려 한다. 자원관리작용으로는 사람을 관리하는 인사행정과 재정자원을 관리하는 재무행정을 선정하였다. 공무원의 동기유발을 관리하는 것은 인사행정기능의 일부로 이해되고 있으나 정부 내외에서 특별한 관심의 대상이 되고 있으므로 따로 논의하려 한다.

행정의 경계를 넘어 국민과 직접 접촉하면서 행정산출을 내는 작용 가운데서는 민원행정과 행정지도를 골라 논의하려 한다. 이 두 가지 작용은 국민과의 관계에서 '실행되는' 행정의 대표적인 두 얼굴이라 할 수 있다. 지방화시대임을 감안하여 지방자치편에서 지방정부로 변한 행정의 지방부문을 다루려 한다. 마지막으로 행정개혁의 쟁점들을 다루려 한다.

II. 행정의 환경

우리 행정의 환경적 조건과 그 변동추세를 다음에 논의하려 한다. 여기서 말하는 행정의 환경(環境: environment)이란 행정체제의 경계 밖에 있는 사물 가운데서 행정에 관련되고 행정과 교호작용하는 것을 말한다. 행정의 실상을 이해하고 개혁방향을 처방하려면 행정의 환경적 조건을 이해해야 한다.

우리 사회는 지난 수십 년간 산업화의 길을 줄기차게 달려왔다. 이제 고도산업화의 수준에 접근해 가면서 동시에 정보화시대를 열어가고 있다. 우리는 산업화과정에서 행정국가를 구축하였으며 이제는 탈국가화를 위한 개혁을 추진하고 있다. 그리고 민주화시대, 지방화시대, 세계화시대를 열어가고 있다.

우리 행정환경을 설명하는 데 중요한 준거개념이 되는 산업화사회, 정보화사회, 행정국가의 의미를 먼저 알아보고 경제적 · 사회적 · 정치적 환경을 논의하려 한다.

1. 산업화사회 · 정보화사회 · 행정국가

1) 산업화사회

우리가 개발연대에 추구해 온 산업사회 또는 산업화사회(産業化社會: industrial society)는 공업화에 의해 경제성장이 촉진되는 사회이다. 산업화는 자본과 노동자원이 농업활동으로부터 공업 특히 제조업으로 이전되어가는 경제발전의 한 단계 내지 과정이다. 산업화는 GNP에서 차지하는 공업의 비중이 증가하는 과정이기도 하다. 요컨대 산업화사회는 공업이 산업구조의 중심을 이루게 된 사회이다.

(1) 특 성 　　산업화사회의 주요 특성을 보면 다음과 같다.

① **공업화** 　　기술발전, 재생불가능한 에너지의 대량소모 등에 의한 공업화는 대량생산(소품종 대량생산)과 대량유통의 기틀을 형성한다. 그에 따라 물질생활이 풍요로워진다.

② **자본의 힘** 　　산업사회를 움직이는 핵심적인 힘은 자본이다. 거대자본이 합리적 · 경제적 존재로 파악되는 노동력을 대량으로 동원하여 대량생산체제를 구축한다. 재화 특히 공산품의 생산과 소비에 연관된 물질적 가치는 사회생활에서 중요한 역할을 한다.

③ **생산활동의 집약화** 　　생산활동이 집약화됨에 따라 조직혁명이 일어나고 도시화가 촉진된다. 공장, 기업 등 대규모 조직이 증가 · 확대되면서 정부조직도 거대해진다. 공장식 조직원리가 널리 파급되고 전통적 의미의 관료화가 진행된다.

④ **분화 · 유동화** 　　직업구조의 종적 · 횡적 분화가 촉진되며 기술인력의 수요는 늘어나고 노동력의 유동성은 높아진다. 핵가족제도가 발달한다.

⑤ **산업화의 원리** 　　생산 및 관리작용뿐만 아니라 산업화사회 전반을 이끌어가는 문화적 원리 내지 규범은 표준화, 전문화, 동시화, 집중화, 극대화, 집권화 등이다. 여기서 동시화란 사람들이 같은 시간대에 함께 일해야 하는 현상을 지칭한다. 집중화는 에너지, 인구, 자본, 경제조직 등이 어디에 집중되거나 집약화되는 현상을 지칭한다. 극대화는 규모확대 · 거대화를 지칭한다.

(2) 성취와 폐단 산업화는 기술문명의 발전에 이바지하고 물질생활의 풍요화에 공헌하였다.

그러나 산업화의 특성 그리고 수단에는 폐단이 수반된다. 경제의 양적 성장과 물질소비의 증가는 인간생활의 질적 황폐화를 초래한다. 경제적 갈등, 사회적 불평등과 모순, 인간의 심리적 소외를 증폭시킨다. 공해문제가 심각해질 수 있다. 생산구조의 과도한 규격화, 거대화, 관료화는 당초의 목표였던 능률화에 오히려 역행하는 결과를 초래한다. 국가간여의 과잉팽창은 민간의 창의성을 억압한다.

2) 정보화사회

정보사회 또는 정보화사회(情報化社會: information society)는 정보의 생산과 이용을 중심으로 하여 살아가는 사회이다. 정보화사회는 정보가 물질이나 에너지 이상으로 유력한 자원이 되고 정보가치의 생산을 중심으로 해서 경제적·사회적으로 발전해가는 사회이다. 정보화사회는 정보의 처리와 교환을 중심으로 생활이 이루어지는 사회이며, 다양한 정보가 대량으로 유통되는 사회이다.

(1) 특 성 정보화사회의 주요 특성 내지 성립조건을 보면 다음과 같다.

① **정보산업의 지배적 위치** 정보산업이 산업구조에서 지배적인 위치를 차지하게 되며 경제의 연성화가 촉진된다. 경제의 연성화란 서비스화, 생산물 자체의 연성화, 그리고 제품의 경박단소화(輕薄短小化) 및 다품종소량생산, 투자 및 소비의 연성화 등 일련의 변화를 지칭하는 것이다.[2] 이러한 변화가 일어나면 경기변동도 완만해져 연성화된다고 한다.

② **정보의 힘** 정보화사회를 움직이는 힘의 원천은 상상력이 풍부한 정보이다. 따라서 창의적인 개인의 중요성이 크게 부각된다.

③ **첨단과학의 발전** 정보과학과 정보기술이 급속히 발달하여 다방면에 커다란 영향을 끼치게 되는 정보혁명이 일어난다. 그에 따라 정보폭증이 진행된다. 정보과학과 더불어 유전공학, 우주공학 등 첨단과학들도 급속히 발전한다.

---

2) 제품의 경박단소화는 공업생산 제품들이 가볍고, 얇고, 짧고, 작아지는 경향을 지칭하는 말이다.

④ **자동화 촉진** 경제적 생산활동에서 고도의 정보통신기술이 활용되고 공장자동화, 사무자동화 등 자동화가 촉진되어 전통적인 공장의 개념, 사무실의 개념, 유통 · 판매망의 개념이 달라지고 노동의 개념도 달라진다. 물질적 생활향상을 위하여 소득을 얻으려는 노동의 시간은 대폭 감소되고 자유시간이 늘어나 이의 창조적 활용이 중요한 문제로 부각된다.

⑤ **인간욕구의 고급화 · 다양화** 인간의 욕구가 고급화 · 다양화되며 인간의 존엄성과 자유에 관한 가치추구가 중요해진다. 물질적 풍요를 거쳐 하급욕구들이 감퇴되며 지적 · 창조적 활동을 통해 자기실현을 하려는 욕구 등 고급의 욕구들이 부각된다.

⑥ **탈관료화** 조직의 탈관료화가 갈망되고 또 촉진된다. 조직계층과 행정농도의 감축, 소규모 조직단위의 위상 제고, 조직구조의 다양화 · 유동화 등이 확산된다. 조직생활에서뿐만 아니라 사회생활 전반에 걸쳐 위계체제는 약화되고 네트워크 체제가 강화된다.[3)]

⑦ **산업화 규범의 탈피** 정보화사회를 이끌어가는 문화적 원리 내지 규범은 산업화의 규범을 수정하거나 배척하는 것들이다. 따라서 탈표준화, 탈전문화, 탈극대화, 탈동시화, 탈집중화, 탈집권화와 같이 모두 '탈'(脫)이라는 수식어를 붙이게 된다.

(2) 성취와 폐단 정보화사회는 인류의 보다 나은 삶을 약속하는 조건들을 구현해 줄 가능성이 크다. 인간의 문제해결능력을 향상시키고 지적 창조생활을 향상시키며 인간의 자기실현과 자율성을 제고시킬 수 있다. 의료와 교육의 발전, 정치적 민주화, 사회계층 간의 격차해소, 시간과 공간의 제약완화를 통한 보다 풍부한 문화적 경험 등에도 기여할 것이다. 정보산업의 발전은 다른 산업분야의 발전에도 기여한다.

그러나 정보화사회에 내재되거나 운영의 잘못으로 빚어질 수 있는 위험도 여러 가지이다. 기술적 정보화로 인한 인간성의 상실 · 소외, 가치혼란, 변화에 대한 부적응, 정보스트레스 등이 우려된다. 정보독재와 사생활 침해의 위

---

3) 탈관료화(脫官僚化)란 계서제(hierarchy)를 기본으로 삼는 전통적 관료제의 특성을 벗는다는 뜻이다. 계서제 또는 계층제는 상관과 부하의 역할이 위에서 아래로 이어지는 계층에 따라 차례로 배열되는 역할체제이다. 권력은 계층에 따라 차등적으로 배분된다. 계서제는 상명하복을 규정하는 집권적 체제이다.

행정농도(administrative intensity)라고 하는 것은 조직의 규모에 대비한 유지관리구조의 크기이다. 유지관리구조는 직접적으로 생산적인 활동에 종사하는 구조를 지원하고 조직을 유지하는 활동을 수행하는 구조적 단위들(일반관리구조, 참모 등)을 포괄하는 것이다.

험도 있다. 급속한 기술변동은 실업률 증가의 원인이 될 수도 있고, 기술적 정보화와 법제도 등 사회제도 사이의 괴리를 크게 할 수도 있다.

3) 행정국가

현대 민주국가는 대부분 행정국가적 특성을 지니고 있다. 우리나라의 경우 그 특성은 매우 강하다. 근래 그러한 특성을 지나치다고 생각하는 정부 내외의 인식이 지배적이다. 행정국가적 특성의 완화는 상당한 기간 개혁현안으로 될 것이다.

행정국가(行政國家: administrative state)는 광범한 역할을 수행하는 행정체제(정부관료제)가 공공부문의 운영에서 주도적인 역할을 수행하는 국가이다. 행정국가에서는 거대한 정부관료제가 국정을 주도하며 국민생활에 심대한 영향을 미친다. 행정국가적 상황의 요점은 행정부문의 기능확대, 그리고 행정부문이 차지하는 국정상의 지배적 위치이다.

행정국가는 산업화과정의 산물로서 조직사회화 그리고 거대정부(big government)의 등장에 동반된 현상이다. 시장실패를 시정하고 민간기업을 규제하기 위하여, 경제성장의 견인을 위해서, 국민복지의 증진을 위해서 등의 정당화 근거를 내세운 행정국가화가 거침없이 진행되었다. 그러나 산업화 후기단계에 접어들고 정보화사회의 도래를 맞으면서부터는 행정국가의 폐단과 정부실패를 비판하고 행정국가화의 경향을 수정하거나 이를 역추진하려는 움직임이 활발해졌다.

(1) 특 성　행정국가의 주요 특성은 다음과 같다.

① **행정의 지배적 위치**　행정체제가 공공부문의 운영을 주도한다. 입법·사법부문은 행정부문의 성장을 따르지 못하며 따라서 그 역할은 상대적으로 위축된다.

② **행정간여 확대**　행정의 기능은 확대되고 국민생활에 대한 행정간여가 확대된다. 행정과 국민의 교호작용이 늘어나는 가운데 행정에 대한 국민의 의존도가 높아진다.

③ **행정의 규모확대**　행정체제의 기구와 인적자원이 팽창되며 행정체제는 그만큼 많은 자원을 사용한다.

④ **행정의 권력중추화**　행정체제는 많은 권력을 행사하며 정치적으로 강력한 세력이 된다. 복잡한 정치체제 속에서 행정체제는 핵심적인 권력중추

가 된다. 국민생활에 대한 간여범위의 확대, 높은 전문성, 국회에 의한 권한 위임 확대, 높은 독자성, 집행재량의 확대 등이 그러한 권력중추화의 요인이 된다.

(2) 성립과 유지의 동인 행정국가는 산업화과정의 산물이다. 산업화는 조직이 증가・확대되는 조직사회화를 촉진한다. 산업화사회에서는 민간부문의 조직뿐만 아니라 정부조직까지 팽창된다. 정부부문의 팽창은 행정체제를 중심으로 일어난다.

시장실패를 시정하는 기능 또는 비시장적인 기능을 정부가 점점 더 많이 맡지 않을 수 없었다는 것, 그리고 거대기업이 발달하면 이를 관리할 행정기능의 수요가 커진다는 것이 행정국가를 형성, 유지한 근본적인 동인이었다.[4] 여기에 상승적인 효과와 행정팽창을 유지하려는 관료적 관성이 가세하면 행정국가화는 더욱 강화된다. 상승효과란 행정팽창에 따른 행정의 기술발전과 전문화에 의한 정책주도, 자원독점, 국회에 의한 재량권 위임 등의 효과를 지칭한다.

(3) 폐 단 행정국가화가 심화되면 국민의 자유를 침해하고 민간의 창의와 자율을 억압한다. 행정은 과부하 때문에 효율성이 떨어진다. 행정의 관료화에 의한 세력팽창의 경향,[5] 행정의 자기보호적 행동, 정당화하기 어려운 모험 등은 행정의 비용을 증대시키며 국민의 부담을 과중하게 한다. 그리고 가장 큰 위험은 행정의 책임성을 확보하기 어렵다는 것이다.

2. 우리나라의 행정환경

우리의 행정환경은 격동적인 것이다. 격동하는(소용돌이치는) 사회체제에서는 끊임없이 새로운 현상이 전개되기 때문에 현재라는 시점의 상태를 안정적으로 설명하기 어렵다. 어떤 시점이 아니라 상당한 기간 또는 시기의 변화

4) 시장실패(market failure)란 자원분배에 시장기제(market mechanism)를 사용할 수 없는 상황을 말한다. 즉 자유시장기제가 효율적인 자원배분 및 공평한 소득분배를 실현하지 못하는 상황을 지칭한다. 이와 대조되는 정부실패(government failure)란 시장실패를 교정하기 위한 정부개입이 시장의 자율에 맡긴 경우보다 자원배분의 비효율성을 오히려 더 크게 하는 상황을 지칭한다.

5) 관료제가 권한행사의 영역을 계속 확장하여 세력팽창을 도모하는 것을 제국건설(empire building)이라고 부르기도 한다. 관료제의 제국건설경향을 파킨슨의 법칙(Parkinson's law)이라고 한다. 그것은 C. Northcote Parkison의 이론에 근거한 호칭이다.

과정과 방향을 거시적으로 논의하는 작업이 보다 의미있을 것이다.

우리 행정의 환경적 조건에 관한 설명은 자연스럽게 미래의 예상과 결합될 것이다. 현황설명보다는 변화추세의 예상에 더 큰 역점을 두려 한다. 변화추세의 예상에서는 선도부문(앞서 가는 부문)에 우선적인 주의를 기울이려 한다.

1) 경제적 환경

(1) 현 황　　지난 수십 년간의 산업화 과정을 통해 우리 경제는 고도성장을 이룩하였나. 경제구소의 고노화노 많이 진행되었다. 우리의 경제가 선진국 수준에 진입하고 있지만 정부주도형 경제발전의 타성 등 여러 가지 발전도상국적 조건들도 남아 있다.

(2) 변화의 예상　　우리 경제생활의 변화방향을 다음과 같이 예상해 볼 수 있다.

① **경제발전의 지속**　　경제규모가 커지고 경제구조가 고도화 내지 심화될 것이다. 경제성장은 계속되어 경제규모를 확대시킬 것이다. 그러나 산업화 초기에서와 같은 고도성장은 기대하기 어려우며 경제조정국면이 전개될 것이다. 산업화수준이 고도화되고 정보화사회로의 이행이 촉진됨에 따라 산업구조에 현저한 변화가 일어날 것이다. 정보산업이 점점 더 큰 비중을 차지하게 될 것이다.

② **물질생활의 풍요화·탈물질화**　　경제발전이 지속되면 국민의 물질생활은 풍족해져 갈 것이며, 다수 인구의 내구소비재에 대한 욕구가 점차 감소되고 경제의 서비스화가 가속적으로 일어날 것이다. 양적 충족의 추구로부터 질적 향상의 추구에로 수요가 변환되어 가고, 물질의 풍요로부터 마음의 풍요를 찾는 탈물질화(脫物質化)가 진행될 것이다.

③ **경제적 민주화·복지화**　　경제가 발전할수록 경제의 복지화에 대한 요청은 커질 것이다. 급속한 변동 속에서 나오한 인구집단이나 경제의 불균형 성장으로 인하여 혜택받지 못한 인구집단이 있어 조성되는 계층차는 큰 것일 수 있다. 그런가 하면 모든 분야에서 형평성 실현의 욕구가 강해질 것이므로 경제의 복지화·민주화·인간화를 위한 노력이 배가되어야 할 것이다.

④ **의미있는 일의 창출과 재적응**　　계속적인 경제발전은 민간부문의 규모를 확대시켜 갈 것이다. 고도산업화가 추진되는 동안 노동생산성이 향상

되기 때문에 여가도 늘고 소득도 늘어갈 것이다.

그러나 정보화사회의 진전이 본격화되는 과정에서 심각한 고용문제(실업문제)가 야기될 수도 있다. 기술변화에 따른 일의 의미상실, 재적응의 고통 등이 심각해질 수 있다. 그러므로 의미있는 일을 창출하고 기술변화에 따른 재적응을 촉진하는 데 많은 투자를 해야 할 것이다.

⑤ **개혁의 촉진** 사회에 쌓이는 잉여자원(system reserve)이 많아지고 정보화가 촉진되면 개혁의 중요성이 커지고 그 가능성도 커진다. 따라서 변동은 가속화된다.

⑥ **개방화** 경제의 개방화(세계화)가 가속될 것이며 그 영향은 다른 생활영역에도 크게 파급될 것이다.

⑦ **후유증과 새로운 부담** 지난 수십 년간의 고도성장에 수반된 부작용·후유증·폐단을 극복하는 일, 그리고 내외 경제사정의 변화에 따라 새로이 안게 될 부담을 덜어가는 일이 상당히 힘들 것이다. 불균형성장과 부의 불공평 배분에서 비롯된 부의 격차, 공해문제, 교통난, 휴식공간의 부족, 노사분규 등은 고도성장을 따라온 후유증의 중요한 예이다. 그리고 앞으로 국제 간 정보격차·기술격차·자본격차로 인한 종속의 문제, 국제사회의 다원화·다극화와 경쟁의 첨예화로 인한 문제들이 심각해질 수 있다.

2) 사회적 환경

(1) 현 황 우리의 경우 보편주의적 생활관계를 일찍부터 발전시켜 온 나라들에 비하면 사회생활의 전통적 유산이 큰 편이다. 아직까지 일차집단적인 유대의 영향이 강하고 사회관계에서 권위주의적인 행태의 폭이 넓다.

전통적 사회규범은 비생산적·현실도피적인 생활태도를 조장하였으므로 사람들은 기술적·기능적 생산활동을 천시하는 사고경향을 길렀다. 그러한 경향의 여세가 남아 있는 데다가 경제생활이 여유로워졌기 때문에 땀흘려 일하는 기능적 노동을 기피하는 현상이 두드러지게 되었다.

사회적 조건은 급속히 변동하고 있으며 산업사회적·정보사회적 생활양식들도 확산되어가고 있다. 사회의 양상은 복잡하며 사회적 구심력은 약화되어 있다. 낡은 것과 새것이 혼재하는 가운데 충돌·갈등을 빚고 있으며 사람들의 가치관은 혼란에 빠져 있다.

일차집단적 유대의 전통이 강한 데다가 정권담당자들이 과거 장기간에 걸쳐 저지른 실책과 산업화과정의 분립화·경계의식 강화가 겹쳐 우리 사회에 집단이기주의와 각종 연고주의를 팽배시켜 놓았다. 특히 지역연고주의는 심각한 사회병리라 하지 않을 수 없다.

(2) 변화의 예상　　변화의 와중에서 희망과 좌절을 자아내고 있는 사회적 조건의 변화추세를 다음과 같이 예상해 볼 수 있다.

① **사회적 다원화의 촉진**　　다원화사회·다양화사회의 모습이 심화될 것이다. 사회의 구성요소들은 계속적으로 분화될 것이다. 분화된 요소들 사이의 상호의존도는 높아질 것이다. 사람들은 선호표출·이익표출에서 개체주의적 성향을 더 많이 노출해 갈 것이다.

② **사회적 유동성의 제고**　　사회적 유동을 요구하는 동인들이 많아지고 유동 또한 용이해져서 유동률이 현저히 높아질 것이다.

③ **교통·전기통신의 발달**　　교통·통신의 발달은 인간의 교호작용을 어렵게 하는 공간적 및 시간적 장애를 급속하게 제거해 줄 것이므로 국민생활의 공간적 및 시간적 거리는 크게 단축될 것이다.

④ **고령화·고학력화·여성의 사회참여 확대**　　고령화사회·고학력사회가 되고 여성의 사회진출이 늘어날 것이다.

고령화사회가 되면 생산활동연령을 높이는 문제, 노인들에게 보람있는 일거리를 제공하는 문제, 노후의 안락한 생활을 보장하는 문제, 납세인구 비율의 감소문제 등이 매우 심각해질 것이다. 특히 사회보장제도에 커다란 부담을 주게 될 것이다.

우리의 전래적인 교육열과 산업화시대의 과잉학력화 경향 그리고 정보화시대의 기술적 격동성이 겹쳐 고학력사회를 만들어 갈 것이다. 사람들은 일생 되풀이되는 재학습의 부담에 시달리게 될 것이다.

여성이 할 수 있는 사회활동의 범위가 넓어지고 그들의 사회적 지위가 향상될 것이다. 여성의 사회참여가 늘어나면 가족관계를 포함한 여러 영역에서 문화변동이 초래될 것이다.

⑤ **지적 창조생활의 기회확대**　　정보과학·정보산업의 발달에 따른 정보유통의 원활화, 정보개방화의 촉진, 정보격차·문화격차의 해소, 새로운 매체의 발달에 의한 문화·예술의 발달, 잡노동의 감소와 같은 변화가 예상된다. 그렇게 되면 지적 창조생활의 수준 그리고 생활 전반의 질이 향상될 수 있다.

⑥ **조직사회의 변모** 조직사회의 양상은 점점 더 복잡해질 것이다. 분산화 · 소규모화의 요청, 잠정적 · 적응적 구조설계의 요청, 네트워크화의 요청, 그리고 상황적 조건에 따라 조직설계를 다양화해야 한다는 다원조직화의 요청이 강력하게 대두될 것이다.

거대조직들의 관료화로 인해 빚어진 폐단을 제거하고 조직 내의 인간주의 내지 인도주의를 구현해야 한다는 목소리가 커질 것이다. 분권화 · 협동화된 문제중심의 조직운영에 대한 요청도 더욱 커질 것이다. 정부조직의 팽창과 경직화에도 더 많은 제동이 걸릴 것이다.

⑦ **부작용과 부적응** 사회 내에서 정보부유층과 정보빈곤층이 생기고, 정보선진국에서 후진국으로 정보가 흐르는 과정에서 계층화 · 종속화의 문제가 생길 수 있다. 정보공개 · 정보통제의 기술발전은 개인의 프라이버시 침해, 정보의 오용 · 남용에 의한 인권침해 등의 위험도 크게 할 것이다.

급속한 사회변동은 문화적 혼합의 장기적 과도화(過渡化), 그리고 가치혼란을 야기할 수 있다. 도시화 촉진 · 사회적 분화와 유동성 증대 · 컴퓨터 지배로 인한 인간적 소외 · 공동체의식 상실, 정보 스트레스와 같은 정신적 긴장, 갈등, 컴퓨터범죄의 증가가 우려된다.

3) 정치적 환경

(1) 현 황 우리나라에 근대적 의미의 정치가 생긴 지는 얼마되지 않는다. 대한민국 정부수립과 더불어 시작된 정치는 근래까지도 파행을 겪었다. 민주적인 정치문화는 아직도 미성숙단계에 있다고 보아야 한다. 이러한 조건은 우리 정치의 험난했던 과거를 반영하는 것이다.

우리의 길지 않은 정치사에서 많은 부분이 정치의 제약과 오용으로 점철되어 있었다. 제1공화국시대부터 정치적 경쟁은 제약되었으며 집권자에 반대하는 세력은 억압되었다. 1인 장기집권을 위한 국정 에너지의 손실이 커지면서 그러한 억압은 증폭되었다. 장기집권 기도세력은 반대 정치세력의, 그리고 정치전반의 나쁜 이미지를 부각시킬 수밖에 없었다.

뒤이어 "혼란을 조성하는 썩은 정치를 소탕하겠다"는 군사쿠데타가 일어나고 그것이 되풀이되었다. 그러는 동안 정치는 단지 장식물이었으며 고작해야 권위주의적 집권체제의 국민동원수단이었다. 반정부활동은 죄악시되었으며 정치인과 정당의 본령인 집권지향활동은 부도덕하거나 불온한 것으로 매도되었다.

정치인과 정치가 실제로 나빴던 사실, 그렇게 될 수밖에 없게 만든 상황적 조건, 그리고 국민에게 정치는 나쁜 것이라는 인식을 심어주려고 기도한 세력의 작용이 뒤엉켜 만들어낸 정치피폐화의 유산을 우리는 물려 받았다. 이러한 유산이 실질적 민주정부 등장 이후에도 정치발전의 장애가 되었다.

우리나라가 이념적으로 표방하고 있는 정체(政體: polity)는 삼권분립과 복수정당제를 기반으로 하는 의회민주정체이다. 정부관료제는 궁극적으로 국민에게 책임을 져야 하며 입법적·사법적 통제와 대중통제 등 외재적 통제를 받게 되어 있다. 정부의 수뇌부는 국민의 선거와 정치과정을 통해 구성하도록 되어 있다.

이러한 정치제도를 감싸고 있는 정치문화는 낙후된 가운데 전통적인 요인과 서구적인 요인의 불안정한 결합상을 보이고 있다. 우리 정치체제는 오랜 정치부패의 뿌리를 가지고 있다. 정치과정의 형식주의는 심한 편이다.

근래에 우리가 경험한 민주화 촉진, 지방자치 실시 등 일련의 상황변화는 정치에 대한 역할기대를 급격히 높여 놓고 있다. 정치의 역할증대는 정치발전을 촉진하겠지만 지금은 기대와 현실의 간격 때문에 진통을 겪고 있다.

(2) 변화의 예상 우리 정치체제는 격동하는 환경에 처하여 폭증하는 역할기대에 부응하지 못해 애로를 겪고 있다. 그러나 장래에는 민주정치의 역량성장이 일어나는 방향의 발전이 있을 것으로 예상한다.

① 정치의 역할확대 과거와 현재보다는 정치영역이 확대될 것이다.

사회적 격동성·불확실성의 증대, 민주화의 촉진과 지방자치의 실시는 정치의 범위확장을 요구한다. 행정국가화의 추세를 역추진하는 운동이 활발해지면 민간화뿐만 아니라 정치화의 영역도 넓어질 것이다.

② 민주주의의 발전 국민의 정치의식 계발은 국민의 정치참여 역량을 향상시킬 것이며 참여민주주의의 발전을 재촉할 것이다.

소득향상과 탈물질화 경향의 대두, 고학력화, 도시화, 수평적 사회관계의 발달, 국민의 다양한 욕구표출 증대와 이익집단의 발달, 정권의 정당성에 대한 요구의 강화, 행정문제의 복잡성 증대, 세계화 등 일련의 변화는 정치구조와 과정의 개방화·분권화 그리고 정치·행정의 참여적·자율적 국면 확대를 불가피하게 할 것이다.

③ 정보화기술의 발달과 정치생활 정보화기술의 발달은 민주적 정치

사회화와 참여정치를 촉진하는 힘이 될 것이다.

신속한 문화적 · 정치적 정보전달은 국민의 정치의식을 고취시키고 참여의욕을 자극하게 될 것이다. 정보매체와 기술의 발달은 대의민주정치의 영역을 상당부분 직접참여민주정치의 영역으로 전환시킬 수 있게 될 것이다.

④ **대외관계의 변화** 통일문제는 시시각각의 변화를 겪게 될 것이지만, 남북 간의 전쟁억제와 통일성취가 머지 않은 장래에는 여전히 커다란 현안으로 남게 될 것이다. 국제적 개방화는 가속될 것이며, 국제관계에 있어서 상호의존도는 높아지고 국가이익을 위한 협력과 경쟁의 이합집산은 더욱 활발해질 것이다. 국제협력관계는 한층 더 다변화될 것이며, 국제사회에서 우리나라의 위상은 높아질 것이다.

⑤ **행정의 역할기대 변화** 민간화 · 정치화의 영역을 넓히고 작은 정부를 추구해야 한다는 요청이 커질 것이다. 행정의 간여 범위를 감축하면서도 다른 한편으로는 고급화되어가는 행정수요에 대응하여 행정서비스의 고품질화를 위해 힘써야 할 것이다.

⑥ **정치적 난제** 급속한 변화의 과정에서 정치체제는 여러 가지 어려움에 봉착할 것이다. 경제적 고도성장이 남긴 후유증과 부작용에 대응하는 문제, 사회의 원심적 · 분리적 경향에 대처하는 문제, 사회적 갈등을 조정 · 통제하는 문제 등이 정치체제에 커다란 부담을 줄 것이다.

그런가하면 대내적 분권화와 대외적 세계화는 전래적인 정치권력의 장악력을 약화시킬 것이다. 정치권력에 의한 집권적 · 계서적 통제는 분권화와 다원화에 따른 조정적 · 협동적 통제에 자리를 많이 양보해야 할 것이다. 그러한 전환과정에서 과도기적 혼란을 겪게 될 것이다.

제 2 편
행정조직

행정은 거대한 조직이 수행한다. 행정조직은 다른 어떤 조직과 마찬가지로 구조를 가지고 있다. 조직의 구조란 조직구성원들의 유형화된 교호작용을 의미한다. 사람들의 행동 또는 사람들이 꾸미는 일의 지속적인 양태가 구조를 형성한다. 조직의 구조는 인간의 교호작용에 일정한 질서 또는 유형이 생길 때 나타나는 현상이다. 조직의 구조는 일련의 요인들이 서로 영향을 미치는 가운데 엮어진다. 조직의 구조에는 공식적인 측면과 비공식적인 측면이 있다.

제2편에서는 행정조직의 여러 문제들 가운데서 우선 구조적 측면에 초점을 맞추고 우리 정부의 행정기구에 대해 설명하려 한다. 행정기구는 중앙행정기구와 지방행정기구라는 두 가지 범주로 크게 나누어 볼 수 있다. 여기서는 중앙행정기구와 그 연장이라고 할 수 있는 특별지방행정기구, 그리고 중앙과 지방에서 함께 볼 수 있는 공기업과 위원회형 조직에 대해 설명하고 지방자치행정기구는 제9편에서 지방자치를 논의할 때 함께 다루려 한다.

먼저 중앙행정기구의 중심에 있는 중앙행정기관에는 어떤 것들이 있는지 알아보고, 중앙행정기구의 개혁과제, 중앙과 지방의 관계, 특별지방행정기관, 공기업, 위원회형 조직에 대해 차례로 설명하려 한다. 그리고 작은 정부론, 전자정부론, 열린 정부론은 오늘날 행정조직개혁의 중요한 가이드라인으로 부각되어 있으므로 그에 대해서는 따로 설명하려 한다.

Ⅰ. 중앙행정기구

1. 중앙행정기관의 종류

행정체제의 구조적 골격을 구성하는 행정기관들의 전체적인 배열을 여기서 행정기구(行政機構: administrative machineries)라 부르기로 한다. 행정기구는 국가의 행정을 수행하는 기관적 기초이다.

중앙행정기구의 최상층구조는 행정부 수반인 대통령과 그를 보좌하는 국무총리, 그리고 국무회의로 구성되어 있다. 이러한 최상층구조 밑에 중앙행정기관이 있다. 중앙행정기관은 중앙행정기구의 기본적인 부분이다. 다음에 중앙행정기관과 그 하부 조직의 종류를 알아보기로 한다.

1) 종 류

중앙행정기관은 대외적으로 의사표시를 할 수 있는 권한을 가진 행정관청이라는 성격을 지닌 조직들이다. 중앙행정기관의 종류에는 원·부·처·청·외국, 그리고 행정위원회와 같은 합의제조직이 있다.

(1) 행정각부　　중앙행정기관의 중심을 이루는 것은 행정각부(行政各部)이다. 부(部)라 통칭되는 중앙행정기관뿐만 아니라 그에 준하는 지위를 가진 원(院)이나 처(處)도 행정각부에 포함시킨다.

(2) 외국·청　　외국(外局)과 청(廳)은 행정각부에 소속하는 조직이다. 청은 보조기관인 국의 경우보다 업무량이 많고 어느 정도 독자적인 업무수행이 필요한 때 설치한다. 청은 대외적 의사표시가 가능한 관청이다. 외국은 청의 축소모형이라 할 수 있다. 보조기관인 내국(內局)보다는 큰 자율성을 누리며, 행정관청적 작용을 한다.

(3) 합의제관청　　중앙이나 지방의 행정기관에는 그 소관사무를 어느 정도 자율적으로 수행할 수 있게 하기 위하여 행정위원회(行政委員會) 등 합의제 행정기관을 두고 있다. 위원회형 조직에 대해서는 뒤에 따로 설명할 것이다.

2) 하부조직

행정기관의 기관장 밑에 배열된 내부조직 또는 하위조직들을 법령에서는 보조기관, 보좌기관, 그리고 부속기관으로 분류하고 있다.

(1) 보조기관 보조기관(補助機關)은 계서적으로 배열된 직위 또는 역할들을 지칭하는 것이다. 이들은 기관장에 소속된 계선조직을 구성한다.

행정기관에 소속된 보조기관들은 차관, 차장, 실장, 본부장, 국장(또는 부장), 팀장, 과장 등이다.

(2) 보좌기관 보좌기관(補佐機關)은 참모조직의 성격이 강한 조직단위 또는 직위로 설치된 것이다. 그러나 제도의 본래적 취지와는 달리 시행과정에서 계선화되는 왜곡현상이 나타나 있다. 보좌기관에는 1급인 차관보와 2급 또는 4급인 담당관들이 있다. 고위공무원단제도 출범 이후에는 계급은 없고 직무등급만 있는 고위공무원을 보좌기관으로 임용할 수 있게 되었다.

(3) 부속기관 부속기관(附屬機關)은 행정기관에 소속된 시험연구기관, 교육훈련기관, 문화기관, 의료기관, 제조기관, 자문기관 등을 지칭한다.

2. 중앙행정기구의 구조적 문제와 개혁방향

1) 구조적 문제

우리 정부의 중앙행정기구는 전근대적 전통과 개발연대의 산업화관료제적 전통을 물려받았다. 그 위에서 시대적 요청에 따른 변혁을 겪고 있으나 아직은 낙후된 과도체제의 성격을 가지고 있다. 우리 행정기구의 특성과 문제들을 보면 다음과 같다.

(1) 거대한 규모 행정기구는 거대정부의 특성을 반영하고 있다. 시장과 민간의 자율능력을 불신하고 정부가 계획하고 통제하며 직접간여를 강화하던 시대의 구조형성 원리에 묶여 거대규모를 유지해 왔다. 작은 정부를 구현하겠다는 공식적 선언과 간헐적 기구감축노력에도 불구하고 규모팽창추세를 효과적으로 억제하지 못한 전력을 가지고 있다.

(2) 기능분립형 구조 구조형성에서 기능분립의 원리를 답습하고 있다. 같은 종류의 기능으로 조직단위를 형성해야 한다는 원리에 따라 기능구조들을 분할 또는 분립시키고 있다. 기능구조들 사이의 횡적 연계는 취약하다. 일의 흐름을 중시하는 개혁조치들은 실효를 거두지 못하고 있다.

(3) **집권적 구조** 집권화 구조의 기본체제를 유지하고 있다. 기능분립적 구조는 계서적(階序的) 통제에 의해 지휘·조정될 수밖에 없기 때문에 집권화는 우리의 전통이다.

그러나 민주화·지방화의 요청이 커지면서 집권적 구조의 집권적 통제능력은 많이 약화되었다. 이러한 현상은 구조상의 형식주의를 심화시키고 정부활동 조정실패라는 과도적 혼란을 빚고 있다. 기능분립적 구조들의 자율적 조정·협동능력은 성숙되지 않았는데 그들을 조정해 줄 중앙통제력은 내실을 잃어가기 때문에 그러한 현상이 빚어진다.

(4) **고층의 구조** 전형적인 관료적·계서적 구조의 특징인 고층의 피라미드형 구조가 기본적 양태로 되어 있다. 이것은 행정농도가 아주 진한, 즉 관리계층의 규모가 아주 큰, 낭비형의 구조이다. 그리고 관료적 제국건설을 조장한다.

(5) **구조적 경직성** 구조적 경직성은 우리 행정기구의 오래된 전통이다. 구조적 경직성 때문에 격동하는 상황의 요청 그리고 적시성의 요청에 제대로 부응하지 못한다. 변화에 대응하려는 구조개편은 저항적 요인들 때문에 균형을 잃을 때가 많다. 구조개혁의 시도에서도 경직성·획일성을 드러낼 때가 많다.

(6) **지방화에 대응한 조정의 부진** 행정구조가 지금 닥쳐오고 있는 정보화·세계화·민간화의 물결에 제대로 대처하고 있는 것은 아니므로 그 방면의 개혁도 서둘러야 할 것이다. 그러나 지방자치라는 가시적 제도가 시행되고 있음에도 불구하고 행정구조가 그에 대응하는 조정을 이루지 못하고 있는 것은 가장 큰 문제이다. 중앙집권적 정책조정을 충실히 해내지도 못하면서 집권화 구조를 제대로 고치지 못한 것이 혼란의 근원일 수 있다.

행정기구의 부정적 요소들을 개혁하려는 노력과 그 효과가 없었던 것은 아니다. 특히 최근 일련의 개혁사업은 반전통적 색채를 강하게 나타내고 있다. 행정기구를 다원화·연성화·협동화하려는 반전통적 개혁노력의 영향은 부인할 수는 없다. 그러나 반전통적 개혁조치들 가운데는 실험적인 수준을 넘어서지 못하거나 정착이 의심스러운 것들이 많다.

2) 구조개혁의 방향

격동하는 환경에 대처해 나가려면 전통적 관료제를 유기체화하는 여러 방면의 노력이 경주되어야 한다. 행정기구 개혁의 기본노선을 다음과 같이 생각해 볼 수 있다.

(1) **구조의 조정과 감축** 행정수요의 변화와 행정역할에 대한 기대의 변화에 부응하여 행정기구를 적시성 있게 조정해야 한다. 새로운 행정수요의 발생 또는 증가에 대응하기 위해 기구를 확대해야 할 경우도 흔히 있게 될 것이다. 그러나 앞으로 상당한 기간 기구감축의 요청이 더 클 것이다. 보다 나은 행정봉사에 대한 수요 특히 질적 수요는 늘어나면서도 기구감축에 대한 압력은 커질 것이다.

새로운 수요에 대응한 기구확대의 경우에도 비효율적 팽창은 억제해야 한다. 특히 고위관리기구와 직위의 신설이나 팽창을 억제하여 행정농도의 심화를 방지하고 행정의 경제를 도모해야 할 것이다. 앞으로 많은 노력을 경주해야 할 부문은 낡은 기구의 폐지·개조이다. 임무를 다했거나 유명무실한 낡은 행정기구는 신속히 폐지하거나 다른 목적에 전용할 수 있도록 개편해야 한다. 유사 중복기능을 수행하는 조직들은 통폐합해야 한다. 이러한 아유가 아니더라도 경비절감을 위해 필요하고 가능하면 기구축소를 단행해야 한다.

기구축소를 포함하는 작은 정부의 구현에 대해서는 뒤에 설명할 것이다.

(2) **구조분화의 개혁** 분화·다양화되어 가는 행정환경과 행정수요에 대응하여 개별적인 역할담당자들의 전문화, 합리적인 업무배분, 조직단위들의 분화, 분권화 등에 관한 기본전략을 세워 구조적 분화를 바람직한 방향으로 유도해야 한다. 그러나 분화를 촉진한다고 해서 직무분할만을 강조하거나 조직단위들의 기능적 분립을 조장해서는 안 된다.

직무의 분화에서는 일의 의미를 손상시키지 않아야 한다. 분화된 직무의 설계에서는 업무완결도를 높이고 '심리적 영양소'를 늘려 일의 의미와 보람을 찾을 수 있게 해야 한다.[1)]

조직단위의 분화에 있어서는 기능의 동질성보다 일의 흐름을 중요시 해야 한다. 유사하거나 깊이 연관된 업무의 인위적 분할 등 일의 원활한 흐름을 저해하는 기능배분, 책임과 권한을 괴리시키는 분업, 역할모호성과 책임회피를 유발하는 기능배분, 복합민원을 야기하는 등 국민에게 불편을 주는 기능배분, 그리고 바람직하지 못한 갈등을 야기하는 기능배분은 억제 또는 시정해 나가

1) 업무완결도란 일을 온전히 마무리할 수 있는 책임과 권한의 범위를 지칭한다. 직무의 심리적 영양소란 직무만족을 느낄 수 있게 하는 직무특성을 말한다.

야 한다.

(3) **통합성의 제고** 분화는 통합을 전제로 해야 한다. 행정체제의 분리·와해를 막고 모든 구성요소가 전체 목표에 귀일되도록 통합장치를 발전시키는 과제는 분화가 촉진되고 환경적 격동성이 높아질수록 더욱 중요해진다. 집권적·명령적 통제시대의 통합구조는 민주화·분권화의 시대에 적합하도록 개편되어야 한다.

관리지향의 통합성을 높이고 조직단위 간의 협력관계를 강화하는 개혁을 꾸준히 해야 할 것이다. 통합을 촉진하는 과정에서 전통관료제의 집권적 통제가 비대해지는 것은 막아야 한다. 조직단위들의 자율성을 높여주면서 동시에 조직의 통합성을 향상시키는 협동적 조정체제를 발전시켜야 한다. 계서적 통제를 줄이면서도 조직단위 간의 협동적인 관계를 강화하려면 다양한 연결침과 네트워크를 구축해야 한다.[2] 그리고 사람들이 각 영역에서 갖는 경계관념을 완화해야 한다.

행정기관들의 할거주의를 억제하기 위한 협의·연락구조를 내실화하여야 한다. 기관 간의 협조체제를 강화하기 위해서는 인사교류와 파견근무제를 확대활용하고 통합적 정보관리를 촉진해야 할 것이다. 그리고 행정기관 간의 부정적 갈등상황을 제거해야 한다.

(4) **분권화·저층구조화** 분권화·협동화를 위한 행정개혁은 계속해야 한다. 업무의 하부 위임을 지속적으로 추진하고 관리단위의 하향조정을 촉진하여 행정농도를 낮추어가야 한다.

그리고 구조의 저층화를 촉진해야 한다. 통솔의 범위는 넓히고 행정계층의 수는 줄이는 저층구조화를 지향해야 한다. 조직을 저층구조화하는 것은 분권화·협동화를 촉진하는 전제가 될 뿐 아니라 경비를 절감하고 서비스를 개선하며 조직 내의 민주화를 촉진한다. 저층구조화는 조직의 적응성을 높이는 데도 기여한다.

분권화 노력의 일환으로 지위체제와 권한체제의 경직성을 완화하고 임무중심주의적인 업무관계의 발전을 촉진해야 한다.

(5) **구조의 적응성 제고** 구조의 적응성·융통성을 높여야 한다. 기술

---

2) 여기서 말하는 연결침(linking pin)이란 상급집단과 하급집단에 중첩적으로 소속하여 집단 간의 조정임무를 수행하는 사람을 지칭한다. 중첩적으로 소속한다는 말은 상급집단에는 부하로, 하급집단에는 상관으로 참여한다는 뜻이다.

진보와 행정수요의 변화에 적시성 있게 대응하는 기구개혁을 단행해야 한다. 그리고 행정체제의 적응부문을 주도할 연구개발구조와 같은 개혁문제인지구조를 강화하고 개혁의 확산을 지원해야 한다.

구조의 경직성을 타파하려면 전통적 구조설계에 많은 수정을 가해야 한다. 사업과 문제를 중심으로 한 유기적 구조의 기동성 있는 활용을 늘려야 하며 협동적인 작업집단 발전을 위해 노력해야 한다.

복합구조와 같은 구조적 쇄신도 필요에 따라 도입해야 한다. 행정서비스 구조를 소규모화하여 인간적이고 대응성 높은 서비스 전달을 실현하는 방안도 강구하여야 한다. 상황적 요청에 따라 조직설계를 달리하는 다원조직제의 발전을 용인하거나 유도해야 한다.[3)]

(6) 중앙과 지방의 역할분담 조정 지방자치시대의 요청에 맞게 중앙행정업무의 지방위임을 확대하고, 위임업무의 자치단체 고유사무화를 점진적으로 추진함으로써 행정의 현지성 · 능률성 · 봉사성을 높여야 한다. 지방자치단체에 대한 예산 · 인적자원 · 권한 등 자원의 배분을 확대함으로써 책임과 자원의 괴리가 일어나지 않도록 하여야 한다.

특별지방행정관서들의 기능을 수요에 맞게 그리고 적시성 있게 조정해야 한다. 특별지방행정관서들이 수행해 오던 지방적 업무는 점차 지방자치단체에 이관해야 한다.

(7) 정보관리구조의 개혁 행정기구를 정보화의 요청에 대응시켜 나가야 한다. 특히 통합적 정보관리체제를 조정할 조직을 발전시켜 나가야 한다. 정보관리의 중앙기구 · 거점기구 그리고 이들을 연결하는 전산망에 의한 정보관리의 통합성과 분권성을 적절히 조화시킬 수 있는 조직의 능력을 신장해야 한다. 정보공유와 정보의 원활한 유통을 촉진할 수 있도록 조직을 개혁해야 한다. 정보관리의 보안유지와 정보오용 방지를 위한 여러 가지 구조적 장치를 발전시켜 나가는 과제도 중요한 것이다.

---

3) 복합구조(주형구조; 행렬구조: matrix structure)는 사업구조와 기능구조를 결합시긴 혼합구조이다. 기능구조는 구성원들을 식업분야별로 집단화한 계서적 구조이다. 사업구조는 기능구조의 소속원을 차출하여 구성하는 사업수행구조이다.

다원조직제(multi-organizational arrangement)는 필요에 따라 여러 조직들의 구성양태를 다양화하는 제도이다.

II. 중앙행정기구와 지방행정기구의 관계

지방자치실시와 함께 커지고 있는 지방화의 요청에 부응하여 중앙행정과 지방행정의 관계를 획기적으로 개편하여야 한다. 오랜 역사를 통해 중앙집권의 체제를 구축해 왔으므로 장차의 개편방향은 분권화일 수밖에 없다. 지방행정의 의미, 중앙행정과 지방행정의 관계, 집권화의 원인과 분권화의 요청, 기능조정의 원리, 지방분권화의 추진전략을 차례로 논의하려 한다.

1. 지방행정이란 무엇인가?

1) 지방행정의 정의

지방행정은 지방 또는 일선에서 행해지는 행정으로서 지방자치단체의 행정뿐만 아니라 국가의 일선행정까지도 포함한다. 한 나라의 행정체제에 포함되는 지방부문 또는 일선부문이 지방행정이라고 말할 수도 있다. 중앙행정의 의미와 대칭적으로 이해되는 지방행정의 구체적인 기능은 나라마다 정치체제의 성격이나 사회적 · 경제적 요청이 다름에 따라 달라질 수 있다. 특히 지방자치가 본격적으로 실시되고 있느냐의 여부는 지방행정의 성격에 많은 영향을 미친다.

그러나 현대국가의 지방행정이 수행해야 할 공통적 기능의 기본 요소를 전혀 확인할 수 없는 것은 아니다. 그 주요기능을 보면 다음과 같다.

① **정부산출의 전달체제** 현대 민주국가에서 지방행정은 공공부문 산출의 행동지향적 전달체제로서 핵심적인 역할을 수행하도록 되어 있다. 국민(주민)과 직접 교호작용하는 행정의 현장에서 공공부문의 산출을 전달하고 행정봉사를 실행에 옮기는 국가의 행동수단이 지방행정인 것이다.

② **요구와 지지의 투입통로** 지방행정은 또한 행정체제에 대한 국민의 요구와 지지 등 투입을 감지하고 받아들여 처리하는 투입통로로서의 역할을 맡아야 한다. 지방행정은 환경으로부터의 투입을 능동적으로 동원하기 위하여 스스로 감응성을 높여야 하며 주민참여를 촉진하고 각종 이익집단을 발굴 · 활성화하는 등의 적극적 역할을 맡아야 한다.

③ **주민중심의 행정조정** 지방행정은 행정이 지방적 조건과 요청에 부합되도록 조정하는 지역행정 중추로서의 기능을 수행해야 한다. 지방행정은 모든 분야에서 주민의 자율적 결정과 선택을 촉진함으로써 주민에 의한 선택의 폭을 넓히도록 힘써야 한다.

④ **전국적 행정체제 내의 연결침** 지역마다 고유한 주민의 요청에 부응하는 지방행정의 실현이 매우 중요하지만 그러한 기능의 수행만으로 지방행정의 역할이 다 되는 것은 아니다. 지방행정은 전국적인 행정체제 안에서 행정적·사회적 세력을 통합하는 연결침으로서의 기능을 발휘해야 한다. 지방적 행정수요를 행정체제 전반의 산출과정에서 조화시키고 체제통합에 필요한 범위 내의 통일적 행정서비스를 지방마다의 행정여건 속에서 무리없이 전달해야 하는 것이다.

2) 우리나라의 지방행정

우리나라 지방행정체제의 전반적인 구조는 일제치하에서 형성되었으며 아직도 전통적인 골격을 유지하고 있다. 지방행정체제에 대한 기능배분에 있어서도 낡은 요소를 많이 발견할 수 있다. 1960년대 이후 발전행정의 시대가 열리면서 발전행정을 위한 행정발전 내지 행정개혁의 노력도 병진되어 왔다. 지방자치 활성화를 위한 근래의 개혁노력도 어느 정도의 성과는 거두고 있다.

그러나 행정체제의 전통적 성향을 근본적으로 개조하는 일은 아직까지 해내지 못하였다. 그리고 그 동안의 점진적인 행정개혁사업에서나마 우선적인 주의와 자원배분을 받아 온 것은 중앙행정체제이다. 특히 중앙행정체제의 관리기능 부분은 집중적인 주의를 받은 바 있다. 반면 지방행정체제는 발전사업의 전달체제로서 힘겨운 일을 맡아 왔음에도 불구하고 지방행정체제 자체의 발전을 위한 투자에 있어서는 항상 뒷전에 서왔다. 따라서 지방행정체제는 전국적인 행정체제 속에서 낙후된 부문으로 되었으며 관료적 경직성이 높은 전통적 행정모형의 특성을 더 많이 지니고 있다.

2. 중앙행정과 지방행정의 연계성과 역할분담

지방행정체제와 중앙정부의 행정체제는 함께 국가행정체제를 구성하는 하위체제들이다. 따라서 양 하위체제는 서로 긴밀한 연관을 맺고 끊임없는 교호작용을 하게 되어 있다. 그러한 연관적 교호작용은 원활하고 효율적이어야 하며 국가행정체제 전반의 목적과 나아가서는 국가의 목적에 최대의 기여를 할 수 있어야 한다. 그것이 가능하려면 중앙정부와 지방행정체제 사이의 상호관계와 기능배분이 적정해야 한다.

지방행정체제와 중앙정부가 서로 무관하게 고립적으로 존재하는 것이라면 그들 사이의 관계를 어떻게 설정할 것이며 그들 사이의 기능배분을 어떻게 해야 할 것인가 하는 복잡한 문제는 제기되지 않을 것이다. 서로 관계가 있기 때문에 어떻게 일과 자원을 나누어 가질 것인가 하는 문제가 중요해지는 것이다. 중앙과 지방 사이의 기능을 배분한다든가, 기능배분을 재조정한다든가 하는 문제를 생각할 때는 항상 대립적인 관점이 아니라 하위체제들 사이의 포괄적 연관성을 확인하고, 또 중요시하는 관점에서 문제를 바라보도록 해야 할 것이다. 대립적인 관점에서 문제를 해결하려 할 때는 일이 쉽지만 포괄적 연관성을 확인하는 관점에서 문제를 해결하려 할 때는 일이 그리 쉽지 않다.

중앙행정과 지방행정의 관계를 설정하는 데 관련하여 핵심이 되는 쟁점은 중앙적 기능과 지방적 기능을 구분하는 문제, 그리고 집권화 또는 분권화의 수준을 결정하는 문제이다. 다음에 이 두 가지 문제를 논의하려 한다. 집권화·분권화 문제의 고찰에서는 지방분권화 촉진방안에 초점을 맞추려 한다. 지방분권화 촉진은 지금 우리 행정개혁의 중요 현안이기 때문이다.

3. 중앙·지방 간의 기능배분

우리나라에서 행정체제 전반의 기능을 재배분하고 중앙행정과 지방행정의 관계를 재정립하려 할 때 고려해야 할 요인 내지 기준을 다음에 생각해 보기로 한다. 그리고 중앙적 업무와 지방적 업무를 예시하려 한다.

1) 기능배분의 기준

중앙과 지방의 기능배분을 적정화하려면 중앙행정체제가 맡아해야 할 일이 무엇이며 지방행정체제가 맡아해야 할 일이 무엇인가에 관하여 일반적인 합의를 형성하고 그것을 명확하게 정의해야 한다. 여기에는 기능배분을 인도할 원리와 기준이 있어야 한다.

무엇이 국가사무이며 무엇이 지방사무인가, 무엇이 전국적 이해관계가 있는 사항이며 무엇이 지방적 이해관계에 국한되는 사항인가, 무엇이 중앙의 통합관리를 필요로 하는 사항이며 무엇이 지방의 현장에서 해결해야 할 사항인가 등을 결정하는 기준의 적합성은 물론 상황에 따라 달라질 수 있다. 일반적인 성격의 기준도 결코 보편적일 수 없지만 오늘날의 시대정신에 비추어 타당한 것으로 보이는 일반적 기준 내지 고려요인을 제시해 보려 한다.

중앙과 지방의 행정기능 배분에서 고려해야 할 일반적인 기준은 다음과 같다.

(1) 책임성과 효율성 행정책임을 명백히 하고 행정의 효율화를 도모할 수 있어야 한다. 지방과 중앙의 행정업무 분담이 행정의 책임을 모호하게 하거나 책임회피의 구실을 만들어 주어서는 안 된다. 그리고 국민에 대한 행정봉사의 효율화를 저해하여서도 안 된다.

책임회피나 효율성 저해를 막으려면 유사하거나 유기적으로 연관된 업무를 인위적으로 분할하여 갈라 놓는다든지 일의 원활한 흐름을 해치면서까지 무리한 기능배분을 하는 사례가 없도록 해야 한다. 책임과 권한을 괴리시키는 업무분담은 없도록 해야 한다. 기능배분이 복합민원을 야기하거나 기타 주민의 편익을 해쳐서도 안 된다. 그리고 기능배분이 바람직하지 못한 갈등을 조장해서도 안 된다.

(2) 현지성과 민주성 행정의 현지성(현지적합성 또는 현장적합성)과 민주성을 높일 수 있어야 한다.

집행적 성격을 가진 행정업무는 최대한 지방행정에 이관하여 행정봉사의 상황적합성을 높여야 한다. 주민의 선택폭을 넓히고 주민의 자치능력을 배양하는 데 필요한 업무는 원칙적으로 지방행정에 넘겨주어야 한다.

행정의 현지성과 민주성을 높이기 위해서는 지방행정의 집행기능뿐만 아니라 현지적인 행정에 관한 계획 및 정책기능도 강화해야 한다. 정책개발·사업계획 기능이 중앙에만 너무 편중되어서는 안 된다. 지역의 특수성을 감안한 지방행정의 자율적 개발능력을 함양하는 것은 매우 중요한 과제이다.

(3) 전국적 통합성과 규모의 이익 정부의 전국적 통합성과 규모의 이익을 고려하여야 한다.

지방행정의 자율성 강화가 요청되고 있지만 이와 같은 요청의 충족이 지방행정단위들의 분리나 전국적인 행정체제의 와해를 초래해서는 안 되는 것이다. 그러므로 중앙행정은 전국적 행정의 통합조정 기능을 보유하여야 하며 외교 · 국방 등 국가의 고유기능과 체제의 통합 및 지역 간의 형평유지에 필요한 기능을 직접 수행하여야 한다.

사업의 규모로 보아 국가적인 간여가 필요한 것은 중앙행정이 맡을 수밖에 없을 것이다. 대규모의 개발사업 시행에 관련하여 중앙정부가 직접 나설 일이 많겠지만 중앙정부의 간여가 주로 사업의 규모 때문인 경우에는 계획과 집행의 과정에 관련된 지방정부의 참여를 확대해야 할 것이다.

(4) 기초단체의 우선 지방행정에 대한 기능배분에 있어서는 될 수 있는대로 기초적 자치단체를 우선시켜 지방자치의 발전을 도모하고 지방행정의 종합성을 보장할 수 있도록 해야 한다.

2) 중앙적 업무와 지방적 업무의 예시

위의 기준을 고려하여 중앙행정이 담당하여야 할 업무와 지방행정이 담당하여야 할 업무의 일반적 범주들을 생각해 볼 수 있다.

(1) 업무영역 구분 중앙행정체제가 주된 책임을 져야 할 임무의 예로 i) 외적의 침입을 막고 국가공동체의 대내적 질서를 유지하는 일, ii) 국제사회에서 자국의 위치를 안전하게 유지하는 일, iii) 국가적 시설과 사업을 관리하는 일, iv) 사회세력의 전반적인 재편과 그에 따른 갈등을 해소하고 국민적 통합성을 유지하는 일, v) 국가발전계획을 입안하고 그 집행을 지원하는 일, vi) 전국적인 규모의 자원을 동원하고 배분하는 일을 들 수 있다.

이와는 달리 지역사회개발 업무나 이른바 현지성 내지 국지성이 높은 업무는 지방행정체제가 원칙적인 책임을 져야 할 것이다.

(2) 업무영역 내의 역할 분담 중앙 또는 지방에서 주된 책임을 져야 하는 업무영역의 구분이 있는 경우에도 중앙행정체제 또는 지방행정체제가 다른 한 쪽을 무시하고 고립적으로 수행할 수 있는 것은 아니다. 그 밖의 영역에서는 지방과 중앙이 함께 참여해야 한다는 관계가 더욱 뚜렷해진다. 따라서 동일한 활동영역 내에서 다시 기능배분을 해야 하는 문제가 제기된다. 이때에는 i) 일반성, ii) 전국적 통일성, iii) 규모의 이익, iv) 현장성의 원리, v) 지방의 자율성, vi) 고객의 편의 등이 업무배분의 기준으로 될 수 있을 것이다.

중앙행정체제는 i) 전국적 통일성 확보가 필요한 업무의 일반적 기준과 시행의 기본방향을 제시하는 일, ii) 규모의 이익을 노려야 할 대규모의 사업을 시행하는 일, iii) 고도의 전문인력을 필요로 하는 기술업무를 집중적으로 처리하는 일, iv) 전국적인 행정정보를 통합적으로 관리하는 일, v) 지방행정의 발전을 촉진하기 위하여 기술·지식을 제공하는 일, vi) 지역적 격차를 해소하기 위해 자원배분을 조정하는 일 등을 주관하여야 할 것이다.

이 밖에 지역적으로 국한된 문제에 관해서는 지방행정체제의 자율에 맡겨야 할 것이다. 중앙과 지방이 긴밀히 연계된 영역에서도 구체적인 집행문제는 지방행정체제에 대폭 위임함으로써 현지적 적응성과 민주성 및 능률성을 높이고 주민의 편의를 도모해야 할 것이다.

4. 지방분권화

앞에서 지방분권화의 촉진은 우리나라 행정개혁의 중요 의제임을 지적하였다. 이 항에서는 지방분권화 추진전략을 논의할 것이다. 먼저 집권화의 원인과 폐단을 알아보고 분권화를 촉구하는 여건변화를 검토한 다음 지방분권화의 전략적 요건 또는 분권화 성공의 조건을 설명하려 한다.

1) 집권화의 원인

(1) 역사적 유산 우리는 중앙집권적 행정체제의 오랜 전통을 물려받았다. 조선왕조까지의 전제적 중앙통제행정과 일제하의 중앙집권통치는 관료적 집권주의를 체질화하는 데 충분한 유산을 남겼다. 그리고 1960년대로부터 시작되었던 발전행정의 원리와 성향 그리고 실천전략은 중앙집권화의 경향을 크게 강화하였다. 발전행정의 원리는 중앙집권적 계획하에 일사불란하게 움직이는 중앙영도형 행정체제를 강화하는 정당화 근거가 되었다.[4)]

(2) 행정체제 내외의 여건변화 행정의 전문화, 통신기술의 발달, 국토의 공간적 거리 단축, 정부예산의 팽창, 행정활동의 통일성 추구 등은 행정의 집권화를 가속시켜 왔다.

그리고 행정팽창이 되풀이되면서 행정의 새로운 영역이 개척되거나 기존의 어떤 영역들이 새로운 강도의 중요성을 인정받게 되는 일이 많았는데 그

4) 발전행정(개발행정: development administration)은 발전도상국에서 행정체제(정부관료제)가 국가발전을 앞장 서 이끌고 관리하며, 그러한 일을 잘 하기 위해 행정체제 스스로의 발전도 추구하는 현상이다.

때마다 전문가들이나 일반국민은 보다 높은 계층에서 그와 같이 중요한 문제를 관장해 주기를 기대하였다. 그에 대한 의사결정권이 보다 상위계층으로 이전되면 집권화가 초래된다.

(3) **권력추구욕** 중앙행정기관 특히 최상계층 관리자들의 권력추구욕도 집권화의 요인으로서 빼놓을 수 없는 것이다. 대개 어떤 행정체제하에서나 특정한 활동영역에서 집권화된 의사결정권을 행사하도록 설립된 상급조직은 보다 많은 권력을 행사하기 위해 다른 영역에까지 관할권을 확대시키려는 경향을 보인다.

(4) **모 방** 단순한 모방에 의해 집권화가 진행되기도 한다. 어떤 한 영역에서 집권화가 이루어지면 다른 영역에서도 이를 모방할 가능성이 크다.

(5) **악순환** 중앙행정과 지방행정이 한 덩어리로 뭉쳐 집권화된 관료체제를 형성하면 집권화의 악순환이 진행된다. 집권화된 관료제의 집권화 추구는 그 관성이라 할 수 있으며, 집권화체제는 다시 집권화를 실현할 수 있는 힘을 제공하기 때문이다.

2) 집권화의 폐단

전통적 요인과 발전행정에 부수하는 요인 등이 상승작용하여 과도한 중앙집권화를 초래하였으며 과도한 집권화는 여러 가지 폐단을 수반하였다.

(1) **지방행정 발전 저해** 중앙집권화는 지방행정의 발전을 저해하였다.

오랫동안 중앙행정체제는 행정개혁사업 등에서 우선적인 주의와 자원배분을 받아왔다. 지방행정체제는 그 자체의 발전을 위한 관심과 투자에 있어서 항상 뒷전에 서 왔다. 결과적으로 지방행정체제는 국가전반의 행정체제 내에서 낙후된 부문으로 처지게 되었다.

이러한 결과는 중앙행정에도 지장을 주게 된다. 지방행정체제는 중앙에서 결정하는 사업의 집행수단 또는 전달체제로서의 역할도 수행해야 하는데 그것이 무능하면 중앙행정도 타격을 받는다.

(2) **비창의적 · 의존적 지방행정** 지방행정의 창의적 능동성을 저해하고 번문욕례를 조장하였다. 중앙에 의한 획일화된 통제와 지나친 간섭은 형식주의와 무사안일주의를 만연시키고 지방행정의 능률을 저하시켰다. 지방공무원들의 위만 쳐다보는 의존적 행태와 열패감을 키워 왔다.

(3) **군림적 행태의 파급** 중앙행정의 지방행정에 대한 군림자세는 지

방행정에도 투사되어 지방행정의 대민군림자세를 키워 왔다. 위에서부터 말단에 이르기까지 차례로 위에 대해서는 약하게 굴복하고 아래에 대해서는 강하게 군림하는 풍토를 조성하였다.

(4) 지방자치 기반의 약화 중앙집권적 행정성향은 지방행정체제의 민주적 역량성장을 저해하고 지방자치의 기반을 잠식하였다.

3) 분권화의 요청

우리나라에서 급속하게 진행되고 있는 공·사부문의 여건변화는 중앙집권의 폐단을 더욱 부각시키고 분권화의 요청을 증폭시키고 있다.

분권화를 재촉하는 여건변화의 주요 국면을 보면 다음과 같다.

(1) 민주화의 촉진 민주화에 대한 국민의 기대수준 향상은 지방화시대를 열어가는 데 원동력이 되고 있다. 지방자치가 본 궤도에 진입함에 따라 대폭적인 지방분권화는 이제 불가피한 것이 되어가고 있다. 민주주의적인 정치이념이 생활화되고 평등주의적인 가치관이 정착되면 지방행정과 중앙행정의 관계에 있어서뿐만 아니라 조직사회 전반에 걸쳐 민주화 내지 분권화가 촉진되지 않을 수 없다.

(2) 공공서비스 개선에 대한 요청 보다 나은 공공부문의 서비스를 바라는 국민의 요구와 기대는 날로 커질 것인데 이러한 요구도 분권화를 촉구하는 요인이 된다. 고객인 국민에게 구체적인 상황에 적합한 서비스를 신속하게 제공해야 한다는 요청은 당연히 행정의 분권화를 촉구한다.

(3) 행정의 복잡성 보다 나은 서비스를 요구하는 국민의 행정수요는 날로 복잡해져 가며 행정이 해결해야 할 문제의 복잡성도 커져가고 있다. 행정의 복잡성 증대는 분권화를 촉구하는 압력을 형성한다. 행정체제가 해야 할 일이 복잡해지고 임무수행의 질적 고도화에 대한 요청이 커지면 모든 것을 중앙에서 거머쥐고 좌지우지할 수 없게 된다. 중앙과 지방이 권한과 책임을 나누고 협력해야 한다.

(4) 지방행정 전문화의 필요성 정보화시대의 요청에 부응하려면 지방행정의 전문화와 기술수준의 고도화를 서두르지 않을 수 없다. 지방행정체제가 사용하는 기술수준이 고노화되고 지방공무원들의 인적 전문화가 촉진되면 이 또한 분권화를 요구하는 압력을 형성할 것이다.

(5) 적응성 향상의 필요성 급변하는 행정여건에 대처해 나가려면 행

정체제의 적응성과 적시성을 한결 높여야 한다. 이러한 요청은 분권화를 재촉하게 된다. 왜냐하면 고도로 집권화된 체제하에서는 행정현장의 변화하는 요청에 따라 행정을 적시성 있게 적응시켜 나가기 어렵기 때문이다.

(6) **탈관료화의 필요성**　　전통관료제의 폐단을 떨쳐버리는 탈관료화, 조직의 인간화, 참여관리, 신뢰관리 등은 오늘날 행정개혁이 추구하는 이상이다. 앞으로 우리나라 행정체제의 안목이 더욱 세계화되고 공무원들의 인적 전문화가 촉진되면 그러한 이상이 우리나라 행정체제 전반에 점증하는 영향을 미칠 것이며, 그 결과는 분권화를 촉진하는 압력으로 나타날 것이다.

4) 성공적인 지방분권화의 요건

분권화는 분리·독립을 의미하는 것이 아니다. 분권화는 중앙행정과 지방행정을 포함하는 전국적 행정체제 내부에서 일어나는 관계조정인 것이다. 분권화는 중앙과 지방의 수권적·기능적 연계를 분권적으로 다시 설정하는 것이다.

지방분권화 추진의 성공요건을 다음과 같이 열거할 수 있다.

(1) **책임과 자원의 부합**　　책임의 위임에는 권한, 인적자원, 재정자원 등 책임수행에 필요한 자원의 위임이 반드시 수반되어야 한다.

분권화는 권력의 위임이라고 말할 수 있다. 그런데 우리나라에서는 분권화라는 명목으로 지방행정체제에 책임만 밀어주고 권한은 중앙에서 거머쥐고 있는 일이 비일비재하였다. 비록 공식적으로는 권한까지 위임한 것처럼 외형이 꾸며져 있는 경우에도 비공식적으로 권력의 중앙집권화 현상은 좀처럼 불식되지 않았다.

앞으로 중앙과 지방의 기능배분관계를 다시 조정하여 분권화를 촉진하려 할 때는 책임과 권한 등 자원이 함께 배분되도록 하여 명실상부한 의사결정권의 위임을 확보해야 할 것이다. 분권화는 힘 실어주기의 수준으로 격상되어야 한다.[5)]

(2) **지방행정능력의 향상**　　분권화에 의해 커진 책임을 감당할 수 있도록 지방행정 전반의 내실 있는 발전을 촉진해야 한다.

그러나 지방행정조직의 과잉팽창이나 관료화의 추세는 억제해야 한다. 중

5) 힘 실어주기(empowerment)는 업무담당자들에게 필요한 권력과 업무수행수단을 제공함으로써 그들의 창의적이고 효율적인 업무수행을 촉진하는 과정이다.

앙에서 지방으로 권한과 책임이 위임된다고 해서 지방부문의 행정구조가 비만해지는 것은 바람직하지 않다.

(3) **고층화의 억제** 중앙과 지방을 연결하는 구조설계에 있어서 고층구조화는 배격하여야 한다. 즉 조직계층의 수를 될 수 있는대로 줄이고 의사전달통로가 짧아지도록 노력해야 한다.

중앙과 지방을 잇는 계층구조를 낮게 만들면 중앙관리층의 기구와 인원을 줄이고 중앙과 지방 사이의 의사전달을 효율화하는 데 기여할 수 있다. 그 효과는 지방분권화의 촉진 내지 내실화로 나타난다.

중앙-지방 연결계층의 저층화와 함께 지방기관들의 분립화 경향을 억제하고 그들의 횡적 조정능력을 향상시켜야 한다.

(4) **임무중심적 관계** 중앙과 지방의 관계는 임무중심주의적으로 설정해야 한다. 즉 일을 본위로 관계설정을 해야 한다. 어느 편에서 어떤 일을 하는 것이 적합하며 또 더 잘 할 수 있는가에 관심을 집중하고 일의 효율적인 성취를 촉진할 수 있도록 중앙과 지방의 관계를 설정하여야 한다. 중앙은 높고 지방은 낮다고 보는 전통적 지위관념이 업무관계 설정에 기초가 되어서는 안 된다.

(5) **지지적 · 협동적 간여** 지방행정체제에 대한 중앙행정체제의 간여는 지방행정체제의 활동을 교란하지 않고 그 자율성을 신장할 수 있도록 개선해 나가야 한다. 중앙과 지방의 관계에서도 참여관리를 실현함으로써 신뢰의 풍토를 조성하고 지방행정체제의 자율능력을 향상시켜야 할 것이다.

지방에 대한 중앙의 간여는 가능한 한 지원적인 것이 되도록 해야 하며, 지방에 대한 간여는 중앙부처 간의 횡적 조정을 거치도록 해야 한다. 중앙에서의 조정실패는 그대로 지방행정에 투사되고 지방행정을 교란하게 된다.

지방에 대한 중앙의 통제가 필요한 경우에도 개별적 사항에 대한 지시 · 명령과 그에 대한 환류를 바탕으로 하는 감독보다는 계획에 의한 통제가 되도록 감독관계를 개선해 나가야 한다. 계획에 의한 통제란 일반기준과 활동목표를 제시해 주고 그에 따른 자율적 집행을 보장하는 통제방식이다. 그러나 자율통제 실패에 대한 중앙통제는 강화해야 한다.

(6) **소비자중심주의의 구현** 관료적 공급자중심주의에서 탈피해 자치시대에 걸맞는 소비자중심주의를 추구해야 한다. 그렇게 하려면 주민(고객)에 의한 공공서비스 선택의 폭을 넓혀가야 한다.

소비자중심주의적 지방행정을 펴 나가려면 지방행정조직들의 주민에 대한 의존도를 높여야 한다. 공공조직의 존속과 활동이 고객들의 지지와 활용에 의존하게 하면 할수록 고객들의 요청에 대한 공공조직의 대응은 민감해지기 마련이다.

(7) 행동자들의 태도변화 의사결정권 또는 권력의 위임은 결국 사람이 주고 받는 일인데 그에 관련된 사람들의 태도가 권력위임에 대해 저항적이라면 분권화는 실효를 거둘 수 없을 것이다. 분권화를 실천하는 공무원들, 행정수반과 입법자들, 그리고 국민의 분권화 친화적 태도가 형성되어야만 지방분권화가 성공할 수 있다.

Ⅲ. 특별지방행정기관

1. 특별지방행정기관이란 무엇인가?

1) 일선행정의 조직방법

중앙행정기관이 집행적 업무분야에서 지방주민에게까지 연결되는 전달체계를 필요로 하는 경우가 있다. 그러한 전달체계(일선기관)를 설정하는 방법은 세 가지로 나누어 볼 수 있다.

첫째, 중앙행정기관의 일선기관을 지방자치단체에 완전히 소속시키는 방법이 있다. 이 경우 해당 분야의 일선업무를 주관하는 중앙행정기관은 지방자치단체의 조직을 빌려서 국가사무를 수행하게 된다.

둘째, 중앙의 일선기관을 지방자치단체에 부속시키되 조직과 인사운용에서 특별한 배려를 함으로써 소속기관에 대한 기능적 독자성을 어느 정도 살리는 방법이 있다. 이 경우 소속기관에 대한 기능적 독자성이 유지되는 만큼 상급기관에 대한 사업상의 기능적 연계는 강화된다.

셋째, 중앙행정기관이 지방자치단체로부터 분리된 직속의 일선기관을 보유하는 것이다. 이러한 일선행정조직을 특별지방행정기관 또는 특별지방행정관서라 한다.

2) 특별지방행정기관의 정의

특별지방행정기관은 특정한 중앙행정기관에 소속되는 지방행정기관이며 그 관할구역 내에서 소속 중앙행정기관의 행정사무를 관장한다. 중앙행정기관은 그 관장업무를 지방에서 처리할 때 전국적인 통일성이 요구되거나 고도의 전문성이 요구된다고 판단되기 때문에 지방자치단체에 위임하여 처리하는 것이 적합치 않다고 판단할 수 있다. 그럴 경우 특별지방행정기관을 설치하는 방법을 쓴다.

특별지방행정기관은 중앙행정기관의 연장이며 일선기관 또는 출장소의 성격을 갖는다. 따라서 소속 중앙행정기관의 직접적인 지휘·명령을 받는다. 특별지방행정기관은 지방자치단체와는 달리 국가사무만을 처리한다. 그리고 중앙에서 결정해 준 정책을 집행하는 업무를 주로 수행한다. 이러한 정의가 포괄하는 특별지방행정기관의 종류는 다양하고 그 존재이유도 다양하다.

2. 특별지방행정기관의 용도와 한계

1) 필요성과 효용

특별지방행정기관의 필요성 또는 그 효용이라고 할 수 있는 것들은 다음과 같다.

① **업무수행의 통일성** 중앙행정기관의 관장업무 가운데서 전국적·전지역적으로 통일적인 업무집행이 필요한 경우 특별지방행정기관을 활용할 수 있다.

② **업무수행의 전문성** 업무수행이 특수하거나 고도로 전문적인 경우 그러한 업무를 주관하는 중앙기관이 일선기관을 설치할 필요가 있다.

③ **광역적 안목** 특정한 행정기능을 광역적인 안목으로 집행해야 하는 경우 중앙직할의 일선기관이 필요하다. 국지적 안목을 갖기 쉬운 지방자치단체에 그러한 광역적 업무를 맡기기는 어려운 것이다.

④ **명령계통 일원화** 명령계통을 일원화함으로써 행정의 효율화를 도모할 수 있다. 중앙기관의 일선업무를 지방자치단체에 위임하여 처리하는 경우 명령계통이 이원화되고 업무를 위탁한 중앙기관의 장악력은 약화된다.

⑤ **수직적 기능분담** 중앙행정기관이 집행부서인 일선기관을 따로이 설치하면 기능분담으로 업무추진을 효율화할 수 있다. 집행적 업무는 특별지

방행정기관에 넘기고 중앙에서는 정책기능 · 기획기능의 수행에 전념할 수 있다.

2) 약 점

특별지방행정기관의 약점은 여러 가지이다.

① **지방자치원리의 침해** 무엇보다 큰 제약점은 특별지방행정기관의 설치가 지방자치의 원리와 마찰을 빚는다는 것이다.

② **행정서비스의 종합성 약화** 특별지방행정기관에 의한 지방업무분할은 지역 내에서 전체적인 행정서비스의 종합성을 해친다.

③ **업무수행의 현지성 손상** 특별지방행정기관의 설치에 의해 통일적 · 광역적으로 행정업무를 수행하면 지방적 조건을 무시해 업무집행의 현지성을 약화시킬 위험이 크다.

④ **정부팽창의 수단** 특별지방행정기관의 설치는 정부의 규모를 확대시킨다. 따라서 작은 정부 구현이라는 행정개혁 목표에 어긋난다.

⑤ **중앙 · 지방 간의 협력 약화** 중앙업무를 지방자치단체에 위탁하는 경우에 비해 중앙정부와 지방자치단체의 협조가 어려워진다.

⑥ **주민참여기회 제약** 지방자치단체의 경우에 비해 행정과정에 대한 주민참여의 기회가 제약된다.

근래의 행정여건 변화는 위에서 지적한 약점들을 더욱 부각시키고 있기 때문에 정부는 특별지방행정기관을 폐지 또는 축소하는 개혁에 박차를 가하고 있다.

Ⅳ. 공 기 업

공기업이라는 조직형태가 정부부문에 생겨나기 시작한 것은 오래된 일이다. 정부의 역할에 관한 정치적 신념이라든지 기타의 여건에 따라 공기업의 성격이나 그 수는 변화되어 왔다.

근래에는 선진 산업사회를 필두로 한 여러 나라에서 작은 정부의 구현에 대한 요청이 커지고 정통관료제 이외의 조직대안을 탐색해야 할 필요가 커졌으며, 정부조직의 '기업화'를 꾀하는 개혁지향이 두드러지게 되었다. 이러한 추세에 따라 공기업이라는 공공조직 형태는 정부기능의 민간화, 계약에 의한 정부업무수행 등의 방안과 함께 새로운 조명을 받게 되었다.

1. 공기업이란 무엇인가?

1) 공기업의 정의

공기업(公企業: public enterprise)은 국가 또는 지방자치단체가 공공복리의 증진을 위해 기업적으로 운영하는 조직이다. 이것은 정부에서 일반적으로 결정 또는 승인한 재화·용역을 생산하기 위해 정부주관으로 운영하는 조직이지만 정통적인 정부조직들보다는 큰 자율성을 누린다.

어떤 조직이 공기업으로 규정될 수 있으려면 최소한 세 가지의 조건을 충족시켜야 한다.

① **정부지배하의 조직** 정부주관 또는 정부지배하의 조직이어야 한다. 전부 또는 일부의 소유권을 정부가 가지고 있어야 하며, 정부가 직접 또는 간접으로 관리에 참여해야 한다. 조직이 생산하는 재화·용역의 일반적인 범주와 틀은 정부가 결정해야 한다.

② **공공복리 추구** 공공복리의 추구를 목적으로 하는 조직이라야 한다.

③ **수익적 활동 허용** 기업적 또는 수익적 활동이 허용되는 것이라야 한다. 즉, 재화·용역을 생산·판매하고 수익자부담금을 징수하거나 빚을 얻고 갚는 등의 활동이 허용되어야 한다.

2) 공기업의 유형

위와 같은 기본적 요건을 갖춘 공기업의 종류는 매우 다양하다. 가장 널리 인용되는 유형론은 소유주체와 조직형태를 기준으로 i) 정부기업형, ii) 주식회사형, 그리고 iii) 공사형을 분류한 것이다.

여기서 정부 기업형(政府企業型)이라고 하는 것은 일반행정기관에 적용되는 조직·인사·예산의 원칙이 대체로 적용되는 공기업을 말한다. 다만 예산·회계에 관한 다소간의 예외규정에 의하여 최소한의 기업성을 살리고 있는 것이다. 정부기업형은 정부부처형 또는 관청형이라고도 부른다.

주식회사형(株式會社型)은 특별법 또는 회사법에 의해 설립된다는 것, 정부가 주식의 일부를 소유한다는 것, 정부가 회사의 관리에 참여한다는 것, 일반행정기관에 적용되는 조직·인사·예산의 원칙이 적용되지 않는다는 것 등의 특성을 지닌 공기업이다. 이 형태의 공기업은 공적·사적 소유와 통제를 조화시킨 혼합기업이다.

공사형(公社型)은 특별법에 의해 설립되는 정부소유의 기업이다. 공사는 정부가 전액 출자하여 설립하고 운영의 최종책임을 지며 정부가 임명하는 임원이 운영한다. 그러나 공사는 독자적인 법인격과 재정적 독립성을 가지며, 일반행정기관에 적용되는 조직·인사·예산회계에 관한 규정의 적용을 원칙적으로 받지 않는다.

이러한 유형론 이외에도 설립목적과 활동영역, 정부개입의 수준, 감독·통제의 방법, 조직양태, 출자주체와 출자방법, 독립성의 수준 등을 기준으로 한 유형론들이 많이 나와 있다.

2. 공기업의 필요성과 한계

1) 필 요 성

정치적 이념과 경제적 조건에 비추어 정부가 맡아야 하거나 맡을 수밖에 없는 사업을 일반행정기관에는 맡길 수 없거나 맡기는 것이 바람직하지 않을 때 공기업의 필요성이 생겨난다. 공기업에 맡겨야 하는 사업에는 i) 공공의 수요가 있으나 민간부문이 자본부족·동기결여 등으로 맡지 못하는 사업, ii) 국방상의 이유로 필요한 사업, iii) 정부관리가 필요한 독점사업, iv) 민간기업에 운영의 모범을 보이기 위한 사업, v) 민간기업의 독점성을 견제하기 위해 필요한 사업 등이 포함된다.

2) 한 계

공기업제도에 내포된 문제와 위험을 다음과 같이 요약할 수 있다.

(1) 시장에 대한 간섭과 부당경쟁　자유주의적인 시각에서는 공기업제도의 정당성 자체에 의문을 제기한다. 공기업을 설립·확대함으로써 자본주의적 사기업 질서에 사회주의적 간섭을 한다는 것이다. 특히 공기업은 정부지원을 받는 우월한 조건을 이용해 같은 분야의 사기업과 부당경쟁을 한다고 비판한다.

(2) 조정실패와 방만한 운영의 위험　공기업체제의 전반적 관리에서 조정의 어려움이 지적되고 있다. 잡다한 목표·기능·구조를 가진 공기업들이 많아지면 전체적인 조정이 힘들고 책임성을 확보하기도 어렵다. 그리고 독점성으로 인한 비효율의 위험이 있다. 특히 막대한 수익의 방만한 운영이 우

려된다. 권한위임은 많고 통제는 적기 때문에 방종하거나 수익성에 치중하고 공공성을 소홀히 할 수 있다.

Ⅴ. 위 원 회

정부에는 많은 위원회들이 있다. 위원회들은 필요한 조직양태이며 잘 설치하고 운영하면 좋은 성과를 거둘 수 있다. 그러나 이를 남설하고 부실하게 운영해서 문제를 야기하는 사례가 많다. 정부의 위원회를 관리하는 문제는 중요한 국정현안으로 되어 있다. 여기서는 위원회의 의미와 효용, 문제화의 원인, 그리고 개선방안을 논의하려 한다.

1. 위원회란 무엇인가?

1) 위원회의 정의

정부에 설치되는 위원회(委員會: committee)는 여러 사람으로 구성되는 합의제형 조직이다. 위원회는 단독형 또는 독임형 조직과 대조된다. 단독형 조직에서는 계서제의 상층에 있는 한 사람에게 조직의 최종적인 의사결정권이 맡겨진다.

2) 위원회의 유형

정부에는 많은 위원회들이 있으며 그 종류도 다양하다. 위원회들은 여러 가지 기준에 따라 분류되고 있다. 가장 자주 인용되는 것은 법적으로 규정되는 기관적 특성에 따라 위원회의 종류를 세 가지로 분류하는 유형론이다. 세 가지 종류란 i) 합의제 행정기관, ii) 의결기관, 그리고 iii) 자문기관을 말한다.

합의제 행정기관은 헌법 또는 법률의 규정에 의해 설치되며 소관사무에 관한 의사결정을 하고 대외적으로 표시할 수 있는 합의제 행정관청이다. 합의제 행정기관은 직무수행상 높은 독자성을 누린다. 의결기관인 위원회는 소관업무에 관한 의사결정만 할 수 있을뿐 이를 대외적으로 표시하지는 못한다. 대개 대통령령이나 조례로 설치되는 자문기관인 위원회는 행정관청에 대해 자문하는 역할을 수행한다.

정부에 설치되어 있는 대부분의 위원회는 자문기관이다. 정부 내외에서 이슈화되는 것도 주로 자문역할을 수행하는 위원회들이다. 다음의 논의는 각종 자문위원회와 직접집행력을 갖지 못하는 기타의 행정위원회들을 주된 준거로 삼으려 한다. 행정관청적 성격을 가진 합의제 기관들은 논의의 대상에서 원칙적으로 벗어나 있게 될 것이다.

3) 위원회의 쟁점화

역대 정권은 국가현안, 역점시책 등을 관장하여 조사·계획의 임무를 수행하도록 하거나 정부최고관리층의 자문에 응하도록 하기 위해 많은 위원회들을 만들었다. 그 수는 늘어 갔다. 위원회의 직급은 높아지고 소요예산은 팽창되어 갔다.

늘어나는 위원회들에는 비판이 따라다녔다. 위원회들은 논란의 대상이 되고 개혁이슈화되었다. 근래에는 너무 많은 위원회 때문에 나라가 '위원회공화국'이 되었다는 냉소적 표현이 쓰일 만큼 비판의 논조도 과격해지고 있다.

정부의 위원회들은 그 필요성에도 불구하고 운영의 난맥상과 형식주의 때문에 문제꺼리가 되어 온 것이다. 위원회들의 남설, 기능왜곡, 낭비, 유명무실화 등에 대한 문제 제기는 주기적으로 되풀이 되었다. 감축정비론도 그만큼 되풀이 되었다. 정부가 간헐적으로 위원회들을 정비 또는 정리하는 작업에 나섰지만 그 성과는 늘 미흡하였다. 그리고 정비작업을 곧 뒤쫓는 위원회 증설은 정비의 효과를 무색케 하였다.

2. 위원회의 효용과 한계

1) 위원회의 효용

계서제적 명령구조만 가지고 복잡한 정부 기능을 온전히게 수행히기는 어렵다. 정부는 위원회와 같은 다두제적(多頭制的) 조직들도 사용하지 않을 수 없다.

위원회형 조직은 일반적 효용을 지닌 것으로 이해되지만 구체적으로 효용성을 결정하는 데 영향을 미치는 조건은 때와 장소에 따라 달라질 수 있다. 다음에 위원회의 일반적 효용과 위원회의 효용을 부각시키는 오늘날의 지지적 조건을 알아보기로 한다.

(1) 위원회의 일반적 효용 위원회형 조직과 단독형 조직은 서로 다른 장·단점을 지닌다. 단독형 조직 또는 계서제적 조직과 대조되는 위원회형 조직의 상대적 이점 내지 효용은 다음과 같다.

① **참여 촉진** 위원회의 활용은 행정과정에 대한 참여를 촉진한다. 이해당사자들의 이익을 대표시키고 그들의 권익을 보호할 수 있다. 위원회의 결정에 대한 참여자들의 수용을 쉽게 한다.

② **민주적 의사결정** 토론과 합의의 과정은 의사결정을 민주화한다.

③ **협상의 통로** 상충되는 여러 이해관계를 조정하는 협상의 통로를 제공한다.

④ **지지동원의 수단** 정부의 정책추진에 필요한 지지 또는 권력을 동원하는 수단을 제공한다.

⑤ **중립성·공정성 제고** 위원회형 조직은 임무수행의 중립성·공정성을 보장하는 데 유리하다.

⑥ **풍부한 지식 동원** 전문분야의 지식, 이해관계자의 주장 등을 폭넓게 동원하고 수렴할 수 있다. 풍부한 지식동원은 다양한 대안탐색을 가능하게 한다.

⑦ **관료화 억제** 계서적 의사결정구조의 경직성을 완화하고 구조와 과정의 융통성을 높임으로써 정부조직의 관료화 경향을 억제하는 데 기여할 수 있다.

(2) 지지적 여건 오늘날 정부내외의 여건은 위원회형 조직의 필요성을 키우고 그 효용을 부각시키는 방향으로 변동해 가고 있다. 조직양태의 다양화 그리고 비계서제적 방법에 의한 조정능력 향상은 오늘날 우리가 수용하고 있는 정부개혁 원리에 일관되는 것이다.

정부는 방대해지고 그 간여영역은 엄청나게 광범해졌으며 봉착하는 문제들은 너무 복잡해졌기 때문에 계서제적 명령구조는 점점 더 많은 한계에 봉착하고 있다. 따라서 파트너형, 위원회형, 네트워크형 조직에 대한 처방적 선호는 날로 높아가고 있다. 이런 비전통적 조직유형들의 실천적 활용빈도 역시 높아져 갈 것으로 전망된다. 위원회조직들의 역할은 중요해질 것이며 그 용도는 늘어날 것이다.

행정학의 고전이론은 위원회와 같은 다두제적 조직에 대해 비우호적이었다. 그러한 조직의 사용은 될 수 있는 대로 억제해야 한다고 보았다. 행정문제와 행정조직이 비교적 단순하던 시대의 여건을 반영한 관점이라 할 수 있다. 그러나 현대이론은 위원회 등 비계서적 조직에 대해 친화적인 입장을 취한다.

2) 위원회 문제화의 요인

위에서 지적한 바와 같이 위원회는 필요한 조직이다. 수요에 맞도록 적실하게 설계한 위원회를 효율적으로 운영하면 많은 효용을 거둘 수 있다. 그러나 수요를 넘는 위원회의 양적 팽창과 비효율적 운영은 폐단을 수반한다.

정부의 위원회들을 무력화하거나 그 효용을 떨어뜨려 폐단을 빚는 요인들을 다음과 같이 세 가지 범주로 나누어 볼 수 있다.

(1) **잘못된 설치** 　만들 때부터 잘못된 위원회들이 있다. 필요가 절실하지 않고 확고한 활용계획도 없으면서 위원회를 남설하거나 구성을 잘못하면 설치 자체가 문제야기의 원인이 된다.

① **수요에 맞지 않는 양산** 　정치·행정과정의 참여확대를 과시하기 위해, 특정 사업이나 정책에 대한 정부 고위층의 관심을 과시하기 위해, 공정한 업무추진을 과시하기 위해, 반드시 필요하다고 할 수 없는 위원회들을 만드는 예가 많다. 각종 선거의 득표전략으로 또는 정책문제에 대한 여론무마전략으로, 심지어는 무의사결정을 위한 지연전략으로 위원회설치방법을 사용할 때 정부의 관심 과시의도는 더욱 분명해진다.[6)]

정부의 잉여인력이나 노폐인력을 처리하기 위해서 또는 정부·여당에 협조적인 관변인사들에게 관직을 나누어주기 위해서 위원회를 만든다는 의심이 가는 예도 적지 않다.

② **잘못된 구성** 　설치목적에 비추었을 때 조직설계가 잘못되고 인선을 그르친 위원회들이 있다. 적절하지 않은 소속, 부실한 수권적·기능적 연계, 불필요한 기능중복 등이 자주 지적되는 구조설계상의 실책이다.[7)] 전문기술적 서비스를 제공하는 전문가주의적 위원회가 필요할 때 여론수렴형·참여

---

6) 정책학에서 말하는 무의사결정(無意思決定: nondecision making)은 사회의 문제에 대해 정책과정이 진행되지 못하도록 막는 행동이다. 정책결정중추의 특권이나 이익, 그리고 가치관이나 신념에 대한 도전을 억압·좌절시키려는 데서 나오는 결정이다.

7) 수권적 연계(enabling linkages)란 위원회에 권한과 기타의 자원을 제공하는 조직과의 연계(관계)를 말한다.

형의 일반능력자주의적 위원회를 만든 경우도 있다.

전문성 결여, 편파적 이익대표, 중복적 인선 등 위원선임의 부적합성이 지적되는 예는 많다. 중복적 인선의 주된 원인은 어떤 위원회에나 사양하지 않고 참여하기를 원하는 관변인사들의 존재이다.

(2) 운영상의 실책 운영을 잘못해서 위원회를 무력화하고 폐단을 빚을 수 있다.

① **유명무실화** 과시주의 등 그릇된 동기에서 만든 위원회들은 태생부터 부실화의 원인을 안고 있다. 소속관청의 무관심, 자원부족, 위원회 구성원들의 무성의 등 여러 조건들이 위원회를 유명무실하게 만든다.

② **책임회피의 도구** 관료들은 위원회를 책임회피의 도구로 사용하기도 하고, 그들의 계략을 위한 들러리로 만들기도 한다.

③ **편파적 이익대변** 위원회가 공정성을 잃고 편파적인 행동을 할 수 있다.

④ **조정실패** 여러 위원회들의 활동을 조정하지 못하고 상충적 제안들을 방치할 수 있다.

⑤ **낭 비** 위원회의 비효율적 운영으로 비용과 시간을 낭비할 수 있다.

(3) 포획의 위험 정부관료제를 통제 또는 개혁하는 임무를 맡은 위원회들이 대상조직에 포획되는 예가 흔하다. 포획이 일어나면 위원회의 임무수행 실패, 낭비, 불신조장과 같은 폐단이 빚어진다.[8)]

정부관료제를 통제·개혁하는 임무를 맡은 위원회들의 포획을 유발하는 요인들을 간추리면 다음과 같다.

① **부차적 조직** 위원회들은 대개 정부조직 내에서 부차적(副次的)이거나 비주류적인 조직이다. 행정적 권위에 입각한 계서제적 구조가 정부조직의 주력이며 지배적인 세력이다.

② **힘겨운 대상** 위원회들이 통제 또는 개혁하려는 대상조직이 거대관료제일 뿐만 아니라 통제·개혁하려는 병폐 역시 방대한 것이 상례이다. 그에 대항해야 할 위원회들은 처음부터 전의를 상실하고 임무수행의 실질을 포기할 가능성이 크다.

---

8) 여기서 말하는 포획(捕獲: capture)이란 통제·개혁의 임무를 맡은 조직이 대상조직의 포로가 되어 대상조직의 이익과 주장을 옹호하게 되는 현상을 지칭한다.

③ **위원회의 취약성** 많은 위원회들이 그 임무를 제대로 수행하기에는 너무 취약할 뿐만 아니라 소속 계선조직에 많은 것을 의존한다. 계선조직에서 예산을 받고 사무국 직원의 파견을 받아야 한다. 계선조직은 위원회의 인선에도 간여한다. 계선조직의 구성원인 관료들이 위원으로 참여하는 예가 많은데, 그들은 사무국 직원들과 함께 위원회의 의사결정을 주도할 수 있다.

④ **동화와 마찰회피** 위원회 구성원들이 대상조직에 동화(同化)되기도 하고 마찰을 피하기 위해 할 말을 안 하기도 한다. 위원회의 존속기간이 길어질수록 그러한 경향은 강해진다.

3. 위원회제도의 개혁

위원회들을 문제꺼리로 만드는 원인을 통찰하고 그 치유책을 찾아야 한다. 위원회설치의 심사를 강화하고, 위원회운영의 부실화요인을 제거해야 하며, 위원회 개폐의 적응성·적시성을 높여야 한다.

위원회 문제화의 원인들을 분석해 보면 그 안에 개선방안이 시사되어 있음을 깨달을 수 있을 것이다. 여기서는 위원회제도를 개혁할 때 특별히 강조해야 할 중점활동에 대해서만 간단히 언급하려 한다.

(1) 문제화 요인의 분석 개혁의 출발점은 위원회들을 문제화 또는 무력화하는 요인들을 분석하는 것이다. 개혁처방을 발견하는 데는 문제화요인 분석과 같은 '경험을 통한 학습'이 불가결하다. 위원회를 신설하거나 활동중인 위원회를 개편 또는 폐지하려는 개혁추진자들은 문제화요인들을 먼저 철저히 분석하고 그에 대한 대비책을 찾아야 한다.

(2) 설치심사 강화 위원회의 신설에 대한 심사를 강화하여 불요불급한 위원회 또는 잘못 설계된 위원회의 설치를 막아야 한다. 위원회를 설치하기 전에 설치의 필요성이 있는지, 보다 나은 조직설계대안은 없는지, 위원회 부실화를 방지할 대책은 있는지 등을 철저히 따져야 한다. 설치준비단계에서 광범한 의견수렴절차를 밟아야 한다.

(3) 위원회 운영의 효율화 위원회활동의 부실화를 초래하는 요인들을 제거하여 운영의 효율화를 도모해야 한다. 무엇보다도 위원회의 책임에 상응하는 자원의 공급이 지속적으로 이루어지게 해야 한다. 임무 수행에 필요한 의사전달통로가 한결같이 작동하게 해야 한다.

정부기관의 책임자들은 소속위원회들을 끊임없이 지지하고 보호해야 한다. 정부기관의 수장들과 계선기관 구성원들의 조직관도 시대의 요청에 맞게 달라져야 한다. 위원회들을 정부조직의 들러리나 군더더기로 보아 온 전통적 관념을 버려야 한다.

(4) 적시성있는 개폐 위원회의 관리는 고도로 적응적이어야 한다. 개폐의 필요에 적시성있게 대응해야 한다.

고쳐서 써야 할 위원회들은 신속히 개편·보강해야 한다. 처음부터 잘못 만들어지거나 유명무실해지거나 사명을 다한 위원회들은 지체없이 폐지해야 한다.

개편·폐지 대상의 예로 전혀 활동이 없는 위원회, 개혁임무를 맡았지만 개혁대상의 포로가 되어 낭비와 불신만 쌓이게 하는 위원회, 취약하게 출범하여 본격적인 임무수행은 처음부터 엄두를 내지 못한 위원회, 행정의 과시주의 때문에 장식용으로 전락한 위원회, 살아남기에 급급하여 목표대치를 일삼거나 일을 위한 일이나 하고 있는 위원회, 엽관추구자들에게 자리나 만들어주는 양로원으로 변질된 위원회, 실속도 없이 정책과정의 번문욕례만 악화시키는 위원회, 인선을 잘못한 위원회 등을 들 수 있다.

위원회 개폐의 적시성을 확보하기 위해 필요한 제도적 장치 내지 수단들을 발전시켜야 한다. 그 예로 위원회의 존속시한을 설정하는 방법, 일몰법의 아이디어를 적용하는 방법, 위원회 개폐의 책임자를 지정하는 방법 등을 들 수 있다.[9)]

Ⅵ. 작은 정부

작은 정부의 추구는 우리나라 행정개혁의 주요 원리 가운데 하나이다. 작은 정부를 구현하기 위해서 노력하는 것은 오늘날 거의 세계적인 추세이다. 그럼에도 불구하고 작은 정부에 대한 관념적 혼란이 크다. 여기서는 작은 정부의 의미를 명료화하고 그 추진전략을 설명하려 한다.

9) 일몰법(日沒法: sunset laws)은 입법기관이 따로 조치를 취하지 않는 한 정부의 사업 또는 조직은 미리 정한 기간이 지나면 폐지되도록 규정하는 입법이다.

1. 작은 정부란 무엇인가?

1) 작은 정부의 정의

작은 정부는 필요하지 않거나 바람직하지 않은 일을 하지 않는 정부이며 낭비가 없고 생산성이 높은 정부이다. 할 일은 잘하되 낭비는 하지 않고 높은 생산성을 발휘하는 정부인 것이다.

작은 정부는 비교적인 개념이다. 작은 정부는 크고 비효율적인 정부에 대조되는 개념이다. 일반적으로 작은 정부를 논의할 때 흔히 비교대상으로 삼는 것은 산업화시대 또는 개발연대의 거대정부이다. 그러나 구체적인 비교의 대상은 때와 장소에 따라 달라질 수 있다.

작은 정부 구현을 위한 노력의 주된 대상은 행정체제이다. 현대국가에서 정부감축의 중점영역은 행정부문일 수밖에 없기 때문이다. 작은 정부의 논의에서 정부감축은 행정감축과 같은 뜻으로 쓰일 수 있다.

정부규모의 평가지표는 단순한 것이 아니다. 정부가 작다 또는 크다는 것을 결정할 때 지표로 될 수 있는 것은 여러 가지이다. 공무원의 수, 조직의 구조, 사용하는 예산, 기능의 크기와 성격, 국민생활에 대한 규제의 범위, 정치체제의 성격, 정부와 국민 사이의 권력관계, 경제의 정부의존도, 민관관계(民官關係)에 관한 문화의 특성 등이 그러한 지표에 해당한다. 이 가운데서 공무원의 수가 가장 자주 거론되는 것이 사실이다. 그러나 공무원의 수만을 기준으로 정부의 크기를 평가하면 오류를 범할 수 있다.

2) 작은 정부에 대한 오해

우리나라에서 작은 정부의 처방이 적합하지 않다고 주장하는 사람들 가운데는 작은 정부의 의미에 대한 관념적 혼란을 겪고 있는 사람들이 많다.

선진국의 경우와 달리 우리나라에서는 정부가 간여해야 할 새로운 영역 속 선진형 문제영역들이 늘어나고 있기 때문에 작은 정부 추진은 안된다고 말하는 사람들이 있다.

그러나 작은 정부를 실현해야 한다는 주장이 정부가 반드시 대응해야 할 새로운 행정수요를 외면하라고 요구하는 것은 아니다. 행정의 경계를 절대적으로 동결하거나 축소만 하라고 요구하는 것도 아니다. 정부규모의 총량에 관심을 갖고 무절제한 정부팽창에 반대한다. 그러나 불가피한 분야에서는 확장

가능성을 용인한다.

작은 정부의 처방은 낡아서 부실하게 된 것, 불필요하게 된 것, 낭비적인 것, 계속 유지하면 오히려 해독이 큰 것을 없애자고 주장한다. 필요해서 증설하게 되는 구조와 기능도 적정수준을 넘지 않게해야 하며 낭비를 배척해야 한다고 주장한다.

공무원 1인당 국민의 수를 들추어 작은 정부 추진을 반대하는 사람들도 있다. 다른 선진국들의 경우에 비해 우리나라의 공무원 수가 상대적으로 적기 때문에 작은 정부의 추진이 어렵다는 것이다.

그러나 공무원 수가 정부의 크기를 측정하는 지표 가운데 하나인 것은 사실이지만 그것이 전부는 아니라는 점을 앞에서 이미 지적하였다. 공무원들이 일하는 체제와 환경의 조건이 다르면 그들의 국민생활 간여능력은 판이하게 달라질 수 있다. 예컨대 가부장적 권위주의체제하에서는 공무원 한 사람이 민주적 체제하에서 일하는 공무원 한 사람의 경우보다 여러 배의 대국민 영향력을 행사할 수 있다.

2. 작은 정부의 필요성

작은 정부를 지향하는 개혁이 요청되는 이유는 두 갈래로 나누어 생각해 볼 수 있다. 그 하나는 누적되어 온 정부팽창의 폐단이다. 다른 하나는 작고 유연하며 효율적인 정부를 요구하는 새로운 조건의 증대이다.

1) 정부팽창의 폐단

1960년대 이래의 개발연대에 우리 행정은 급속히 팽창되었다. 그 결과 거대정부화 · 행정국가화 현상이 초래되었다. 정부팽창을 유도하고 또 그것을 가능하게 했던 요인으로는 절대관료제의 역사적 유산, 발전행정을 앞세운 권위주의적 정권의 개발독재, 관료제적 병폐로서의 확장지향성 또는 제국건설 경향, 행정의 경계확장에 대한 국민적 통제역량의 미성숙 등을 들 수 있다.

1980년대 이후 작은 정부를 구현한다는 개혁목표가 주기적으로 강조되어 왔지만 정부팽창의 큰 흐름은 꺾이지 않고 있다.

조직증설과 같은 정부확장 가운데는 처음부터 과잉적 · 낭비적인 것이 있다. 그런가하면 처음에는 적정한 것이었지만 상황적 조건의 변화에 적응하지 못해 과잉적·낭비적인 것으로 전락한 경우도 있다. 우리의 정부확장에는 이 두 가지가 혼합되어 있는 것으로 보인다. 처음에 필요해서 확대한 것 가운데도 과잉적·낭비적인 요소가 적지아니 포함되어 있다는 뜻이다.

정부(행정체제)가 거대해진다는 것 자체에 수반될 수 있는 폐단은 다음과 같다.

① **책임확보의 어려움** 행정팽창은 조직 내에서 책임을 분산시키고 국민에 의한 행정의 민주적 통제를 어렵게 한다.

② **창의성의 억압** 조직 내에서 공무원들이 창의성을 발휘하기 어렵게 된다. 그리고 국민생활에 대한 정부간여확대는 민간부문의 창의적인 활동을 방해한다.

③ **과부하와 낭비** 행정체제가 너무 많은 일에 간여하다 보면 이를 감당하기 어려운 과부하(過負荷)에 걸린다. 과부하는 행정체제의 능력에 손상을 주고 업무수행상의 실책, 낭비, 지연 등을 결과한다.

④ **제국건설경향과 집권화경향** 커진 조직은 더욱 커지려는 충동을 갖게 되며 이를 실현할 세력을 얻게 된다. 특히 고위직 증설을 조장하고 그들의 지위를 강화하는 경향이 나타난다. 고위직의 지위강화는 거대관료제의 집권화를 조장한다.

⑤ **권한과 책임의 괴리** 조직의 거대화는 권한과 책임의 괴리를 크게 한다. 상·하계층 간의 사회적 거리가 멀고 책임이 분산된 조직구조에서 권한과 책임의 일치를 구현하기는 어렵다. 권한은 크고 책임은 작거나 책임은 크고 권한은 작은 공무원들이 있게 된다.

⑥ **조직의 보수화** 거대정부는 보수화(保守化)된다. 그리되면 환경적 요청에 대한 적응력·대응력이 약해지고 공무원들의 능력이 저하된다.

정부와 행정이 거대하다는 것은 그 자체로서 많은 문제를 내포한다. 그런데 규모확대가 '지나친' 경우에 그 폐해는 더욱 커진다. 정부규모가 지나치게 큰지 아닌지는 정부에 대한 국민의 기대와 환경적 조건에 비추어 판단할 일이다.

2) 정부감축요청의 증대

많은 문제와 폐단에도 불구하고 거대정부를 필요로 하고 또 이를 지지·용인하는 조건이 있을 때에는 거대정부에 대한 공격은 약화된다. 사람들은 거대정부의 손실보다 이익에 주목한다.

그러나 거대정부를 지지 또는 용인하던 조건은 사라지고 작은 정부를 요구하는 조건은 강화될 때 상황은 반전된다. 정부팽창의 득보다 실이 크게 부각된다. 우리에게 그러한 조건변화가 일어나고 있다.

우리는 고도산업화 그리고 정보화가 겹치는 발전단계에 접어들었다. 산업화를 통한 고도성장기에 우리는 거대정부·행정국가를 만들었다. 그러나 개인의 창의성을 발전의 원동력으로 삼는 정보화시대에는 탈국가화·탈관료화의 요청이 강화된다.[10] 정보망은 확장되고 정보의 흐름과 처리는 늘어나더라도 정부의 실물은 축소하고 그 내부구조는 다양화해야 한다는 요청이 커지고 있다.

① **고비용구조 탈피를 요구하는 압력** 경제성장의 둔화, 인구성장 둔화 또는 인구 감소, 인구의 고령화, 재정자원 긴축 요구의 강화, 치열한 국제경쟁 등은 정부의 고비용구조 탈피를 촉구한다.

② **생산성저하에 대한 불만** 정부의 생산성저하에 대한 국민의 불만은 고조되어 있다. 낭비배제와 생산성제고 즉 작고 효율적인 정부 구현에 관한 국민의식개발은 아주 중요한 변인이다.

③ **무결점주의의 요청** 사람들은 점점 더 행정봉사의 질적 고도화 그리고 무결점(zero-defect)의 행정을 요구한다. 불필요한 일이나 해서는 안 될 일을 하는 것도 심각한 실책이므로 불필요한 일로 인한 정부팽창을 막아야 한다.

④ **민간의 자율능력 신장** 그동안의 발전으로 민간부문의 자율능력이 크게 신장되었다. 민간의 자생력 결여·자율능력취약을 전제로 채택했던 시책들은 이제 민간부문의 발전노력을 속박할 뿐이다.

⑤ **적응성 고도화에 대한 요청** 오늘날 행정이 격동하는 환경에 대응하려면 고도의 적응성을 지녀야 한다. 거대정부의 관료적 경직성은 그러한 요청에 부응할 수 없다.

⑥ **세계화의 진전** 세계화가 촉진되면 정부간여의 팽창이 국제적 마찰을 빚을 수도 있다. 국제적인 경제활동에 지장을 주고 자율경쟁을 제약하기 때문이다. 우리 정부의 과도한 행정규제와 번문욕례에 대해 외국의 정부와 기

10) 여기서 말하는 탈국가화(脫國家化)란 국민생활에 대한 국가(정부)의 간여를 줄인다는 뜻이다.

업이 불평하는 것은 흔한 일로 되어 있다.

3. 정부감축의 애로와 저항

정부감축의 필요성이 크다고 하지만 그 실천은 어렵다. 여러 애로와 저항 그리고 반작용이 있기 때문이다. 접근방법상의 문제, 관리체제상의 문제, 정부관료제의 현상유지적 성향과 확장지향성 등이 작은 정부로 나가는 길을 가로막거나 이를 역추진시키기도 한다.

1) 추진방법상의 문제

① **기술적 문제** 기술적 애로가 있다. 목표의 모호성, 생산성 측정의 어려움 등으로 인해 감축결정의 과학적 근거를 밝히기 어려운 문제가 그것이다.

② **온정주의적 접근** 감축추진의 과정에 개입하는 온정주의는 또 하나의 장애이다. 이런 조건하에서 저항이 거세면 감축추진은 쉽게 좌절된다.

③ **리더십의 문제** 정부감축에는 강력한 정치적 리더십의 지지가 필요한데 그것이 흔들릴 때가 많다. 최고관리층의 신념결여와 보신주의도 문제이다.

④ **과정상의 실책** 감축정책을 결정하고 집행하는 과정의 잘못 때문에 접근방법을 그르칠 때가 많다. 과정상의 실책 때문에 감축정책의 대내적·대외적 일관성이 결여되기도 한다. 적절한 후속조치를 강구하는 데 실패하기도 한다.

2) 관리체제상의 문제

투입기준을 중시하고 점증주의에 의존하는 관리체제의 성향은 정부 감축의 장애가 된다.

조직과 기능의 존폐를 결정할 때 고려하는 주된 요인이 산출이나 성과가 아니라 인적자원, 예산 등 투입인 경우 적실성있는 감축기준을 제시하지 못한다. 예산결정이 점증주의의 지배를 받는 경우 근본적인 정부감축은 어렵다.[11)]

11) 예산결정상의 점증주의(incrementalism)는 예산결정과정을 포괄적·총체적인 것이 아니라 점증적인 것이라고 보는 관점이다. 점증주의는 예산의 전년대비 변동은 소폭적인 것

점증주의적 예산결정고정은 오히려 관료조직의 단계적 확장전략에 이용당하는 경향이 있다.

3) 정부관료제의 현상유지적 성향

관료조직의 현상유지적 성향은 아주 강하다. 그러한 성향의 근본적인 원인은 경직된 관료제구조와 그에 결부된 변동저항적 관료행태이다.

관료들이 조직변동의 필요를 깨닫는 데는 시간이 걸린다. 변동필요를 아주 깨닫지 못할 수도 있다. 변동의 필요를 인지하더라도 변동계획에 저항할 수 있다.

조직축소에 저항하는 이유는 여러 가지이다. 이전의 조직확장결정이 정당했었다는 것을 고집하고 그에 대한 공격을 방어하기 위해서, 조직확대에 든 매몰비용 즉 이미 투자하여 묻힌 비용이 크기 때문에, 조직감축으로 인한 전환비용증대의 우려 때문에, 기득권상실에 대한 우려 또는 막연한 불안감 때문에, 그리고 감축관리과정의 애로 때문에 현상유지에 매달릴 수 있다.

4) 정부관료제의 확장지향성

관료조직은 현상유지에 머무르지 않고 강한 확대지향성을 행동화한다. 이러한 경향은 작은 정부 추진노력을 패배시키고 그에 역행하는 '역축소'(逆縮小)의 변동을 야기한다.

개별적인 정부조직들은 규모확대가 자기 조직의 이익과 성공에 크게 기여한다고 믿는다. 기관의 위상이 높아지고 인적자원, 예산, 직위 등의 획득경쟁에서 승리할 수 있는 역량이 강화된다고 믿는다. 조직의 장들은 조직확장이 그들의 역량을 평가하는 주요지표라고 생각한다. 최고관리층의 엽관인사욕구는 조직확장동기를 더욱 강화한다.

정부조직의 고객들은 자기들에 대한 서비스조직의 확대를 요구하는 압력을 형성한다.

관료적 권위주의와 집권적 구조, 그리고 부처이기주의는 조직팽창의 경향을 더욱 조장한다.

강한 팽창지향성을 가진 정부관료제는 스스로 막강한 세력을 형성하고 있기 때문에 조직팽창을 통제하기가 어렵다. 조직팽창에 대한 내부통제장치는

이라고 이해하며 그러한 한계적 변동에 예산분석의 초점을 맞추도록 유도한다.

미약하다. 외적 통제장치 역시 부실하다. 행정팽창을 견제해야 할 정치부문에서는 선심쓰기의 일환으로 기구확대를 부채질하기도 한다.

4. 정부감축의 추진방안

1) 성공의 조건

정부확장은 쉽지만 축소는 어렵다. 축소의 후유증도 많은 것이다. 작은 정부구현이 성공하려면 국민의 지지, 정치・행정적 개혁세력의 결집, 개혁추진자의 확고한 결의, 유리한 여건의 조성, 탁월한 감축전략과 방법이 필요하다.

① **국민의 지지** 국민의 지지가 있어야 한다. 정부팽창을 견제할 궁극적인 감시자는 국민이다.

② **정치권의 협력** 정치권은 작은 정부의 필요성을 분명히 인식하고 정부확장에 대한 견제역할을 충실히 해야 한다. 이에 관한 정치적 리더십의 헌신이 필요하다.

③ **동조세력의 규합** 정치적・행정적 리더십을 포함한 개혁추진자들은 정부 내외의 지지・동조세력을 규합하여 관료적 저항에 강력하게 대응하여야 한다.

④ **감축저항적 요인의 제거** 정부확장을 유도하거나 고착시키는 요인이 되는 구조적 경직성과 수구적 행정문화를 개혁해야 한다. 정당한 정부감축에 대한 관료적 저항을 극복할 방안을 마련해야 한다.

⑤ **평가의 강화** 조직과 사업에 대한 평가를 강화하고 감축을 정당화하는 과학적 근거를 확보하는 데 주력해야 한다.

⑥ **감축의 정당성・일관성 확보** 감축정책의 정당성을 높이고 일관성을 유지하도록 노력해야 한다.

⑦ **효율적인 감축방법의 개발** 정부감축과 감축의 유지・정착을 위한 구체적인 방법들을 개발하고 이를 상황에 적합하도록 시행해야 한다.

⑧ **생산성 향상** 조직설계와 관리방법을 개선하여 조직활동 전반의 생산성을 향상시켜야 한다.

2) 감축추진전략의 영역

작은 정부를 구현하려면 여러 전략영역 또는 대상영역에 걸쳐 포괄적인 접근을 해야 한다. 정부감축 전략영역은 대단히 많은데, 그 예로 i) 권한감축, ii) 예산감축, iii) 사업감축, iv) 규제감축, v) 기구와 인적자원의 감축, vi) 생산성 향상을 위한 관리개선 등을 들 수 있다. 이 가운데서 관리방법 개선, 기능 · 기구 · 인적자원의 감축 · 조정에 대해서만 다음에 설명하려 한다.

(1) 생산성 제고를 위한 관리전략　작은 몸집으로 양질의 서비스를 산출할 수 있으려면 행정체제의 생산성이 높아져야 한다. 생산성을 높이기 위한 관리전략 가운데 중요한 것들을 보면 다음과 같다.

① **관리계층의 축소**　관리층의 기구와 인원이 비대해지면 집권화를 조장하고 생산활동부문의 창의적인 업무수행을 방해한다. 낭비가 따르는 것은 물론이다. 관리층의 규모와 간섭을 줄이고 관리단위를 하향조정해 나가는 것이 바람직하다.

② **행정의 기술집약화**　행정의 기술집약화 수준을 높여 투입의 처리과정에서 에너지손실이 최소화되게 하고 부가가치가 높은 산출을 낼 수 있게 해야 한다. 오늘날의 기술집약화는 주로 정보기술집약화이다. 업무처리과정의 정보화 그리고 공무원들의 인적 전문화를 촉진해야 한다.

③ **참여적 행정의 발전**　의사결정과정에 정부 내의 관련자들뿐만 아니라 고객 등 외부관련자들의 참여를 촉진해야 한다. 특히 고객의 참여통로를 확대해야 한다. 참여와 협동은 의사결정비용을 늘릴지 모르지만 총체적 비용(total cost)을 줄이는 지름길이다.

④ **관리행태 개선**　관리 · 감독의 행태를 개선해야 한다. 관리체제 축소, 분권화 그리고 참여를 촉진하면서 그에 부합하도록 관리 · 감독행태도 개선해야 한다. 권위주의적인 명령과 통제를 중심으로 하던 행태는 조정적 · 지원적 · 협동적 행태로 전환해야 한다.

⑤ **정책과정의 개선**　정책과오 · 정책실패는 아주 큰 낭비요인이다. 정책과정의 과학성과 상황대응성을 높여 정책의 적실성, 그리고 정책의 대내적 및 대외적 일관성을 확보해야 한다.

⑥ **생산성향상훈련**　생산성향상을 위한 교육훈련을 강화해야 한다. 직무교육에 의한 업무수행능력의 신장은 그 자체가 생산성향상의 요인이 된다. 태도변화훈련에서는 생산성의식과 주인의식을 함양하고 팀워크를 향상시킬 태도를 길러야 한다.

⑦ **융통성 있는 조직운용**　조직단위와 인적자원의 기동성 있는 활용

으로 조직팽창을 억제해야 한다. 낡은 조직과 인적자원을 그대로 유지하면서 새로운 행정수요에 대응하려면 조직팽창을 결과할 수밖에 없다. 낡은 기구와 인적자원의 폐지 또는 전용을 기민하게 함으로써 그러한 폐단을 막아야 한다.

(2) **행정기능의 축소 · 조정** 행정체제의 기능은 민간화 · 정치화 · 지방화 · 세계화의 요청에 부응하도록 감축 또는 조정하여야 한다.[12] 국민통제적 기능은 감축하고 민주화해야 한다. 과거 정당성 없는 정권의 유지를 위해 남설했던 감시 · 억압적 기능은 폐지해야 한다.

시장실패를 바로 잡는다는 명목으로 확대하였던 정부간여는 축소하여야 한다. 국민의 복지를 증진하고 문화생활의 질적 고도화를 지원하는 영역, 경제적 · 사회적 기본질서를 유지하는 영역 등에서 정부기능의 강화가 요청될 수 있으나 과거와 같은 낭비적 기능팽창은 방지해야 한다.

유사중복기능은 통폐합해야 한다. 기능분립주의로 인한 협동장애를 극복하기 위해 일의 흐름을 중시하는 조직설계를 발전시켜야 한다. 앞으로는 기능의 분화보다 통합에 역점을 두어야 한다.

(3) **기구의 감축** 불필요하거나 낭비적인 행정기구를 정비해야 한다.

행정기구의 높이는 낮추어 저층구조화해야 한다. 조직의 폭을 줄일 때에는 조직의 높이도 함께 줄여야 한다. 조직의 감축에서는 상급구조의 감축에 더 많은 역점을 두어야 한다.

조직의 상급구조보다는 국민에게 직접 봉사하는 중 · 하위 관리층 이하의 조직계층을 중요시해야 한다. 그러나 요긴하지 않거나 기능을 상실했거나 다른 조직대안이 더 효율적인 하급조직 · 일선조직은 폐지해야 한다. 지방자치단체에 더 많은 업무를 이관하고 지방자치단체와 중앙행정각부 사이의 협조체제를 강화함으로써 특별지방행정관서의 수를 줄여나가야 한다.

새로운 행정수요의 발생에 대응할 때에는 항구적인 관료제조직의 신설은 최대한 억제해야 한다. 각종 위원회와 같은 한시적 조직이 항구화되는 것을 감시하는 특별한 규정이 있어야 한다.

중앙행정부처의 수는 줄여나가야 한다. 국민에 대한 군림적 간섭이나 월권의 위험이 큰 조직들의 지위는 하향조정해야 한다.

12) 여기서 말하는 정치화란 주권재민원리의 구현에 충실히 기여할 수 있도록 정치의 역량이 발전되는 것을 뜻한다. 이 말은 권위주의적 통치체제하에서 위축되었던 정치의 정당한 영역이 복원되고 새로운 국민적 요청에 부응할 수 있도록 정치의 기능이 확대된다는 뜻이기도 하다.

지방분권화의 촉진은 중앙정부의 짐을 덜어주고 조직감축을 촉진할 것이다. 지방정부의 역할은 상대적으로 확대될 것이다. 그러나 여기에도 작은 정부추구의 원리는 적용되어야 한다. 주민자율을 신장하기 위해 지방정부 간여의 폭을 축소해 나가는 일반적인 노선을 따라야 한다. 지방행정조직은 상황에 따라 그 구성을 달리하는 다원조직제의 원리에 따라야 한다. 지방행정계층의 수는 줄여나가야 한다.

(4) 감축지향적 인사행정　　불필요하거나 낭비적인 인적자원을 감축해야 한다.

계급의 상향조정을 강력하게 억제해야 한다. 일반적으로 직위증설을 까다롭게 감시해야 한다. 수시로 인적자원감사를 실시해 유명무실하거나 요긴하지 않은 직위들을 폐지해야 한다.

기술집약화에 의해 발생하는 과원(過員)은 적시성 있게 감축해야 한다. 통폐합에 의한 기구축소에도 불구하고 통폐합 이전의 정원을 계속 유지하는 일은 없어야 한다. 형식적인 훈련을 위해 많은 고급직위의 훈련정원을 장기간 연속적으로 인정함으로써 만성적인 과원을 제도화해 왔던 관행도 시정해야 한다. 공무원의 고용양태를 다양화하여 정규직만을 고집하는 데서 비롯되는 낭비를 막아야 한다.

Ⅶ. 전자정부

정보화시대의 정부는 스스로의 정보화를 위해 노력해야 한다. 정부는 국민에게 봉사하는 임무를 보다 잘 수행하기 위해 전자정부를 발전시켜야 한다.

우리 정부에서도 전자정부화사업에 국책적인 관심을 기울여 왔다. 우리나라에서 이 사업이 본격화되기 시작한 것은 1980년대부터이다. 그 후 전자정부화를 위한 5개년계획을 몇 차례 추진한 바 있으며 여러 가지 입법에 의해 이를 뒷받침하였다. 전 정부적인 전자정부화사업을 이끌 추진기구들도 만들었다.

1. 전자정부란 무엇인가?

1) 전자정부의 정의

전자정부(電子政府: electronic government)는 정보기술을 활용하여 정부의 업무수행을 전자화하고 정부체제를 재설계함으로써 국민에 대한 봉사의 효율화를 이룩한 정부이다. 전자정부 추진의 목표는 국민을 위한 봉사의 향상이다. 그 수단은 정보화와 정부조직의 근본적 개혁이다.

전자정부의 주요 특성을 보면 다음과 같다.

① **정보기술의 활용** 　전자정부는 정보기술(information technology: IT)을 활용하여 효율성을 증진하는 정부이다. 전산화된 정보처리시스템을 도입하고 통신 네트워크, 정보고속도로 등 정보인프라를 구축하여 정보의 통합관리 · 공동이용을 도모한다.

② **국민중심주의적 정부** 　전자정부는 국민에 대한 봉사의 효율화를 제일의 목표로 삼는 민주적 정부이다. 정보화에 의한 정부능력 향상은 국민을 위한 것이다.

③ **열린 정부** 　전자정부는 열린 정부이다. 정부의 투명성 · 접근성 · 대응성이 높다. 전자정부의 이러한 특성은 직접민주주의 · 참여민주주의의 발전을 촉진한다.

열린 정부는 다음 항에서 따로 설명할 것이다.

④ **통합지향적 정부** 　전자정부는 수평적 · 수직적으로 통합된 이음매 없는 정부이다. 전자정부는 대내적으로 전통적인 경계관념을 타파한 정부이다. 대외적으로는 시민, 민간조직 등과의 네트워크를 통해 폭 넓은 거버넌스 시스템을 형성한다.

⑤ **쇄신적 정부** 　전자정부는 문제해결중심의 창의적이고 민첩한 정부이다. 전자정부는 변동지향적이며 집단적 학습을 강조하는 학습조직의 요건을 갖춘 정부이다.[13)]

⑥ **작은 정부** 　전자정부는 생산성은 높고 낭비는 최소화된 작은 정부이다.

---

13) 학습조직(learning organization)은 조직학습(organizational learning)을 잘하는 조직이다. 조직학습은 조직구성원에 의한, 조직에서의 학습이며, 개인차원의 학습을 능가하는 집합체적 학습이다. 조직학습은 조직구성원들이 함께 배우고 함께 변동하는 과정이라고 말할 수 있다.

⑦ **탈관료화 정부** 전자정부는 관료제적 경직성을 탈피한 자율적·협동적·적응적 정부이다.

⑧ **인터넷에 의한 대민봉사** 통합적 전산정보관리와 인터넷에 의한 온라인 서비스의 확대는 신속하고 편리한 대민봉사를 가능하게 한다.

2) 개념정의에 관한 이견

전자정부의 개념에 정보기술 도입이라는 기술적 측면만을 포함시킬 것인지 아니면 연관적 체제개혁의 내용까지를 포함시킬 것인지에 대해 연구인들의 의견이 갈려 있다.

전자정부의 의미를 좁게 규정하고 기술적 측면만을 부각시키는 정의들이 있다. 그 예로 "전자정부는 정보기술을 활용하여 업무를 수행하는 정부이다," "전자정부는 인터넷 또는 기타의 디지털 수단을 활용하여 정보와 서비스를 온라인으로 전달하는 정부이다," "전자정부는 건물 없고(building-less) 사람 없는(people-less) 정부이다"고 규정하는 정의들을 들 수 있다.

그러나 다수의 연구인들은 정보기술도입을 전자정부 실현의 수단으로 보고 민주적·효율적 정부의 구현이라는 가치추구를 전자정부의 요건으로 규정한다.

정보기술이라는 수단과 정부의 목표 등 구성요소들은 긴밀히 연관되어 있으며 서로 영향을 미칠 수 있다. 이와 같은 목표·수단의 불가분성을 전제하는 다수의 연구인들은 전자정부를 정보화된 바람직한 정부로 규정한다. 여기서 바람직하다는 말은 민주정부의 가치추구에 충실하다는 뜻이다. 선진민주국가들 그리고 우리나라에서 추진해 온 전자정부화는 대체로 그와 같은 의미규정에 부합되는 것으로 보인다.

저자도 정보기술 활용과 민주정부의 가치추구를 포괄하는 전자정부 개념정의를 채택하였다.

2. 전자정부의 정보기술적 요건

전자정부는 고도의 정보통신기술이 광범하게 활용되는 정보기술집약형 정부이다. 전자정부는 전산화된 통합적 정보관리체제를 구축하여 체계적으로 정보를 관리하며 이를 통해 정보공유·정보공동활용, 온라인 업무처리, 광범하고 즉각적인 쌍방향통신, 대민봉사의 높은 대응성과 신속성을 실현하고 있는 정부이다. 이를 뒷받침하려면 컴퓨터시스템을 도입하고 정보 인프라를 구축하는 기술적 준비가 필요하다.

(1) 컴퓨터시스템 도입　　컴퓨터시스템이 도입되어야 한다. 자료 · 정보 · 문서 등의 디지털화 · 데이터베이스화가 이루어져야 한다. 컴퓨터에 의한 처리가 가능하도록 일상적 업무를 표준화해야 한다. 국민의 편의를 위해 전자정부 단일창구를 개설해야 한다.

(2) 정보 인프라 구축　　정보 인프라 구축에 핵심이 되는 것은 컴퓨터 네트워크, 특히 멀티미디어 네트워크의 구축과 정보초고속도로의 구축이다. 전자우편, 전자결재, 전자문서의 활용을 뒷받침할 전자서명, 신분인증, 전자우편주소부여, 정보보호에 관한 기술도 개발되고 법적으로 규정되어야 한다. 조직구성원들이 정보기술을 이해하고 활용할 수 있는 능력을 갖추어야 한다.

3. 전자정부의 구조 · 관리 · 대외관계

전자정부는 정보기술의 활용이 고도화된 정부일 뿐만 아니라 정보화에 걸맞게 전통적 관료제 구조와 관리과정, 그리고 대외관계가 획기적으로 달라진 정부이다.

1) 구조와 관리의 변화

전자정부에서는 반관료제적인 구조와 관리과정의 여러 특성들이 강화되고 규모는 축소되는 일반적 경향이 나타난다. 중요한 예를 보면 다음과 같다.

① **규모 감축 · 구조의 저층화**　　조직의 규모가 줄어든다. 조직의 구조가 저층화되며 분권화되고 수평적 관계가 중요해진다. 구조의 설계에서는 계서제보다 정보의 흐름이 중시된다. 계서제적 지위와 권력은 약화되고 지식기반의 지위와 권력은 강화된다.

② **완결도 높은 직무**　　사람이 직접 수행해야 하는 직무의 완결도(온전성) · 다기능화의 수준이 높아진다. 표준화된 일상적 업무는 컴퓨터가 처리한다.

③ **낮은 행정농도**　　행정농도 즉 관리계층의 비중이 낮은 구조가 형성된다. 통제지향적 관리기능은 최소화된다. 특히 중간관리층의 규모는 현저히

축소된다.

④ **이음매 없는 조직** 직무 간, 기능 간의 경계가 흐려지고 일의 흐름과 협동적 문제해결이 중요시되는 이음매 없는 조직이 구현된다. 정부 전체의 경계도 흐려지며 네트워크로 연결된 공·사부문의 행동자들이 공공업무를 분담하거나 공동처리한다.[14)]

⑤ **융통성 있는 구조** 구조의 융통성은 높아진다. 구조는 변화대응에 기민하다. 잠정적 문제해결집단의 활용이 늘어난다.

⑥ **가상공간화 촉진** 조직의 가상공간화 수준이 높아진다. 업무처리과정의 주축은 전자적으로 형성된 가상공간(cyber space)에서의 처리과정, 인터넷을 통한 온라인처리과정으로 된다. 대민봉사의 온라인화는 민원의 비방문처리영역을 넓힌다. 대민봉사업무 처리과정은 신속할 뿐만 아니라 단순하고 간결해진다.

⑦ **투명성 제고** 정보공개가 촉진되며 관리과정·정책과정 전체의 투명성이 높아진다.

⑧ **인력구조의 변화** 계서제에서 위와 아래를 연결하고 감시·통제의 임무를 수행하던 중간관리자의 수가 줄어든다. 컴퓨터의 대체효과 때문에 하급직원의 수도 줄어든다. 융통성 있는 고용관계에 있는 지식근로자 특히 정보전문가의 수가 늘어난다.

2) 대외관계의 변화

정부와 그 환경 사이의 정보흐름이 원활해지고 공공서비스의 공급과 소비가 고도화된다.

정부의 환경적 연계는 다양하지만 전자정부화의 효과를 논의할 때 중요시하는 연계는 i) 정부와 시민의 연계, ii) 정부와 기업의 연계, 그리고 iii) 정부조직 간의 연계이다.

정부와 시민의 연계를 정보화하면 시민참여 촉진과 공공서비스의 수요대응성·적시성·신속성 향상의 효과를 거둘 수 있다. 전자상거래의 촉진은 정부와 기업의 연계를 정보화하는 데서 얻는 편의의 대표적인 예이다. 정부조직

14) 이음매 없는 조직(seamless organization)은 일종의 경계 없는 조직이다. 이음매 없는 조직은 분할적·분산적인 방법이 아니라 총체적·유기적인 방법으로 구성된 조직이다. 이것은 기능별·조직단위별로 조각조각난 업무를 재결합시켜 고객에게 원활하고 투명한 그리고 힘 안들이고 누릴 수 있는 서비스를 제공하는 조직이다.

간의 전자적 연계가 확대되면 시민에 대한 공공서비스를 획기적으로 개선할 수 있다.

4. 전자정부의 필요성 · 장애 · 성공조건

1) 필 요 성

전자정부라는 개혁모형은 정보화시대의 정보통신기술 발전과 상황적 조건, 그리고 급진적인 정부개혁의 요청을 반영한다. 오늘날의 정부개혁사업은 거의 모두 전자정부 구현을 중요한 과제로 삼는다.

정보화사회에서 전자정부화를 촉구하는 요인들은 i) 경비절감의 요청과 고품질의 공공서비스에 대한 요청, ii) 공공서비스의 수요민감성과 신속성에 대한 요청, iii) 행정환경의 정보화 · 정보 폭증, iv) 치열해져 가는 국내적 · 국제적 경쟁, v) 조직의 경계타파 · 네트워크화에 대한 요청, vi) 정부의 개방화 · 투명화에 대한 요청, vii) 높아져 가는 환경적 격동성, 그리고 viii) 공공문제의 복잡성이다.

2) 장 애

전자정부를 만들려는 개혁사업은 여러 가지 장애와 저항에 봉착할 수 있다. 전자정부에 수반될 수 있는 실책과 폐단도 문제이다. 전자정부의 실책은 전자정부 발전을 가로막는 원인이 될 수 있다.

중요한 장애유형은 i) 많은 도입비용, ii) 여건불비와 저항, iii) 실책과 폐단으로 인한 장애 등 세 가지 범주로 나누어 볼 수 있다.

정보기술을 도입하고 정보화의 요건에 맞게 정부조직을 개혁하는 데는 많은 경제적 · 사회적 비용이 들고 시간이 많이 걸린다.

국민과 정치적 리더십의 지지 결여, 정보전문가 부족, 추진체제의 능력부족, 개혁을 위한 투자부족, 정보화 인프라의 불비, 정부관료제의 할거주의적 행태와 변동저항 등 여건불비 또는 저항이 전자정부화의 길을 가로막을 수 있다.

전자정부를 따라 올 수 있는 실책 또는 폐단의 예로 기술적 정보화로 인한 업무의 의미상실, 인간적 과정의 위축으로 인한 인간적 소외와 대고객관계의 비인간화, 정보과다 · 경쟁격화로 인한 정보스트레스 증가, 개인정보와 인권의 침해, 컴퓨터 오작동 · 고장, 그리고 전산망의 안전성 침해를 들 수 있다.

인터넷을 사용하지 않는 사람들의 차별도 문제이다. 인터넷을 사용하지 않는 시민은 공공서비스 공급에서 간과되거나 차별받을 위험이 있다. 반면 네티즌의 영향력은 지나치게 커질 수 있다. 정치적 극단주의자들은 인터넷을 통해 쉽게 조직화될 수 있다.

3) 성공조건

전자정부화의 성공조건으로는 i) 전자정부화의 의지와 능력이 탁월한 추진체제의 구성, ii) 치밀한 추진계획 수립, iii) 정보체제의 유용성과 사용의 편의, iv) 필요한 자원의 공급, v) 새로운 기술도입에 장애가 되는 법률과 제도의 개폐, vi) 국민과 정치적 · 행정적 리더십의 이해와 지지, vii) 컴퓨터 보급 · 통신망 확충 · 정보기술이해의 향상 · 적응적 조직구조 · 정보화 친화적 행정문화 등 정보인프라의 구축, viii) 정보화 교육 강화, ix) 정보화 촉진적 유인체제 수립, 그리고 x) 정보화로 인한 위해의 방지대책 수립을 들 수 있다.

Ⅷ. 열린 정부

정부의 개방성은 민주적 정치체제의 기본적 조건이다. 대한민국은 처음부터 민주공화국이라는 공식적 제도를 채택했음으로 열린 정부의 구현은 언제나 당위적인 요청이었다. 그러나 민주주의가 형식화되었던 과거의 오랜 기간 정부개방화의 실질적 수준은 실망스러운 것이었다. 시간의 흐름에 따라 정부의 폐쇄성에 대한 사람들의 불만이 커진 만큼 열린 정부에 대한 갈망도 커졌다. 문민정부 출범 이후부터 국민의 정부, 참여정부 등을 거치면서 실질적인 민주화가 가속되었으며 열린 정부 발전에 대한 정부의 개혁역점도 강화되었다.

1. 열린 정부의 정의

열린 정부(개방형 정부: open government)는 투명하고 접근성과 대응성이 높은 정부이다. 국민은 열린 정부로부터 유용하고 이해할 수 있는 정보를 쉽게 얻고, 정부와 원활하게 교호작용하고, 양질의 서비스를 받으며, 정책결정 과정에 참여하여 영향을 미칠 수 있다.[15]

열린 정부의 핵심적 요건은 i) 투명성, ii) 접근성, 그리고 iii) 대응성이다.

① **투명성** 열린 정부는 투명한 정부이다. 투명성(transparency)은 공공감시에 대한 노출도를 말해 주는 개념이다. 투명성은 정부의 정보를 공개하고 국민이 이를 찾아 이용할 수 있게 해야 한다는 두 가지 조건이 충족되고 그에 대한 공공감시가 가능해야 달성할 수 있다.

공개되는 정보는 수요자인 국민에게 적절하고 적시성·완결성·신뢰성·객관성 등의 요건을 갖추어야 한다. 정보수요자들이 필요한 정보를 확인하여 찾아볼 수 있도록 허용하고 돕는 제도를 발전시켜야 한다.

② **접근성** 열린 정부는 접근성(접근가능성: accessibility)이 높고 사용자친화적인 정부이다.

접근성을 높이려면 정부관료제의 물리적·관리적·언어적 장벽을 무너뜨려야 한다. 특히 관료적 형식주의와 번문욕례를 타파해야 한다. 정부에 접근하여 교호작용하는 모든 국민은 공평한 대우를 받아야 한다. 전자정부를 발전시켜 정부와 국민의 교호작용에 지장을 주는 장애를 제거하고 교호작용의 비용과 시간소모를 줄여야 한다.

③ **대응성** 열린 정부는 국민의 필요와 요구, 아이디어에 신속하게 반응하는 대응성(responsiveness)이 높은 정부이다. 대응성은 국민의 요구투입에 대한 피동적 반응뿐만 아니라 국민의 필요와 아이디어를 정부가 적극적으로 탐색하여 문제의 해결책을 찾는 능동적 반응을 포괄하는 개념이다.

대응성을 높이려면 정부의 정책결정에 대한 국민의 참여통로를 넓혀야 한다. 정부의 능동적 대응을 뒷받침해 줄 체계적 정보수집절차를 발전시켜야 한다. 정부 안과 밖을 가르는 경계관념을 타파해야 한다. 서비스 공급의 소비자중심주의를 강화해야 한다. 국민의 요구투입이 발생하는 현장에 근접하여 신속한 대응이 가능하도록 분권화를 추진해야 한다.

---

15) 열린 정부의 의미를 규정하는 데 여러 가지 의견이 있을 수 있다. 저자는 경제협력개발기구(OECD)의 접근방법에 따라 열린 정부를 정의하고 있다. OECD 정부혁신아시아센터 엮음, 「정부혁신 패러다임, 어떻게 변하고 있는가?」(삶과 꿈, 2006).

2. 열린 정부의 효용과 한계

1) 효 용

열린 정부는 좋은 정부의 원리들을 두루 수용하여 추구하기 때문에 그 효용의 리스트는 길다. 여러 효용을 두 가지 범주로 묶어 볼 수 있다.

① **민주정부의 정당성 · 신뢰성 향상** 열린 정부는 공공의 감시를 통해 실정(失政)과 권력남용을 방지하고, 권력과 부의 부당한 독점을 막아 소수집단을 보호하고, 정책결정과정에 대한 시민참여의 기회를 넓혀 준다. 그리하여 민주정부의 정당성과 신뢰성을 향상시킨다.

② **경제발전 · 사회적 통합의 촉진** 열린 정부는 정부의 운영을 민주화 · 효율화하고 청렴성을 높인다. 경제주체들에게 필요한 정보를 원활하게 공급한다. 정책결정과정에 대한 경제주체들의 참여를 확대한다. 이런 특성들은 경제발전에 기여하고 나아가 사회적 통합을 촉진한다.

열린 정부는 민주정부의 기본적 요건이기는 하지만 구체적인 필요성과 효용성의 수준을 결정하는 데는 여러 가지 상황적 요인이 영향을 미친다. 오늘날 우리나라의 형편은 열린 정부의 필요성을 증폭시키고 그 효용을 더욱 부각시키는 강한 경향을 보이고 있다. 그 이유를 생각해 보면 우선 정부의 폐쇄성 · 무책임성 · 부패에 대한 고조된 불만, 그리고 정부의 신뢰상실을 들 수 있다. 이를 비판하고 감시강화의 필요를 말하는 인구와 조직들이 늘어났다. 사회는 다원화되고 권력중추들은 다극화되고 있다. 다원화 · 다극화된 세력의 협력과 네트워크 형성은 거버넌스의 필수요건으로 되어 가고 있다. 특히 민 · 관 파트너십의 발전이 절실히 요청되고 있다. 정부서비스의 질적 고도화에 대한 요구와 국민중심적 · 소비자중심적 서비스 전달에 대한 요구가 커지고 있다.

2) 한 계

열린 정부를 발전시키려는 노력은 저항에 봉착할 수 있다. 열린 정부는 여러 가지 실책을 저지를 수도 있다.

① **저 항** 기성질서 속에서 혜택을 누리던 관료, 기업, 이익집단 등 기득권 세력은 변동을 유발할 수 있는 정부개방화에 저항할 수 있다.

② **보호되어야 할 비밀의 누설** 개인의 프라이버시를 침해할 수 있다. 국가안보에 관한 기밀이 누설될 수 있다. 정책입안과정에서 한시적으로

지켜야 할 기밀이 누설될 수도 있다.

③ **개방혜택의 불균형 배분** 정부의 개방화가 소외계층에는 힘을 실어 주지 못하고 가진 자들 그리고 특수이익집단들이 더 많은 혜택을 누리게 할 수 있다.

④ **불법·부당한 행동의 조장** 정부의 개방화는 특수이익집단의 불법·부당한 목적추구나 테러리스트들의 파괴행동을 용이하게 할 수 있다.

제 3 편
행정문화

사회에는 사회문화가 있으며 행정체제에는 행정문화가 있다. 행정체제 구성원들의 행동양식을 규정하는 행정문화는 사회문화의 한 하위문화이다. 행정체제 내에는 여러 조직들이 있다. 따라서 행정문화는 개별적인 조직의 문화라는 하위문화들을 내포한다.

문화인류학 사회학 등에서 진행된 문화연구의 영향, 비교행정과 발전행정의 연구, 전통관료제의 병폐에 관한 연구, 행정개혁 연구 등이 계기가 되어 행정문화에 관한 연구가 시작되었다. 행정의 보다 심층적인 요소를 대상으로 하는 근본적 개혁의 필요가 커질수록 문화론적 접근방법의 중요성도 커지고 있다.

우리나라에서는 당초에 문화지체라는 문제 때문에 행정문화를 연구하기 시작한 것 같다. 즉 서구 선진제도의 도입에 적응하지 못하는 문제를 설명하기 위해 우리의 전통적 행정문화를 연구하게 된 것이다. 초기의 행정문화 연구는 우리 전통문화의 부정적인 또는 반발전적(反發展的)인 특성을 비판하는 데 집중되었다.

비교적 근래에 경험적 연구의 필요를 역설하는 사람들이 늘어나고 있다. 우리 행정문화의 긍정적 측면, 문화변동요인, 그리고 문화개혁의 방향을 거론하는 사람들도 늘어나고 있다.

제3편에서는 행정문화의 의미를 규정하고 우리나라의 행정문화를 설명한 다음 문화개혁을 논의하려 한다.

Ⅰ. 행정문화란 무엇인가?

1. 행정문화의 정의

행정문화(行政文化: administrative culture)는 행정체제를 구성하는 사람들이 공유하는 생활양식 내지 행동양식의 총체이다. 그것은 구성원들이 공유하는 심층적인 근원적 전제에 바탕을 둔 것이다. 행정문화는 인위구조, 가치와 신념, 근원적 전제 등 구성요소 또는 차원을 내포한다. 이들 요소 중 일부는 잠재의식적·묵시적이며 일부는 명시적이다. 행정문화는 행정체제 구성원들의 태도와 행동을 규정한다. 행정문화는 행정체제라는 집합체에 특유한 것이며 여러 하위문화(下位文化: subculture)를 내포한다.[1)]

문화의 기본적인 구성요소를 먼저 살펴 보고 문화의 한 유형인 행정문화의 특성을 설명하려 한다.

1) 문화의 구성요소

문화는 잠재의식적·심층적인 것에서부터 표현적·피상적인 것에 이르기까지 여러 구성요소(형태·차원)를 가지고 있다.

문화의 구성요소는 세 가지 범주로 분류해 볼 수 있다. 세 가지 범주란 문화의 초석인 근원적 전제, 가치와 신념 그리고 인위구조를 말한다.

① **인위구조** 인위구조(人爲構造: artifacts)는 문화의 가장 가시적이고 피상적인 차원의 구성요소이다. 문화적 상징이라고도 하는 인위구조에는 언어, 가시적인 태도와 행동, 물리적 공간의 구성, 기술, 예술품, 영웅(귀감이 되는 사람), 의식(儀式) 등이 포함된다.

인위구조는 문화의 반영이지만 문화가 유일한 결정요소인 것은 아니다. 인위구조 가운데는 시간이 흐름에 따라 문화가 변동하면 문화에 직결되는 의미를 잃고 그 잔해로 남는 것도 있다.

② **가치와 신념** 문화를 공유하는 사람들은 가치를 공유한다. 가치 또는 가치관은 의식적인 차원의 구성요소이다. 가치에 대한 공동의 인식이 확

1) 이러한 행정문화의 정의는 Edgar Schein의 조직문화에 관한 정의를 원용한 것이다. Schein, *Organizational Culture and Leadership*(Jossey-Bass, 1985).

산되면 그것은 신념이 된다. 신념은 개인적 준거틀 안에서 무엇이 실제로 일어날 것인가에 대한 이해를 말해 주는 것이다.

가치는 규범적·도덕적 기능을 하고 인간의 행태를 예측할 수 있게 한다. 그러나 가치만으로는 설명되지 않는 행태들도 있다.

의식적인 차원의 가치는 도전받거나 논란의 대상이 될 수 있다.

③ **근원적 전제** 어떤 가치가 문제를 해결하는 데 계속적으로 성공적이고 사람들이 그에 익숙해지면 신념으로 변한다. 그러한 상태가 계속되면 가치는 당연시되어가고 궁극적으로 인식론적 전환을 통해 잠재의식화된다. 이렇게 잠재의식화된 가치가 문화의 본질적 요소인 근원적 전제(根源的 前提: basic underlying assumptions or subconscious values)인 것이다. 근원적 전제는 문화적 공리(文化的 公理)로서 당연시된다. 그것은 비가시적이고 전의식적(前意識的)이다. 사람들은 문화가 지시하는 대로 행동하지만 문화의 근원적 전제는 의식하지 못한 채 그렇게 한다.

2) 행정문화의 특성

행정문화의 주요 특성은 다음과 같다.

① **집합체적·공유적 특성** 행정문화는 행정체제라는 인간의 집합체가 보유하는 문화이다. 행정문화는 집합체적·공유적인 것이다. 문화는 개인에 의해 표현되지만 인간의 집합체인 체제의 승인을 받는 것이기 때문에 초개인적 성격(超個人的 性格)도 지닌다.

② **잠재의식적 행태결정요인** 문화의 본질은 잠재의식적으로 존재하여 구성원들의 사고방식, 감정, 행태의 방향을 결정한다. 그런가하면 문화적 표현은 사람들의 인식과 이해에 영향을 미친다.

행정문화는 인간의 사고와 행동을 결정하는 데 작용하지만 인간이 문화에 대해 절대적으로 피동적인 것은 아니다. 사람은 문화로부터 다소간의 자유를 누릴 수 있다.

행정문화는 행정체제 구성원들의 욕구와 욕구충족의 통로를 규정하고 사고방식과 행동양식의 기준을 제시하며 일탈적 행동을 통제함으로써 행정체제의 통합성과 안정성을 유지하는 사회적·규범적 접착제와 같은 역할을 한다.

③ **문화의 학습과 전수** 행정문화는 사람이 만든 것이며 사람들이 이를 학습하여 공유한다. 문화는 본능이 아니라 배워서 익힌 것이다. 행정문화

는 역사적 산물로서 현재를 과거와 미래에 연결시킨다. 문화는 신참자와 후속 세대에 전수(傳授)된다.

④ **통합성과 안정성** 통합성과 안정성은 행정문화의 중요한 속성이다.

행정문화는 스스로 통합성을 유지한다. 통합성이 없으면 행정문화의 정체성을 인정할 수 없다. 그러나 행정문화는 기본적 통합성을 유지하는 가운데 여러 하위문화를 포용하고 문화갈등을 내포하기 때문에 그 양상이 복잡하다. 문화에는 구성원 전원의 신념과 행태를 지배하는 보편적 요건이 있는가 하면 개별적 선택을 용인하는 영역도 있다.

행정문화는 비교적 안정적이고 계속적인 성격, 그리고 변동저항적 성격을 지닌다. 그러나 시간이 흐르면 많건 적건 변동하지 않을 수 없다.

⑤ **사회문화의 하위문화** 행정문화는 사회 전체의 문화 즉 사회문화의 하위문화이다. 사회문화는 행정문화의 환경적 요인이며 양자의 관계는 긴밀하다. 행정문화는 사회문화의 영향을 받지만 스스로 고유영역을 가지며 사회문화에 영향을 미치기도 한다.

⑥ **고유성과 보편성** 행정문화는 각기 고유한 특성을 지니지만 그 상위문화인 사회문화와 공유하는 것도 많다. 행정체제들 사이의 공통점도 있다. 문화는 체제 간에 전파되어 보편성을 높이기도 한다.

2. 문화의 유형

문화의 종류를 분류하는 이론 즉 문화유형론은 어떤 집합체의 문화적 특성을 규명하고 이를 다른 문화와 비교하는 데 중요한 길잡이를 제공한다. 이미 만들어져 있는 문화유형론만도 대단히 많다. 문화유형론의 개발은 앞으로도 계속될 것이다. 유형론을 만드는 사람들이 사용하는 분류기준은 다양하다.

우리의 논의에 있어서 문화의 내용별 분류가 가장 유용한 것이지만 강도(強度), 존재양식, 위치, 역할 내지 기능 등을 분류기준으로 하는 유형론들도 자주 인용된다.

(1) 강도에 의한 분류 문화의 강도를 기준으로 강한 문화와 약한 문화를 구분한다.[2)]

---

2) 문화의 강도(cultural strength)는 개인이 가진 문화적 요소와 집합체가 가진 문화적 요소의 결합수준을 표현하는 기준이다.

(2) **존재양식에 의한 분류** 존재양식을 기준으로 한 유형론의 예로 '나타난 문화' 또는 '명시적 문화'와 '감추어진 문화' 또는 '묵시적 문화'의 분류를 들 수 있다.

(3) **위치에 의한 분류** 문화의 위치 내지 차원을 기준으로 한 분류의 예로는 사회문화, 행정문화, 조직문화를 나누는 것을 들 수 있다. 상위문화(전체문화)와 하위문화, 그리고 반문화(半文化: half-culture)를 구분한 유형도 있다. 여기서 반문화라고 하는 것은 어떤 한 집단이 독자적인 문화를 가지고 있으나 다른 문화에 의존하고 있는 경우를 지칭한다.

(4) **기능에 의한 분류** 문화의 기능에 따른 분류의 예로 현실 또는 실재에 대한 사회적 규정의 역할을 하는 경험적 인지의 문화, 심미적이고 감상적인 것을 규정해 주는 심미적 표출과 감상의 문화, 가치판단의 기준을 제공하는 평가적 규범의 문화를 구분한 유형론을 들 수 있다.[3)]

(5) **내용에 의한 분류** 문화의 내용을 기준으로 한 유형론에서는 문화의 구성요소 또는 차원 가운데서 어느 것이라도 기준으로 삼을 수 있다. 그러나 문화의 근원적 전제를 추정할 수 있게 하는 가치와 신념, 행태적 특성 등을 기준으로 하는 것이 대부분이다.

다음에 우리 행정문화를 설명할 터인데 그것은 행정문화의 내용에 관한 설명이라는 점을 밝혀 둔다.

II. 우리나라의 행정문화

우리 행정문화를 이해하고 문화개혁을 추진하려면 문화의 실상을 진단·분석해야 한다. 그리고 바람직한 변동의 목표상태를 처방해야 한다. 여기서는 우리 행정의 문화적 현실을 이해하기 위해 먼저 전통문화적 유산과 행정문화의 변동을 살펴보려 한다.

행정체제 안에 근원적 전제가 어렷이고, 그것들이 널리 공유되고, 구성원들이 준수하는 우선순위의 유사성이 높으면 문화의 강도는 높은 것이다. 강한 문화는 사람들에게 어떻게 행동하라는 지시신호를 더 많이 보낸다.

3) 김경동, 「현대의 사회학」(박영사, 1997), 42~44면.

1. 전통적 행정문화

1) 부정적 전통

우리 행정문화를 연구하는 사람들이 행정문화 또는 전통적 행정문화의 특성이라 하여 열거한 것들은 대부분 이른바 역기능적 · 부정적 · 반발전적인 것들이었다. 오늘날의 요청에 비추어 보았을 때 부정적이라는 뜻이다.

우리나라 행정문화를 연구하는 사람들이 부정적인 전통문화의 특성이라 하여 열거한 것들은 대단히 많다. 그 가운데서 열거빈도가 가장 높은 특성항목은 i) 권위주의, ii) 연고주의, iii) 형식주의, iv) 순응주의, v) 온정주의, 그리고 vi) 일반능력자주의이다.

(1) **권위주의** 권위주의(權威主義)는 위계질서와 지배 · 복종의 관계를 중요시하는 문화 즉 권력거리가 먼 문화의 특성이다.

권위주의자들은 인간관계를 수직적인 틀 속에서 규정하고 이해하려 한다. 상위자 또는 강자에게는 맹종하고 하위자 또는 약자에게는 군림하려 한다. 자신의 주장에 대한 하급자들의 이의제기를 용납하지 않으며 의사결정에서 타협하거나 절충하려 하지 않는다.

권위주의의 영향이 전적으로 부정적이기만한 것은 아니었다. 권위주의적 행정문화는 전통적 행정조직의 작동에 필요한 계서적 질서 내지 기강을 강화하고 상급자들의 통솔력과 지도력을 강화하는 데 기여하였다. 상급자들에 의한 가부장적 배려와 하급자들의 순종은 조직의 단합력을 향상시키고 비생상적인 갈등을 억제하는 데 기여하였다. 권위주의적 문화는 위에서 구상하여 하향적으로 시행하는 시책의 추진력을 강화하기도 하였다. 권위주의는 관료제의 집권적 구조를 지지해 준 문화적 기반이었다.

그러나 오늘날의 변화된 상황과 기대되는 행정발전의 방향에 비추어 볼 때 권위주의는 이점보다 병폐를 더 많이 수반하는 특성이다.

① **집권화 조장** 권위주의는 집권주의적 조직운영을 조장한다. 의사결정은 계서제의 최상층에서 독단되고 참여는 배제된다. 의사결정은 폐쇄화 · 밀실화된다.

② **지위체제 경직화** 권위주의는 지위체제를 과잉경직화한다. 사람들의 권력집착을 조장하고 지위향상을 위한 경쟁을 과열시킨다. 그로 인해 인간적 소외가 심화된다. 지위향상압력에 밀려 계서제는 고층화되고 낭비를 빚는

다. 계서주의와 서열의식은 권위주의에 내포된 속성이다.

③ **맹종적 행태 조장** 권위주의는 상위자에게 맹종하는 과잉동조, 과잉충성과 같은 행태를 조장한다. 사람들은 주체성을 상실하고 피동화되며 그들의 창의성은 억압된다. 권위주의는 일종의 사대주의적 성향도 내포한다.

④ **차별적 · 군림적 행태 강화** 권위주의는 행정조직 내에서 남녀차별과 같은 여러 가지 차별주의를 결과한다. 대외적으로는 관존민비적 행태를 조장하고 관료들의 책임의식을 마비시킨다. 관지배적 행태, 관편의위주(官便宜爲主)의 행태, 공급자 중심주의적 행태 등은 모두 권위주의에 연계된 것이다.

⑤ **과다규제** 조직 내외에 걸쳐 통제와 규제를 과다하게 하고 번문욕례를 조장한다. 법률은 인권보호를 위한 것이라기보다 국민을 지배하는 수단이라고 인식된다.

(2) 연고주의 연고주의(緣故主義)는 가족 · 족벌 등의 혈연, 지연, 학연, 업연(業緣: 직업관계에서 생긴 연고) 등 일차집단적 유대를 다른 사회적 관계보다 중요시하고 일차집단 구성원으로서의 행동양식을 다른 사회관계에까지 확장 또는 투사하는 문화적 특성이다. 연고주의의 뿌리는 가족주의에 있다고 한다.

연고주의적 문화의 특성은 생래적 지위를 중시하는 귀속성, 정의성(情誼性), 특수성, 산만성이 높은 문화이다. 잘 알고 친한 사람에게 특별배려를 해야 한다는 의리의식, 은혜를 갚아야 한다는 보은의식 등은 연고주의에 연관된 문화적 특성이라 할 수 있다.

연고주의는 직장 내에서 가족적이고 친밀한 분위기를 조성하여 인간관계를 개선하는 데 이바지할 수 있다. 작업집단의 응집성을 향상시키는 데도 기여할 수 있다. 그리고 연고주의가 고객에 대한 애착심으로 전이될 가능성도 있다.

그러나 연고주의는 현대 민주행정의 지향노선과는 양립하기 어려운 부정적 측면을 더 많이 가지고 있다.

① **미분화된 행태 조장** 공과 사를 분별하지 못하는 미분화된 행태를 조장하고 가부장직 지배체제를 강화할 수 있다.

② **관리의 공평성 저해** 조직 내의 공평한 관리작용을 방해하고 파벌적 · 할거주의적 행태를 조장할 수 있다. 특히 인사행정의 공평성을 저해한다.

실력보다는 줄을 잘 대야 출세한다는 '연줄주의적' 분위기를 조성한다.

③ **편파적 정책추진** 국민을 위한 정책수행에서 공익성·공평성·합리성을 저해한다. 정책결정자들이 자기의 연고관계에 집착하여 개인적 선호를 앞세우면 공익을 해치는 정책결정이 나오게 된다. 마찬가지로 정책집행과정에서도 재량권을 남용하여 편파적인 결과를 빚을 수 있다.

(3) **형식주의** 형식주의(形式主義)는 외형(공식적인 것·선언된 것)과 내실(비공식적인 것·실제적인 것)이 괴리되는 문화적 특성이다. 내실보다도 외형과 형식에 더 치중한다는 의미가 함축되어 있다. 형식주의적으로 선언된 가치는 실속이 없는 것이다.

의식주의(儀式主義: ritualism)는 각종 의식과 축제, 행동절차 등 외양의 문제를 중시하는 문화적 특성이다. 의식주의는 형식주의의 한 원인이며 양자는 비슷한 면을 가지고 있다. 의식주의에는 의식치중이 '지나치다'는 의미가 함축되어 있기 때문에 형식주의와 같은 폐단을 수반한다. 그러나 의식주의와 형식주의가 같은 것은 아니다.

형식주의의 원인이면서 동시에 그 결과라 할 수 있는 과시주의적 행태에 대해서는 다음에 공직윤리를 논의할 때 설명하려 한다.

형식주의는 지나친 의식주의나 과시주의뿐만 아니라 다른 여러 이유 때문에도 조성된다. 국가목표와 조직목표의 내재화 실패, 능력과 자원의 부족, 윤리성 타락, 지위체제의 과잉경직화, 비현실적 복무규정, 행정절차의 경직성, 통제기준의 비현실성, 과욕적 사업계획, 권위주의적·불신주의적 관리체제 등이 모두 형식주의의 원인이 될 수 있다.

선언과 실천이 괴리되고 외양과 내실이 다른 형식주의의 이점을 찾기는 어렵다. 다만 형식의 중시가 행정의 명분강화, 정당한 절차의 강조, 법적 요건의 강조, 문화적 상징의 발전, 정중한 행정행태 등에 일말의 기여를 할 수도 있을 것이다.

오늘날 형식주의는 후진(後進)의 상징으로 비판받고 있다.

① **목표대치** 행정의 목표나 실적보다 형식과 절차를 더 중요시하는 목표대치를 조장한다.[4] 법규적 절차의 준수에 역점을 둔 통제활동을 조장하

4) 목표대치(目標代置: goal displacement)는 정당하게 추구해야 할 당초의 목표가 다른 목표와 뒤바뀌는 목표변동의 양태이다. 목표추구를 위한 수단(절차)이 목표처럼 되고 당초의 목표는 그 수단으로 전락하는 경우를 예로 들 수 있다.

여 행정의 목표 왜곡을 일으키고 그것은 다시 형식주의를 확대한다.

② **변동저항적 행태** 형식에 얽매이는 형식주의는 변동저항적 행태를 양성한다.

③ **외형치중과 낭비** 체면치레, 허례허식, 외화내빈, 번문욕례와 같은 폐단을 수반한다. 각종 행사나 지위상징, 상징물 등 외모가꾸기에 과다한 경비를 지출함으로써 낭비와 행정효율저하를 초래할 수 있다.

④ **규범위반 · 부패 조장** '겉과 속이 다른' 행태의 이원적 구조를 조장한다. 행태의 이원화구조는 공식적 규범의 위반상태를 만연되게 할 수 있다. 형식주의는 부패를 조장할 수도 있다.

(4) 순응주의 순응주의(順應主義)는 주체성이 박약한 행동양식이다. 여기서 주체성이란 인간이 신봉하고 확신하는 원리나 가치에 따라서 스스로 삶의 방법을 결정하는 능력을 의미한다.

순응주의는 인간생활에 대한 통제력의 위치를 내재적 · 주체적인 것이 아니라 외재적인 것이라 보고 외재적으로 설정된 조건에 맹종하는 행동양식의 특성이다. 초자연적 · 신비적 결정에 의존하는 운명주의는 순응주의의 한 원인이며 구성요소이다. 순응주의자들은 신비적 존재의 결정에 의존하고 조직내의 기성질서와 관리방침에 순응하며 보수적 · 현상유지적 행태를 보인다.

순응주의자들은 조직의 질서에 순응하기 때문에 조직의 안정에 기여할 수 있다. 상명하복의 계서적 질서유지에도 기여할 것이다.

그러나 순응주의는 현대민주행정의 요청과 원칙적으로 어울리지 않는다.

① **책임성 · 자율능력 약화** 책임 있는 능동성과 자율규제능력을 약화시킨다. 무사안일주의의 원인이 된다.

② **성취지향성 약화** 성취의욕과 진취적 개혁의욕을 좌절시킨다.

③ **과학성 · 창의성 약화** 과학적이고 창의적인 업무수행을 좌절시킨다.

④ **자기비하 또는 허세** 순응주의자들은 주체성이 박약하기 때문에 자기비하에 빠지기도 하고 반대로 허세를 부리고 체면치레에 급급하기도 한다. 다수의 위치가 되면 횡포를 부린다.

(5) 온정주의 온정주의(溫情主義)는 정의성(情誼性)이 높은(정에 많이 이끌리는) 문화적 특성이다. 이것은 인정 · 우정 · 의리 · 상호신뢰 등 감성적 유대관계를 중시하는 성향이다. 온정주의자들은 다른 사람들로부터의 사

회적 압력에 민감한 반응을 보인다. 그들은 인정에 끌리고 직정적으로 행동한다. 의지와 지성보다 정에 치우친다.

온정주의는 연고주의를 강화한다.

정의적인 행동성향은 조직 내의 분위기를 부드럽게 하고 동료 간의 협동적 행동을 촉진할 수 있다. 따라서 작업집단의 응집성을 높이는 데 기여할 것이다. 부드러운 비공식적 관계를 조성하여 관료적 경직성을 완화할 수도 있을 것이다.

그러나 온정주의는 현대행정에 부정적 영향을 더 많이 미치고 있다.

① **비합리적 행동 조장** 공평치 못하고 비합리적인 행동을 조장한다. 비합리적 · 직정적 행동성향을 '기분주의'라고 부르는 사람도 있다.

② **국민에 대한 충성심 약화** 국민을 위한 행정목표와 정책에 대한 충성심보다 상관에 대한 개인적 충성심과 조직 내외의 친분관계를 우선시키는 경향을 부추긴다.

③ **비공식적인 연줄의 중시** 비공식적인 '연줄' '배경' 등이 지배하는 통로가 공식적 업무처리과정을 장악한다. 공직자나 고객이나 친분관계 등 연줄을 동원하여 자기 목적을 달성하려 한다.

④ **정실인사 · 부패 조장** 정실인사와 부패를 조장한다.

⑤ **갈등의 은폐 · 회피** 인정에 얽매이다 보면 조직 내의 해로운 갈등을 해결하지 못하고 은폐, 회피한다.

(6) 일반능력자주의 일반능력자주의(一般能力者主義)는 전문가주의에 대조되는 것이다.[5] 일반능력자주의는 역할의 분화와 전문화보다 통합과 융통성을 존중한다. 직원의 전문성보다 일반적인 교양과 명석한 두뇌 등 일반적 능력을 존중한다. 그리고 기술직이나 전문직보다 일반행정직을 우대한다.

일반능력자주의는 행정이 단순하고 생활관계가 미분화되었던 시대의 유산이며 유교적 전통에서 비롯된 것이라고 한다. 논어(論語)에 '군자불기'(君子不器)라는 말이 있다고 한다. 특정한 물건밖에 담을 수 없는 그릇처럼 한정적 기능밖에 할 수 없는 사람은 군자가 아니라는 뜻이다. 융통성 있게 상황에 대처할 수 있는 사람이라야 훌륭한 치자(治者)가 될 수 있다는 말이라고 한다.

일반능력자주의는 인사운영의 융통성 확보와 관리자 양성에 유리하다. 행정이 단순한 곳에서는 일반능력자주의가 바람직하거나 적어도 그것이 행정관

5) 논자에 따라서는 일반능력자주의를 일반주의라고 부르기도 한다.

리의 원리와 마찰을 빚지는 않는다. 근래에는 전문가주의의 폐단을 시정하는 대안으로 일반능력자주의가 시선을 끌기도 하였다.

그러나 행정이 복잡해지고 그 기능분화수준이 높아지면 일반능력자주의의 결함이 크게 부각된다. 이것은 행정전문화의 요청에 배치된다. 아마추어리즘(소인주의: 素人主義)을 조장하여 행정의 효율성을 저해한다.

위의 전통문화적 요인들은 서로 고립적이라거나 배타적이라거나 하는 것이 아니다. 서로 연관되거나 중첩되거나 상승작용을 하는 관계에 있다.

이러한 전통적 문화유산을 부정적·역기능적인 것으로 보는 데 이의를 제기하는 사람들이 있다. 서구적 제도와 마찰을 빚는다고 해서 우리 것을 나쁘게 말하는 것은 옳지 않다는 이의제기인 것이다. 그러나 그것이 서구적인 것이든 아니든 우리가 합의하고 있는 행정의 요건 내지 발전방향에 배치되면 부정적인 것으로 규정하지 않을 수 없다.

앞서 말한 바와 같이 행정문화에 관한 선행연구들이 열거한 부정적 문화유산의 종류는 대단히 많다. 저자가 위에서 설명한 특성들 이외에도 가족주의, 공사무분별, 공직사유관, 관인지배주의, 관존민비사상, 의식주의, 계서주의, 서열의식, 사인주의, 족벌주의, 할거주의, 정적 인간주의, 의리주의, 운명주의, 관운주의, 비물질주의, 무사안일주의, 귀족주의, 관권이권주의, 단기적 시간관, 사대주의, 학벌주의, 기분주의, 소극성, 침체성 등이 거론되고 있다.

이러한 특성항목들 가운데는 개념적으로 다소간에 서로 겹치는 것들도 있고 같은 뜻을 서로 다른 말로 표현한 것들도 있다.

선행연구에서 열거된 특성들 가운데는 그 의미가 스스로 분명한 것들도 있다. 나머지 특성들에 대해서는 간단한 주석을 붙이려 한다.

의식주의(儀式主義: ritualism)는 각종 의식, 행동범절 등 외양의 문제에 집착하는 특성이다. 가족주의는 혈연으로 맺어진 가족의 관계를 다른 사회적 관계들보다 중요시하고 가족으로서의 행동양식을 다른 사회적 관계에까지 확장하는 문화적 특성이다. 계서주의(階序主義)는 조직 내의 사회적 층화를 존중하고 신분에 따른 계층질서를 강조하는 성향이다. 이와 같은 뜻으로 서열의식이라는 말도 쓰인다. 일부 행정학자들이 말하는 사인주의(私人主義)는 특수이익에 얽매어 편파적으로 행동하는 성향을 지칭한다. 사적인 고려를 공적인 고려에 우선시키는 행동성향이라고도 할 수 있다.

운명주의(運命主義)는 개인이나 조직의 행로와 성공여부는 초자연적·신비적으로 결정되며 그것은 개인이나 조직의 통제 밖에 있다고 믿는 성향이다. 비물질주의(非物質主義)는 물질적 풍요보다 비물질적 가치를 존중하는 행동성향이다. 이것은 긍정적 의미를 지니는 것이지만 산업화사회의 요청에 배치되는 측면 때문에 부정적인 특성으로 열거되는 것 같다.

2) 긍정적 전통

현대행정의 요건에 비추어 바람직하거나 바람직한 기능을 더 많이 가진 전통적 행정문화의 특성도 많다. 그 중 중요한 것을 보면 다음과 같다.

첫째, 민주행정의 발전에 접목시킬 수 있는 특성들이 있다. 민본주의(民本主義: 백성을 위한 통치의 원리)에 입각한 위민사상(爲民思想) 그리고 홍익인간(弘益人間)의 사상은 민주행정구현에 긍정적으로 활용할 수 있을 것이다. 마찬가지로 통치의 공명정대성을 상소한 특성이라든지 절대권력에 대한 견제를 강조한 사상이라든지도 민주행정의 발전에 기여할 수 있다고 본다.

둘째, 현인정치(賢人政治)의 사상에 결부된 선비존중의 가치관 그리고 학문숭상의 가치관도 긍정적인 것이다. 수신제가치국평천하(修身齊家治國平天下)의 첫머리에 있는 수신은 자기수양과 자기개발을 강조한 것이다. 이것은 높은 향학열에 영향을 미쳤다. 덕치주의(德治主義)와 덕성교육의 강조도 긍정적 유산이다.

셋째, 나라에 충성하고 부모에 효도한다는 충효사상도 오늘날의 필요에 맞게 변용시킬 수 있는 긍정적 유산이다.

넷째, 개인보다 전체를 중요시하는 집합주의도 군주시대의 전제주의적 독소만 제거하면 행정문화의 긍정적 특성이 될 수 있다.

다섯째, 정신적 가치를 존중하고 도덕성과 예절을 강조한 문화유산도 긍정적인 것이다.

여섯째, 근면성, 근검절약을 강조하고 청백리(淸白吏)를 존중한 가치관도 바람직한 문화유산이다.

세련된 문화적 감수성, 강한 성취지향성, 평화주의, 높은 창의성 등도 우리 고유의 전통적 행정문화라고 주장하는 사람들이 있다. 그러한 요인들이 우리 문화적 전통 속에 있는 것은 사실이지만 비교적인 차원에서 우리에게 고유하다고 평가하기는 어렵다. 사실 고유성의 판단기준이 모호하기는 하다.

2. 변동하고 있는 행정문화

대한민국정부 수립 이후 적지않은 세월이 흘렀으며 그동안 우리 행정문화는 변화를 겪어 왔다. 전통적 행정문화는 아직도 뿌리깊이 남아있지만 그것이 강한 문화로서의 통합성을 예전처럼 유지하기는 어려운 형편이다. 내생적 변동야기, 환경변화의 영향, 외래문화의 전파 등에 의해 행정문화는 변하고 복잡해졌다.

1) 긍정적 · 부정적 변동

반세기가 넘는 지난 세월에 우리 사회와 행정은 급속한 변동을 경험하였다. 산업화 · 정보화, 정치적 민주화, 사회적 유동성과 다양성의 증대, 형평욕구의 증대, 그리고 정부행정의 지위와 역할 변화는 사회문화변동과 행정문화변동의 강력한 동인이 되었다.

국제적 문물교류에 의한 문화적 전파는 점증해 왔다. 세계화의 파도가 높아지면서 국제적 영향은 더욱 커졌다. 특히 미국문화를 중심으로 한 서구문화의 유입이 현저하였다. 행정부문의 문화전파에서는 미국이 거의 독주했다고 해도 지나친 말은 아니다.

자생적인 변동요인과 외래적 전파요인이 서로 얽혀 문화적 전통 가운데 일부를 약화 또는 탈락시키고 새로운 것을 누적시켜 왔다. 구별이 어렵기는 하지만 여기서도 상대적으로 긍정적인 변동과 부정적인 변동을 나누어 생각해 보아야 할 것 같다.

(1) 긍정적 변동 새로이 추가 · 누적된 행정문화의 특성 가운데 민주행정에 걸맞는 것들이 있다. 민주주의사상과 인권존중사상, 과학주의, 실용주의, 개척정신, 보편주의 또는 평등주의, 성과주의 등을 예로 들 수 있다. 새로이 강화되어 온 경쟁주의는 긍정 · 부정의 두 측면을 반반씩 지닌 문화적 특성이라 할 수 있다.

여기서 예시한 긍정적 특성들이 확고히 정착되었다고 말할 수는 없다. 좋은 것일수록 내재화에 시간이 많이 걸린다.

(2) 부정적 변동 새로이 조장 또는 악화된 부정적 특성의 예로는 배금주의(拜金主義), 이기주의, 쾌락주의(향락주의), 근시안적 사고방식 등이다.

배금주의는 황금만능주의라 할 만큼 물질적 이익에 집착하는 성향이다. 이기주의는 공동체를 생각하지 않고 자기위주로 행동하는 성향이다. 쾌락주의는 하급욕구충족에 집착하여 향락적이고 탐욕적인 행동을 일삼는 성향이다. 근시안적 사고방식은 단기적 안목을 가지고 조급하게 일을 처리하려는 사고방식이다. 폭증된 욕망수준과 환경의 급속한 변동이 그러한 조급증을 키운 것 같다. 과거 개발독재자들이 행정의 '조급주의'를 크게 조장하였다.

2) 문화적 혼란

우리 행정문화는 혼합적이고 복잡하다. 왕조시대의 전통적 문화, 산업화·민주화시대의 새로운 자생문화, 모방적·외래적 문화 등이 뒤섞여 있다. 혼합이 조화의 질서를 이루고 있다고 보기 어렵다. 문화의 적응을 요구하는 외적 조건들의 변화는 아주 빠르고 혼란스럽다. 이러한 상황에 연계되어 행정문화는 계속적인 과도기적 성격을 가지게 되었다.

혼합적·과도적 문화체제 속에서 문화지체, 가치혼란, 무규범적 행동 등이 많은 문제를 야기하고 있다. 문화지체는 문화와 행정체제의 필요가 괴리되는 현상이다. 문화의 구성요소 또는 차원들이 서로 어긋나는 일이 많다. 예컨대 문화의 근원적 전제와는 다른 가치관이 천명되기도 한다. 그리고 선언된 가치와 행정의 실천행동이 서로 어긋나는 일이 많다. 이 때의 가치는 실속없는 형식임에 불과하다.

우리는 과도적 혼합의 행정문화를 가지고 있다. 옛 행정문화는 힘을 잃어 가고 있으며 새로운 행정문화는 확실한 정착에 이르지 못하고 있다. 문화적 혼란을 겪고 있는 우리에게는 문화적 진보의 기회와 문화적 타락의 기회가 함께 열려 있다. 우리는 의식적인 개입을 통해 행정문화의 변동을 발전적인 방향으로 유도해야 할 것이다.

Ⅲ. 행정문화의 개혁

새로운 요청과 상황변화에 적응하기 위해서는 의식적인 노력을 통해 행정문화를 인위적으로 변동시켜야 한다. 즉 행정문화를 개혁해 나가야 한다. 문화는 사람이 만들고 학습하는 것이므로 개혁의 대상이 될 수 있다. 그러나 문화의 근원적 전제는 심층적·잠재의식적인 것이기 때문에 인위적 변동이 쉽지 않다. 행정문화 개혁의 설계에서는 이 점을 유념하여야 한다.

행정문화 개혁의 방법을 논의하기에 앞서 일반적으로 문화가 어떻게 형성·유지되고 변동되는가를 설명하는 개념들을 먼저 살펴보려 한다. 이어서

문화 개혁의 의미와 일반적인 과정, 그리고 행정문화 개혁의 수단을 설명하고 우리나라 행정문화의 개혁방향을 처방하려 한다.

1. 문화개혁이란 무엇인가?

1) 문화의 형성 · 보존 · 변동 · 개혁

(1) 형 성　　사람들이 그들의 문제를 성공적으로 해결해 준 방안을 수용하는 데서부터 문화의 형성은 시작된다. 그러한 해결방안에 결부된 가치를 구성원들이 의식적으로 채택하고 시간의 흐름에 따라 그것이 당연시되고 무의식 속에 깊이 자리잡게 되면 문화가 형성된다.

(2) 보 존　　형성된 문화는 상당한 안정성을 유지한다. 문화는 후속세대 또는 신참자에게 전수되어 지속적으로 보존된다. 문화전수의 중심적인 과정은 사회화(社會化: socialization)이다. 사회화는 기존의 문화를 보존하는 기제(機制: mechanism)이지만 문화를 개조하려는 의식적인 전략의 도구가 되기도 한다.

행정조직에 참여하는 사람들은 사회화를 통해 필요한 가치, 능력, 기대되는 행동, 대인관계의 지식 등을 습득한다. 그리하여 역할행태를 익히고 업무수행능력을 향상시키고 작업집단의 규범과 가치에 적응할 수 있게 된다.

(3) 변 동　　문화는 안정적인 특성을 지닌다고 하지만 시간의 흐름에 따른 문화변동의 가능성을 배제할 수는 없다. 형성의 과정에서처럼 변동은 일어난다. 문화는 새로운 요소들을 누적시키기도 하고 기존의 요소들을 탈락시키기도 하며 기존의 내용을 변용시키기도 한다. 문화변동은 내생적 요인에 의해서도 촉발되며 외생적으로 전파되기도 한다.

시대에 따라 그리고 상황적 조건에 따라 문화변동의 폭과 완급은 다를 수밖에 없다. 현대사회, 현대행정, 특히 발전도상국의 행정은 과거보다 더 빠르고 광범한 문화변동을 겪고 있다. 문화의 내면보다 피상적인 것, 인위구조적인 것이 더 빨리 변한다. 문화적 본질이 외적 조건에 부응하지 못하는 문화지체의 문제, 문화적 혼합이 빚어내는 탈문화화와 혼란 등의 문제가 제기되고 있다. 문화변동에 대한 의식적 개입의 필요가 커지고 있다.

(4) 개 혁　　문화개혁(文化改革: cultural reform)이란 문화의 바람직한 변동을 뜻한다. 행정문화 개혁은 행정문화의 바람직한 변동이다. 문화의

바람직한 변동은 의식적 · 계획적 노력에 의해 추진되는 것이다. 문화변동을 촉발하고 변동과정에 인위적으로 개입하여 바람직한 문화에 도달하려는 것이 문화개혁이다.

2) 문화개혁의 과정과 방법

(1) 과 정　　문화의 바람직한 변동을 유발하려는 개입의 과정은 의식적 · 계획적인 것이다. 문화의 본질적인 요체는 무의식적 · 비가시적이지만 문화개혁과정은 의식적인 것이다. 문화개혁은 무의식세계에 대한 의식적 접근이다. 문화개혁의 과정에서는 의식적 차원의 요소들을 일차적인 대상으로 삼을 수밖에 없지만 그것은 어디까지나 그 저변에 있는 문화의 본질적 요소인 무의식세계에 접근하기 위한 방편이다.

문화개혁의 과정에 포함되는 행동단계들은 다음과 같다.

① **목표 · 전략 수립**　　첫째 단계는 문화개혁의 목표와 기본전략을 수립하는 단계이다.

② **대상요소 확인**　　둘째 단계는 개혁대상이 될 문화적 요소를 확인하는 단계이다.

③ **바람직한 요소의 전파**　　셋째 단계는 바람직한 문화적 요소를 구성원들에게 주지시키는 단계이다.

④ **수용 확보**　　넷째 단계는 구성원들이 바람직한 문화적 요소를 수용하게 하는 단계이다.

⑤ **바람직한 변동의 강화**　　다섯째 단계는 바람직하게 변한 문화적 요소를 강화해 나가는 단계이다.

⑥ **평　가**　　여섯째 단계는 개혁의 성과와 과정을 평가 · 환류하는 단계이다.

(2) 행정문화 개혁의 개입방법　　문화개혁에 동원할 수 있는 개입방법을 한정하기는 어렵다. 문화는 아주 포괄적인 현상이며 그 연관요인은 수없이 많기 때문이다. 서로 연계된 상위문화의 개혁까지 안중에 두면 고려해야 할 개입방법의 수는 대단히 많아질 것이다.

여기서는 행정문화의 개혁을 위해 행정체제가 대내적으로 동원할 수 있는 개입방법에 국한하여 중요한 것들을 예시하려 한다.

① **리더십의 역할**　　리더십의 적극적 역할을 활용하는 방법이 있다.

이것은 조직의 관리자, 감독자, 기타 개혁추진자들이 문화변동을 솔선수범하고 문화변동에 유리한 쇄신적 분위기를 조성하는 방법이다. 문화관리 전담부서를 만들어 문화개혁의 요새(要塞)로 활동하게 하는 방법도 있을 것이다.

② **임 용** 채용·승진의 기준을 새로운 문화적 요건에 적합하게 설정하여 시행하는 방법이 있다.

③ **근무성적평정과 교육훈련** 근무성적평정에서 새로운 문화에 부합하는 행태를 우대하고 문화변용을 유도하는 교육훈련을 실시할 수 있다.

④ **보상체제** 유인기제(誘因機制) 또는 보상체제를 활용하는 방법이 있다. 이것은 문화개혁에 순응하는 행태를 강화하고 저항행태를 처벌하는 방법이다.

⑤ **팀워크체제** 팀워크체제를 활용하고 다른 구성원들에 의한 신뢰와 지지를 지렛대로 삼는 방법이 있다. 이것은 인간관계의 사회적 압력을 활용하는 방법이다.

⑥ **문화적 상징** 조직의 의식(儀式), 언어, 설화 등 문화적 상징을 조정하는 방법이 있다. 이것은 바람직한 문화적 상징을 개발함으로써 문화의 내면적·심층적 차원에 변화를 유도하려는 방법이다.

⑦ **구조·과정·기술·물적 시설** 조직의 구조·과정·기술·작업장의 물적 설계를 변경하는 방법이 있다.

2. 우리나라 행정문화 개혁의 방향

산업화·정보화 시대의 민주행정에 적합한 행정문화를 발전시키려면 먼저 행정의 임무수행을 저해하고 행정발전을 가로막는 전통문화의 탈락 또는 변용을 유도해야 한다. 그리고 창출·수용되고 있는 발전지향적 신문화를 강화해 나가야 하며 바람직한 신문화의 전파를 위해 힘써야 할 것이다.

앞으로 강화해 나가야 할 행정문화의 바람직한 특성은 대단히 많다. 그러나 중요하다고 생각하는 특성들을 골라 보면 다음과 같다.

(1) 국민중심주의 강화되어야 할 문화적 특성 가운데서 으뜸이 되는 것은 국민을 최우선시하는 국민중심주의이다. 행정은 국민을 위해 존재하기 때문에 국민을 위한 봉사를 최우선의 목표로 삼아야 한다는 신념이 국민중심주의이다. 이를 표방해온 지는 오래지만 그것이 근원적 전제로 정착하려면 앞

으로도 시간이 많이 걸릴 것 같다.

고객중심주의, 봉사지향성, 공동체의식, 공익존중의 사고방식 등은 국민중심주의의 일환으로 이해할 수 있다. 다른 개혁항목들도 궁극적으로는 모두 국민중심주의에 결부된다.

(2) 인간주의 인간주의는 자기실현적 욕구, 자율규제능력과 창의성을 포함한 주체성 등 인간의 고급속성을 존중하고 이를 보호·육성해야 한다고 믿는 신념이다. 인간주의는 책임 있는 능동성을 지지한다. 그것은 민주행정의 초석이다.

(3) 임무중심주의 임무중심주의는 지위나 권한관계보다는 임무수행과 문제해결을 중시하는 사고방식이다. 이러한 임무지향적 사고방식은 명령할 권한보다 명령할 능력을 강조한다. 임무중심주의는 실천행동을 중요시하는 행동지향성과 일의 성취를 강조하는 성과주의를 내포한다. 업무분화와 배분에 관한 전문가주의도 임무중심주의에 연계해 생각해야 한다.

(4) 보편주의 보편주의는 특수주의 내지 할거주의에 대조되는 개념이다. 보편주의는 특수이익보다 전체이익을 존중하는 신념이며 부당한 차별을 반대하는 신념이다. 이것은 개방적 사고방식을 전제로 한다. 개방적 사고방식은 문제해결의 개방체제적·통합적 접근을 강조한다. 개방적 사고방식은 다양성을 인정하고 그 위에서 형평성을 존중한다.

(5) 적응성과 장기적 안목 격동하는 시대의 행정은 높은 적응성을 지녀야 한다. 피동적 적응만으로는 불충분하다. 앞으로의 적응에서는 진취성과 개척성이 강조되어야 할 것이다. 따라서 적응적 극복이 중요해질 것이다.[6)]

그리고 적응은 종합적이고 장기적인 고려의 틀 속에서 이루어져야 한다. 그렇지 않으면 무원칙에 흐르고 과오를 범하게 된다. 장기적인 시간관에 입각한 예견력을 강조하는 행정문화를 발전시켜나가야 한다. 예견적 행정문화는 사후적 통제보다 사전적 예방을 강조한다.

(6) 협동주의 장차 참여적 협동의식을 강조하는 행정문화의 성숙이 더욱 절실히 요청될 것이다. 민주화·자치화가 촉진되어 갈 것이기 때문이다. 가부장적 권위주의에 입각한 집권화체제에서는 명령형 관리전략이 통용되었다. 그러나 민주화·분권화가 촉진되면 수평적 협동과 조정에 더 많이 의존

6) 적응적 극복(adaptive coping)이란 행동주체가 여건변화에 순응해서 적응하기도 하고 불리한 여건을 바꾸거나 이겨나가기도 한다는 말이다.

해야 한다.

참여와 협동의 전제조건은 공개주의이다. 지나친 밀실화를 기도하는 비밀주의적 행정문화는 불식되어야 한다.

(7) **정직성과 청렴성** 거짓말을 안하는 정직성과 부패하지 않는 청렴성은 오랫동안 강조해 왔지만 그 실행은 불만스럽다. 부정직한 행정, 부패한 행정은 점점 더 많은 폐단을 빚고 더 많은 저항의 대상이 될 것이다. 그런 까닭으로 정직성과 청렴성의 행정문화정립을 다시 한번 강조하는 것이다.

(8) **과학주의** 직관이나 감정보다 지성과 합리적 판단을 중시하는 과학주의적 행정문화를 창달해 나가야 한다. 현대의 복잡한 행정문제들을 과학주의만으로 모두 해결할 수 있는 것은 아니다. 과학주의의 맹신은 그것 자체가 문제일 수 있다. 그러나 과학성을 너무 경시해 온 우리의 전통을 바로잡지 않고 기술문명시대·과학화시대를 헤쳐나가기는 어려울 것이다.

제 4 편
공직윤리

사람은 비록 완벽하지는 못하지만 이성을 지닌 존재이다. 사람이 이성적 존재이기 때문에 윤리의 문제에 직면하게 된다. 인간이 무엇을 해야 할 것인가를 가르쳐 주는 윤리는 이성적인 판단에 따라 의식적으로 하는 행동을 대상으로 한다.

윤리는 사람들이 무엇이 옳은가를 밝히고 옳다고 생각하는 바에 따라 행동하는 과정에 관한 개념이다. 윤리는 사람의 행동을 유발하고 그 양태와 방향을 결정하는 힘을 가진다.

공무원들은 일반사회인의 윤리뿐만 아니라 공무원이라는 직업인의 윤리도 지켜야 한다. 공무원들이 지켜야 할 직업윤리를 공직윤리 또는 행정윤리라고 한다. 우리는 공직윤리 타락의 오랜 역사를 가지고 있다. 이를 바로잡는 것은 현시대의 중대한 개혁과제이다.

제4편에서는 공무원의 윤리, 즉 공직윤리에 관한 문제들을 다루려 한다.

먼저 공직윤리의 의미와 발전전략을 설명하려 한다. 그리고 공무원의 정치적 중립과 단체행동을 둘러싼 논쟁을 살펴보려 한다. 민주화 · 자치화가 촉진되면서 공무원의 정치적 중립과 단체행동은 새로운 쟁점으로 부각되고 있기 때문에 약간 자세히 검토하려는 것이다. 이어서 공직사회의 비윤리적 · 병폐적 행태를 논의할 것이다. 끝으로 공직의 비윤리적 · 불법적 행태를 통제하는 행정통제체제를 설명할 것이다.

Ⅰ. 공직윤리의 관리

1. 공직윤리란 무엇인가?

1) 공직윤리의 정의

일반적으로 윤리(倫理: ethics)란 사람이 지켜야 할 도리를 뜻한다. 사회생활을 하는 사람들이 무엇을 어떻게 해야 할 것인가에 대한 준거를 제공하는 것이 윤리라고 말할 수도 있다. 윤리는 옳고(right) 그름(wrong)에 관한 준거이다. 윤리적 행동규범은 윤리적 기대를 표현하는 기준이다.

공무원의 윤리 즉 공직윤리(公職倫理)는 정부조직에 종사하는 공무원들이 마땅히 지켜야 할 도리이며, 조직참여자로서 지켜야 할 직업윤리이다. 공무원의 행동규범은 그들의 직업윤리를 체현하는 태도와 행동의 준거이다.[1)]

윤리란 사람이 지켜야 할 도리이므로 모든 사람들이 일상생활에서 지켜줄 것이 기대되는 사회적 윤리가 설정되어 있다. 그런데 사람들이 어떤 조직이나 전문직업 분야에 참여하는 경우, 그러한 조직 또는 직업사회가 특별히 정하는 이른바 직업윤리도 지켜야 할 입장에 놓이게 된다. 공무원은 정부가 특별히 정하는 직업윤리를 지켜야 한다. 민간조직의 종사자들도 조직참여자에게 요구되는 그와 같은 부담을 져야 한다는 점에서 근본적으로 공무원과 마찬가지의 입장에 있는 것이다.

그러나 민간조직과 구별되는 정부조직의 특수성 때문에 공무원들의 직업윤리는 민간조직 종사자의 직업윤리와는 다른 것이 보통이다. 다르다는 것은 보다 높은 수준의 윤리와 보다 엄격한 행동규범의 준수가 공무원들에게 요구된다는 뜻이다. 민주국가에서 공무원들은 국민 전체의 봉사자로서 공익을 추구해야 할 입장에 있고, 또 공무원들은 국민생활에 심대한 영향을 미칠 수 있는 권력을 행사하기 때문에 국민은 공무원의 높은 직업윤리를 기대하게 된다.

공무원에 대한 윤리적 기대를 규정하는 행동규범의 양태 또는 규정방법은 다양하다. 행동규범의 양태는 우선 공식적인 것과 비공식적인 것으로 크게 나

1) 저자는 공무원들이 지켜야 하는 직업윤리라는 점을 강조하기 위해 '공직윤리'라는 개념을 사용한다. 행정체제의 윤리 문제에 초점을 맞추는 사람들은 '행정윤리'라는 개념을 사용하기도 한다.

누어 볼 수 있다. 공식적인 규범에는 법령 · 규칙 · 윤리강령 · 선서문 등이 포함된다. 이러한 공식적 규범 이외에도 선례 · 관습 · 비공식적 역할기대 등 비공식적 규범이 많다.

2) 민주국가의 공직윤리

민주주의적 정치원리를 채택하고 있는 국가의 공직윤리와 그 행동규범은 민주주의적 이념의 추구를 근본으로 삼고 있다. 민주주의적 생활질서의 기초를 유지 · 발전시켜야 한다는 요청에 부응하는 공직윤리를 확립하려고 하는 점에서 우리나라를 포함한 민주국가들의 공통된 경향을 볼 수 있다.

민주국가에서 정치권력은 피치자(被治者)의 동의에 기초를 두고 있으므로, 행정은 민주주의적 원리와 절차를 강화할 수 있도록 국민에게 봉사하여야 한다. 민주주의 이념을 기본적인 가치로 삼는 공직윤리체제의 일차적인 하위가치는 세 가지로 대별해 볼 수 있다.

① **공익추구** 공무원들은 공익을 추구해야 한다. 공무원들은 국민 전체의 이익과 보다 많은 국민이 선호하는 선(善)을 추구해야 한다. 그리고 공무원들은 국민 모두에게 공평한 봉사를 하여야 한다.

② **국민의사 존중** 공무원들은 국민의 의사를 존중하여야 한다. 국민의 의사가 표출되고 수렴되는 대의과정을 존중하는 방법을 통해서 국민의 이익에 봉사해야 한다. 즉 목적의 추구방법이 민주적이어야 한다.

③ **대내적 관리의 민주성** 정부기관의 대내적 관리가 위의 두 가지 가치추구와 일관성을 유지해야 한다. 특히 인간의 개인적 가치와 존엄성을 존중하고, 그것이 행정환경에 투사되도록 하여야 한다.

이와 같은 일차적 가치기준의 하위가치가 되는 것은 매우 다양하기 때문에 그것을 획일적으로 규정하거나 또는 망라하여 열거해 보려는 노력은 위험한 것이다. 그리고 민주적인 이념과 거기서 도출되는 기본가치를 받아들이고 있는 나라들도 각기 처한 상황에 따라 하위가치의 선정과 행동규범의 내용결정에 있어서는 다소간의 차이를 보이고 있다. 행동규범의 구체적인 내용은 상황적응적으로 결정되어야 할 문제이기 때문에 보편적으로 타당한 행동규범의 통일적 목록을 만들 수는 없다.

3) 우리 정부의 윤리규범: 법제화된 행동규범

우리나라에서도 민주주의적 이념을 공직윤리의 바탕으로 삼고 있다. 적어도 공식적인 윤리적 행동규범의 체계는 이러한 바탕 위에 축조되어 있다고 보아야 한다. 여러 가지 비공식적 규범 가운데는 공식적 행동규범에 일관되는 것만 있는 것이 아니라 그것을 교란하는 것도 적지 않겠지만 공식적인 것에 주의를 한정하여 법제화된 행동규범의 대강을 파악해 보려 한다.[2)]

여기서 고찰하려는 법제화된 행동규범은 「국가공무원법」 제56조 내지 제66조에 규정된 것들이다. 우리나라에서 공식적 행동규범은 이러한 법적 규정 이외에 공무원 윤리헌장, 공무원의 신조, 취임선서, 복무선서, 준수사항, 행동강령 등에도 있지만 대체로 법제화된 행동규범의 내용과 일관된다.

(1) **「국가공무원법」이 정한 행동규범** 정부에서는 공무원의 윤리적 행동규범을 비교적 엄격하게 법제화하고 있다. 「국가공무원법」에서 공무원의 법적 의무로 규정하고 있는 행동규범을 보면 다음과 같다. 여기에는 어떤 행동을 요구하는 규범과 금지하는 규범이 포함되어 있다.

① **성실의무** 모든 공무원은 법령을 준수하며 성실히 직무를 수행하여야 한다. 직무를 민주적이고 능률적으로 수행하기 위하여 창의와 성실로써 맡은 바 책임을 완수하여야 한다.

성실의 의무는 조직이 맡겨 준 역할을 충실히 수행하되 민주성 · 능률성 · 창의성 등의 가치기준을 존중하라는 규범으로 이해된다.

② **복종의 의무** 공무원은 직무를 수행할 때 소속상관의 직무상의 명령에 복종하여야 한다. 대개 공무원은 지위와 역할이 분화되어 있는 계층제 하에서 근무하기 때문에 조직 내의 질서유지와 기강확립을 위해 복종의 의무를 규정한 것으로 생각된다.

그런데 상관의 명령이 공무원의 다른 행동규범과 상충될 때 해당 공무원은 갈등을 겪게 된다. 따라서 위법 또는 부당한 명령에 복종하지 않는 공무원을 어떻게 보호하여 공직윤리를 향상시킬 것인가 하는 문제가 제기된다.

---

2) 행동규범의 법제화(法制化)란 윤리규범을 법규범화하는 것을 뜻한다. 국가는 공무원의 행동규범이 자율적으로 준수되도록 촉진하고 지원하는 데 그치지 않고 중요한 윤리적 행동규범은 이를 법규범으로 규정하여 의무화하고 있다. 그리고 법상의 의무로 된 행동규범의 준수를 보장하기 위해 벌칙을 동원한다. 법과 윤리는 구별된다고 하지만 양자가 완전히 분리될 수 있는 것은 아니다. 기본적인 윤리규범을 법제화하는 경우는 법과 윤리의 여러 관계 가운데서 양자가 부합되는 관계라고 보아야 한다.

③ **직장이탈 금지** 공무원은 소속상관의 허가 또는 정당한 사유 없이 직장을 이탈하지 못한다. 수사기관이 현행범이 아닌 공무원을 구속하려면 사전에 그 소속기관의 장에게 통보하여야 한다. 직장이탈을 금지하는 규범은 직무를 충실히 수행하고 직장 내의 질서를 유지해야 한다는 규범을 보완하는 것으로 이해된다.

④ **친절·공정의 의무** 공무원은 국민 전체의 봉사자로서 친절하고 공정하게 직무를 수행하여야 한다. 공무원은 공사를 분별하고 고객인 국민의 인격을 존중하며, 친절·공정하고 신속·정확하게 업무를 처리하여야 한다. 이 행동규범은 공익추구·공평성유지·능률확보·국민의사존중 등의 가치기준을 표현한 것으로 생각된다.

⑤ **비밀엄수의 의무** 공무원은 재직중은 물론 퇴직 후에도 직무상 알게 된 비밀을 엄수하여야 한다. 모든 것을 비밀에 부치라는 뜻으로 이 규범을 풀이해서는 안 된다. 직무상의 기밀(classified information)로 규정된 비밀만을 지키라는 뜻으로 이해해야 한다.

민주국가에서는 비밀엄수의 의무가 다른 상충되는 요청 때문에 쟁점으로 부각되는 일이 많다. 국가와 국민 전체의 안위를 위해서 혹은 조직 내의 질서유지, 고객의 이익과 인권의 옹호 등을 위해서 비밀유지의 필요가 있다. 그러나 국민의 알 권리와 언론자유, 그리고 국민에 의한 행정통제의 요청 등 상충되는 요구가 있다. 구체적인 상황의 행동기준을 정할 때에는 이와 같이 상충되는 요청들을 적정하게 절충시켜야 할 것이다.

⑥ **청렴의 의무** 공무원은 직무와 관련하여 직접적으로나 간접적으로 사례, 증여 또는 향응을 주거나 받을 수 없다. 그리고 공무원은 직무상의 관계가 있거나 없거나를 막론하고 그 소속상관에게 증여하거나 소속공무원(부하)으로부터 증여를 받아서는 안 된다. 청렴의 의무는 부패방지를 위한 규범이라 할 수 있다.

⑦ **영예 등의 수령규제** 공무원이 외국정부로부터 영예 또는 증여를 받을 경우에는 대통령의 허가를 받아야 한다.

⑧ **품위유지의 의무** 공무원은 직무의 내외를 불문하고 그 품위를 손상하는 행위를 하여서는 안 된다. 공무원이기 때문에 직장에서뿐만 아니라 직장 밖의 사회생활에서도 공무원의 신분에 걸맞는 품위를 유지해야 한다. 즉 사생활의 품위까지도 문제로 삼는 것이다.

품위를 유지한다는 것은 인격적인 행동을 한다는 말과 같이 매우 포괄적인 뜻을 가진 것이다. 구체적인 품위의 내용은 정부조직의 규범과 사회통념에 의하여 규정된다. 복장, 언동, 두발의 모양 등도 모두 품위에 관련된 것으로 볼 수 있다.

⑨ **영리업무 및 겸직의 금지** 공무원은 공무 외에 영리를 목적으로 하는 업무에 종사하지 못하며, 소속기관장의 허가 없이 다른 직무를 겸할 수 없다.

이러한 조항은 충실한 직무수행을 보장하고 이른바 '이익충돌'(이해관계충돌: conflict of interests)로 인한 공익침해를 막기 위한 규범이라고 풀이된다. 공무원이 공무 이외의 영리업무에 종사하면 직무수행의 능률이 저하되고, 공익과 상반되는 이익을 취득함으로써 정부에 대한 신뢰감을 저하시킬 위험이 있으므로 영리업무에 종사하는 것을 금지한다. 무엇이 영리업무에 해당하느냐 하는 것은 법규명령으로 규정하게 되어 있다.

과거 고도경제성장의 과정에서 국가경제에 대한 정부의 관여범위가 확대됨에 따라 이른바 '관·재유착'이라는 현상이 노정되고, 그것이 여러 가지 부패의 원인을 만들었으므로 영리업무 종사의 금지는 중요한 의미를 지니는 규범이었다. 퇴직 후에도 상당한 기간 유관기업체에 취업하지 못하게 하는 실천적 규범을 만들기까지 하였다. 그러나 영리업무에 종사하는 것과 겸직을 금지하는 조항은 공무원의 보수가 넉넉하지 못한 가운데 산업사회화가 촉진되고, 공무원제도가 개방형에 접근해 갈수록, 그리고 공무원의 고용양태가 다양해질수록 정부에서 고급인력을 획득하는 데 상당한 제약을 가할 것으로 생각된다.

⑩ **집단행위의 금지** 공무원은 노동운동 그 밖에 공무 외의 일을 위한 집단행위를 할 수 없다. 그러나 사실상 노무에 종사하는 공무원은 예외이다. 집단행위에 관해서는 다음에 재론할 것이다.

⑪ **정치활동의 금지** 공무원은 정당 기타 정치단체의 결성에 관여하거나 이에 가입할 수 없다. 그리고 공무원은 선거에 있어서 특정정당 또는 특정인을 지지 또는 반대하기 위하여 투표를 하거나 하지 않도록 권유운동을 하는 것, 서명운동을 기도·주재하거나 권유하는 것, 문서나 도서를 공공시설 등에 게시하거나 게시하게 하는 것, 기부금을 모집 또는 모집하게 하거나 공공자금을 이용 또는 이용하게 하는 것, 타인에게 정당이나 그 밖의 정치단체

에 가입하게 하거나 가입하지 아니하도록 권유운동을 하는 것 등의 행동을 할 수 없다.

정치운동 금지는 공무원의 정치적 중립성을 보장하기 위한 것이다. 공무원의 정치적 중립과 정치활동금지에 대해서도 다음에 다시 논의할 것이다.

(2) 규범과 실천의 평가 우리나라 공무원에 대한 법적 행동규범의 성향을 보면 공익추구와 대국민봉사, 그리고 대내질서를 위한 기강확립 등이 현저히 강조되고 있는 반면, 공무원의 인간적 존엄성이나 조직의 인간화, 그리고 조직생활의 민주화 등은 소홀히 다루어지고 있음을 알 수 있다. 한 마디로 멸사봉공을 소리높이 외치고 있는 규범체계라 할 수 있다.

우리나라에서 지금까지 매우 엄격한 행동규범의 법제화가 당위적으로는 정당시되어 오고 있으나, 그것이 준수될 수 있는 여건의 불비와 공무원들의 전통적 행태 때문에 실천적으로는 행동규범의 관대화 경향을 보여 왔다. 다시 말하면 행동규범에 관한 형식주의가 팽배해 있었다. 우리 정부의 과제는 당위적인 행동규범과 실제적인 행동규범의 거리를 좁히는 일이라고 생각한다. 행동규범에 관한 형식주의를 해소하려면 행동규범의 실천수준을 향상시키도록 힘써야 할 것은 물론이지만, 시대적 요청의 변화에 따라 당위적인 기준의 '현실화'도 추진해야 할 것이다.

2. 공직윤리 향상방안

공직윤리를 관리한다는 것은 의식적으로 계획된 윤리성제고 사업을 운영한다는 뜻이다.

공무원들이 스스로 높은 직업윤리의식을 가지고 행동할 수도 있다. 정부조직이나 국민은 공무원들의 그러한 자율규제에 의존하는 바가 크다. 공직윤리의 모든 문제를 외재적인 자극과 통제만으로 해결할 수는 없기 때문이다. 그러나 정부조직의 의식적인 노력 없이 공무원들의 자율에만 맡겨 둘 수 있는 것도 또한 아니다. 그러므로 정부는 공무원의 실천적 윤리수준을 유지 · 향상시키기 위한 사업을 시행하지 않을 수 없다.

공무원이 직업윤리를 준수하도록 하기 위해 정부와 기다의 통제중추들은 여러 방면에 걸쳐 적극적 및 소극적 수단의 결합에 입각한 복합적 전략을 펴고 있다.

그러한 복합적 전략이 동원하는 방안들은 i) 공무원 개인을 직접적인 대상으로 하여 그 윤리수준을 향상시키려는 방안, ii) 정부조직의 차원에서 공무원의 윤리수준 향상에 도움이 되는 여건을 조성하는 방안, 그리고 iii) 행정의 환경을 개선하는 방안으로 분류할 수 있다.

이와 같은 분야별 또는 대상별로 동원할 수 있는 방안들은 i) 공무원의 자율규제 또는 내재적 통제를 촉진하는 적극적 방안과 ii) 법적 의무화·감시·처벌 등 외재적 통제를 강화하는 방안으로 다시 분류해 볼 수 있다.

1) 개인을 대상으로 하는 방안

공무원 개인을 직접 대상으로 하여 그 윤리수준을 향상시키려는 수단은 자율규제를 촉진하려는 교화적 수단과 외재적 통제를 강화하는 수단으로 나누어진다.

(1) 자율규제의 촉진 자율규제를 촉진하려면 윤리의식이 높은 사람을 채용하고 채용 후에는 끊임없는 교화활동을 전개해야 한다.

① 윤리적 공무원의 채용 공무원들의 자율규제 폭을 넓혀 공직윤리를 향상시키려면 공무원을 채용할 때부터 높은 윤리의식을 가지고 직업윤리를 스스로 지킬 수 있는 사람들을 골라 채용하도록 노력해야 할 것이다. 사람의 윤리적 감수성은 그 사람의 성장과정과 그 이후의 사회화 과정에서 형성되는 것이므로 공무원을 채용하는 과정에서 될 수 있는대로 윤리적 감수성이 높은 사람들을 선별하여 채용하여야 한다.

② 재직중의 교화 공무원들이 정부조직 안에 들어가 조직생활을 하는 동안 행동규범을 심리적으로 수용하여 스스로 실천해 가도록 공식적 및 비공식적 교화활동을 해야 한다.

(2) 외재적 통제의 강화 공무원들이 지켜야 할 기본적인 행동규범을 법제화하여 그 준수를 강제하는 것은 외재적 통제를 강화하는 방안의 기초가 된다.

공무원의 행동규범이 법령의 제정을 통해 공식화되면 그에 대한 준수의무가 생긴다. 이러한 의무의 이행을 보장하기 위해 정부는 통제장치를 작동시켜 위반자에게 제재를 가한다. 외부의 통제중추들도 그러한 통제작용에 가담한다.

행정통제체제에 대해서는 뒤에 자세히 설명할 것이다.

2) 정부 내의 윤리적 분위기를 조성하는 방안

정부조직은 공무원의 윤리적 행동을 가능하게 하고, 또 그것을 유도할 수 있도록 여건과 분위기를 조성하는 책임을 져야 한다. 윤리적 분위기를 조성하려면 정부조직의 구조와 과정을 공무원의 행동규범 준수를 촉진할 수 있도록 형성해야 하며, 공무원의 윤리적 행동을 뒷받침하는 데 필요한 장치도 마련해야 한다. 그리고 공무원들이 그와 같은 윤리적 상황을 인식하도록 해야 한다.

① **통합형 관리** 공무원들이 정부의 목표와 윤리적 기대를 내재화하도록 유도할 수 있으려면 개인의 목표와 조직의 목표를 조화·융화시키려는 통합형 관리체를 강화해 나가야 한다.

② **윤리성제고사업** 정부조직 자체의 윤리성제고사업(normative enrichment)을 지속적으로 전개하여 조직 전체의 차원에서 파악되는 윤리수준의 향상을 도모하고, 조직참여자 개개인의 윤리적 행동을 촉진할 수 있는 분위기를 조성하여야 한다. 그렇게 하기 위해서는 조직 전체의 윤리적 입장을 분명히 공개적으로 천명하고, 조직이라는 집합체의 전반적인 윤리성을 주기적으로 측정하여 문제점을 검토하고 시정방안을 마련하여야 한다.

③ **인사정책의 개선** 인사정책의 윤리성을 향상시켜야 한다. 공무원의 신분불안감을 진정시키고 보수를 적정화해야 하며, 적재적소의 배치를 통해 일과 사람의 부적응을 최소화하여야 한다.

④ **신뢰기반 구축** 분권화 촉진·행정절차의 예측가능성 향상·공개행정의 범위 확장을 통해 신뢰관리의 터전을 구축해야 한다.

⑤ **비윤리성에 대한 저항통로 제공** 비윤리적인 조직의 정책 또는 비윤리적인 상관의 명령에 이의를 제기하거나 불복하고, 스스로 높은 윤리수준을 지키려는 사람들을 보호하는 방안이 있어야 한다. 고충처리·소청 등의 절차가 그러한 목적에 유효하게 쓰일 수 있다. 내부고발자 또는 폭로자에 대한 보호책도 강구해야 한다.[3)]

3) 사회환경을 개선하는 방안

정부는 사회체제의 하위체제이며, 정부조직의 구성원인 공무원은 사회체제의 구성원이기도 하다. 따라서 정부의 윤리수준과 사회 진반의 윤리수준은

3) 내부고발(whistle blowing; public disclosure)은 조직구성원인 개인 또는 집단이 비윤리적이라고 판단되는 조직 내의 일을 대외적으로 폭로하는 행위이다.

서로 영향을 미친다. 그러므로 사회 전반의 윤리수준이 타락한 가운데 공무원들의 윤리수준만 높게 유지한다는 것은 거의 불가능한 일이다. 윤리체제들의 포괄적 연관성 때문에 공직윤리의 향상이라는 문제를 생각할 때에는 언제나 사회 전반의 윤리성도 문제로 삼게 된다.

공직윤리의 향상에 도움이 되도록 사회환경을 개선하는 일은 정부부문과 민간부문의 협력에 의하여 이루어져야 한다. 이를 위하여 정부가 할 수 있는 일은 공직의 윤리타락을 직접적으로 유발하는 외부인을 무겁게 처벌하는 것에서부터 각종의 공식적 규범에 의하여 사회적 비리의 통제를 강화하는 것, 그리고 정부를 포함한 사회체제 전반의 윤리성 향상을 위해 대대적인 국민운동을 주관하는 것에 이르기까지 실로 다양하다.

II. 정치활동과 집단행위의 제한

법제화된 윤리적 행동규범에 공무원의 정치적 중립을 훼손할 수 있는 정치활동을 금지하는 규범과 공무원의 집단행위를 금지하는 규범이 포함되어 있다는 것은 앞에서 이미 지적한 바 있다. 그에 대한 설명도 간단히 했지만 여기서 재론하려 한다. 이 두 가지 행동규범이 오늘날 우리나라에서 특별한 쟁점으로 부각되어 있기 때문이다.

다음에 공무원의 정치적 중립을 위한 정치활동 제한, 그리고 집단행동을 원칙적으로 금지하는 틀 안에서 법이 허용하는 공무원단체에 대해 설명하려 한다.

1. 공무원의 정치적 중립

우리나라에서는 공무원의 정치적 중립 조항에 대한 오해도 많았고 실천상의 형식주의도 극심하였기 때문에 줄곧 논란의 대상이 되어 왔다. 민주화 시대를 맞아 공무원의 정치적 중립문제는 새로운 조명의 대상으로 부각되고 있다. 공무원의 정치적 중립을 요구하는 제도의 골격은 유시하더라도 부분적인 수정이 불가피하게 될 수도 있다.

공무원의 정치적 중립을 정의하고 정치적 중립을 지지하는 논거와 정치적 중립 보장을 위한 정치활동제한을 비판하는 논점을 살펴보려 한다.

1) 정치적 중립의 정의

공무원의 정치적 중립(政治的 中立: political neutrality)이란 부당한 정당적 정실이나 당파적 정쟁에 대한 중립을 뜻한다. 공무원이 정치적 중립을 지켜야 한다는 것은 국민전체의 봉사자로서 본분을 지키고 임무수행의 공평무사성을 지켜야 한다는 말이다. 이것은 정파적 특수이익과 결탁하여 직무수행의 공평성을 잃거나 정당세력의 정권투쟁에 끼어들지 말아야 한다는 행동규범이다.

오늘날 공무원의 정치적 중립성을 이해하는 시각은 정치·행정일원론에 입각해 있는 것이다. 과거 정치·행정이원론에 입각하여 공무원의 정치적 중립을 규정하려 할 때도 있었다. 그러나 정치·행정이원론적 접근방법은 현대국가의 실상이나 요청에 맞지 않는 것이다.[4)]

정치·행정일원론적 관점에서 요구하는 공무원의 정치적 중립은 공무원의 정치적 무감각이나 정치적 불모화(不毛化)를 요구하는 것이 아니다. 정권교체가 있더라도 동요하지 않고 집권한 정치지도자들의 정책을 충실히 집행하라는 것이지 집권한 정당의 정책에 저항하거나 무관심할 것을 요구하는 것이 아니다. 공무원이 국민의 의사를 행정에 반영하는 국민대표적 기능을 외면하라는 뜻도 아니다. 공무원의 정책수요에 대한 감수성을 마비시키자는 것은 아니며 공무원이 정책형성 과정에 참여하여 정치적 역할을 수행하는 것을 봉쇄하자는 것도 아니다. 공무원의 정당한 임무로 규정되는 활동이라면 그것이 행정적이거나 정치적이거나를 막론하고 성실히 수행하는 것은 정치적 중립에 관한 행동규범에 위반되지 않는다.

2) 정치적 중립의 필요성

공무원이 정치적 중립을 지켜야 한다는 행동규범은 우리의 경우처럼 복수정당제에 입각한 민주정부를 채택하고 실적주의를 인사행정의 원리로 받아들이는 나라에서만 문제로 된다. 군주국가나 일당전제국가에서는 공무원의 정치적 중립성이 논의될 여지가 없다. 의회민주정치를 하고 있는 나라에서도 엽관주의를 지배적인 인사행정 원리로 채택하고 있는 경우에는 공무원의 정치

---

4) 정치·행정이원론과 정치·행정일원론은 제1편 Ⅰ-3에서 설명하였다.

적 중립성을 인사행정의 보호대상으로 삼지 않는다.

민주국가에서 공무원의 정치적 중립을 요구해야 하는 이유로 들어지고 있는 것들은 다음과 같다.

(1) **공익추구의 보장** 공무원의 정치적 중립을 요구하는 가장 기본적인 논리적 근거는 공익을 추구해야 하는 공무원의 본질적인 사명에서 찾게 된다. 민주국가의 공무원은 공익을 옹호하고 국민 전체의 보편이익을 추구해야 하며 국민전체에 충성해야 한다. 이러한 사명을 지닌 공무원들이 특정한 정파의 특수이익과 유착하거나 부당한 정파적 압력에 굴복해서는 안 된다.

(2) **엽관의 폐해 방지** 정당적 정실이 인사행정과 공무원의 직무수행에 개입함으로써 야기되는 관기문란과 공무원의 부패 그리고 낭비를 막기 위해서도 공무원의 정치적 중립성을 보장할 필요가 있다.

(3) **정부업무의 계속성 보장** 정당정치를 통한 정권교체를 전제로 하는 정치체제하에서는 집권 정치세력의 변동에도 불구하고 정부업무를 전문적이고 계속적으로 수행할 중립적 세력의 존재를 필요로 한다. 공무원 집단을 그러한 중립적 세력으로 보전하기 위해서도 공무원의 정치적 중립은 필요한 것이다.

(4) **민주적 기본질서의 보호** 공무원의 정치적 중립을 보호해 주지 않으면 공무원들은 정권교체를 방해하는 파당적 행동을 하게 되고 그러한 행동은 민주주의의 기본질서를 파괴한다.

(5) **정치체제의 균형성장** 정치체제 내의 세력균형을 위해서도 공무원의 정치적 중립은 필요하다. 공무원의 정치적 중립이 이루어지지 않으면 민주적 정치과정의 정당한 기초를 약화시키고 정부관료제의 전횡을 불러 올 염려가 있다. 집권자가 공무원들을 사병화(私兵化)하면 정치가 행정 위에 군림하는 것같이 보일지 모르지만 실질에 있어서는 그러한 사병들이 정치를 압도하고 민주주의를 억압하게 된다.

3) 정치적 중립 비판론

공무원의 정치적 중립을 요구하는 행동규범은 정치활동금지조항으로 구체화된다. 정치적 중립을 보장하기 위해 공무원들의 정치적 권리와 자유를 제한한다. 정치적 중립요건을 비판하는 논의는 공무원의 정치활동제한을 문제삼는다. 비판론 가운데는 공무원에 대한 정치적 중립 요구의 취지를 오해한 데서 비롯된 것들도 있다.

공무원의 정치적 중립을 요구할 필요가 있다는 주장에 대해 이의를 제기하는 논점들을 보기로 한다.

(1) 공무원의 정치적 자유 제한 공무원의 정치적 자유를 제한하는 것은 부당하다는 논점이 있다. 민주주의적 정치원리를 채택하고 있는 나라에서 어느 특정집단의 정치적 자유만을 제한하는 것은 불공평하다는 것이다. 그러므로 공무원 집단의 정치활동을 따로 규제하는 조치는 부당하다는 것이다.

(2) 정치과정에서 배제되는 공무원 공무원들에 대한 정치적 중립의 요구는 그들을 정치과정에서 배제하는 결과를 초래한다는 주장도 있다. 공무원의 수는 날로 늘어나고 있는데, 한 나라 인구의 상당부분을 차지하는 공무원 집단을 국민의사형성 과정인 정치과정에서 배제하는 것은 무리한 일이라는 것이다.

(3) 참여적 관료제의 발전 저해 정치적 중립을 요구하는 것은 정치참여를 제한하고 참여적 관료제의 발전을 저해한다는 주장도 있다.[5)]

(4) 정책적 무감각 조장 공무원의 정책적 무감각을 조장한다는 우려도 있다. 공무원의 정치적 중립성을 계속하여 강조하게 되면 공무원들의 정책적 무관심을 결과하고 정부관료제가 정치·사회적으로 발로되는 국민의 요청에 민감하지 못한 폐쇄집단화할 염려가 있다고 한다. 결국 정부관료제의 국민대표적 기능을 좌절시키게 된다는 것이다.

(5) 논리적 근거 결여 정치·행정일원론하에서는 공무원의 정치적 중립을 요구할 논리적 근거가 없다는 지적도 있다. 공무원의 정치적 중립을 요구하는 이론은 정치·행정이원론에 기초를 둔 것이기 때문에 행정을 정치과정의 구성부분으로 보거나 적어도 양자가 긴밀히 연관되어 있다고 보는 오늘날의 지배적인 관점에는 부합되지 않는 이론이라고 하는 주장인 것이다.

(6) 조건의 변화 선진민주국가들에서 공무원의 정치적 중립을 위협하던 조건들이 해소되었기 때문에 정치적 중립을 외재적으로 강요하는 법적 제한, 즉 정치활동 금지조항들의 필요가 없어졌다는 주장도 있다.[6)]

5) 참여적 관료제(participatory bureaucracy)란 중간관리층 이하 공무원들의 정책형성에 대한 참여기회를 확대하고 그들이 대내외적으로 자기 의견을 표현·관철할 수 있는 폭을 넓혀 주는 정부관료제라고 한다.

6) 선진민주국가들에서 들어지고 있는 조건변화의 예는 i) 실적체제가 확고한 기반을 굳혔다는 것, ii) 공무원들의 전문화 수준과 직업윤리의 수준이 현저히 향상되었다는 것, iii)

4) 정치적 중립 비판론에 대한 반론

정치적 중립 비판론에 대한 반론을 보기로 한다.

첫째, 정치적 자유제약을 문제삼는 주장은 권리 있는 곳에 책임 있어야 한다는 원리를 모르는 데서 나온 것이다. 아무리 자유와 평등이 보장되는 사회에서도 특혜와 특권과 권한이 있으면 그에 상응하는 책임이나 자유제한이 수반된다. 공무원은 공익추구의 임무를 맡고 임무수행에 필요한 권력을 행사한다. 그러한 임무수행에 역행하는 행동을 자제해야 한다는 것은 당연한 이치이다.

공무원의 정치활동을 금지한다는 것도 파당적 행동을 금지한다는 것일 뿐이다. 공무원의 임무수행과 충돌되지 않는 시민적 자유를 제한하는 것은 아니다. 공무원들이 파당적 정쟁에 끼어들지 않는다고 해서 그들이 다른 시민보다 못한 이류시민으로 전락하는 것은 아니다.

둘째, 공무원들을 정치과정에서 배제하는 것은 잘못이라는 주장 또한 문제의 과장이라는 반박이 있다.

정치인이나 그 선거운동원과 똑같은 방법으로 정치행위를 할 수는 없다는 점에서 제약이 따르는 것은 사실이다. 그러나 공무원의 임무수행과 마찰을 일으키지 않는 한 정치과정에 참여하여 의사표시를 하는 시민적 권리를 제약하는 것은 아니다. 예컨대 공무원이 각종 선거에서 투표하는 것을 방해하지 않는다. 그러므로 정치적 중립의 요구가 공무원을 정치과정에서 완전히 배제하는 것처럼 말하는 데는 잘못이 있다.

셋째, 오늘날 참여적 관료제의 발전이 필요한 것도 사실이지만 공무원의 정치적 중립성이라는 관념 자체가 공무원들의 정당한 정책활동을 방해하는 것은 아니라는 반박이 있다.

넷째, 정치적 중립요구가 공무원들의 정책적 무관심을 조장한다는 주장도 반박의 대상이 되고 있다. 정책적 무감각의 위험이 현실화될 가능성은 있지만 그것은 정치적 중립 요구의 본래적 의도가 아니며 불가피한 귀결도 아니다. 정치적 중립의 의미를 잘못 해석하고 오도적인 실천을 하는 데서 비롯되는 실책일 따름이다.

공무원단체의 성장으로 인하여 외적 강요에 의한 정치적 남용을 물리칠 수 있는 공무원 집단의 자체방어능력이 향상되었다는 것, iv) 정당제도의 체질변화로 엽관의 위협이 감소되었다는 것 등이다.

현대 민주국가에서 공무원의 정치적 중립은 정부관료제의 대표성과 대응성을 지지하는 방향으로 추구되어야 한다. 공무원에 대한 정치적 중립의 요구는 공무원의 정치적 불모화나 정책적 무관심을 요구하는 것이 아님을 다시 한 번 상기할 필요가 있다.

다섯째, 공무원의 정치적 중립을 요구하는 행동규범이 정치·행정이원론에 입각한 것이라는 주장에 대한 반박이 있다.

오늘날의 정치적 중립 논의는 정치·행정일원론에 입각해 있는 것이다. 정치·행정일원론의 관점에서 정치와 행정은 협동해야 하며 공무원들은 정당한 임무로 규정되는 정치적·정책적 역할을 적극적으로 수행해야 하지만 공무원들이 당파적 세력과 정실적으로 유착하거나 파당적 선동을 해서는 안 된다고 하는 것이 오늘날 우리가 믿고 있는 정치적 중립의 아이디어인 것이다.

5) 정치적 중립 지지·비판에 대한 평가

공무원의 정치적 중립을 보장하기 위한 정치활동 금지는 공무원의 정치적 자유를 다소간에 제약하는 것이 사실이다. 여기에 비판론의 뿌리가 있다. 공무원의 정치적 중립은 상충되는 두 가지 요구를 조화시키는 가운데 보장되어야 한다. 그러므로 정치적 중립으로 인해 제약되는 권리와 자유에 집착하는 시각에서 비판적 주장을 할 수 있는 가능성이 있다. 그러나 공무원의 자유제한을 필요한 최소한에 그치게 해야 한다는 요청이 공무원의 정치적 중립을 부정하는 데까지 이르게 할 수는 없다.

실적체제가 완벽하게 운영되고 공무원과 정치인들이 높은 도덕적 기준에 따라 행동하는 이상적 상황하에서는 공무원의 정치적 중립성을 보장하기 위해 그들의 정치활동을 법적으로 제한할 필요가 없을 것이다. 그러나 그와 같은 이상적 상태는 현실적으로 기대할 수 없기 때문에 공무원의 정치적 중립성을 보장하기 위해 법적 금지조항들을 두지 않을 수 없다. 따라서 공무원들의 정치적 자유가 일부 법적으로 제약 받지 않을 수 없다.

정치적 중립을 보장하기 위한 법적 제한을 완전히 철폐해야 한다는 비판론의 주장은 그 논리가 박약하다. 그러나 법적 제약의 내용을 시대의 요청에 맞게 바꾸어 나가야 한다는 주장에는 충분한 호소력이 있다.

6) 선출직 공무원의 정치적 중립

대통령, 지방자치단체장 등 선출직공무원들의 정치적 중립문제가 논쟁의 대상으로 부상하고 있다. 이 문제의 쟁점화수준은 점점 높아져가고 있다. 선출직 공무원들에게도 일반직 공무원의 경우와 같은 정치적 중립의무를 부과해 왔는데, 그것을 불편하게 만드는 여건변화가 진행되고 있기 때문에 논쟁이 촉발된 것이다.

(1) 강경한 정치활동금지의 배경　　우리나라의 법제도나 국민감정은 선출직을 포함한 공직자의 정치적 중립을 요구하는 데 매우 강경하다.

대한민국 건국과 함께 세정된 헌법과 법률은 처음부터 공무원의 정치활동을 엄격하게 제한하였다. 국회의원만이 그러한 제약에서 자유로울 수 있었다.

강경한 정치활동 금지조항은 실천적으로 형식화되는 경향을 보였기 때문에 역설적으로 유지되었다. 금지조항을 강화하자는 목소리만 키우기도 하였다.

일인장기집권, 일당독재, 군사통치의 헌법파괴, 관권선거의 습성화 등등 지난날의 정치적 탈선·타락과 행정적 방종은 정치적 중립조항을 형식화하거나 심지어는 사문화하였다. 이런 형편에 정치활동 금지조항을 완화하자는 말을 꺼내기는 어려웠다. 행정의 정치적 남용을 막기 위해 공무원의 정치활동을 금하는 법규범을 강화해야 한다는 주장만이 사람들의 호응을 얻을 수 있었다.

정치의 선한 모습을 보기 힘들었던 국민은 정치에 대한 혐오감을 갖지 않을 수 없었다. 정치적 탈선에 대한 국민의 감정적 반발은 지나치고, 그로 인해 여러 가지 기이한 현상이 빚어지고 있다. 사람들은 걸핏하면 중립내각의 구성을 요구한다. 대통령은 당적이탈을 요구하는 압력 때문에 시달린다. 대통령은 정치에 초연해야 한다는(정치를 하지 말아야 한다는) 주장도 드세다. 전직 대통령도 정치를 하면 안 된다는 여론몰이가 흔하다.

(2) 달라져야 할 정치활동금지　　선출직 공무원들의 정치활동금지를 규정하는 경색한 제도나 이를 옹호하는 민심은 앞뒤가 안 맞는 비부합의 장애를 일으키고 정부의 리더십을 약화시킨다. 행정부가 거버넌스의 한 축으로서 수행해야 할 정치적 역할을 감당할 수 없게 한다.

대통령과 지방자치단체장들은 정당원이며 정당공천을 받아 선거에 출마하고 당선된 뒤에도 당직을 보유한다. 그럼에도 불구하고 선거만 끝나면 칼로 자른 듯이 탈정당화되기를 요구한다. 일반직 공무원과 같은 수준의 정치적 중립을 요구하는 것이다. 정치적 중립에 관한 강경론에 따른다면 정당가입 자체가 정치적 중립의무 위반일 터인데, 그에 대한 언급은 없다.

우리의 고유한 전통과 형편 때문에 선진민주사회에서처럼 선출직 공무원들의 정치활동을 자유롭게 허용해서는 안 된다고 주장하는 사람들이 있다. 그러나 우리의 고유한 형편이라는 것은 급속히 변동하고 있다.

우리는 정치의 역할이 커지고 발전해야 하는 시대에 살고 있다. 지금 대통령이 국민을 협박하여 독재를 할 수 있는 세상은 아니다. 그만큼 정치적 민주화가 진행되었다. 지방자치가 발전하고 있다. 시민사회가 발전하고 있다. 국민의 정치의식과 참여능력이 향상되고 있다. 공무원의 의식도 달라지고, 날이 갈수록 드세지는 공무원 노조가 활동하고 있다. 누구나 대통령을 비판할 수 있고, 그것을 죄로 논할 사람은 없다. 지방자치단체장들이 주민들로부터 봉변을 당하는 일은 비일비재하다.

선출직 공무원들의 바르고 건강한 정치적 역량을 함양해야 한다. 그들이 국가 거버넌스의 한 축을 맡아 효율적으로 운영할 수 있도록 뒤떨어진 사회적·정치적·법적 제약을 풀어주어야 한다. 혼탁한 정치판에서 정치적 공격을 받은 선출직 공무원들이 정치적으로 대꾸할 수 있는 길을 찾아주어야 한다. 정당이나 공직선거 후보자에 대한 지지를 말할 수 있는 기회를 주어야 한다.

2. 공무원단체: 공무원노동조합

공무원은 원칙적으로 공무수행 이외의 집단행동을 할 수 없다. 그러나 법이 허용하는 범위 내에서는 그것이 가능하다. 여기서는 법이 허용하는 공무원단체에 대해 설명하려 한다. 공무원단체 가운데서 공무원노동조합에 초점을 맞출 것이다.

공무원단체란 근무조건의 유지·개선을 위해 공무원들이 조직하는 단체 또는 그 연합체를 말한다. 공무원단체의 유형은 다양하다. 우리 정부에서 인정하는 대표적인 공무원단체는 공무원직장협의회와 공무원노동조합이다.

공무원직장협의회는 1998년 2월 24일 제정·공포된 「공무원직장협의회 설립·운영에 관한 법률」에 의하여 1999년 1월부터 설립이 허용된 제도이다. 이 협의회의 목적은 공무원의 근무환경 개선, 업무능률 향상, 고충처리, 기타 당해 기관의 발전에 관한 사항 등이다. 여기에 가입할 수 있는 사람은 6급 이하 공무원이다.

공무원직장협의회가 근무여건의 개선을 통한 공무원의 복무상 권익보호를 목적으로 한다는 점에서 공무원노조와 유사한 측면이 있다. 그러나 이 협의회는 공무원관계의 특수성을 강조하는 협의기구로서 그 집단행동은 금지된다.

기관장과 협의회의 협의대상도 제한적이다. 기관장의 고유권한에 속하는 인사에 관한 사항, 법령의 개정을 수반하는 사항, 기관장의 직무범위를 벗어나는 사항, 사회상규에 어긋나는 사항, 그리고 명백한 상황변화가 없는 한 동일한 사안에 대하여 이미 합의한 사항은 협의대상에서 제외된다.

노동조합형태의 공무원단체에 대해서는 좀 더 자세한 설명을 하려 한다.

1) 공무원노동조합이란 무엇인가?

(1) 정 의　　공무원의 노동조합(勞動組合: labor union or employee union)은 근무조건의 유지·개선을 위해 공무원들이 조직하는 공식적 단체로서 노동조합의 요건을 갖춘 것이다.

공무원노동조합(공무원노조)는 그 구성원인 공무원들의 근무조건과 직위 및 복지를 유지·향상시키는 것을 주된 목표로 하여 조직하는 것이지만, 공무원들의 협동심을 고취하고 행정발전에 기여한다는 등의 부수적인 목표를 함께 표방하는 것이 보통이다.

공무원노조의 활동으로 i) 오락과 친목활동, ii) 상조활동(相助活動), iii) 교육과 홍보활동, iv) 대표활동을 생각할 수 있다. 이 중에서 가장 기본적인 것으로 중요시되며, 또 가장 많은 쟁점을 안고 있는 것은 대표활동이다. 단체교섭이나 단체행동은 대표활동의 수단이 된다.

(2) 효 용　　공무원의 이익옹호가 공무원노조의 가장 기초적인 목표이며 동시에 효용이지만, 그에 수반되는 여러 가지 효용을 또한 생각할 수 있다.

① **집단적 의사표시의 수단**　　공무원들은 공무원노조를 통해 정부 내외에 걸쳐 집단적인 의사표시를 할 수 있다.

② **쌍방적 의사전달 통로**　　공무원노조는 그 구성원인 공무원들과 관리층 사이에 경제적이고 접근하기 쉬운 쌍방적 의사전달 통로를 제공해 준다.

③ **사기앙양**　　공무원노조의 활동에 의하여 얻은 공무원의 복지증진이나 공무원노조의 활동과정은 일반적으로 공무원들의 참여감·세력감·성취감 등을 증진시키며, 결과적으로 사기를 높이는 데 기여할 수 있다.

④ **행정발전과 직업윤리 향상** 공무원노조는 행정발전과 공무원들의 직업윤리 확립에 기여할 수 있다. 공무원노조는 직장민주화에 기여할 수 있다. 관리자들의 탈선을 감시 할 수 있다. 공무원노조는 그 구성원들이 공직의 행동규범으로부터 이탈하는 것을 막는 사회적 견제작용을 할 수 있다.

(3) 우려되는 폐단 위의 효용은 공무원노조가 잘 조직되고 운영될 때 기대할 수 있는 것들이다. 공무원노조가 잘못 운영되거나 탈선할 때에는 여러 폐단이 수반된다.

① **노사갈등과 관리작용 침해** 노사 간에 대립과 갈등을 격화시키고 관리작용을 침해할 수 있다.

② **생산성 저하 · 공익 침해** 공무원노조의 이기적 활동은 조직의 생산성을 저하시키고 공익을 해칠 수 있다.

③ **실적주의 침해** 비생산적인 직원을 보호하는 등 실적주의적 인사원리를 위협할 수 있다.

④ **노조운영상의 문제** 무임승차자의 문제, 획일적인 대안추구의 문제, 의심스러운 혜택의 문제 등은 공무원들의 참여의욕을 떨어뜨리고 노조의 활동력을 약화시킬 수 있다.

⑤ **탈선의 위험** 공무원노조의 본래적인 기능범위를 벗어나는 단체활동의 과잉화 · 불법화가 우려된다. 노조원들은 불법집회, 정치간여 등의 유혹을 받기 쉽다.

(4) 우리나라의 공무원노동조합 현대적 의미의 공무원노조에 관한 나라마다의 제도에는 다소간의 차이가 있다. 노조활동을 아주 관대히 허용하는 나라도 있고 많은 제약을 가하는 나라도 있다.

우리나라는 공무원노조에 대해서 아주 제한적인 접근방법을 택해 왔다. 우리 정부에서는 오랫동안 공무원노조의 구성을 원칙적으로 금지하고, 사실상 노무에 종사하는 공무원에 대해서만 예외적으로 허용했었다. 그러나 이러한 제한적 정책에 대한 공격은 날로 거세졌다. 결국 단순노무종사자들이 구성했던 공무원노조의 단체행동권을 인정하게 되었고 6급 이하 공무원의 직장협의회 구성을 허용하게 되었으며 6급 이하 공무원들의 노조활동을 허용하게 되었다.

우리나라 헌법은 근로자의 단체구성과 단체활동을 권리로 규정하고 있다. 즉 「헌법」 제33조 제1항은 “근로자는 근로조건의 향상을 위하여 자주적인 단결권·단체교섭권 및 단체행동권을 가진다"고 규정한다. 그러나 제2항에서 "공무원인 근로자는 법률이 정하는 자에 한하여 단결권·단체교섭권 및 단체행동권을 가진다"고 규정함으로써 공무원의 단체활동을 제한하는 헌법적 기초를 마련하고 있다.

이러한 헌법의 규정에 따라 「국가공무원법」은 사실상 노무에 종사하는 공무원에게만 노조구성을 허용했었다. 「공무원복무규정」에서는 사실상 노무에 종사하는 공무원을 정보통신부 및 철도청 소속의 현업기관과 국립의료원의 작업현장에서 노무에 종사하는 기능직 공무원과 고용원이라고 규정하였다. 이들 사실상 노무에 종사하는 공무원 가운데서도 i) 서무·인사 및 기밀업무에 종사하는 자, ii) 경리 및 물품출납 사무에 종사하는 자, iii) 노무자의 감독사무에 종사하는 자, iv) 보안업무 규정에 의한 보안목표 시설의 경비업무에 종사하는 자, v) 승용자동차의 운전에 종사하는 자 등은 공무원노조에 가입할 수 없었다.

사실상 노무에 종사하는 공무원들의 단체행동(파업, 태업 등 쟁의행위)은 금지되었으나 1993년부터 그러한 제약이 없어졌다. 헌법재판소가 1993년 3월 11일에 공무원의 노동쟁의행위를 전면적으로 금지해 온 「노동쟁의조정법」 제12조 제2항이 일부 공무원의 단체행동권을 인정한 헌법조항에 불합치된다는 결정을 내렸다. 그리고 1995년말까지 해당법조항을 개정하도록 국회에 요구하였다. 국회가 이 시한을 넘겼기 때문에 「노동쟁의조정법」 제12조 제2항은 1996년부터 실효되었다. 1997년 3월 「노동조합법」과 「노동쟁의조정법」을 통합한 「노동조합 및 노동관계조정법」을 제정하면서 문제의 노동쟁의금지조항은 삭제하였다. 이로써 노조를 결성할 수 있는 공무원들의 노동쟁의(단체행동)는 합법화되었다.

2003년경부터는 6급 이하 공무원들이 가입하는 사실상의 공무원노조가 활동을 시작하였다. 이 단체를 사실상의 노조라고 부르는 까닭은 공무원노조에 관한 법률이 제정되기도 전에 활동을 시작한 법외적 단체였기 때문이다.

2005년 1월 27일에 공포된 「공무원의 노동조합 설립 및 운영 등에 관한 법률」에 의해 6급 이하 공무원의 노조활동을 합법화하였다. 이 법률은 공무원노조의 태업·파업을 금지하고 있다.

「공무원의 노동조합 설립 및 운영 등에 관한 법률」 시행령과 시행규칙에서는 6급 이하 공무원의 노조가입범위와 단체교섭대상을 한정하고 있다.

시·군·구의 담당, 팀장, 출장소장 등 다른 공무원의 업무를 지휘·감독하거나 총괄하는 공무원은 노조에 가입할 수 없다. 정책결정에 관한 사항이나 채용·승진·전보 등 임용권의 행사, 기관의 조직·정원, 예산의 편성 및 집행에 관한 사항 등은 단체교섭 대상에서 제외된다.

2) 공무원노동조합의 활동에 관한 논쟁

공무원노조에 관한 논쟁은 공무원노조의 구성과 활동에 어떤 제약을 어느 정도 가해야 하느냐는 문제를 둘러싸고 벌어지는 것이다. 자유민주주의 국가에서도 정부부문은 민간부문과 다른 특수성을 가지고 있기 때문에 여러 형태와 여러 수준의 제약을 공무원노조에 가해야 한다는 주장과 그에 맞서는 주장이 논란을 벌이는 것이다.

공무원노조의 구성과 활동에 관한 논쟁은 민간부문의 조직과 대조되는 정부조직의 특수성을 둘러싸고 벌어진다. 정부조직의 불가결성, 사용자·피사용자 구별의 모호성, 근로조건에 대한 정치적·입법적 통제, 인사행정의 형평성·공평성에 대한 요청 등이 그러한 특수성의 조건들이다.

논쟁대상의 차원은 몇 가지로 구분해 볼 수 있다. 공무원노조의 구성 그 자체를 허용할 것인지의 여부에 대해 논쟁이 있을 수 있다. 그러나 대다수의 민주국가에서는 한정된 범위 내에서 공무원의 노조구성을 허용한다.

공무원노조의 구성을 허용하는 나라에서는 단체교섭과 단체행동을 규제하는 문제에 관하여 논란이 있었다. 공무원노조의 대표활동을 단체교섭과 단체협약 그리고 단체행동으로 나누어 그에 대한 규제의 문제를 검토하려 한다.

(1) 단체교섭과 협약에 관한 논쟁 단체교섭(團體交涉: collective bargaining)은 노사의 대표가 장래의 상호관계에 관한 약속을 주고 받는 과정이다. 공직의 특수성을 내세워 공무원노조의 구성 자체를 반대하는 사람들은 물론 단체교섭의 가능성을 전면적으로 부인하려 한다. 그러나 공무원노조의 기능을 긍정적으로 이해하는 사람들은 공무원들의 이익옹호뿐만 아니라 관리작용의 원활화를 기하기 위해서도 공무원노조를 정책결정 과정에 참여시켜야 한다고 주장한다.

공무원노조를 구성할 수 있게 하면서 공무원노조가 단체교섭을 할 수 없게 하는 것은 앞뒤가 맞지 않는 처사이다. 그러므로 단체교섭 반대론의 논거는 박약하다. 그러나 단체교섭의 결과에 따라 협약(協約)까지 체결할 수 있는

가에 대해서는 이견이 있다.

① **단체협약 반대론** 국민주권의 수임자인 정부는 공무원의 근무에 관한 모든 문제의 최종 결정권을 유보한다는 주권이론에 근거하여 단체협약의 가능성을 부인하는 사람들이 있다. 그들은 근로조건의 법정주의와 노사협약제도는 양립할 수 없다고 주장한다.

② **단체협약 허용론** 단체협약을 허용해야 한다고 보는 사람들은 단체교섭을 법률문제로 볼 것이 아니라 행정문제로 보아야 한다고 주장한다. 정부는 정책결정의 권한을 가지고 있으며, 따라서 단체협약의 절차를 수립하는 정책을 결정할 수 있다고 한다. 그리고 중요한 근무조건은 법정된다고 하지만, 그 범위 내에서 행정기관의 재량권이 허용되기 때문에 행정권의 재량사항에 관한 단체협약이 가능하다고 한다.

단체협약의 가능성을 인정하는 사람들도 구속력 있는 단체협약은 행정기관의 재량사항에 관해서만 체결될 수 있다고 보는 데 의견을 모으고 있는 것 같다. 행정기관의 재량사항 가운데서도 공무원의 근무조건에 관한 것만이 단체협약의 대상으로 된다고 보는 것이 지배적인 견해라고 생각한다. 그리고 단체협약의 형식도 노사 간의 계약이 아니라 정부의 정책결정이라는 형식을 취하도록 요청될 때가 있음을 인정한다.

(2) **단체행동에 관한 논쟁** 공무원노조의 구성을 허용하는 나라들에서 가장 큰 쟁점이 되고 있는 것은 단체행동 즉 파업, 태업 등 실력행사를 인정할 것인가하는 문제이다.

이 문제에 관한 이론적 논쟁에서는 단체행동 허용론 쪽이 우세해지는 추세이지만 의견대립은 여전하다.

① **단체행동 반대론** 공무원노조의 단체행동권을 인정할 수 없다는 주장은 대개 다음과 같은 이유에 기초를 둔 것이다.

i) 정부업무의 불가결성 정부의 업무는 국민생활에 불가결한 중대하고 긴급한 업무이기 때문에 파업에 의하여 중단되는 것을 허용할 수 없다.

ii) 법치주의 위배 태업·파업과 같은 실력행사에 의하여 정부와 국민의 의사를 구속하려 하는 것은 법치주의의 원리에 위배되는 것이다.

iii) 정부의 배려에 대응하는 자제력 정부가 공무원들에게 어떤 편익의 제공을 약속하고 제도화된 합법적 절차를 밟아 그것을 실천하려고 하는 경우, 공무원들도 그에 대응하는 자제력을 보여야 한다. 태업·파업과 같은 과격한 행동으로 정부에 불편을 주는 것은 부당하다.

iv) 다른 수단의 존재　　공무원들이나 그 대표자들은 그들의 주장을 관철시키고 정부와의 분규를 해결할 수 있는 다른 여러 가지 합법적 수단을 가지고 있다. 소청절차, 고충처리절차, 중재절차, 국민과 입법기관에 대한 호소 등이 그러한 합법적 수단의 예이다. 이와 같은 합법적 수단이 있음에도 불구하고 단체행동을 한다는 것은 잘못이다.

v) 국민주권과 공익침해　　단체행동은 국민주권에 대한 공격이며 특수이익에 의한 공익의 침해이다.

vi) 공무원의 특혜　　모범고용조직인 정부에 종사하는 공무원의 특혜와 특권에 비추어 단체행동은 합당치 않다.

vii) 신분의 공공성　　공무원의 신분은 공공성을 지녔으며 민간의 근로자와는 그 성격이 다르기 때문에 단체행동을 허용해서는 안 된다.

viii) 실적주의 교란　　공무원노조가 실력행사에 의해 채용·승진·보수 등에 관한 편파적 주장을 관철하면 실적주의적 인사원리가 교란된다.

ix) 특별권력관계　　공무원은 국가와의 특별권력관계하에 놓여 있기 때문에 단체행동을 제한해도 무방하다.

x) 우리나라의 특수한 여건　　우리나라의 상황적 조건이 공무원노조의 단체행동을 허용하기는 어렵게 되어 있다. 그러한 조건의 예로 우리나라에서 노사관계가 성숙되어 있지 않으며 공무원노조의 기득권 옹호가 감축관리 등 개혁추진을 방해할 수 있다는 것, 단체행동이 위계질서 등 관기를 문란하게 할 수 있다는 것, 우리 국민의 의식이 공무원의 단체행동을 받아들이기 어렵다는 것, 남·북 분단의 긴장상태에서 공무원의 파업을 허용하면 위험하다는 것 등을 들고 있다.

② **단체행동 허용론**　　공무원노조의 단체행동권을 인정해야 한다고 보는 사람들의 의견은 다음과 같다.

i) 제한된 불가결성　　모든 정부업무가 단체행동을 용납할 수 없을 만큼 긴급하고 불가결한 것은 아니다. 사기업의 기능과 구별하기 어려운 정부업무도 많다. 그런가하면 국민생활에 미치는 영향에 있어서 정부조직에 못지 않은 중요성을 가진 사기업체들도 적지 않다. 그러므로 공·사의 업무가 다르다는 것을 이유로 공무원노조의 단체행동권을 인정하지 않는 것은 불공평하다. 그리고 실제로 공무원들의 단체행동이 있었는데도 국가의 존립에 심각

한 위협을 주지 않았다는 사례를 얼마든지 찾아 볼 수 있다.

ii) 압력수단의 필요성　　사기업체와 마찬가지로 정부도 어떤 효과적인 압력을 받아야 공무원들이 원하는 편익을 제공하게 된다. 공무원노조가 단체행동권이라는 무기를 가지고 있지 않으면 정부에 대하여 효과적인 압력을 가할 수가 없다. 그러므로 단체교섭을 인정하는 한 파업도 허용해야 한다.

iii) 금지조항의 실효성 의문　　단체행동의 규범적인 금지는 그 실효를 거두기 어렵다. 사태가 충분히 악화되면 법적인 금지조항이 있더라도 단체행동은 일어날 것이다. 그러한 실례는 많다.

iv) 기대되는 건설적 소득　　단체행농상황의 갈등과정에서 노・사 양측은 상대방의 입장을 보다 잘 이해하게 되는 등 건설적인 소득도 기대할 수 있다.

v) 도산위험의 부재　　정부에 대한 시장체제의 제약은 비교적 적기 때문에 민간기업처럼 단체행동에 의하여 도산(倒產)할 염려는 없다.

vi) 행정민주화・사기진작　　공무원노조의 활동을 관대하게 허용하면 행정의 대내적 민주화와 공무원들의 사기진작에 기여한다.

vii) 반대의 전근대적 논리　　특별권력관계가 노동3권에 관한 기본권 규정에 앞선다는 주장은 전근대적 국가절대주의의 논리이기 때문에 받아들일 수 없다.

viii) 대국민관계와 구별되는 대내관계　　공무원이 국민 전체에 대한 봉사자이며 공익추구자라고 하지만 그것은 대국민관계의 문제이다. 대내적 노사관계의 문제를 그러한 대외적 관계 때문에 민간의 경우와 완전히 구별하는 것은 무리이다.

ix) 실적체제의 성숙　　현대의 실적주의체제는 공무원들의 대표활동을 수용할 수 있을 만큼 성숙해 있다. 따라서 실적주의를 교란하기 때문에 공무원의 단체행동을 막아야 한다는 주장은 타당하지 않다.

공무원노조의 단체행동권을 인정할 것인가에 대한 일반적 논쟁은 우리들에게 스스로 생각케 하는 준거를 제시해 주는 것이다. 찬・반의 어느 쪽 논리가 더 타당한가는 보편적으로 말할 수 없다. 공무원의 단체행동을 법적으로 허용할 것인지의 여부는 나라마다의 조건과 공직의 분야별 특성을 고려하여 결정할 문제이다. 우리나라의 경우를 보면 공무원의 단체행동에 대한 반대론을 지지하던 조건은 약화되고 허용론을 지지하는 조건은 확충되고 있음을 알 수 있다.

Ⅲ. 공직의 병리

1. 병리의 원인과 유형

1) 병리의 원인

여기서 공직의 병리라고 하는 것은 공무원의 행동규범을 위반한 비윤리적 행태를 지칭하는 것이다. 우리는 공직윤리 타락의 오랜 역사를 가지고 있다. 우리는 지금도 낮은 공직윤리 수준에 대해 걱정하고 있다.

(1) 역사적 · 경제적 · 사회적 요인 이제 많이 정리되었지만 아직 우리 의식의 저변에 흐르는 절대주의 국가의 유산은 민주적 윤리규범의 정착에 지장을 주어 왔다. 개발연대에 강압적 권력으로 통치하던 권위주의적 정권의 정당성 결여도 공직윤리에 아주 큰 타격을 주었다. 인간적 가치와 정신적 풍요보다는 물질적 풍요와 수단적 능률을 강조하던 경제적 · 사회적 풍조 역시 공직윤리 타락을 조장하였다. 급속한 변동을 겪으면서 팽배해진 사회적 부적응과 병리가 또한 공직에 투사되었다.

(2) 행태적 요인 공무원들의 우왕좌왕하는 가치관과 사명감의 결여, 소극적 · 피동적 태도, 형식주의, 특권의식, 무위무능과 무사안일주의, 공사무분별의 미분화된 사고방식, 내핍정신의 결여 등은 공직의 병리 그 자체로서 공직의 병리이면서 또다른 병리의 원인이기도 하다.

(3) 제도적 요인 집권적 관료체제, 지위체제의 과잉경직화, 창의적 능동성 발휘를 저해하는 통제과정, 폐쇄적 행정과정, 인적 · 물적 자원의 부족, 공무원의 신분 불안, 인사조치의 불공평성과 비일관성, 적절치 못한 보수, 상벌제도의 문란 등 제도적 요인도 공무원들의 병리적 행태를 유발하는 원인이 된다.

2) 병리의 유형

행동규범 위반의 결과로 나타나는 병리적 행태의 구체적인 양태는 무수히 많기 때문에 그것을 모두 열거할 수는 없다. 다만 이를 범주화하는 단순화의 방법에 의해 병리적 행태를 예시할 수는 있다.

여기서는 병리행태 범주화의 포괄성이나 논리적 정연성보다는 '실무적 · 현장적 접근방법'에 따르려 한다. 저자가 실무적 · 현장적 접근방법이라 부르는 것은 정부에서 자주 거론하거나 중요시하는 공직병리 또는 관기문란의 유형을 받아들이는 접근방법이다.

(1) **부패행태** 부패의 범주에 포함되는 행위양태의 예는 다음과 같다.

① **금품수수** 공무원들이 민원창구에서 '급행료'를 받는 것, 직무상 알게 된 정보를 특정인에게만 알려 주고 그 사례로 금품을 받는 것, 특정고객에게 특혜를 베풀고 그에 대한 사례비를 받는 것, 범법적인 사건을 부마하거나 고객이 법규상 갖추어야 할 요건을 갖추지 못한 것을 알고도 묵인하여 주고 그 대가로 금품을 받는 것, 부하나 하급기관으로부터 상납을 받는 것 등이 금품수수행위에 포함된다.

② **인사부정** 지연 · 혈연 · 동창관계 등 연고(緣故)와 파벌에 집착하여 정실인사를 하는 것, 청탁 · 압력 · 뇌물 등을 받고 불공평 인사를 하는 것 등이 인사부정에 포함된다.

③ **공금유용** 공금유용의 양태로는 예산상 또는 지출상 허위의 항목을 설정하여 공금을 부당한 목적에 사용하는 것과 정당하게 지출할 수 있는 항목의 공금을 과다하게 지출하여 낭비를 초래하거나 부당한 목적에 사용하는 것을 들 수 있다.

④ **공사무분별** 공사(公私)무분별로 인한 행위가 있다. 직무상의 권한을 이용하여 자기의 개인문제를 유리하게 처리하는 것, 개인의 편익을 위해 공물(公物)을 사용하는 것, 자기 개인의 사적인 일을 부하에게 시키는 것 등은 공사를 분별하지 못한 행위에 해당한다.

⑤ **부패의 묵인** 직장 내에서 일어나는 부정과 비리를 묵인하는 행위는 그 자체가 부패이며 부패를 조장하는 원인이 된다. 금품수수, 인사부정, 공금유용 등을 묵인하는 것이 그 예이다.

(2) **월권행위** 월권행위의 범주에 포함되는 행위양태의 예는 다음과 같다.

① **청탁행위** 청탁행위는 대민청탁과 관청 간의 청탁으로 구분될 수 있다.

② **업무간섭** 타 부처의 업무에 부당하게 관여하는 행위가 있다.

③ **편파적인 법규 적용** 법규를 편파적으로 해석하여 적용함으로써 권한을 남용하는 행위가 있다.

④ **관폐 · 민폐** 관폐나 민폐를 끼치는 행위가 있다.

(3) 인권침해 인권침해의 범주에 포함되는 행위양태의 예는 다음과 같다.

① **신체적 위해** 고문 등 폭력 사용에 의하여 신체적 위해를 가하는 행위가 있다.

② **심리적 위해** 공갈 · 위협 등에 의하여 심리적 위해를 가하는 행위가 있다.

③ **명예훼손** 욕설 · 폭언 기타 명예를 훼손하는 행위가 있다.

(4) 나태한 행동 나태한(게으른) 행동의 범주에 포함되는 행위양태의 예는 다음과 같다.

① **근무태만** 결근 · 지각 · 조퇴 · 근무중 무단이석, 잡담 및 사용(私用) 전화 등이 근무태만의 사례이다.

② **불친절 행위** 고객이 묻는 말에 대답을 않는다든가 불손한 언동을 보이고 논쟁을 벌인다든가 고압적 자세를 취한다든가 하는 것이 불친절 행위에 해당한다.

③ **민원업무의 처리지연** 이것은 법정 처리기간을 지키지 않는다든가 법정 처리기간의 범위 내에서라도 불필요하게 민원처리를 지연시키는 행위이다.

(5) 공직질서 훼손행위 공직질서 훼손행위에는 다음과 같은 행위유형이 포함된다.

① **아부 · 맹종** 상관에게 아부 · 맹종하는 행위가 있다. 상관의 지시라면 맹종하는 행위, 윗사람의 눈치만 살피는 행위, 과잉충성 행위, 상관의 사익을 위해 편의제공을 주선하는 행위 등이 아부 · 맹종의 예이다.

② **명령불복종** 상관의 적법 · 정당한 명령사항을 이행하지 않거나 회피하는 명령불복종 행위가 있다.

③ **불충성 행위** 국가와 공직에 대한 충성심이 결여되어 있기 때문에 저지르는 행위가 있나.

④ **비밀누설 행위** 직무상의 비밀로 되어 있는 것을 동료나 친지들에게 널리 전파하는 행위, 특정인에게만 비밀정보를 제공하는 행위, 정책결정

과정에서 논의된 내용과 그에 대한 발언자 등을 외부에 알려 문제를 야기하는 행위를 비밀누설의 예로 들 수 있다.

⑤ **불신조장행위** 유언비어를 유포하거나 모략·중상으로 불신을 조장하는 행위가 있다.

⑥ **품위실추행위** 품위실추행위에는 실로 많은 것이 있다. 주색잡기에 탐닉하는 것, 난잡한 복장 등으로 외모가 불량한 것, 언동이 경박한 것, 빚이 과다한 것을 예로 들 수 있다.

(6) **자의적 업무처리** 자의적 업무처리의 범주에 포함되는 행위양태는 다음과 같다.

① **관편의위주의 업무처리** 민원처리에 있어서 입증책임을 민원인에게 전가하는 행위, 민원인 등을 자주 호출하는 행위, 보상금·배상금 등을 과소하게 책정하여 민원인에게 고통을 주는 행위 등이 관편의주의적(官便宜主義的) 행위에 해당한다.

② **약속위반** 공시(公示)된 사업계획을 납득할 만한 설명과 예고 없이 일방적으로 변경한다거나 약속한 사업의 실시를 지연시키는 등의 공약불이행이 있다.

③ **과시주의적 행위** 능력이나 필요 이상으로 실속 없는 일을 해서 부작용과 불신을 초래하는 과시주의적 행위가 있다.

(7) **비효율적 행위** 비효율적 행위라는 범주에 포함되는 행위유형의 예로 두 가지를 들 수 있다.

① **낭비행위** 행정비품과 공금을 낭비하거나 예산을 회계연도 내에다 써버리기 위해 예산을 불필요한 일에까지 연말 집중집행하는 등 예산을 낭비하는 행위가 있다.

② **비효율적 업무처리** 업무처리의 시행착오를 되풀이하거나 감사대비위주의 업무처리를 하는 등 비효율적인 업무처리가 있다.

(8) **무사안일주의적·보신주의적 행위** 무사안일주의적·보신주의적 행위의 범주에 포함되는 행위유형에는 다음과 같은 것이 있다.

① **책임회피·협조기피** 책임을 전가·회피하거나 협조를 기피하는 행위가 있다.

② **번문욕례·목표대치·선례답습주의** 번문욕례, 목표보다는 절차를 우선시키는 행위, 선례답습주의적 행위 등이 있다.

③ **무사안일적 행위** 모든 일을 현상유지적인 태도로 처리하고 힘든 일은 회피하며 일을 부실하게 처리하는 등의 행위를 무사안일적 행위의 예로 들 수 있다.

④ **환경적 요청을 무시하는 행위** 이해관계자들의 건의나 제안을 묵살하는 행위, 시민참여의 기회를 봉쇄하는 행위, 담당직무에 대한 여론파악을 소홀히 하는 행위 등을 예로 들 수 있다.

위에 열거한 여러 가지 병리유형 가운데서 무사안일주의적 행태, 과시주의적 행태, 그리고 부패에 대해서는 항을 나누어 자세히 설명하려 한다. 정권말기에 악화되기 쉬운 공직기강해이에 대해서도 함께 설명하려 한다.

우리 정부에서 무사안일주의적 행태와 과시주의적 행태는 부패 다음으로 가장 큰 행태적 병리라고 규정되고 있다. 무사안일주의나 과시주의는 '관청적·실무적' 용어이며 아직 우리 학계에서 널리 수용하여 개념적 명료화를 이룩하고 있는 것은 아니다.

정권말기의 공직기강해이 즉 레임덕 현상은 민주국가라면 어디서나 다소간에 문제로 되고 있다. 그러나 우리나라에서는 그 정도가 유독 심하기 때문에 특별한 성찰이 필요하다.

2. 무사안일주의적 행태

1) 무사안일주의적 행태의 정의

무사안일주의(無事安逸主義)는 창의적·능동적 업무수행을 회피하고 피동적·소극적으로 현상을 유지하려는 행동성향을 지칭하는 개념이다. 무사안일주의적 행태는 문자 그대로 별탈없이 편안하게 처신하려는 것이다. 봉사정신보다 이기주의에 빠져 자신에게 이익되는 것은 챙기지만 어렵고 힘든 일 또는 말썽이 나거나 시끄러워질 소지가 있는 일은 피하려는 행태이다. 지시가 없거나 감독·감사의 눈이 미치지 않는 곳에서는 업무를 부실하게 처리하거나 임시방편적으로 처리하는 행태이다. 공무원들의 복지부동은 무사안일주의적 행동성향의 한 결과이다.

2) 무사안일주의적 행태의 유형

우리 정부는 무사안일의 유형을 분류하고 각 유형에 해당하는 사례들을

수집한 보고서를 발표한 바 있다. 그에 의지해 무사안일적 행태의 내용을 살펴보기로 한다.[7)]

(1) **선례답습형** 이 유형에 해당하는 행정행태는 행정처리의 전례가 새로운 상황에 적합한지 또는 타당한지를 검토하지 않고 무비판적으로 답습하는 행정처리자세, 그리고 법령이나 지시 등이 달라졌음에도 불구하고 이를 간과한 채 옛 법령이나 지시 등에 따라 대강 일을 처리하는 자세이다.

선례답습형에 해당하는 행정행태의 예를 두 가지 보기로 한다.

첫째, 도시계획상 주거지역이 녹지지역으로 변경고시된 후에도 5년 간이나 계속해서 주거지역으로 부지증명을 발급한 사례가 있다.

둘째, 관계법령의 개정에 의해 민원처리기간이 단축되었음에도 불구하고 종전의 처리기간을 계속 적용한 사례가 있다.

(2) **적당주의형** 근본적인 대책을 강구하지 않고 그때그때의 어려움만을 모면하기 위해 임시방편으로 일을 처리하는 행태, 그리고 원칙과 정도(正道)에 따라 일을 처리하지 않고 적당히 타협하고 절충해서 일을 얼버무리려는 행태가 적당주의형에 해당한다.

이에 관한 사례를 보면 첫째, 토질이 척박하여 농작물 재배가 어려운 땅에서 오랫동안 축산업을 해 왔는데 현장조사 한 번 없이 이를 절대농지로 고시함으로써 축산농가의 생업을 위협한 사례가 있다.

둘째, 토지구획정리 사업지구의 경계측량과 지적확정 측량용역을 중복하여 계약함으로써 측량비를 두 번 부담한 사례가 있다.

(3) **법규빙자형** 법령을 제정목적에 비추어 합리적으로 해석하지 않고 시행 가능한 일도 안 되는 방향으로 처리하는 행위, 그리고 절차상의 사소한 흠절을 트집잡아 기본이 되는 행정처분 자체를 거부하는 행위가 법령빙자형에 해당한다.

이에 관한 사례를 보면, 첫째, 공익근무요원으로 복무중인 사람의 소집해세 처분을 부모가 진정하였으나 법규의 소극적 적용으로 이를 부결한 사례가 있다.

둘째, 법정기간 내에 출생신고를 했으나 담당직원의 착오로 호적에 등재되지 않아 재자 신고하자 신고기간이 지났다고 과태료를 부과한 사례가 있다.

(4) **책임전가형** 자기소관 업무임에도 불구하고 다른 부서의 업무라

---
7) 총무처, 「업무처리 모범사례 및 무사안일사례집」(1983).

고 하여 서로 미루는 행위, 그리고 자기책임하에 전결로 처리할 수 있는 사무에 대해서도 뒷날의 문책을 모면하기 위해 필요 없는 상급자의 결재를 받거나 자문을 거치는 자세가 책임전가형에 해당한다.

이에 관한 사례를 보면, 첫째, 민원인이 제출한 건의서를 처리함에 있어서 소관이 불분명하다는 이유로 여러 과를 전전하게 한 사례가 있다.

둘째, 경지정리 사업을 할 때의 부실공사 때문에 유실된 토지에 대한 보상과 복구대책을 관련기관에 진정하였으나 관련 기관들이 서로 책임을 회피해 처리하지 못한 사례가 있다.

(5) 행정방치형　　적극적으로 일을 처리하지 않고 그럭저럭 시간만 끌면 된다는 생각으로 처리해야 할 문제를 계속 방치하는 자세, 그리고 빠른 시일 내에 끝낼 수 있는 사업임에도 불구하고 처리기간을 길게 잡아 미루고 있다가 윗사람의 독촉을 받고서야 마지못해 무성의하게 처리하는 행위가 행정방치형에 해당한다.

이에 관한 사례를 보면, 첫째, 수돗물 공급사정이 좋지 않고 수도관 노후로 인하여 수돗물에 오물이 섞여 나오고 있는데도 이를 방치한 사례가 있다.

둘째, 무허가 염색공장의 가동으로 공해가 극심하여 수차에 걸쳐 철거를 관할구청에 진정하였으나 아무런 회신 없이 방치하거나 처리를 기피한 사례가 있다.

(6) 업무기피형　　생색은 나지 않고 복잡하기는 한 업무는 다른 부서로 떠넘기려는 행위, 그리고 민원을 안되는 방향으로 처리하기 위해 법령에 규정되어 있지 않은 구비서류 등을 요구하는 행위가 업무기피형에 해당한다.

이에 관한 사례를 보면, 첫째, 외국인에게 입양되었다가 파양되어 한국 국적을 회복하려고 본적지 지방법원에 신고하였으나 필요하지도 않은 외국공관의 확인서를 요구하고 외무부 경유를 요구하면서 호적부활을 지연시킨 사례가 있다.

둘째, 벌목한 사람이 의무적으로 해야 할 조림을 이행하지 않았으나 감독기관에서는 그에 대해 아무런 조치도 하지 않은 사례가 있다.

3) 무사안일주의의 원인

궁극적으로는 윤리수준의 전반적 하락과 사명감의 결여를 무사안일의 원인이라고 해야 할 것이지만 무사안일에 보다 직결되는 요인들이 있다.

(1) 문화적 유산 우선 문제와 모험을 피하려는 문화유산을 생각할 수 있다. 우리 민족은 전쟁 등 여러 수난을 겪으면서 '피난하는' 문화를 형성해 왔다. '모난 돌이 정맞는다'는 전통적 처세훈(處世訓)도 무난하게 대강 넘어가는 생활자세를 부추겨 왔다.

(2) 능력결함과 자원부족 공무원의 능력부족과 여건불비도 큰 원인 중의 하나이다. 책임은 있으나 권한이나 예산 등의 자원은 턱 없이 부족한 경우 무사안일을 부른다.

(3) 관리상의 문제 감독이 해이한 것, 그리고 잡음이나 시끄러운 것을 싫어하는 관리층의 태도 역시 문제이다. 이것은 모함을 일삼는 진정·투서가 성행하는 상황과 연관되어 있는 태도이기도 하다. 탁상공론식의 지시나 비현실적인 법령의 규정도 무사안일주의를 조장한다. 공무원들이 느끼는 신분불안감은 무사안일주의의 아주 큰 원인이다. 그리고 공무원들이 승진·전보 등 인사의 공정성을 믿지 않으면 직무수행은 소홀히 하고 인사상의 혜택을 받기 위해 다른 통로를 찾으려 한다.

(4) 보상기준의 문제 공무원들에 대한 공식적 보상기준이 대개 투입기준이며 실천된 성과를 기준으로 하는 것이 아니기 때문에 무사안일을 조장한다.[8] 감시활동이 업무수행의 실질이 아니라 절차적 규칙성, 수량적 성과, 그리고 형식의 감사에 치중되어 있는 것도 무사안일의 원인이 된다.

3. 과시주의적 행태

1) 과시주의적 행태의 정의

과시주의(誇示主義)는 필요나 능력 이상으로 실속 없는 일을 해서 부작용과 불신을 자초하는 행태적 특성을 지칭하는 것이다.

과시주의는 우리 사회에 만연되어 있는 형식주의의 한 양태라고 할 수 있다. 형식주의는 외형과 내실이 크게 다르고 규범과 그 실천이 현저히 괴리되는 현상을 지칭하는 개념이다. 이것은 말과 실천이 다르고 속과 겉이 다른 관행에 붙여진 이름이다.

---

8) 여기서 보상결정의 기준이 투입이라고 하는 것은 사용하는 예산액, 거느리는 부하의 수, 권한의 크기, 고객의 수 등을 기준으로 삼는다는 뜻이다.

2) 과시주의적 행태의 유형

심한 형식주의적 행정문화 속에서 빚어지는 행정적 과시의 예는 실로 헤아리기 어려울 정도이다. 중요한 예를 보면 다음과 같다.

(1) 목적과 수단의 전도　　과시주의의 대표적인 양태는 내실보다 형식과 외양을 중시하고 목적보다는 수단을 중시하는 행태이다. 외양이 그럴싸하게 보이도록 하기 위해서 본래적인 목적을 희생시키거나 손상시키면서 겉치레에 치중하는 것이다.

(2) 짧은 안목의 생색내기　　정책 실패를 자초하는 결정과정의 과오와 졸속은 과시주의에 뿌리를 둔 경우가 많다. 짧은 안목으로 성과를 과시하려는 조급증은 정책의 조령모개를 결과한다. 자주 고치는 것 자체를 과시주의자들은 좋아하는지도 모른다. 안목이 짧고, 복잡하게 얽힌 전체적 연관성을 존중하지 않고 외형적 성과만을 급히 달성하려 할 때, 무계획한 일, 뒤에 감당못할 일, 엄청난 후유증을 남길 일을 저지르게 된다. 목전의 생색내기에 급급한 일들을 하고 국민의 이목을 거기에 집중시키는 정책적 '깜짝쇼'들을 서슴지 않는다.

(3) 번문욕례와 업무량 과다　　과시주의에서 비롯된 번문욕례와 업무량 과다가 있다.[9]

일한 외형을 꾸미고 책임을 면하려는 공문서와 문서처리가 많다. 상급기관 행세하느라고 불필요한 공문을 발송하기도 하고 하급기관의 보고공문을 요구하는 예도 많다.

어떤 기관장의, 또는 어떤 상관의 과시욕 때문에 만들어지는 '일을 위한 일'이 적지 않다. 무엇인가 일을 하고 있다는 것을 과시하기 위한 일들 때문에 업무량 과다로 인한 과부하가 악화되는 사례가 많다.

(4) 지위과시　　그릇된 지위관념과 맞물려 있는 과시주의적 낭비도 많다. 경직화된 지위체제는 권위주의적 행태를 조장하고 지위과시욕의 무절제한 추구를 조장한다.

지위는 조직에서 질서유지를 위한 순기능적 수단이라야 하는데, 지위 과시욕을 절제하지 못하는 사람들은 지위를 목적시하여 조직 안에 여러 가지 폐단을 빚는다.

---

9) 번문욕례(繁文縟禮: red tape)는 불필요하거나 번거로운 규칙, 절차, 문서처리 등이 넘치는 현상을 지칭한다.

지위가 높은 사람이라는 것을 과시하기 위해 시간과 정력을 낭비하는 것, 직무 자체의 본래적인 의미를 망각하고 직무수행은 소홀히 하면서 그 부수물인 지위를 유지하고 향상시키는 데만 관심을 갖는 것, 행정봉사에 써야 할 자원을 체면유지비로 탕진하는 것, 조직으로부터 지위만을 빌리기로 작심하고 조직의 규칙을 어지럽히는 것 등이 지위를 목적시할 때의 폐단이다.

지위상징인 물건 또는 시설의 정당하지 못한 또는 무절제한 분배도 지위과시적 병폐라 할 수 있다. 예산을 통제할 수 있는 부서에서 격에 맞지 않는 사치와 낭비를 하는 일이 많다.

(5) 무리한 세력팽창 행정기관 간의 관할 다툼과 무리한 세력팽창, 그리고 중복투자로 인한 낭비의 상당부분 책임이 과시주의에 있다.

자기 부서를 돋보이기 위해 앞뒤를 안가리고 경쟁하는 일, 기관 간의 협조를 거부하는 일, 자원을 중복하여 낭비하는 일 등은 개별적 능률에도 불구하고 정부 전체의 총체적 능률을 크게 손상하는 자해행위이다.

(6) 과시사업 국가가 우월하다는 것을 과시하려는 정부의, 또는 정부주도의 사업을 과시사업(誇示事業: prestige project)이라 한다. 정책입안자들의 과시주의적 행태는 지나친 과시사업으로 인한 폐해를 크게 한다.

3) 과시주의적 행태의 폐해

(1) 위신실추와 불신초래 과시주의는 행정의 권위를 실추시키고 불신을 조장한다. 눈가림으로 위신과 지위를 높이려는 과시적 행태는 결국 역효과를 내어 위신과 지위를 떨어뜨린다. 과시한다는 것은 겉모양과 속사정을 괴리시킨다는 뜻이므로 당연히 신뢰관계를 무너뜨린다.

(2) 낭비와 목표왜곡 과시에는 낭비가 따른다. 분수에 맞지 않거나 필요 없는 겉치레를 위해 자원을 쓰는 것은 낭비이다. 한 쪽에서의 낭비는 다른 쪽에서의 궁핍을 수반한다. 이것은 행정목표의 왜곡을 초래하며 조직의 통합을 저해하고 총체적 능률을 저하시킨다.

실적과 능력에 따른 지위체제에 걸맞지 않는 과다한 지위상징을 누리는 경우 그것은 낭비일 뿐 아니라 지위부조화로 인한 병폐까지 심화시킨다.

(3) 공직의 타락 과시주의는 공직의 타락을 유도한다. 공직기강의 문란과 제도화된 부패는 과시주의적 행동과 상승작용한다.

(4) 공직자들의 자기실현 방해 행정의 과시주의는 공직자들이 직무수

행의 보람을 찾고 자기실현을 하려는 동기를 꺾어 놓는다. 공직자들을 불행한 사익추구자(私益追求者)로 전락시킨다. 그들을 눈치만 살피는 정신적 노예로 전락시킨다.

4) 과시주의적 행태의 원인

(1) 환경적 요인　　과시주의적 행정문화는 고립적인 것이 아니다. 그것은 환경의 영향을 받으며 또한 환경에 영향을 미친다.

① **졸속주의적 · 외화내빈적 사회문화**　　우리 사회 전반에 자리잡은 졸속주의 문화와 외화내빈의 문화는 행정적 과시주의에 투사되어 있다.

졸속주의 문화는 오랜 뿌리를 가진 것이며 근래의 격동하는 변화물결은 이를 더욱 악화시키고 있는 듯하다. 오랜 역사를 통해 겪은 국가적 변란과 혼란에 기인한 조급함은 거의 우리의 체질처럼 되어 있다. 이른바 피난민 심리는 임기응변의 생활화를 심화시켰다. 성급한 즉효주의(卽效主義)는 과욕적으로 추진된 경제성장 정책이 조성한 긴박감에 의하여 크게 심화되었다.

자원빈약과 빈곤의 오랜 역사, 그리고 체면숭상의 종교적 · 윤리적 교리는 외화내빈의 문화를 양성하였다. 빈수레는 요란할 수밖에 없다. 요란한 소리는 요란한 소리로 감쌀 수밖에 없다. 내실 없는 과시는 과시의 확대재생산을 낳는다. 하나의 과시는 더 큰 과시에 의해 지탱될 수밖에 없기 때문이다. 최고 · 최대를 자랑하는 데 급급하는 심리의 일부는 열등의식의 심리이기도 하다. 이러한 열등의식은 자원부족 속에서의 낭비를 심화시킨다.

② **가치혼란**　　급속한 사회변동과 간간이 빚어진 사회혼란은 사람들의 무가치화증상(無價値化症狀)을 악화시키고 가치혼란을 조장하였으며, 이러한 현상은 과시주의 문화를 강화하였거나 적어도 그것을 절제시키는 능력을 상실케 하였다. 제도화된 도덕적 타락의 틀 속에서 무엇인가 임기응변적으로 속임수를 쓰고, 과시하고, 아첨하고, 탈법적인 행동을 하는 사람들이 출세하는 세상에서는 누구나 조급해지고 과시주의와 졸속출세주의의 유혹을 뿌리치기 어렵다.

③ **이기주의**　　극단적인 이기주의는 공동생활의 규칙과 타인에 대한 책임을 무시하기 때문에 과도한 경생과 갈등을 초래한다. 그리고 사람들은 전체에 어떤 손상을 주더라도 단기적인 자기 이익의 신장을 위해서는 온갖 과시적 행동을 일삼을 수 있다.

(2) 행정체제 내적 요인　　환경의 문화적 분위기가 공직에 투사되고 있을 뿐만 아니라 행정체제의 여러 제도와 활동관행은 내생적으로 과시주의를 비호하거나 양성하고 있다.

① **정책과정의 과오**　　우선 정책결정과정의 문제들을 생각할 수 있다. 정책결정 단계마다 결정참여자들이 저지르는 과오가 결국 과시주의의 직접적인 원인이 된다.

정책판단에 정당하게 참여해야 할 사람들이 참여의 길을 찾지 못하는 경우가 많다. 정책결정과정은 결과적으로 밀실화된다. 전통적·비민주적 관료행태는 '시끄러운 것'을 싫어한다. 밀실결정·밀실집행을 선호한다. 밀실행정과 정책결정의 집권화는 과시행정을 얼마든지 가능하게 하고 또 그것을 끊임없이 유혹한다. 정책결정과정의 잘못은 졸속을 낳고 졸속은 조령모개를 낳는다.

② **집권주의**　　집권적 계서제의 위에 있는 사람들의 조급하고 단견적인 정책행태는 문제의 포괄적 연관성을 간과하고 과시주의를 확산시킨다. 자율성이 결여된 하급계층은 피동적인 과시행동을 하게 된다. 정책결정과정의 '윗물'에서 시작된 과시주의는 집행과정의 '아랫물'에 이르러 더욱 확대재생산된다.

③ **지위부조화와 권위주의**　　윗사람들의 지위부조화와 권위주의는 과시주의로 연결된다.[10] 권한과 능력의 괴리, 상위직으로 갈수록 모호해지는 업적평가기준, 임무중심적이 아닌 지위중심적 권한배분, 권한과 책임의 괴리 등은 관료들을 불안하게 하며, 그러한 불안감은 한층 더 권위적인 행태와 지위과시적인 행태를 유발한다.

노력 없이 능력과 조화되지 않는 지위를 차지한 사람일수록 그러한 행태적 성향은 강하다. 규칙과 절차를 필요 이상으로 엄격하게 적용하고 통제를 강화함으로써 자기 자리에 대한 위협을 배제하고 자기의 지위를 향상시키거나 과장하려 한다. 공식적 권한을 자기들의 개인적 권력과 이익을 신장하고 옹호하는 데 쓰려 한다. 능력이 모자라고 지위가 불안한 관료들은 부하들과의 관계에서 비개인성(非個人性: impersonality)을 강조하고 위압적인 태도를 보

10) 지위부조화(地位不調和: status incongruency)란 배분적 정의에 어긋나는 지위배분이 빚어내는 문제를 말한다. 예컨대 어떤 사람의 공식적 계급은 높지만 능력은 그 계급의 업무를 감당할 수 없을 때 지위부조화가 생긴다.

이는 반면 윗사람들에게는 과장된 충성을 보이려 한다.

④ **세력확장주의** 관료제의 세력확장주의는 조직 내의 권력다툼과 과시적 행동을 조장한다. 업무량과는 상관없이 기구와 인적자원을 증대시키고 계급인플레를 야기하는 것은 팽창주의와 과시주의의 결과이다.

⑤ **관리자의 빈번한 교체와 신분불안** 정책결정자들의 잦은 교체, 공무원의 신분불안, 업무계획의 혼란 등 행정체제의 불안정 요인들은 관료행태의 졸속주의와 과시주의를 조장한다. 관료들은 먼 것보다는 가까운 것에 집착하며 장래보다는 지금에 집착하게 된다.

⑥ **양적 복종주의로 변질된 실적주의** 실적주의(merit principle)의 오도된 수용이 또한 과시주의로 연결되고 있다. 미국식 개념인 실적주의는 포괄적이며, 내실 있는 실적을 기준으로 적극적인 인사행정을 펼쳐야 한다는 원칙이다. 이 말이 우리나라에서는 내실 없는 형식 갖추기, 눈가림하기, 한탕주의, 한건주의 등으로 이해되고 통용된다. 우리 관청에서는 실적 아닌 실적이 과시되고 그것이 또한 보상받는 일이 많았다.

4. 정권말기의 공직기강해이

정권말기의 '레임덕'(lame duck)현상과 그에 따른 공직기강해이는 어느 민주국가에서나 경험하는 일이다. 그러나 나라마다 그 정도의 차이가 있다는 것은 분명하다. 선진민주국가들의 경우에 비해 우리나라에서는 그 내용이 더욱 악성이며 그 정도 또한 심한 것 같다. 우리나라에서 공직기강의 수준은 평소에도 비교적 낮은 것으로 평가되지만 레임덕의 시기에는 더욱 악화된다고 보아야 할 것 같다. 상급계층의 한정적 세력재편에도 기강해이가 심해진다. 더욱이 대통령의 임기만료가 가까워지면 모든 사람들이 체감할 수 있을 만큼 정책혼선과 기강해이는 심해진다. 뒤숭숭해서 사람들이 위기감을 느끼게 한다.

여기서 사용하는 주요 개념들을 먼저 정의한 다음 정권말기에 심해지는 기강해이의 원인과 개선대책을 논의하려 한다.

1) 주요 개념의 정의

'정권말기'라고 하는 것은 대통령의 임기만료가 가까워진 시기를 지칭한다. 그 시기의 길이가 정확하게 얼마나 되느냐를 특정하기는 대단히 어렵다.

말기적 증상의 형성에 영향을 미치는 요인은 단순한 시간의 길이만이 아니기 때문이다. 계량적 표현이 필요한 경우 정권말기는 대통령의 임기만료까지 1년 미만의 시간이 남은 기간이라고 말할 수 있지만 그에 대한 이해는 신축적이라야 한다.

'레임덕'은 미국에서 재선에 실패하고 잔여임기를 채우고 있는 대통령 또는 선거직 공직자를 지칭하는 말로 쓰여왔다. 여기서는 연임의 가능성이 없는 채 임기말을 맞고 있는 대통령을 레임덕으로 규정하려 한다. '레임덕현상'은 레임덕이 되는 데 따라 권력누수(權力漏水)가 일어나는 현상을 지칭한다.

'공직기강해이'(公職紀綱解弛)라고 하는 것은 공직윤리가 타락하는 것, 공직의 행동규범준수가 불량해지는 것을 뜻한다. 복무자세가 느슨해지고 일탈적 행동을 한다는 뜻이다. 기강해이라고 하면 사람들은 직장 내의 일상적인 근무태도에만 우선적인 주의를 기울인다. 그러나 기강해이라는 말의 뜻을 좀 더 넓게 해석할 필요가 있다.

2) 공직기강해이 심화의 원인

정권말기에 이르러 공직의 기강해이를 심화시키는 원인적 조건들은 공직 내외의 많은 요인들이 얽혀 만들어낸다. 원인적 조건들을 몇 가지 범주로 구분해 보려 한다.

그러나 망라적이고 엄격하게 배타적인 범주화를 자신할 수는 없다. 각 범주들 사이에 중첩이나 연관성을 완전히 배제하기 어려웠다. 원인적 조건들 가운데는 기강해이를 정권말기에 특별히 심화시키는 것도 있고 일반적으로 기강해이를 조장하는 요인도 있는데 이 양자의 구별 또한 완전하게 할 수 없었음을 밝혀 둔다.

(1) 통제력 약화 레임덕 시기에 심화되는 기강해이의 가장 직접적인 원인은 통치지도층과 그 지지세력이 정부관료제를 장악하고 통제하는 힘이 약화된다는 것이다. 이른바 '권력누수'가 기강해이 심화의 가장 직접적이고 가시적인 원인인 것이다. 대통령임기말의 권력누수는 정책·관리·통제체제의 전반에 걸쳐 일어난다. 권력누수시기의 공직자들은 불안해하고 업무 이외의 일에 관심을 갖고 이곳저곳의 눈치를 살피게 된다. 직무를 소홀히 하고 탈선하기도 한다.

정책·관리·통제의 체제가 본래의 공식적인 설계에 충실하게 운영될 수 있게 하는 제도적 · 행태적 기반이 견실한 나라들에서는 정권말기의 권력누수를 상당히 억제할 수 있다. 그러나 우리나라에서는 공식적 체제가 비공식적 · 음성적 고려에 의해 너무 많이 잠식되고 있다. 따라서 사람의 교체, 특히 명령자의 교체가 있으면 체제교란이 쉽게 일어난다.

(2) 박약한 사명감 공직기강해이의 궁극적인 원인은 공직자들의 취약한 사명감이다. 국리민복을 위한다는 투철한 사명감이 없고 공익을 추구하는 데 따르는 개인적 희생을 감수할 각오가 없고, 약자의 편에 서는 용기가 없는 공직자들은 권력중추의 변화로 인한 혼란에 부화뇌동하고 혼란을 부채질한다.

우리 공직사회는 비생산적 · 비민주적 가치관을 전수받아 왔다. 그러한 가치관은 공식적 승인을 받고 있는 것이 아니며 그동안 적지 않게 약화되어 온 것 또한 사실이다. 그러나 지하화(地下化)된 상태로 공직수행의 사명의식을 잠식하고 있다.

전환기를 살아가는 공직자들은 그나마 가치관의 혼란을 경험하고 있다. 공직자들의 가치관은 흔히 애매하고 우왕좌왕하는 것이다. 때에 따라 무가치(無價値)의 상태에 빠지기도 한다. 공익추구와 사익추구의 적정한 균형을 상실하고 보신주의에 빠지기도 한다. 급속한 상황변화 · 역할기대변화 · 태도기대변화에 적응하지 못하고 퇴행적 행태를 보이기도 한다. 이러한 처지에 '투철한' 사명감을 기대하기는 어렵다.

(3) 취약한 직무수행동기 공직자들의 가치관과 직무수행동기는 긴밀히 연관되어 있다. 직무수행동기가 약한 것도 전환기에 공직기강해이를 심화시키는 아주 중요한 요인이다.

공익추구에 관한 가치관이 뚜렷하고 직무수행동기가 강한 공직자들은 직무외적 요인의 교란이 있더라도 그렇게 많이 흔들리지 않을 것이다. 직무수행을 소홀히 하지도 않을 것이며 일탈적 행동의 유혹에 빠지지도 않을 것이다. 그러나 우리 공직자들의 직무만족도는 낮고 불만은 많다.

공직자들의 직무에는 심리적 영양소가 부족해 직무수행의 보람과 의미를 찾기 어렵게 되어 있다. 일과 사람의 부적응이 크다. 사람의 배치는 직무외적 요인의 고려에 의해 더 많이 좌우된다. 업무의 흐름과 업무수행시간계획, 업무배분계획 등은 직무만족도에 역으로 작용하는 경우가 많다. 빈발하는 감축관리는 공직자들의 사기를 떨어뜨리기 쉽다.

(4) 민주적 제도의 형식화　민주적 정치·행정제도가 잘 정착되지 않은 데서 비롯되는 문제들이 있다. 우리는 민주주의를 표방해 왔지만 기실은 민주정치체제에 '유사한' 체제(polyarchal competitive system)에서 오랜 세월을 살았다. 민주정치체제의 외형은 서구선진국들의 그것과 유사했지만 그 실질은 민주주의에 어긋나는 많은 요소를 지녔었다. 공식적으로 선언된 정치·행정원리는 민주적인 것이었지만 제도와 운영방법 그리고 공직자들의 행태가 그것을 뒷받침해 주지 못했다. 민주정체의 외형조차 일그러졌던 기간도 길다. 민주주의를 표방한 제도가 민주주의적인 조건을 실질적으로 갖추지 못할 때 혼란의 소지가 만들어진다.

민주주의는 주기적인 정권교체를 전제로 한다. 그런데 우리가 평화적 정권교체를 경험한 것은 근래의 일이다. 따라서 우리 국민 그리고 공직자들은 정권교체기의 혼란을 사실상 기대하는 형편이다. 이러한 행태와 그것을 조장하는 조건은 비민주적이며 관기문란을 가져오는 것이다.

정부관료제의 구조는 집권적·명령적 특성을 강하게 지닌 것이다. 이러한 체제에서는 최상층의 권력이 흔들리면 층층시하의 모든 계층이 흐트러지기 마련이다. 그렇기 때문에 대통령이 레임덕으로 되면 공직사회 전체의 기강이 해이해진다.

집권적 관료제의 가장 큰 폐단은 인간의 피동화이다. 피동화된 조직구성원들은 위에서 이래라저래라 하고 다스리지 않으면 제대로 일을 하지 못한다. 공직자의 피동화는 정권말기의 복지부동과 관기문란을 조장하는 아주 큰 원인이 되고 있다.

(5) 유인기제의 낙후성　인사행정상의 유인기제는 낙후되고 교란되어 있다. 낙후된 것인 데다가 정실에 의한 손상까지 받고 있다.

우리 공직사회에 오랫동안 적용되어온 상벌배분의 주된 기준은 투입기준이었다. 투입기준에 따르는 유인기제는 복지부동을 조장한다. 일을 게을리하더라도 말썽만 일으키지 않으면 규정된 보상은 받고 세새는 피할 수 있기 때문이다. 복지부동의 자세가 레임덕신드롬의 조건들과 결합되면 쉽게 일탈적 행동으로 전환된다.

근래에 성과기준이 강조되고 있으나 형식주의의 폐해에 노출되어 있다. 공식적으로 표방한 유인배분의 기준과 실제로 적용하는 기준이 많이 다르거나 기준적용의 정확성이 떨어지면 공무원들의 사기에 나쁜 영향을 미친다.

(6) 임용통로의 혼란　　임용과정의 정실개입이 레임덕 현상을 악화시킨다. 정실개입문제는 고위직의 채용과 승진임용에서 더 두드러진다. 합법적 엽관인사의 경우에도 적재적소(適材適所)라는 기준은 존중되어야 한다. 그러나 실제로는 그러한 배려가 너무 모자란다. 연줄과 사적 연고관계라는 기준이 지나친 비중을 차지하는 것 같다.

대통령선거에서 특정인의 선거운동을 '물밑에서' 주도했거나 은밀히 지원했던 사조직(私組織) 또는 비선조직(秘線組織)이 선거승리 후의 국정운영에서도 막강한 힘을 과시한다. 그들은 정부요직의 인선에서도 발언권을 행사하며 그 구성원들이 직접 요직을 차지하는 경우가 많다. 그들에게 인맥으로 연결된 사람들이 주로 모집망에 들어 가는 행운을 누린다.

그러한 이유 때문에 '연줄정치'와 '연줄행정'의 분위기가 조성되고 "줄을 잘 서야 출세한다"는 사고방식을 공직사회에 팽배하게 한다. 머지 않아 정권교체가 예정되어 있으면 공직자들은 권세를 잃게 될 인맥·연줄과의 관계를 청산하고 새로이 등장할 실세(實勢)의 인맥을 잡기 위해 눈치를 살피느라 여념이 없게 된다. 이런 와중에서 기존의 실세가 관료사회에 행사하던 통제력은 급속히 쇠퇴하게 된다. 공직기강해이에 대응하는 그들의 능력도 현저히 떨어질 수밖에 없다.

(7) 통제완화의 부작용　　민주화·자율화·규제완화는 시대적 요청이다. 이러한 요청 또는 갈망이 국민생활의 여러 영역에 영향을 미치고 있는 것이 사실이다.

정부관료제의 집권성은 아직도 강하며 공직자들에 대한 업무간섭은 심한 편이다. 그러나 국가전체의 운영을 압박해 오는 자율화요청은 공직사회에도 영향을 미치고 있다. 공식적 차원에 불과한 것이더라도 분권화가 진행되고 있으며 관료적 통제가 완화되는 흔적도 보인다. 그런 과정에서 통제의 공식적 완화라기보다 비공식적 흐트러짐이라고 해야 할 현상이 생긴다.

이런 틈을 타서 공직기강을 저해하고 탈선하는 사람들이 늘어난다. 자율화의 목적은 공직자들의 자율규제를 전제로 그들의 창의성 발휘와 능동적 임무수행을 촉진하려는 것이다. 자율화가 그러한 효과를 실제로 가져오는 경우도 있지만 공직을 타락시킬 수도 있다. 인간을 피동화시키는 관리체제에 안주하던 공직자들은 기대와는 달리 탈선 쪽으로 빠질 위험이 크다.

자율화에 부응하지 못해 흐트러진 공직기강이 레임덕을 만나면 더욱 해이해진다. 견실한 공직기강은 레임덕신드롬을 극복할 수 있으나 흐트러진 공직기강은 레임덕 현상과 상승작용을 일으킨다.

우리 공직사회에 대한 통제체제는 원래 취약한 편이다. 그런 통제체제가 레임덕신드롬을 만나면 더 힘을 쓰지 못한다. 대통령의 임기말에는 공직기강해이를 엄단하겠다는 정부의 엄포가 잇따르지만 그 소리만큼 통제의 실효가 있는 것은 아니다.

(8) **정책에 대한 헌신의 결여**　　공직자들이 정부 정책을 심리적으로 수용하고 그에 헌신하지 못하면 외적 통제가 약화될 때 공직기강해이가 심해진다. 정권말기에 많은 폐단을 빚고 공직자들의 정책에 대한 헌신을 방해할 수 있는 정책형성의 결함은 여러 가지이다.

우선 정책결정과정의 집권성, 형식주의, 비밀주의, 정책결정참여자의 이기주의, 할거주의 등이 문제이다.

결함 있는 정책형성과정에서 흘러 나오는 정책에는 문제가 많다. 상황인식, 전제조건인식이 잘못되고 원리의 설정과 적용에 혼란이 있는 경우가 있다. 불필요한 정책들이 있다. 일관성이 결여된 목표 또는 겉과 속이 다른 목표를 처방하는 정책도 있다. 정책을 경솔하게 채택하거나, 집행되기 어려운 법률을 제정하기도 하고 소기의 성과를 거두기 어려운 정책을 채택하기도 한다. 실패를 거듭하는 정책을 되풀이하여 채택하는 경우도 있다.

정책결정과정상의 문제와 정책내용상의 실패요인은 정책집행자들을 소외시키고 피동화한다. 이것 자체도 정책실패의 한 요인이다. 정책으로부터 소외된 공직자들은 정권말기에 쉽사리 동요하고 방종한다.

(9) **공직의 부패**　　공직사회의 부패는 기강해이의 음성적인 근원이다. 그것은 기강해이가 초래한 결과이기도 하며 기강해이의 원인이기도 하다. 부패한 사람들은 정권말기에 더 방종하게 된다.

부패한 공직자들에게서 기강확립을 기대할 수 없다. 그들을 감독하여야 할 상관들도 부패고리에 걸려들면 그 약점 때문에 큰 소리를 못하고 부하들의 흐트러진 기강을 감싸는 데 급급하게 된다. 역대정권의 부패했던 권력상층부가 관재유착의 고리를 안은 채 내걸었던 부패척결과 기강확립의 표어가 얼마나 허망한 것이었던가를 생각해 보아야 한다. 부패한 권력이 임기말에 공식기강확립을 기도하는 것은 부질없는 일이라 하지 않을 수 없다.

3) 개선대책

레임덕신드롬에 얽힌 공직기강해이를 특별한 문제로 부각시키는 데 작용하는 원인들은 많고 복잡하다. 따라서 해결책의 탐색이 쉬운 일은 아니다.

여기서는 중요하다고 생각되는 해결책의 몇 가지 범주를 골라 설명하려 한다. 여기서 제시하는 해결방안들은 문제의 원인을 설명할 때 어느 정도는 암시한 바 있다.

(1) 민주적 제도의 내실화 민주주의적 정치 · 행정원리를 정치 · 행정체제에 내재화시켜야 한다. 그것을 감싸고 있던 형식주의와 비밀주의를 걷어내야 한다.

공식적 정치 · 행정구조를 교란하는 음성적 요소를 정리해야 한다. 없앨 것은 없애고 양성화할 것은 양성화해야 한다. 사조직통치 · 비선조직통치는 청산해야 한다. 국가예산에 의한 통치 이외에 비자금(秘資金)에 의한 통치가 따로 있어서는 안된다. 정치 · 행정의 과정에서 소수인이 정보를 독점하는 비밀주의는 배척해야 한다.

장차 정치권은 정권교체가 공직사회의 혼란을 초래하지 않는다는 것을 행동으로 실증해 보여주어야 한다.

(2) 관료적 병폐의 시정 정부관료제의 전통적 병폐들을 시정하기 위해 끊임없이 노력해야 한다. 특히 계서제의 집권적 · 명령적 구조에서 비롯되는 폐단들을 시정하는 데 각별한 관심을 기울여야 한다.

거대한 정부체제를 하나의 계서제가 단선적(單線的)으로 일사불란하게 통솔하는 것은 어차피 불가능한 세상이 되었다. 많은 사람이 참여하는 협동적 과정에 점점 더 많이 의존하지 않을 수 없을 것이다. 정부관료제의 집권성을 완화하고 참여적 · 조정적 요소를 강화해야 한다. 분권화만으로 일이 끝나는 것은 아니다. 전통관료제의 기능분립주의 · 할거주의를 방치한 채 분권화만 추진하면 정책혼선 등 혼란과 낭비를 초래한다. 분권화를 감당할 수 있도록 참여적 · 협동적 · 조정적 구조를 발전시켜야 한다.

(3) 인사행정의 공정성과 형평성 인사행정의 공정성과 형평성을 높여야 한다. 공정하다는 것은 선언한 질서를 지킨다는 뜻이다. 형평성은 인사행정의 정의이다. 공정하려면 정실인사를 배척해야 한다. 형평성은 배분적 정의에 충실한 인사행정원리를 예외 없이 적용할 때 확보될 수 있다.

채용에서뿐만 아니라 공직의 내부임용에서도 정실기준의 적용은 배척해야 한다. 연고주의와 집단이기주의를 배척해야 한다. 모집을 적극화하여 인재등용통로를 넓혀야 한다.

(4) **통제체제의 능력향상** 공직에 대한 통제체제의 능력을 향상시켜야 한다. 통제작용의 왜곡을 막고 통제의 엄정성을 확보해야 한다.

(5) **공직자의 사기진작** 공직자들의 사기를 높이고 정권교체가 사기저하를 가져오지 않게 하는 방책들을 강구해야 한다. 공직자들의 능력개발기회를 확대하고 근무조건을 개선하여 공직자들의 불만을 줄여야 한다. 그리고 직무수행의 보람을 강화해 주어야 한다.

(6) **부패의 통제** 제도화된 부패 또는 체제적 부패를 제압해야 한다. 공직의 부패는 공직내부의 문제이기만 한 것이 아니다. 따라서 공직내부의 노력만으로는 해결하기 어렵다. 위정자와 공직자뿐만 아니라 국민전체의 정신혁명이 있어야 할 것 같다.

(7) **사명감의 고취** 공직자들의 사명감을 고취해야 한다. 공직자의 사명감은 최후의 보루이다. 공익을 추구해야 한다는 확고한 가치관을 바탕으로 국민과 국민을 위한 정책에 대한 충성심을 발휘하도록 해야 한다. 이를 위해서는 공직의 존재이유, 공직의 직업윤리, 국가권력의 출처와 용도 등을 깊이 성찰하고 임무에 대한 감수성을 기르도록 교육해야 한다.

공직자들의 사명감을 고취하는 데 전제가 되는 것은 정권, 위정자, 정책의 정당성이다. 그러한 정당성은 민주적 절차를 밟아 얻어지는 것이다. 그리고 도덕적 흠절이 없을 때 유지될 수 있는 것이다.

5. 공직의 부패

1) 부패의 정의

공직의 부패(腐敗: corruption)란 공무원이 그의 직무에 관련하여 부당한 이익을 취하거나 취하려고 기도하는 행동이다. 부패는 공무원이 지켜야 할 행동규범의 하나인 청렴의무를 위반함으로써 국민의 신뢰를 배신하는 행동이다. 부패는 동기를 가진 의식적 행동이다.[11)]

11) 이러한 개념정의는 공직의 임무와 그에 관한 공식적 규범을 기준으로 한 것이다. 그리고 부패를 개인의 행동이라는 차원에서 파악한 것이다. 이와는 달리 사익 때문에 공익을 해치는 행동을 부패로 규정하는 접근방법도 있고, 공공서비스의 수요에 비해 공급이 부족하기 때문에 부족한 공급의 우선적 확보를 둘러싸고 부패가 발생한다고 보는 시장비유적 접근방법

부패의 속성은 다음과 같다.

① **직무관련성** 부패는 사적 이득을 위한 공직의 월권적 사용인 것이다. 부패는 공무원이 조직참여자로서 부여받은 임무의 수행 또는 권력의 행사에 관련된 행동이다. 공무원이 직접적 또는 간접적으로 그 직무에 관련하여 부당한 이익을 취하거나 취하려 할 때 부패가 성립되는 것이다.

② **부당한 사익의 취득** 부패를 저질러 얻게 되는 부당한 이익이란 공무원의 사익(私益)을 말한다. 사익은 직접적 · 간접적으로 돌아올 수 있는 편익을 모두 포함하는 넓은 관념이다.

③ **의식적 행동** 부패는 동기를 가진 의식적 행동을 내포한다. 부패는 직무와 관련하여 사익을 추구한다는 것을 알면서 저지르는 행동이다. 행동규범준수의 의도적인 실패(willful failure)라고 표현할 수도 있다.

④ **구체적 판단기준의 상황적응성** 부패여부의 구체적인 판단기준은 문화권에 따라, 그리고 시대에 따라 달라질 수 있다. 부패는 직무에 관련하여 부당한 사익을 취하는 의식적 행동이라고 일반적으로 정의되지만, 구체적으로 어떤 행동이 그에 해당하느냐 하는 것은 보편적으로 규정할 수 없다. 그것은 상황적응적으로 판단해야 한다.

⑤ **비윤리성과 손실** 부패는 그 자체로서 비윤리적이며 행정의 병폐이다. 그리고 부패는 조직과 그 환경에 여러 가지 손실과 폐단을 초래한다.

부패가 원칙적인 것으로 되어 있는 상황, 즉 만연된 부패를 제도화된 부패 또는 체제적 부패(systemic corruption)라 한다. 체제적 부패하에서는 대외적으로 표방된 윤리규범이 조직 내에서 지켜지지 않으며 규범위반이 오히려 조장 · 방조 · 은폐된다. 부패를 저지르는 사람은 보호를 받고 윤리규범을 준수하려는 사람들은 사실상 제재를 받는다. 부패에 저항할 가능성이 있는 사람은 갖가지 위협을 가하여 침묵시킨다. 부패에 젖은 조직 내의 전반적 관행을 정당화함으로써 집단적으로 죄책감을 해소하며, 강력한 외재적 압력이 없는 한 부패를 중단하려 하지 않는다.

다음에 우리나라에서 부패를 만연시킨 원인이 무엇이며 부패억제의 대책은 무엇인지 알아 보고, 우리 정부가 추진하였던 반부패운동의 발자취를 더듬어 보려 한다.

도 있다. 부패를 개인차원이 아니라 행정체제의 차원에서 규정하는 접근방법도 있다.

2) 공직부패 유발요인

우리나라는 오랜 세월에 걸쳐 제도화된 또는 체제화된 부패가 누증되는 궤도를 밟아 왔다. 그 동안에 전개되었던 부패억제 노력은 그 부분적인 성공에도 불구하고 부패의 물결을 근본적으로 거스르는 데는 역부족이었다.

우리나라에서 부패를 만연시킨 조건들을 간추려 보면 다음과 같다.

(1) 전통적 유산　　현대적·합리적 생활질서의 요청에 부응하지 못하는 전통적·비생산적 가치관과 관습, 미분화된 역할관계, 강한 일차집단적 유대가 부패풍토를 조성한다.

(2) 경제성장의 부작용　　경제성장의 촉진에 의한 생산구조의 고도성장과 경제력의 유동적 재배분, 경제력 집중, 물질숭상적 가치의 팽배가 또한 부패를 조장한다.

(3) 과도사회적 가치혼란　　급격한 경제적 사회적 변동에 따른 사회구조와 가치관의 변동 등 과도사회적 특징도 부패의 여건이 된다. 특히 공직윤리의 기초인 가치의 혼란과 졸부심리가 문제이다. 가치혼란 속에서 부패한 공무원이 받는 사회적 불명예는 별로 크지 않다.

(4) 정치적 정당성 결여의 유산　　과거의 정치적 정당성 결여는 부패의 기초를 만들었다. 부당한 정권은 부패와 결탁하여 유지할 수밖에 없었다. 쿠데타에 의해 정권을 찬탈한 경험이 있는 통치주도세력은 대기업에 압력을 가해 돈을 긁어모으는 일쯤은 아무렇지도 않게 생각했을 것이다.

정당성 결여시대의 부패분위기는 오늘날까지도 정·관계에 그림자를 드리우고 있다.

(5) 발전행정의 부작용　　지난날의 발전행정은 부패라는 부작용을 수반하였다. 발전행정의 특징이었던 집권주의와 권위주의, 행정간여와 행정재량의 팽창, 경제의 정부의존적 성장, 경제의 불균형 성장과 개발이익의 불공정한 배분 등은 모두 부패조장의 인자로 작용했다.

(6) 형식주의　　국가관리체제와 사회생활관계에 나타난 고도의 형식주의와 이원화구조는 부패의 결과이며 동시에 부패의 원인이다. 여기서 이원화구조란 대외적으로 표방한 공식적 기준과 실천의 내용이 심히 괴리되어 있는 구조를 말한다. 이원화구조의 문제는 조세행정, 규제행정의 영역에서 특히 심각하다. 누구도 지키기 어려운 공식적·법적 규범을 양산하여 누구나 털면 먼지나게 만들어 놓은 제도는 부패를 유혹한다.

(7) 공직자의 능력부족과 윤리성 타락 공직자들의 능력부족과 윤리의 타락이 문제다. 행정의 비능률과 비과학성, 공급자중심주의, 번문욕례 등도 문제이다.

(8) 공직자의 사기 저하 부적절한 처우, 장래에 대한 불안, 사회적 평가의 손상 등으로 인해 저하된 공직자들의 사기도 문제이다.

(9) 시민의식의 문제 시민의식의 미발달이 궁극적인 부패소지라고 할 수 있다. 정치 · 행정 봉사에 대한 고객의 특권의식과 이기적 편의주의가 부패를 조장할 수 있다. 오랜 세월을 부패 속에서 살아 온 국민은 부패의 부도덕성에 대해 둔감해지고 반부패운동에 대해 냉소적이다.

(10) 부패한 분위기 부패한 조직분위기와 직무수행의 의미상실이 문제이다.

(11) 무능한 통제체제 공직의 내적 및 외적 통제체제가 무능하다. 처벌체제는 충분히 강력하지도 공평하지도 않다. 통제기준의 비현실성, 비일관성, 차별적 적용이 문제로 되고 있다.

3) 부패의 폐해

부패의 만연은 국가체제의 겉과 속이 다른 이원화구조를 결과한다. 이원화구조의 심화는 기성질서에 대한 신뢰를 크게 손상시킨다. 불신 · 불화 · 분열을 조장한다. 공식적 행동규범을 위반하여 부패를 저지르는 사람들이 체제적 연계를 갖는 한 암암리에 보호를 받는다. 정치과정을 폐쇄화하고 반대세력을 억압하여 불만이 쌓이게 하며 공평한 게임에 의한 정권교체를 어렵게 한다.

공 · 사(公 · 私)를 막론하고 생산활동의 질을 저하시키고 공공자원을 잘못 쓰고 낭비하게 하며 각종 사고의 위험을 높인다. 부패의 만연은 개혁노력을 좌절시키며 반부패운동을 형식화한다. 공평할 수도 엄정할 수도 없는 반부패운동은 위화감과 소외를 심화시킨다. 국민의식과 사기에 악영향을 미친다.

4) 부패 방지대책

부페문제를 둘러싼 현재의 상황은 양면성을 노정하고 있다. 한편으로는 부패체제를 더이상 지속시킬 수 없게 하는 상황적 요청 내지 조건들이 확대되고 있으며 다른 한편으로는 부패제거를 어렵게 하는 전통적 조건들이 엄연히 존재하기 때문에 상황이 양면적이라고 하는 것이다.

(1) 반부패운동을 촉구하는 요인과 그에 저항하는 요인 체제적 부패의 지속을 어렵게 하는 조건이란 i) 정치·행정의 정당성이 중요시되는 시대가 도래하고 있다는 것, ii) 사회적 형평의식이 팽창되고 있다는 것, iii) 기술문명이 고도화되고 정보화사회가 열리고 있다는 것, iv) 세계화가 촉진되고 있다는 것, v) 경제의 민주화에 대한 갈망이 커지고 있다는 것 등이다.[12)]

반부패의 개혁을 좌절시키는 요인은 뿌리깊은 체제적 부패 그 자체이다. 너무 오랫동안 다수가 부패했었기 때문에 반부패운동의 믿을 만한 행동주체를 찾기조차 어렵다. 정당성없는 정권을 장악했던 세력과 그 혜택집단의 환심을 사지 않으면 정권창출도 어려운 사정이 있을 때 반부패운동의 도덕적 기반은 취약할 수밖에 없다.

(2) 반부패의 행동방안 만연된 부패에 효과적으로 대응하려면 먼저 국가관리의 주도세력이 갈등과 위험을 무릅쓰고 비부패의 역사를 창조하는 운동에 앞장서야 한다. 통치주도세력의 명예혁명이 필요한 것이다.

그리고 체제적 부패의 궁극적인 책임은 국민에게 있다는 점을 다시 한번 명료화할 필요가 있다. 부패를 반대하는 국민의식이 성숙되어야 한다. 그것이 반부패의 궁극적인 조건이다.

위의 두 가지 조건이 형성되어야만 다음에 말할 몇 가지 기술적·제도적 방안들이 효험을 발휘할 수 있다.

① **형식주의 타파** 형식주의를 타파하고 준수가능한 규범체제를 발전시켜야 한다. 무엇보다도 기업이 세금 제대로 내고 정당하게 돈을 벌 수 있도록 제도를 근본적으로 고쳐야 한다.

② **정치적·관료적 병폐시정** 정권의 정당성을 강화하고 국정의 집권주의와 공급자중심주의, 그리고 관료적 병폐를 청산해야 한다.

③ **윤리성 제고사업** 가치명료화에 입각한 윤리성제고사업을 통해 부패문화를 개조해야 한다.

④ **부패통제 조치의 내실화** 부패억제를 위한 제도의 운영을 실질화하고, 공평하고 엄정한 처벌체제를 발전시켜야 한다. 불가피한 처벌은 '뜨거

12) 기술문명이 고도화되면 생활관계의 합리화 추세도 강화된다. 그리고 자연과학 공학적 사업에서 불량한 짓을 하면 사업시행의 좌절 또는 대형참사를 초래하게 된다. 세계화가 촉진되면 부패가 만연된 채로는 부패를 적절히 억압하고 있는 선진국들과 거래하기 힘들어진다.

운 난로의 법칙'에 따라 충분히 강력하게 시행해야 한다.[13] '넓은 파장을 두려워 한 덮어두기'라든지 '나쁜 여론만 진정되면 흐지부지하기'라든지 하는 것은 없어져야 한다.

⑤ **공개와 참여** 국정의 공개성을 높이고 참여를 촉진하고 비판에 대한 감수성을 높여야 한다.

⑥ **근무조건 개선** 공직자들에 대한 처우를 개선하고 발전기회를 확대해 주어야 한다. 직무수행의 정당성의식과 보람을 확대해 주어야 한다. 급속한 여건변화에 따른 역할 변화에 부응할 수 있도록 능력발전을 촉진해야 한다.

⑦ **소비자중심주의 구현** 모든 입증책임을 고객인 국민에게 전가하는 제도를 고쳐나가야 한다. 그리고 공공서비스의 소비자중심주의·고객중심주의를 발전시켜 나가야 한다.

5) 반부패운동의 발자취

(1) 개 관 어느 시대 어느 나라에서나 공직의 부패는 문제였으며 많건 적건 그에 맞서는 대응책도 있었다. 우리나라에서도 그랬다. 대한민국 건국이래 공직의 부패가 정부 내외에서 전혀 문제시되지 않았거나 반부패시책이 전혀 없었던 적은 없다. 그러나 반부패시책이 얼마나 조직적이고 강력했느냐하는 것은 시대에 따라 달랐다.

대한민국 정부수립 후 제3공화국에 이르기까지는 부패가 만연되고 또 누증되고 있었으나 국가적인 차원의 이른바 반부패운동이 체계적으로 전개된 바는 없다. 집권세력이 바뀔 때마다 정치적 동기에서 과거청산 또는 분위기 쇄신이라는 명분의 강압적 숙정이나 일과성의 부패통제 조치들이 있었지만 그 효과가 포괄적이라거나 지속적인 것은 못되었다. 통상적인 부패통제구조와 절차들이 작동되고는 있었으나 그 자체가 부패에 침식되는 경향이 있었으며 국가체제 전반에 밀려드는 체제적 부패의 물결에는 대항할 힘이 없었다.

한 사람의 장기집권을 보장하려는 실제적 동기에서 비롯된 제3공화국에서의 정변으로 유신체제라는 것이 만들어졌다. 이른바 유신시대의 정부를 제4

13) 뜨거운 난로의 법칙(hot stove rule)은 사람이(특히 어린이가) 난로의 뜨거움을 직접 체험하면 난로 주변에서 위험한 장난을 하지 않을 것이라는 아이디어에서 나온 처방이다. 뜨거운 난로의 법칙은 처벌이 바람직하지 않은 행동에 결부되어야 하며, 즉각적으로, 충분히 강력하게, 일관성 있고 차별 없이 정보를 전달하는 방법으로 시행되어야 한다고 처방한다.

공화국이라 부르기도 하는데 그때부터 정권담당자들이 광범한 행정개혁과 반부패활동에 국책의 아주 높은 우선순위를 부여하기 시작하였다. 정권의 정당성제고, 과거청산, 정부관료제의 여건변화와 역할기대 변화에 대한 대응 등 여러 가지 이유로 광범하고 때로는 요란한 행정개혁운동과 반부패운동을 펼쳤다.

1970년대 이래 역대의 정권들은 공직의 부패통제로부터 시작하여 범국민적인 도덕성 향상까지를 목적으로 하거나 처음부터 공·사부문을 망라하는 사회개혁운동으로 반부패운동을 전개하였다. 유신시대의 서정쇄신운동, 제5공화국의 사회정화운동, 제6공화국 노태우행정부의 새 질서·새 생활운동, 문민정부를 표방한 김영삼정부의 신한국창조운동, 국민의 정부라 불리는 김대중정부의 제2의 건국운동을 그 예로 들 수 있다.

노무현정부와 이명박정부에서 국민운동수준의 반부패사업을 조직하지는 않았다. 그러나 여러 가지 제도개선과 반부패시책을 실천하였으며 그것은 민주화의 촉진과 더불어 정부의 투명성을 높이는 데 기여하였다.

다음에 거국적인 운동으로 이름이 붙여졌던 반부패운동 내지 사회개조운동들에 대해 요약된 설명을 하려 한다.

(2) 유신시대의 '서정쇄신운동' 서정쇄신운동은 이른바 유신체제의 정당화를 위한 정치적 노력의 일환으로 1975년부터 추진되었다. 서정쇄신은 그 대상범위가 매우 넓고 대통령으로부터 발상되어 하향적으로 추진된 운동이었다. 이 운동의 초기에는 대통령의 지지와 독려에 힘입어 여러 분야에 상당한 충격을 주었으나, 날이 갈수록 그 열기가 식어가는 가운데 1979년까지 명맥을 유지했다.

정부는 서정쇄신을 "공무원 사회의 모든 부조리를 일소하여 능률적이고 명랑한 봉사행정을 폄으로써 국민의 신뢰를 회복하여 국정능률을 극대화하고 동시에 이를 사회 전반에 걸친 부조리와 비능률을 제거하는 사회정화운동과 새로운 가치관에 바탕을 둔 건전한 국민정신을 진작시키는 정신개혁운동으로 승화시켜 부강한 나라를 만드는 민족중흥의 과업"이라고 정의하였다. 서정쇄신은 궁극적으로 국력배양을 통해 민족중흥을 꾀하려는 목적을 가진 운동이며 공무원사회정화, 일반사회정화 및 정신혁명이라는 3대 행동과제를 추진하는 것이었다.

정부는 서정쇄신운동을 3단계의 과정을 거쳐 추진하기로 하였다. 추진과

정의 3단계란 i) 관료사회의 부패(비위 · 부정)척결, ii) 사회정화, 그리고 iii) 정화된 사회분위기가 국민의 의식 속에 체질화되게 하는 것을 말한다.

사회개혁운동으로까지 확산된 서정쇄신의 출발점과 핵심은 공직자사회의 부조리척결(부패제거)이었다. 공무원의 부패를 막기위해 서정쇄신운동이 펼친 반부패활동은 대인적 조치, 체제개선(업무와 제도의 개선) 및 주변정화로 구분해 볼 수 있는데, 이 가운데서 소극적이고 엄벌주의적인 편향을 지닌 대인적 조치들이 가장 자극적인 것이었다.

(3) 제5공화국의 '사회정화운동' 제5공화국의 출범과 더불어 정부는 국민정신혁명이며 조국 근대화를 위한 민족운동이라는 기치하에 사회정화운동을 전개하기 시작하였다. 부패하고 비윤리적이라고 지목된 공직자들의 대대적인 숙정과 부정축재의 국가환원조치를 단행하면서 조직화하기 시작한 이 운동은 점점 열기를 잃어 가다가 제5공화국이 막을 내리면서 종언을 고하였다.

정부는 사회정화운동을 "우리 사회 각 분야에 만연되어 있는 불의 · 부정 · 부패 · 불신 · 무질서 등 각종 비리와 폐습을 제거하고, 서로가 신뢰할 수 있고 규범이 준수되고 질서가 유지되며, 나아가서 창의성이 존중되어 발전하는 사회를 이룩하려는 범국민적 정신혁명운동"이라 규정하였다.

사회정화운동의 이념으로는 정직, 질서, 그리고 창조라는 가치 또는 도덕률이 채택되었다. 이러한 이념하에서 설정한 사회정화의 4대 원칙은 도덕성의 원칙, 공익성의 원칙, 공정성의 원칙 및 합리성의 원칙이다.

사회정화의 추진단계는 범국민운동을 위한 기반조성단계, 사회정화운동이 국민 각계각층에 확산되는 성장발전단계, 그리고 정착단계로 구분되었다.

(4) 노태우정부의 '새 질서 · 새 생활운동' 새 질서 · 새 생활운동은 1990년 대통령이 제창하여 추진한 사회개혁운동이다. 이 운동의 일환으로 공직사회의 반부패사업도 강조되었다. 이 운동의 출범은 두어 차례의 전주(前奏)에 이어 이루어졌다. 첫 번째 전주는 '공직자 새 정신운동'이었으며 두 번째의 전주는 '범죄 · 폭력소탕 전쟁선포'였다. 대통령은 범죄와의 '전쟁을 선포'하는 특별선언에서 범죄의 두려움이 없는 사회, 질서 있는 사회, 일하는 사회의 구현을 강조하였다. 이에 따라 정부는 새 질서 · 새 생활운동을 기획하였다.

정부는 새 질서 · 새 생활운동을 "범죄의 두려움이 없는 사회, 질서 있는 사회, 일하는 사회, 그리고 서로 믿는 건강한 사회의 기풍을 진작하는 운동"

이라고 규정하였다.

이 운동에서 말하는 '새 질서'란 불법·무질서·범죄로부터 위협받지 않는 안전하고 질서 있는 사회의 확립을 의미하고, '새 생활'이란 우리 사회에 팽배한 사회병리현상으로부터 탈피하여 건전한 도덕이 확립된 사회생활을 의미한다고 하였다. '새 질서운동'은 사회공동체의 존재양식과 규율을 바로 세워 불법·무질서를 극복하자는 뜻이고, '새 생활운동'은 개인의 도덕적 행위를 강조하고 그의 도덕성 회복을 통해 불로소득·호화사치·퇴폐향락을 극복하자는 뜻이라고 하였다.

정부는 새 질서·새 생활운동의 추진과정을 세 가지 단계로 구분하였다. 세 가지의 추진단계란 초기 6개월의 치유단계, 그 뒤의 전환단계, 그리고 국민운동 정착단계를 말한다. 새 질서·새 생활운동의 일환으로 공직기강의 확립이 누누이 강조되었으며, 이른바 '공직부조리 제거시책'들이 추진되었다.

(5) **김영삼정부의 '신한국창조운동'** 김영삼정부는 출범 초기부터 광범한 개혁운동을 펼쳤다. 광범한 개혁드라이브에 붙여진 이름이 반드시 일관되게 사용되는 것 같지는 않았지만 신한국창조운동이라 통일적으로 불러도 무방할 것 같다. 대통령이 취임하면서 '한국병'을 치유하고 신한국을 창조하겠다는 선언과 함께 부정부패척결, 경제활성화, 그리고 국가기강 확립을 3대 국정과제로 규정하였다. 그 후 신한국창조라는 기치가 널리 쓰이게 되었으며 신경제 등 '신'자를 분야마다에서 즐겨 쓰게 되었다.

여당인 민주자유당(후에 신한국당으로 개명)에서는 신한국창조의 의미와 추진방법에 대한 관념정리를 한 바 있다. 그에 따르면 "신한국은 살 맛나는 자유민주사회, 일한 만큼 잘 살 수 있는 신바람나는 정의사회, 개인의 발전과 나라의 발전이 함께 이루어지는 더불어 사는 공동체, 인간이 인간다움을 유지할 수 있는 문명사회, 그리고 온 민족이 다 이와 같은 행복을 누릴 수 있는 통일된 조국"을 뜻하는 것이라고 한다.

신한국은 인간다운 삶, 건강한 삶, 더불어 사는 삶, 풍요로운 문화의 삶, 그리고 세계화된 삶을 추구하는 것이라고 하였다. 신한국을 창조해 갈 국정지표로 정부가 내건 것은 네 가지이다. 네 가지의 국정지표란 깨끗한 정부, 튼튼한 경제, 건강한 사회, 통일된 조국을 말한다. 깨끗한 정부의 구현을 국정지표의 하나로 내건 것은 부패 없는 정부를 만들겠다는 선언이었다.

김영삼정권이 출범하면서 대통령은 체제적 부패의 제거는 사회정의 구현을 위해서뿐만 아니라 경제의 재도약을 위해서도 불가결 · 불가피하다고 선언하고 반부패운동을 지휘하였다.

(6) 김대중정부의 '제2의 건국운동' '국민의 정부'임을 표방한 김대중정부는 제2의 건국운동이라는 국민운동을 조직하고 주도하였다. 추진기구로 제2의 건국 범국민 추진위원회(대통령자문기관)를 만들었다.

제2의 건국운동을 이끌어갈 기본이념으로 채택한 것은 민주주의와 시장경제의 균형발전이었다. 이 운동의 3대원리는 자유 · 정의 · 효율이었다. 이 운동이 추진할 6대 국정개혁과제로는 i) 선진적 민주정치: 권위주의에서 참여와 분권의 민주주의로, ii) 민주적 시장경제: 관치경제에서 시장경제로, iii) 보편적 세계주의: 닫힌 민족주의에서 열린 세계주의로, iv) 창조적 지식국가: 물질위주의 성장에서 지식중심발전으로, v) 공생적 시민사회: 분열과 갈등에서 화합과 협력으로, 그리고 vi) 협력적 남북관계: 남북 대결주의에서 안보와 화해의 병행으로를 선정하였다.

제2의 건국운동은 반부패운동을 포괄하는 것이었다. 국민의 정부는 행정개혁 · 부패방지에 관한 업무를 주관하거나 이를 지원할 여러 가지 정부기구들을 만들었다. 대통령 직속으로 설치된 부패방지위원회는 부패방지를 위해 신설한 조직의 대표적인 예이다. 그리고 부패방지를 위한 법령 · 제도 개선, 사정활동 강화, 부패고발통로 확대, 의식개혁사업 확대, 부패방지종합대책(장기계획)의 수립 등 일련의 반부패사업을 추진하였다.

Ⅳ. 행정에 대한 통제

공직윤리를 지켜야 한다는 공무원들의 윤리적 책임이 법제화에 의해 객관적 책임으로 되면 그것은 외재적 통제의 대상이 된다. 통제는 공직의 윤리성 확보를 위해 동원할 수 있는 중요도구 가운데 하나이다.

1. 통제와 책임

1) 통제의 정의

통제(統制: control)는 목표와 그 실천행동을 부합시키려는 활동 내지 과정이다. 통제는 행동자의 책임이행을 확보하려는 여러 가지 활동 가운데 하나이다. 행정체제에서의 통제는 행정책임을 확보하기 위한 일련의 교호작용이다. 통제는 목표달성을 위해 행정조직의 활동을 결집시키는 과정이므로 행정조직의 통합작용을 맡는 과정들 가운데 하나라고 할 수 있다.

우리가 논의하는 통제는 외재적인 성격을 가진 것이다. 행동자의 가치와 신념에 따라 내재적 규제를 하는 것도 통제의 일종으로 보는 경우가 있으나 통제에 관한 우리의 정의에서는 이를 제외한다.

위와 같은 통제의 정의에 내포된 주요 속성은 다음과 같다.

① **통제의 외재성** 통제는 통제대상인 행동자의 외부에서 가해지는 것이다. 따라서 통제는 통제자(control agent)와 피통제자(controllee)의 개념적 구별을 전제로 한다. 피통제자의 지배권 밖에 있는 통제의 수단을 가진 통제자가 존재하고, 통제자에게 책임을 지는 피통제자가 있어야 통제관계가 성립할 수 있다.

② **기준의 존재** 통제는 미리 정해진 목표 또는 기준의 존재를 전제로 한다. 통제의 기준 설정은 통제활동의 출발점이 된다. 통제과정에서 기준으로부터 이탈되는 실적을 발견하면 이를 기준에 부합되도록 하기 위해 시정조치를 하게 된다. 그러나 통제의 기준이 불가변적인 것은 아니다. 처음 설정하였던 기준은 사정변경에 따라 바꿀 수 있다. 그리고 실적평가의 결과 기준설정의 잘못 때문에 기준과 실적의 괴리가 생긴 것을 발견하면 기준을 시정하는 행동을 취할 수 있다.

③ **통제의 수단** 통제자는 통제에 필요한 수단(means) 또는 자원(resources)을 가지고 있어야 한다. 통제주체가 통제의 수단을 결여하면 통제가 이루어질 수 없다. 통제의 수단 또는 자원은 법적 권한, 돈, 전문지식 등 여러 가지이다. 구체적인 경우에 어떠한 자원이 어떻게 사용되느냐 하는 것은 조직이 사용가능한 자원과 통제상황의 조건에 따라 달라질 것이다.

④ **동태적 · 순환적 과정** 통제는 일련의 기본적인 활동단계를 내포하는 동태적이고 순환적인 과정이다. 통제의 과정에 포함되는 기본적인 활동단계 또는 국면은 통제기준의 확인, 통제정보의 수집과 평가 및 시정행동이다. 통제는 다소간의 불확실한 사태에 노출될 수 있는 동태적 과정이기 때문에 그것은 대개 자율조정의 순환적 과정으로 된다.

⑤ **부수적 효과** 통제의 기본적 기능은 책임이행을 보장하고 목표와

실적을 부합시켜 행정조직의 통합과 성공에 이바지하려는 것이지만 이와 같은 기본적 기능에 결부된 여러 가지 부수적 효과를 또한 기대할 수 있다. 예컨대 통제는 국민이나 최고관리자들을 안심시키는 역할을 할 수 있다. 행정조직의 주요 목표가 성공적으로 추구되고 있다는 점에 관해 신뢰감을 줄 수 있기 때문이다. 각급 관리자들은 자기의 결정에 대한 환류를 받아 의사결정 능력을 향상시킬 수 있다. 통제는 관리자 또는 감독자가 부하들에게 무엇이 중요한 사업이며 역점을 두어야 할 활동영역이 무엇인가를 알려주는 수단이 될 수 있다.

2) 책임의 정의

통제는 목표와 그 실천행동을 부합시키려는 활동이며 피통제자에게 책임을 묻는 활동이라는 점을 위에서 분명히 하였다. 여기서는 책임의 의미를 밝히려 한다.

일반적으로 책임(責任: responsibility)이란 비판에 대응하여야 할 의무라고 규정할 수 있다. 이것은 X라는 행동자가 Y라는 일에 관해 Z라는 통제자의 비판에 부응해야 하는 관계를 설명하는 개념이다. 여기서 책임을 묻는 주체의 존재는 외재적이다. 즉 책임을 질 행동자의 의무관계를 결정할 권한을 가진 주체가 있는 것을 전제하는 개념이다.

이러한 책임개념의 정의는 책임의 객관성 내지 외재성을 강조한 것으로서 통제의 외재성을 강조한 우리의 통제개념 정의에 일관되는 관점을 반영하는 것이다. 이와는 대조적으로 책임의 주관성과 행동자의 자율규제를 강조하는 관점도 있다.

우리는 객관적 내지 외재적 책임론을 채택하였지만 주관적 내지 내재적 책임론도 중요한 의미를 지니는 것이다. 주관적 책임론은 외재적 통제론이 기초로 삼고 있는 객관적 책임론에 긴밀히 연관된 것이다.

(1) 객관적 책임론　　객관적 책임(objective responsibility)은 행동자의 외부로부터 부과되는 기대에 관련된 것이다. 객관적 책임은 행동자에게 권한을 행사할 위치에 있는 주체가 원하는 바대로 행동해야 하는 책임이다. 이것은 일정한 직무수행기준에 관하여 행동자 이외의 사람에게 지는 의무이다. 그러한 의무의 출처는 책임을 지는 사람의 외부에 있는 것이다. 객관적 책임은 책임을 져야 할 직위에 있는 모든 사람에게 일반적 의무를 부과하는 것이다.

이 경우 구체적인 점직자(占職者)의 개인적 욕구, 취약점, 선호 등이 무엇인지는 고려되지 않는다. 외재적으로 설정되는 일반적 의무가 조직 내의 역할을 규정한다.

행정체제에서 볼 수 있는 객관적 책임의 양태는 여러 가지이다. 그 대표적인 것이 법률에 대한 책임이다. 민주국가에서 법률에 대한 책임은 궁극적으로 주권자인 국민에 대한 책임을 반영하는 것이다. 이 밖에도 규칙·정책·직무기술·계서적 구조에 대한 책임의 양태가 있다. 공익에 봉사해야 한다는 의무도 객관적 책임의 한 양태이다.

(2) 주관적 책임론 주관적 책임은 행동자가 스스로 책임이 있다고 인식하는 것에 관한 개념이다. 이것은 윤리적 의무에 대한 내적·개인적 인식이다. 객관적 책임은 사람들이 맡은 역할에 대한 법률·조직·사회의 요구에서 생기는 것이지만 주관적 책임은 양심·충성심·일체감 등이 조성하는 내적 충동에서 비롯되는 것이다.

주관적 책임론에 따르면 행동자가 과오를 범하는 경우 스스로의 양심이 그것을 과오라고 인정할 때에만 과오가 된다고 한다. 이 경우 행동자의 처벌은 양심의 가책일 뿐이라고 한다. 따라서 책임은 고도로 개인적이며 도덕적인 성격을 지닌다고 한다.

책임의 주관적 차원이 중요하지 않은 것은 아니다. 공직의 윤리성을 높이려면 공무원들의 주관적 책임성도 강화해야 한다. 정당하게 설정된 공식적 책임의 성공적 이행에 기여할 수 있도록 주관적인 책임의식을 발전시키는 노력이 필요하다.

2. 행정통제체제의 구성

행정통제체제 즉 행정책임 이행을 보장하기 위한 통제체제를 구성하는 하위통제체제들은 두 가지 범주로 대별해 볼 수 있다. 첫째 범주는 내부적(행정적) 통제체제이며, 둘째 범주는 외부적 통제체제이다.

내부적 통제체제에 포함되는 통제중추에는 일반계서, 교차기능조직, 독립통제기관 등이 있다. 행정수반이 임명하는 '옴부즈만' 제도를 본떠 만든 국민권익위원회는 내부적인 독립통제기관의 일종이다. 그리고 정부관료제 내의 모든 공무원은 내부고발자가 되어 독자적인 통제중추의 역할을 할 수 있는 가능성을 지니고 있다.

외부적 통제체제에 포함되는 통제중추에는 국민, 국회, 법원, 공공통제중개자 등이 있다. 국회에서 임명하는 '옴부즈만'은 외부적 통제체제에 포함된다. 그러나 우리나라에는 국회임명의 '옴부즈만'제도를 두고 있지 않다.

1) 내부적 통제체제

내부적 통제체제는 궁극적으로 행정수반인 대통령이 관장한다. 내부적 통제는 행정체제의 행정수반에 대한 제도적 책임에 바탕을 둔 것이다. 국민과 국회가 대통령에게 행정전반의 책임을 묻는 한 대통령은 행정체제가 그에게 책임을 지도록 하지 않으면 안 된다. 그러므로 대통령은 행정을 통제하는 데 필요한 수단을 부여받고 있다.

내부적 통제체제는 행정체제에 내장된 하나의 하위체제로서 다른 하위체제들과 상호 의존적인 관계에 있다. 내부적인 통제작용은 행정전반에 깊이 삼투되어 있기 때문에 다른 작용들과의 한계가 모호할 때도 흔히 있다. 내부적 통제체제는 또한 총체적 통제체제에 속하는 하나의 하위체제로서 다른 하위체제 즉 외부적 통제체제와 상호 의존적인 관계에 있다.

내부적 통제체제의 일반적 통제구조는 행정체제 전반에 걸쳐 계서적으로 형성되어 있다. 이것이 주된 통제의 흐름을 관장하지만 교차기능조직, 독립통제조직 등 추가적인 통제장치들이 함께 가동된다.

(1) 일반계서　　행정체제 내의 일차적 통제구조는 일반계서(一般階序: ordinary hierarchies)이다. 이것이 계서제적 통제중추이다.

계서제는 각기 하위계층에 명령을 발하는 의사결정 계층의 연쇄로 구성된다. 대통령과 정치적으로 임명되는 최고관리층이 이끄는 행정운영조직의 계서제는 기본적 임무수행의 중추이면서 동시에 이를 뒷받침하는 통제작용의 중추가 된다. 일반계서 내의 전반적인 통제과정은 하위통제과정들의 계층으로 구성된다. 종횡으로 연결된 수많은 하위통제과정들은 계층을 형성한다. 통제권한은 각 계층에 차등적으로 분배된다.

계서적 통제의 가장 기본적인 수단은 명령하고 감독하는 권한의 행사이다. 명령·감독작용을 보완·보강하기 위해 여러 가지 수단들을 개발·사용하고 있다. 근무성적평정절차, 징계절차, 자체적인 회계감사와 직무감찰은 그러한 수단의 대표적인 예이다.

(2) **교차기능조직** 행정체제 전반에 걸쳐 관리작용을 분담하여 수행하는 조직단위들을 통제작용에 관련하여 교차기능조직 또는 교차통제조직(交叉統制組織: criss-cross organizations)이라고 규정한다. 인사행정조직, 조직관리담당조직, 예산관리조직 등이 이에 해당한다. 교차기능조직들은 행정수반에 대한 특별참모로서 정부관료제의 계서적 명령통로를 가로지르는 작용을 한다. 이들은 계선적 운영조직들의 이차적 또는 관리적 작용을 대신함으로써 일반운영기관의 활동을 돕고 또 통제한다. 이들은 행정수반에게 각 분담영역에서 조정·통제수단을 제공한다.

교차기능조직은 행정수반의 관리수단이며 그 역할이 통제활동에만 국한된 것은 아니다. 그러나 행정체제 전반에 걸친 통제과정에서 아주 중요한 역할을 한다. 그 통제역할로는 i) 각기의 관할영역 내에서 정부전반에 적용될 통제기준을 설정하는 것, ii) 명령통로를 가로질러 행정기관들의 활동을 점검하고 활동실적을 평가하는 것, iii) 행정기관들의 의사결정에 대한 동의권 또는 협의권을 가지고 사전적 통제를 하는 것 등을 들 수 있다.

(3) **독립통제기관** 독립통제기관(獨立統制機關: separate monitoring agency)은 행정체제의 중앙통제조직이다. 이것은 행정체제의 내부적 통제기구로서 그 하위체제이지만 일반행정계서와는 어느 정도 분리된 위치에 있다.

이 기관은 통제작용을 주된 목적으로 하며 행정수반의 통제작용을 돕고 외적 통제중추들의 활동도 보완하고 돕는다. 그러나 어느 정도 독자성과 자율성을 누린다.

우리 정부의 전형적인 독립통제기관의 예로 감사원과 국민권익위원회를 들 수 있다.

2) 외부적 통제체제

외부적 통제체제는 환경으로부터 행정체제에 작용하는 통제중추들로 구성된다. 외부적 통제체제를 내부적 통제체제로부터 구별해 주는 기준은 구조적인 것이다. 내부적 통제체제는 행정구조 내에서 활동하는 반면 외부적 통제체제는 행정구조의 환경으로부터 작용한다.

민주주의적 이념에 비추어 규범적으로 생각할 때 내부적 통제는 국민과 그 대표기관에 대한 책임을 확보하려는 외부적 통제를 보완하는 것이라고 이해할 수도 있다. 그러나 실천적·기술적으로는 외부적 통제를 행정적인 자율통제가 실패하는 경우 불러들여질 수 있도록 예비된 권력이라고 이해하는 것이 보통이다.

(1) **국회: 입법적 통제** 대의기관인 국회는 민주주의의 기관적 체현이다. 민주국가에서 국회의 수권적 행동은 행정적 권한의 근원이 된다. 행정체제에 권한을 부여하거나 이를 제한하고 행정활동을 조사·비판할 수 있는 국회의 권한은 책임있는 정부를 위한 안전장치인 것이다. 행정체제의 국회에 대한 책임은 대통령을 통한 책임이라는 것이 권력분립제도하의 원리이다.

우리나라의 국회는 행정체제에 대하여 다음과 같은 통제수단들을 가지고 있다.

① **입법권** 국회는 입법권을 가진다. 국회의 가장 핵심적인 권능인 입법권은 행정체제에 권한을 부여하기도 하고 그 활동을 제약하기도 한다. 법률은 행정에 대한 통제의 기준을 설정하고 통제방법과 절차를 규정한다.

② **재정권** 국회는 국가재정에 관한 권한 즉 재정권을 통해 행정을 통제한다. 국회의 재정권은 예산·결산과 조세에 관한 것이다.

③ **조사권** 국회는 조사권에 의해 행정을 통제한다. 국회가 가진 조사권은 행정체제에 대한 조사권에 국한되는 것이 아니고 사법부를 포함한 국정전반에 관한 조사권을 포괄한다. 우리 국회의 조사권은 국정감사권과 국정조사권으로 이원화되어 있다. 국정감사는 국정전반에 관하여 상임위원회별로 정기회 회기중 법정된 기일 내에, 그리고 법정된 기관에 대해 실시하는 것이다. 국정조사는 특정한 국정사안에 대해 수시로 실시할 수 있는 것이다.

④ **정책통제권** 국회는 여러 가지 정책통제권을 행사한다. 대통령의 각종 긴급명령에 대한 승인권, 선전포고에 대한 승인권, 일반사면에 대한 동의권 등을 통해 대통령의 통치권행사를 통제한다. 그리고 외교정책과 방위정책을 통제하고 국무위원 등에 대한 출석요구 및 질문을 통해 통제권을 행사한다.

⑤ **인사권** 국회는 인사권에 의해 행정을 통제한다. 국회의 인사권은 고위공직자의 선출·임명동의·해임건의·탄핵소추 등에 관한 것이다. 국회는 국무총리와 감사원장의 임명에 대해 동의권을 행사하고 국무총리 또는 국무위원의 해임을 대통령에게 건의할 수 있다. 이 밖에도 국회는 다른 통치기관의 구성에 관하여 선출, 동의 등 인사권을 행사한다.

인사권 행사과정에서 중요한 도구가 되는 것은 인사청문회이다. 이에 대해서는 뒤에 따로 설명하려 한다.

⑥ **청원처리권** 국민의 청원을 접수·처리하는 과정에서 행정에 대한 통제적 조치를 취할 수 있다.

입법적 통제 가운데 일부는 헌법적·법률적이며 다른 일부는 정치적·비공식적이다. 국회에 헌법적 내지 법률적 구속력이 있는 통제수단이 없더라도 국회는 조사·항의·비난·권고 등의 방법에 의해 대통령과 행정체제에 압력을 가할 수 있다. 그리고 여론환기 등을 통해 다른 통제중추들의 행동을 촉발할 수 있다.

(2) **법원: 사법적 통제** 행정체제의 책임은 법 아래서의 책임이다. 법적 책임이행의 최종적인 감시자는 법원이다. 사법적 통제의 대상인 행정기관들은 다툼이 있는 경우, 재량권을 남용하거나, 관할을 일탈하거나, 법률적·사실적·절차적 과오를 범하거나 하지 않았다는 것을 법원에서 입증해야 하는 책임을 진다.

행정작용에 이의가 있거나 그로부터 피해를 입은 국민이 사법적 통제를 불러들이는 경우가 많지만 행정체제도 사법적 통제에 능동적으로 호소할 수 있다. 행정기관들은 i) 법을 집행하는 데 조력이 필요한 경우, ii) 행정담당자가 해결할 자격이 없는 다툼이 있는 경우, iii) 공무원들이 업무수행과정에서 시민의 법적 권리를 침해한 경우, 사법적 통제를 능동적으로 요구할 수 있다.

법원에 의한 사법적 통제의 원칙적인 성격은 사후적·소극적인 것이다. 사법적 통제는 행정적 실책을 사후적으로 시정 또는 처벌하는 통제이다. 사법적 통제결정이 장래의 행정적 실책을 예방하는 효과를 수반하기도 하지만 그것은 대개 부수적·간접적인 것이다. 법원은 다툼의 당사자들이 제기하는 문제에 대해서만 결정할 수 있으며 심사할 문제를 스스로 선택할 수 없는 것이 원칙이다. 그리고 행정행위에 대해 다투는 당사자들은 사법적 구제를 요구하기 전에 행정적 구제절차를 거쳐야 하는 경우가 많다.

법원이 행정체제를 통제할 때 동원할 수 있는 수단에는 행정재판, 법규명령 심사권, 행정상의 손해배상과 손실보상에 관한 재판, 형사재판 등이 있다.

(3) **헌법재판소** 위헌여부가 문제로 된 입법적·정치적·행정적 사건에 대해서는 일반법원과 구별되는 헌법재판소가 주된 관할권을 행사하는 것이 우리의 제도이다. 헌법규정에 의하면 헌법재판소는 i) 법원이 판단을 요구한 법률의 위헌여부, ii) 탄핵, iii) 정당의 해산, iv) 국가기관 상호 간, 국가

기관과 지방자치단체 간 및 지방자치단체 상호 간의 권한쟁의, 그리고 v) 법률이 정하는 헌법소원에 관한 심판을 담당하도록 되어 있다. 헌법소원이란 국가권력에 의해서 헌법상 보장된 자유와 권리를 위법적으로 침해받았다고 생각하는 국민이 직접 헌법재판소에 권리구제를 요구하는 제도이다.

헌법재판제도는 헌법을 수호하고 부당한 국가권력으로부터 국민의 권리와 자유를 보호하는 과정에서 행정에 대한 통제기능을 수행한다. 헌법재판은 강제집행절차를 결여하는 경우가 대부분이기 때문에 소송당사자인 헌법기관들의 성의있는 순응이 있어야만 그 통제력이 실효를 거둘 수 있다.

(4) 국민: 대중통제 또는 공공통제와 그 중개자 행정의 책임을 묻는 궁극적인 주체는 국민이다. 따라서 국민은 행정에 대한 통제의 근본적인 출처이다. 국민이 촉발 또는 주도하는 통제작용을 대중통제 또는 공공통제라 한다. 이를 매개 또는 전달하는 조직화된 통로를 공공통제의 중개자라 한다.

① 대중통제 행정의 책임이행을 촉구 또는 확보하기 위해 조직화되지 않은 국민이 동원할 수 있는 수단은 많다. 그 예로 i) 행정과정에 참여하고 공청회 등에서 의견을 말하는 것, ii) 민원행정상 이의제기 · 시정요구 등을 하는 것, iii) 손해배상 · 손실보상을 요구하는 소송을 제기하는 것, iv) 각종 행정소송을 제기하는 것, v) 행정의 잘못에 대해 진정 · 고발 · 청원을 하는 것을 들 수 있다. 각종 선거와 국민투표에서의 투표행위도 국민에 의한 행정통제의 기능을 내포한다.

그러나 이러한 통제수단들은 대부분 간접적인 성격을 지니고 있다. 구체적인 행정행위에 대한 공공통제의 제도적 통로가 있는 경우에도 통제과정의 마지막 단계인 시정행동은 대개 다른 통제중추에 의해 시행된다.

② 대중통제의 중개자 국민 개개인이 다른 통제중추들의 통제활동을 촉발하고 통제정보를 제공할 수 있는 것처럼 대중통제의 중개자 내지 매체들도 그와 같은 활동을 할 수 있다. 그러한 중개자 또는 중개조직(intermediaries)들은 사회의 구조적 조절자(structural regulator)로서 정치 · 행정체제에 대한 사회적 요구를 조절 또는 규율하는 기능도 수행한다. 중개자들은 정치 · 행정체제와 그 환경을 연결하는 의사전달통로의 문을 지키며 국민의 통제요구를 조종, 축소 또는 창출한다. 중개자의 예로 각종 이익집단, 정당, 전문직업단체, 언론매체, 영향력 있는 사람 또는 유지(有志: opinion leaders or influential person) 등을 들 수 있다.

이러한 구조적 조절자들의 행태와 영향력은 다양하다. 목소리가 크고 적극적인 것도 있으며 소극적인 것도 있다. 영향력이 약한 중개자들은 서로 연대하거나 보다 강한 통제중추들의 힘을 빌리기도 한다. 행정체제는 이들로부터 수동적으로 요구를 받아들일 뿐만 아니라 이들에게서 적극적으로 통제정보를 이끌어 내 받아들이기도 한다.

(5) **국회의 인사청문회** 국회가 인사권을 행사하여 대통령과 행정부를 감시하고 견제할 때 여러 가지 검증수단을 동원한다. 그 대표적인 예가 인사청문회(人事聽聞會)이다.

인사청문회 등 각종 청문회의 활용이 근래에 부쩍 늘었다. 국회는 헌법상 임명동의권을 가지고 있는 헌법기관 구성원들에 대한 인사청문실시에 그치지 않고 장관 등 정무직공무원과 이른바 권력기관의 장에 대해서도 인사청문을 확대해 나가고 있다. 후자의 경우 청문결과에 대한 국회의 결정이 법적 구속력을 가지는 것은 아니지만 그 정치적 영향력은 강력하다.

인사청문회의 활용이 늘어난 만큼 그 효용에 대한 논쟁도 늘어났다. 그러한 까닭으로 인사청문회에 대한 설명을 여기서 따로 하려는 것이다.

① **의미와 효용** 일반적으로 청문회라고 하는 것은 의사결정주체가 어떤 사안에 대한 결정에 앞서 이해관계자나 제삼자의 의견을 듣기 위해 여는 모임이라고 규정된다. 국회에 의한 인사청문회는 공직임용후보자를 상대로 질의응답을 통해 그 적격성을 심사하는 절차이다. 인사청문회에서는 후보자의 적격성에 관련된 증언을 해줄 사람들도 불러 심문할 수 있다.

민주국가에서 정부의 고위공직에 대한 인사청문회는 유용하고 바람직한 제도이다. 인사청문회는 고위공직자 선발도구로서 큰 효용이 기대되는 제도이다. 인사청문회는 또한 정치・행정 민주화의 도구이기도 하다. 국회라는 중개자를 통해 정부인사에 대한 공공통제를 강화할 수 있게 하고 공직자들의 국민대표성을 높일 수 있게 하기 때문이다. 인사청문회는 열린 정부・참여적 정부의 발전에 기여한다.

② **야기된 문제들** 오늘날 인사청문회의 명분과 제도로서 지니는 공식적 효용을 부인하기는 어렵다. 그러나 허점도 많은 제도이다. 실천과정에서 여러 가지 폐단을 야기한다. 우리나라의 경험에서 관찰된 청문회의 부실화 요인과 폐단을 보면 다음과 같다.

첫째, '청문'의 장이 아니라 질문자의 연설장으로 변질된다. 국회의원들은 청문대상자의 말을 듣기보다 자기 주장을 펴는 데 열중한다. 속기록과 대중매체에 질문을 잘 했다는 기록을 남기는 데만 관심이 있는 것 같다.

질문자가 주로 말하는 과정에서 악의적인 정략적 공격과 뒤집어씌우기가 횡행한다. 청문대상자를 죄인취급하는 언사도 쓰인다. 청문대상자의 설명이나 반론을 봉쇄하는 예도 많다.

둘째, 미성숙한 정치문화와 정파 간 극한대립은 청문회의 본질을 왜곡시킨다. 편가르기, 이판사판의 대결이 심할 때 청문회는 다른 정치적 쟁점의 볼모가 된다. 청문회와 무관한 정치이슈를 놓고 공방을 벌이면 인사청문은 뒷전으로 밀려난다. 한 정파의 추천을 받았다는 이유만으로 반대정파는 합당치 않은 적대행동을 한다.

셋째, 행정부에 의한 사전적 검증이 부실하다. 최선을 다해 검증할 성의도 없고 방식에도 서투르다. 정부의 모집망은 좁다. 공직후보자의 적격성 검증에는 국회와 행정부가 협력해야 한다. 검증체제의 한 축인 정부의 역할수행이 부실하면 국회도 그 영향을 받을 수 있다.

넷째, 국회의 시간부족, 준비부족, 운영미숙이 문제이다. 부정확한 정보에 의존하거나 자료에 대한 오해 또는 무지를 노정하는 예도 많다.

다섯째, 평가기준이 모호하고 외부요인의 고려가 앞서기도 한다. 후보자의 적격성과 직결되지 않는 정략적 고려가 많다.

예컨대 지난번 후보를 부결시켰으니 이번에는 그냥 통과시켜주자느니, 훼방꾼이나 발목잡는 집단이라는 비판을 면하려면 통과시켜주자느니 하는 태도를 보일 때가 있다. 이러한 국회의원들의 태도는 청문회의 일관성을 해치고 청문회에 대한 불신을 초래한다.

여섯째, 공직후보자의 외형적인 과거 경력에 대한 지나친 선호도 문제이다. 경력이 시원치 않으면 깔보기부터 먼저 하고 능력검증은 외면하는 사례가 흔하다. 지난날 정당성없는 정권하에서 정치윤리 타락이 문화화되었던 시절을 살면서 그에 순응하지 않은 사람들이 몇이나 정·관계의 고위직에 오를 수 있었겠는가에 대해서도 깊이 생각해 보아야 한다.

일곱째, 인사청문회의 여러 실책은 유위한 인재의 공직지망 동기를 약화시킬 수 있다. 청문회장의 적대적인 분위기에서 공직지망자들이 모멸감을 느끼고 망신을 당했다고 생각하게 만든다면 쓸 만한 지망자를 구하기가 어려워질 것이다. 삼고초려해야 할 만한 훌륭한 인물들이 선뜻 나서려하지 않을 것이다.

3. 행정통제체제의 한계

우리 정부는 늘어나는 통제수요에 대응하기 위해 행정통제체제를 개혁해 왔다. 그러나 통제체제의 활동은 기대수준에 미치지 못하는 한계를 드러내고 있다. 우리나라에서 행정에 대한 통제의 어려움을 가중시키는 요인이 무엇이며 통제체제의 능력부족과 실책은 무엇인지 알아보기로 한다.

1) 통제의 애로

(1) 정부관료제의 규모와 역할에서 비롯되는 애로　　행정국가화의 일반적 추세와 전통적 및 발전행정적 유산은 통제수요를 급증시키고 행정통제체제에 과부하를 안겨주고 있다.

① **방대한 규모·복잡한 활동**　　정부관료제의 규모가 방대해지고 그 활동이 복잡해짐에 따라 그에 대한 통제가 힘들게 되었다.

② **재량범위 확대**　　정부관료제의 활동범위가 넓고 복잡해짐에 따라 그리고 행정수요와 그 여건이 급속히 변동함에 따라 행정재량의 필요가 커져 왔다. 재량범위의 확대는 그만큼 외재적 통제를 어렵게 한다.

③ **전문성의 고도화**　　행정체제와 공무원의 전문성이 높아지고 전문적 업무에 대한 정보독점, 그리고 정책참여가 늘어남에 따라 행정통제가 어려워졌다.

④ **모호한 책임소재**　　행정규모의 팽창과 기능의 복잡성 증대는 행정체제 내의 분립화·관할중첩 등의 현상을 심화시켰는데 이것은 책임소재를 흐리게 하고 통제를 어렵게 하는 요소이다.

⑤ **경직된 인사절차**　　공무원을 효율적으로 통제하기 어렵게 하는 인사절차들이 있다. 공무원의 신분보장과 권익보호에 관한 조항, 그리고 처벌절차의 복잡성은 외재적 통제에 제약을 가한다.

(2) 공무원의 부정적 행태에서 비롯되는 애로　　오랫동안 정부관료제에 만연되어 왔던 부정적 행태 내지 그 유산은 통제수요의 과다 그리고 통제체제의 과부하로 나타나고 있다.

① **직업윤리 타락**　　무엇보다 심각한 것은 우리가 물려받은 직업윤리 타락과 체제화되었던 부패의 유산 내지 그 잔재이다. 이러한 조건이 많이 개선되고 있지만 여전히 통제수요의 과다, 통제의 효과축소, 그리고 통제체제의

능력감퇴를 조장하고 있다.

② **통제 저항적 행태** 우리의 경우 외재적 통제를 강화하면 공무원들의 회피적 · 대항적 행태가 증가하는 역통제(逆統制: counter-control)의 현상이 지나친 것으로 평가되어 왔다. 소극적인 업무처리, 무사안일, 불친절, 보신주의 등이 역통제의 증상이다. 역통제는 통제를 어렵게 할 뿐만 아니라 새로운 통제문제를 야기한다.

③ **권위주의 · 형식주의** 공무원의 권위주의적 행태가 행정통제체제의 활동을 교란한다. 그리고 통제기준에 부합되는 외형을 갖추는 데만 급급한 형식주의와 정당치 못한 방법으로 통제기준 부합상태를 연출하는 행태가 더욱 큰 문제이다.

④ **통제정보 왜곡** 통제정보의 왜곡과 허위보고 등이 통제활동을 교란할 수 있다.

2) 통제체제의 능력부족과 실책

(1) 능력부족 행정체제 내외의 통제중추들은 전반적으로 자원부족 · 시간부족 · 동기결여 등의 어려움을 겪어 왔다.

① **내부적 통제** 정부관료제 전반의 행정문화와 제도적 조건을 공유하는 내부적 통제체제는 통제의 엄정성과 효율성이라는 측면에서 미흡한 실적을 보여 왔으며 행정현실에 타협하는 일이 많았다.

② **국회의 의한 통제** 국회는 행정통제의 고삐를 잘 당기지 못했으며, 행정이 나가야 할 방향을 제시하는 데도 비효율적이었다. 정치 · 행정적 권위주의와 체제적 부패의 유산은 국회의 행정통제능력을 손상시켜 왔다. 오랜 정치적 격동기를 거치면서 정치인들은 단순히 살아남기 위해 많은 에너지를 소모했다. 그런 일이 아니더라도 행정통제를 위해 필요한 의원들의 시간 · 정보 · 관심은 크게 제약되어 있다. 의원들의 정당성에 상처가 있는 경우도 드물지 않다.

③ **법원에 의한 통제** 사후적인 사법적 통제는 대부분 적시성이 결여된 비능률적인 것이다. 원래 사법적 통제가 일상적인 행정통제의 수단으로 직합한 것은 아니다. 전문적 행정에 대한 사법적 통제에는 제도적 한계가 있는 것이다. 지금은 크게 달라지고 있으나 과거 국민보다는 정치권력의 편에, 약자보다는 강자의 편에 서는 재판이 흔했다는 사실은 법원이라는 통제중추의

신망을 손상시켜 놓았다.

④ **대중통제** 국민에 의한 행정통제도 비효율적이다. 국민의 민주주의에 대한 훈련부족과 낮은 시민의식 그리고 공익에 대한 존중심 결여가 가장 큰 문제이다. 전통적 행정문화는 행정참여와 권리구제에 관한 국민의 자세를 소극적·피동적인 것으로 길들여 왔다. 행정에 대한 참여와 비판이 점차 활발해지면서부터는 통제방법의 왜곡, 공익무시, 집단이기주의 등이 심각한 문제로 부각되고 있다.

(2) **통제의 실책** 행정에 대한 통제의 가장 일반적인 결함은 통제의 범위와 수준이 만족스럽지 못하다는 것이다. 구체적인 차원에서는 미흡한 점 또는 실책이 허다하겠으나 여기서는 중요한 실책의 범주만을 간추려 보기로 한다.

① **소극성** 통제작용이 전반적으로 소극적이다. 책임이행의 실질보다 외형에 치중한 통제, 그리고 행정목적의 적극적 성취보다는 절차의 규칙성 확보와 부정방지에 치중한 통제는 공무원의 피동화와 업무수행의 소극화를 조장한다.

② **조정실패** 통제우선순위결정의 부적절성과 통제중추 간의 조정실패는 통제의 효율성을 저하시키고 행정체제에 불필요한 압력을 가하기도 한다. 과소통제와 과잉통제의 문제를 동시에 야기한다. 즉, 통제가 필요한 곳에서 통제를 하지 못하고 다른 곳에서는 중복감사 등으로 행정효율을 저하시킨다.

③ **행정목표 왜곡 조장** 협착하고 단기적인 관점에 의한 통제, 그리고 측정이 용이한 것에 치중한 통제는 행정목표의 왜곡을 초래한다.

④ **일관성·지속성 결여** 통제의 일관성과 지속성 결여가 언제나 문제로 된다. 통제체제의 장기적인 게으름과 실책을 한꺼번에 만회하려는 '강조주간적(強調週間的) 통제운동'은 여러 후유증을 낳고 이를 일과성의 태풍으로 인식하는 공무원들은 통제 면역증을 기르게 된다. '세상을 놀라게 하는 사건'(sensational events)을 뒤쫓는 '소나기식' '사후약방문식' 통제도 폐단을 수반한다.

⑤ **정파적 오염** 통제외적·정치적(당파적) 목적이 통제작용 행사에서 우선직으로 고려되는 폐단도 오래 지적되어 온 문제이다.

⑥ **부 패** 통제작용의 부패 가능성은 언제나 있는 위험이다. 그러한 위험은 과거에 비해 줄어들었으나 만족스러울 만큼 배제되었다고 말할 수는 없다.

제 5 편
직무수행동기

사람의 행동은 복합적 영향요인의 산물이다. 그러한 영향요인에는 선천적인 것도 있고 후천적인 것도 있으며, 내재적인 것도 있고 환경적인 것도 있다. 공무원의 직무수행을 결정하는 요인도 다원적 · 복합적이다.

공무원의 직무수행과 그 성과에 영향을 미치는 요인은 대단히 많지만 이를 몇 가지 범주로 분류해 볼 수 있다. 영향요인 또는 결정요인의 첫째 범주는 선천적 및 후천적 능력이다. 둘째 범주는 가치관 또는 윤리의식이다. 셋째 범주는 직무수행동기 또는 사기(士氣)이다. 넷째 범주는 상황적 조건이다.

문화, 윤리 등 가치관에 관한 문제들은 제3편과 제4편에서 이미 다루었다. 제5편에서는 직무수행동기에 관련된 문제들을 논의하려 한다. 여기서는 동기, 직무수행동기, 동기유발 등의 용어를 주로 사용하겠지만 인사행정학에서는 사기, 사기진작, 사기앙양책 등의 용어를 주로 사용하였다. 이들 용어를 혼용해도 무방할 것이다. 직무수행동기는 사기, 동기유발은 사기진작으로 표현해도 된다는 뜻이다.

직무수행동기의 개념정의와 동기유발 방안에 관한 일반적 논의를 먼저 간단히 살펴보려 한다. 그리고 우리나라 공무원들의 사기를 떨어뜨리는 고충과 불만이 무엇인지 알아보려 한다. 이어서 우리 정부의 '복지부동 해소대책'이라고 하는 사기진작책을 평가하고 대안을 제시하려 한다.

Ⅰ. 직무수행동기의 관리

1. 직무수행동기의 정의

직무수행동기 즉 직무를 수행하려는 동기(動機: work motivation)는 직무에 관련된 행동을 야기하고 그 형태·방향·강도·지속시간 등을 결정하는 일련의 정신적인 힘을 말한다. 동기는 행동이 시작되게 하고 유지되게 하며 행동의 강도와 양태 및 질과 방향을 결정하는 데 영향을 미치는 과정이라고도 설명할 수 있다.

일반적으로 동기는 행동의 원인 또는 이유를 설명하는 개념이다. 즉 사람은 왜 행동을 하게 되는가? 특정한 시점에서 특정한 방향의 행동을 하는 이유는 무엇인가? 경우에 따라 행동의 지속성과 강도는 왜 서로 달라지는가? 등의 질문에 대한 해답을 얻기 위해 사람들은 동기를 연구한다.

직무수행동기의 주요 속성은 다음과 같다.

① **직무를 수행하려는 동기** 직무수행동기는 조직에서 요구하는 직무를 수행하려는 동기이다. 이것은 직무수행이라는 목표에 지향된 동기이다. 그러므로 사람들의 단순한 만족·행복 또는 적응상태와 직무수행동기는 구별된다.

② **내재적 및 외재적 요인의 영향** 직무수행동기는 인간의 내면적 이유에 의하여 내재적(內在的)으로 형성되기도 하고, 외부의 조종에 의하여 외재적(外在的)으로 형성되기도 한다.

③ **상대적 수준에 관한 개념** 직무수행동기는 어떤 정신상태의 상대적인 수준에 관한 개념이다. 직무수행동기의 수준은 낮은 곳과 높은 곳을 잇는 연속선 위에 표시할 수 있는 것이다. 그러므로 우리는 '높은 직무수행동기'와 '낮은 직무수행동기'를 상대적으로 구별하여 논의하게 된다.

④ **의존적·가변적 현상** 직무수행동기는 인간의 내면적 요인과 조직생활에 관련된 여러 가지 직무수행동기 요인의 영향을 받기 때문에 의존적인 현상이라고 하는 것이다. 그리고 직무수행동기의 수준은 시간의 흐름에 따라 달라질 수 있다. 주관적 및 객관적 요인들이 교호작용하는 가운데 변동하는

것이기 때문에 직무수행동기의 수준은 가변적이라고 하는 것이다.

⑤ **심리적 기초로서의 욕구** 직무수행동기의 심리적 기초에는 여러 가지가 있겠으나, 그 가운데서 가장 중요한 것은 인간의 욕구이다. 동기이론은 욕구이론을 주된 바탕으로 삼고 있다. 인간의 욕구는 다양하며, 따라서 욕구의 발로와 그 충족에 영향을 미치는 이른바 동기요인 또는 사기요인도 다양하다.

⑥ **행태를 통한 표출** 직무수행동기는 일정한 행태적 징상(行態的 徵狀: behavioral symptoms)을 수반하는 정신적 상태이다. 즉 직무수행동기는 어느 정도 측정이 가능한 행태에 의하여 체현되거나 그러한 행태를 야기한다. 그러므로 직무수행동기를 측정하고 그것을 의식적으로 개선하려는 사기관리 활동이 가능한 것이다. 직무수행동기 그 자체는 가시적인 것이 아닌 정신적 상태에 관한 '관념적 구성'(theoretical construct)이다.

⑦ **생산성 향상에 기여하는 하나의 요인** 높은 직무수행동기는 조직의 생산성 향상에 기여하는 하나의 요인이다. 조직의 목적에 기여하려는 정신상태라고 규정한 직무수행동기의 개념정의 자체에 직무수행동기와 생산성의 유관성은 이미 시사되어 있는 것이다. 조직을 위해 열심히 일하려는 의욕이 생산성과 무관하다고 말한다면 직무수행동기에 관한 스스로의 개념정의를 부정하는 결과가 된다. 그러나 직무수행동기는 생산성을 좌우할 수 있는 '하나'의 요인에 불과하다는 점을 유념해야 한다. 생산성에 영향을 미치는 다른 많은 요인들의 작용 때문에 직무수행동기와 생산성 사이의 긍정적인 상관관계를 고립시켜 관찰할 수 없는 경우가 많다.

2. 직무수행동기 유발의 방안

욕구에 관한 인간모형이 다름에 따라 직무수행동기의 심리적 기초와 동기유발의 유인(誘因: incentive)에 대한 관점도 달라진다.

예컨대 인간의 합리성과 경제적 이익 추구를 전제하는 합리적·경제적 인간모형은 경제적 욕구와 경제적 유인을 강조한다. 인간의 사회성·집단성을 전제하는 사회적 인간모형은 사회적 욕구와 사회적 유인을 강조한다. 자기실현적 인간모형은 직무수행을 통한 자기실현과 성숙을 지향하는 욕구를 중요시하고 보람있는 직무를 강조한다. 복잡한 인간모형에서는 욕구와 유인의 복잡성 그리고 상황적응성을 강조한다.

오늘날 대부분의 연구인들은 욕구와 사기요인의 복잡성 그리고 상황에 따라 달라지는 중요성을 인정하고 욕구와 사기요인의 유형을 보다 포괄적이고 균형있게 열거하려 한다. 저자도 이러한 균형적 관점을 가지고 주요 동기유발 방안 내지 사기앙양책을 선별해 보려 한다.

조직 내의 모든 조건과 관리작용은 조직참여자의 직무수행동기에 관련될 가능성이 있다. 따라서 직무수행동기를 유발 또는 제고하려는 전략과 방법에는 무수한 것이 있을 수 있다. 여기서는 인사행정학에서 직무수행동기에 보다 직결되는 관리활동이라 하여 열거하는 이른바 '사기앙양 프로그램' 가운데서 중요한 것들을 골라 소개하려 한다.

(1) 적극적 강화기법 조직구성원들은 자기에게 가장 큰 이익이 돌아올 것으로 생각되는 일을 하려고 한다는 가정하에 금전적 보상, 상훈 등 적절한 적극적 보상을 행함으로써 조직구성원들의 직무수행 의욕을 고취시키려는 것이 적극적 강화기법(positive reinforcement program)이다. 행태수정기법(behavior modification program)이라고 불리어지기도 하는 이 방법은 소극적 제재의 사용을 피하고, 조직에 바람직한 행동과 적극적 유인을 명백하게 결부시킴으로써 그러한 행동을 유도하려는 것이다.

(2) 개인적 문제의 해결 조직구성원들의 스트레스, 불만 등 개인적인 문제들을 해결 또는 완화하는 데 조력함으로써 동기를 유발하려는 활동 중에서 대표적인 것은 인사상담과 고충처리이다.

① 인사상담 인사상담(employee counseling)은 욕구불만 · 갈등 · 정서적 혼란 등 부적응문제를 가진 조직구성원들이 스스로 문제를 해결하는 데 협조하기 위한 개인적 면담의 절차이다. 인사상담에서 다루는 사적 내지 개인적 문제의 출처에 대해서는 특별한 제한을 두지 않는다. 즉 조직생활에 관련된 문제뿐만 아니라 그 밖의 문제들도 상담의 대상이 될 수 있다.

② 고충처리 고충처리(adjustment of grievances)는 조직구성원들이 조직생활에 관련하여 제기하는 고충을 심사하고 그 해결책을 찾는 절차이다. 고충처리 절차에서 다루는 고충은 인사문제 등 조직생활상의 문제에 국한되는 것이 원칙이다.

(3) 공무원단체 공무원단체(employee organizations)는 근무조건의 유지 · 개선을 위해 공무원들이 조직하는 단체이다. 공무원 단체의 주축은 공

무원 노동조합이다. 공무원단체는 조직구성원인 공무원의 복지증진과 동기유발, 나아가서는 행정발전에 기여하는 하나의 수단이 될 수 있다.

(4) 참여관리 조직의 의사결정과정에 대한 조직구성원들의 참여기회를 확대하는 참여관리(participative management)는 의사결정의 질을 높이고 의사결정에 대한 참여자들의 승복을 쉽게 할 뿐만 아니라 조직구성원들의 동기를 높이는 데 기여할 수 있다. 참여관리는 조직구성원들의 사회적 욕구를 충족시켜 줄 뿐만 아니라 직무수행의 보람을 크게 해 줄 수 있다고 한다.

참여관리를 촉진하여 동기유발을 도모하려는 프로그램에는 제안제도·목표관리·품질개선집단·생산성협상 등이 있다.

위에서 본 공무원단체도 참여관리에 기여할 수 있다. 이 밖에도 의사전달통로의 개방화를 촉진하고, 협동적인 의사결정을 촉진하는 모든 활동이 참여관리의 발전에 기여할 수 있다.

① **제안제도** 제안제도(suggestion system)는 조직운영이나 업무의 개선에 관한 조직구성원들의 창의적인 의견과 고안을 장려하고, 그러한 의견과 고안을 제안받아 심사하여 채택하고 제안자에게 보상을 주는 제도이다.

② **목표관리** 목표관리(management by objectives)는 참여의 과정을 통해 개인 또는 조직단위의 단기적인 생산활동 목표를 명확하고 체계있게 설정하고, 그에 따라 생산활동을 수행하도록 하며, 활동의 결과를 평가·환류시키는 관리방법이다.

③ **품질개선집단(품질관리 서클)** 품질개선집단(quality circle, quality control cricle, quality teams)은 생산활동의 질을 향상시키는 데 기여하기 위해 직원들이 자발적으로 작은 집단을 구성하여 문제를 진단·분석하고, 해결방안을 탐색하여 관리층에 제안하고, 승인된 제안을 집행하는 참여형 문제해결집단이다. 10명 내외의 소규모집단, 자발적 참여, 정기적 집회, 품질관리에 관한 문제해결 등이 품질개선집단의 주요 특성이다.

④ **생산성협상** 생산성협상(productivity bargaining)은 생산성 향상과 근로자의 소득증대를 위하여 노사협상의 과정을 통해 업무수행 규칙과 절차 등의 변경을 결정하고 집행하는 프로그램이다.

(5) 직무·업무계획의 개선 여기에 포함되는 사기제고사업의 예로는 직무확장과 직무풍요화, 탄력근무제와 압축근무제, 집단적 협동, 순환보직 등을 들 수 있다.

① **직무확장**　직무확장(job enlargement)은 어떤 직위의 기존직무에 수평적으로 연관된 직무요소 또는 기능들을 첨가하는 수평적 직무부가의 방법이다.

② **직무풍요화**　직무풍요화(job enrichment)는 직무를 맡는 사람의 책임성과 자율성을 높이고, 직무수행에 관한 환류가 원활히 이루어지도록 직무를 개편하는 것이다. 개편대상인 직무는 수직적으로 연관된 직무들이다. 수직적으로 연관된 직무들을 책임이 더 큰 하나의 직무로 묶어 보다 유의미한 직무로 형성하는 것이다.

③ **탄력근무제**　탄력근무제(자율복무제 : flexitime, flextime)는 기본근무시간의 범위 내에서 근무시간 계획의 자율성을 어느 정도 보장하는 방법이다.

④ **압축근무제**　압축근무제(compressed work week or schedule)는 근무일에 더 오래 일하고 그 대신 쉬는 날을 늘릴 수 있게 하는 방법이다.

⑤ **집단적 협동**　집단적 협동(team efforts)은 통상적으로 비조정적 내지 개별적으로 일하던 사람들이 집단을 형성하여 협동적 노력을 하게 하는 방법이다.

⑥ **순환보직**　순환보직(job rotation)은 배치전환에 의하여 심리적 정체감·부적응 등의 문제를 해결하는 방법이다.

(6) 직업생활의 품질개선 프로그램　직업생활의 품질개선 프로그램(QWL : Quality of Work Life)은 모든 조직구성원들의 인간적 존엄성을 보호하고 향상시킬 수 있는 조건을 형성하려는 포괄적인 프로그램이다. 이 프로그램은 개인의 필요와 조직의 목적을 결합시켜 통합하려는 원리를 추구하며, 직무재설계·참여관리·작업집단발전·작업환경개선 등 여러 가지 전략을 복합적으로 동원한다.

(7) 건강과 능력의 개선　인간의 육체적·정신적 건강을 증진시키고 대인관계 및 직무수행에 관한 능력을 향상시켜 사기저해요인을 제거하려는 활동은 여러 가지이다. 신체적격성 향상을 위한 프로그램(physical fitness program), 태도변화 훈련을 포함한 교육훈련사업, 정신의학적 진단과 치료 등을 예로 들 수 있다.

(8) 사기조사　사기조사는 직무수행동기의 수준 즉 사기의 높고 낮음과 그 원인을 파악하여 사기앙양책을 설계하려고 실시하는 것이다. 그런데 사기조사는 직원들에 대한 관리층의 관심을 보여주는 것이기 때문에 조사 그

자체로서 사기앙양의 효과를 거둘 수 있다.

직무수행동기를 높이려는 사업 또는 기법에 관한 위의 분류는 보편적인 것도 아니며, 각 범주 간의 관계가 완전히 상호배타적인 것도 아니다. 여러 가지 사업 또는 기법들은 서로 중첩되는 요소들을 지니고 있으며, 어떤 한 방법이 다른 한 방법의 범위에 포함된다고 볼 수 있는 것도 적지 않다.

II. 공무원의 불만과 정부의 대응

1. 공무원의 고충과 불만

공무원의 불만과 부적응의 문제 그리고 사기저하의 문제는 항상 있는 것이지만 격변의 시대, 그리고 개혁의 시대에는 그러한 문제가 더욱 심각해진다. 불만요인이 많아지고 불만으로 인한 사기저하의 폐단은 더욱 커지기 때문이다.

정부 안에는 행동규범 위반사례들의 증가, 피동적이고 무사안일한 행동, 잦은 정책실패, 부처 간의 협조부진, 개혁에 대한 저항 등 불만의 증상들이 널려 있다. 공무원 사회에 불만지수가 높아지면 행정체제 내의 갈등이 심화되고 업무능률이 저하되고 결국 국민에 대한 봉사의 결손이 빚어진다. 대책을 찾으려면 공무원들이 느끼는 불만의 원인과 출처를 진단해야 한다.

(1) 급속한 변동과 부적응 불만의 원인 가운데는 사회 전반의 과도성과 격동성에서 비롯되는 것들이 많다. 급속한 변동과 복잡성 증대로 특징지어지는 사회적 · 정치적 격동성은 그대로 공직사회에 투사되어 여러 가지 갈등과 불만의 상황적 조건을 만들고 있다.

지금 우리 사회의 양상은 매우 복잡하며 사회적 구심력은 약화되어 있다. 낡은 것과 새 것이 혼재하는 가운데 사람들의 가치관은 혼란에 빠져 있다. 새로운 윤리규범은 정착되지 않은 가운데 과거의 윤리규범은 와해되어 가고 있기 때문에 국민의 공통적 도덕기준이 취약해져 있다. 그리고 사회변동에 수반하는 불안과 갈등이 사회생활 전반에 퍼지고 있다.

공직사회도 그러한 사회 전반의 양상을 많이 닮고 있으며 그 안에서 공무원들의 불만을 키우는 조건이 조성되고 있다.

우선 공무원들은 우왕좌왕하는 가치관을 가지고 있으며 국가의 행정이념과 조직목표를 충실히 내재화하는 데 실패하고 있다. 그런 가운데 자기실현의 보람을 찾지 못하기 때문에 불만이 쌓이게 된다. 경직된 행태와 무능 때문에 행정수요의 변화에 부적응을 일으키는 데서 비롯되는 불만도 많다.

(2) **환경적 요구와 견제의 증가** 민주화·자치화가 촉진되면서 국민의 목소리가 점점 커지고 있다. 집단민원과 같은 환경적 저항이 거세어지고 외재적 통제가 강화되면 군림적 행정에 습관이 된 공무원들은 갈등과 불만을 느낀다.

(3) **구시대적 제약** 사회 전반의 개방적 분위기는 확산되고 있다. 공무원들도 변화하는 행정환경의 영향을 받아 대내적으로 민주화·자율화의 혜택을 향유하려 한다. 공무원들은 신뢰관리와 참여관리의 필요성을 적어도 관념적으로 익히고 점차 고급욕구를 부각시키며 조직의 그늘에 가려졌던 개인의 가치에 대해 관심을 높여가고 있다.

그럼에도 불구하고 공직사회의 오래된 관행과 행동규범이 주는 제약은 많다. 그로 인해 공무원들, 특히 '신세대' 공무원들은 번민하고 동요한다. 그들은 과격한 집단적 의사표시방법의 유혹을 받기도 한다.

(4) **공직의 신망저하** 공직의 사회적 신망이 떨어져 가고 있는 것도 중요한 불만의 요인이다. 옛날에는 백성을 다스리던 관직에 대한 신망 내지 선망의 수준이 높았다. 관리(官吏)는 부러움과 외경의 대상이었다. 그러나 민간부문의 생산구조가 확대되고, 자본주의와 민주주의의 생활원리에 친숙해지고, 공직의 구시대적 특권들이 축소되어 감에 따라 공직에 대한 사회적 평가도 달라져 왔다. 그러한 변화는 공직의 신망을 저하시키는 방향으로 진행되어 왔다.

우리 사회가 가난하던 지난 날 민간부문에는 인간다운 대우를 받으려는 사람이 '취직'할 수 있는 기회가 별로 없었다. 그런 가운데 사람들이 공직에 들어가면 국민에 대하여 지배자적인 지위를 얻을 수 있었으며 개인적인 출세와 축재의 길이 생겼기 때문에 공직의 신망이 높았다. 이러한 비민주적 신망의 기초를 물려받은 것이 우리의 공무원 사회이다.

과거의 비민주적인 신망은 퇴색되어 가는 한편 민주적 정치체제의 요청에 부응하는 역할의 인식에 기초를 둔 공직의 신망은 제대로 확립되지 않고 있다. 민주사회에서 공직의 신망은 공무원이 국가와 국민을 위해 중요한 일을 하는 것이며 국가발전의 선도적 역군이라는 것, 공무원은 국민 전체에 대한 봉사자로서 보람있는 일에 종사한다는 것, 그리고 그와 같은 바탕 위에서 공무원들은 도덕적으로 정당한 보상을 받고 공평한 직업적 성공의 기회를 얻을 수 있다는 것을 높이 평가하는 데 기초를 두어야 한다. 그런데 이러한 기초는 아직 부실하다.

이념적 정당성에 기초한 공직의 신망이 취약할 뿐 아니라 정부관료제는 오랜 역사적 상처 때문에 비난대상으로서의 관료제 그리고 응징대상으로서의 관료제로 다루어지는 일이 많았다. 이것은 공직사회의 정신건강을 해치는 중대 요인이다. 우리의 정부관료제는 정통성이 없고 도덕적으로 정당치 못한, 또는 부패되거나 폭압적인 정권들을 섬겼던 전력 때문에 많은 상처를 입고 자아를 손상시켜 왔다. 그 과정에서 '털어서 먼지 안 날 사람 없는' 난감한 처지에 빠져 불안해 하고 불평해 왔다. 정치적 목적의 충동으로 몰아친 일제 숙정의 회오리에 희생양이 되는 일을 여러 번 당해왔다.

그러한 쓰라린 경험 때문에 공무원들은 개혁의 추진에 의혹의 눈길을 보내며 개혁추진자들의 도덕적 정당성이나 일관성 있고 실천성 있는 문제해결 능력을 의심해 왔다. 리더십에 대한 신뢰는 크게 손상되어 있다.

(5) 체제화된 부패의 영향　　체제화되어 온 공직의 부패는 공직의 신망과 사기에 악영향을 미쳤다.

개발연대의 공무원들은 부패라는 '윤활유'가 일처리를 원활하게 하고 '일하는 재미'를 크게 한다는 생각을 할 수도 있었을 것이다. 그러나 부도덕한 부패의 이득이 공무원들을 떳떳하게 만들지는 못했다. 떳떳하지 못한 공무원들의 사기가 높다고 말할 수는 없다. 그리고 부패에 수반되는 불공정성은 선량한 공무원들의 사기에 아주 큰 타격을 준다.

체제화된 부패라는 문제는 끈질기게 남아있지만 그에 대한 견제는 강화되고 부패의 반도덕성에 대한 비판도 늘어나고 있다. 부패의 '지하 분배'로 이득을 보고 그것이 암암리에 부러움을 사기도 했던 '좋았던 시절'을 잊지 못하는 공무원들은 불만을 느끼고 '일하는 재미'를 잃을 수 있다. 이것은 공직부패의 과도기적 후유증이라고 할 수 있다.

(6) 부적절한 지시　　행정여건이 급변하는 상황에서는 규범과 현실의 괴리가 커지고 중앙과 지방 사이에, 상관과 부하 사이에, 그리고 기획부서와 현장관리부서 사이에 현실인식의 차이가 커질 수 있다. 현실인식의 차이에서

비롯되는 역할전달자와 역할접수자 사이의 갈등과 그로 인한 불만이 크다. 실정에 맞지 않는 계획과 지시 때문에 시달린다는 불만을 토로하는 공무원들이 많다. 사회가 개방화될수록 실정에 맞지 않는 법령·지시 등을 그대로 집행하려 하면 더욱 큰 환경적 저항에 봉착하게 되므로 차라리 무사안일의 길을 택하는 경우가 많다. 무사안일하면 또 비난의 표적이 된다. 이러한 악순환은 불만과 긴장을 고조시킨다.

부적절한 지시는 과거에 비해 줄어들고 있을 터이다. 그러나 부적절한 지시에 대한 공무원들의 감수성과 저항심리는 커져가고 있기 때문에 공무원들의 불만은 여전하거나 더 악화될 수 있다.

(7) 부당한 간섭　　정당한 관할이 무시되고 부당한 업무간섭을 받기 때문에 생긴 무력감과 불만도 크다. 권력배분이 집권화되어 있고 관할에 따른 권력배분이 적정성을 잃고 있기 때문에 권한과 책임이 괴리되는 일이 많고 책임만 지게 되는 공무원들은 무력감에 빠진다. 지난 날 권위주의적 정치체제 아래서 법에 의한 지배의 원리보다 사람에 의한 지배의 원리가 횡행하고 공식적인 명령계통이나 관할을 무시한 권력기관들의 자의적인 압력과 간섭은 심각한 관폐(官弊)를 빚은 바 있다. 지금이라고 해서 그러한 폐단이 근절된 것은 아니다.

이런저런 이유 때문에 공무원들은 스스로 결정해야 할 일들이 자기가 통제할 수 없는 곳에서 정해져 내려오는 경우가 흔하다고 생각한다. 그것은 정확한 사실인식이기도 하고 피해의식적인 것이기도 하다.

(8) 과중한 업무부담　　공무원들에 대한 업무배분이 심히 불균형적이어서 바쁜 자리와 한가한 자리의 차등이 너무 심화된 것, 그리고 공무원들에 대한 업무부담이 과중한 것도 오랫동안 불만의 원인이 되어 왔다. 일이 많으면 권한도 많고 무엇인가 재미도 볼 수 있다는 데서 많은 공무원들이 바쁜 자리를 '슬거운 비명'과 함께 맡아왔지만 '무엇인가의 재미'가 점차 말라감에 따라 바쁘다는 것에 대한 불만도 차츰 커지고 있다.

업무량 과다는 정당하게 늘어나는 행정수요 때문에 빚어지기도 하지만 국민생활에 대한 정부의 과잉개입 때문에 발생할 경우도 많다. 업무과다로 인한 공무원들의 과부하를 더욱 악화시키는 관리상의 실책들도 여러 가지이다. 합리적인 업무계획의 실패, 관리자들의 과제선정 및 업무 우선순위 설정에 관한 비합리적·권위주의적 태도, 공·사 생활에 대한 미분화된 태도, 번문욕례

등등이 공무원들의 과부하를 더욱 악화시키는 요인의 예이다.

그러한 실책들은 공무원들을 무사분주하게 만들고 항상 바쁘다는 강박관념을 갖게 한다. 퇴근시간을 거의 지키지 못하고 연가도 제대로 사용하지 못하게 하는 압박, 경우에 따라서는 쓸 데 없는 압박을 받고 있는 공무원들이 많다. 언제나 너무 바빠서 '정신이 없다'는 공무원들이 많은 정부가 일을 제대로 할 수 있을지 걱정이다.

(9) 부적절한 보수　　공무원들의 보수에 대한 불만은 아주 오래 된 것이며 부분적으로는 습성화되어 있다. 보수가 지속적으로 인상되어 왔으나 보수에 대한 공무원들의 불만은 아직도 적지 않다. 민간부문의 성장이 계속됨에 따라 공무원들은 보수의 절대액에 대한 불만도 불만이지만 보수수준의 비교적 형평성이 결여되어 있다는 생각과 상대적 빈곤감 때문에 더 괴로워하는 것 같다. 예상했던 승진이 지연되고 직업적 보장 내지 발전의 장래가 불투명하다고 생각할 때 보수에 대한 불만은 한층 증폭된다. 그런데 지금 우리나라 정치와 행정에 일고 있는 소용돌이와 여러 가지 과도적 증상들 그리고 공직의 개방화 촉진 등 인사제도의 연성화 조치들은 공무원의 직업적 안정성과 경력발전의 장래에 대한 불확실성을 아주 높이고 있다.

(10) 불공정한 배치전환　　전직 · 전보 등 배치전환에 대한 공무원들의 불만도 흔하고 일상적인 것이다. 인사이동 또는 전근이라고 속칭되기도 하는 배치전환은 공무원들에게 빈번히 일어나는 신상변동이다. 배치전환은 '영전'과 '좌천'에 관계된 것이기 때문에 공무원들의 이해 대립과 갈등야기의 심각한 원인이 될 수 있으며 배치전환의 질서가 조금만 흐트러져도 불만을 크게 파급시킬 수 있다.

조직의 일방적 편의나 정실에 의해 배치전환이 무질서하게 행해지는 경우, 사임을 강요하는 수단으로 배치전환이 쓰이는 경우, 그리고 민원인들과 유착하여 비위를 저지른다는 이유로 배치전환을 하는 경우에는 공무원들이 불만을 품게 된다. 이런 일들이 자주 일어난다고 생각하는 공무원들은 신분불안을 느끼는 것으로 보인다. 아주 심각한 문제는 학교인연, 지역인연, 기타 친분관계 때문에 인사배치가 정실에 흐르고 있다고 믿는 공무원들의 생각이다.

(11) 승진적체와 불공정한 승진　　승진추구의 과열과 승진적체로 인해 빚어지는 불만도 크다.

우리 사회의 전반에 계서적 질서의 유산이 짙게 깔려 있고 공무원들의 지위체제는 경직화되어 있기 때문에 승진관리에 대한 압력이 클 수밖에 없다. 그리고 계급 인플레를 수반했던 행정팽창의 연대를 거친 다음 승진경쟁 과열이 크게 악화되었다.

급속한 행정팽창의 연대를 거치는 동안 신설조직이나 팽창조직에 젊은 사람들을 배치하거나 채용하고 승진의 기회를 늘려 빠른 승진으로 공무원의 직무동기를 유발하려 하였다. 그리하여 적정수준을 넘는 상위직을 증설하고 계급인플레를 조장하였다. 획일화된 계급구조하에서 어느 한 부분의 직급인상은 직급체제 내의 심한 불균형을 초래하여 연쇄적인 직급 상향조정을 촉발하였다. 승진활로를 열려는 노력은 정부조직의 고층구조화와 관리층 비대화를 부채질하였다. 이러고도 부족한 승진기회는 간간이 되풀이 된 '일제숙정'에서 또 찾을 수 있었다.

행정팽창의 연대에 흔해졌던 승진기회는 승진욕구를 자극하여 '조기출세'의 열풍을 일으키고 오늘날의 승진적체와 그에 대한 불만의 원인을 만들었다. 과거 고속승진한 사람들은 젊은 나이에 승진하여 고위직에 오래 머물게 되었다. 질서 있는 퇴직관리에 의하여 신진대사를 원활히 하지 못했기 때문에 도처에 승진적체가 일어나게 되었다. 기구와 정원의 확대는 크게 둔화되거나 작은 정부 구현을 위한 감축관리가 되풀이되고 공직의 개방화는 촉진되고 있다. 그러하니 승진기회는 줄어들 수밖에 없으며 공무원들은 상대적인 승진적체감을 느끼고 심한 불만을 토로하게 되었다. 요즈음의 승진적체에 대한 불만은 승진기회가 보다 많았던 시절을 잊지 못하는 데서 비롯되는 바가 크다.

승진결정의 방법에 대해서도 많은 공무원들이 그 공정성을 불신하고 불만을 품고 있다. 특히 연고주의에 의한 정실개입이 비혜택집단의 큰 불만을 야기하고 있다.

(12) 수요에 맞지 않는 훈련　　수요에 적합치 않은 교육훈련의 실시도 불평내상이 되고 있다. 행정수요와 행정기술의 급속한 변동에 따라 달라지고 고급화되어가는 훈련수요에 적합한 훈련 프로그램이 잘 발전되지 않고 훈련사업의 형식주의가 심하다. 훈련의 비개인화 · 비인간화는 훈련저항을 야기하고 있다. 훈련이 필요해서 훈련을 받는 것이 아니라 훈련기관이 있고 훈련 프로그램이 있기 때문에 훈련을 받아야 하는 것처럼, 옷에다 몸을 맞추어야 하는 것처럼, 공무원들이 생각하게 될 때 불만은 쌓이게 마련이다.

(13) 퇴직관리에 대한 불만　　그 동안 보여온 퇴직관리의 난조는 공무

원들의 신분상 안전감을 해치고 불만을 야기하였다. 퇴직관리는 장·단기의 경력계획·인적자원계획에 따라 질서 있게 이루어지지 못했다. 낡은 인원의 전용과 도태를 결정할 때에나 그 밖에 강제퇴직을 결정할 때에 조직의 이익과 개인의 이익을 적절히 조정하고 조직과 개인에게 주는 충격을 최소화하려는 배려를 적절하게 하지 못했다. 지난날 주기적으로 되풀이되었던 일제숙정은 관기확립 효과보다는 퇴직관리 교란효과를 더 많이 수반하는 것이었다. 작은 정부 추진 정책의 되풀이된 진전·후퇴는 과거 일제숙정 때와 비슷한 신분불안을 조성해 왔다.

위에서 본 여러 가지 불만요인의 상대적 비중은 때와 장소에 따라 유동적일 수 있다. 그 종류와 우선순위가 고정되어 있다고 말할 수는 없다. 그러나 여러 차례에 걸친 공무원 태도조사에 나타난 것을 보면 공무원의 가장 큰 고민은 승진문제와 보수문제로 되어 있음을 알 수 있다. 이러한 반응추세에는 상당기간 큰 변동이 없었다. 다만 근래에 들어 직무수행의 보람에 대한 공무원들의 관심이 점증하고 있는 것은 특기할 만하다.

2. 정부의 '복지부동해소대책'

그 어느 때보다 공무원들의 책임 있는 능동성과 탁월한 직무수행이 요구되는 시대에 우리는 살고 있다. 현시대는 격동하는 개혁의 시대이기 때문이다.

우리는 지금 공무원들에게 배전의 분발과 솔선적 개혁노력을 기대하고 요구한다. 공무원들이 과도기적 난국을 헤쳐나가는 데 선봉이 되어 주기를 기대한다. 그러나 공무원들은 폭증된 역할기대와 행동요청에 오히려 역행하는 반발전적 행태를 보인다는 비판을 받고 있다. 정부는 그러한 부정적 행태를 집약해서 '복지부동'(伏地不動)이라 부르고 있다. 앞서 본 여러 가지 불만요인과 기타의 조건 때문에 사기가 저하되어 나타나는 것이 복지부동이다.

복지부동이란 엎드려 눈치만 살피고 '개혁바람' '사정한파'(司正寒波)가 지나가기를 기다리면서 움직일 생각을 하지 않는다는 말이다. 그것은 일하지 않고 살아남는 무사안일주의적·보신주의적 행태이다. 그것은 업무수행의 외형만 꾸미고 직무수행의 질과 내실은 소홀히 하는 형식주의이며 양적(量的) 복종주의이다. 그것은 피동적 무책임주의이다. 그것은 온갖 불만을 앞세워 정부시책에 소리 없이 저항하는 행태이다. 공직의 행동규범을 어기고 부패를 저지르는 등 적극적으로 '잿밥을 챙기는' 행위도 복지부동의 한 국면으로 보아야 한다.

근래 정부는 복지부동 문제를 해결해야 한다는 강박관념을 가져 왔다. 여러 분야에서 복지부동 해소책을 강구해 왔으며 경우에 따라서는 무리한 것으로 보이는 시책을 감행하기도 했다.

여기서 가장 역점을 둔 것은 사기진작이다. 공무원들의 직무수행동기를 유발하기 위해 정부가 추진한 시책의 방향을 평가해보려 한다.

1) 접근방법의 특성

공무원의 사기를 진작하기 위해 정부가 기울인 노력의 지향노선은 이른바 '전통적 동기이론'의 처방을 따르는 것이다. 전통적인 사고방식과 대안탐색 영역을 벗어나지 못하고 지난 날의 접근방법을 고수하기 때문에 어려움을 겪는 것 같다.

오래된 사기진작책과 그것을 뒷받침하던 제도가 불필요한 것은 물론 아니다. 그러나 전통적인 관료체제의 원리에 묶여 예전부터 써온 방법에만 매달린다면 복지부동의 근본적인 해법을 찾기 어려울 것이다. 사기진작책실패의 제도화까지도 우려된다.

급속한 경제성장, 조직혁명에 의한 민간기업의 고도성장, 거대정부의 계속적 팽창, 조직 내 관리계층의 팽창, 체제적 부패 등으로 특징지울 수 있는 지난 수십 년 세월에 정부가 의지해 왔던 사기진작책의 효력은 많이 약화되었으며 그 가운데 일부는 더 이상 쓸 수 없게 되었다.

(1) 산업화시대의 접근방법 지금까지 공무원 사기진작책의 기본적인 틀을 제공해 온 공식적 제도는 전통관료제의 유인구조이다. 그러한 유인구조는 산업화시대의 산물이며 우리에게는 외래적이고 모방적인 것이다. 그러나 이것이 정부의 사기진작책 탐색에 주된 발판을 제공하고 또 한계를 설정한다.

전통관료제적 유인구조가 형성되고 공식화된 산업화시대의 특징은 공업화를 통한 산업혁명, 그에 따른 생산활동의 집약화와 대규모 조직의 양산, 정부팽창, 계서제적 조직(階序制的 組織)의 관료화, 생산구조에서 차지하는 자본의 핵심적 위치, 물질숭상적 가치의 풍미, 자연과학·기술의 급속한 발전과 기계적 세계관의 확산, 정치적·경제적 자유주의와 개인주의 등이다.

이러한 산업화시대의 특성에 대해서는 제1편의 설명을 참조하기 바란다.

(2) **합리적 · 경제적 인간모형** 위와 같은 조건하에서 형성된 전통관료제적 유인구조의 인간관은 합리적 경제적 인간관이었다. 이 인간관은 인간의 쾌락추구적 속성과 자기 이익을 영악하게 타산해 내는 합리적 속성을 강조한다. 인간은 쾌락을 살 수 있는 경제적 · 물질적 이익을 추구한다고 단순하게 가정한다. 사람을 움직여 일을 시키려면 경제적 유인을 제공하여 동기를 유발시켜야 한다고 본다.

사람은 자기이익 추구에는 영악하고 적극적이지만 돈벌러 들어간 조직이 시키는 일에 대해서는 피동적이고 회피적이라고 가정한다. 따라서 조직에 참여하는 개인의 목적과 조직의 목적은 본래 상충되는 것으로 보고 그러한 개인들을 움직이려면 외재적 · 타율적으로 동기를 유발시켜야 한다고 주장한다.

(3) **교환형 전략** 합리적 · 경제적 인간관이 처방하는 인간관리전략은 교환형(交換型: exchange model) 전략이다. 조직과 거기에 참여하는 '원자적 개인'은 서로 이익과 손실을 교환함으로써 공존하고 각자의 능률을 추구하게 해야 한다는 것이다. 개인은 돈을 받는 교환조건으로 하기 싫은 일을 하게 된다. 조직은 사람들에게 일을 시키기 위해 아까운 돈을 내놓는 것이다. 여기서 돈이라고 표현하는 이익의 범위는 넓은 것이다. 보수와 연금, 복지혜택뿐만 아니라 근무조건, 지위상승 등이 모두 포함된다.

교환형의 인간관리전략을 뒷받침해 주는 것은 외적 통제이다. 유인에 반응하여 직무를 수행하도록 학습시키고 강압적 권력을 바탕으로 한 감시 · 통제에 의하여 교환관계의 작동을 확인한다. 이러한 장치는 사람을 직접 조종하는 직접관리이며 조직구성원에 대한 불신을 전제로 한다. 적극적 유인의 부여와 일탈자에 대한 처벌을 관장하는 관리의 책임은 관리층과 감독자에게만 있으며 일반조직구성원은 피동적인 명령이행자일 뿐이다.

교환형의 인간관리전략은 지위중심적 · 권한중심적 · 집권주의적 지향성을 지니며 인간적 요인보다는 인간을 지배하는 제도를 더 중요시한다. 여기에 부합되는 조직의 구조는 고층의 집권적인 피라미드형 구조이다. 그 안에서는 계서적(계층적) 권한배분이 강조되며 관리계층의 수는 많고 관리자의 수도 많다. 업무배분은 기능분립적이며 조정 · 통합의 주된 수단은 집권적 통제이다.

(4) **보수 · 승진 그리고 처벌** 하급욕구의 외재적 관리와 객관적 책임의 외적 통제를 추구하는 교환형 관리체제가 제공할 수 있는 적극적 유인은

경제적 이익과 그에 결부된 혜택의 분배이다. 소극적 유인은 처벌이다.

적극적 유인 가운데 대표적인 것이 보수와 승진이다. 오랫동안 우리 정부는 보수와 승진이라는 두 가지 제도에 매달려 사기진작책을 탐색해 왔다. 지금도 공무원들의 가장 큰 불만은 낮은 보수와 승진적체라는 전제 위에서 복지부동의 해법을 찾고 있다. 복지부동 해소책이라고 내놓는 것을 보면 대부분 보수인상 등 처우개선책과 승진적체 해소방안들이다.

체제화된 부패가 직무수행의 '비도덕적인 유인'이 되었다는 사실을 시인하는 논자들이 적지 않다. 그러나 부패를 정부의 사기진작책으로 규정할 수는 없는 노릇이다.

정부가 복지부동 해소대책으로 채택하거나 탐색해 온 방안들이 대개 처우개선, 승진적체 해소, 처벌강화의 주변을 맴돌고 있다고 말하는 것은 다른 분야의 노력이 전혀 없다는 뜻은 아니다. 다만 정책의 역점이 그 세 가지 영역에 집중되어 왔다는 점을 지적할 뿐이다.

공무원들의 복지부동을 해소하기 위해 정부가 역점을 두어 온 주요대책 세 가지를 다음에 평가하려 한다.

2) 처우개선: 보수인상

먼저 보수인상 등 처우개선책에 대해 생각해 보기로 한다. 처우개선이 복지부동 문제를 근본적으로 해결해 낼 수 있을 것인가?

정부는 봉급과 수당액수를 인상하고, 새로운 수당을 도입하고, 실비변상적 금전지급을 인상하고 기타의 편익을 개선하는 등 처우개선에 힘써 왔다. 그리고 보수의 행동수정기능을 강화하기 위해 성과급제를 확대하기도 했다.

공무원을 위한 처우개선의 핵심은 보수인상이다. 현재의 보수수준을 볼 때 문화수준이나 안락수준은 아니더라도 '생존수준'으로 규정되는 최저생계비의 수준은 넘어 있다. 그러나 가족을 부양하는 하급공무원과 한창 생활비 지출이 늘어날 40세에서 50세까지의 공무원들이 상당한 생계압박을 받게 되어 있다. 민간부문의 성장으로 인해 공무원 보수의 대외적 불균형이 심화된 것도 문제이다.

(1) 보수인상의 필요성 앞으로도 공무원 보수의 누진적인 인상이 상당기간 필요할 것이다. 여기서 누진적인 인상이란 인플레의 수준은 넘지만 충격적인 수준이 아닌 인상을 지칭한다. 하급공무원들의 보수가 문화수준의 생

활을 유지할 수 있는 생계비가 되게 하고, 생애주기에 따라 생활비가 많이 드는 연령층의 추가지출을 보전해 줄 수 있고, 상하 간에 유의미한 보수격차를 둘 수 있게 하고 성과급의 유효한 운영을 지지해 주려면 보수의 점진적 인상이 필요하다.

경제발전에 따라 생활수준 향상에 대한 공무원들의 높아진 기대도 고려해야 한다. 공직에 대한 사회적 평가는 예전같지 않은 데다가 보수조차 민간기업의 보수보다 적기 때문에 갖게 되는 공무원들의 상대적인 박탈감도 고려해야 한다. 우리가 아직 전통적인 생활관계의 유산을 벗어나지 못하고 있기 때문에 공무원들의 가족적 · 사회적 지출이 많다는 것도 고려해야 한다. 인플레도 고려해야 한다. 조직 내적으로는 승진적체, 감축관리 시대의 신분불안정 등을 고려해야 한다.

(2) **획기적 보수인상의 어려움** 정부주변에서는 공무원의 보수 등 처우를 '획기적'으로 개선해 사기진작을 도모하겠다는 말이 간간히 흘러나오고 있다. 그러나 공무원들이 복지부동에서 벌떡 일어날 만큼 획기적이고 깜짝 놀랄 만한 보수인상이 과연 가능할 것인지 생각해 보아야 한다. 그러한 기대는 안하는 것이 좋다. 장기적으로도 공직의 보수를 호화생활이 가능하도록까지 인상할 수는 없는 노릇이다. 경제적 제약뿐만 아니라 사회적 · 윤리적 요인을 고려해야 하기 때문이다.

정부가 공무원들의 보수인상에 대한 기대 그리고 보수가 지니는 불만해소 효과만을 생각한다면 보수를 아주 많이 올리고 싶을 것이다. 그러나 그에 대한 제약이 너무 많음을 우리는 잘 안다. 막대한 국방비 지출, 우선적인 개발사업투자, 사회복지 재정의 수요확대, 산업화 후유증에 대응하는 경비지출 등이 탄력적인 것이 아니기 때문에 많은 제약을 받고 있는 정부재정 구조에서 보수예산을 한꺼번에 대폭 늘릴 수가 없다.

공무원의 보수인상이 민간부문의 임금인상을 유발하는 효과, 인플레를 자극하는 효과에 대한 우려도 공무원 보수의 대폭인상을 가로막는 중요한 요인이다.

(3) **보수인상의 효과** 설령 보수를 대폭 인상한다고 하더라도 그것이 직무수행 동기유발에 비례적인 효과를 발휘할 것인지는 의문이다. 공무원들의 보수에 대한 불만을 해소하는 데는 기여할 것이다. 최저생계비 이상의 보수를 지급하면 공무원들이 안정감을 가지고 직무에 임할 수 있을 것이다. 그

리고 경제적 유인의 증가는 직무수행 의욕의 적극적 유발에도 어느 정도 영향을 미칠 것이다.

그러나 그 효과는 단기적인 것일 수밖에 없다. 돈으로 유발시킨 직무수행 의욕은 단명한 것이다. 그뿐 아니라 보수액이 누증될수록 동기유발에 대한 한계효용은 떨어진다.

앞으로 공무원의 보수인상은 점진적일 수밖에 없을 것이다. 공무원 보수의 점진적 인상이 갖는 동기유발 효과는 점점 떨어질 것이다. 가난하고 굶주리던 시절에는 돈이 사람을 움직이는 아주 강한 힘을 발휘했다. 그러나 어느 정도 먹고 살 만하게 된 때에 조금씩 늘려주는 돈은 같은 힘을 발휘하지 못한다. 조직구성원에 대한 보수, 근무조건, 감독방법 등의 개선은 불만을 줄여줄 뿐, 만족 즉 동기를 향상시켜주지는 못한다는 연구결과가 선진국에서 많이 나와 있다. 공무원의 보수는 인상하되 그것을 복지부동 해결의 결정적인 방책이라 생각하는 사고방식은 버려야 한다.

3) 승진적체 해소책

정부는 오랫동안 공무원들의 승진적체문제 때문에 큰 부담을 느껴 왔으며 그만큼 승진기회 확대방안을 찾기 위해 고민해 온 것으로 보인다. 정부의 노력만은 인정해야 한다. 그러나 정부가 연구하고 실천하는 승진적체 해소책이 과연 효과적인가 그리고 바람직한 방향으로 추진되고 있는가 하는 문제는 별개이다.

기존의 정부구조와 인사관리체제 속에서 찾은 승진적체 해소책은 한계에 봉착해 있다. 복지부동 해소에 관한 한 승진제도는 피로한 수준을 넘어서 폐광이 되다시피한 제도이다. 정부의 노력에서 계속 폐광을 파고 들어가는 안타까움을 본다.

(1) 승진에 대한 집착　관료제구조 즉 집권적 계서제 구조에 종사하는 공무원들에게 승진이 매우 중요한 것은 분명하다. 집권적 계서제 구조에서는 권한과 지위, 그리고 상명하복의 명령적 관계가 강조되며 모든 자원에 대한 통제권이 위로 집중된다. 공무원에 대한 사회적 평가도 계급과 지위 중심으로 이루어진다. 그러기 때문에 공무원들의 승진지향은 과열될 수밖에 없다.

지나간 오랜 세월 동안 장기적 비전을 가진 승진정책 · 경력관리정책이 결여되어 있었다. 그런 가운데 공무원들의 과열된 승진지향, 조기승진과 조기은

퇴, 위인설관, 조직의 고층구조화와 계급인플레, 주기적인 인사정체와 대량숙정, 극심한 승진적체와 승진적체감 등의 폐단을 키웠다.

(2) 승진기회의 축소 행정팽창기가 지나고 행정감축의 요청이 증대되는 시대가 시작되면서 승진기회를 확장시켰던 과거의 조건들은 줄어들거나 역추진의 운명을 맞게 되었다. 작은 정부의 구현은 정부가 분명하게 천명하고 있는 구호이다. 정부축소사업의 우선적 표적은 상위직·관리층이다. 조직 전체의 감축률보다 관리층의 감축률이 더 높아야 한다는 것이 조직개혁의 원리로 받아들여지고 있다. 상위직 임용의 개방성 확대도 정부의 개혁방침이다. 상위직에 대한 외부임용이 늘어날수록 하위직의 승진기회는 그만큼 위축된다.

고령화사회의 진전에 따라 정년연장의 압력은 높아지고 있다. 20세기말의 외환위기 때에 작은 폭의 정년연령 하향조정이 있었다. 그러나 정년연령 연장 압력을 앞으로도 계속 물리치기는 어려울 것이다. 정년연장으로 상위직 결원 발생이 늦춰지면 하위직의 승진기회도 줄어들게 마련이다. 기술적 정보화는 사람들에게서 일을 많이 빼앗아 간다. 여성의 사회진출 확대는 조직사회 내의 일자리를 더욱 비좁게 만든다.

지방자치가 본궤도에 올라 인사관할이 세분되면 중앙정부에서의 승진기회는 더욱 축소될 가능성이 있다. 그리고 장차 임용구조의 개방화에 대한 압력이 가중될 것이다. 임용구조가 개방형에 접근해 갈수록 승진에 비교한 중·상위계층의 신규채용 비율이 높아질 것이므로 승진기회는 그만큼 좁아질 것이다.

이러한 악조건하에서 그리고 기존의 조직구성 원리와 계급구조 속에서 승진에 대한 전통적 고정관념을 가진 채 승진적체 해소책을 찾는 것은 아주 어려운 일이다. 인사행정체제에 큰 부담을 주거나 그것을 망가뜨리지 않고 찾을 수 있는 단기적 방안은 완만하고 미온적인 것들뿐이다.

(3) 시행되고 있는 대책 승진적체의 고통을 완화하기 위한 단기적 대책으로 도입·시행하고 있는 제도들은 대우공무원제, 필수실무요원제, 하위직 공무원(7급에서 9급까지)에 대한 총정원제, 근속승진제, 명예퇴직제, 공로연수제, 복수직급제 등이 있다.

대우공무원제란 현재의 직급에서 승진소요 최저연수 이상 근무하고, 승진제한 사유가 없는 우수공무원을 상위직급의 대우공무원으로 임용하는 제도이다.

필수실무요원제란 6급 공무원인 대우공무원 중 실무수행 능력이 우수하고 기관운영에 특히 필요한 사람이 6급에 계속 머물기를 원하면 필수실무요원으로 임용하는 제도이다.

대우공무원과 필수실무요원에게는 일정한 수당을 지급한다. 명예퇴직제도와 공로연수퇴직제의 활용도 승진기회 확대에 일조를 할 수 있다. 그러나 이러한 일련의 방안들이 획기적인 승진적체 해소의 효과를 발휘할 수는 없다.

복수직급제(複數職級制)는 약간 효력이 큰 승진적체 해소책이라 할 수 있다. 그러나 바람직한 제도는 아니다. 복수직급제란 조직계층상 동일수준의 보직에 계급이 다른 사람을 배치할 수 있게 한 제도이다. 예컨대 원칙적으로 사무관이 맡게 되어 있는 계장의 직위에 서기관도 배치할 수 있게 하고 서기관이 맡는 과장직에 부이사관도 배치할 수 있게 한 것이다. 직책의 수준이 변하지 않아도 계급은 올릴 수 있게 편법을 마련하였다. 그리하여 너무 승진이 늦은 사람들 일부를 구제하였다.

복수직급제라는 미봉책에 의한 승진은 진정한 의미의 승진이 주는 만족감을 온전히 주지 못하는 '유사승진'이다. 복수직급제는 정부조직의 계서제적 구성원리, 그리고 계급과 조직계층상의 직위를 부합시키는 원리를 교란하고 인사체제의 불안정을 초래할 수 있다. 복수직급제가 조성하는 계급인플레는 시대적 요청을 거스르는 처사이다. 그리고 인사·예산의 낭비라는 비판을 받을 수 있다.

복수직급으로 증설된 자리에서까지 승진적체가 일어나면 더 큰 문제가 될 것이다. 복수직급제의 확대실시에 대한 압력과 유혹은 점점 커질 것이다. 그로 인해 이 제도의 실시가 절제 없이 확대되면 인사행정체제는 큰 부담을 안게 될 것이다.

복수직급제의 혜택을 입어 승진적체의 고통에서 부분적으로나마 벗어난 공무원 개개인에게는 다행한 일이다. 그러나 제도로서는 승진적체 해소의 바른 길이 아니다.

고급공무원들에게 계급이 아닌 직무등급을 부여하는 고위공무원단제도는 공무원들의 계급지상주의를 완화하는 데 다소간의 도움을 줄 수는 있을 것이다. 그러나 직무등급이 계급처럼 이해될 때가 많다. 고위공무원단의 개방화수준을 높여갈수록 하급계층 재직공무원들의 승진기회는 오히려 줄어들 것이다.

계급인플레를 조장하여 계급을 상향조정하는 방법, 조직의 상급구조를 확대하는 방법, 세력확장 용도로 기구를 증설하는 방법 등 과거의 방법들은 시대정신에 어긋나는 것들이므로 다시 쓸 생각을 해서는 안 된다. 위인설관은 예나 지금이나 비난대상이다.

(4) 거론되어 온 방안들　승진적체 문제가 부각될 때마다 정부 내외에서 승진기회 확대방안으로 흔히 거론되어 온 것은 계급의 수를 늘리는 방안과 계급정년제(階級停年制)를 채택하는 방안이다.

① **계급 수를 늘리는 방안**　다른 목적이 아니라 승진적체를 해소하는 목적만을 위해 계급 수를 늘리는 것은 바람직하지도 효과적이지도 않은 방법이다. 승진적체 해소를 위한 계급 수 늘리기 주장은 공직분류체계에서 직무요인의 고려를 강화해 미국식의 등급개념을 도입하고 그에 따라 수직적 분화를 심화시키자는 논의와는 다른 것이다. 제도의 근본적 방향전환 없이 현재의 계급개념을 그대로 유지한 채 계급 수만을 늘리자는 것이다.

한 나라의 가장 큰 조직이며 모범적 고용주여야 하는 정부가 승진적체를 해결하기 위해 계급 수를 늘리는 편법을 쓴다면 조직사회 전반에 미치는 악영향이 클 것이다. 정책당국자들은 그러한 영향을 심각하게 생각해야 하며 계급늘리기의 의심스러운 효과, 그리고 공무원과 조직에 끼칠 불이익도 고려해야 한다.

계급증설에 결부된 문제들을 보면 다음과 같다.

첫째, 계급늘리기는 승진적체 문제를 해결하는 방안으로서 근본적인 것도 장기적인 것도 아니다.

계급의 수를 늘릴 당시에만 증설된 계급에 공무원들이 이동해 들어가면서 승진이 빨라지는 느낌을 주게 될 것이다. 그러나 증설된 모든 계급에 사람이 차면 그 상태에서 승진적체는 되풀이될 것이다. 계급증설의 효과가 일시적이라면 그것은 '사탕발림'의 시책이라는 비난을 면치 못할 것이다.

둘째, 계급증설은 중·하위계층 공무원들의 지위격하를 수반할 것이다.

계급증설은 보다 빈번한 승진의 즐거움을 제공한다고 하지만 계급증설 전과 후의 승진이 주는 만족감의 크기와 지위격상의 효과는 같지 않을 것이다. 공무원들은 여러 계급을 점점 더 빠르게 승진할 수 없으면 불만을 느낄 것이다.

셋째, 계급증설에 의한 승진속도 조절책에 대해 당사자인 공무원들이 반대할 가능성이 크다. 그렇다면 계급증설의 사기진작 효과는 기대할 수 없다.

넷째, 계급이 개인적 신분이라는 원칙을 고수하면서 계급 수를 늘리면 계급과 승진에 지나치게 집착하는 조직의 분위기를 심화시킬 것이다.

다섯째, 계급증설에 결부된 관리지향은 조직의 고층구조화로 연결될 수 있다. 계급증설의 발상과 조직의 계층 수를 늘리는 개혁의 발상은 그 궤를 같이 하는 것이다.

새로운 시대의 행정개혁에서 추구해야 할 가장 중요한 원리 가운데 하나는 저층구조화의 원리이다. 중요한 기구라고 생각하는 것들은 모두 대통령에 직속시키기를 바라는 주장이나 부총리급의 조직을 증설하자는 등의 제안에 대해서는 아주 큰 경계심을 가지고 대응해야 한다.

여섯째, 계급 수를 늘리면 승진 횟수가 늘어나고 그에 따라 정부조직 전체의 승진관리비용이 증대된다. 승진계층의 수가 늘어날수록 승진관리비용은 기하급수적으로 늘어나게 된다.

승진관리비용에는 시험관리에 드는 비용과 같은 직접적 비용뿐만 아니라 사회적·심리적 비용 등 여러 가지 간접적 비용이 포함된다. 사회적·심리적 비용의 대표적인 예로 승진심사 시기를 전후한 공무원들의 불안과 긴장, 그리고 직위이동에 따른 재적응의 부담을 들 수 있다. 계급을 아주 세분하는 경우 관가는 일년 내내 뒤숭숭할 것이다.

② **계급정년제** 승진적체가 심각한 문제로 인식되고 인사제도의 대폭적인 개혁이 추진될 때마다 계급정년제(직급정년제)를 일반직 공무원에게 적용하는 문제가 거론되었다. 그러나 실제로 채택되지는 않았다. 계급정년제란 공무원이 일정한 기간 승진하지 못하고 동일한 계급에 머물러 있으면, 그 기간이 만료된 때 해당 공무원을 자동적으로 퇴직시키는 제도이다.

계급정년제의 효용은 두 가지로 요약할 수 있다.

첫째, 계급정년제는 퇴직률을 높이고 따라서 승진기회를 확대시켜 준다는 점에서는 확실한 효과를 지닌 제도이다.

둘째, 객관적으로 운영될 수 있기 때문에 퇴직조치 그 자체에는 정실개입의 염려가 없다.

그러나 계급정년제는 여러 가지 약점을 지닌 제도이다.

첫째, 계급정년제는 정부조직의 목적과 이익을 위해 조직참여자의 희생을 강요하는 제도이다. 공무원의 의사에 반해서, 그리고 그의 직접적이고 중대한 과오가 없어도 그 사람을 공직에서 배제하는 것이므로 해당자에게는 가혹한 것이다.

둘째, 계급정년에 도달하면 능력의 유무를 묻지 않고 퇴직시키기 때문에 실적주의적 인사원리에 부합되지 않는 제도이다.

셋째, 퇴직기준의 획일적 적용으로 인해 행정의 계속성을 해칠 수 있다.

넷째, 기계적인 절차에 의해 인원교체를 강행하기 때문에 퇴직률의 조절을 어렵게 한다.

다섯째, 직업적 안정성을 해치고 따라서 공무원들의 사기를 저하시킬 위험이 있다. 계급정년으로 물러난 사람의 자리를 물려받는 사람이 당장 느끼는 만족감은 크겠지만 공직 전체의 장기적인 효과는 사기저하라는 마이너스 효과일 것이다.

여섯째, 계급정년제의 적용에 의하여 정부업무에 숙달된 공무원을 퇴직시키는 것은 정부에 손실이 된다고 할 수 있다.

일곱째, 계급정년으로 발생하는 결원을 보충할 인적자원을 획득하고 훈련시키는 데 드는 비용이 크다. 퇴직하는 사람들에게 적정한 보상과 직업알선을 해주는 부담까지 합치면 정부의 손실은 매우 큰 것이라 하지 않을 수 없다.

군사조직이나 경찰조직에서와 같이 단일기능적 조직에서 계급질서를 유지하는 것이 무엇보다 중요한 때에는 폐단을 무릅쓰고라도 계급정년제를 채택할 수 있다. 그러나 일반행정조직에서와 같이 복잡한 업무구조를 유기적으로 운영해야 하고 인적 전문화를 촉진해야 할 조직에서는 계급정년제의 득보다 실이 너무 크기 때문에 그 채택이 어렵다.

(5) 기존의 접근방법이 지니는 한계 승진제도의 기성질서 내에서 승진활로를 극적으로 타개해 줄 방도를 찾기는 대단히 어려울 것이다. 이러한 사정에도 불구하고 무리를 하면 과오를 범하게 된다. 그리고 승진적체 해소책도 어차피 불만해소 대책임에 불과하다는 것을 알아야 한다. 승진속도가 빨라지면 유능하고 능동적인 직무수행이 촉진된다는 보장은 없는 것이다.

보수제도의 관리에서 인상지향이 압도하듯이 승진관리에서도 인상지향이 압도하여 다른 문제는 개혁과제로 상정조차 되지 못한 듯하다. 인상지향이란 승진기회 확대와 계급늘리기의 방안을 찾는 데 급급하는 경향을 지칭하는 것이다. 승진에 관련된 다른 사기저해 요인은 방치되는 형편이었다. 산출기준이 아닌 투입기준의 승진결정, 인적자원활용에 관한 기관 간의 할거주의, 직원평가의 신뢰성·타당성 결여, 공개경쟁승진제도의 운영부실, 정실개입, 지역주의적 인사 등에 대해서 확실한 해결책을 찾지 못했다. 그러한 구석구석에서 복지부동의 더 큰 원인은 조성되고 있는 것이 아닌가 생각한다.

승진적체 문제에 대해 장기적·근본적 대책을 수립하고, 합리적인 경력관리 및 퇴직관리를 실시하고, 승진을 둘러싼 조직문화와 사회관념의 변화를 유도하는 과제, 그리고 발상의 대전환에 의해 조직설계원리와 계급형성원리 자체를 재창조하고 공무원들을 승진제도의 족쇄에서 풀어주는 과제 등에 대해서는 정부가 엄두를 내지 못했거나 의미있는 성과를 거두지 못한 것 같다.

4) 소극적 유인: 처벌

공무원들의 일탈행위와 복지부동을 억제하는 데 동원되는 소극적 유인이 통제와 처벌이다. 엄격하고 공정한 처벌은 선량한 공무원들을 보호하고 그들의 사기를 진작시키는 강력한 도구인 것이다. 그런데 공직에서뿐만 아니라 사회 전체에 있어서 우리의 통제·처벌구조는 느슨하고 비조직적이며 비효율적이다.

처벌은 물론 불가피할 때 마지막으로 동원해야 하는 수단이지만 그것을 동원할 때에는 엄격하고 효율적으로 시행하여야 한다. 처벌이 효율적이려면 '뜨거운 난로의 법칙'에 따라야 한다. 즉 처벌은 대상행동에 분명하게 결부되어야 하며, 즉각적으로 충분히 강력하게, 일관성 있고, 차별 없이 시행하여야 한다. 그리고 왜 처벌하며 무엇을 요구하는 처벌인지를 분명히 전달해 줄 수 있어야 한다.

선진국들에서는 뜨거운 난로의 법칙이 비교적 잘 지켜진다. 인권존중 사상이 발달한 선진국들에서 자유와 권리를 넓게 보장해 주는 반면 신뢰의 울타리를 벗어나 방종하는 사람들에게는 철퇴를 내린다는 것이 그들의 철학인 것 같다. 후진국에서는 잘한 사람도 뚜렷한 보상을 받거나 존중을 받지 못하고 잘못한 사람도 분명히 문책되지 않고 어물어물 넘어가는 경향이 강하다.

우리나라에서는 처벌이 엄격하지도 충분히 강력하지도 않다. 잘못을 저지른 사람도 시간이 지나면 처벌의 굴레에서 슬슬 벗어나고 사회적 비난도 별로 받지 않게 되어 있다. 털면 모두 먼지나게 되어 있다는 전제하에 대충 넘기는지도 모르겠다.

월급만 가지고 사는 사람이 어디 있으며 세금 제대로 내고 장사하는 사람이 어디 있느냐는 말이라든지 '유전무죄' '무전유죄'라는 말이 뿌리 뽑히지 않는 것은 엄격하지도 효율적이지도 않은 처벌구조 때문이다.

통제시책의 일관성·지속성 결여도 심각한 문제이다. 그로 인해 사람들은 사정한파가 부는 동안 복지부동으로 보신책을 찾으려는 유혹을 받게 된다. 사정한파만 별탈없이 넘기면 다시 살 길이 열린다는 생각을 하게 만든다. 통제활동의 전략적·전술적 지점 내지 대상을 선택하는 과정의 결함은 재수없는 사람만 걸린다느니 정치적 복선이 깔린 처벌이라느니 하는 주장에 빌미를 제공한다.

통제기준의 낙후성은 공무원들의 형식주의와 양적 복종을 유발하고 있다. 오랫동안 성취중심적이 아니었던 통제기준 때문에 복지부동이 강화되어 왔다는 것은 이미 문외한들도 다 알고 있는 사실이다.

Ⅲ. 새로운 동기유발책의 탐색

1. 새로운 접근방법의 필요성

지금까지 보수, 승진, 부패억제, 통제와 처벌의 영역에 걸쳐 추진하고 있거나 구상하고 있는 복지부동 해소대책들은 결정적인 효력을 발휘하기 어려우며 시야를 거기에 국한해서는 새 시대의 공무원들에게 만족스러운 동기유발의 유인을 제공할 수 없다. 기성질서와 제도의 틀 속에서 전통관료제적 안목으로 새로운 대책을 강구하기는 어렵다. 안목을 바꾸면 새로운 해법들이 보일 수 있다. 진정한 해법은 기성질서의 틀 밖에 있는지도 모른다.

우리 모두 눈을 멀리 돌려 세계화시대에 어떤 거대한 변화의 물결이 일고 있는지 직시할 필요가 있다. 고도화산업·정보화시대를 앞서가는 선진국들이 변화의 물결을 선도하고 있으며 우리도 이미 그러한 물결을 타고 있다.

새로운 물결이 몰고 오는 변화와 변화요구는 격동성의 증폭, 다원화, 분권화, 인간화, 탈국가화, 탈관료화 등이다. 비대하고 무책임해진 행정국가에 대한 비판이 가열되고, 작은 정부에 대한 갈망이 고조되고 있다. 지금 행정은 점점 조여드는 세계화·지방화·정치화·탈국가화의 세력에 둘러싸여 좁아지는 영역을 재편해야 하게 되어 있다.

사회와 조직을 움직이는 원동력은 개개인의 창의력이라는 사고방식이 확산되고 조직을 인간화하고 탈관료화해야 한다는 주장이 목청을 높여가고 있다. 탈관료화의 주장은 교환형 전략에 입각한 전통관료제의 구성원리를 정면으로 공격하고 조직의 다원화 · 유기체화, 소비자중심주의와 성과주의의 강화, 협동체제의 발전, 공개와 참여촉진 등을 처방한다.

탈관료화의 접근방법이 제일로 치는 동기유발 요인은 직무 자체의 보람이다. 우리 공무원들이 하는 일은 어떤 의미를 지녔으며 업무배분 방법과 업무추진 방법은 임무중심주의와 인간중심주의를 얼마나 반영하고 있는지 심각하게 반성해 볼 때가 되었다.

위와 같은 변화와 변화갈망이 밀어닥치고 있다는 사실을 직시하고 새로이 중요시되는 동기유발요인에 보다 큰 역점을 두는 복지부동 해소의 장기대책을 수립해야 한다. 당대 정권에서의 직효만을 추구하는 정책지향부터 고쳐야 한다. 목전의 미봉적 효과에 연연하다가는 교각살우의 어리석음을 범할 수도 있다.

2. 균형잡힌 복지부동해소대책의 탐색

보수와 승진에 관한 공무원의 불만이 가장 크다고 해서 직무수행동기를 유발하려는 사기관리전략이 그 문제에만 매달려 있어서는 안된다. 소극적으로 불만을 해소하는 일도 해야 하지만 적극적으로 만족과 동기를 유발하는 일이 더 중요하다는 사실을 잊어서는 안된다. 앞으로는 전통적인 방법과 새로이 강조되어야 할 방법을 아우르는 보다 균형잡힌 전략을 구사해 나가야 할 것이다.

① **통합형 관리의 촉진** 무엇보다 중요한 장기과제는 통합형 관리전략의 영역을 넓히는 것이다. 공무원들의 자기실현욕구와 행정조직의 목표를 조화 · 통합시킴으로써 능동적인 직무수행을 촉진하고 신뢰 · 참여 · 협동의 분위기를 조성해야 한다. 이런 사업은 장기적인 노력을 필요로 하는 것이다. 그러나 앞으로 추구해야 할 적극적 사기관리전략의 기반을 다지는 사업이다.

② **직무재설계** 직무의 완결도를 높이고 직무에 '심리적 영양소'(일의 보람)를 주입하기 위해 직무를 확장하거나 풍요화하는 사업에도 투자를 늘려가야 한다.

③ **업무수행조건 개선** 업무계획을 개선하여 자율성·적응성을 높이고 업무부담을 적정화해야 한다. 그리고 비현실적인 법령과 지시 등을 바꾸어 업무기준의 상황적합성을 높여야 한다. 관할 밖의 부당한 업무간섭으로부터 공무원을 보호하는 데도 많은 주의를 기울여야 한다.

④ **행동규범 개선** 공무원의 행동규범을 재평가하여 발전시킴으로써 갈등과 불만의 소지를 없애야 한다.

⑤ **사회적 유인의 내실화** 인사상담·고충처리·제안관리 등의 운영을 개선하여 사회적 유인을 내실화해야 한다.

⑥ **임용활동 개선** 임용절차와 관리자들의 태도를 개선하여 공무원과 직무의 적응도를 높이고 정실개입 의혹을 해소해 나가야 한다. 특히 내부임용의 정실주의를 배제하는 데 많은 노력을 경주해야 한다. 그리고 공무원들이 '인식하고 있는' 승진적체의 문제를 완화하거나 승진적체로 인한 고통을 덜어주어야 한다.

⑦ **훈련사업 개선** 훈련사업을 개선하여 형식주의를 배제하고, 수요에 맞는 훈련에 공무원들이 능동적으로 참여할 수 있도록 해야 한다.

⑧ **처우 개선** 지금까지 역점을 두어 온 처우개선사업을 지속적으로 발전시켜 공무원들의 경제생활을 안정시켜야 한다.

⑨ **부패 퇴치** 제도화된 부패를 억제하기 위해 지속적으로 노력해야 한다. 부패제거에 저항하는 공무원들의 오도된 불만을 치유하는 교화활동도 강화해 나가야 한다.

⑩ **신망과 신뢰의 향상** 국민과 정부관료제 사이의 불신을 걷어내기 위한 정책적 노력을 강화하여 공직의 신망을 훼손하는 원인을 제거하도록 해야 한다.

⑪ **태도조사** 공무원들의 태도를 주기적으로 조사함으로써 의사전달을 원활히 하고 사기관리에 필요한 정보를 얻도록 해야 한다.

제 6 편
인사행정

인사행정은 정부조직을 구성하고 거기서 일하는 사람들, 즉 공무원이라는 인적자원을 동원하고 관리하는 관리작용이다. 정부는 다양한 자원을 가지고 스스로의 체제를 유지하고 맡은 바 책임을 이행하기 위해 생산적인 활동을 한다. 정부가 획득하고 사용하는 자원들 가운데서 가장 중요한 것은 인적자원이다. 그러한 인적자원을 관리하는 작용은 행정의 핵심적인 내부관리작용이다.

제 6 편에서는 인사행정의 의미를 규정하고 중요 이슈들을 검토하려 한다. 먼저 인사행정을 정의하고, 인적자원계획, 직업구조형성, 신규채용관리, 내부임용관리, 교육훈련, 근무성적평정, 보수와 편익의 관리, 사기관리, 윤리성관리, 퇴직관리 등으로 범주화되는 인사행정의 기능(활동영역; 하위체제)의 대강을 설명할 것이다.

이어서 인사행정모형들을 설명하려 한다. 인사행정모형은 인사행정의 원리, 접근방법, 제도 등으로 불리기도 한다. 그리고 오늘날 우리나라 인사행정의 주요 이슈로 부각되어 있는 몇 가지 제도들을 검토하려 한다. 몇 가지 제도란 고위공무원단제도, 개방형임용제도, 그리고 성과급제도를 말한다. 끝으로 우리나라 인사행정의 개혁방향을 처방하려 한다.

Ⅰ. 인사행정이란 무엇인가?

1. 인사행정의 정의

인사행정(人事行政: public personnel administration)은 정부조직에 필요한 인적자원을 획득하고 관리하는 기능이다. 근래에 연구인들은 인사행정이라는 말 대신 인적자원관리 또는 인적자본관리라는 개념을 사용하기도 한다.

인사행정은 정부조직에서 일하는 인적자원의 획득과 관리에 관한 정책의 결정에 참여하고 그러한 정책을 집행한다. 인사행정은 행정체제의 유지·적응작용을 담당하는 관리체제의 일부이다. 인사행정의 목표체계는 복잡하다. 그러나 인사행정이 추구해야 하는 기본적 목표는 세 가지로 요약할 수 있다. 세 가지의 목표란 첫째 공무원이라는 인적자원을 정부조직의 필요에 따라 효율적으로 활용할 수 있게 하는 것, 둘째 공무원들의 만족스러운 직업생활을 보장하는 것, 그리고 셋째 공무원들의 발전을 촉진하는 것을 말한다. 이러한 기본적 목표들 가운데 어떤 것이 더 중요시되느냐 하는 것은 상황에 따라, 그리고 목표추구의 접근방법이 어떻게 배합되느냐에 따라 달라질 수 있다.

1) 현대인사행정의 특징

인사행정의 역사는 국가의 역사와 함께 시작되었다. 그만큼 역사가 길다. 그러나 여기서 논의하는 것은 우리가 지금 관찰할 수 있는 현대적 인사행정이다. 그것은 우리나라에서 보는 바와 같은 현대민주국가의 인사행정이며, 산업화와 정보화가 연쇄적으로 진행되는 시대의 거대하고 복잡한 정부에서 운영되는 인사행정이다. 현대인사행정도 그 체제적 특성이 다양하게 분화되어 있지만 일반적인 특징을 다음과 같이 간추려 볼 수 있다.

① **관리대상의 방대성·복잡성·전문성** 현대인사행정은 방대하고 복잡하며 전문화수준이 높아진 인적자원을 관리한다.

② **전문직업성** 오늘날 인사행정은 하나의 전문화된 행정영역으로 이해된다. 인사행정이라는 업무영역은 과학적 지식과 기술을 활용하는 전문분야이다. 정부활동의 질적 고도화 그리고 인적자원의 전문화 촉진은 인사행

정의 전문화를 촉구한다.

③ **기능의 적극성·광범성** 현대인사행정의 역할은 적극적이다. 그 기능수행영역은 광범하다. 인사행정은 인력획득과 배치, 통제 등 소극적·전통적 역할에서 나아가 조직구성원의 능력신장과 직업생활의 질을 높이는 일에까지 적극적으로 나서게 되었다. 현대인사행정은 소극적·방어적 역할보다 적극적·지원적 역할을 더 강조해야 하는 상황에 처해 있다.

④ **가치갈등의 조정** 현대인사행정은 경쟁적인 가치·제도·세력의 각축장이라 할 수 있다. 가치갈등의 심화와 그에 대한 조정활동의 중요성은 현대인사행정의 특성 가운데 하나이다. 오늘날 인사행정을 둘러싼 가치갈등이 더욱 복잡하고 심각한 까닭은 충족시켜야 할 요청이 다양해지고 변전하기 때문이기도 하고 인사행정이 민주적 정치질서 속에서 운영되기 때문이기도 할 것이다.

⑤ **환경적 연계의 강화** 인사행정과 그 환경적 연계 사이의 교호작용이 증폭되어 있다. 인사행정은 환경적 영향 특히 정치적 과정의 영향을 강하게 받는다. 인사행정 스스로도 이익조정 등 정치적이라고 해야 할 역할들을 수행한다. 인사정책결정과정은 길고 복잡하며 거기에는 정치적 과정이 포함된다.

⑥ **적응체제화의 요청** 현대인사행정이 추구하는 중요 덕목 가운데 하나는 높은 적응성이다. 실제로 현대인사행정의 적응성은 예전의 경우에 비해 향상되어 있다. 그리고 처방적 차원의 적응성·융통성에 대한 기대는 더욱 높다. 인사행정의 적응성 제고에 대한 높은 기대는 인사행정체제 내외의 급속히 변동하는 유동적 여건 때문이다.

2) 기업의 인사관리와 구별되는 인사행정

정부의 인사행정을 인적자원관리, 인적자본관리라 부를 때도 있고 인사행정과 인사관리라는 말을 같은 뜻으로 쓸 때도 있다. 그러나 여기서는 설명의 편의를 위해 정부의 인사행정과 구별되는 기업체의 인적자원관리를 '인사관리'라 부르기로 한다.

조직을 구성하는 인간을 관리하는 문제는 정부에만 있는 것이 아니다. 정부부문이거나 민간부문이거나를 막론하고 현대사회의 대규모조직들은 그에 참여하는 인적자원을 관리할 정교한 체제를 필요로 한다. 정부의 인사행정이나 민간부문, 특히 사기업체의 인사관리에는 공통되는 요소도 많다. 근래 정부부문에서 민간화를 촉진하고 민간의 고객중심주의적 서비스방식을 더 많이 배우면서, 그리고 민간기업들의 공공성이 커지면서, 공공부문과 민간부문이 공유하는 특성이 늘어난 것도 사실이다. 그러나 비록 상대적인 것이라 하더라도, 인사행정은 인사관리와 구별되는 특질을 지닌다.

사기업의 인사관리에 대조되는 인사행정의 특성은 정부조직 또는 행정체제의 특성에서 비롯되는 것이다. 정부의 행정과 기업의 경영이 어떻게 구별되는가에 대해서는 제1편에서 행정과 경영의 관계를 논의할 때 설명하였다.

사기업체의 인사관리에 비교하였을 때의 차이점이라고 할 수 있는 인사행정의 특성은 다음과 같다.

① **공적 · 정치적 상황에서의 작용** 인사행정은 공적 상황(public setting) 또는 정치적 상황에서 작용하며, 공공의 감시와 통제를 더 많이 받는다. 인사행정에는 외재적 정치의 간여가 있을 뿐만 아니라 인사정책결정과 집행의 과정에는 협상 · 타협 등 정치적인 요인들이 많이 내포되어 있다.

② **법정주의** 인사행정의 중요한 원리와 절차는 법률에 의하여 규정된다. 이러한 법정주의(法定主義)와 정부 내의 권력분립에 의한 견제 작용은 인사행정의 경직성을 높인다. 인사행정은 인사관리의 적시성과 융통성을 따라가기 어렵다.

③ **기능의 광범성 · 복잡성** 정부업무의 규모가 방대하고 종류가 다양하기 때문에 인사행정의 활동범위도 그만큼 넓고 그 내용은 복잡하게 되어 있다.

④ **객관적 평가의 어려움** 정부활동의 '비시장성' 때문에 인사정책의 평가에 있어서도 경제적 기준이 결정적인 역할을 하지 못한다. 반면 인사행정에서 고려해야 할 비경제적 요인은 인사관리의 경우에서 보다 많다. 인사행정은 훨씬 많은 환경적 세력으로부터 영향을 받기 때문에 인사행정의 최적방안을 합리적으로 선택하기 어렵고 그 생산성을 객관적으로 측정하기 어려울 때가 많다.

⑤ **공익성 · 보편성 · 계속성의 요청에서 비롯되는 특성** 정부는 공익을 추구하고 국민에게 보편적으로 봉사해야 한다는 요청과 정부업무의 계속성에 대한 강력한 요청은 인사행정의 내용에 영향을 미친다. 임용에 있어서 기회균등과 공평성의 원칙이 특별히 강조된다는 것, 공무원의 신분을 보장한

다는 것, 공무원의 정치적 중립성을 보장하는 문제가 중요시된다는 것, 공무원의 노동운동을 제약한다는 것 등은 인사행정의 상대적 특이성을 말해 주는 몇 가지 예이다.

2. 인사행정의 기능

인사행정은 상호적 및 순환적으로 연관된 일련의 기능 또는 활동국면을 내포하는 과정을 통하여 인적자원을 관리한다. 인사행정의 하위기능 또는 활동국면들은 서로 긴밀히 연관되어 있는 것이지만, 분석적 목적을 위하여 우리는 그것들을 관념적으로 구분해 볼 수 있다.

인사행정의 기능(하위기능; 하위체제; 활동국면)은 다음과 같다.

1) 인적자원계획의 수립

정부에서 필요로 하는 인적자원을 효율적으로 동원 · 관리하려면 이를 뒷받침해 줄 인적자원계획(human resources planning)이 있어야 한다. 인적자원계획은 정부에서 일할 인적자원의 수요와 공급을 예측하고 필요한 인적자원의 획득 및 활용방법을 결정하는 활동이다.

인사행정의 한 기능인 인적자원계획은 정부조직 내의 인적자원계획이다. 국가 전체의 인적자원 수요 · 공급에 관한 인적자원계획과는 구별된다.

정부의 인적자원계획은 사람을 대상으로 하는 계획이기 때문에 무생물적 요소들을 대상으로 하는 계획보다 더 어렵다. 인적자원계획은 설정된 목표에 따라 의식적으로 진행하는 목표지향적 활동이다. 인적자원계획은 시간선상에 펼쳐지는 미래지향적 · 동태적 과정이며, 연관 요인들을 포괄적으로 고려해야 하는 과정이다. 인적자원계획도 다른 인사행정기능과 마찬가지로 공적 상황에서 진행된다.

인적자원계획의 과정에 포함되는 기본적 활동단계들은 인적자원수요예측단계, 인적자원공급대안결정단계, 시행단계, 그리고 평가단계이다.

인적자원수요예측단계에서는 첫째 조직의 목표를 확인하고 관련요인들을 탐색하여 인적자원의 총수요를 예측한다. 둘째 기존의 인사정책에 의한 인적자원의 공급을 예측한다. 셋째 인적자원 총수요에서 기존정책에 의한 공급을 뺀 순수요를 결정한다.

인적자원공급대안결정단계에서는 인적자원의 순수요에 대응할 인적자원공급의 방안을 결정한다. 인적자원수요의 예측을 토대로 하여 인적자원공급을 포함한 인적자원관리의 계획을 세우는 것이다. 인적자원공급의 방법은 다양하다. 신규채용, 재직자의 배치전환, 승진, 훈련 등 인사행정 상의 방안들도 있고, 조직의 중요 정책이나 조직의 구조를 변경하여 인적자원을 공급하거나 공급에 갈음하는 효과를 거두는 방안들도 있다.

시행단계에서는 채택된 인적자원공급방안들을 집행한다. 평가단계에서는 인적자원수급예측의 내용적 및 과정적 요인들과 계획 집행의 성과를 분석·평가하여 그 결과를 인적자원계획과정의 적절한 단계에 환류시킨다.

2) 직업구조의 형성

여기서 직업구조형성이라고 하는 것은 일정한 원리에 따라 정부조직 내의 직위와 공무원을 분류한다는 뜻이다. 정부에 필요한 사람들을 획득하여 배치하려면 먼저 각 직위와 그에 적합한 공무원을 질서 있게 분류해 두어야 한다. 정부조직의 직업구조형성은 분류, 공직의 분류, 직위의 분류라고도 한다.

직업구조형성의 전통적 접근방법은 두 가지로 대별해 볼 수 있다. 두 가지의 기본형이란 계급제(階級制: rank classification; rank-in-person; rank-in-corps)와 직위분류제(職位分類制: position classification; rank-in-job)이다. 이 두 가지 접근방법을 '전통적'이라고 하는 까닭은 전통적 관료제 구조의 기본적인 원리를 전제하는 오래 된 방법들이기 때문이다. 전통적인 방법들은 오늘날에도 널리 쓰이고 있다.

계급제나 직위분류제는 다 같이 공무원과 직위를 질서 있게 분류·배열하여 직업구조를 형성하는 데 쓰이지만, 그 원리를 서로 달리한다. 계급제는 공무원이라는 사람의 특성에 착안한 분류방법이며, 직위분류제는 직무의 특성에 착안한 분류방법이다. 전자는 계급지향을 가지고 있으며, 후자는 직무지향을 가지고 있다. 계급제와 직위분류제는 내부인용의 융통성, 조직설계, 행정상의 조정, 공무원의 경력발전, 보수, 공무원지원자의 자격 요건 등에 관하여 현저한 성격차이를 노출한다.

근래 조직의 탈관료화 요청이 강화되면서 탈전통적인 제3의 접근방법들이 탐색되고 있다. 탈전통적인 직업구조형성의 대안탐색을 촉구하는 여건변화의 중요한 예로 급속한 변동, 유동성 증폭, 계서제적 지배구조의 약화, 기술수준과 인적 전문화수준의 고도화, 고객과 성과의 중시 등을 들 수 있다.

탈관료화시대의 여건변화에 직면한 조직에서 직업구조형성의 접근방법은 대응성·융통성의 요청과 임무중심주의의 요청에 부응해야 한다. 이러한 요청에 계급제와 직위분류제는 다 같이 부적합하다. 둘 다 전통관료제의 계서제를 전제로 하는 것이며 구조적 경직성이 높은 것이다. 인사행정의 공급자중심적·투입중심적 성향을 부추기는 것도 문제이다.

계급제에서 인력활용이 비교적 융통성 있게 이루어질 수 있다고 하지만 계급 사이의 계서적 경직성은 매우 높은 것이다. 전문화의 요청에도 배치되는 접근방법이다. 직무지향적인 동기유발전략이나 내재적 통제를 강화하려는 전략에도 적합지 않은 것이다. 관료제의 계서적 통제를 강화하는 모형이라 할 수 있다.

직위분류제도 대응성·융통성의 요구에 부응하기 어려운 접근방법이다. 조직구조에 사람을 얽어매는 경직성을 지녔다. 이것은 점직자가 직무의 수준과 성격에 많은 영향을 미치는 관리적 및 전문적 직업에 특히 부적합하다. 직위분류제는 직무의 내용을 미리 정의하고 기술할 것을 요구하지만, 역동적이고 불확실한 상황에서는 그것이 어렵거나 불가능하다.

인사행정학에서 관심을 갖는 제3의 대안에는 i) 계급제와 직위분류제의 절충, ii) 다원화와 분권화, iii) 시장기제의 활용, iv) 직무재설계 등이 있다.

계급제와 직위분류제의 절충이라는 대안은 계급제와 직위분류제의 구성요소들을 적절히 배합함으로써 양자의 결함을 완화하자는 제안이다. 그 가운데서 주종을 이루는 것은 직원유동에 대한 제약이 심한 직위분류제에 계급제적 요소를 접목시켜 융통성을 높이자는 제안들이다.

다원화·분권화라는 대안은 모든 행정기관의 직업구조형성방법을 하나로 통일하여 획일적으로 적용하지 않고 각 기관의 필요에 따라 분류체계를 달리할 수 있게 하는 방안인 것이다. 이런 방안들은 대개 분권적 운영을 함께 처방한다.

시장기제를 활용하는 접근방법(market model)은 임용과 보수의 결정에서 미리 정해진 직위분류의 틀을 포기하고 관리 상의 필요, 실적평가, 그리고 노동의 시장가격을 기준으로 삼도록 처방한다. 이 모형의 처방에 따르는 경우 관리자들은 인사운영에 관하여 예산의 범위 내에서 높은 자율권을 행사한다.

직무재설계방법은 직업구조형성기능의 시야를 넓히고 변동하는 조건에 부응할 수 있도록 적시성있게 직무를 재설계하는 접근방법이다.

우리나라 정부관료제는 군주제 하의 오랜 역사를 통해 계급제를 경험하였다. 우리나라에 근대적 공무원제도가 도입된 일제 하에서는 서구대륙식 제도의 영향을 받은 계급제를 채택하고 있었다.

2차 세계대전 후 약 3년간 우리나라에 미군정(美軍政)이 실시되었는데, 그 시기에 직수입된 미국식 직위분류제가 필요한 적응과정을 거치지 않고 그대로 사용되었다. 미군정이 끝나고 대한민국정부가 수립되면서 정부의 직업구조형성제도는 다시 계급제로 복귀하였다. 1960년대부터 분류체계에 직위분류제적 요소가 많이 도입되어 절충적인 양상을 보이게 되었다.

2000년대에 접어든 이후 정부의 직업구조형성과 그에 연관된 인사제도들에 현저한 변화가 일어났다.

직군·직렬을 폐지하거나 직급확장을 과감히 실시하였으며 고위공무원단을 창설하여 그에 소속하는 고급공무원들의 계급을 철폐하였다. 부분적으로 직위분류권한을 분권화·자율화하기도 했다. 이에 연관된 인사제도의 개혁으로는 계약제에 의한 개방형 임용제 채택, 성과연봉제 채택, 직위공모제 채택, 부처 간 인사교류의 확대, 총액인건비제 실시 등을 들 수 있다. 고위공무원단제도에 대해서는 뒤에 자세히 설명할 것이다.

3) 신규채용의 관리

신규채용 또는 채용이란 정부조직의 외부로부터 인적자원을 획득하여 배치하는 활동이다. 필요한 자격을 갖추었거나 갖출 수 있는 잠재력을 가진 사람들을 모집하여 선발하고, 선발된 사람을 적합한 직위에 배치하는 활동을 채용이라 한다.

신규채용의 방법은 두 가지로 구분된다. 그 하나는 공개경쟁채용이며 다른 하나는 경쟁성이 제한된 특별채용이다. 우리나라처럼 실적주의 인사원리를 채택하고 있는 나라에서 원칙적인 신규채용방법은 공개경쟁채용이다. 공개경쟁채용시험이 부적당하거나 불필요하거나 그 실시가 대단히 어려운 경우에는 경쟁성이 제한된 별도의 선발절차 즉 특별채용에 의하여 채용후보자를 결정하게 된다. 특별채용은 공개경쟁채용제도를 보완하고 임용체세에 필요한 융통성과 적응성을 부여하려는 제도이다.

현대인사행정학에서 표준적인 것으로 보는 공개경쟁채용의 과정에 포함되는 주요활동단계는 i) 모집, ii) 시험, iii) 채용후보자명부의 작성, iv) 추천요구와 추천, v) 시보임용, vi) 임명과 초임보직 등이다. 이러한 여러 단계의 활동은 모두 조직의 업무에 적합한 사람을 선발하기 위해 선택의 기능을 수행하거나 또는 선택기능을 보조한다.

모집은 적합한 후보자들이 공무원으로 임용되기 위해 지원하고 경쟁하도록 유도하고 권유하며 선별하는 활동이다. 모집활동에서는 여러 가지 자격요건을 정하여 지원자들을 제한한다. 현대정부의 공무원 모집활동에서는 그 적극성을 강조한다.

시험은 지원자들의 적격성을 본격적으로 심사하는 절차 또는 도구이다. 공무원 채용시험에서 쓸 수 있는 시험의 종류는 매우 다양하다. 그 형식에 따라 필기시험, 면접시험, 실기시험, 서류심사 등이 구분된다. 측정대상 또는 측정목적에 따라 신체적격성검사, 알고 있는 지식・기술을 평가하는 업적검사, 일반적 지능수준을 측정하는 지능검사, 소질 또는 잠재적 능력을 측정하는 적성검사, 흥미검사, 성격검사 등을 구분한다.

채용후보자명부를 만든다는 것은 시험의 결과에 따라 합격자를 결정하고, 합격자의 명단을 만든다는 뜻이다. 채용후보자명부는 앞뒤로 연결되는 적격자선택기능을 보조한다.

추천요구는 임용권자 또는 임용제청권자가 자기 조직의 결원을 보충하기 위해 채용후보자명부에서 후보자를 추천해 주도록 요구하는 것이다. 그에 대응해서 시험실시기관은 채용후보자를 추천한다.

우리 정부에서는 이 과정의 적용을 강요하지 않는다. 추천요구・추천이 갖는 선발기능은 사실상 존재하지 않는 것으로 보아야 한다.

시보임용은 채용후보자를 시보로 임용하여 시보기간을 거치면서 적격성의 판정을 받게 하는 것이다. 시보제도의 본래적인 기능은 채용후보자의 적격성을 판단하는 것이다. 그 보조적인 기능은 적응훈련이다. 그러나 우리나라에서는 시보임용의 선발기능이 유명무실화되어 있다. 우리나라에서 시보제도의 적용을 받는 대상은 신규채용되는 5급 이하 공무원과 기능직공무원이다.

임명은 공무원의 신분을 부여하는 법적 행위이다. 초임보직은 공무원으로 임명된 사람을 이떤 직위에 처음으로 배치하는 것이다.

4) 내부임용의 관리

내부임용이란 승진 · 강임 · 배치전환 등 '내부로부터의 임용'을 말한다. 승진은 공무원을 상위계급(직급)의 직위로 이동시키는 임용방법이다. 강임은 하위계급(직급)으로 이동시키는 임용방법이다. 배치전환은 전직, 전보 등 담당직위의 수평적 변동을 지칭한다.

정부조직에 들어가 근무하는 공무원들의 배치는 불변적인 것이 아니며, 또 불변적인 것으로 만들려 해서도 안 된다. 그러므로 대내적 인력유동을 질서 있게 관리할 수 있는 장치가 있어야 한다.

5) 교육훈련의 관리

교육훈련은 공무원의 일반능력을 개발하고, 직무수행에 필요한 지식과 기술을 연마하며, 태도의 발전적 변화를 촉진하는 활동이다.

정부에서 공무원을 대상으로 실시하는 교육훈련의 종류는 매우 다양하며 개별적인 훈련프로그램에 따라 그 목표도 여러 가지로 분화될 수 있다. 그러나 공무원의 능력향상을 통해 정부조직의 효율성을 높이려는 교육훈련사업 전체의 일반적인 목표는 직무수행개선과 생산성 향상, 공무원의 발전욕구 충족, 공무원의 경력발전 촉진, 통제 · 조정 필요의 감소, 과오 · 낭비의 감소, 조직의 안정성과 융통성 향상, 행정개혁 촉진 등으로 요약할 수 있다.

교육훈련의 종류는 다양한 기준에 의해 분류된다. 그중 기본적인 분류는 훈련의 목적별 분류이다. 목적별로 분류된 훈련의 예로 신규채용자를 대상으로 하는 적응훈련, 정부에만 있는 직무를 담당하는 공무원의 훈련, 직무수행의 개선을 위한 훈련, 장래에 필요하게 될 폭 넓은 능력을 함양하는 유용성확대훈련, 관리자를 대상으로 하는 관리능력향상훈련, 윤리성향상훈련, 창의성향상훈련 등을 들 수 있다.

6) 근무성적평정의 관리

공무원의 잠재적 능력 · 행태 · 직무수행가치 등을 판정하여 기록하고, 이를 활용하는 활동을 근무성적평정이라 한다. 이러한 활동은 공무원과 행정의 발전을 도모하고, 공무원을 공평하게 대우하기 위한 하나의 수단이라고 할 수 있다.

근무성적평정방법은 평정표와 기록방법에 따라 여러 가지로 분류된다. 그 가운데서 가장 널리 쓰이는 것은 도표식평정척도법이다. 우리 정부에서도 이 방법을 쓰고 있다. 이것은 도표(graphic scale)로 된 평정표(평정서)를 쓰는 방법이다. 평정표에는 직무 상의 성패에 영향을 주는 요인의 분석을 통해 파악된 평정요소들이 열거되어 있고, 각 요소마다 그 우열을 표시해 주는 등급이 그려져 있다. 평정자는 피평정자를 평정요소별로 관찰하여 해당되는 등급에 표시를 하게 된다.

근무성적평정방법은 평정자가 누구인가를 기준으로 분류하기도 한다. 감독자평정, 부하평정, 동료평정, 자기평정, 다면평가 등이 그 예이다. 감독자가 부하들을 평정하는 감독자평정법이 널리 사용되는 기본형이다. 근래에 급속히 확산되고 있는 다면평가제는 근무성적평정에 피평정자의 상관, 동료, 부하, 고객, 재화용역 공급자 등이 참여하는 집단평정방법이다.

7) 보수와 편익의 관리

이것은 공무원의 계속적인 근무를 보장하고, 직무수행의욕을 복돋을 수 있도록 공무원의 근무에 대한 금전적 보상인 보수와 그에 유사한 편익 또는 편익에 영향을 미치는 요인들을 관리하는 활동이다.

보수(報酬)는 공무원으로서의 근무에 대해 정부가 금전으로 지급하는 재정적 보상이다. 보수는 고용관계와 직무수행의 대가이며, 동시에 생활유지의 수단이 되는 공무원의 소득이다.

공무원의 보수는 기본급(봉급)과 부가급(수당)이라는 두 가지 범주로 크게 구분할 수 있다. 기본급은 그 결정기준에 따라 i) 생계유지의 필요에 대응하는 생활급, ii) 공무원의 근무연수를 기준으로 결정하는 근속급(연공급), iii) 능력정도에 따라 결정하는 능력급, iv) 각 직위의 직무가 가지는 상대적 가치에 따라 결정하는 직무급, v) 직무수행의 결과 또는 산출고를 기준으로 결정하는 성과급, vi) 공무원의 생계비 · 연령 · 자격 · 근속 · 경험연수 · 능력 · 직무 · 근무성적 등을 종합적으로 고려하여 결정하는 종합결정급 등으로 분류된다.

성과급에 대해서는 뒤에 자세히 설명할 것이다.

부가급인 수당에는 i) 직무특성의 차이 때문에 지급하는 직무가급적 수당, ii) 생활비를 보조하기 위한 생활보조급적 수당, iii) 공무원이 근무하는 지역의 특성 때문에 생기는 생활상의 격차를 메우기 위해 지급하는 지역수당, iv)

표준근무시간을 초과하여 근무하는 사람에게 지급하는 초과근무수당, v) 직무능률 향상과 탁월한 직무수행을 촉진하기 위해 지급하는 성과급적 수당, vi) 노동시장의 형편에 따라 보수액을 조정하기 위한 조정수당 등이 있다.

보수와 유사한 편익(benefits) 또는 그에 영향을 미치는 요인으로는 연금, 보건 · 안전 · 복지혜택, 휴가, 근무시간 등을 들 수 있다.

8) 직무수행동기의 관리

공무원들의 직무수행동기를 유지 · 향상시키려는 활동을 직무수행동기 또는 사기의 관리라 한다. 직무수행동기의 관리에 대해서는 제5편에서 자세히 설명하였다.

9) 공직윤리의 관리

이것은 공무원의 직업윤리를 확립하기 위한 활동이다. 이 활동국면에서 인사행정은 공무원에 대한 윤리적 기대를 규정하는 행동규범을 결정하고 그것을 시행하게 된다. 공직윤리에 관한 중요문제들은 제4편에서 해설하였다.

II. 인사행정제도의 유형

나라마다의 인사행정에는 공통적 내지 보편적 요소도 있고 서로 다른 또는 고유한 요소도 있다. 우리는 인사행정제도마다의 서로 다른 요소에 착안하여 인사행정제도를 분류해 볼 수 있다. 오늘날 인사행정학에서 널리 활용하고 있는 인사행정제도의 모형(접근방법)은 엽관체제, 실적체제, 대표관료제, 관리융통성체제, 직업공무원제 등이다.

인사행정제도의 모형들은 각기 어떤 이익과 선호를 대변한다. 여러 접근방법들이 지지하는 이익과 선호를 어떻게 조정하고 배합해야 적정한가는 상황적 조건에 따라 결정할 문제이다. 신속한 변동대응요청에 직면하고 있는 우리나라 인사행정의 기초적 개혁과제는 모형들의 배합을 변천하는 상황적 요청에 부응하도록 조정해 나가는 것이다.

1. 엽관체제

1) 엽관체제의 정의

엽관체제(獵官體制: spoils system) 또는 엽관주의체제는 엽관주의에 입각한 인사제도이다. 엽관주의는 집권한 정당의 추종자들을 정당활동에 대한 공헌도와 충성심의 정도 그리고 집권세력에 의한 신뢰수준에 따라 공무원으로 임용해야 한다는 원리이다. 공직임용을 정치적 보상의 차원에서 보려는 발상에서부터 엽관주의는 출발되었다. 엽관주의는 정치과정을 통해 집권한 사람들의 인사재량권을 강조하는 원리이다. 엽관주의는 공직임용에 실적기준이나 객관화된 시험절차 적용을 필수적인 요건으로 규정하지 않는다.

엽관주의는 정권이 바뀌면 새 주인을 따라 들어오는 사람들에게 재직자들은 자리를 내 놓아야 한다는 원리 즉 교체임용주의를 내포한다. 그리고 엽관주의는 공무원들이 공직에 머무르는 동안에도 정당적 유대와 충성심을 유지하도록 처방한다.

정권이 바뀔 때마다 공무원들도 따라서 바뀌는 것을 처방하는 엽관주의는 복수정당제를 채택하는 민주국가에서만 실천이 가능하다.

우리는 민주화가 촉진되고 국정전반에 걸쳐 정치의 영역이 넓어지는 정치화의 시대에 살고 있다. 주권재민의 구현을 실질화하기 위해서 정치부문의 역량을 강화해야 한다는 것, 행정국가화의 과정에서 비대해진 행정은 정치부문에 상당한 역할을 이전해야 한다는 것, 행정민주화의 일환으로 행정은 정치적 방법을 많이 배워야 한다는 것, 정부안에 정치적 선출직이 늘어난다는 것 등은 정치화시대의 요청이며 특징이라고 말할 수 있다. 이러한 정치화시대에는 엽관인사의 기능을 재정립하는 것이 인사행정의 중요한 과제로 된다.

2) 엽관체제의 정당화근거와 폐단

엽관체제를 행정체제 전반에 적용하는 경우를 준거로 하여 엽관체제의 실천적 이점과 약점을 따져보려 한다.

(1) 정당화근거　　엽관체제의 정당화근거 또는 실천적 이점은 공직의 개방화를 촉진하고 정치적 대응성을 높임으로써 정부관료제의 민주화, 공직임용의 형평성제고, 그리고 민주정치의 발전에 기여할 수 있다는 것이다.

① **민주성 · 형평성 제고**　　엽관체제는 정부관료제의 민주화에 기여한

다. 엽관주의적 인사제도는 공무원의 빈번한 교체를 전제로 하기 때문에 보다 많은 사람이 정부의 일에 참여할 기회를 얻는다는 점에서 그렇다는 것이다. 그리고 공직을 널리 개방하여 누구나 담당할 수 있는 것으로 만들어 놓으면 임용기회의 형평성을 높이고, 정부관료제가 일부계층의 독점물로 되어 귀족화하거나 국민으로부터 멀어지는 세력집단으로 되는 것을 막을 수 있다는 것이다.

② **공무원의 충성심 확보** 엽관주의를 정당화하는 또 하나의 근거는 집권정치인들이 공무원들의 높은 충성심을 확보할 수 있고, 따라서 공무원들을 보다 효과적으로 통솔할 수 있다는 것이다. 국민에게 정책을 공약하고 집권한 정치인들은 이를 실현해야 할 책임을 지는데, 그들의 수족이 되어 일해야 할 공무원들이 가깝고 믿을 만한 사람이 아니면 국민에게 약속한 일을 충실히 해나가기 어렵다고 한다.

③ **정치발전에 대한 기여** 엽관체제는 민주정치의 발전에 기여할 수 있다. 엽관체제는 정부관료제의 정치적 대응성을 높이고 민주정치의 기초가 되는 정당제도를 유지하는 데 보탬이 되기 때문이다.

엽관체제가 쉽게 수용되고 그 이점이 실효를 거둘 수 있으려면 일정한 조건이 갖추어져 있어야 한다.

미국의 경험에서 보는 바와 같이 정당제도를 포함한 민주적 정부제도의 기초를 형성해야 하는 초창기적 요청이 국가적 현안일 때 엽관주의적 수단의 수용은 쉬워진다. 행정업무가 단순하고 업무담당자의 전문화수준이 낮을 것, 공직취임에 대한 경쟁이 덜 치열할 것, 귀족 등 특권계층에 의한 공직독점에 대한 반발이 고조되어 세인의 관심이 그에 집중되는 것 등도 엽관주의적 인사행정의 온상을 제공하거나 저항을 줄이는 조건이 된다.

(2) **폐 단** 엽관체제는 처방적 한계와 실천적 폐단을 지닌 것이다.

① **형평성 추구의 한계** 엽관체제는 그 실천에 있어서 한편으로 민주성·형평성을 추구하면서 다른 한편으로는 이를 저해할 수밖에 없는 딜레마를 해결하지 못한다. 엽관적 인사는 생래적 신분 또는 귀속적 신분(歸屬的 身分: ascriptive status) 등 특권적 지위를 공직임용의 조건으로 삼지 못하도록 하고 누구나, 이른바 평민도, 공무원으로 될 수 있도록 문호를 개방하자는 것이다. 그러나 그 문호개방은 반쪽짜리 문호개방이며 심각한 차별을 결과할 수 있는 문호개방이다. 집권정당에 연줄이 닿고 정당적 특수이익에 충성하는 사

람들만이 공직에 들어갈 수 있으므로 '누구나'로 설명되는 사람의 범위는 한정될 수밖에 없다. 그 범위 밖에 있는 사람들에게 엽관체제의 운영은 민주적이지도 않고 공평하지도 않은 것이다.

② **행정의 계속성 저해** 정권이 바뀔 때마다 대량적인 인력교체가 일어나면 재직하고 있던 사람들의 행정경험을 한꺼번에 내다 버리는 결과를 빚는다. 따라서 행정의 계속성도 손상을 입게 된다.

③ **무능 · 부패 · 낭비** 행정경험이 없고 무능한 사람들이 정부에 많이 들어가 업무의 능률을 저하시킨다. 비능률은 낭비로 이어진다. 그리고 매관매직 등 부패의 소지를 만들게 된다. 이런 현상은 공직 내의 부도덕한 분위기를 조성한다. 정당추종자들을 임용하기 위해 불필요한 관직을 많이 증설하면 정부재정의 낭비를 초래한다.

④ **기강해이** 공직에 취임할 때뿐만 아니라 그 후의 지위유지나 발전이 정당의 특수이익과 집권자에 대한 개인적 충성심에 달려 있기 때문에 공무원들의 공평한 임무수행을 기대할 수 없다. 공무원들은 정치적 배경을 믿고 오히려 일에 게으르고 위계질서를 문란시키거나 공익보다는 개인적인 이익추구에 몰두하기 쉽다.

엽관체제의 이점을 부각시키고 그 수용을 쉽게 하는 조건들이 사라지면 실천적 병폐는 더 크게 부각된다. 엽관의 도움 없이도 유지될 수 있을 만큼 정당의 자생력이 강화될 때, 특권계층의 공직독점제도가 사라질 때, 공직인사를 둘러싼 부패가 만연될 때, 행정의 전문성이 높아질 때, 엽관주의의 폐해에 대한 시민의식이 고조될 때 엽관체제는 현실세계에서 설 땅을 잃게 된다.

3) 우리 정부에서의 엽관체제

엽관체제의 효용과 폐단은 상황에 따라 달라질 수 있다.

우리나라에서 공직에 전반적으로 엽관체제를 도입하는 것은 지금의 상황에서 바람직하지 않을 뿐 아니라 가능하지도 않다. 정치화시대의 진전에 따라 엽관적 공직임용의 폭을 넓혀야 할 필요가 커지더라도 여전히 엽관체제의 전면적 실시는 어려울 것이다.

반면 엽관적 임용을 봉쇄하는 것도 가능한 것이 아니다. 엽관적 임용절차를 완전히 배척하고는 민주국가의 정치 · 행정체제를 제대로 운영할 수가 없다. 집권자들이 믿을 수 있고 충성심을 확보할 수 있는 사람을 써야 할 때, 임용예정직의 자격기준을 객관화하여 시험하기 어려울 때, 그리고 인적자원 운용상의 실적주의적 제약을 탈피해야 할 필요가 있을 때에는 엽관임용의 필요가 특히 큰 것이다.

따라서 여러 폐단과 남용의 위험에도 불구하고 현대국가에서는 엽관체제 적용이 정당화되는 한정된 영역을 인정한다. 우리나라에서도 일정한 직역을 한정하여 엽관적 임용의 정당성을 법적으로 승인해 왔다. 그 대표적인 영역이 장·차관 등 정무직의 엽관적 임용이다. 국영기업 등 준정부적 조직의 고급관리자 임용도 대개 엽관적 방법에 의한다. 이와 같이 우리 정부에는 엽관임용이 실재한다. 그리고 그것이 법적으로 승인된 범위 내에서는 정당시된다.

엽관체제는 일정영역에서 꼭 필요하지만 과오와 위험이 따르는 양날의 칼과 같은 제도이다. 집권정치세력의 성패는 엽관체제의 활용능력과 제어능력에 달려있다고 해도 지나친 말은 아니다.

(1) **음성적 정실임용과 재량권 남용** 우리 정부의 엽관체제 운영에서 특별히 문제로 되는 것은 법외적인 음성적 엽관임용과 임용결정에서의 재량권 남용이다.

오랜 기간에 걸친 음성적 엽관인사 또는 정실인사는 우리 인사행정을 병들게 해왔다.

합법적 엽관인사에서는 재량권을 고의 또는 과실로 잘못 행사하여 적재적소의 요건을 저버린 사례가 많았다. 엽관임용의 성패는 임용권자의 현명한 판단에 달려있는데 판단상의 과오가 많았다. 무능하거나 사회적 지탄을 받는 사람을 개인적 친분 때문에 또는 정치적 이익거래 때문에 임용한 사례가 적지 않았다. 공직인사의 지역적 불균형을 누적시켜 국가적인 문제를 키우기도 했다.

(2) **관념적 혼란** 엽관체제 운영에 대한 관념적 혼란도 문제이다. 엽관체제에 관한 오해 또는 몰이해는 불필요한 논쟁을 불러일으키고 국정운영의 효율성을 떨어뜨리기도 한다.

우선 엽관적 임용에 대한 무조건적 적대감정을 문제로 꼽을 수 있다. 그 원인은 여러 가지이겠으나 용어의 탓도 큰 것으로 생각된다. 영어의 스포일스 시스템을 '재량임용'이니 '정치적 임용'으로 번역했니라면 하는 아쉬움이 있다. 엽관이라는 말을 썼기 때문에 사람들은 '벼슬사냥' '매관매직' '위인설관' 등을 금방 연상하는 것이 아닌가 싶다. 그리하여 엽관인사는 언제나 나쁜 것이라는 고정관념을 형성하는 것으로 보인다. 일반상식인들에게는 확실히 이런 증상이 있다.

엽관체제의 운영에서 과거에 저지른 실책 때문에 엽관인사에 대한 일반적 혐오감을 키운 면도 있다. 시행상의 잘못은 물론 시정해야 한다. 그러나 법적으로 정당화된 그리고 필요한 엽관인사까지 반대하는 것은 잘못이다. 시행상의 잘못이 아닌 것을 잘못이라고 몰아 비판하는 태도는 달라져야 한다.

예컨대 대통령이 가장 신뢰하는 사람들은 엽관인사가 허용되는 공직에서조차 배제해야 공정한 인사인 것처럼 여론몰이를 하려는 것은 큰 잘못이다. 대통령이나 정당지도자들과 친한 사람들을 그 자격을 불문하고 '측근인사', '코드인사', '가신(家臣)그룹' 등으로 불러 비하하면서 그들의 인사간여를 죄악시하는 듯한 태도는 그릇된 것이다. 집권한 정치지도자들은 가깝고 유능하고 신뢰할 수 있는 사람들의 조력을 받아야만 거대한 정부관료제를 장악할 수 있는 것이다.

기관장이나 고급관리자들이 조직 외부로부터 선발되면 이를 '낙하산인사'라는 '죄목'으로 고발하려드는 일이 흔하다. 내부승진은 좋고 외부로부터의 인재발굴은 언제나 나쁜 것처럼 시사하려 드는 것이다. 낙하산인사를 비판하는 사람들도 사실은 승진에만 의존하는 폐쇄적 임용체제에는 반대할 수밖에 없을 것이다. 그들은 동종번식적 인사를 반대하고 공직인사의 개방화를 주장하기도 할 것이다. 외부로부터의 엽관적 임용을 일괄하여 낙하산인사로 매도하지 말고 개별적 인물의 자격을 논해야 할 것이다.

2. 실적체제

1) 실적체제의 정의

실적체제(實績體制: merit system)도 인사행정의 민주성과 형평성 증진을 지향하는 것이지만 그 실천수단의 처방은 엽관체제의 경우와 많이 다르다. 이 모형은 엽관주의적 처방에 대한 공격을 기조로 삼고 있다.

실적체제는 실적주의에 바탕을 둔 제도이다. 실적주의는 실적기준에 따라 인사행정을 해야 한다는 원리이다. 실적체제는 실적주의의 구현에 필요한 일련의 요건을 규정한다. 공직취임의 기회균등 보장, 임용에 있어서 공개경쟁과 실적기준의 적용, 재직공무원에 대한 '일에 맞는 보수'의 실현과 모든 인사조치에 있어서의 공평한 처우 실현, 실적기준에 기초한 퇴직관리, 직무수행능력 개선을 위한 훈련의 강화, 정치적 동기 등으로 인한 자의적 인사조치로부터 공무원의 보호 등이 그러한 요건이다.

실적주의의 핵심적인 실천수단으로 처방되는 것은 공개경쟁에 의한 채용시험의 실시, 공무원의 정치적 중립과 신분의 보장, 그리고 정당적 영향력으로부터 중립적인 중앙인사기관의 설치이다.

실적주의를 인사행정의 원칙적인 기준으로 적용해 온 선진국들에서 실천세계의 인사행정은 많은 변화를 겪어 왔다. 실적기준의 적용에 의한 정부인력의 효율적 활용뿐만 아니라 공직의 인간화, 공무원들의 만족스러운 직업생활과 발전 등을 위한 인사행정활동이 추가되어 왔다. 현실세계의 실적체제에 추가된 변화들을 귀납적으로 반영하는 이론적 모형들도 나오게 되었다. 그러나 여기서는 전통적인 의미의 실적체제를 준거로 삼아 논의를 하는 것이다.

전통적인 의미의 실적주의는 엽관인사에 반대하는 반엽관주의, 부당한 압력으로부터 공무원들을 보호하려는 보호주의, 인사행정에 대한 당파적 영향을 배제하려는 중립주의이다. 실적주의는 나쁜 사람이 공직에 들어가 저지르는 부정을 막고 정의와 형평을 실현해야 한다는 도덕적 주장이기도 하다.

2) 실적체제의 정당화근거와 폐단

(1) 정당화근거 실적체제는 궁극적으로 인사행정의 민주성과 형평성을 추구한다는 점에서 그 정당화근거를 찾는다. 일정한 조건하에서 그리고 어떤 측면에서 실적체제는 그러한 이상의 구현에 기여할 수 있는 것이다.

① 민주성 · 형평성 제고 실적주의적 인사행정은 공직취임의 기회균등을 보장하기 때문에 민주적이다. 객관적인 채용기준을 설정하고, 채용시험을 실시하여 규정된 자격을 구비하고, 시험에 합격하면 누구나 공무원이 될 수 있도록 하기 때문에 적어도 공직취임의 기회에 관한 한 형평성을 구현할 수 있다.

② 공무원의 능력 · 능률 향상 시험에 합격하지 못하면 정치적으로 연줄이 닿는 사람이더라도 공무원이 될 수 없으므로 정치적 부정을 일삼는 사람이나 무자격한 사람들을 배제할 수 있다. 따라서 실적주의는 공무원의 자질향상과 업무능률의 향상에 기여할 수 있다.

③ 행정의 계속성 · 안정성 강화 정권교체에 따른 공무원의 대량교체

를 막을 수 있으므로 행정의 계속성과 공무원의 직업적 안정성을 유지하는 데 크게 기여한다. 이것은 행정의 전문화를 촉진한다.

④ **도덕적 분위기 조성** 실적주의는 정의와 형평을 추구하는 것이며, 정부 내에 도덕적인 분위기를 조성한다.

실적체제의 효용을 강화하는 일련의 상황적 조건들이 있다. 엽관인사가 타락하고 정실인사의 폐단이 심한 경우 그리고 인사행정의 통일성 확보가 절실히 요청되는 경우 실적체제의 효용은 커진다. 그리고 정부관료제의 거대화, 복잡성의 증대, 행정업무의 전문화 촉진과 같은 조건도 실적체제의 시장점유율을 높이는 요인이 된다.

(2) **폐 단** 실적체제는 그 본래적 성격 때문에 또는 운영상의 문제 때문에 여러 가지 실천적 폐단을 빚을 수 있는 모형이다.

① **소극성** 실적주의의 실천은 인사행정을 소극적·부정적 기능으로 전락시키기 쉽다. 나쁜 사람들이 공직에 들어오지 못하도록 하는 데 급급하다 보면 좋은 사람들을 공직에 끌어들이고 인사운영을 효율화하는 데는 소홀해질 수 있다.

② **고립적·배척적 특성** 정부의 인사기능을 고립적이고 배척적이며 경찰적인 것으로 만들 가능성이 크다. 중앙인사기관의 인사행정담당자들은 정부관료제 외부의 적에 대하여 방어적일 뿐만 아니라, 계선기관의 임명권자나 인사운영자들도 불신하고 '안 된다'는 말을 주로 하기 때문에 정부 안에 불신과 비협조의 분위기가 조성된다.

③ **비효율성** 부정적 감시활동을 일방적이고 집권적인 과정을 통하여 수행하기 때문에 인사운영의 효율성이 떨어지고 인사행정과정은 번문욕례에 휘말리게 된다. 일선의 인사운영자들은 중앙에서 정해 준 법령과 규칙, 명령, 지시, 그리고 표준화된 서식을 준수해야 하기 때문에 인사운영은 경직화되고 그 효율성은 저하된다.

④ **정책·국민의사에 대한 감수성 둔화** 인사행정과 공무원을 중립화함으로써 공무원들이 집권층의 정책방향과 국민의 요망에 무감각하게 되는 경향을 조장한다. 정치적 간섭으로부터 공무원을 보호하기 위하여 신분보장을 포함한 보호조치를 한 것이 어떤 면에서는 인사운영에 차질을 준다는 비난도 있다.

⑤ **기회에 불과한 형평성** 실적체제는 인사행정의 형평성보장에서 기

회와 가능성에 초점을 맞춘다. 따라서 실현된 또는 결과로서의 형평성을 보장하지 못한다. 기회의 형평성에만 매달려 실질적으로는 형평성상실과 차별을 오히려 심화시킨다는 비판도 있다.

정부관료제의 탈관료화에 대한 요청, 대표성확보에 대한 요청, 인사행정의 분권화와 신뢰체제구축에 대한 요청, 인사운영의 융통성에 대한 요청이 커질수록 실적체제 적용의 폐단은 더욱 크게 부각된다.

3) 우리 정부에서의 실적체제

많은 논란에도 불구하고 실천의 세계에서 실적체제가 아직까지는 지배적인 접근방법으로 되어 있다. 우리나라에서도 정부수립 이후 줄곧 실적체제를 원칙적인 인사행정제도로 채택해 왔다. 우리나라의 실적주의제도 역시 위에서 지적한 병폐들을 다소간에 공유한다.

(1) **형식주의** 우리나라에서 특히 문제로 되는 것은 형식주의이다. 실적주의의 원리가 선언된 곳에서 오랫동안 정실주의가 폐단을 빚어 왔다. 인사운영의 실제에서 실적주의를 이탈하는 현상이 만연되는 데 대한 반작용으로 공식적인 제도 설정에서는 실적주의를 과잉추구하게 되었고 그것은 현실과의 괴리를 크게 하여 다시 형식주의를 증폭시켰다.

(2) **관념적 혼란** 정부조직에서는 실적주의라는 말을 전혀 엉뚱한 뜻으로 사용하기도 해서 관념적 혼란을 가중시키고 있다. 다수의 공무원들은 실적주의를 행정의 병폐라는 뜻으로 쓴다. 출세욕이 강한 약삭빠른 인간들이나 하는 짓으로 지탄한다. 아니면 무사안일주의자들의 책임회피수단으로 간주한다. 실적주의를 실질은 없이 건수만 채우려는 태도, 감독·통제대상업무의 양적인 형식만 꾸미려는 태도라고 규정하기 때문이다. 공무원들의 눈에는 실적주의가 곧 형식주의인 것이다.

공무원들이 처음부터 실적주의를 오해하였거나 실적체제 운영과정의 실책 때문에 실적주의라는 관념 자체에 대한 부정적 이미지를 형성했을 것이다. 실적주의적 인사운영은 실적측정을 중요시한다. 실적측정은 다소간에 양적 복종을 부추기는 위험을 수반한다. 그런데 과잉측정이나 타당성 없는 측정이 되풀이되면 양적 복종이라는 반응행동은 더욱 심화된다.

(3) **실적주의 보장수단의 경직화** 적어도 공식적인 제도와 정책에서는 일부 실적체제의 요건이 과잉추구되어 온 것 같다. 이것도 관념적 혼란의 한

귀결로 보아야 한다. 실적주의가 처방한 중립성, 신분보장, 인사기준의 객관화, 인사기능의 집권화 등을 금과옥조로 알고 이를 과잉처방해 온 혐의가 짙다.

① **정치적 중립에 관한 문제** 우리나라에서 공무원의 정치적 중립을 요구하는 법조항은 대단히 강경하다. 그에 대한 개선처방들도 더욱 강력한 중립을 되풀이하여 강조해 왔다. 공무원의 정치적 중립에 대한 정부 내외의 인식은 정치·행정이원론에 입각해 있는 것으로 보인다. 공무원과 행정조직을 정치적·정책적으로 불모화하고 정치적으로 구성되는 최고관리층으로부터 그들을 분리 또는 격리하는 일을 개혁인 것처럼 여기는 경향이 있다.

정치·행정일원론에 입각한 정치적 중립제도의 리엔지니어링이 절실한 시대에 와 있으면서도 고전적인 또는 오도된 중립화론에서 깨어나지 못하는 사람들이 많다. 구식 중립화론은 그에 대해 깊히 생각하지 못한 사람들이 모호한 관념을 가지고 타성적으로 주장하는 것일 수 있다. 아니면 공직윤리의 실천적 타락에 대한 반작용일 수 있다. 과거 공식적인 금지를 비웃고 공무원들을 정파적인 당리당략을 위해 동원하고 이용한 일이 만연했었다. 이에 대한 수습책으로 실효성이 없을 줄 알면서도 정치적 중립에 관한 공식적 제도의 강화만을 주장해 왔는지 모른다.

② **신분보장에 관한 문제** 실로 오랫동안 행정의 폐단과 실책을 논할 때는 공무원의 신분불안을 중요한 원인의 하나로 들어 왔다. 그리하여 공무원의 신분보장 강화를 줄곧 개혁처방으로 삼아 왔다. 실제로 공무원의 직업적 안정성을 부당하게 파괴하는 일이나 불공정한 인사조치들이 많았기 때문에 신분보장의 계속적인 강조는 큰 저항을 받지 않았을 것이다. 그러나 이제 신분보장제도의 재검토를 요구하는 경쟁적 가치들이 세력을 키워가고 있다. 신분보장 강화에 너무 치우친 정책은 수정될 수밖에 없을 것이다.

③ **인사기준 객관화에 관한 문제** 실적주의가 인사기준의 객관화를 처방하는 것은 사실이다. 이를 신봉한 탓인지 우리나라에서는 인사행정개혁에서 언제나 인사기준의 객관화를 강조해 왔다. 객관성과 공정성을 동일시해 왔다. 관리자·감독자의 판단이나 재량이 개입하는 것은 바로 불공정한 일이며 부정한 결과를 빚는다고 생각하는 풍조가 지배적이었다. 이러한 풍조는 인사권자와 감독자에 대한 불신을 반영한다. 정치적 최고관리층에서부터 줄줄이 이어지는 각급의 상관들은 모두 불공정한 사람들이며 나쁜 사람들이라는 전제 위에서 인사행정을 해 나간다는 것은 너무 피곤한 일이다.

부하에 대한 인사조치에서 상관의 판단을 배제할 수 있도록 인사기준 적용의 객관화를 극단적으로 추진한다면 상관이라는 존재는 왜 필요한가라는 의문을 낳게 될 것이다. 상관은 무슨 힘을 가지고 부하를 통솔할 수 있을 것인가 하는 의문도 생긴다.

④ **인사기능 집권화에 관한 문제** 우리나라에서는 전통적 행정문화의 유산 때문인지 아니면 실적주의 탓인지 인사기능이 많이 집권화되어 왔다. 모든 행정분야에서 분권화의 요청이 분출하고 있는 요즈음에도 집권화된 형편은 많이 달라진 것 같지 않다. 집권화된 인사행정의 '미세관리'(micromanagement)가 우려된다. 미세관리란 과잉간섭의 관리를 말한다.

3. 대표관료제

1) 대표관료제의 정의

대표관료제(代表官僚制: representative bureaucracy)란 모든 사회집단들이 한 나라의 인구 전체 안에서 차지하는 수적 비율에 맞게 관료조직의 직위들을 차지해야 한다는 원리가 적용되는 관료제이다. 대표관료제는 인적 구성면이나 정책지향면에서 사회 전체의 축도(縮圖: cross-section)처럼 되어 있는 관료제이다. 즉 사회세력 전체의 축소판과 같은 정부관료제가 대표관료제이다.

대표관료제의 주요 특성은 다음과 같다.

① **비례적 대표성** 대표관료제는 인종·성(性)·직업·계층·지역 등 여러 기준에 의하여 분류되는 국가 전체의 부문별 인구를 고루 흡수하는 인적 대표성을 지닌다. 대표성은 비례적인 것이다. 즉 관료제 내에서 특정한 집단이 차지하는 인력규모는 그 출신집단이 전체인구에서 점하는 규모에 비례한다. 각 집단은 관료제 내의 모든 계층과 직업군에 비례적으로 대표된다.

그와 같은 인력의 비례적인 대표성을 피동적 대표성(소극적 대표성: passive representativeness)이라 한다. 피동적 대표성은 능동적 대표성(적극적 대표성: active representativeness)으로 연결될 것이 기대된다. 즉 사회 전체의 인구구조를 비례적으로 대표하는 대표관료제 내의 각 집단은 출신집단의 가치와 이익을 대표할 것이 기대된다. 각 집단에 의한 능동적 대표는 상호견제를 통해 관료조직의 내적 통제작용을 하며, 조직 전체가 소속사회의 공익을 추구하도록 하는 데 기여한다.

이러한 이론은 피동적 대표성이 능동적 대표성을 보장한다는 것을 전제한다. 이것은 사회적 대표성이 정치적·정책적 대표성으로 표출된다는 전제이다. 공무원들은 자기의 사회적 배경이 되는 집단의 이익과 가치를 표출할 것이며, 그리하여 정책의 내용과 집행에 영향을 미칠 것이라고 본다. 이러한 전제는 행정책임을 근본적으로 주관적이며 심리적인 현상으로 이해하는 입장에 결부된 것이다.

② **실현된 민주성·형평성의 추구** 대표관료제는 다른 어떤 인사행정 모형보다 실현된 민주성·형평성에 대한 열망이 강하게 반영된 모형이다. 이 모형은 명목적인 또는 기대된 형평성이 아니라 결과로서의 형평성 구현을 강조한다. 대표관료제는 산업화과정에서 빚어진 불균형성장의 폐단과 행정국가화과정에서 빚어진 민주성 침해의 폐단에 도전하는 자못 급진적·전투적 모형이다.

③ **비혜택집단 우대** 대표관료제의 원리는 사회적 비혜택집단을 도우려는 복지주의 그리고 진보적 자유주의, 집단주의와 성과주의를 기반으로 하는 것이다. 그리고 사회적 형평성의 구현을 강조한다. 차별·비차별의 결정에서 사람이 소속하는 사회집단을 준거로 삼는 집단주의는 연좌제적(連坐制的) 효과를 수반하기도 한다. 대표관료제는 역차별도 서슴지 않는 등 비형평적인 방법으로 형평성을 추구하기도 한다.

④ **진보적 평등 이념** 대표관료제가 그 기반으로 삼는 진보적 평등(進步的 平等: liberal equity)의 이념은 평등을 근본적이며 의도적인 공평성이라고 규정한다. 진보적 평등주의는 기회가 모든 사람에게 참으로 평등하려면 개인들 사이의 자연적 불평등을 정부가 시정해 주어야 한다는 점을 강조한다. 예컨대 취업을 위한 경쟁 등 경쟁적 활동에 필요한 지식·기술을 습득할 수 있도록 정부가 무상교육을 실시해야 하며, 채용·승진에 대한 법적·사회적 장벽을 의도적으로 철폐해야 한다고 주장한다.

대표관료제를 처방하는 사람들이 진보적 평등의 이념에 의지하는 까닭은 개인의 직업적 성공에는 개인의 특성이나 노력뿐만 아니라 역사적·사회적 배경과 조직상의 여러 요인이 함께 영향을 미친다고 보기 때문이다.

2) 대표관료제의 원리와 실적주의

실적주의는 가장 우수한 자격자를 선발하려 하며, '자격'은 정치적 및 사회적 고려가 없이 중립적으로 규정하려 한다. 대표관료제의 원리는 인사행정에 사회적 고려를 도입하고, 적어도 잠정적으로는 일부 사회집단구성원을 우대하려 한다.

실적주의는 개인의 자격에 초점을 맞추지만, 대표관료제의 원리는 사회집단들의 필요에 역점을 두고 집단주의적 접근(集團主義的 接近: collectivist approach)을 하려 한다.

인사행정의 실제에서 대표관료제의 원리에 따라 우대받는 사람 때문에 보다 우수한 실적평가를 받은 임용후보자가 탈락되는 경우, 실적주의와 대표관료제의 원리가 상충되는 양상이 빚어진다.

이러한 관계를 놓고 여러 가지 해석이 가능할 것이다.

어떤 사람은 대표관료제원리의 적용이 역차별이며, 인종주의적·성차별주의적이고 비능률적이며 부도덕한 것이라고 비판할 것이다. 다른 사람은 대표관료제의 원리에 따른 보상적 우대는 혜택받아 온 집단의 구성원들이 누려왔던 부당하고 불공평한 이득 또는 우대를 제거할 뿐이라고 말할 것이다.

대표관료제에 관한 아이디어는 정부관료제의 공익추구와 임용기회의 형평성을 보장하려는 실적주의의 본래적인 이상과 상충되는 것이 아니다. 다만 실천적으로 기회의 형평성을 구현하려는 실적주의적 기법과 결과로서의 형평성을 구현하려는 대표관료제의 차별철폐기법이 충돌할 수 있다.

실적체제의 편견을 시정하고, 보다 적극적인 접근방법을 채택한다면, 그리고 사회 전체가 사회적 형평성제고를 위한 노력에 박차를 가한다면 대표관료제에 대한 요청은 약화될 것이다. 대표관료제와 실적체제의 대립적인 논쟁도 가라앉을 것이다.

3) 대표관료제의 실천전략

(1) 대표성제고의 광범한 전략영역 정부관료제의 전국민에 대한 정책적 대표성과 대응성을 높여 공익을 추구하게 하는 전략을 탐색할 수 있는 영역은 실로 광범하다. 대표관료제를 발전시키는 방안은 여러 전략 가운데 하나임에 불과하다. 정부관료제의 진정한 대표성과 대응성이 확보될 수 있으려면 많은 전략영역에서 협동적 노력이 필요하다.

정부관료제의 대표성제고에 기여할 수 있는 주요 전략의 범주를 보면 다음과 같다.

① **보편주의적 문화의 창달** 가장 근본적인 전략은 광범한 문화변동을 촉진하여 차별적·집단이기주의적 행동양식을 시정하고, 보편주의적 행동양식을 함양하는 것이다. 이러한 문화변동이 정부관료제에 반영되면 그 대표성은 저절로 높아질 것이다.

② **지도층의 솔선수범** 행정부의 정치적 지도층(political leadership)이 스스로의 국민대표적 성격을 정부관료제에 투사하고, 그에 대한 지도력과 통제력을 강화하는 전략이 있다.

③ **외재적 통제** 입법적 및 대중적 통제와 같은 외재적 통제에 의하여 정부관료제의 국민 전체에 대한 대표성을 높이는 전략이 있다.

④ **윤리성 향상** 공무원들의 모범적 행동에 관한 윤리규범을 설정하고, 이를 강력히 시행함으로써 그들의 대표성과 대응성을 높이는 전략이 있다.

⑤ **인사행정의 개선** 공무원의 임용과 그에 연관된 인사제도의 운영에서 취업의 기회균등을 적극적으로 보장하고 차별을 철폐하는 방안이 있다. 이것이 이른바 인사행정상의 방책이다.

(2) 인사행정상의 방책 대표관료제의 구현은 공무원의 임용과 발전의 기회균등을 보장하려는 인사행정상의 방책이다. 여기에는 적극적으로 기회균등을 보장하려는 노력과 이미 빚어진 차별의 효과를 제거하려는 노력이 함께 포함된다. 구체적인 방책을 보면 다음과 같다.

① **모집의 적극화** 모든 인구집단을 대상으로 하여 모집활동을 적극화한다. 특히 비혜택집단의 구성원들이 모집통로에 접근할 수 있도록 각별한 노력을 경주한다. 그리고 기회균등에 장애가 될 지원자격기준은 폐지한다.

② **선발방법의 타당성 제고** 채용시험 등 선발방법의 타당성을 높여 선발과정에서 빚어질 수 있는 차별의 효과를 방지한다.

③ **비혜택집단의 발전기회 확대** 비혜택집단출신 공무원의 지위상승 등 발전기회를 확대하기 위해 교육훈련기회의 배분에서 그들을 우대한다.

④ **공평한 근무성적평정** 근무성적평정에서는 직무수행의 기준과 기대를 공평하게 적용한다.

⑤ **직위분류 개선** 비혜택집단출신 공무원의 지위상승을 촉진하기 위해 직위분류를 재평가한다.

⑥ **공평한 내부임용** 승진과 배치전환을 결정함에 있어서 차별적인

사고방식과 관행을 불식한다. 임용결정에서 동등한 조건이면 비혜택집단출신의 후보자에게 혜택을 준다.

⑦ **임용할당제 시행** 정부관료제 내의 모든 계층과 직업분야에 대한 임용의 비례적 대표성을 강제하기 위해 임용할당제(任用割當制: employment quota system)를 적용한다. 이 방안은 매우 강경하고 극단적인 것이며, 실적주의와의 마찰가능성 때문에 논란의 대상이 되고 있다.

⑧ **이의제기절차의 수립** 인사상의 차별에 관한 고충처리절차를 수립하고, 그에 결부된 소송제기의 길을 넓힌다.

4) 대표관료제의 정당화근거와 약점

(1) 정당화근거 대표관료제의 정당화근거 또는 효용은 다음과 같다.

① **대표성 제고** 대표관료제는 정부관료제의 국민대표성을 높인다. 대표관료제의 발전은 정부관료제를 정치적 대표과정에 끌어들여 그 대표성을 높이기 위해 필요하다.

대표관료제의 인적 구성이 사회 각계각층을 비례적으로 대표한다는 것 자체가 민주적인 가치에 부합되는 충분한 의미를 지닌 것이다. 나아가서 그러한 인적 구성요소가 능동적인 대표작용을 한다면 광범한 토대 위의 균형잡힌 견해가 정부관료제 안에서 형성될 수 있다. 그리하여 정책형성과 집행의 과정에서 상이하거나 상충되는 이익이 균형 있게 고려될 수 있다.

② **대중통제의 내재화** 내적 통제를 강화할 수 있다. 대표관료제는 대중통제를 정부관료제에 내재화시킬 수 있다. 대표관료제는 대중통제의 내적 공급원을 마련하는 것이라고 표현할 수도 있다.

공무원들은 사회화의 과정을 통해 자기 출신집단의 가치와 이익에 대한 심리적 책임을 지려 하기 때문에 서로 견제하여 내적 통제를 강화한다. 이러한 내적 통제는 광범하게 대응적인 공공정책이 산출될 가능성을 높인다.

③ **결과적 형평성의 보장** 인사상의 형평성을 적극적·결과적으로 보상할 수 있다. 대표관료제는 모든 사회집단의 실질적인 형평성을 적극적으로 보장하는 데 기여한다. 특히 혜택받지 못한 불우한 소수집단들에게 기회균등을 적극적으로 보장하고 그들의 지위상승을 돕는다. 이것은 사회정의구현에 이바지하게 된다.

④ **실적체제의 폐단 시정** 실적주의적 인사행정이 결과한 폐단을 시

정할 수 있다.

합리주의와 능률주의를 지향한 실적주의는 공식적으로 또는 형식적으로 공직취임의 기회균등을 추구하는 것이었지만, 실질적으로는 여러 가지 차별을 결과하였다. 실적주의적 인사행정이 차별을 조장한 까닭은 여러 곳에서 찾아볼 수 있다. 우선 실적주의적 원리에 입각한 임용시험들이 차별의 결과를 빚었다. 왜냐하면 그러한 시험들이 평가대상으로 삼는 지식·기술 등을 배울 수 있는 기회가 사회집단 간에 불평등하게 배분되어 있기 때문이다. 실적체제의 도구인 채용후보자 3배수추천, 감원절차 등은 비혜택집단을 차별하는 도구로 되는 경우가 많았다. 그리고 비혜택집단의 구성원들이 정부의 모집망에 접근하는 기회도 제약되어 왔다.

(2) 약 점 대표관료제의 필요성 또는 정당성을 주장하는 이론의 맹점, 그리고 대표관료제를 위한 처방이 초래할 실천적 폐단을 지적하는 주요 논점은 다음과 같다.

① **정책대표성에 대한 의문** 정부관료제가 정책입안의 한 출처임에는 분명하지만 주된 출처로 볼 수는 없다. 그리고 정부관료제가 정책에 영향을 미치는 범위 내에서도 공무원들이 출신집단별로 자기편만 드는 집단이기주의를 표출해서는 안 된다. 그러므로 대표관료제의 논거는 박약하다.

② **피동적·능동적 대표성의 연계에 대한 의문** 공무원의 피동적 대표성이 능동적 대표성을 보장한다는 전제는 허구적인 것이다. 공무원의 출신배경만이 그의 가치관이나 직무행태 등 모든 것을 결정하는 것은 아니다.

그리고 권력은 관료제 전체에 균등하게 배분되어 있지 않다. 관료 엘리트들의 연합이 정책결정과정의 주요 부분을 통제한다. 따라서 대표관료제의 대표성은 피동적 대표성에 그칠 가능성이 크다.

③ **자유주의 침해** 대표관료제는 천부적 자유(natural liberty)의 개념에 어긋난다. 개인의 존엄성, 권리와 자유는 개인을 위해, 개인을 준거로 규정하는 것이 자유주의이다. 개인보다는 집단에 역점을 두는 대표관료제의 원리는 자유주의에 배치되는 것이다. 대표관료제의 원리는 시장에서의 개인적 선택에 대한 인위적 간섭을 초래한다.

④ **실적기준 적용의 제약** 대표관료제는 실적기준의 적용을 제약하고 따라서 행정의 전문성과 생산성을 저하시킨다. 대표관료제는 능력·자격을 2차적인 기준으로 삼기 때문이다.

⑤ **역차별** 대표관료제는 역차별(逆差別: reverse discrimination)을 결과하고 사회분열을 조장한다. 차별철폐의 추구가 역설적으로 또 다른 차별을 결과한다. 역차별을 받은 사람들에 의한 법적 다툼이 계속될 가능성이 있다. 집단별 분리주의의 강조는 바람직한 다원주의를 지지한다기보다 사회의 해체를 조장하는 것이다.

⑥ **기술적 애로** 대표관료제의 실현에는 여러 가지 기술적 애로가 따른다. 우선 공무원 수의 구성에 있어서 인구비례의 정태적 균형을 유지하는 것은 기술적으로 매우 어렵다. 관료조직은 동태적인 것이어서 직원이 끊임없이 들어오고 나가며 내부이동을 하기 때문이다.

사회집단별 공무원할당수를 통계학적으로 산정하는 데 오류가 개입될 가능성이 크다. 사회집단별 인구구조는 일정치 않기 때문이다. 어떤 사람이 어떤 사회집단의 소속원인가를 결정하는 것도 쉬운 일이 아니다.

5) 우리 정부에서의 대표관료제

오늘날 어느 나라에서나 국민이 정치행정적으로 더 많이, 그리고 더 균등하게 대표되어야 한다는 요청은 커가고 있다. 따라서 대표관료제에 대한 관심도 커져가고 있다. 그러나 구체적인 정치·사회적 특성과 역사적 배경이 다름에 따라 그와 같은 요청·관심의 크기와 성격은 다르다. 문제의 심각성이 아주 크게 인식되고, 그에 대한 대응전략이 가장 활발하게 고안되고 있는 대표적인 나라가 미국이다.

(1) **차별의 유산** 우리나라는 다인종국가들의 경우에 비해 비혜택집단, 불우집단 또는 소수집단에 대한 정책차별·임용차별문제의 심각성이 덜하다는 평가를 할 수도 있을 것이다. 그러나 전통적인 인습으로 인한 임용차별이 음으로 양으로 잔존해 있다. 인습적 차별 가운데 대표적인 것은 남녀 차별이다. 그리고 지난 수십 년간 악화된 이른바 지역이기주의 내지 지역연고주의에 의한 임용차별이 심각한 문제로 널리 인식되어 왔다. 이 밖에도 장애인 차별, 이공계 차별, 학력에 의한 차별 등이 개혁현안으로 부각되어 있다. 이런 문제를 어떤 방법으로든지 해결하지 않으면 국민통합을 해치고 정치행정체제의 정당성을 훼손할 수도 있다.

여러 가지 차별적 조건의 개선에 관련하여 근래 가장 많은 정책적 관심을 받아 온 것은 남녀차별문제이다. 지역연고주의의 타파도 지속적인 개혁현안이었다. 장애인 의무고용정책의 추진에도 적지 않은 진척이 있었다. 이공계 인력의 공직임용 확대를 위한 우대조치들도 채택되고 있다. 여성차별문제와 지역연고주의 문제에 대해서는 설명을 추가하려 한다.

(2) 여성차별 문제　　우리 정부는 여성에 대한 차별의 철폐와 방지에 우선적인 주의를 기울여 왔다. 5급 이하 공무원의 채용시험에서 여성 합격자의 비율에 관한 일종의 할당제라고 할 수 있는 '여성채용목표제'를 채택한 바 있다. 즉 시험실시기관의 장은 여성의 공무원 임용기회를 확대하기 위해 필요하다고 인정하는 경우에는 일반적인 합격결정기준에도 불구하고 여성이 시험실시단계별로 선발예정인원의 일정비율 이상이 될 수 있도록 선발예정인원을 초과하여 여성을 합격시킬 수 있게 한 제도가 '여성채용목표제'이다. 이 제도는 뒤에 '양성평등채용목표제'가 대체하였다.

내부임용의 실제에서도 여성차별이 완화되는 관행의 변화가 감지되고 있다. 정부는 5급이상, 그리고 4급이상 여성관리자임용확대 5개년계획을 잇따라 발표한 바 있다.

직역에 따라 공무원 신규채용에서 여성합격자의 수가 남성보다 많아지는 예가 늘어나고 남녀가 비등한 합격자를 내는 예도 늘어나고 있다. 여성의 관리계층 진출도 실제로 늘어나고 있다. 정무직의 임용에서도 '여성배려'라는 것이 소폭이지만 행해지고 있다. 정당법은 국회의원 및 시 · 도의원 비례대표의원 후보자 중 30%를 여성에게 할당해야 한다고 규정하고 있다. 남녀고용평등법은 민간부문의 남녀차별금지를 규정한다.

사회문화와 행정문화의 남녀차별적 요소가 차츰 약화되고 있는 것은 사실이다. 그러나 공직임용에서 여성을 차별하는 '유리천장' '유리 벽'은 아직도 많은 문제를 야기하고 있다.

직업생활 · 조직생활에서 여성에 대한 차별을 없애나가자고 하는 것은 우리 시대의 의심할 수 없는 갈망이다. 대표관료제의 아이디어는 그러한 갈망의 구현에 좋은 시사를 줄 수 있다.

그러나 일은 차근차근 해나가야 한다. 남녀가 기회의 균등부터 누릴 수 있도록 실질적인 조치들을 취해 나가야 한다. 임용할당제의 채택이라는 초강경수로 건너 뛰는 것은 과욕에서 비롯되는 무리수일 수 있다. 기회의 균등도 실현되지 못하고 있는 마당에 결과로서의 수적 균형부터 지나치게 인공적으로 실현하려다가는 정책실패를 자초할 수 있다.

채용시험에서 가산점 때문에 합격한 여성뿐만 아니라 여성 합격자 전원이 여성은 남성보다 열등하다는 이미지를 안고 직업생활을 시작하게 할 위험이 크다. 남성들이 가산점으로 합격한 경우에도 문제는 비슷할 것이다. 정책당국에서는 이 점에 관해 장기적인 안목을 가지고 깊은 배려를 해야 한다.

(3) 지역연고주의 문제　　지역연고주의에 의한 인사차별은 지난 수십 년간 역대정권이 이어 받은 업보이다. 지역연고에 따른 인사차별의 멍에는 끈질기게 남아 있다. 오랫동안 특정지역을 지지배경으로 하는 정권이 연이어졌기 때문에 공직인사에서 지역차별이 국가적인 문제로 부각되기에 이르렀다. 지역기반을 달리하는 정치세력에 의한 정권교체는 인사우대의 균형을 찾아가는 듯했으나 그 과정에서 또다른 지역차별에 대한 불만을 고조시키기도 했다.

지역연고주의적 인사차별의 문제성을 정부 내외에서 심각하게 인식하고 있는 것은 사실이다. 그리고 정치적·행정적 지도층에서는 지역탕평인사를 소리높여 주장해 온 것도 사실이다. 그러나 그와 같은 주장은 선언적 효과 이외에 뚜렷한 성과를 거두지는 못했다. 정부의 고위직 인선에서 지역안배라는 비공식적 기준이 어느 정도 고려되고 있는 것을 탕평인사 선언의 효과라고 생각할 수는 있다.

인사의 지역차별은 제도적 문제라기보다는 행태적·관행적인 문제이기 때문에 단기적이고 국지적인 해결책을 찾기가 어렵다. 정부와 사회에서 보편주의적 문화가 발전해야만 근본적인 해결의 가닥을 찾을 수 있을 것이다.

(4) 개혁과제　　대표관료제의 이상을 수용하여 공무원 임용뿐만 아니라 행정전반 그리고 국민생활의 형평성을 높여 나가려면 눈에 잘 보이지 않는 곳에서부터 차별의 원인적 조건들을 고쳐나가야 할 것이다. 사회생활의 모든 영역에 걸쳐 차별의 문화를 개조하는 데 힘을 합쳐야 한다. 대표관료제의 부드러운 수단들부터 실천해 나가야 한다. 할당제와 같은 급진적 수단은 그 필요가 절대적이라고 판단될 때 마지막으로 사용해야 한다. 대표관료제의 이상에 따라 그늘진 곳에 빛을 드리우고 혜택집단들을 절제시키는 것은 반부패투쟁처럼 매우 힘겨운 싸움인 것이다. 그것은 소수의 다수에 대한 투쟁인 것이다. 개혁행동자들은 그러한 사정을 바로 보고 장기적·포괄적 대책을 세워야 한다.

4. 관리융통성체제

1) 관리융통성체제의 정의

융통성이 비교적 높은 인사행정모형을 인사행정학에서는 관리융통성체제(管理融通性體制: management flexibility system)라고 한다.

인사행정의 관리융통성체제는 변화하는 요청에 효과적으로 대응할 수 있도록 운영상의 융통성을 높인 인사행정모형이다. 관리융통성체제의 기초가 되는 요건은 다음과 같다.

① **융통성** 인사행정체제가 변화하는 요청에 기민하게 대응할 수 있는 융통성을 지녀야 한다. 그러한 융통성은 다원적이며 통합적인 것이어야 한다. 어느 한 측면의 고립적 융통성만으로는 그 자체의 효용을 발휘할 수 없을 뿐만 아니라 인사기능 전체의 융통성 증진에 기여할 수 없다는 전제하에, 관련된 하위체제들의 다원적 융통성과 상호지원적인 통합적 융통성을 추구한다.

② **관리체제와의 연계** 인사행정과 일반관리의 연계를 강화해야 한다. 그러한 연계는 통합적 융통성추구의 전제가 된다. 일반관리체제와 분리된 인사행정의 감시·통제역할수행은 통합적 융통성추구에 장애가 된다. 인사행정은 중앙관리기능과 계선관리자들의 관리기능에 긴밀히 연계되어야 한다.

③ **인사기관의 지원적 기능** 중앙인사기관은 행정수반의 관리도구가 되어야 하며 각급 계선관리자들의 관리기능을 도와야 한다. 중앙인사기능은 규제적인 것으로부터 봉사적인 것으로 전환되어야 한다.

④ **계선관리자들의 인사기능 강화** 인사운영에 대한 중앙통제를 줄이고 계선관리자(系線管理者)들이 인사기능을 보다 많이 장악할 수 있도록 그들에게 힘을 실어주어야 한다. 계선관리자들의 인사기능을 강화해야 인사행정의 대응성·융통성을 높일 수 있다.

관리융통성체제는 인사행정 활동국면별 융통성 증진 또는 융통성 지지의 특성들을 포괄한다.

직업구조형성의 접근방법은 업무의 역동성과 조직구조의 유기적 적응성을 전제하는 탈전통적 방법이다. 채용에서는 고용양태의 다양화·채용구조의 개방화를 촉진한다. 근무시간과 휴가에 관한 제도 역시 다양화되고 적응적으로 활용된다. 내부임용에서는 임용방법의 상황적응적 배합, 임용방법 선택의 자율성 증진, 경력통로 다원화, 성과기준의 임용결정 등을 도모한다. 신분보장 조항은 완화되고 퇴직관리가 강화된다.

교육훈련에서는 재훈련을 강화하고 훈련의 수요민감성을 높인다. 공무원과 행정의 발전에 기여하는 근무성적평정기능을 강화하고 평정방법의 융통성을 높인다. 보수관리의 분화와 신축적 운영을 촉진한다. 내재적 동기유발전략을 강화하고 융통성체제의 원리에 배치되는 행동규범을 시정 또는 조정한다.

2) 인사행정 연성화를 촉구하는 요인들

오늘날 인사행정의 실천적 조건변화와 처방적 사조의 변화는 인사행정의 융통성을 높여 연성화하도록 요구하고 있다.

인사행정의 융통성 제고운동을 거시적으로 보면 탈산업화(脫産業化)를 추구하는 거대하고 광범위한 개혁물결의 일환이라고 할 수 있다. 오늘날 사람들은 산업화시대의 원리와 제도에 대한 신뢰를 잃고 기성질서의 실패에 대한 불안감을 감추지 못한다. 인사행정학은 산업화시대에 구축해 놓은 인사행정의 경직성모형을 비판하고 대안을 처방하고 있다.

그러한 처방을 지지해 주는 것은 융통성친화적인 상황적 조건이다.

① **체제의 격동성** 무엇보다도 중요한 기반적 조건은 체제의 격동성이다. 인사행정의 상·하위체제는 격동의 장이라고 설명할 수 있다.

격동의 장에서 인사행정의 여건은 복잡하고 급속히 변하며, 인사행정에 대한 변화요구는 폭증한다. 체제적 복잡성, 급속한 변동, 점증하는 불확실성은 인사행정의 융통성 있는 대응능력 향상을 요구하는 가장 일반적이고 기본적인 조건이다. 인사행정의 융통성 증진을 촉구하는 다른 여러 요인들은 대개 체제적 격동성에 결부된 것들이다.

② **격화된 경쟁** 세계화된 경쟁의 격화는 공·사부문(公·私部門)을 막론하고 모든 조직들의 고도화된 적응력·대응력을 요구한다. 체제적 격동성에 대해 민감하지 못하고 보수적으로 대응하는 인사행정은 조직의 경쟁체제화에 큰 장애가 될 것이다.

고도의 경쟁체제하에서 조직의 규모축소는 빈번한 일이다. 감축관리의 상황에서는 인사행정의 융통성 있는 대응능력이 특히 중요해진다.

③ **탈관료화 요청** 조직사회 전반에 걸쳐 탈관료화가 촉진되거나 적어도 그에 대한 압력이 강화되고 있다. 관료적 경직성을 타파하고 조직의 제

관계를 유동화·잠정화해야 한다는 개혁처방이 갈수록 힘을 얻고 있다. 오늘날 선도적인 개혁이론은 점진적 변동이 아니라 급진적인 리엔지니어링의 편에 서 있다. 조직의 융통성체제는 인사행정의 높은 융통성을 전제한다. 인사행정은 조직전체의 계획과 운영에 보다 긴밀히 통합되어야 하기 때문에 조직전체의 융통성체제화로부터 인사행정은 도저히 고립될 수가 없는 것이다.

탈관료화의 규범 가운데 하나인 고객중심주의의 확산 역시 인사행정의 융통성과 탁월한 조정능력을 요구한다.

④ **인적 다양화** 정부가 고용하는 인적자원의 다양화는 인사행정의 융통성증대를 요구하는 보다 직접적인 요인이다. 공무원들의 인구학적 배경은 날로 복잡해지고 있다.

여성진출의 확대는 가족생활관계를 변모시키고 직장에서는 융통성 있는 고용조건, 복무조건의 필요성을 증대시키고 있다.

'신세대'(新世代)의 진출확대 또한 기성질서에 부담을 주고 있다. 이른바 신세대는 규칙순응성이 낮고, 자기중심적이며, 독자성에 대한 요구가 강하다. 길들이기 어려운 신세대를 전통적 통제체제로 다스리는 데는 한계가 있다. 경직된 통제체제를 갈음할 새로운 적응적 체제의 개발이 필요하다.

⑤ **기술변동·인적 전문화** 기술요건이 급속히 변동하고 있다. 인적자원의 전문성이 높아지고 있다. 복합지식적·다기술적(複合知識的·多技術的) 작업집단의 역할이 확대되고 있다. 비정규직원의 필요가 늘어나고 있다. 근무시간과 근무장소의 다양화를 촉구하는 요청이 커져가고 있다. 이러한 일련의 변화도 인사행정의 유연성을 요구한다. 예전에 비해 조직참여자들의 직업관이나 일에 대한 관념은 많이 달라졌다. 직업생활의 질적 향상에 대한 그들의 갈망은 커졌다. 인간의 고급욕구에 착안한 관리전략에 대한 처방적 선호는 점점 강화되고 있다. 달라진 조직참여자들의 동기를 유발하는 전략으로 처방되고 있는 힘 실어주기, 작업집단발전, 참여관리, 목표관리 등등은 융통성 있는 인사행정을 요구한다.

3) 관리융통성체제의 효용·약점·성공조건

(1) 효 용 관리융통성체제의 정당화근거 내지 효용을 다음과 같이 요약해 볼 수 있다.

① **대응성·생산성 향상** 인사행정의 대응성과 생산성을 높인다.

② **관리역량 향상** 계선관리자들의 조직장악력을 높이고 그들의 업무추진을 효율화하는 데 기여한다.

③ **소비자중심적 서비스 향상** 업무의 수요와 공급을 연결하는 데 장애가 되는 요인들을 제거해 준다. 따라서 소비자중심적인 서비스가 용이해진다.

④ **인사행정 분야별 효용** 인사행정의 분야별 융통성제고에 수반하는 이점들은 여러 가지이다. 예컨대 보상체제의 적응적 운영은 보상의 형평성을 높이고, 그것은 사기진작에 기여한다. 임용절차와 방법의 융통성은 모집활동을 원활히게 힌다. 사무실 등의 융통성 있는 활용은 고정비용을 감소시킨다.

(2) 약 점 경직성체제의 안정성을 깨고 융통성체제의 변전성을 도입하는 데는 고통과 기술적 장애와 저항이 따른다.

① **복잡성 · 혼란** 관리융통성체제의 실행은 인사행정을 복잡하게 만들고 혼란을 조성할 위험이 있다.

② **재량권 남용 · 실책** 계선관리자들의 자의적인 인사운영이나 실책이 문제로 될 수 있다.

③ **관리비용 증대** 인적자원의 유동성 증대는 임용비용, 훈련비용 등 관리비용을 증대시킬 수 있다.

④ **보상결정의 형평성 상실 우려** 재량적 보상결정에서 처우의 불균형을 초래할 수도 있다.

⑤ **사기저하의 위험** 경력발전기회의 감소, 직업적 안정성의 손상, 단체정신의 상실, 스트레스 증가 등은 공무원들의 사기를 저하시킬 수 있다.

(3) 성공조건 인사행정의 융통성체제를 발전시키려면 위에 지적한 장애와 약점들을 분석하고 이를 극복하도록 노력해야 한다. 융통성체제의 설계와 운용을 피하기 어려운 상황적 조건에 적응시키려는 노력도 소홀히 해서는 안된다. 인사행정의 융통성은 상황적 요청에 적합한 수준이 되도록 해야 한다. 그리고 융통성체제 구축에 동반되어야 할 또는 진세되어야 할 다음과 같은 개혁을 추진해야 한다.

① **성과주의적 통제** 성과중심의 인사통제원리를 확립해야 한다.

② **자율적 동기유발** 유동적인 고용관계에 있는 직원들의 자율적인 조직몰입과 사명감을 확보할 수 있어야 한다.

③ **유동성 대응 · 지원활동 강화** 인적자원의 유동성과 적응적 활용을

뒷받침하기 위해 재교육, 직업알선, 인사상담 등의 활동을 강화해야 한다.

④ **인사조치의 공평성** 모든 인사조치에서 공평성을 잃지 않도록 각별한 주의를 기울여야 한다.

⑤ **의사전달 효율화** 인사문제에 대한 여러 방향의 의사전달을 효율화해야 한다.

⑥ **변동친화적 행정문화의 발전** 보다 근본적으로는 변동저항적 행정문화를 변동친화적 행정문화로 전환시키는 개혁을 촉진해야 한다.

4) 우리 정부에서의 관리융통성체제

우리나라의 인사행정은 전통관료제적 폐쇄성과 보수성을 유산으로 물려받았다. 그 위에서 발전해온 실적체제는 산업화시대의 통제지향적 실적주의를 반영하는 것이었다. 공식적 처방은 중립성, 객관성, 신분안정, 집권화, 표준화의 노선을 강조해 왔다.

최근에 이르러 인사행정체제의 융통성을 높이려는 개혁사업이 상당한 조직력을 보이고 있다. 임용권의 하부위임, 계약에 의한 개방형임용제 실시, 성과급 확충, 정부 내 인사교류의 확대, 정부와 민간 사이의 인사교류 촉진, 직위공모제 실시, 직급확장, 팀제 도입, 고위공무원단제도 도입, 총액인건비제 실시, 신분보장특권의 축소 등을 그 예로 들 수 있다.

그러나 이런 전략들이 정착되어 실효를 거두려면 상당한 기간의 시행착오를 거쳐야 할 것이다. 경직성체제의 안정성을 깨고 융통성체제의 유동성을 도입하는 데는 많은 고통과 기술적 장애와 저항이 따를 것이다.

이러한 어려움에도 불구하고 인사행정의 융통성을 높이도록 압박하는 조건은 커지고 있음을 직시해야 할 것이다.

5) 비정규직의 관리

인사행정의 융통성을 높이려면 임용구조를 다원화하고 임용방법과 근무조건의 상황대응성을 높여야 한다. 그러한 변화는 비정규직을 늘리게 된다. 고용양태의 다양화로 인한 비정규직의 증가는 오늘날 민간부문에서 아주 큰 시빗거리로 되어 있다. 머지않아 정부부문에서도 비정규직 문제가 심각해질 수 있다. 그에 대한 효율적 관리전략의 발전이 요망된다.

비정규직문제는 인사행정의 여러 국면에 연관된 것이지만 말이 나온 김에 여기서 간단히 설명해두려 한다.

(1) **비정규직의 정의** 비정규직원(非正規職員)이란 정규직원의 경우와 채용 및 근무조건이 다르거나, 고용기간이 다르거나 근무장소가 다르거나, 아니면 그 세 가지가 모두 다른 사람들을 말하며, 정규직원의 채용절차와는 구별되는 절차에 의해 채용된다. 비정규직원들은 대개 계약제직원이라는 특성을 지닌다.

지금까지 알려진 비정규직원의 유형은 다양하다. 앞으로도 요청이 생길 때마다 새로운 비정규직이 개발될 것이다. 이미 개발된 비정규직원의 예로 시간제직원, 임시직원, 사영적 계약자, 하청업무수행자, 재택근무자, 수습생 등을 들 수 있다.

> 시간제직원이란 기준근무시간보다 적은 시간만 근무하는 직원이다. 임시직원은 계약으로 정한 한정된 기간 내에서 근무하는 직원이다. 임시직원의 한 범주인 계약직공무원은 우리나라에서 이미 법적으로 승인된 공식적 제도로서 인사행정의 점증하는 관심대상으로 되고 있다. 자영적 계약자는 독자적·자영업적 직업을 가지고 있으면서 용역계약에 의해 수탁받은 업무를 처리하는 사람이다. 하청업무수행자는 주계약업체와 다시 용역계약을 맺고 주계약자의 수탁업무를 하청받아 수행하는 사람이다. 자영적 계약자와 하청업무수행자가 고용조직의 직원인가에 대해서는 논란이 있을 수 있다. 재택근무자는 고용주가 제공하는 사무실 또는 작업장에 출근하여 일하지 않고 자기 집에서 수탁받은 업무를 수행하는 사람이다. 수습생은 신분보장 없이 단기간 일하면서 배우는 사람이다.

비정규직원의 다양한 모형이 개발되고 활용되면 소속직원과 직원이 아닌 업무담당자 사이의 구별이 흐려질 것이다. 그리고 정규직으로 분류되어 온 직원들의 복무조건이 유연해질수록 정규직과 비정규직의 구별 또한 흐려질 것이다.

(2) **효용·약점·관리상의 애로** 조직이 처한 상황의 격동성 증대는 고용양태의 다원화와 유연화를 촉구하고, 비정규직 활용의 효용을 크게 한다. 고용양태의 다원화·유연화를 통해서 고용주는 인적자원의 변천하는 수요·공급을 원활히 부합시킬 수 있다. 인건비항목의 고정비용은 줄이면서 생산성은 높일 수 있다.

일에 대한 관념의 변화, 일의 변화, 인적 전문화, 가족구조의 변화, 맞벌이 부부의 증가 등은 비정규직 지망자의 수를 늘린다. 고용구조의 다원화와 유연화는 비정규직을 선호하는 개인들에게도 기회를 제공하고 그들의 편익을 증진시킬 수 있다. 비정규직원들의 업무수행상 자율성이 높은 경우 그들의 직무수행동기와 창의성을 강화할 수 있다.

그러나 비정규직의 활용은 훈련비용의 부담을 크게 할 수 있다. 정규직원보다 많은 보수를 주어야 할 필요가 흔히 발생하는데 그런 경우 인건비부담이 늘어난다. 비정규직의 관리는 복잡하다.

비정규직원들은 고용불안, 경력발전기회 제약, 불공평한 처우, 고용조직과의 일체감 결여 등으로 어려움을 겪을 수 있다. 고용주가 일방적으로 설정한 고용조건, 즉 고용주에게만 유리한 고용조건을 비정규직원들이 받아들이지 않을 수 없게 하고 그들을 하찮은 주변적 직원으로 다루는 인사방침하에서는 조직이 직면하는 인사행정상의 위험을 비정규직원들에게 전가하기 때문에 그들의 권익침해가 심해진다.

비정규직원에 대한 홀대는 인사행정의 비윤리성 문제를 야기한다. 이러한 윤리성 시비는 비정규직 활용이 늘어나는 데 따라 더욱 확대될 것이다. 고용보장, 편익배분, 훈련과 경력발전 등에 관하여 정규직원과 비정규직원을 차별하지 않는 고용윤리의 발전에 대한 요청이 커질 것이다.

그러나 비정규직의 권익보호에 너무 치우치는 경우 또 다른 문제를 야기한다. 조직이 기대한 비정규직 활용의 효용이 상실될 것이기 때문이다. 비정규직에 대한 차별의 아픔을 줄이기 위해 고용조건을 정규직의 경우에 접근시켜 갈수록 정규직·비정규직의 구별은 흐려질 것이다. 그리되면 비정규직에 특유한 효용 또한 상실될 수 있다. 이 문제는 관리자들을 진퇴양난의 딜레마에 빠뜨릴 수 있다.

조직의 이익과 개인의 이익을 적정한 선에서 조정하는 것은 비정규직에 대한 인사행정의 아주 중요하고 어려운 과제이다.

5. 직업공무원제

1) 직업공무원제의 정의

직업공무원제(職業公務員制: career civil service system)란 정부조직에 종사하는 것이 공무원들의 전생애에 걸친 직업으로 될 수 있도록 조직·운영되는 인사제도를 말한다. 다시 말하면 공직을 명예로운 직업으로 알고 학교를 갓 졸업한 젊은 나이에 공직에 들어가 그 안에서 성장하고 상급직에 진출하면서 노동능력이 있는 동안의 전생애를 보낼 수 있도록 마련된 인사제도를 직업공무원제라 한다.

직업공무원제의 요체는 젊은 사람들이 그들의 첫 직업으로 공직을 선택하여 그것을 명예로운 직업으로 알고 거기에 일생을 바치게 하는 데 있다. 이러한 직업공무원제를 유지하려면 정부는 고용주로서의 장악력 또는 매력을 잃지 말아야 한다.

직업공무원제에서는 학교를 갓 졸업한 젊은 사람들을 공무원으로 선발한다. 공직에 지원하는 사람들의 학력·연령요건은 비교적 엄격히 규정된다. 선발의 기준으로는 채용당시의 직무수행능력보다 장기적인 발전가능성(잠재력)이 더 중요시된다. 계급구조의 하위계층에 채용된 공무원들은 서서히 상위계급으로 승진하면서 연령정년이 될 때까지 근무할 것이 기대된다. 그러나 공직의 행동규범에 어긋나거나 무능한 공무원은 중도에서 공직으로부터 배제된다. 상위계급에 진출하기 위한 공무원들 사이의 대내적인 경쟁은 심한 반면, 외부로부터의 경쟁은 제도적으로 차단된다.

직업공무원제는 계급제, 폐쇄형 임용체제, 일반능력자주의, 그리고 종신고용제에 입각한 제도이다. 공무원의 신분과 지위를 중요시하는 직업공무원제는 변화보다는 안정을 지향하는 전통적 관료제의 구성원리와 요청에 부합하는 모형이다. 직업공무원제는 직위분류제, 개방형 임용체제, 그리고 전문가주의를 특색으로 하는 인사제도와 뚜렷하게 구별되는 제도이다.

사회가 비교적 평온하고 공직에 대한 사회적 신망이 높고 행정업무가 단순하고 소극적이라는 여건이 갖추어졌을 때 직업공무원제는 제도적 효용을 인정받을 수 있다. 그리고 직업공무원제가 수립되고 그것이 효율적으로 운영될 수 있으려면 인적자원계획, 채용절차, 내부임용절차, 교육훈련, 보수관리 등 인사행정의 여러 국면이 직업공무원제의 요청에 부응할 수 있도록 설계되어야 한다.

2) 직업공무원제의 정당화근거와 폐단

(1) 정당화근거 직업공무원제 채택의 정당화근거 또는 실천적 이점이라고 하는 것들은 다음과 같다.

① 일체감과 봉사정신 강화 공무원집단의 일체감과 공직에 대한 봉

사정신이 강화된다.

② **엄격한 근무규율의 수용** 공무원들은 개인적인 불이익을 무릅쓰고라도 공직의 요청에 부응하는 행동을 할 것이 기대되며, 따라서 엄격한 근무규율이 쉽게 용인된다.

③ **충성심 강화** 공직 전체는 하나의 전문직업분야로 인식된다. 그러한 인식에 입각한 직업의식은 공무원들의 단결심과 충성심을 강화하고 사기를 높이는 요소가 된다.

④ **온정적 관계** 공무원은 정부에서만 필요한 인력으로 육성되기 때문에 정부와 공무원 사이에 의존적인 관계 또는 온정적인 관계가 강화된다.

(2) **폐 단** 민주주의질서를 기본으로 하는 산업화·정보화 사회를 배경으로 놓고 직업공무원제를 비판하는 경우, 대체로 다음과 같은 결함을 지적할 수 있다.

① **특권집단화** 공무원집단이 환경적 요청에 민감하지 못한 특권집단화될 염려가 있다.

② **공직취임의 기회 제한** 학력과 연령에 관한 요건을 엄격히 규정하여 모집대상의 범위를 제한하는 것은 공직취임의 기회를 균등하게 해야 한다는 민주주의적 요청에 어긋나는 것이다.

③ **공직의 침체** 공직의 중간계층에 외부의 이질적인 요소(색다른 경험을 가진 인재)가 흡수되기 어렵기 때문에 공직이 침체된다.

④ **전문성·능률성 저하** 일반능력자주의에 치중하는 폐쇄적 인사운영은 정부활동의 분야별 전문화와 행정기술의 발전에 지장을 준다.

⑤ **승진지망의 과열** 승진지망의 과열현상이 빚어지고 승진적체라는 어려운 문제를 야기하기도 한다.

⑥ **경직성** 전통관료제의 구성원리와 요청에 부합되는 직업공무원제는 전통관료제의 경직성을 공유한다.

3) 우리 정부에서의 직업공무원제

우리 정부의 인사행정은 직업공무원제적 전통을 물려받았다. 인사행정의 여러 국면에 직업공무원제의 특성이 남아 있다. 이를 반성없이 받아들이는 사람들도 없지 않다.

그러나 정부 내외의 조건은 급속히 변하고 있다. 직업공무원제를 필요로

하고 또 그것을 지지해 주던 여건은 사라져 가고 따라서 직업공무원제의 폐단이 점점 더 많이 부각되고 있다. 이제 직업공무원제는 본격적인 리엔지니어링의 대상이 되어야 한다.

직업공무원제의 기본적 특성은 오늘날 우리가 지지하는 행정개혁의 주요 원리 또는 덕목에 모두 배치된다. 특히 고객중심주의와 주권재민원리의 실질화, 임무중심주의, 조직의 융통성과 적응성 제고, 인적자원체제의 개방화 등의 개혁원리와 갈등을 빚는다.

직업공무원제의 낮은 대응성과 공급자중심적 성향은 고객중심주의와 주권재민의 원리를 실질화하자는 요청에 배치된다. 직업공무원제의 지위중심적 · 권한중심적 성향과 일반능력자주의는 임무중심적 개혁요청에 어긋난다. 변화보다는 안정을 추구하는 직업공무원제의 보수성은 격동하는 환경에서 끊임없이 적응해야 한다는 개혁원리와 충돌한다. 직업공무원제의 폐쇄적 인사운영과 종신고용제적 성향은 임용구조의 개방화 요청과 충돌한다.

이렇게 볼 때 직업공무원제는 개조의 대상이라 하지 않을 수 없다. 실제로 정보화사회의 조건과 요청에 대응하려는 우리 정부의 인사행정개혁사업 가운데 상당 부분은 직업공무원제의 수정을 지향하고 있다. 성과지향의 개혁이 그러하고 개방화지향의 개혁이 그러하다. 전문가주의의 적용을 확충하려는 사업들이 또한 그러하다.

Ⅲ. 고위공무원단 · 개방형 임용제도 · 성과급 · 신분보장제도

인사행정은 여러 활동국면, 프로그램, 절차와 기술을 포괄한다. 여기서는 근래에 도입 또는 확장되거나 새로이 쟁점화되어 인사행정학도들뿐만 아니라 세인의 이목을 끌고 있는 네 가지 제도를 골라 설명하려 한다. 저자가 선택한 네 가지 제도는 고위공무원단제도, 개방형 임용제도, 성과주의적 보수제도(성과급), 그리고 신분보장제도이다.

1. 고위공무원단

1) 고위공무원단의 정의

고위공무원단(高位公務員團: senior executive service: SES)은 고급공무원으로 구성되고 융통성 있게 전정부적으로 통합관리되는 공무원집단이다. 고위공무원단에 적용되는 인사원리는 다른 공무원집단의 경우와 구별된다. 고위공무원단의 구성과 운영에서는 계급제적 제약이나 직위분류제적 제약이 약화되고 성과관리적 요소가 강화된다. 인사운영의 유동성·융통성이 높아진다. 개방형 임용이 확대되고 부처 간의 경계를 가로지르는 임용도 용이해진다.

우리 정부에서 2006년 7월 1일부터 시행하고 있는 고위공무원단제도는 기본적으로 미국 연방정부의 고위공무원단제도를 벤치마킹한 것이다. 미국 연방정부는 이 제도를 Civil Service Reform Act of 1978에서 규정하고, 1979년부터 시행하였다. 그 뒤에 고위공무원단제도는 캐나다, 호주, 뉴질랜드, 영국 등에서 채택되었다. 미국에서는 고위공무원단을 만들어 계급제적 요소를 가미함으로써 직위분류제의 단점을 시정하려 한 반면 우리나라에서는 계급제적 특성을 약화시키려는 의도가 엿보인다.

2) 구성과 운영

(1) 직업구조(분류)　　과거의 3급 이상에 해당했던 고급공무원으로 구성하지만 계급제는 적용되지 않는다. 고위공무원의 계급뿐만 아니라 직군·직렬도 없다. 계급명칭은 없으며, 담당직무의 난이도와 책임성을 기준으로 구분한 직무등급만 있다. 고위공무원단 소속공무원은 모두 고위공무원으로 통칭된다.

(2) 임　용　　출범시의 고위공무원단은 실·국장급의 일반직·별정직·계약직 공무원, 일부의 특정직 공무원(외무직 공무원), 국가공무원으로 보하는 부시장·부지사·부교육감 등 고급공무원으로 구성하였다. 고위공무원단을 창설할 때는 1급 내지 3급에 해당하는 공무원으로 구성했지만 구성 후에는 고위공무원의 계급을 폐지하였다.

고위공무원단제도 시행 이후의 고위공무원임용(채용; 편입)에는 민간과 경쟁하는 개방형임용방법(20%), 부처 간 경쟁에 의한 직위공모방법(30%; 2009년부터는 15%), 각부처장관에 의한 재량임용방법이 함께 쓰인다.

어떤 임용방법에 의하든지 역량평가라는 자격심사를 거쳐야 한다. 역량평가는 후보자교육과정을 이수한 과장급 공무원과 개방형직위 등의 선발후보자인 민간인을 대상으로 실시한다.

고위공무원단 소속 공무원은 중앙인사기관이 인력풀로 관리한다. 각 부처의 장은 전체인력폴에서 적임자를 선택하여 임용제청한다. 부처에 배치된 고위공무원의 배치, 교육훈련, 성과관리, 징계 등은 소속장관이 담당한다.

(3) 성과관리 · 신분보장 · 보수 고위공무원들은 강화된 성과관리의 대상이 된다. 고위공무원에게는 성과목표 · 평가기준에 관한 계약을 체결하고 목표달성도를 평가받는 직무성과계약제가 적용된다.

매년 5개 등급(탁월, 우수, 보통, 미흡, 불량)으로 절대평가를 하고, 평가결과 최하위 평정 연속 2년 또는 총 3년을 받은 고위공무원은 적격심사를 통해 직권면직할 수 있다. 중간등급보다 낮은 등급의 평정을 받은 경우 무보직 조치도 가능하다. 정당한 사유없이 무보직 기간이 2년에 달한 자는 직권면직할 수 있다. 매년의 성과평가 이외에 5년마다 되풀이되는 적격심사가 있다. 적격심사는 5년 주기로 실시하는 것이 원칙이지만 부적격사유가 생기면 수시로 실시한다. 적격심사에서 부적격결정을 받은 사람은 직권면직시킬 수 있다. 고위공무원의 적격심사는 중앙인사기관에 설치된 고위공무원단 적격심사위원회에서 담당한다.

공무원의 정치적 중립과 신분보장에 관한 제도는 고위공무원에게도 원칙적으로 적용된다. 그러나 위에서 본 바와 같이 성과와 능력이 부족한 사람들에게 면직 등 신분상의 불이익을 줄 수 있는 길을 열어 놓았다.

고위공무원의 능력발전과 성과향상을 위해 성과평가를 강화할 뿐만 아니라 후보자교육과정의 이수를 의무화하고, 재직자에게는 맞춤형 교육을 실시한다. 맞춤형 교육이란 훈련수요에 대한 적합도를 높인 훈련을 말한다.

고위공무원에게 지급되는 기본급은 직무등급에 따라 지급되는 직무급이다. 그 위에 일한 성과에 따라 차등지급되는 직무성과급적 연봉제가 실시되고 있다.

3) 정당화근거와 폐단의 위험

(1) 정당화근거 고위공무원단제도는 높은 정치적 대응성과 탁월한 전문적 업무수행능력을 함께 구비한 고급공무원집단을 발전시킬 수 있다.

고위공무원단제도 채택의 정당화 근거 내지 이점은 다음과 같다.

① **성과주의 강화** 성과주의를 강화하여 공직의 경쟁력을 향상시킬 수 있다.

② **인사운영의 융통성** 인사운영의 융통성을 높여 적재적소의 인력활용을 도모할 수 있다.

③ **인사교류 · 개방화 촉진** 부처 내 또는 부처 간의 인사교류를 촉진하고 임용의 개방화를 촉진함으로써 우수한 공무원을 확보하고 부처이기주의와 인사침체를 완화할 수 있다.

④ **인사권자의 통제력 강화** 대통령 · 장관 등 인사권자들의 인사상 재량범위를 넓혀 정책추진에 필요한 통제력을 강화할 수 있다.

⑤ **우수공무원에 대한 처우개선** 각종 성과급 · 장려급에 의해 우수공무원에 대한 처우를 개선할 수 있다.

우리나라에서 고위공무원단제도를 도입할 당시 개혁추진자들 가운데는 공직을 한 번 뒤흔들어 '철밥통 분위기'에 충격을 주고 이른바 '혁신 분위기'를 조성하는 데 도움을 줄 수 있다고 생각한 사람들이 적지 않았을 것이다. 대단한 일을 해내겠다는 개혁추진자들의 과시욕구에도 영합했을 터이다. 중앙인사기관이 고급관리자들의 임용에 간여하려는 관료정치의 작용도 없지 않았을 것이다. 소장학자들의 외국제도 모방성향도 영향을 미쳤을 것이다.

(2) 폐단의 위험 고위공무원단의 운영에서 빚어질 수 있는 폐단은 다음과 같다.

① **정치적 오용 · 정실개입의 우려** 고위공무원의 인사에 정치적 오용과 정실개입의 우려가 있다. 고위공무원들을 준정치인화할 것이라는 걱정도 있다.

정부는 각종 평가에 대한 외부인사 참여와 엄격한 심사를 내세워 인사권자의 재량권 남용이나 정실개입에 대한 우려를 반박한다. 그러나 민간인 심사위원의 선임을 인사권자가 한다는 사실을 지적하지 않을 수 없다. 평가 · 판정의 과정이 많아질수록 자의적 결정의 기회는 늘어나는 것이다.

② **평가의 애로** 임용결정이나 성과관리에 필요한 각종 평가의 적정성을 보장하기 어렵다.

③ **업무공백** 직위공모에 의한 임용의 경우 공모기간이 길어 업무공백의 문제가 생길 수 있다.

④ **신분불안** 신분불안 때문에 공무원들의 사기가 떨어지고 직무수행의 자율성이 손상될 수 있다.

⑤ **전문성 약화** 직무수행의 경험에서 축적하게 되는 전문성이 떨어질 수 있다.

고위공무원은 관리업무를 주로 담당하기 때문에 교류임용으로 인한 전문성 저하를 염려할 필요가 없다고 말한다. 그러나 고위공무원이 전문분야의 정책결정에서 핵심적 역할을 수행한다는 사실을 지적하지 않을 수 없다.

⑥ **지망기관의 편중** 인기있는 부서 또는 기관에만 지망자가 집중되는 문제를 야기할 수 있다.

⑦ **무능자의 도피처** 고위공무원단의 인력풀은 정년을 앞둔 무사안일주의자들에게 은신처를 제공할 수도 있다.

⑧ **계서주의와의 마찰** 계서적 관리의 오랜 전통과 마찰을 빚을 수 있다.

과거 우리 정부의 고급관리자들에 대한 임용관리는 계급제적 융통성을 지니고 있었다. 그 상태에서 교류와 개방은 법령이나 행정시책으로 얼마든지 확대할 수 있었다. 성과평가와 성과급 확대도 마찬가지로 가능했다. 그런데도 불구하고 직위분류제적 제약을 완화하고 계급제적 요소를 도입하기 위해 만들었던 미국식 고위공무원단제도를 굳이 벤치마킹할 필요가 있었는지 의심스럽다.

고위공무원단제도가 관료문화의 지위중심주의를 극복할 수 있을지, 아니면 거꾸로의 현상이 빚어질지는 두고 보아야 한다. 그러나 지위중심주의가 고위공무원단제도의 의도를 압도할 위험이 있다는 경고를 하지 않을 수 없다.

관료적 적응과 한국적 제도로 문화적 토착화가 진행되는 과정에서, 고위공무원의 직무등급이 사실상의 계급으로 변질되고 그들의 근무기관이 고착화되어 갈 수 있다.

연공서열식 인사를 선호하는 사고방식을 버리지 못할 수도 있다. 직위공모에 의한 채용에서 부처 간 후보 맞바꾸기, 경쟁후보 들러리 세우기 등의 회피적 행동으로 직위공모제의 취지를 손상시킬 수 있다. 성과평가에 의한 퇴출제의 시행에서 온정주의에 빠질 수 있다. 이러한 일탈적 행동과 관행이 나타나고 계속된다면 고위공무원단제도의 도입이라는 개혁은 도로 아미타불이 될 것이다.

4) 성공의 조건

고위공무원단제도가 성공적으로 정착되고 운영될 수 있으려면 무엇보다도 제도 자체가 상황적합성이 높게 잘 설계되어야 한다. 위에 지적한 일탈적 행동·관행을 막아야 한다. 그리고 갈등적 가치와 요청들을 적정하게 조화시켜야 한다.

고위공무원단제도는 그것을 둘러 싼 흔히 상충하는 요청들을 지혜롭게 조화·절충시키지 못하면 어려움에 봉착할 수 있는 제도이다. 정치적 리더십의 통제력 유지, 공무원들의 중립적 행정능력 향상, 공무원들의 권익보호, 관리상의 융통성 증대, 통합관리를 위한 집권화의 요청과 계선관리자들의 인사자율성 확대 요청 등을 갈등적 요청의 예로 들 수 있다. 이러한 요청들을 조화시켜 고위공무원단제도를 성공으로 이끌려면 정치적·행정적 리더십의 강력한 지지와 공무원들의 협조가 있어야 한다. 보다 근본적인 지지기반은 선진화된 사회와 민주적 정치질서이다.

2. 개방형 임용제도

1) 개방형 임용제도의 정의

최하채용계층 위의 각 계층에 대한 채용의 문호를 닫느냐 또는 열어 두느냐에 따라 폐쇄형과 개방형의 임용제도를 구별한다.

개방형 임용제도(開放型 任用制度: open career system)는 공직의 모든 계층에 대한 신규채용을 허용하는 인사제도이다. 개방형하에서는 전문가들이 관료집단의 중핵을 형성하게 된다. 승진의 길은 상대적으로 좁고, 직무(직위)의 폐지는 대개 공무원의 퇴직을 결과한다.

개방형 임용제도는 폐쇄형 임용제도(閉鎖型 任用制度: closed career system)에 대조되는 것이다. 폐쇄형 임용제도는 계층구조의 중간에 외부로부터 신규채용되는 것을 허용하지 않는 인사제도이다. 계서제의 최하계층에 젊은 사람을 채용하고 그들이 상위계급에 승진해 올라가게 하는 제도이기 때문에 상위계층에 대한 임용은 내부로부터의 승진에 의존한다.

개방형 임용제도를 구축하기 위해 임용구조를 개방화하는 데는 여러 가지 방안들이 동원될 수 있다.

고급관리자에 대한 신분보장조항 폐지 또는 완화, 임기제와 재임용제 적용, 여러 형태의 비정규직에 대한 계약제 임용의 확대, 공개경쟁채용시험제 확대, 특별채용 확대, 동일한 직위에 일반직이나 별정직의 임용을 가능하게 하는 복수직제(複數職制)의 확대, 계급정년제 채택, 임의퇴직의 촉진, 민간과 정부 직원의 상호 파견, 중앙 · 지방 간 인사교류의 확대 등을 임용체제 개방화 그리고 성과주의 발전의 중요행동대안으로 고려할 수 있을 것이다. 우리나라에서는 일반직 공무원에 대한 계급정년제를 채택하고 있지 않다.

2) 개방화 촉진의 정책방향

오늘날 우리의 행성개혁비선은 변농지향성 · 유농성 · 개방성을 선호하는 편향을 지니고 있다. 개혁의 대세를 이루고 있는 접근방법은 관료제의 경직성을 반대하고 관료적 폐쇄주의를 반대한다. 이러한 경향은 공직의 임용체제 개혁처방에도 반영되고 있다.

우리 정부관료제는 오랫동안 전통적인 직업공무원제의 틀에 안주해 왔다. 개혁의 초점은 정실인사의 배척과 신분보장의 실질화에 있었다. 임용체제의 성격은 원칙적으로 폐쇄형 · 비교류형이었다. 이러한 체제에 유동화 · 개방화의 물결이 충격파를 몰아오고 있다. 오늘날의 개혁처방은 성과주의 · 전문가주의 · 개방주의를 지향함으로써 반직업공무원제적 성향(反職業公務員制的 性向)을 분명히 하고 있다.

우리나라에서 임용체제의 개방화를 촉구하는 조건들은 여러 가지이다. 행정환경이 급속한 변동을 겪고 있다. 행정업무의 다양성 · 전문성이 높아지고 있다. 공무원의 전문화 · 고학력화 수준이 높아지고 있다. 행정문제와 그것을 다룰 기술은 급변하고 있다. 공직 내외의 직업구조형성에서 전문가주의적 고려가 늘어나고 있다. 사회전반에 걸쳐 직업적 유동성이 높아져가고 있다. 행정의 정책기능강화는 공무원들의 정책에 대한 충성심 그리고 고객과 정치적 리더십의 요구에 대한 감수성 향상을 요구한다.

개방형화를 촉구하는 조건변화 그리고 개방형의 효용이 전반적으로 상승작용을 해서 임용체제의 개방을 압박하게 되었을 것이다. 그 가운데서 신분보장조항의 보호 아래 복지부동하는 공무원들을 정치적 리더십이 효과적으로 장악 또는 통제하지 못한나는 이유가 임용체제 개방화 추진의 보다 직접적인 계기가 된 것 같다.

앞으로 상당한 기간 폐쇄와 개방을 잇는 연속선상에서 임용체제를 개방

쪽으로 밀고 나가자는 갈망 또는 요청을 외면하기는 어려울 것이다.

3) 정당화근거와 한계

(1) 정당화근거　　개방형 임용제도의 효용 또는 정당화근거는 다음과 같다.

① **모집망 확대**　　모집망을 확대하여 임용기회의 형평성을 높인다. 그리고 보다 폭넓은 노동시장에서 사람을 선택하기 때문에 우수한 인재를 구하는 데 유리하다.

② **침체방지**　　공직 외부에서 이질적인 또는 참신한 인재가 채용될 가능성이 높아진다. 조직 내외에 걸친 인적 유동성도 높아진다. 따라서 공직의 침체를 막을 수 있다.

③ **전문성과 효율성 증대**　　공직의 외부에서 고도의 전문적 훈련을 받고 경험을 쌓은 인재를 채용하는 데 유리하다. 따라서 공직의 전문성 향상과 임무수행의 효율성을 높이는 데 기여한다.

④ **성과관리 촉진**　　성과주의적 관리의 발전을 촉진한다. 채용과정에서 높은 수준의 실적기준을 적용할 수 있기 때문이다. 그리고 개방형 임용제도하에서는 성과기준에 의한 계약임용이 늘어나기 때문에 성과관리를 촉진하게 된다.

⑤ **무사안일주의 타파**　　개방형 임용제도는 폐쇄형에 비해 변동지향적·유동적 성향을 지닌다. 폐쇄형의 경직된 신분보장제도는 완화될 수밖에 없다. 따라서 신분보장에 안주하여 무사안일주의에 빠지거나 복지부동하는 관료행태를 시정하는 데 기여한다.

⑥ **정치적 리더십의 강화**　　임용체제를 개방화하면 임용권자의 임용기능이 확대되고 재량권도 커질 수 있다. 관료조직의 배타적 보수성을 약화시킬 수 있기 때문에 행정기관의 상층부에 있는 정치적 리더십의 조직장악력이 강화된다.

(2) 약　점　　개방형 임용제도의 시행에 따르는 위험과 애로도 여러 가지이다.

① **사기저하**　　폐쇄형 임용제도를 개방형으로 전환하는 과정에서 신분불안 등 개인적 이익 손상이 야기될 수 있고 그것은 재직자들의 사기를 저하시킬 수 있다. 신분불안·발전기회 축소 등으로 재직자의 사기가 떨어지면

하급직위에 대한 장래의 모집활동에도 악영향을 미칠 수 있다.

② **단체정신 손상**　　임용체제의 개방화는 직업공무원제, 폐쇄형 임용제도, 종신고용제 등을 시행했을 때 기대할 수 있는 공무원집단의 단체정신과 조직에 대한 충성심을 약화시킬 수 있다. 안정된 평생직장이라는 관념이 흐려지기 때문이다.

③ **공직의 안정성 · 계속성 · 숙련성 손상**　　임용제도의 개방성을 높이면 인적자원의 유동성이 높아지고 공무원의 직업적 안정성은 낮아진다. 행정의 계속성도 약화될 수 있다. 외부임용이 늘어나고 인적 유동성이 높아지면 특정직위에 대한 공무원의 직무숙련성 내지 직무수행경험에 의한 전문화 수준이 떨어질 수 있다. 행정경험이 없는 외부인이 임용되는 경우 직위적응도가 더욱 떨어질 수 있다.

위에서 임용제도의 개방화에 따르는 이점의 하나로 공직의 전문성 향상을 든 바 있다. 하나의 측면에서는 그러한 이점이 있을 수 있다. 즉 고도의 전문지식 · 기술을 습득한 전문인을 채용했을 때 기대할 수 있는 전문성 증진 효과라는 측면이 있다. 행정경험과 장기근무에 의한 직위적응도 또는 직무숙련성 향상이라는 다른 하나의 측면에서는 개방형 임용이 공직의 전문성을 떨어뜨린다고 말할 수 있다.

④ **임용비용의 증가**　　임용의 개방화는 외부로부터의 임용 즉 신규채용의 비율을 높인다. 내부임용에 드는 비용보다 신규채용에 드는 비용이 더 많기 때문에 임용비용이 증가한다고 하는 것이다.

임용결정에서 실책을 저지를 위험도 더 크다. 내부임용에서는 이미 공무원생활에 익숙하고 임용권자에게 능력과 적성이 잘 알려진 재직자 중에서 임용하기 때문에 신규채용에서보다는 선발의 과오를 줄일 수 있다.

⑤ **승진적체의 악화**　　공직의 결원 즉 하급자들이 승진해 갈 수 있는 직위들의 결원을 외부에서 보충하는 빈도가 높아지기 때문에 하급직의 재직자들에게 돌아갈 승진기회는 줄어든다. 따라서 승진적체문제를 악화시킬 수 있다.

⑥ **책임 있는 능동성 저해**　　공무원들은 상급계층 특히 임용권자의 의중을 살피는 데 급급하고 소신 있게 임무를 수행하지 못할 염려가 있다. 즉 공무원들이 임무수행에서 책임 있는 능동성을 발휘하지 못하고 피동화될 가능성이 커진다.

⑦ **정실인사** 임용의 개방화에 의해 외부로부터 특별채용이 늘어나는 경우 가장 큰 위험은 자의적 인사·정실인사의 가능성 증대이다. 상급관리층의 개방직에 대한 외부로부터의 임용에서 사용하는 선발방법의 객관화는 제약되기 때문에 자의적 임용의 위험이 커질 수 있는 것이다. 그러한 위험이 현실화되거나 그에 대한 의혹이 커지면 공직자들이 동요하고 정부의 대국민 이미지도 나빠질 것이다.

⑧ **인사제도 이원화의 문제** 개방직과 비개방직을 구별하여 양자의 인사원칙을 달리한다면 인사제도의 이원화를 결과한다. 그러한 이원화는 임용관리에 차질을 줄 수 있다. 예컨대 직업관료들은 신분보장이 있는 비개방직만을 지원하고 계약직으로 분류된 직위에는 가지 않으려 할 것이다. 경력직과는 다르게 분류되는 개방직 공무원들이 경력직 공무원들을 원활하게 지휘할 수 있을지도 의문이다.

4) 성공의 조건

우리나라에서 앞으로 공직임용의 개방화를 요구하는 압력은 점점 커질 것이다. 그러한 요구에 부응하여 임용체제 개방화를 지향하는 개혁을 성공적으로 이끌려면 일련의 조건을 형성 또는 성숙시켜야 한다.

① **기준과 방법의 타당성** 경쟁후보자들의 자격요건 즉 지원자격을 타당하게 설정해야 한다. 그리고 선발방법 적용의 타당성을 높여야 한다. 선발기준과 평가방법의 타당성이 의심스러우면 임용차별문제와 정실인사문제에 대한 비판이 그치지 않을 것이다.

② **모집망 확대** 모집망을 넓혀 유능한 인재들이 공직을 지망하고 공평하게 경쟁할 수 있는 기회를 만들어 주어야 한다. 모집망을 넓히지 못하면 보다 널리 인재를 구한다는 임용체제 개방화의 취지를 살릴 수 없다. 임용체제의 개방화가 진전될수록 적극적 모집의 필요는 더욱 커질 것이다.

③ **직장적응 지원** 외부로부터 계약직으로 임용된 사람들이 업무관계나 대인관계에서 협력적인 관계를 설정하지 못하는 직장부적응 때문에 겉도는 일이 없도록 업무상·인사상의 지원방안을 마련해야 한다.

④ **행정문화 개혁** 임용개방에 의한 잠정적 임용관계가 수용되고 그것이 조직의 업무추진능력을 높일 수 있게 하려면 전통적 관료문화를 개혁해야 한다. 폐쇄적·배타적·지위중심적 관료문화는 개방적·임무중심적인 문

화로 전환되어야 할 것이다. 이런 문화개혁은 가장 기초적인 조건이지만 또한 실현하기가 가장 어렵고 시간이 많이 걸리는 조건이다.

⑤ **교류형화의 촉진**　　임용제도의 교류형화를 촉진해야 개방형화를 원활히 진행할 수 있다. 임용제도의 교류형(program career system)은 담당업무의 성격이 같은 범위 내에서 기관 간의 인사이동이 자유로운 제도이다. 임용체제의 개방화에 의해 대외적 교류는 허용 · 촉진하면서 정부 내에서 기관 간의 교류는 허용하지 않는다면 그것은 일관성 없는 인사정책이라 하지 않을 수 없다. 비교류형을 고집하면 개방형의 운영에도 지장을 주게 된다.

⑥ **관리체제의 탈관료화**　　관리체제 전반에 걸쳐 탈관료화를 촉진해야 한다. 관료적 또는 전통적 특성을 지닌 관리체제는 개방형 임용제도의 효율적 운영을 어렵게 한다. 관리체제의 탈관료화 또는 탈전통화는 개방형 임용제도 실천의 기본적 성공조건이라고 할 수 있다.

여기서 전통적 관리체제의 특성이라고 하는 것은 인간의 피동성을 전제하는 교환적 · 통제적 관리, 폐쇄적 시야, 공급자중심의 관리, 투입지향성(산출이 아니라 투입을 기준으로 평가하는 성향), 보수성 등이다. 반면 탈전통적 관리체제의 특징은 개인목표와 조직목표를 조화시키려는 통합형 관리, 협동지향성, 개방적 시야, 소비자중심적 관리, 산출지향성, 변동지향성 등이다.

3. 성과주의적 보수제도: 성과급

1) 보수제도에 대한 관점의 변화

보수제도 설계에 관한 처방은 시대적 요청에 따라 변천해 왔다. 보수제도의 국면은 여러 가지이지만 성과급에 관한 우리의 논의에 직결되는 두 가지 국면 즉 보수결정기준과 보수체계의 구조화에 대한 관점변화에 대해서만 간단히 설명하려 한다.

(1) 보수결정기준　　보수결정에서는 대개 복수의 기준이 고려되지만 그 가운데는 '역점기준'(강조되는 기준, 제도의 발전을 이끌어 가기 위한 선도적 기준)이라고 할 만한 것이 있다. 그러한 기준을 염두에 두고 처방적 관점의 변화를 요약해보려 한다.

① **신분적 기준**　　예전 군주국가에서는 관리들이 받는 보수는 왕이 베풀어주는 은전(恩典)이었다. 군왕에게 일신전속(一身專屬)하는 신하로서 무

정량(無定量)의 복무의무를 지는 관리들에게 왕이 주는 보수의 주된 결정기준은 신분이었다. 사람에 의한 지배의 시대였으므로 보수결정에서 왕에 대한 충성행동도 고려하고 때로는 자의적인 보상도 시행하였지만, 그래도 주된 보수결정의 기준은 관청의 위계상에서 누리는 신분이었다.

민주적 정치질서가 발전하고, 법에 의한 지배의 이념이 구현되고, 근대관료제가 발전된 다음에도 관료제의 계서적 질서가 확고하고 지위중심적 행동규범의 유산이 짙게 남아 있는 동안은 여전히 계급이라는 속인적 기준이 보수결정의 주된 기준으로 처방되었다. 계급이라는 지위에 따른 보수의 차등화가 공평하다고 사람들은 생각했던 것이다.

② **직무기준** 산업화가 촉진되고 신분이 아닌 개인적 성취가 사회관계설정의 기반으로 되어가면서부터 직무기준에 의한 보수결정원리가 넓은 지지를 받게 되었다. '일에 맞는 보수'(동일노동 동일보수)라야 형평성 있는 보수라고 전제하는 직무급제도가 선도적인 위치에 오르게 되었다.

직무급은 수행하게 되어 있는 일(업무)을 기준으로 하는 보수이며 직무수행의 가능성 또는 기회 또는 투입으로서의 직무수행요건에 대해 지급하는 보수이다. 직무급은 실제로 일한 만큼 또는 일해서 성과를 낸 만큼 보수를 주는 것이 아니라 직무를 맡은 사람이 근무한 시간에 따라 주는 것이므로 진정한 형평성을 실현할 수 없는 제도라는 비판을 받게 되었다.

③ **성과기준** 성과급은 '실현된 직무' 또는 '직무수행의 성과'를 기준으로 보수를 결정해야 진정한 실질적 형평성을 실현할 수 있다고 보는 관점에 입각한 것이다. 오늘날 성과와 실적에 의한 보수가 원칙적인 것으로 되어야 한다는 처방이 압도적인 세력을 얻게 되었다. 성과주의는 보수뿐만 아니라 행정 전반에 관한 개혁처방의 지도원리로 되어 있다.

산업화사회·실적사회가 구축된 뒤에도 오랫동안 보수정책은 형식적인 형평성 또는 기회로서의 형평성을 구현하는 데 만족하는 것이었다. 그러나 지금은 형평성 구현의 실질화가 특별히 강조되고 있다. 따라서 성과급이 보수체계의 선도부문으로 부상하였다. 우리나라에서도 보수결정의 성과주의를 지향하는 개혁이 힘을 얻고 있다.

(2) 구조화의 수준 보수체계는 구조화에 대한 요청과 융통성에 대한 요청을 적정한 선에서 조화시켜야 한다. 보수관리가 공정하고 공평할 수 있으려면 보수체계의 통일적인 구조가 마련되어 있어야 한다. 변화하는 조건에 대

응할 수 있으려면 보수체계의 융통성이 높아야 한다. 이 두 가지 요청의 조정에 관해서도 관점의 변화가 있었다. 과거에는 보수체계의 구조화 쪽을 훨씬 더 강조했다. 오늘날에는 보수구조의 경직성을 완화하고 대응성 · 융통성을 높여야 한다는 처방이 더 많은 호응을 얻고 있다. 보수구조의 융통성 제고는 성과급 성공의 전제이기도 하다.

2) 성과급제도란 무엇인가?

(1) 성과급의 정의 성과주의적 보수제도 즉 성과급제도(成果給制度: pay-for-performance system)는 직무수행의 실적을 보수결정의 기준으로 삼는 제도이다. 이것은 측정가능한 직무수행실적 또는 직무수행의 결과에 보수를 직접적으로 연결하는 제도이다. 이 제도하에서는 직원의 직무수행 성과수준과 그의 보수 사이에 직접적인 관계가 설정된다. 성과급은 업적급, 능률급, 실적연관적 보수, 유인급(誘因給) 등으로 불리기도 한다.

성과급은 대개 기본적인 보수 위에 추가하여 지급한다. 직원들에게 기본적 보수를 주고 그 위에서 그들의 생산성이 일정한 기준을 초과하는 경우 추가적 보수를 받을 수 있는 기회를 주기 위해 성과급을 활용하는 것이 일반적인 관행이다. 이러한 까닭으로 성과급은 추가적인 보수지급방법 또는 보수인상방법으로 이해되기도 한다.

성과급은 보수가 갖는 직무수행동기 유발기능을 강화하기 위해서, 그리고 보수를 관리도구화하기 위해서 고안한 것이다. 이러한 제도입안의 취지를 살릴 수 있으려면 보수관리의 융통성과 재량성이 높아야 한다. 성과급제도는 유연한 보수관리제도와 표리의 관계에 있다.

성과급은 명확한 성과지향적 목표가 설정되고 그에 대한 직무수행실적이 측정될 수 있는 직무에 대해서만 효과적으로 적용할 수 있다. 그리고 직원의 직무수행노력과 직무수행성과 사이의 인과관계가 확인될 수 있어야 한다. 직무의 표준화수준과 독자성, 비교가능성이 높고 일의 흐름이 안정적인 것도 성과급의 효율성을 높이는 조건이다.

(2) 성과급에 대한 지지확산의 이유 직무수행의 업적이나 성과에 따라 지급하는 보수의 역사가 결코 짧은 것은 아니다. 그러나 성과급에 대한 근래의 처방적 강조는 인사행정학의 특별한 관심사로 부각되고 있다. 성과급에 대한 이론적 강조 그리고 그 실천적 세력확산의 이유는 두 가지이다.

첫째, 민주적 형평관념의 확산을 들 수 있다.

형평관념 강조에 따라 보수지급에 있어서의 형평성을 보다 실질화하고 정확하게 하려는 노력의 일환으로 성과급을 재조명하게 된 것이다. 성과급은 맡은 직무의 실천을 대상으로 하는 보수이며, 조직에 대한 공헌의 가능성보다 실제적 공헌 내지 실현된 공헌을 기준으로 하는 보수이기 때문에 형평성구현을 보다 실질화할 수 있다고 한다.

둘째, 업무성과에 금전적 보상을 결부시킴으로써 직무수행동기, 즉 사기를 높이고 생산성을 향상시킬 수 있다는 기대이론(期待理論)의 가설, 처우의 형평성에 대한 인식이 동기수준에 영향을 미친다는 형평이론(衡平理論)의 가설, 그리고 외적 유인에 의해 바람직한 직무행태를 강화할 수 있다는 학습이론(學習理論)의 가설이 미친 바 영향이 크다.

금전적 보상 이외에도 직무수행동기의 유발에 작용할 수 있는 요인은 많은 것이다. 보수가 유일하거나 또는 가장 강력한 동기유발의 유인(誘因)은 아니더라도 하나의 유인이 될 수 있다면, 그것을 직무수행동기 유발전략에 유효하게 활용해야 한다. 보수라는 유인을 직무수행의 실적에 따라 분배할 때 동기유발효과가 가장 커진다고 하는 일련의 이론들은 성과급제도의 입지를 강화하는 데 기여하였다.

(3) 성과급의 종류 성과급의 종류는 다양하다. 이를 세 가지 범주로 나누어 정리해 볼 수 있다. 세 가지 범주란 i) 개인차원의 성과급, ii) 집단차원의 성과급, 그리고 iii) 조직차원의 성과급을 말한다.

① 개인차원의 성과급 개인을 대상으로 하는 성과급으로 i) 도급제(piecework plan), ii) 기준시간제(standard hour plan), iii) 판매 커미션(sales commission), iv) 상여금(bonus), v) 실적에 따른 승급 등을 들 수 있다. 종업원들이 자기회사 주식을 싸게 살 수 있게 하는 것도 유인급여와 유사한 성격을 가진 제도이다.

도급제(都給制)는 생산단위에 맞추어 보수를 지급하는 방법이다. 기준시간제는 표준적 산출에 대한 기본보수를 공통적으로 지급하고 시간당 표준산출을 초과하는 산출에 대해서 보수를 추가 지급하는 방법이다. 판매 커미션은 재화·용역을 판매한 대금의 일정비율을 지급하는 방법이다. 보너스는 그때그때의 생산실적에 직결시키지 않고 실적을 종합하여 추가적 보수를 주기적으로 지급하는 방법이다.

② **집단차원의 성과급** 팀별 성과급 또는 집단성과급은 작업집단(work team)을 대상으로 지급하는 성과급이다. 집단성과급제를 시행하려면 직원들이 작업집단을 구성하게 하고 집단별로 목표를 설정한 다음 그들이 집단목표를 성취할 수 있도록 힘을 실어준다. 직무수행성과도 집단을 단위로 측정 · 평가하며 성과급의 지급도 집단을 단위로 시행한다. 집단구성원들은 집단에 주어진 성과급을 분배한다.

집단차원의 성과에 집단차원의 보수를 연계시킨 집단성과급은 작업집단의 응집력과 협동적 업무수행을 강화하는 데 기여할 수 있다. 이러한 효용을 거둘 수 있으려면 집단의 업무수행목표가 명확히 설정되고 구성원들이 이를 잘 이해해야 한다. 집단구성원들 사이에 상호신뢰의 관계가 조성되어야 한다. 그리고 집단은 과업수행에 필요한 자원의 적절한 공급을 받아야 한다.

개인을 대상으로 하는 성과급의 문제점들을 피하기 위해 도입하는 집단성과급은 그것대로 폐단을 안고 있다. 가장 큰 문제는 다른 사람들의 노력에 얹혀 거저먹으려는 '무임승차자'(free-rider or social loafer)들이 생긴다는 것이다. 개인별 목표의 경우보다는 집단목표에 대한 구성원들의 심리적 연계가 약하다는 것도 문제이다.

③ **조직차원의 성과급** 조직차원의 성과급은 조직 전체의 생산성 향상이나 비용절감에 대한 조직구성원들의 기여를 인정하여 모든 구성원들에게 주기적으로 지급하는 성과급이다. 조직차원의 성과급은 대개 이윤증가, 노동비용절감, 노동비용에 대비한 부가가치 증가 등을 기준으로 결정한다. 다소 모호한 실적기준에 따라 장래의 동기유발을 겨냥해 상여금을 지급하기도 한다.

민간부문에서 개발한 조직차원의 성과급은 다양하다.

그러나 정부부문에서는 제약이 많아 사용되는 성과급의 종류가 한정되어 있다. 성과급적 기준을 기본급의 결정에서 일부 고려하는 방법, 성과상여금을 월별 · 분기별로 또는 연말에 공통적으로 지급하는 방법, 모범적인 또는 우수한 공무원으로 선발된 사람들만을 대상으로 상여금을 지급하거나 특별승급을 실시하는 방법 등이 주로 쓰여 왔다. 앞으로 정부부문에 의한 서비스 공급의 시장화 영역이 늘어나면 과거 민간기업체 전유물로 여겨지던 성과급여들도 정부부문에서 도입할 가능성이 커질 것이다.

(4) 우리 정부의 성과급 우리 정부에서도 여러 가지 성과기준의 유인급을 지급하고 있다. 그중 대표적인 것은 고위공무원단 소속의 고위공무원과

1급 내지 4급 공무원에게 지급하는 직무성과급적 연봉(성과연봉)과 5급이하 공무원에게 지급하는 성과상여금이다.

성과급적 연봉을 결정하기 위한 평가는 '성과계약 등 평가'라고 하는 성과목표달성평가방법에 의한다. 성과상여금의 결정에는 근무성적평정방법이 쓰인다. 성과상여금은 개인별로 지급할 수 있을 뿐만 아니라 집단별(부서별)로도 지급할 수 있도록 제도가 마련되어 있다. 그러나 대부분(90% 이상)의 조직에서 개인별 성과상여금만 지급하고 있다.

3) 효용과 약점

(1) 효 용　성과급제도의 효용은 두 가지 범주로 나누어 생각해 볼 수 있다. 그 하나는 처우의 형평성구현이며 다른 하나는 동기유발효과이다. 성과급제도의 효용은 이렇게 간단히 규정되지만 현대인들의 지지를 얻어내는 호소력은 매우 강력하다. 그런 까닭으로 뒤에 지적할 많은 문제점에도 불구하고 성과급제도의 적용은 확산되어가고 있다.

① **보수형평성의 실질화**　성과급은 보수지급의 형평성을 실질화하는 효과적인 도구이다. 성과급은 맡은 직무의 실천을 대상으로 하는 보수이며, 조직에 대한 공헌의 가능성보다 실제적 공헌 내지 실현된 공헌을 기준으로 하는 보수이기 때문에 형평성 구현을 보다 실질화할 수 있다. 성과급은 오늘날 사람들이 추구하는 배분적 정의의 실현가능성을 한층 높여주는 보수라 할 수 있다. 성과급은 유인-기여의 상호주의적 관계설정에 대한 요청과 형평성 있는 교환관계의 설정에 대한 요청에도 일관되는 것이다.

② **동기유발 · 생산성 향상**　성과급은 동기유발과 생산성 향상에 기여한다. 보수를 직무수행실적에 결부시킴으로써 공무원의 동기를 유발하고 생산성을 향상시킬 수 있다.

우수한 직무수행자가 인정감과 처우에 대한 형평감을 갖게 될 가능성을 높인다. 보수가 직무수행성과에 연계된다는 기대감은 동기를 유발한다. 그리고 처우의 형평성에 대한 인식 자체가 동기유발요인이 될 수 있다.

열등한 직무수행자들이 직무수행을 개선하거나 조직을 떠나도록 압박할 수 있다.

미리 정한 기준에 따른 과학적 근무성적평정을 촉진하고 생산성에 관한 상하 간의 의사전달을 촉진한다.

제한된 자원을 효율적으로 배분하는 조직의 능력을 키운다.

위의 효용이 발휘되면 관리자들은 보수를 효과적인 관리도구로 사용하여 직원들에 대한 통제력을 강화할 수 있다.

(2) 약 점 성과급 자체의 약점 그리고 실천상의 제약요인이 여러 가지 있다. 특히 정부조직에서의 제약요인은 더 많다. 다음에 논의하는 약점과 제약은 대체로 감독자 평정에 의존하는 개인차원의 성과급을 준거로 하는 것이다.

① **동기유발효과에 대한 의문** 동기유발효과에 대한 의문이 있다. 성과기준에 의한 추가적인 금전지급이 동기유발과 생산성향상에 직결되지 않을 수도 있다는 가장 근본적인 문제가 있다. 기대이론, 학습이론, 형평이론 등은 외재적 동기유발에 주된 관심을 갖는 이론들이다. 이런 이론들을 지지하는 증거도 있지만, 그렇지 않은 이론과 증거도 있다. 금전적 요인이 외재적으로 동기를 유발하지는 못하고 내재적 동기유발을 방해한다는 이론도 있음을 유념해야 한다.

금전지급과 같은 외재적 유인이 동기유발의 효과를 갖는다 하더라도, 성과급의 논리가 외재적 보상에 의한 동기유발을 너무 강조한다는 흠절은 지우기 어렵다.

성과급제의 시행은 동기를 유발하는 적극적 강화요인이 아니라 소극적 · 처벌적 유인으로 작용할 수도 있다. 낮은 평가를 받았을 때 받게 될 불명예와 인사상 불이익에 대한 예상은 사람들을 불안에 떨게 할 수 있다. 체면을 중시하는 우리나라 사람들이 입을 심리적 손상은 대단히 클 것이다. 이러한 현상은 통제지향적인 전통적 관리전략에 수반되는 것이다.

② **성과측정의 애로** 기술적 좌절의 핵심적 문제는 성과측정의 애로이다. 성과급은 '측정된 실적'을 기준으로 하는 것인데, 타당한 실적측정이 매우 어렵다. 특히 정부업무 가운데는 업적의 객관적 측정이 어려운 것이 많고, 측정기술도 만족스러울 만큼 발전되어 있지 않다.

③ **소외감과 위화감** 경쟁으로 인한 소외 그리고 직장 내의 위화감조성이 문제이다. 성과급제의 시행은 개인 간 및 집단 간의 경쟁을 격화하여 바람직하지 못한 여러 가지 부작용을 초래할 우려가 있다.

성과급제의 시행은 승패의 상황을 조성하며 사람들은 소외감을 느낀다. 직장 내에는 위화감이 조성된다. 협동적 업무수행은 어려워진다. 단견적 경쟁격화로 인한 폐단을 해소하기 위해 집단성과급을 도입할 수 있겠지만 무임승차자의 문제 등 집단성과급에 따르는 부작용도 만만치 않다.

기대한 것보다 낮은 평가를 받은 사람들의 사기는 떨어진다. 그들은 비난 대상을 찾는다. 관리층의 의도를 의심하고 냉소적인 행태를 보일 수 있다.

④ **재정적 경직성으로 인한 제약** 재정적 제약이 문제이다. 보수예산의 한정과 재정적 경직성이 성과급제의 원활한 운용을 방해한다. 재정적 경직성뿐만 아니라 전반적으로 통일성을 선호하는 법체제의 원리도 보수의 융통성 있는 차등지급을 어렵게 한다.

보수의 전반적인 수준이 낮거나 생계비수준에 미달되는 곳에서는 다른 기초적 보수항목에 대한 인상의 필요성이 크기 때문에 성과급에 배정할 보수예산은 더욱 줄어들 수밖에 없다.

⑤ **보수의 불안정성** 불확실성으로 인한 불안감이 문제이다. 공무원들은 '미리 알 수 있는 보수액'을 선호하는 경향이 있다. 불확정적이고 유동적인 성과급은 고정비용항목이 많은 가계지출에 차질을 주고 공무원들의 경제생활에 대한 불안감을 조성할 수 있다.

⑥ **목표왜곡** 공무원들은 측정되고 보상되는 업무에만 치중하고 비측정・비보상업무는 기피하게 된다. 따라서 담당업무 전체의 목표추구에 왜곡이 일어난다. 공무원들은 쉬운 방법으로 목표달성의 양적 기준만을 충족시키려고 할 가능성이 크다.

⑦ **계서적 지위체제와의 갈등** 성과급제는 계서적 지위체제와 갈등을 빚을 수 있다. 계서적 지위체제에 친숙한 행정문화 때문에 성과급제의 시행이 지장을 받을 수 있다.

⑧ **보수인상 압력** 보수인상을 요구하는 압력을 형성할 수 있다. 성과급제는 기초적인 보수액(base pay)에 추가하여 장려금을 주는 제도이므로 보수인상에 대한 기대를 부풀리는 경향이 있다. 사람들은 점점 더 많은 자극(보상)을 원하며, 생산성 향상에 따라 성과급도 계속 인상되는 것을 기대하게 된다. 이러한 기대는 보수인상에 대한 압력을 가중시킨다.

⑨ **우수인재 획득의 어려움** 성과급제의 실시에 의해 우수한 직무수행자에 대한 처우를 개선하면 유능한 사람들의 공직지망동기를 높일 수도 있을 것이다. 그러나 우수한 인재의 획득에 오히려 어려움을 줄 수도 있다. 전반적으로 인적자원획득경쟁이 치열한 경우 또는 전문영역의 희소한 자격자를

영입하려는 경우, 직무수행책임을 엄격하게 묻는 성과급제의 적용은 취업유인을 약화시킬 수 있다.

우리 정부에는 위의 문제들을 더 악화시키는 요인들이 많다.

첫째, 권위주의와 맞물린 지위중심주의 · 권한중심주의, 그리고 온정주의적 행동성향은 성과급의 운영에 지장을 주는 요인들이다.

권위주의는 위계질서와 지배 · 복종의 관계를 중요시하는 문화 즉 권력거리가 먼 문화의 특성이다. 지위중심주의는 조직 내의 계급과 같은 고정적 · 속인적 지위를 교호작용과 보상결정의 가장 중요한 기준으로 삼는 접근방법의 특성이나. 권한중심주의는 임무와 성과 또는 능력보다 명령할 권한을 앞세우는 행동성향이다. 온정주의는 정의성(情誼性)이 높은 행동성향이다.

우리나라 사람들이 비공식적 평가는 즐겨하면서도 공식적 평가는 꺼려하고 다른 사람에 의한 평가를 열린 마음으로 받아들이는 데 인색하다. 이런 문화적 특성도 성과급 발전의 걸림돌이다.

둘째, 우리 행정체제는 전통관료제의 특성을 아직도 많이 가지고 있다. 조직구조와 관리과정의 집권성 · 경직성, 목표체계의 명료성 결여, 직무분석 · 평가체제의 낙후성, 일반능력자주의적 인사관행 등도 역시 성과급제와는 어울리지 않는 요인들이다.

셋째, 보다 직접적인 장애요인은 근무성적평정상의 문제들이다. 원칙적으로 공개와 참여가 배제되어 있는 근무성적평정제도로는 성과급제를 감당하기 어렵다. 성과개념에 대한 이해가 잘 안되어 있고 평가요소의 설명은 모호하며 평가기술이 모자라기 때문에 성과가 아니라 행태적 사건의 수만을 파악하는 '사이비 평가'를 하는 경향이 있다.

넷째, 미국이나 다른 선진사회에 비해 직업적 유동성은 상대적으로 낮은 편이다. 직장관계를 바꾸는 것이 용이하다면 한 곳에서 나쁜 평가를 받은 사람이 자기에게 적합한 일을 할 수 있는 직장으로 옮겨 좋은 성적을 거둘 수 있다. 즉 '패자부활전'의 기회를 가질 수 있는 것이다. 우리나라에서는 그러한 기회가 제약되어 있기 때문에 열등한 평가를 받은 사람도 계속 남아 직장의 병소를 만들 수 있다.

이와 같이 불리한 조건 속에서 성과급의 목표와 규범에 어긋나는 여러 가지 회피적 행동들이 나올 수 있다. 이른바 '사전평정' 또는 '역산평정'에 의해 연공서열순으로 성과급을 배분한다든지, 주요보직자에게 우선배분한다든지,

또는 돌아가면서 받도록 한다든지 하는 잘못된 대응행동의 위험이 크다.

4) 성공의 조건

성과급제도의 규범적 정당성은 오늘날 강력한 호소력을 가지고 있다. 그러나 전통적 행정문화의 유산이 많이 남아있는 정부관료제에서 이를 시행하려면 겪어야 할 어려움이 많다. 장애를 극복하고 지원적 조건을 만들지 못하면 성과급제 구현의 이상은 좌절될 것이다. 성과급제도의 성공조건이라 할 수 있는 것들을 요약하면 다음과 같다.

① **행정문화 개혁** 행정문화를 성과급 친화적인 것으로 개혁하고 성과급에 대한 이해를 촉진해야 한다. 행정문화개혁의 틀 안에서 공무원의 행태와 관련제도들이 성과급제를 뒷받침해 줄 수 있도록 변화시켜가야 한다. 성과급제를 수용하도록 문화변용을 촉진하면서, 다른 한편으로는 성과급제를 우리 행정문화에 접근시켜 제도시행의 형식주의를 배제하도록 하는 노력 또한 경주해야 한다.

② **상황적응적 시행** 성과급제의 획일적 시행에 따르는 문제들을 점검하고 업무분야별로 시행여부와 시행양태를 적정하게 결정해야 한다. 시행시기의 완급도 조절해야 한다.

③ **평가와 급여의 개선** 성과평가와 급여방법을 개선해야 한다. 근무성적평정의 전통적 결함과 병폐를 전반적으로 시정하도록 노력해야 한다. 특히 평가의 기술적 정확성을 높이고 성과의 질을 소홀히 다루지 않도록 해야 한다. 평정상의 차별은 철저히 봉쇄해야 한다. 참여의 과정을 통해서 평정 · 급여의 방법을 결정해야 한다.

개인별 성과급에 수반하는 부작용을 완화할 수 있는 조치들을 강구해야 한다. 그 방안 가운데 하나가 집단성과급의 도입이다. 집단성과급에도 약점이 있는 것이므로 필요성 · 실시가능성이 있는 업무영역에서만 시행해 보아야 할 것이다. 그리고 상관 · 부하 · 동료 · 민원인 등이 평가에 참여하는 다면평가제의 실시는 개별급여뿐만 아니라 집단급여의 약점을 보완해 주는 수단이 될 수 있을 것이다. 집단에 대한 보상을 구성원들에게 분배할 때 기여도에 따라 차등지급하는 방법도 개선방안이 될 수 있을 것이다.

④ **재정관리 개선** 재정관리제도를 개선해야 한다. 성과급의 유효한 시행에 필요한 보수예산을 확보해야 한다. 그리고 성과급제도가 요구하는 예

산운용의 분권성과 융통성을 보장해야 한다.

⑤ **협동적 · 성과지향적 관리체제의 구축** 행정관리체제 전반의 지향성을 바꾸어야 한다. 행정조직과 관리과정의 집권성 · 경직성을 완화하고 이를 협동체제화하는 개혁을 촉진해야 한다. 성과급제는 성과관리체제의 일부이며 도구이므로 성과관리체제를 발전시켜야 한다. 그리고 성과관리와 일반관리기능들 사이의 연계를 강화해야 한다.

모든 공무원들에 대한 책임 명료화와 힘실어주기(empowerment)를 촉진해야 한다. 힘실어주기란 맡은 일을 수행하는 데 필요한 권한과 기타의 자원, 직업조건 등을 구비해 준다는 뜻이다.

4. 공무원 신분보장제도

1) 공무원의 신분보장에 관한 논쟁

인사행정에 실적체제가 도입된 이래 공무원의 신분을 어떻게, 어느 정도나 보장해야 하느냐에 관한 논쟁은 늘 있어 왔다. 공무원에 대한 신분보장제도가 완벽할 수 없기 때문에, 그리고 제도 운영상의 형식주의 때문에 보호해야 할 사람들은 제대로 보호하지 못하고 불이익을 주거나 퇴출시켜야 할 사람들은 빠짐없이 그리하지 못하는 문제가 거의 언제나 있었다. 이것이 그치지 않는 논쟁의 근원이다. 정부내외의 여건과 정치 · 행정적 필요의 변화는 그러한 논쟁을 가열시키는 계기를 만들어 왔다. 지금 우리가 처한 여러 가지 여건은 공무원의 신분보장제도를 대한민국 법제로 처음 도입하던 때의 여건과는 많이 다르다.

다음에 공무원의 신분보장에 관한 논쟁의 상반된 논거들을 살펴보고 제도개혁의 진로를 이야기하려 한다. 여기서 논의의 준거대상으로 삼은 공무원은 행정부의 경력직공무원이다. 국가공무원법에서는 경력직공무원을 "실적과 자격에 의하여 임용되고, 그 신분이 보장되며, 평생토록 공무원으로 근무할 것이 예정되는 공무원"이라고 규정한다.

2) 신분보장 강화론

(1) 정당화근거 공무원 신분보장의 필요성을 강조하는 사람들이 주장하는 정당화근거 또는 신분보장 강화의 순기능이라고 하는 것들을 다음과

같이 요약할 수 있다.

① **행정의 안정성 · 일관성 유지** 공무원의 신분보장은 행정의 안정성 · 일관성을 유지하는 데 기여한다. 정부관료제는 국정의 일관성을 보장하는 핵심적 안정장치이다. 민주정체하에서 행정체제는 잦은 정권교체에도 불구하고 국정의 일관성을 유지하는 역할을 수행한다. 공무원의 신분보장은 공무원들의 직업적 안정성을 높이고 나아가서 행정체제의 일관성 있고 안정적인 역할수행을 가능하게 한다.

② **능동적 직무수행 촉진** 공무원들의 신분안정과 외재적 교란의 축소는 그들의 창의적 · 능동적 직무수행을 가능하게 하고 뒷받침해줄 수 있다.

③ **전문성 향상** 신분보장은 행정인으로서의 전문성을 향상시키는 데 기여한다. 여기서 말하는 전문성이란 직업생활의 실제에서 업무경험을 통해 연마하는 전문성을 말한다. 신분보장은 전문성이 함양된 인력의 경력중단을 막아준다.

④ **공무원의 이익 보호** 신분보장은 직업생활의 안정을 원하는 공무원의 이익을 보호한다. 공무원들의 직업적 안정감과 인사의 공평성인식은 그들의 사기를 진작하고 스트레스를 감소시킨다. 공무원들의 신분안정과 외재적 통제의 축소는 그들의 스스로 알아서 하는 내재적 동기유발에 유리한 조건이 된다.

⑤ **응집성 제고** 신분보장은 공직의 응집성을 높인다. 공무원들의 단체정신과 조직몰입을 향상시킨다.

⑥ **임용관리 개선** 공무원 임용관리를 단순화하고 정실인사의 폐단을 줄여준다.

(2) **지지적 조건** 공무원 신분보장의 일반적인 이점 또는 정당화근거는 상황적 조건에 따라 그 힘이 강화될 수도 있고 약화될 수도 있다. 우리나라에서 공무원 신분보장 강화론을 지지했거나 여전히 지지해 주고 있는 상황적 조건은 여러 가지이다.

① **보수적 문화유산** 농경사회의 안정지향적 · 보수적 문화유산이 있다. 변동이 제한되었던 사회구조의 유산도 있다. 이런 유산들은 '한 우물파기'의 직업정신, 평생직장의식을 키워왔다.

② **미분화된 직업관의 유산** 전제군주제하에서 관직은 양반계급의 독점물이었으며 관직의 사회적 신분연장은 전 생애에 걸치는 것이었다. 그 혜택

이 후손에게까지 물려지기도 했다.

③ **특별권력관계의 인식** 공무원의 신분은 국가와 공무원이 맺는 특별권력관계의 산물이라는 관념이 인사행정을 오래 지배했었다. 관리들이 바치는 무정량(無定量)의 복무, 일신전속의 충성에 대해 군주 또는 국가가 베풀어주는 은전으로서의 관직은 개인의 특권이며 그것은 사인관계(私人關係)와 달리 특별히 보호되어야 한다고 믿었다. 그와 같은 전통적 사고가 우리의 뇌리에 아직도 남아 있을 것이다.

④ **인사비리의 경험** 우리는 과거 매관매직 등 공직임용에 관련된 비리가 만연되었던 경험을 가지고 있다. 사람들은 그러한 비리가 아직도 많을 것이라고 짐작한다. 인사비리에 대한 혐오감 또는 두려움은 공무원 신분보장 강화론을 편들게 만든다.

⑤ **통치지도층의 낮은 신망** 실로 오랫동안 통치지도층의 신망은 형편없는 것이었다. 지난날 비민주적인 폭력적 방법으로 정권을 차지하거나 연장해 억압적 국정을 끌어간 사람들에 대한 악감정은 널리 확산되어 있었다. 그러한 분위기가 대통령 악인론, 대통령 견제론, 공직중립화론을 크게 부추겼다. 이른바 민주화 세력은 대통령을 포함한 통제중추의 힘을 어떻게든 빼고 공무원들을 중립화하는 방안을 찾는 데 골몰하였다. 거기에 공무원의 신분보장은 유용한 도구 가운데 하나였다.

⑥ **반엽관주의적 이론의 영향** 초창기적인 반엽관주의적 실적체제(merit system)에 관한 미국식 원리의 영향도 크다. 초창기적 실적체제의 핵심적 원리는 공무원의 정치적 중립, 신분보장, 인사행정 기준과 절차의 객관화이다. 이런 원리들이 우리 공무원제도 입안에 고스란히 이전되었다. 과거 수십년 동안 학계의 처방적 이론들은 초기적 실적주의 원리의 확대적용을 지지했었다. 대다수의 행정학도들은 최근까지도 정부의 중앙인사기관이 대통령으로부터 중립하고 인사행정의 객관화에 진념해야 한다고 믿고 있었다.

⑦ **형식주의의 폐단** 공무원 신분보장제도 운영의 형식주의가 신분보장 강화론을 부추겨왔다. 법률을 포함한 공식적 제도가 공무원의 신분보장을 비교적 엄격하게 규정했음에도 불구하고 제도운영의 실제에서 신분보장의 자의적인 침해가 허다히 저질러졌다. 이런 현실은 공식적 신분보장제도를 더욱 강화해야 한다는 논의에 힘을 실어주었다.

⑧ **비탄력적 직업시장** 우리보다 앞서 간 선진산업사회들의 경우에

비해 직업적 유동성이 낮다. 직업시장이 비탄력적이라고 말할 수 있다. 공직에서 퇴출되어 공무원의 경력이 중단된 사람들은 직업적으로 회생하지 못할 가능성이 높다. 그런 경력중단자들은 '직장에서 쫓겨난 사람'이라는 사회적 불명예를 안고 젊은 나이에 은퇴자의 생활로 접어들 수 있다. 따라서 공직으로부터의 퇴출은 공무원에게 너무 큰 개인적 피해를 안겨준다. 공무원의 신분보장을 흔들려는 기도에 대한 공무원 집단의 저항이 거세질 수밖에 없다.

⑨ **관련 세력중추들의 신분보장 감싸기** 공무원 신분보장 완화 내지 제한을 추구하는 개혁은 정치권의 발목잡기, 문제를 침소봉대하는 언론의 센세이셔널리즘, 학계의 비판 때문에 장애에 봉착할 수 있다. 대중매체들로부터 유포되기 시작한 보은인사, 낙하산 인사, 코드 인사, 가신그룹 중용, 공무원들의 줄서기 등 냉소적 언어들은 실적주의적 신분보장을 교란할 수 있는 방안들에 대한 비아냥거림이다.

3) 신분보장 완화론

(1) 정당화근거 경직적인 신분보장규정을 완화하여 공직임용의 융통성을 높이는 것이 바람직하다는 주장의 논거는 다음과 같다.

① **정부조직 연성화** 공무원 임용체제뿐만 아니라 정부조직의 구조와 과정을 연성화하여 생산성을 높일 수 있다. 인사행정의 융통성체제화는 변동대응력을 키우고 인력활용의 효율성을 높인다. 정부의 구조와 과정에 융통성을 주입하면 전통관료제의 여러 가지 제약과 폐단을 줄일 수 있다.

② **임용의 개방화 촉진** 신분보장 완화는 공직의 개방성을 높이고 공무원의 신진대사를 촉진할 수 있다. 새롭고 보다 유능한 인재들을 공직에 영입하는 데 유리하다. 공직의 침체를 방지할 수 있다. 승진적체해소라는 부수적 편익도 기대할 수 있다.

③ **성과주의 구현** 성과주의적 인사행정을 구현하려면 그에 지장을 주는 신분보장의 경직성을 완화해야 한다. 신분보장규정이 너무 강경하면 업무실적이 부진한 무능력자, 무사안일주의자, 부패자 등을 공직에서 퇴출시키거나 달리 제재하기가 어렵다.

④ **정부관료제에 대한 통제 강화** 정부의 최고관리층과 정치적 리더십의 정부관료제에 대한 장악력을 강화하려면 공무원 신분보장조항을 완화해야 한다. 인사행정의 분권화·객관화를 강조하면서 신분보장까지 강화하면

대통령을 포함한 정부의 두상계층(頭上階層)은 정부관료제에 대한 통제기제를 잃게 된다.

⑤ **증가하는 정치적 임용의 수요에 대응** 공무원의 엽관적 임용 또는 정치적 임용에 대한 수요가 늘어나고 있다. 그에 대응하려면 공무원의 신분보장을 완화할 필요가 있다.

⑥ **원활한 감축관리** 작은 정부구현을 위한 감축관리를 원활하게 하려면 필요한 감원을 가로막는 신분보장규정을 개정해야 한다.

(2) **지지적 조건** 공무원 신분보장 완화론의 논거에 힘을 실어주는 상황적 요청 또는 조건들은 다음과 같다.

① **급속한 변동** 정부 내외의 여건은 복잡해지고 그 변동은 급속해지고 있다. 국내외의 모든 분야에서 경쟁은 격화일로에 있다. 정부조직을 급진적으로 개혁하는 리엔지리어링의 필요는 날로 증대하고 있다. 이러한 마당에 공무원들이 낡은 신분보장의 울타리 속에서 안주하게 할 수는 없다.

② **신분보장 완화를 요구하는 정부개혁 원리** 작은 정부구현 · 전자정부구현의 필요가 커지고, 성과주의 · 소비자중심주의가 행정개혁의 핵심원리로 되어 있다. 이러한 변화는 인력체제의 빈번하고 신속한 재편을 요구한다. 이에 대응하려면 신분보장규정을 완화해야 한다.

③ **반관료제적 개혁이론의 영향** 정부관료제에 관한 탈전통적 내지 반관료제적 개혁모형들은 선진제국의 행정개혁운동에 지대한 영향을 미치고 있으며, 우리나라에서도 개혁마당의 여론을 이끌고 있다. 반관료제적 모형의 예로 경계 없는 조직, 임시체제(adhocracy), 유기적 조직 등에 관한 모형들을 들 수 있다. 반관료제적 모형들은 대개 인력구조의 융통성, 직업적 유동성을 처방하거나 그것을 전제한다.

④ **정부관료제에 대한 부정적 인식** 정부관료제의 나쁜 이미지에 대한 국민감정은 공무원의 신분보장에 부정적이다. 옛날의 억압적 · 착취적 관료제 그리고 개발독재시대의 군림적 관료제가 국민의 뇌리에 각인시킨 부정적 이미지는 뿌리 깊다. 오늘날에도 '비난대상으로서의 정부관료제'라는 인상은 국민들 사이에 강하다. 그것은 공무원들의 특혜박탈에 우호적이다.

⑤ **공직의 특혜 축소 요구** 공직의 비교부문인 민간부문이 겪는 어려움은 공직의 특혜축소를 압박한다. 민간부문의 구조조정으로 인한 직업불안정성이 높아지고, 비정규직이 늘어나고, 실업률이 높아지면 정부도 '고통분

담'에 참여해야 한다는 목소리가 높아진다. 고통분담의 내용에는 신분보장특혜의 축소가 포함된다.

⑥ **신분보장에 대한 비공식적 교란의 한계** 공무원 신분보장제도의 탈법적 · 자의적 운용이 점차 어려워지기 때문에 과거의 초법적 융통성을 양성화 · 공식화할 필요가 커졌다. 신분보장 완화를 법제화해야 할 필요에 쫓기게 된 것이다.

과거 후진들에게 길을 열어주려는 용퇴제도는 필요한 곳에서 그 효능을 발휘하기도 했다. '털어서 먼지 안 날 사람 없는' 시대의 억압적 정치체제하에서는 사실상의 강제퇴직인 권고사직이 쉬웠다. 일제숙정이라는 대량감원도 가능했다. 이제 그런 일들은 쉽지 않거나 불가능해졌다. 법적 근거가 더 확실히 필요하게 되었다.

⑦ **신분보장을 공격하는 관련 세력** 공무원들의 신분보장을 흔들려는 정치권의 모티브는 여러 가지로 표출된다. 집권정당은 공직의 엽관임용에 대한 유혹에 넘어가기 쉽다. 정권교체기에 엽관임용에 대한 갈망은 특히 더 고조된다. 국정책임자들은 정책실패의 희생양이 필요할 때마다 그 대상을 행정공무원들에게서 찾으려 한다. 정치적 과오로 인한 민심악화를 공무원의 숙정이나 물갈이와 같은 카드로 수습해보려 한다.

야당은 행정을 공격하는 일에 몰두하고 공무원들에 대한 인책론을 끊임없이 제기한다.

대중매체들은 정부를 비판하고 공직의 특혜를 비난한다. 신분보장제도의 보호가 빚어낸 무사안일주의를 맹공한다. 비위공무원들에 대한 솜방망이 처벌을 비난한다. 철밥통, 신도 부러워하는 직장, 제식구 감싸기, 동종번식 등 공무원의 신분보장을 빗댄 냉소적 언어들이 양산되어 있다.

학계 사람들도 탈전통적 행정개혁이론을 배경으로 신분보장제도의 경직성을 비판하고 있다.

4) 공무원 신분보장제도 개혁의 방향

공무원 신분보장의 수준과 내용을 결정할 때는 신분보장 강화와 신분보장 완화를 각각 촉구하는 상충적 요청의 절충점을 찾아야 한다. 공무원 신분의 절대보장이나 신분보장의 완전철폐와 같은 극단적 선택은 바람직하지도 않고 실천이 가능하지도 않다. 신분보장은 절대적인 것이 아니라 상대적인 것일 수밖에 없다.

공무원 신분의 절대보장과 신분보장의 완전철폐라는 두 극점을 잇는 연속선상에서 선택되는 조화점은 인사행정의 이념과 상황적 조건에 적합한 것이라야 한다. 여건변동에 연동시킬 필요가 큰 조화점은 연속선의 정중앙에 중립적으로 설정될 수도 있고 어느 한 쪽으로 치우칠 수도 있다.

오늘날의 시대적 조류는 공무원 신분보장을 완화하는 쪽으로 치우쳐 있다. 신분보장 강화를 주장하는 목소리보다 완화를 주장하는 목소리가 더 크다. 집권정치세력이나 인사정책관리자들은 신분보장 완화론 친화적인 것으로 보인다. 관련학계의 처방적 이론들은 신분보장 완화론에 치우친 편향을 표출하고 있다.

신분보장 강화론의 정당화근거들은 대개 전통관료제의 구성원리와 직업공무원제의 요건에 일관되는 것들이다. 신분보장 강화론의 정당화근거들은 직업공무원제 확립과 반엽관주의 구현이 우선적인 국책과제일 때 가장 소중히 여겨졌다. 신분보장 강화론의 정당화근거들이 지금 그 유용성을 모두 잃은 것은 아니다. 그러나 그에 대한 중요도의 평가는 낮아지고 있다.

신분보장 강화론의 지지적 조건들도 대개 지난 시대의 유물로 간주되거나 그 영향력이 예전만 못한 것으로 되어가고 있다. 반면 신분보장 완화론의 지지배경은 점점 더 뚜렷해지고 영향력을 키워가고 있다.

공무원 신분보장의 일반적인 또는 전반적인 수준을 가지고 논의한다면 적정한 수준에 이르기까지 신분보장을 완화하는 방향으로 개혁정책의 역점을 이동시켜야 한다는 말을 하지 않을 수 없다. 여기서 특별히 강조해야 할 것은 '적정한 수준'이라는 말이다. 인사정책의 이념과 상황적 조건의 변화에 대응하는 데 필요한 최소한의 신분보장 제한에 그쳐야 한다. 신분보장 제한이 적정수준을 넘거나, 제한의 이익을 능가하는 부작용을 수반해서는 안 된다. 신분보장 완화의 넘침효과(spill-over effect) 때문에 보호되어야 할 공무원들이 괴로움을 겪게하면 안 된다. 신분보장 제한의 시행은 보호되어야 할 공무원들의 사기를 진작할 수 있게 해야 한다.

신분보장의 분야별로 신분보장 제한의 폭과 방법은 달라져야 한다는 점을 유념해야 한다. 신분보장 완화의 목적별로도 방침을 달리 해야 한다.

앞서 설명한 신분보장 완화론에 그 목적들이 시사되어 있다. 공직의 신진대사 · 개방화 촉진, 융통성 제고, 성과주의 여행, 엽관임용의 통로 제공, 감축관리 등을 예로 들 수 있다. 엽관임용 목적인가 성과주의 강화 목적인가에 따라 신분보장 완화 용인의 범위와 결정기준, 결정방법이 확연하게 달라져야 한다는 점은 누구나 쉽게 짐작할 수 있을 것이다.

전반적인 신분보장체제 내에서 부문별·목적별로 구체적 적정성을 확보하려면 신분보장의 조작적 정의를 포함한 이론의 준비부터 철저히 해야 한다. 실천세계의 공무원 신분보장체제수립과 운영 그리고 개혁은 좋은 이론의 인도를 받게 해야 한다.

신분보장개념의 범위, 내용적 보장과 절차적 보장, 신분보장기능의 분류, 상대적 신분보장수준(조화점) 선택의 기준, 공무원들이 저지르는 과오의 용인범위와 신분보장의 관계, 갈등적 요청들의 확인, 잘못이 있는 사람에 대한 신분보장 제한과 잘못이 없는 사람에 대한 신분보장의 구분, 공식적 제도로 인한 문제와 제도의 실천적 운영에서 비롯되는 문제의 구분, 공무원 개인과 조직의 유인-기여(inducement-contribution)에 관한 심리적 계약, 신분보장체제가 처한 상황의 분류, 신분보장제도 개혁에 따르는 부작용과 저항의 극복 등에 관한 이론의 발전을 촉진해야 한다.

공무원 신분보장 완화와 같은 개혁을 추진하는 사람들은 상충되는 요청과 개혁의 대립적·모순적 효과를 깊이 성찰하고 이를 조정하거나 극복하는 데 탁월한 정치력을 발휘할 수 있어야 한다. 신분보장문제만큼 인사행정의 정치를 표출시키는 문제는 드물 것이다.

Ⅳ. 인사행정체제의 개혁

1. 문 제 점

전환시대의 인사행정은 우선 정체성위기에 직면한 것 같다. 인사행정이 무슨 일을 해야 하는가에 대한 관념적 혼란이 있고 인사정책들은 혼선을 빚고 있다. 인사행정에 대한 투자는 부족하고 인사행정의 전문성과 역량은 취약하다. 중요 현안들에 대한 인사정책의 실패가 많았기 때문에 필요한 신뢰를 얻지 못하고 있다.

전통적으로 소극적이고 통제지향적이었던 인사행정기능은 크게 달라지지 않았다. 인사절차와 방법은 경직하고 번문욕례의 희생이 되어 있다. 실적주의적 제도의 공식화과정에서 과잉강조한 중립성, 객관성, 통일성은 인사행정의 대응성을 약화시켜 놓았다. 규제중심적·공급자중심적 인사행정은 일반관리 기능과 괴리되고 고객의 요청에 둔감하다.

인사행정도 부정적 관료행태로부터 자유로울 수가 없다. 오랫동안 부패·정실·불공정에 대한 시비가 끊이지 않았다.

이러한 문제들에 대한 개혁노력이 진행되어 왔으며 그 성과도 어느 정도는 느껴지고 있다. 그러나 개혁과정에서도 혼란과 실책이 저질러지는 것을 보아 왔다. 개혁을 과시하기 위해서 때로는 과잉적 조치들을 채택하기도 하고, 외국제도에 관한 '지식자랑하기'를 위한 것처럼 보이는 개혁안 채택도 있었다. 소리만 요란하고 성과는 없는 시책들도 있었다. 통제에 통제를 얹어 번문욕례를 심화시키기도 했다.

2. 개혁방향

1) 개혁원리

인사행정체제의 개혁에서는 다음과 같은 기본원리를 추구해야 한다.

(1) 인간주의　　인간주의에 입각하여 인사행정과 정부관료제를 인간화하는 것을 인사행정발전의 궁극적인 원리로 삼아야 한다.

인간주의는 인간의 인간다운 속성, 고급화된 속성을 존중하며 북돋우고 활용하여 조직을 인간화하려는 원리이다. 고급의 인간속성이란 일을 통해 자기실현을 하고 생애의 보람을 찾으며 성장·성숙할 수 있는 속성을 말한다. 이런 속성이 강화된 인간은 일에 임하여 자율규제를 할 수 있고 책임 있는 능동성과 창의력을 발휘할 수 있다.

인간주의적 인사행정은 전반적인 관리체제의 통합화를 유도하고 지지한다. 즉 통합형 관리체제의 발전을 촉진한다. 통합형 관리체제의 요체는 조직참여자 개개인의 목적과 조직의 목적을 접근시키고 융화시키는 것이다. 통합형 관리는 신뢰와 자율과 협동을 강조한다.

인간주의적 인사행정의 추진은 선행적 조건의 충족을 전제로 한다. 인간의 하급속성에 착안한 교환적·통제적 인사행정이 사명을 다하여 그 필요가 감소되는 단계를 거쳐야만 인간주의적 인사행정의 구현이 본격화될 수 있는 것이다. 이러한 조건이 충분히 성숙될 때까지는 인간주의를 궁극적 이상으로 하면서 교환적·통제적 접근방법의 현실적 필요에도 부응해야 한다.

(2) 성과주의　　인사행정개혁은 성과주의를 지향해야 한다. 성과주의는 목표를 중요시 하고 목표의 실현을 강조한다. 실현의 가능성이나 기회에 만족하지 않고 실현의 결과를 요구한다. 성과주의는 절차와 수단에 의한 목표대치를 배격하고, 형식과 내용이 괴리되고 공식적 선언과 실천이 괴리되는 형식주의를 배격한다.

성과주의는 또한 고품질의 산출을 중요시하는 산출중심주의이다. 인사행정의 성공도를 평가하는 데 있어서 투입기준보다 산출기준을 적용하도록 요구한다.

인사행정개혁에서 구현해야 할 것은 '건강한' 성과주의이다. 건강한 성과주의는 다른 개혁원리들과 조화를 이루고 실천상의 실책과 폐해를 최소화한 성과주의이다. 건강한 성과주의를 실질적으로 구현하려면 행정활동의 목표성취를 강조하고 형식주의를 배격해야 하며, 번문욕례·과잉측정·목표왜곡·계량화의 오류·측정피로 등 서투른 성과주의의 폐단을 막아야 한다.

(3) 고객중심의 대응성　　인사행정은 고객중심주의를 추구해야 한다. 고객의 요청에 민감한 대응성을 발휘하도록 해야 한다. 인사행정의 필수적인 감시기능은 유지하더라도 적정한 필요를 벗어난 공급자중심적·일방통행적 감시와 통제는 없애거나 최소한에 그치게 해야 한다. 계선관리자 또는 인사운영자들에 대한 과잉규제는 해소해야 한다. 인사행정의 고객인 계선관리자들과 공무원들에게 협력적·지원적 서비스를 제공하는 역할을 키워나가야 한다. 이를 위해서는 인사행정과 일반관리의 연계를 강화하고 양자의 통합적 운영을 촉진해야 한다.

(4) 융통성　　집권적이고 획일적인 통제, 인사기준의 미분화, 절차상의 번문욕례, 개혁에 대한 저항 등으로 인한 인사행정의 경직성을 타파해야 한다. 다양해져 가는 요청, 변전하는 요청에 적응할 수 있도록 적정한 수준까지 인사행정의 융통성을 높여야 한다.

융통성을 높일 때 인사행정의 형평성을 손상하지 않도록 각별한 주의를 기울여야 한다. 그리고 절차적 공정성을 확보하도록 노력해야 한다. 번문욕례를 배제해야 한다고 해서 정당한 절차의 공정한 운영조차 흐트러지게 해서는 안 된다.

(5) 조정능력 강화　　다양한 요청의 대립과 갈등, 그로 인한 딜레마를 해결하는 인사행정의 조정적·촉매작용적 역량을 강화하여야 한다. 인사행정 중추는 여러 접근방법의 상충되는 가치추구를 조정하고 접근방법배합의 적정화를 도모하는 데 필요한 비전과 실천역량을 키워야 한다.

2) 기능별 개혁과제

위에서 제시한 기본원리에 입각하여 인사행정의 주요기능(활동국면)들을 개혁할 때에는 다음과 같은 처방을 따라야 할 것이다.

(1) 직업구조형성　　직업구조형성기능의 개혁에서는 공무원들에게 보람 있는 일을 제공할 수 있는 틀을 만들도록 노력해야 한다. 직위의 분류에서는 직무기준과 산출기준 그리고 성과기준의 비중을 키워나가야 한다. 그리하여 일과 사람 사이의 적응도를 높이고 임무중심주의와 인간중심주의를 조화시키는 데 필요한 기초를 튼튼히 해야 한다.

직업구조형성기능과 상호의존적인 관계에 있는 다른 인사기능들과의 연계를 발전시켜야 한다. 조직설계와의 연계도 강화해야 한다. 조직설계의 유동화 수준이 높아질수록 그러한 연계의 중요성은 더욱 커질 것이다.

내외의 여건변화에 따라 인사행정의 융통성에 대한 요청이 커지면 그에 대응하여 직업구조형성의 적응능력도 함께 강화해야 한다.

(2) 채　용　　채용기능도 일과 사람을 접합시키고 조직활동의 통합을 도모하는 데 보다 잘 기여할 수 있도록 개선해 나가야 한다. 채용기능의 수행에 있어서는 정부업무의 요청을 충족시킬 수 있는 인적자원을 효율적으로 획득하고 획득된 인적자원을 직무와 접합시킬 때 부적응의 문제가 생겨나지 않도록 해야 한다.

정부의 임용체제와 노동시장의 인적자원양성체제 사이의 개방적·협력적인 관계를 발전시켜야 한다. 공직지망에 대한 유인을 높일 수 있도록 채용과정을 개선해야 한다. 채용과정의 모든 활동은 직무수행이 요청에 맞는 사람들을 선별하고 그들을 직무에 적응시키는 데 효율적이라야 한다. 그리고 채용기능은 조직설계의 변동, 직무요건의 변동, 기술의 변동, 고용관계의 다양화, 임용구조의 개방화 등에 적시성 있게 대응할 수 있는 적응능력을 길러야 한다.

(3) 내부임용　　승진·배치전환 등 내부임용의 기능은 공무원과 직무의 적응도를 향상시키고, 공무원의 자기실현과 성장을 촉진하여야 한다. 내부

임용이 공평하게 이루어져야 하고, 정부의 인적자원을 효율적으로 활용하는데 기여하여야 한다는 기초적 요건의 충족을 위해서도 꾸준히 노력해야 한다.

인적자원의 구조가 복잡해지고 행정기능과 직무요건의 변동이 빈번해지는데 따라 내부임용기능의 융통성도 높여나가야 한다. 공무원들의 경력발전을 이끌어 줄 경력관리작용을 충실화해야 한다. 내부임용작용이 승진지향의 과열을 부추기거나 고층구조화 · 고위직비대화를 조장하지 않도록 해야 한다.

(4) **교육훈련** 고용관계의 다양화, 인적자원의 유동성 증대, 급속한 기술변동은 훈련수요를 크게 팽창시킬 것이므로 다양화되고 적응성 높은 훈련사업을 발전시켜야 한다. 훈련수요조사를 강화하고 훈련의 수요와 공급을 일치시키도록 노력해야 한다. 훈련사업발전의 이상은 훈련의 '개인화'이다. 훈련의 개인화란 개별적 · 구체적 훈련수요에 적합한 훈련의 공급이다.

직무훈련에 대한 수요는 전문화되고 다양화될 것이므로, 그에 따라 훈련사업을 분화시켜야 하며 복합기술적 직무의 증가에 대응한 프로그램도 개발해야 한다. 공무원들의 성장과 성숙을 촉진할 수 있도록 일반능력향상 훈련도 확장하여야 할 것이다. 그리고 통합형 관리체제와 신뢰관리에 부응할 수 있도록 공무원들의 책임 있는 능동성을 함양하고, 인간적 감수성을 높이는 태도변화훈련에 보다 많은 투자를 해야 할 것이다. 훈련사업의 집행에서는 공무원들의 자발적 학습과 자기개발을 강조해야 한다.

(5) **근무성적평정** 근무성적평정은 보다 적극적인 목적에 기여할 수 있도록 개선하고, 필요에 따라 평정의 방법과 절차를 분화시켜야 한다.

근무성적평정은 성과관리를 뒷받침할 엄정한 기준을 제공해야 한다. 그리고 공무원의 발전과 행정의 발전에 보다 잘 기여할 수 있어야 한다. 그렇게 하려면 평정과정의 공개와 피평정자의 참여를 가능하게 하는 방안을 모색해야 할 것이다. 평정의 목적과 평정의 대상이 다르면 평정방법과 평정요소 등이 달라져야 할 것이므로, 획일화된 평정제도에서 탈피하여 필요한 만큼의 다원화를 모색해야 할 것이다. 근무성적평정의 자의적 조작이나 착오를 억제할 수 있도록 과학적인 기법의 개발에 힘써야 할 것이다.

통제목적의 평정이 과잉화되는 것을 막아야 한다. 과잉평정은 공무원들의 직무수행을 왜곡시키고 그들의 헌법적 권익을 침해할 수도 있다.

(6) **보수와 편익** 보수와 편익의 관리에서는 우선 보수의 일반적 수준이 최저생계비수준을 넘도록 하고, 민간부문의 임금수준과 비례적인 형평

을 유지할 수 있도록 해야 한다. 보수지급의 대내적인 형평성도 최대한으로 실현해야 한다. 보수의 대내적 형평성을 실현하기 위해 격차수준을 결정할 때에는 직무요인과 성과요인의 고려를 확대해야 한다. 그러나 공직의 특수성 때문에 성과측정이 어려운 분야에서까지 성과급 적용을 강행해서는 안 된다. 그리고 성과급의 운용이 집단적 노력을 방해하지 않도록 주의해야 한다.

경제상황의 변화, 고용관계와 직무관계의 다양화·유동화, 성과관리의 필요성 증대 등에 효율적으로 대응하려면 보수관리의 융통성을 높여야 한다.

연금혜택의 결정에서도 대내외적 형평성을 보장하도록 제도개선을 해나가야 한다. 공무원들이 재직중에 받는 후생복지의 증진을 위해서도 더 많은 투자를 해야 할 것이다.

(7) 동기유발과 공직윤리 직무수행동기 및 공직윤리의 향상을 위해서는 우선 외재적 동기유인과 통제의 관리에서 효율성과 공정성을 확보하도록 해야 한다. 이러한 과제를 달성한 기초 위에서 인간의 자기실현적·성장적 측면을 강조하는 동기유발전략을 발전시켜야 한다. 그리고 공무원들이 인간적 감수성과 자율규제적인 능력을 신장하고 발휘할 수 있는 여건의 조성에 박차를 가해야 한다.

공무원들이 국가목적과 소속조직의 목적을 내재화하고 직무수행을 통해 자기실현을 할 수 있게 하는 것, 자기규제를 바탕으로 한 자율성과 책임 있는 능동성을 발휘할 수 있게 하는 것, 그리고 정직성·개방된 마음가짐·상황에 적응하는 융통성 등을 지니게 하는 것은 장차 더욱 강조되어야 할 과제이다.

(8) 퇴 직 환경적 격동성이 높아지고 기술변동이 급속해지고 인적자원수요의 유동성이 높아질수록 퇴직관리의 중요성은 더욱 커진다. 퇴직관리에 더 많은 관심을 기울이고 투자를 늘려야 한다.

퇴직수요를 정확하게 진단하여 대처하고 적정퇴직수준을 유지하는 데 필요한 접근방법을 발전시켜야 한다. 현직에서 필요 없게 된 사람들을 전용하거나 강제퇴직시킬 때에는 조직의 이익과 개인의 이익을 적절히 조정하고 조직과 개인에게 주는 손실을 최소화해야 한다. 퇴직자들을 지원하는 퇴직 전후의 조치들을 발전시켜야 한다.

(9) 인적자원계획 과학적이고 실용성 있는 인적자원계획제도를 확립하여 제반 인사활동에 적절한 정보를 제공하여야 한다. 우리나라에서 앞으로 기술적 조건과 직업관이 급속히 변화되리라는 것, 훈련된 인적자원의 획득을

위한 공·사부문 간의 경쟁이 심해지리라는 것, 행정수요의 증가에도 불구하고 정부의 경비절감을 요구하는 압력은 커지리라는 것 등을 예상하지 않을 수 없으므로 인사행정의 인적자원계획기능을 더욱 강화해야 할 것이다. 인사행정체제의 복잡성과 유동성이 높아지면 미래에 대한 불확실성이 높아지지만 미래예측의 필요성 또한 커진다. 인적자원계획의 성공을 위해 불확실성 통제기법들을 발전시켜야 할 것이다.

제 7 편
재무행정

제7편에서는 예산관리에 초점을 맞추어 정부의 재정자원을 관리하는 재무행정에 관한 주요 문제들을 다루려 한다.

정부의 재정자원을 관리하는 활동을 재무행정이라 한다. 재무행정은 행정관리체제의 일부로서 정부조직 운영의 중요한 조건을 설정할 뿐만 아니라 국민경제 전반에 막대한 영향을 미친다. 그런가하면 국민경제의 조건은 재무행정에 큰 영향을 미친다. 그리고 재무행정과정은 정치적 의사결정과정에 긴밀히 연계된다.

재무행정에 관한 행정학의 핵심적 연구주제는 국가의 세입·세출에 관한 예산의 관리이다. 행정학도들은 예산제도에 관한 법제, 예산담당기관, 예산제도, 예산의 원칙, 예산의 종류와 예산항목의 분류, 편성·심의·집행·결산·회계검사로 이어지는 예산과정, 구매행정 등에 관한 문제들을 주로 다루어 왔다. 이 밖에도 예산과 재정정책의 관계, 예산과 발전계획의 관계, 예산과정의 정치적 특성 등을 연구대상으로 삼아 왔다.

제7편에서는 우리나라 재무행정의 대강을 이해할 수 있도록 재무행정과 그 중심과정인 예산관리의 의미를 규정하고 예산관리의 정치적·경제적 특성을 알아보려 한다. 그리고 예산의 원칙, 예산제도의 유형, 예산의 종류와 예산내역의 분류, 예산절차, 예산관리체제 개혁 등의 주제를 차례로 설명하려 한다.

Ⅰ. 재무행정이란 무엇인가?

1. 재무행정의 정의

정부가 사용하는 재정자원을 관리하는 활동을 재무행정(財務行政: government financial management)이라 한다. 재무행정은 정부의 수입·지출과 정책 그리고 사업을 연결짓는 과정이다. 재무행정은 대내적으로 정부조직 운영의 조건을 설정할 뿐만 아니라 대외적으로 국민경제 전반에 커다란 영향을 미친다. 재무행정은 정치과정과도 긴밀히 연관된다.

재무행정의 주된 관심사는 국가의 세입·세출에 관한 예산의 관리이다. 정책과 사업에 예산을 연결하는 것뿐만 아니라 예산외 지출을 승인하고 기타 연관 요인들을 관리하는 것도 재무행정의 범위에 포함되는 임무라 할 수 있다. 그러나 정부가 사용하는 재정자원은 원칙적으로 예산에 포함되어야 한다. 그러므로 재무행정의 실천적 관심은 예산관리 과정에 집중될 수밖에 없다. 연구인들의 관심도 그러한 실천적 관심을 따르고 있다.

재무행정의 핵심과제를 예산관리(豫算管理: governmental budgeting)라고 보는 경우 재무행정의 주요 활동국면은 예산과정의 단계들에서 찾게 된다. 즉, 예산의 편성·심의 ·집행·결산과 회계감사를 재무행정의 주요활동단계로 파악하게 된다. 그리고 이러한 활동단계와 거기에 연계된 복잡한 관계들을 연구하게 된다.

재무행정의 체제는 행정관리체제를 구성하는 하위체제로서 차례로 이어지는 상위체제들과 영향을 주고받는 교호작용을 한다. 당위적으로는 재무행정이 그 상위체제들의 목적과 요청에 부응하는 역할을 수행할 것으로 기대된다.

재무행정은 다양한 과정과 많은 의사결정의 집적체를 내포하는 복잡한 과정이다. 재무행정의 대상은 방대하고 복잡하다. 재무행정에는 많은 조직과 집단과 개인들이 참여하거나 영향을 미치고 교호작용 한다. 이런 행동자들은 서로 다르거나 상충되는 이해관계와 규범을 가진 경우가 많다.

우리가 여기서 연구대상으로 삼는 것은 '현대적'재무행정이다. 즉, 현대민주국가의 재무행정이다. 현대재무행정은 대상과 기능의 방대성, 복잡성, 조직화된 체계, 계속적인 개혁노력 등 일련의 특성을 지니고 있다. 이 장에서는 현대재무행정의 이론과 실천을 우리나라 재무행정에 연관시켜 논의하려 한다.

1) 기업의 재무관리와 구별되는 재무행정

조직에 필요한 재정자원을 관리하는 활동은 어느 조직에나 있는 현상이다. 재정자원 관리작용은 정부조직뿐만 아니라 민간기업에도 있다. 정부조직의 재무행정과 사기업의 재무관리에는 공통점도 있고 서로 다른 점도 있다.

서로 다른 점은 조직의 성격차이 때문에 생기는 것이다. 정부는 공익추구를 목적으로 한다는 것, 정부의 주된 수입원은 세금이라는 것, 정부활동은 대부분 비시장적이라는 것, 정부활동의 독점성이 높다는 것, 정부활동의 목적과 실적은 경제적 · 계량적으로 측정하기 어렵다는 것, 정부활동은 더 많은 대중적 · 정치적 · 법적 관심과 통제를 받는다는 것, 정부의 조직과 활동은 방대하며 복잡하다는 것 등 정부조직의 비교적 특성이 정부의 재무행정에 투사된다. 행정과 경영의 차이에 대해서는 제1편에서 설명하였다.

기업의 재무관리에 대비한 재무행정의 상대적 특성은 i) 기업의 재무관리보다 훨씬 복잡하다는 것, ii) 국민생활에 미치는 영향이 더 크다는 것, iii) 많고 다양한 세력이 간여하고 정치성이 짙다는 것, iv) 법적 · 관료적 제약을 더 많이 받으며 그만큼 경직성도 높다는 것, 그리고 v) 효율성평가는 상대적으로 어렵다는 것이다.

2) 재무행정학의 연구대상

우리나라에서 재무행정학의 연구초점은 예산과정에 있다. 그것을 중심과제로 그리고 그에 연관된 문제들을 함께 연구과제로 삼고 있다. 재무행정학 저서들에게서 흔히 볼 수 있는 주제는 예산관리 모형 또는 접근방법의 설계, 바람직한 예산관리의 조건(예산원칙), 예산의 종류와 예상항목의 분류, 편성 · 심의 · 집행 · 회계검사로 이어지는 예산과정, 구매행정, 재산관리, 계획과 예산의 관계, 예산과 경제 그리고 정치의 관계, 예산담당기관, 예산관련 법규 등이다.

예산과정에서는 세출을 세입에 결부시키는 작업도 한다. 그러나 예산과정의 주된 관심은 세출예산에 있다. 재무행정학은 세입예산 또는 재정자원의 동원에 관한 깊은 논의를 재정학이나 조세론에 넘기고 있다.

다음에 재무행정학의 중심적 연구과제인 예산의 의미를 규명하려 한다.

2. 예산의 정의

예산(豫算: budget)은 장차 도래할 회계연도에 정부가 동원하고 사용할 세입(歲入)과 세출(歲出)의 예측적 계산이다. 예산의 예측적 계산은 장래에 실현될 것을 의도한 것이다.

예산은 정부의 사업을 위한 세입과 세출을 제안하는 계획서라고도 한다. 예산은 자원활용에 관한 계획에 따라 작성한 비용의 계산서이다. 예산문서는 일정한 목표 또는 항목에 대한 지출을 제안하는 글과 수치가 적힌 문서이다. 예산은 정가표가 붙여진 일련의 목표와 사업의 열거라고 설명되기도 한다.

예산의 속성을 설명하면 다음과 같다.

① **미래지향적 계획** 예산은 장래에 실현하려는 계획이다. 세입·세출에 대한 예측이며 의도된 행동의 규정이다. 예산이라는 미래지향적 계획은 재정자원을 정부활동의 목표에 결부시키는 것이며, 여러 계획대안 가운데서 선택하는 장치를 통해 얻어지는 계획인 것이다.

② **제안·약속** 예산은 제안이며 약속이다. 예산은 정부가 돈을 얼마나 거두어 쓰겠다는 제안의 표시이다. 예산은 권한있는 당국의 승인을 받은 제안이다. 그리고 관련행동 주체들사이의 약속이다. 국민에 대한 약속이며 국회와 대통령, 그리고 집행기관 사이의 약속이다. 약속의 준수는 법적으로 강제된다. 예산의 이런 성격에 착안하여 '예산은 계약'이라고 설명하기도 한다.

③ **정책의 수단** 예산은 정책과 사업목표 성취를 위한 수단이다. 예산은 재정자원을 정책목표를 달성하려는 인간행동에 연결시키는 수단적 장치인 것이다. 재정자원의 능률적·효과적 사용을 추구하는 수단이라고 말할 수도 있다. 예산이 추구하는 구체적 목적은 아주 다양하다.

④ **정보제공의 도구** 예산은 정부의 재정상태와 재원획득 및 지출에 관한 정보를 제공하는 도구이다. 예산을 집행하거나 이를 평가·감시·통제하는 등의 역할을 수행하는 사람들은 예산에서 정보를 얻는다.

⑤ **복잡한 과정의 산물** 예산은 복잡한 과정을 통해 형성되고 집행된다. 예산은 법이 정한 절차에 따라 형성·집행되어야 한다. 그러나 예산과정은 법적 절차만 준수하면 되는 단순한 과정이 아니다. 법적·공식적으로 정

한 절차와 거기에 개입하는 여러 가지 비공식적 과정들이 엉킨 복합적 과정을 거쳐 형성·집행된다.

⑥ **입법적 수권행위에 의한 성립** 예산은 입법부가 승인한 세입·세출계획으로서 강제력을 지닌다. 예산은 재정권·국고권(國庫權)의 행사에 대한 입법적 수권행위에 의해 성립한다. 그러한 수권행위의 형식은 법률인 경우도 있고 법률이 아닌 의결인 경우도 있다.

⑦ **사기업체의 예산과 구별되는 특성** 정부의 예산은 사기업체의 예산과 구별되는 특성을 지닌다. 그것은 사기업체에 대조되는 정부조직의 특성에서 비롯된다.

예산의 목표가 공익추구적이며 대체로 비시장적이라는 것, 세입의 출처가 원칙적으로 조세수입이라는 것, 강한 법적 규제를 받는다는 것, 많은 통제중추가 간여하는 복잡한 과정을 거쳐 형성·집행된다는 것, 예산결정의 순기(循期: budget cycle)가 길다는 것, 예산내역이 방대하고 복잡하다는 것 등은 정부예산이 지니는 특성의 예이다.

위와 같이 정의되는 정부의 예산은 여러 가지 기능을 수행한다. 다양한 예산기능 또는 예산관리기능을 i) 경제적·재정적 기능, ii) 관리적 기능, 그리고 iii) 정치적 기능으로 나누어 범주화해 볼 수 있다.

예산의 경제적·재정적 기능이란 재정정책과 금융정책의 수단이 되는 기능을 말한다. 예산의 관리적 기능은 재정자원을 정책·사업·조직에 배정하여 능률적·효과적으로 사용되도록 하고 자원사용상의 책임을 확보하는 기능이다. 예산의 관리적 기능에는 회계·재정통제 도구로서의 기능이 포함된다. 예산의 정치적 기능은 정치적·정책적 목표에 부합되게 희소한 공공자원을 배분하는 과정에서 이익갈등 조정의 수단을 제공하고 정부활동에 대한 공공통제 또는 정치적 통제의 수단을 제공하는 기능이다.

II. 예산과 경제 그리고 정치

여기서는 정부예산의 역할과 성격을 규명하는 데 관련된 몇 가지 문제를 다루려 한다. 몇 가지 문제란 민간부문의 조직과 구별되는 정부의 경제적 특성, 정부예산에 대한 조건을 설정하는 경제적·사회적·정치적 요인, 예산과정의 정치, 그리고 예산과 재정정책의 관계를 말한다.

1. 정부의 경제적 특성

정부도 가계(家計)나 기업 등과 같이 한 사회의 경제활동에 참여하는 경제주체로 볼 수 있다. 그러나 정부부문에 의한 경제활동은 민간부문의 그것과는 구별되는 특성을 지닌다.

1) 시장의 역할

(1) 민간부문 자유시장경제하에서 민간부문의 기업들은 생산요소인 노동과 자본을 시장에서 경쟁적으로 구입하여 상품을 생산하고, 생산한 상품은 시장에서 경쟁적으로 판매한다. 즉 많은 기업들은 시장에서 상품판매의 경쟁을 벌인다. 이와 같이 시장에서 상품이 거래되는 과정에서 가격이 결정된다. 기업에서 상품을 판매하여 얻은 수입은 생산요소를 구입하였던 비용에 충당하고 나머지는 이윤이 된다. 궁극적으로 사경제활동의 주된 목적은 이윤추구에 있다고 할 수 있다. 따라서 사경제(私經濟)에 있어서 의사결정의 가장 중요한 기준은 시장의 가격과 손익계산 및 이윤이다.

(2) 정부부문 정부부문의 활동은 민간부문과는 다른 기준에 의하여 인도되고 있다. 정부활동의 한정된 일부만이 시장에 참여하므로 시장가격이나 손익계산의 역할이 제한된다. 그리고 정부부문의 경제활동은 이윤추구만을 목적으로 하는 것이 아니다. 이러한 차이점을 좀더 구체적으로 보기 위해서 정부부문 조직을 세 가지 유형으로 나누어 살펴보고자 한다.

① 공기업 공기업(公企業)은 민간기업과 비슷한 특성도 가진 것이다. 공기업도 생산요소의 일부를 시장에서 사들이고 그 생산물을 시장에서 판다. 그러나 시장에서 거래되는 생산물의 양과 가격은 사경제단위의 경우와는 다른 원리와 방법에 따라 결정된다. 그리고 생산비용이 반드시 수입에 따라 좌우되지 않는다.

② 기 금 신탁기금(信託基金: trust fund) 또는 재단(財團)은 일반 정부조직으로부터 어느 정도 분리되어 비교적 자율적으로 운영된다. 정부재단은 비영리적인 것이 보통이고 운영경비는 국고에서 나오고, 재단의 수입은 일정한 수혜자들에게 어떤 대가를 요구하지도 않고 이전하는 것이 보통이다.

다시 말하면 반대급부를 받지 않고 특정한 국민에게 이익을 부여하는 것을 특징으로 한다.

③ **일반정부조직** 일반정부조직은 국민의 안녕, 국방, 문교, 보건, 사법 등을 수행하는 정부조직이다. 정부조직은 생산요소를 시장에서 구입하지만 그 수입은 세금에서 나오며 활동의 목적이 수입을 최대로 하려는 것도 아니다.

이렇게 볼 때 시장경제를 통한 이윤추구는 정부부문의 활동을 지배하는 원리로서는 합당하지 않다는 점을 이해할 수 있다. 공공부문의 의사결정은 정치적 · 행정적 과정을 통하여 공공의 목적에 따라 이루어지는 것이며 사경제에 있어서와 같이 이윤에 대한 기대에 따라 결정되는 것이 아니다.

2) 효율성의 기준

(1) 이 윤 민간부문의 경제활동에 있어 효율성을 판단하는 객관적인 기준은 이윤이라 할 수 있다. 그러나 정부부문에는 이윤과 같이 간단하게 효율성을 측정할 수 있는 기준이 없다. 민간기업에서는 순이윤율(純利潤率)을 기준으로 재정적인 효율성을 판단하지만 정부에서는 이 기준을 그대로 적용할 수 없다.

(2) 금전적 능률 금전적인 투입과 산출의 관계로서 파악되는 능률이라는 기준을 쓰더라도 이것이 민간부문에서와 같은 의미로 정부부문에 적용될 수 있는 것은 아니다. 정부조직의 산출물은 대체로 파는 것들이 아니기 때문이다. 그리고 국방이나 교육 그리고 사법활동 등과 같은 정부의 서비스에 대해서는 시장가격을 결정하는 것이 매우 어렵거나 불가능하다.

(3) 생 존 생존(survival)을 경제활동단위의 평가기준으로 삼는 경우에도 사기업에는 어느 정도 타당할는지 모르지만 정부의 활동을 판단하는 기준으로는 부적합하다.

사기업이 시장에서의 치열한 경쟁을 무릅쓰고 살아남아 있다는 것 자체가 그 기업의 효율성을 짐작케 하는 지표로 될 수도 있겠지만, 정부활동을 이러한 기준에 따라 획일적으로 평가할 수는 없다. 예를 들면 처음에 별로 이익이 없는 공장 하나를 정부가 세워서 손해를 감수하면서도 운영하다가 본궤도에 올라 재정적으로 충실해지면 민간에 불하하는 경우가 있다. 이 경우에 사업이 빨리 성공할수록 그 사업에 대한 정부활동은 빨리 종결될 것이다. 따라서 오래 지속되는 것 즉 생존하는 것이 정부사업의 성공도를 측정하는 결정적 기준은 되지 못한다.

(4) 사업 간의 비교　　정부기관의 효율성을 판단하기 위해 일정한 기간에 이루어진 사업과 시간을 달리하는 기간에 행하여진 동종사업을 비교하는 방법을 쓰는 것은 어느 정도 납득할 수 있다. 그러나 시간의 흐름에 따라 사업의 성격이 달라지고 또 기술적인 변화가 있기 때문에 위와 같은 비교방법에도 애로가 있다. 그리고 신설사업에서와 같이 비교할 대상이 없는 경우도 있을 수 있다.

정부활동을 규제하는 요인은 많고 복잡하기 때문에 사기업에서와 같은 효율성 판단의 기준을 발전시키는 일은 거의 불가능하다. 정부활동의 효율성은 경제적 · 사회적 · 정치적 및 행정적인 요인들을 균형 있게 감안하여 판단해야 하기 때문에 간단히 결론을 내리기는 어려운 일이다.

2. 정부지출에 대한 영향요인

정부부문의 경비지출규모와 정부 내의 부문별 자금배분에는 나라마다의 경제질서, 사회구조, 정치이념과 정치체제의 성격 등이 영향을 미친다. 정부재정의 적정규모를 결정하는 데 작용하는 영향요인들은 이와 같이 복합적이다. 이러한 복합적 요인들이 달라지면 정부지출에 관한 관점 그리고 정책도 조만간 달라지게 마련이다.

서구사회에서 자유주의 사상이 세력을 떨치기 시작한 초기에는 국가의 활동을 최소한에 그치게 해야 한다는 생각들을 하게 되었다. 즉 국방 · 경찰 등 공공의 안녕질서를 유지하기 위한 경비 이외에는 정부의 지출을 억제해야 한다는 주장이 지배적이었다. 공기업과 같은 적극적인 사업을 정부가 벌여서는 안 된다고 생각하였다. 이러한 사고방식은 18세기말에서 19세기초의 영국에서와 같은 야경국가적 정치질서의 특성과 사회경제적 요청을 반영한 것이었다. 입헌군주국가에서 국민과 의회는 국가의 활동과 지출을 최소한에 국한하려 하였고 국민생활에 대한 국가의 간섭을 배제하려 하였다. 그리고 이제 막 성장하기 시작하는 민간의 산업활동을 정부활동의 확대로 위축시켜서는 안 된다는 사회적 · 경제적 요청이 있었다.

시간이 흐름에 따라 국가가 국민생활에 적극적으로 개입할 필요가 생겨나고, 정부가 경제활동을 확대해 나가지 않을 수 없게 되었으며, 거기에 상응하는 경제질서와 정치질서의 변동이 뒤따르게 되었다. 이와 같이 정부의 성격과 경제질서의 성격이 수정되어 감에 따라 정부활동의 규모를 결정함에 있어 전통적인 활동만을 허용하려는 견해는 자연히 그 빛을 잃게 되었다.

우리나라에서는 1950년대까지 국가경제와 정부재정의 궁핍시대가 이어졌다. 그때까지 국가는 그 존립과 기본질서의 유지에 급급하였다. 1960년대부터 발전행정의 시대, 행정국가화의 시대가 열리면서 국민생활에 대한 정부간여와 정부지출의 팽창이 거침없이 진행되었다. 1990년대를 고비로 작은 정부 구현에 대한 요청이 부각되면서 정부지출규모 팽창을 견제하는 목소리도 점차 커져 왔다.

정부경비지출의 분야별 배분에도 변화가 있었다. 궁핍하고 정부기능이 단순하던 시대에는 국방·치안 등 국가안위와 기본질서 유지기능이 지배적인 자원배분을 받았다. 발전행정시대에는 경제성장부문의 우선 순위가 부각되었다. 고도산업화를 넘보면서부터는 사회부문·환경보전부문·정보화부문 등에 대한 지출증대 요청이 커지게 되었다.

3. 예산과정의 정치

정부활동 가운데는 부분적이지만 민간부문의 경제활동과 유사한 것이 있는 것도 사실이며, 정부사업의 입안에 있어서 경제적인 기준을 적용한 합리적 계산이 유용한 길잡이를 제공하는 영역도 있는 것이 사실이다. 그러나 앞에서 보아온 바와 같이 정부는 민간경제단위와 구별되는 특성을 가지고 있어 경비지출에 관한 결정의 원리와 방법이 민간경제에 있어서와 같을 수만은 없다.

정부지출의 규모와 자금배분은 복잡한 요인과 세력이 작용하는 정치과정을 통하여 결정된다. 따라서 예산과정을 정치적 과정이라고 한다.

예산과정은 누가 어떤 이익을 차지하고 누가 어떤 비용을 부담할 것인가를 결정하며, 정부에서 어떤 일을 해야 하고 국민은 그로부터 어떤 영향을 받을 것인가를 결정하기 때문에 정치적 과정이 될 수밖에 없다.

1) 정치성의 차원

예산과정의 정치성은 여러 차원에서 이해할 수 있다. 첫째, 예산은 정치적 목표실현의 수단이며 정책도구라는 점에서 정치적이다. 둘째, 예산은 공식적으로 처방된 정치적 · 법적 절차를 거쳐 형성된다는 점에서 정치적이다. 셋째, 예산은 공공통제의 수단을 제공한다는 점에서 정치적이다. 넷째, 예산과정에는 많은 권력중추와 행동자들이 참여해 이해관계를 놓고 투쟁을 벌인다는 점에서 정치적이다. 다섯째, 예산과정에서는 협상 · 타협 등 정치적 방법에 의해 이익갈등을 조정한다는 의미에서 예산은 정치적이다.

예산의 정치적 특성을 연구하는 사람들이 주로 관심을 가진 국면은 네 번째와 다섯 번째의 차원이다. 즉, 이익중추들의 이익추구 행동과 갈등, 그리고 타협 · 협상과 같은 정치적 이익조정 방법에 주목한다. 따라서 그들이 선정하는 연구주제는 자금을 배정하는 권력의 소재, 이익대표, 이익충돌과 갈등, 예산투쟁, 합의와 연합의 형성, 타협의 산물인 점증주의적 예산결정 등이다.

완전히 합리적인 과정을 통해서 예산배정의 대안이 선택되더라도 정치적 고려에 의한 변경을 배제할 수 없다. 합리적 기준의 발견이 어려운 경우에는 예산과정의 정치적 영향은 더욱 커진다. 그런데 정부의 예산결정에서는 합리적 계산전략의 설명력이 만족스럽지 않은 경우가 대부분이기 때문에 예산과정의 정치성이 강화된다.

예산배정이 정치세력 간의 균형에 현저한 변화를 초래할 우려가 있을 때 정치적 갈등은 증폭된다. 경제성장 둔화기 또는 후퇴기에는 예산을 둘러싼 정치적 갈등이 더 심해진다.

2) 정치과정의 행동자들

예산은 실제로 많은 개인, 집단, 조직이 서로 작용하는 정치과정을 통하여 성립하기 때문에 여기에 참여하는 개인과 집단의 성격과 역할을 알지 못하면 예산절차를 제대로 이해할 수 없다. 국회의원과 정치인, 행정부의 리더들과 공무원들, 이익단체 등 이루 헤아릴 수 없이 다양한 행동자들이 예산형성과정에 참여하여 어떤 정치적 역할을 수행한다.

예산과정에서 입법부의 정치인들, 그리고 대통령만 정치적 역할을 수행하는 것이 아니라 예산을 편성 · 집행하는 행정관료들도 정치적 역할을 수행한다. 예산과정에서 예산관료들은 기술적 · 합리적 판단을 하고 정치적으로 결정된 예산을 집행할 것이 기대된다. 그러나 그들의 역할이 실제로 합리적 · 기술적인 것에 한정되는 것은 물론 아니다.

현대국가라면 어디서나 행정인의 국민대표적 · 정책적 역할을 인정한다. 행정인들은 복잡한 책임의 체계 속에서 의사결정과정에 개입하는 많은 요인과 영향력을 감안하여 행동하고 갈등적 요구들을 조정하는 역할을 수행해야 한다. 행정인들의 공익추구를 위한 정치적 역할은 정당한 것이다. 그런가하면 부처이기주의 등에 얽매여 행정인들이 스스로 이익집단처럼 예산투쟁을 벌이기도 한다.

4. 재정정책과 예산

정부의 예산은 국가경제를 반영한다. 그런가하면 예산은 능동적으로 국민생활에 지대한 영향을 미친다. 그러므로 예산은 국가경제에 영향을 미치려는 정부의 재정정책을 뒷받침해야 하며 그 도구가 되어야 한다.

1) 재정정책의 특성

정부는 경제안정과 경제성장을 지원하고 경제활동을 조정하는 책임을 진다. 근래 민간주도형 경제의 발전이 촉진되고 있으나 국민경제에 대한 정부의 책임이 소멸된 것은 물론 아니다. 정부는 경제조정의 여러 가지 수단을 가지고 있는데 그 중 핵심적인 것이 재정정책이다. 재정정책에 의한 경제조정 내지 통제의 주요 특성은 다음과 같다.

① **종합적 · 총계적 대상** 재정정책의 대상은 종합적 · 총계적이다. 바꾸어 말하면 개별적인 경제활동을 간접적으로 규제한다는 것이다. 특정한 경제거래를 직접적으로 규제하지는 않는다. 그러나 간접적인 통제가 직접적인 효과를 나타낼 수 있다. 예를 들면 인플레를 억제하기 위해 개인소득에 높은 과세를 하면 소비자들의 지출을 제한하는 효과가 나타날 것이다. 그러나 이 경우에도 소비억제의 수단은 어디까지나 일반적이고 간접적이다.

② **국민소득 분배에 대한 영향** 재정정책은 국민소득의 상대적 분배에 영향을 미친다. 재정정책이 경제력의 분배에 영향을 준다는 사실 때문에 논란의 대상으로 된다. 재정정책은 모든 사람에게 똑같은 영향을 미치는 것이 아니며, 같은 재정정책에 의하여 어떤 사람은 손실을 입고 그에 관련된 다른 사람은 이익을 얻는 경우가 많기 때문에 갈등의 소지가 될 수 있다.

③ **중앙정부에 의한 결정** 재정정책은 국가전체의 입장에서 중앙정부

가 입안하고 시행한다. 그러므로 지방자치단체들은 중앙정부의 재정정책에 따른 영향을 받는 입장에 있다.

그러나 지방자치가 발전함에 따라 분권화가 촉진되면 중앙정부의 재정정책 도구를 수정하는 지방정부의 능력도 커질 것이다.

2) 예산의 재정정책적 기능

재정정책의 도구로서 예산이 수행할 수 있는 기능을 보면 다음과 같다.

① **자원배분기능** 자원배분기능은 경제부문별로 필요한 곳에 적정수준의 자금이 배정되도록 하는 기능이나. 그 대표적인 예는 국가재정에 의한 공공재(公共財)의 공급이다. 시장경제에 맡겨두어서는 공급이 어렵거나 불가능한 재화·용역 그리고 국가가 공급하는 것이 바람직한 재화·용역에 정부재정을 투입한다는 것은 바로 자원배분에 해당한다.

② **소득재배분기능** 정부는 국가의 경제적 풍요를 추구할 뿐만 아니라 사회적 형평을 또한 추구해야 한다. 빈부격차와 같은 사회적 불평등과 소외계층의 발생이 시장기제에 의해서만 해소될 수는 없다. 따라서 정부가 개입하여 인위적인 소득재배분정책(분배정책)을 추진해야 한다. 조세체계의 개선에 의한 가처분소득의 조정, 사회보장을 위한 정부지출 등이 소득재배분정책의 수단이다.

③ **경제안정·성장촉진기능** 경제는 불안정성을 내포한다. 급격한 경기변동은 여러 가지 폐단을 수반한다. 그러므로 정부는 경제안정을 위해 개입해야 한다. 이러한 목적을 위해 정부의 재정구조는 경기변동에 따라 세입·세출을 변동시킴으로써 경기변동을 완충하는 장치를 동원한다. 그러한 장치의 예로 투융자재정지출의 조절, 소득세의 누진과세, 실업수당과 같은 사회보장지출 등을 들 수 있다.

정부는 또한 경제의 성장을 위한 노력의 일익을 담당해야 한다. 정부는 생산기반 확충, 민간의 자본축적 촉진, 민간의 생산능력 향상 등의 영역에서 세입·세출의 수단을 써서 기여할 수 있다.

III. 예산제도의 유형

여기서 말하는 예산제도란 공식화된 예산관리의 접근방법 또는 모형을 뜻한다. 중요한 예산제도의 유형에는 품목별 예산제도, 성과주의 예산제도, 계획예산제도, 영기준 예산제도 등이 있다. 이들 모형을 여기에 열거한 순서는 선진민주국가에서 사용되거나 개발된 순서를 반영한다. 품목별 예산제도의 역사가 가장 길고 적용의 폭도 넓다. 나머지 예산제도모형들 가운데는 부분적 시행 또는 실험적 시행의 수준을 벗어나지 못한 것들도 있다.

예산제도는 정치적 도구로서의 기능, 경제적 도구로서의 기능, 그리고 자원의 효율적 관리·회계책임의 확보·재정통제를 담당하는 관리도구로서의 기능을 수행한다.

어떤 제도모형을 채택하느냐에 따라 각 기능의 무게가 달라진다. 품목별 예산제도는 회계·재정통제를 지향하는 것이다. 성과주의 예산제도는 자원의 효율적 관리도구라는 성격을 짙게 가진 것이다. 계획지향적인 계획예산제도는 경제적 도구로서의 기능을 강조한다. 영기준 예산제도는 국민의 통제에 의한 긴축예산 형성을 강조한다. 1950년대 후반부터는 예산과정의 정치적 성격이 강조되었다. 그때부터 예산제도들은 모두 정치적 도구라고 이해하게 되었다.

다음에 품목별 예산제도, 성과주의 예산제도, 계획예산제도, 영기준 예산제도를 설명하고 기타의 예산제도에 대해 간단히 언급하려 한다. 설명의 주된 전거는 재정경제원이 간행한「예산편람」과 기획예산처가 간행한「한국의 재정」이다.

1. 품목별 예산제도

1) 품목별 예산제도의 정의

품목별 예산제도(品目別 豫算制度: linc-item budget system)는 예산을 지출품목(objects)에 따라 분류함으로써 행정책임의 소재를 분명히 하고 회계책임에 대한 외적 통제가 쉽도록 하는 제도이다. 이 제도는 예산집행상의 낭비와 부당한 집행을 방지하기 위해서 정부가 구입할 재화·용역의 항목별로 예산액을 명시하고 그 집행결과를 결산으로 확인하는 제도이다. 이 제도를 채택하면 국회에 의한 예산통제가 용이하다고 한다.

품목별 예산제도가 중요시하는 예산과정의 단계는 집행단계이며 활용하는 정보의 초점은 품목이다. 이 제도 아래서 예산담당공무원들이 필요로 하는 핵심적 기술은 회계기술이다. 의사결정의 흐름은 상향적·집합적이며 결정의 접근방법은 점증주의적인 것이다.

품목별 예산제도는 점증주의적 특성을 지닌다. 점증주의(漸增主義: incrementalism)는 예산을 이전의 예산으로부터 점증적으로만 달라지게 하는 원리이다.

점증주의는 행정체제와 예산과정의 실상을 반영하는 것이다. 점증주의는 무엇보다도 정치적·전문기술적 부담을 덜어준다. 예산결정에 선례답습적 기준을 쉽게 사용할 수 있기 때문이다. 그리고 점증주의는 예산투쟁의 과열을 진정시켜준다. 중요한 가치 내지 사업이 간과되는 가능성을 줄여주고 사업불확실성을 감소시킨다. 점증주의는 다원주의적 정치과정에서 각 이익주체들이 예산의 자기 몫을 지키는 데 유리하다.

그러나 점증주의는 예산상의 무사안일주의라 할 수 있다. 예산과정에서의 합리성을 너무 과소평가하는 것이다. 예산이 변동하는 조건에 대응하기 어렵게 한다. 예산에 관한 점증주의는 점증하는 자원의 사용가능성에 의존하는 바가 크다. 점증하는 자원의 뒷받침이 없어지면 예산결정자들은 어려움에 봉착한다.

2) 품목별 예산제도의 이점과 약점

(1) 이 점 품목별 예산제도를 채택하는 경우 조직과 기능에 결부시켜 예산집행 항목을 품목별로 표시하기 때문에 작성과 이해가 쉽고 예산집행의 회계책임을 분명히 할 수 있다는 이점이 있다.

(2) 약 점 품목별 예산제도는 오늘날 지지보다는 비판을 더 많이 받고 있다. 비판의 논점을 요약하면 다음과 같다.

첫째, 발전계획과 예산지출의 괴리를 크게 할 가능성이 있다. 품목별 예산제도는 기존의 조직과 활동에 묶여 재성구소의 경직화를 초래하기 때문이다.

둘째, 투입기준의 예산을 만들기 때문에 산출의 성과를 확인하기 어렵게 한다. 투입기준의 예산이란 무엇에 돈을 얼마나 썼느냐는 문제에 초점을 맞춘

예산을 말한다. 투입기준의 예산자료는 자원의 효율적 활용을 위한 의사결정에 충분한 정보를 제공하지 못한다. 지출만을 따지는 제도는 효율성을 판단하는 데 필요한 정보를 산출하지 못한다.

셋째, 품목별 예산제도는 조직마다 품목예산을 배정하기 때문에 활동의 중복을 막기 어렵다.

2. 성과주의 예산제도

1) 성과주의 예산제도의 정의

성과주의 예산제도(成果主義 豫算制度: performance budgeting)는 정부가 무슨 일을 하느냐에 중점을 두는 제도이다. 이 점에서 정부가 무엇을 구입하느냐에 중점을 두는 품목별 예산제도와 구별된다. 성과주의 예산은 목적달성을 위한 수단으로부터 목적달성 그 자체에 주의를 전환시킨다.

성과주의 예산제도는 예산투입을 정부의 산출에 연결시키는 제도이다. 이 제도는 정부가 하려는 사업이 무엇이며 그에 소요되는 비용은 얼마나 드는지를 밝혀준다.

성과주의 예산제도는 예산과목을 사업별, 활동별로 분류하여 편성한다. 대단위 사업을 하위사업으로 나누고 이를 다시 세부사업으로 나눈 다음 세부사업별로 업무량과 단위원가를 곱하여 예산액을 산출한다.

여기서 단위원가란 업무단위 하나를 산출하는 데 소요되는 경비를 말하고 업무량이란 업무단위에 의하여 표시되는 작업의 양을 말한다. 예를 들어 설명하자면 금년도 도로건설 사업계획이 총 100km라고 하였을 때, 업무측정 단위를 1km로 보아 업무량은 100이 될 것이며, 도로 1km를 건설하는 데 드는 경비가 5억원이라 한다면 단위원가는 5억원이 된다.

이와 같이 성과주의 예산에서는 각 사업별 업무단위를 측정하여 업무를 양적으로 표시하고 그 원가를 기준으로 예산을 편성한다. 그리고 정부사업의 산출을 평가할 수 있도록 미리 산출기준을 결정해 두고 그에 따라 산출분석과 내부통제를 할 수 있게 한다. 분석의 초점은 예산지출의 상대적 능률성 비교에 있다.

우리나라에서 성과주의 예산제도라고 부르는 것은 정부활동의 성과에 초점을 맞춘다기보다 투입과 산출의 관계에서 파악되는 능률에 초점을 맞추는 것이기 때문에 진정한 의미의 성과주의에 입각한 제도는 아니다. 이 제도는 산출기준 예산제도 또는 활동별 예산제도라고 불러야 마땅하다. 근래에 개발된 결과기준 예산제도는 진정한 성과 또는 결과에 초점을 맞춘다. 이에 대해서는 뒤에 설명할 것이다.

우리나라에서는 1960년대 초반에 성과주의 예산제도를 실험한 일이 있다. 1961년부터 국방부와 보건사회부 업무의 일부에 성과주의를 적용해 보다가 1964년에 중단했다. 여건불비로 제도의 효용이 발휘되지 못했던 것 같다. 현재 정부는 성과주의 예산제도의 단계적 도입을 추진하고 있다. 그런가하면 서울특별시는 2001년부터 성과주의 예산제도를 실시하고 있다.

성과주의 예산이 효과적으로 운영될 수 있으려면 i) 업무계획 수립에서 정부의 각 기관은 중앙예산기관과 긴밀히 협조해야 한다는 것, ii) 사업계획과 정부조직의 배열은 조화를 이루어야 한다는 것, iii) 개별적인 사업은 업무측정의 단위로 표시되어야 한다는 것, iv) 회계연도 전체를 통해 사업진척 상황을 파악할 수 있는 보고제도가 마련되어야 한다는 것, v) 사업별 및 사업단위별로 지출을 통제하는 계정체계가 구분되어야 한다는 것 등의 조건이 갖추어져야 한다.

2) 성과주의 예산제도의 이점과 약점

(1) 이 점 성과주의 예산제도는 정부활동의 산출에 초점을 맞추기 때문에 여러 가지 이점을 지니고 있다.

첫째, 국민과 국회에 의한 예산통제를 쉽게 한다.

둘째, 예산편성과 집행을 과학화하고 유용한 행정관리수단을 제공한다.

셋째, 예산집행 결과에 대한 평가를 통해 해당부서의 업무능률을 측정할 수 있으며 그 결과를 다음 연도의 예산과정에 환류시킬 수 있다.

(2) 약 점 성과주의 예산제도는 실천상의 난점을 지닌 제도이다. 그러한 난점 가운데 대표적인 것은 업무단위 선정과 단위원가 계산에서 봉착하는 애로이다.

첫째, 업무단위의 선정은 성과주의 예산제도에 있어서 가장 본질적인 것이다. 그러나 업무단위선정이 쉽지 않다.

정부의 사업이나 활동 가운데는 어떤 형태이든 간에 최종산물(end products)로 나타낼 수 있는 것이 있다. 예를 들면 도로공사에서는 포장된 도로,

보건사업에서는 치료된 환자 등으로 나타날 것이다. 이와 같이 일부의 정부활동에서 업무의 진도나 산출을 측정할 수 있는 최종 산물을 찾아낼 수도 있다. 그러나 많은 경우에 동질적이고 의미 있는 최종산물을 발견하기 어려워서 업무단위를 선정하는 데 애로가 많다. 예를 들어 외교활동의 업무단위를 결정하기란 거의 불가능하다.

둘째, 성과주의 예산에서 또 하나 문제로 되는 것은 단위원가를 계산하는 일이다. 단위원가란 업무단위 하나를 산출하는 데 소요되는 인건비, 자재비 기타 모든 경비를 합계한 것을 말하는데, 회계제도가 발달되지 못하고 회계직원의 경험이 부족하거나 잘 훈련되어 있지 않으면 단위원가를 산출하는 것은 어려운 일이다. 더욱이 재고량이나 감가상각비를 감안하기 어려우며 간접비의 파악이나 분배문제도 간단히 해결할 수 있는 문제가 아니다.

3. 계획예산제도

1) 계획예산제도의 정의

계획예산제도(計劃豫算制度: PPBS: planning-programming-budgeting system)는 정부활동의 목표와 그 성취에 초점을 맞추고 예산과 계획기능의 연계를 강조하는 제도이다. 이 제도는 정부활동의 산출이 가져오는 효과(outcomes)의 측정을 요구하는 것이다. 이 점에서 정부활동의 산출만을 측정하도록 요구하는 성과주의 예산제도와 구별된다. 이 밖에도 계획예산제도는 정부 전체의 정책목표를 중요시하고 정책수행을 위한 사업대안을 비교·분석한다는 점, 그리고 계획과 예산을 연결시킨다는 점에서 성과주의 예산제도와 구별된다.

계획예산제도하에서 의사결정의 흐름은 하향적·분산적이며 의사결정 양태는 점증적인 것이 아니라 목표달성 지향적이다. 예산편성 이전의 계획단계가 예산과정에 중요한 영향을 미친다. 예산과정에서 초점이 되는 정보는 목표에 관한 정보이다. 예산담당직원들이 필요로 하는 지식의 핵심은 경제학적인 것이다.

계획예산제도는 조직의 명료한 목표설정을 예산과정의 출발점으로 잡는다. 그리고 이러한 목표의 성취를 위한 사업대안들을 확인하고 그에 대한 비용·편익분석을 통해 예산을 결정한다.

미국에서 계획예산제도가 개발되고 채택되던 시기에는 이를 뒷받침하는 조건이 형성되었다. 거시적·미시적 경제분석이 재정정책과 예산정책의 입안에서 중요한 역할을 할 수 있었다. 케인즈 경제학의 영향으로 정부의 경제간여, 그리고 재정적 목적을 위한 예산과정의 활용을 지지하는 사고방식이 확산되어 있었다. 체제분석, 비용·편익분석 등 새로운 정보처리기법과 의사결정기법이 발전되었다. 계획과 예산이 점차 접근하는 추세를 보였다. 이러한 조건을 배경으로 계획예산제도가 성립된 것이다.

2) 계획예산제도의 이점과 약점

(1) 이 점 계획예산제도는 최소의 비용으로 최대의 정책목표 성취를 추구하려는 정책결정자들에게 유용한 정보를 제공하는 제도로서 다음과 같은 이점을 지녔다고 한다.

첫째, 목표를 명료화하고 집행과정을 거기에 분명하게 연결짓는다.

둘째, 장기적인 정책목표에 일관되게 예산을 편성할 수 있게 한다.

셋째, 장기적인 효과와 비용을 고려하여 사업대안을 선택할 수 있게 한다.

넷째, 지식축적과 환류정보의 활용에 의해 목표와 수단을 적시성 있게 수정할 수 있게 한다.

다섯째, 정책결정에 관련된 요인들의 포괄적 분석을 촉진한다.

(2) 약 점 계획예산제도는 실천적으로 여러 가지 어려움에 봉착했기 때문에 해답보다는 질문만 양산한 제도라는 비판을 받았다.

첫째, 경제적 합리성에 집착하여 정치적 영향을 배제하려 했지만 그러한 기도는 비현실적이었다.

둘째, 계획예산제도가 강조하는 목표체계의 명료화는 실천적으로 쉬운 일이 아니다. 특히 국가목표와 같은 최상위 목표에 대해 합의를 형성하는 것은 대단히 어려운 일이다.

셋째, 계획예산제도는 사업효과의 엄격한 예측과 측정을 강조하는데 공공재(公共財)의 효과는 대부분 계량적 측정이 곤란하다.

넷째, 정확한 비용·효과예측에는 엄청난 노력과 비용이 소요되며 필요한 정보를 얻지 못하는 경우도 많다.

다섯째, 계획예산제도는 조직상의 책임과 사업상의 책임을 괴리시키면서도 사업에 대한 각 조직의 책임을 묻는 것은 무리이다. 사업은 조직의 경계를 가로지르기 때문에 개별조직이 사업 전체를 장악하지 못하는데, 그럼에도 불구하고 기관별 책임을 묻는다는 것이다.

여섯째, 계획예산제도를 실시하는 데 필요한 전문분석가들을 행정기관에 대거 투입했기 때문에 행정관료들은 위협감을 느끼고 전문분석가들의 활동에 저항하게 되었다.

이런 여러 가지 이유 때문에 계획예산제도는 실천세계에서 거의 사라지게 되었다.

4. 영기준 예산제도

1) 영기준 예산제도의 정의

영기준 예산제도(零基準 豫算制度: ZBB: zero-base budgeting)는 전례를 기준으로 삼지 않고 매년 영의 수준 또는 백지수준에서 새로이 예산을 결정하는 제도이다. 이 제도는 전년도 예산을 기준으로 하여 점증적으로 예산액을 결정하는 데서 생기는 폐단을 시정하려고 개발한 것이다. 이 제도는 전년도와 유사한 사업이라도 그 사업의 목적 · 방법 · 효과 · 경비 등을 '영의 수준에서' 또는 '처음 입안한다는 생각으로' 검토하여 우선순위와 예산액을 책정한다.

이 제도는 정부의 경비를 절감하고 긴축하려는 감축관리의 도구로 활용되었다. 감축지향성 때문에 관리자들에게 위협적일 것 같지만 운영의 실제에서는 오히려 관리자들의 참여를 촉진하고 그들의 발언권을 강화하였다. 관리자들의 지지가 없으면 이 제도의 성공이 어렵다고 보고 변동의 제안은 사업관리자들이 하도록 유도하였다. 운영과정에서 전문분석가들의 객관성보다는 관리자들의 주관성을 더 존중하였다. 그리하여 점증주의적 결과를 빚어 놓았다. 관리자들의 행태가 점증주의적이기 때문이다.

영기준 예산의 작성절차는 기본준칙의 시달에서부터 시작된다. 기본준칙은 전체 예산규모, 물가상승률 추정, 인건비 상승률 등에 대한 개략적 지침이다. 다음에는 과 또는 계와 같은 의사결정 단위를 선정하고 각 의사결정 단위에서 예산관리자의 판단에 필요한 정보를 문서로 준비하게 한다. 그러한 정보문서를 의사결정 패키지(decision package)라 한다. 의사결정 패키지가 작성되면 의사결정 단위별로 사업의 우선순위를 결정한다. 그 우선순위에 따라 예산을 배정하면 예산편성의 과정이 마무리된다.

미국에서는 1970년대에 영기준 예산제도를 연방정부의 예산과정에 적용하였으나 1981년에 이를 중단하였다.

우리나라에서는 1983년부터 이 제도를 일부 시행하고 1984년의 동결예산 편성에서는 영기준 예산제도의 기법을 활용한 바 있다. 그러나 근래 일부 투자사업의 시행여부를 따지는 데 이외에는 영기준 예산제도를 사용하지 않고 있다.

2) 영기준 예산제도의 이점과 약점

(1) 이 점 영기준 예산제도의 이점은 다음과 같다.

첫째, 자원의 합리적·효율적 배분과 예산절감에 기여할 수 있다.

둘째, 높은 변동대응성을 발휘할 수 있다.

셋째, 일선관리자로부터 상향적으로 예산에 관한 의사결정이 이루어지기 때문에 계선조직(系線組織: line organization) 실무자들의 참여를 촉진한다.

(2) 약 점 영기준 예산제도의 약점은 다음과 같다.

첫째, 이 제도의 핵심인 사업우선순위의 결정이 합리적·객관적으로 이루어지기 어렵다. 정치적 영향을 받을 수도 있고 일선관리자들의 보수적 성향과 최고결정권자의 가치가 우선순위 결정을 좌우할 수도 있다.

둘째, 이 제도의 적용이 어려운 경직성 경비 또는 비탄력적 예산지출이 많다. 우리나라의 경우 국방비와 같은 경직성 경비가 많을 때 영기준 적용의 효용이 떨어진다. 그리고 공무원의 보수 등 경상비적 지출과 지방재정 교부금, 교육비 등에 대해서도 영기준 적용이 어렵다.

셋째, 필요한 정보의 획득에 애로가 있다.

넷째, 이 제도의 실시는 빈번한 사업변동과 예산배정 변동을 결과할 수 있는데, 사업전환에는 많은 비용이 든다.

영기준 예산제도와 유사한 목표 내지 성향을 지닌 일몰법제도가 있다. 일몰법(日沒法: sunset laws)이란 정부의 개별적인 조직과 사업을 의회가 주기적으로 심사하여 존속의 필요가 없어진 것을 폐지하도록 하는 입법이다. 의회의 심사에서 존속의 필요가 입증되지 못하는 조직이나 사업은 자동적으로 폐지되게 하려는 입법인 것이다.

미국에서 개발된 이 제도는 기존의 사업과 지출을 재검토하여 불필요한 것은 폐지한다는 점에서 영기준 예산제도와 비슷하다. 그러나 일몰법에 의한 심사는 의회중심인 반면 영기준 예산제도에 의한 심사는 행정부의 예산편성과정 중심으로 운영된다. 그리고 일몰법에 의한 심사는 매년 되풀이되는 예산과정과 별도로 진행될 수도 있다.

5. 기타의 예산관리모형

1) 목표관리 예산제도

목표관리 예산제도(目標管理 豫算制度: management-by-objectives budgeting)는 목표관리에 입각한 예산관리모형이다. 목표관리라는 총체적 관리체제에 예산관리를 결합시킨 모형이라고 할 수 있다. 목표관리는 참여의 과정을 통해 조직단위와 구성원들이 실현해야 할 목표를 설정하고 그에 따라 생산활동을 수행하도록 하며, 활동의 결과를 평가·환류시키는 관리체제이다.

2) 하향식 예산제도: 총액배분 자율편성 예산제도

하향식 예산제도(下向式 豫算制度: top-down budgeting)는 정부 각 기관에 배정될 예산의 지출한도액은 행정수반이 결정하고 각 기관의 장에게는 그러한 지출한도액의 범위 내에서 자율적으로 목표달성 방법을 정하는 자율권을 부여하는 예산관리모형이다. 이 모형에서 의사결정의 주된 흐름은 하향적이다. 중앙예산기관은 정부 전체의 예산지출과 전반적인 사업목표를 결정하여 정부 각 기관에 시달한다. 그리고 입법기관의 예산심의에서 예산요구에 관한 정부 전체의 입장을 대변한다.

하향식 예산제도는 다른 여러 가지 이름으로 불리기도 한다. 우리 정부에서는 공식적으로 총액배분 자율편성 예산제도라는 명칭을 사용한다. 총액배분 예산제도라는 약칭을 쓰기도 하고 톱다운 방식 예산제도라 부르기도 한다. 이 밖에 목표액기준 예산제도, 기준액 예산제도, 한도설정 예산제도 등의 명칭이 쓰이기도 한다.

총액 배분 자율편성 예산제도에 대해서는 예산절차를 설명할 때 재론할 것이다.

3) 결과기준 예산제도: 새로운 성과주의 예산제도

결과기준 예산제도(結果基準豫算制度: outcome-based budgeting)는 예산지출의 수준과 예산집행에 의해 달성한 사업의 결과(성과)를 확인할 수 있도록 예산정보와 성과측정정보를 결합시키는 예산관리모형이다. 이 모형의 의도는 예산지출에 의한 사업의 실질적인 결과를 측정·평가하여 공적 자원의 사용에 대한 책임성을 확보하려는 것이다.

결과기준 예산제도에도 여러 가지 별명이 붙여지고 있다. 새로운 성과주의 예산제도, 임무중심 예산제도, 기업가적 예산제도, 성과기준 예산제도 등이 그 예이다.

4) 계약예산제도

계약예산제도(契約豫算制度: contract budgeting)는 예산관리를 계약체제화한 모형이다. 계약체제화를 통해 예산관리의 산출지향성과 시장지향성을 높이려는 모형인 것이다.

계약예산제도는 예산관리에 계약이라는 개념을 도입하여 예산과정을 계약과정으로 정의한다. 이 모형은 중앙정부와 공급기관들 사이의 관계를 구매계약관계로 규정한다. 즉 계선기관들은 특정한 재화·용역을 일정한 가격에 공급하기로 약속하고 거기에 소요되는 예산을 정부의 중앙의사결정중추가 제공하기로 약속하는 계약관계를 통해 예산관리가 이루어지는 것으로 본다.

Ⅳ. 예산의 원칙

예산의 원칙이란 예산절차에서 준수해야 할 기준으로 처방된 것을 말한다. 예산의 원칙은 보편적인 법칙이 아니다. 예산원칙의 적합성은 상황에 따라 달라질 수 있다.

재무행정학에서 처방하거나 실천세계에서 개발한 예산원칙들은 여러 가지이다. 이를 두 가지 범주 즉 '전통적 예산원칙'과 '현대적 예산원칙'으로 분류해 볼 수 있다. 이 두 가지 범주의 예산원칙들을 확인하는 데 앞장 선 사람은 F. Neumark와 Harold Smith라고 한다.

다음에 전통적 및 현대적 예산원칙을 간추려 설명하고 오늘날 우리에게 적합한 예산원칙 즉 바람직한 예산의 요건을 종합하여 제시하려 한다.

1. 전통적 예산원칙

전통적 예산원칙은 주로 입법부에 의한 행정부의 통제를 지향하는 것들이다. '통제지향적 예산원칙'이라고도 부르는 전통적 예산원칙에는 i) 한정성의 원칙, ii) 사전승인의 원칙, iii) 공개의 원칙, iv) 명료성의 원칙, v) 포괄성의 원칙, vi) 통일성의 원칙 등이 있다.

① **한정성의 원칙** 한정성의 원칙은 예산은 일정한 기간을 한정하여 승인하여야 하며 예산집행에서 목적외 지출, 초과지출, 회계연도 경과지출을 금지해야 한다는 원칙이다. 예산의 전용이나 이용(移用) 등은 원칙적으로 금지하고 규정된 기간 내에 집행하고 남은 돈에 관하여는 다시 국회의 승인을 받아 사용하여야 한다는 것이다. 기간성의 원칙은 한정성의 원칙에 포함되는 것으로 볼 수 있다.

② **사전승인의 원칙** 이것은 정부에서 지출할 예산은 지출에 앞서 국회의 심의와 의결을 거쳐야 하며 국회에서 승인된 대로 집행되어야 한다는 원칙이다.

③ **공개의 원칙** 이것은 예산의 편성, 심의, 집행 등 중요한 예산절차는 공개하여야 한다는 원칙이다. 이러한 원칙의 준수는 예산절차에 대한 국회와 국민의 통제를 위한 전제조건이 되는 것이다.

④ **명료성의 원칙** 이것은 예산을 모든 사람이 알기 쉽게 편성하여야 한다는 원칙이다. 즉 명확하게 분류되고 쉽게 표시되어야 한다는 원칙이다.

⑤ **포괄성의 원칙** 이것은 총괄성 또는 완전성의 원칙이라고도 한다. 예산에는 모든 세입과 세출이 포함되어야 한다는 원칙이다. 즉 징세비를 공제하고 순세입만 예산에 포함시킨다든지 또는 예산에 반영 안되는 경비를 남겨둔다든지 하면 안된다는 원칙이다.

⑥ **통일성의 원칙** 이것은 단일성의 원칙이라고도 부른다. 통일성의 원칙은 예산구조가 단일적이어야 한다는 원칙이다. 즉 국가의 모든 수입은 하나의 통합적 기금에 들어가게 하고 거기서 모든 정부지출이 나가게 해야 한다는 원칙이다. 수입과 지출을 별도로 연결지우는 특별회계들이 많이 생기면 국가의 예산전모를 파악하기 힘들기 때문에 통일성의 원칙을 처방하는 것

이다.

2. 현대적 예산원칙

의회민주정치 발전의 초기에 적실성이 높았던 전통적 예산원칙은 현대정부의 성격 및 그 여건의 변화로 말미암아 타당성이 약화되고 그에 대한 수정이 불가피하게 되었다.

첫째, 거대정부의 형성을 들 수 있다. 현대정부의 기능이 확대되고 복잡화됨에 따라 예산의 규모가 커지고 그 구조도 변하게 되었다. 따라서 예산의 통일성, 포괄성 등 전통적 원칙을 고수하기 어렵게 되었다.

둘째, 현대 산업사회의 국가는 행정국가이다. 오늘날 민주국가의 행정부는 국민이 선출한 수반이 이끌고 있으며 행정부도 정치적 내지 국민대표적 역할을 수행하고 있다. 따라서 의회우위주의에 입각한 대행정부 통제만을 내세우는 원칙들은 어느 정도 수정되지 않을 수 없다.

셋째, 기업형태의 정부활동이 증가됨에 따라 독립채산제 등의 필요가 커진 것도 전통적인 원칙의 수정을 요구하는 한 요인이 되었다.

넷째, 현대 정부의 예산액이 방대해지고 정부의 예산운영이 국민경제 전반에 미치는 영향이 커짐에 따라 정부의 예산운영이 경제적 여건변화 등에 신속하게 대응해야 할 필요가 커졌다. 따라서 의회에 의한 통제의 경직화를 가져 올 전통적 예산원칙들의 수정이 필요하게 되었다.

이러한 조건변동을 이유로 예산연구인들은 통제지향적인 전통적 예산원칙을 비판하고 관리지향적인 현대적 예산원칙을 처방하고 있다. 현대적인 예산원칙들은 대체로 행정부에 의한 예산관리 기능의 효율화를 지향하는 것이다.

현대적 예산원칙에는 i) 행정부에 의한 계획의 원칙, ii) 행정부에 의한 책임부담의 원칙, iii) 보고의 원칙, iv) 예산관리수단 확보의 원칙, v) 다원적 절차채택의 원칙, vi) 행정부에 의한 재량의 원칙, vii) 시기에 대한 융통성의 원칙, viii) 교호적 예산기구의 원칙 등이 있다.

① **행정부에 의한 계획의 원칙** 이것은 예산은 정부의 사업계획을 반영하는 것이라야 한다는 원칙이다. 예산편성은 정부의 전체적인 사업계획과 밀접한 관련을 가져야 하며 이러한 계획과 예산의 수립은 행정수반의 책임하에 이루어져야 한다는 원칙이다. 즉 계획입안은 행정부에서 주도해야 한다는

원칙이다.

② **행정부에 의한 책임부담의 원칙** 이것은 행정부는 국회가 승인한 범위 내에서 가장 효율적으로 예산을 집행할 책임을 져야 한다는 원칙이다. 국회에 의한 세출예산의 승인이 곧 그것을 전부 지출하라는 행정부에 대한 명령은 아니며 승인된 범위 내에서 행정부가 예산을 집행할 수 있는 권한을 부여하는 것일 뿐이다. 따라서 승인된 예산의 범위 내에서 국회의 의도한 바를 살려 가장 경제적인 방법으로 집행하는 것은 행정부의 책임이다.

③ **보고의 원칙** 이것은 예산의 편성, 심의, 그리고 집행은 정부 각 기관으로부터 보고되는 재정 및 업무에 관한 정보에 기초를 둔 것이라야 한다는 원칙이다. 이러한 정보에 바탕을 두지 않는 예산관리는 자의적인 것일 수밖에 없다. 따라서 국회와 정부는 지속적으로 필요한 정보를 수집하고 교환하여야 한다.

④ **예산관리수단 확보의 원칙** 이것은 행정부가 예산관리에 관한 책임을 다하려면 적절한 기관적 장치와 수단을 구비하고 있어야 한다는 원칙이다. 중앙예산기관 기타의 예산관리조직이나 준비금제도 또는 예비비제도 등이 그러한 수단의 예이다.

⑤ **다원적 절차채택의 원칙** 이것은 행정활동의 유형별로 상이한 예산절차상의 방법을 적용해야 한다는 원칙이다. 예컨대 일반행정활동, 장기적 건설 또는 개발사업, 기업적 활동 등에는 각기 다른 예산절차상의 조치가 필요하다.

⑥ **행정부에 의한 재량의 원칙** 이것은 예산집행의 효율화를 위하여 행정부에 의한 재량의 범위를 넓혀주어야 한다는 원칙이다. 국회에 의한 심의를 돕기 위해 예산의 세부항목에 관한 자료까지 국회에 제출하더라도 국회에서 예산의 세목에 이르기까지 지나치게 규제하면 행정부에 의한 예산집행의 효율성을 저해한다.

⑦ **시기에 대한 융통성의 원칙** 이것은 예산에는 경제사정 등 여건의 변동에 따라 예산집행의 시기를 적절히 조정할 수 있도록 하는 조치가 포함되어야 한다는 원칙이다. 예산은 불확실한 장래에 관한 계획이므로 경제적 사정 등의 변동에 대응하여 집행시기를 조절할 수 있는 폭을 인정하지 않으면 안 된다.

⑧ **교호적 예산기구의 원칙** 이것은 중앙예산기관과 정부 각 기관의

예산담당기구 및 그 담당자 사이에는 교호적인 협력관계가 성립되어야 한다는 원칙이다. 예산관계기관들 사이의 일방적인 요구나 명령만으로는 정부의 예산기능이 적절히 수행될 수 없다.

3. 바람직한 예산의 요건

위에서 본 전통적 및 현대적 예산원칙들을 참고하고 상황적 요청을 고려하여 오늘날 우리가 따라야 할 예산의 원칙 즉 바람직한 예산의 요건을 다음과 같이 처방하려 한다.

① **주권자의 동의**　적법절차에 따라 주권자인 국민의 동의를 받아야 한다. 주권자의 명백한 동의가 없으면 정부는 과세하거나 자금을 지출하지 못한다는 기본적 원칙을 준수해야 한다. 포괄적인 세입·세출에 대해 국민의 대표기관인 국회의 사전승인을 받고 집행기관에서는 승인된 내용을 준수해야 한다. 집행재량의 범위도 사전승인되어야 한다.

② **책임성**　예산은 책임성을 확보할 수 있는 것이라야 한다. 예산과 예산관리는 입법적 심사와 회계검사의 대상이 되어야 한다.

③ **투명성**　예산은 투명하게 운영해야 한다. 국민과 여러 통제중추들이 예산을 심사하고 감시할 수 있게 하려면 예산의 투명성을 높여야 한다. 투명성을 높이려면 예산의 내용뿐만 아니라 그 관리과정의 공개성을 높여야 한다. 그리고 예산을 누구나 알기 쉽게 구성함으로써 그 명료성을 높여야 한다.

④ **정직성**　예산은 정직한 것이라야 한다. 예산의 내용이나 관리과정에 속임수가 있어서는 안 된다. 특수이익의 고려 때문에 공익추구적 목표가 훼손되지 않게해야 한다. 부패가 개입되어서도 안된다.

⑤ **계획성**　계획성 있는 예산이라야 한다. 예산은 계획과정을 통해 결정하고 집행해야 한다. 계획성 있는 예산은 실현가능성이 높은 예산이다. 그리고 계획성 있는 예산은 신중한 예산이다. 예산에 의한 공적 자금관리는 지나친 모험을 삼가야 한다.

⑥ **효율성**　예산관리의 효율성이 높아야 한다. 정부는 예산관리의 수단을 확보해야 한다. 예산관리는 낭비를 배제하고 예산사업을 효율적으로 성취할 수 있어야 한다. 예산관리를 효율화하려면 집권화의 요청과 분권화의 요청을 적정하게 조화시켜야 한다. 즉, 입법적·행정적 통제와 집행자율을 상

황의 요청에 따라 절충해야 한다.

⑦ **형평성** 형평성 있는 예산이라야 한다. 세입・세출의 결정과 집행에서 분배의 정의를 추구해야 한다.

⑧ **성장과 안정의 조화** 예산은 경제의 성장과 안정을 조화시키는 데 기여해야 한다. 성장과 안정의 균형점은 상황적응적으로 결정해야 한다.

참고로 우리나라 「국가재정법」이 규정하는 예산원칙을 소개하려 한다. 이 법률 제16조는 정부가 예산의 편성과 집행에서 준수하여야 할 다섯 가지 원칙을 규정하고 있다.

① **재정건전성의 원칙** 정부는 재정건전성의 확보를 위하여 최선을 다하여야 한다.

② **국민부담최소화의 원칙** 정부는 국민부담의 최소화를 위해 최선을 다하여야 한다.

③ **성과의 원칙** 정부는 재정을 운용함에 있어 재정지출의 성과를 제고하여야 한다.

④ **투명성과 국민참여의 원칙** 정부는 예산과정에 대한 국민참여를 제고하기 위하여 노력하여야 한다.

⑤ **남녀평등의 원칙** 정부는 예산이 여성과 남성에게 미치는 효과를 평가하고, 그 결과를 정부의 예산편성에 반영하기 위하여 노력하여야 한다.

이 밖에 제4조에서는 회계연도 독립의 원칙(기간성의 원칙)을, 제9조에서는 재정정보 공표의 원칙(공개의 원칙)을, 제17조에서는 예산총계주의(포괄성의 원칙)를, 제45조에서는 예산의 목적외 사용금지(한정성의 원칙)를 각각 규정하고 있다. 국회의 심의・의결이 있어야 예산이 확정되는 우리 제도에서 사전의결의 원칙 적용은 당연시된다.

Ⅴ. 예산의 종류와 예산내역의 분류

1. 예산의 종류

우리 정부의 법령과 예산편람이 규정하고 있는 예산의 종류는 다음과 같다.

1) 중앙정부예산과 지방정부예산

정부의 재정활동은 지역적인 범위에 따라 중앙정부부문과 지방정부부문으로 구분되며 예산도 마찬가지로 중앙정부예산과 지방정부예산으로 구분된다.

국가의 경제활동은 민간부문과 공공부문으로 대별된다. 공공부문은 다시 정부활동(일반정부부문)과 공공기관(정부투자기관 등)으로 구분된다. 정부활동부문의 재정은 중앙정부재정과 지방정부재정으로 구분된다.

(1) 중앙정부재정 중앙정부재정은 예산(일반회계·특별회계)과 기금으로 구분된다.

예산 외로 운영하는 기금은 법률에 의하여 설치한다. 기금은 정부가 농지관리, 국민주택건설과 같은 특정부문의 육성과 개발을 촉진하기 위해 자금을 지원하거나 조달·보훈과 같이 정부가 직접 수행하는 사업에 소요되는 자금의 운용을 위해 설치하는 것이 보통이다. 기금에 의한 사업운영에는 자금의 공급과 관리에 탄력성을 유지할 수 있는 이점이 있다. 그러나 독자적인 기금운용은 전체 재정운용체제와의 연계성을 저하시킬 수 있다.

(2) 지방정부재정 지방정부재정은 지방자치단체의 재정을 총칭한다. 지방재정은 특별자치단체의 재정인 지방교육재정과 지방자치단체의 일반재정으로 구분된다. 교육·학예와 관련된 지방교육재정은 광역자치단체마다 교육비 특별회계로 일원화되어 있다. 일반재정에는 일반회계와 특별회계가 포함된다. 특별회계에는 공기업 특별회계 그리고 일반회계와 구분하여 계리할 필요가 있는 기타의 특별회계가 있다.

2) 일반회계예산과 특별회계예산

(1) 일반회계 일반회계는 중앙정부의 내국세(內國稅), 관세 등 조세수입과 차관수입, 재화·용역의 판매수입과 같은 세외수입을 가지고 편성한다. 이러한 세입은 정부의 일반행정경비, 방위비, 사회개발비, 지방재정교부금, 채무상환 등에 지출된다. 일반회계는 중앙정부 예산의 중심회계이며 정부재정의 근간이다.

(2) 특별회계 특별회계는 i) 국가에서 특정한 목적의 사업을 운영할 때(철도·통신 등 공기업 특별회계; 군인연금·산재보험·국유재산관리·농어촌구조개선 등의 특별회계), ii) 특별한 자금을 보유하여 운용할 때(재정투융자 특별회계), 그리고 iii) 기타 특정한 세입을 특정한 세출에 충당함으로써 일반세입·세출과 구분하여 계리할 필요가 있을 때(국립의료원 특별회계, 국립대학부속병원 특별회계, 등기 특별회계 등) 일반회계와 구분하여 설치·운영하는 것이다.

3) 본예산 · 수정예산 · 추가경정예산 · 준예산

예산의 성립내용을 기준으로 본예산, 수정예산, 추가경정예산, 준예산을 구분할 수 있다.

(1) 본예산 본예산(本豫算)은 당초에 국회의 의결을 거쳐 확정 · 성립된 예산이다.

(2) 수정예산 수정예산(修正豫算)은 정부가 예산안을 국회에 제출한 후 부득이한 사정으로 그 내용의 일부를 수정하여 국회에 제출하는 예산이다. 이것은 예산안을 국회에 제출한 후 국회의 심의 · 확정 전에 내용을 수정하는 예산이다.

(3) 추가경정예산 추가경정예산(追加更正豫算)은 예산성립 후에 생긴 사유로 인하여 필요한 경비의 과부족이 생길 때 본예산에 추가 또는 변경을 가한 예산이다. 이것은 예산성립 후에 생긴 사유로 예산액을 추가 또는 변동시키는 것이다.

(4) 준예산 준예산(準豫算)은 법제상의 제도로 채택되어 있다. 헌법 제55조 제3항은 새로운 회계연도가 개시될 때까지 예산이 성립되지 못할 경우 정부는 국회에서 예산이 의결 · 확정될 때까지 헌법이나 법률에 의하여 설치된 기관 또는 시설의 유지 · 운영과 법률상 지출의무의 이행, 그리고 이미 예산으로 승인된 사업을 계속하기 위한 경비는 전년도 예산에 준하여 집행할 수 있도록 규정하고 있다. 이러한 규정에 의한 것이 준예산이다. 그러나 우리나라에서 준예산이 지금까지 실제로 편성 · 집행된 일은 없다.

정부수립 후 1960년까지 우리 정부는 가예산(假豫算)이라는 제도를 채택 · 시행하고 있었다. 가예산은 국회가 부득이한 사유로 본예산을 의결하지 못하는 경우 국회가 1개월의 시한으로 임시적인 예산을 의결하는 제도이다. 국회는 가예산의 유효기간인 1개월 이내에 본예산을 의결하도록 하였다.

4) 세입세출예산 · 계속비 · 국고채무부담행위

예산형식을 기준으로 세입세출예산, 계속비, 그리고 국고채무부담행위를 구별한다.

(1) 세입세출예산 세입세출예산(歲入歲出豫算)은 예산의 중심부분이다. 이것은 한 회계연도의 모든 수입 · 지출예정액을 표시한다. 국가의 주요정책이나 사업계획 및 경비소요 내역 등이 모두 세입세출예산을 통해 계리되고

운용된다.

(2) **계속비** 계속비(繼續費)는 공사나 제조, 연구개발사업 등에서 그 완성에 수 년이 걸리는 경우 소요경비의 총액과 연부액(年賦額)을 정하여 미리 국회의 의결을 얻은 범위 안에서 수 년도에 걸쳐 지출할 수 있는 경비이다. 경비총액에 대해 일괄하여 국회의 의결을 얻으면 당해 회계연도를 포함한 5년 이내에서는 허용된 경비총액의 범위 내에서 계속 지출할 수 있으며 연부액 중 당해 연도에 지출하지 못한 부분은 5년 이내의 계속비사업 완성연도까지는 차례로 이월하여 사용할 수 있다. 그러나 계속비 총액이나 연부액에 변동이 있을 때에는 다시 국회의 승인을 받아야 한다.

(3) **국고채무부담행위** 국고채무부담행위(國庫債務負擔行爲)는 국회의 의결을 얻은 법률에 의한 것과 세출예산금액 또는 계속비 총액 범위 내의 것이 아닌 국가채무를 부담하는 행위이다. 이에 대한 상환액은 다음 회계연도의 예산에 계상된다.

5) 성인지예산

우리나라 「국가재정법」은 남녀평등의 원칙을 규정하고 그에 일관되게 성인지예산(性認知豫算)의 편성을 요구한다. 이것은 남녀평등예산(gender responsive budget; gender equality budget)이다. 성인지예산은 남녀평등을 구현하려는 정책의지를 예산과정에 명시적으로 도입한 차별철폐지향적 예산이다.

성인지예산제도는 세입·세출예산이 남성과 여성에게 미치는 영향은 서로 다르다고 전제한다. 그리고 예산정책의 남녀차별적 영향을 해소하기 위해 예산의 우선순위를 재설정한다. 성인지예산제도는 세출예산결정에서의 남녀차별철폐에 집중적인 관심을 갖지만 세입의 차별 또는 차별철폐 효과에 대한 주의를 소홀히 하는 것은 아니다.

6) 조세지출예산

세금감면 등 조세우대조치를 보조금과 같은 일종의 예산지출로 보아 조세지출이라고 부르기도 한다. 조세지출로 인한 세입감소액을 종합분류하여 체계적으로 표시한 것을 조세지출예산(租稅支出豫算: tax expenditure budget)이라 한다. 조세지출예산제도는 조세지출의 내용과 규모를 주기적으로 공표함으로써 조세지출의 관리·통제를 용이하게 해주는 제도이다.

「국가재정법」은 정부가 조세지출예산서를 작성하도록 요구하고 있다. 기획재정부장관은 조세감면 · 비과세 · 소득공제 · 세액공제 · 우대세율적용 또는 과세이연(課稅移延) 등 조세특례에 따른 재정지원의 직전 회계연도 실적과 당해 회계연도 및 다음 회계연도의 추정금액을 기능별 · 세목별로 분석한 조세지출예산서를 작성해야 한다.

조세지출예산제도는 적자예산(赤字豫算: budget deficit; unbalanced budget)의 증가를 경계하고 억제하여 재정건전성을 높이려는 예산정책도구이다. 적자예산은 수입보다 지출이 많은 예산이다. 적자예산에 의한 초과지출만큼 정부는 빚을 지게 된다. 적자예산은 경기침체, 실업증가, 경제위기 등에 대처하는 효용을 지닌 것이기도 하다. 그러나 예산적자가 장기화되고 과다해지면 그 이익보다 손실이 커질 수 있다.

2. 예산내역의 분류

세입과 세출에 관한 예산자료는 그것이 가지는 중요성을 이해시키고 또 상호 간의 비교가 쉽도록 조직적으로 분류하여야 한다. 예산분류는 정부의 계획을 이해시키는 데 도움을 주고 정부활동을 분석하고 예측하는 데 필요한 정보와 수단을 제공한다.

세입과 세출의 내역 또는 항목은 예산절차의 필요에 따라 여러 가지로 분류된다. 예산분류에 있어서 이상적이라고 생각되는 유일한 분류방법을 추구하는 것은 무의미한 일이다. 왜냐 하면 예산분류의 목적은 단일한 것이 아니기 때문이다. 예산절차의 각 단계마다 그리고 의사결정을 하는 주체의 필요에 따라 분류방법의 유용성은 달라진다.

1) 예산내역분류의 목적

예산내역분류에서 추구할 수 있는 목적들과 그에 적합한 분류방법들을 보면 다음과 같다.

① **편성 · 심의의 용이성** 사업계획의 수립과 예산의 심의를 쉽게 할 수 있도록 분류하여야 한다. 행정수반과 관계장관이 정부의 사업계획을 명백히 표시할 수 있고 매년 세입과 세출이 변동하는 것을 분명하게 밝힐 수 있어야 한다. 이와 같은 요구가 충족되면 국회의 예산심의에도 도움을 준다. 기능

별 분류와 조직별 분류가 이 목적에 가장 적합하다.

② **집행의 용이성** 예산의 효과적 집행에 도움이 되도록 분류하여야 한다. 예산을 집행하는 사람들은 자기들이 쓸 수 있는 재원의 규모가 얼마나 되며, 그들에게 부과된 책임은 무엇인가를 명확하게 알고 있어야 한다. 예산의 효율적 집행에 도움을 주는 분류방법에는 품목별 분류가 있다.

③ **회계책임 확보** 회계책임의 소재를 명백히 할 수 있도록 분류하여야 한다. 어떤 기관이나 기관 내의 특정한 담당자는 세입의 징수와 자금의 수령 및 자금의 지출에 대해서 책임을 지게 되는데, 예산의 분류는 이들의 책임을 확실히 그리고 상세하게 규정할 수 있어야 한다. 회계책임을 밝히는 데 가장 유용한 분류방법은 품목별 분류이다.

④ **경제적 효과의 확인** 정부활동의 경제적 효과를 명백히 파악할 수 있도록 분류하여야 한다. 이러한 목적에 기여하는 분류방법에는 경제성질별 분류가 있다.

2) 예산내역분류의 유형

우리나라에서 일반회계 세입예산은 수입원에 따라 조세수입과 세외수입(차관수입, 경상이전수입, 기타수입)으로 분류한다. 특별회계 세입도 각 회계의 고유한 수입원에 따라 분류한다. 수입원에 의한 분류 다음에 다시 조직별 분류를 한다.

일반회계 세출예산을 대상으로 하는 예산내역 분류방법들 가운데서 우리 정부가 채택하고 있는 조직별 분류(소관별 분류), 기능별 분류, 경제성질별 분류, 그리고 품목별 분류(경비성질별 분류)를 차례로 설명하려 한다.

(1) 조직별 분류 조직별 분류(組織別 分類: classification by organization units)는 소관 조직단위를 기준으로 예산을 분류하는 것이다. 정부에서는 이것을 소관별 분류(所管別 分類)라고 부른다. 조직별 분류에서는 중앙정부의 부・처・청, 국무총리실, 감사원, 기타 행정기관과 국회, 대법원 등을 예산의 소관단위로 설정한다.

현행제도상 소관별 분류가 가장 큰 단위의 분류로 쓰이고 있다. 대부분의 예산사업은 일단 소관별 구분에 의하여 분류한 다음 회계구분과 기능을 기준으로 장(章)—관(款)—항(項)—세항(細項)으로 구분하고 다시 경비성질을 기준으로 목(目)과 세목(細目)을 구분한다.

배수개선사업을 예로 들어 이러한 분류순서를 기술해 보면 다음과 같다.

i) 소관: 농림수산식품부, ii) 회계: 일반회계, iii) 장: 농수산개발, iv) 관: 농업생산기반 조성, v) 항: 생산기반확충, vi) 세항: 배수개선, vii) 목: 자치단체 자본이전, viii) 세목: 자본보조금.

우리나라에서는 기획예산처의 심사, 국회의 심의, 예산집행 및 회계검사가 모두 조직체별로 행해지고 있다. 조직별 분류는 국회의 예산심의에서 특히 편리한 분류방법이다.

(2) 기능별 분류 기능별 분류(機能別 分類: functional classification)는 정부의 주요 기능별로 예산을 분류하는 방법이다. 기능별 분류에서 기준으로 삼는 정부(국가) 기능의 예로 일반행정, 국방, 사회복지, 통일·외교, 경제개발, 교육, 환경보호, 공공질서 등을 들 수 있다. 각 기능별로 장—관—항—세항의 코드체계로 과목을 분류한다.

하천유지보수사업의 경우를 예로 들어 그러한 분류체계를 보면 다음과 같다.

i) 기능부문: 경제개발, ii) 장: 국토자원 보존개발, iii) 관: 치수 및 재해대책, iv) 항: 치수사업, v) 세항: 하천유지보수.

세출예산의 기능별 분류는 다음과 같은 특징을 가지는 것이다.

첫째, 광범하게 규정되는 기능이 하나의 부처나 기타 조직단위에 의해서만 수행되는 경우는 거의 없다. 다시 말하면 기능별 분류의 대항목에는 정부의 여러 부처에 걸치는 예산이 포함된다.

둘째, 기능별 분류에 있어서는 구체적인 공공사업을 개별적인 항목으로 삼지 않는다. 예컨대 교량과 같은 어떤 특정한 공공사업 지출은 '교통'이라는 항목에 포함되며 군사시설의 신설은 '국방'에 속한다. 그러므로 개별적인 공공사업은 여기서 특별한 주의를 받지 못한다.

셋째, 기능별 분류는 예산배정이나 채무부담행위 등과는 무관하고 단지 지출만 표시한다.

넷째, 일반행정비는 가능한 한 적게 하여야 하는 필요를 안고 있다. 이것이 너무 많으면 기능별 분류의 의미가 없어진다.

다섯째, 정부활동 가운데는 하나 이상의 기능과 관련된 활동들이 있다. 그러므로 사업을 기능별로 배정할 때에는 중복하여 계산되지 않게 총지출액을 산출하는 것이 매우 중요하다. 바꾸어 말하면 개개의 정부활동은 단 한번만 계산되게 해야 한다.

세출예산의 기능별 분류는 대통령의 사업계획 수립과 입법부의 심의를 쉽게 하기 위해 사용된다. 기능별 분류는 일정한 기간 내에 정부활동의 내용이 어떻게 변천해 왔는가를 분석하는 데 유용한 방법이다.

그리고 기능별 분류는 정부활동에 관한 일반적이며 총체적인 내용을 보여주기 때문에 일반 납세자가 정부의 예산내용을 쉽게 이해할 수 있어 '시민을 위한 분류'(citizen's classification)라고도 불리운다.

(3) 경제성실별 분류 경제성질별 분류(經濟性質別 分類: economic character classification)는 예산항목의 경제적 성질을 기준으로 분류하는 방법이다. 이 분류는 국민경제의 수준과 그 구성요인에 영향을 주는 정부정책의 수립에 필요한 각종 자료를 제공한다. 인플레이션과 디플레이션을 방지하고 자원개발 및 완전고용을 달성하는 데 어느 정도 책임을 지고 있는 정부에게 경제성질별 분류는 유용한 도구가 된다. 국가의 예산편성이 국민소득의 기본요소인 소비, 저축, 투자에 어떠한 영향을 미치게 되고 재정정책이 국민경제의 구조에 어떤 영향을 미치는가 하는 것을 국민이 알고 있어야 하는데 이를 위해서도 경제성질별 분류가 필요하게 된다.

경제성질별 분류는 국민소득계정과 밀접한 관련을 가지면서 발전하여 왔다. 국민소득계정은 경제성질별 예산분류의 모체이며, 이 모체로부터 약간씩의 독자적인 진전을 한 것이 경제성질별 분류이다. 오늘날 예산정책이 국민경제의 안정과 성장을 위한 중요한 도구로 인정되고 있기 때문에 국민소득 추계에 바탕을 둔 경제성질별 예산이 그 중요성을 더해가고 있다.

경제성질별 분류는 경제정책 그 자체가 아니라 정책수립을 위한 자료의 일부분이다. 그 특성을 살펴보면 다음과 같다.

첫째, 경제성질별 분류는 세입·세출의 총량과 그 구성요소가 달라짐에 따라 국민경제에 미치는 영향을 판단하는 데 필요한 자료만을 제공할 수 있다. 다른 정부활동이 국민경제에 미치는 영향을 표시해 주는 것은 아니다.

둘째, 경제성질별 분류는 국민소득의 배분이나 산업부문별 자산배정에 정부활동이 미치는 영향은 제대로 표시하지 못한다. 그러한 영향을 온전히 포착하려면 다른 자료가 더 필요하다.

셋째, 경제성질별 분류가 성공적으로 운영되려면 이를 운영하는 사람들이 정부예산이 국민경제에 중대한 영향을 미친다는 사실, 그리고 이러한 문제를 예산정책 수립에서 깊이 고려해야 한다는 필요를 명확하게 인식하고 있어야 한다.

경제성질별 분류는 최고관리층의 정책결정에 유용한 자료를 제공한다. 그러나 구체적인 사업을 실제로 집행하는 실무자들에게는 별로 도움을 주는 분류방법이 아니다.

우리나라에서는 경제성질별 분류방식을 몇 차례 채택하고 폐지하다가 지금은 통합예산의 분류체계에 포함시켜 사용하고 있다. 통합예산의 분류체계는 세출 및 순융자(net lending)의 기능별 분류, 세입 및 세출의 경제성질별 분류, 보전재원의 보전수단별 분류를 포괄한다.

우리나라에서 시행되고 있는 통합예산(統合豫算: consolidated budget)은 기존의 법정예산제도를 그대로 유지하면서 이와 병행하여 재정활동을 종합적으로 파악할 수 있도록 작성하는 것이다. 이것은 세입·세출뿐만 아니라 보전재원(補塡財源: means of financing)의 상황까지 포함한 정부의 모든 재정활동을 일목요연하게 식별할 수 있도록 작성한 순계개념상의 정부예산 총괄표이다.

우리나라의 예산체계는 중앙정부예산과 지방정부예산으로 나누어져 있고 중앙정부의 예산은 다시 일반회계와 특별회계로 구분되고 있다. 그리고 각종의 기금활동은 예산 외로 처리되고 있다. 이러한 까닭으로 재정활동의 총체적인 규모를 파악하기 어렵다. 정부예산의 규모를 정확하게 파악하고 재정이 국민경제에 미치는 영향을 제대로 분석하려면, 그리고 국민이 예산의 내용을 쉽게 이해할 수 있게 하려면 모든 재정활동을 통합하여 총괄적으로 표시할 수 있어야 한다. 이러한 필요 때문에 우리나라는 1979년부터 국제통화기금(IMF)의 재정통계 편제요람에 따라 통합예산을 작성하게 되었다.

통합예산 작성의 목적은 총체적인 정부예산의 정확한 규모를 파악하고 보전재원 상황을 명백히 함으로써 재정이 경제안정이나 통화에 미치는 영향을 분석하려는 것이다. 그러므로 통합예산의 범위는 포괄적이라야 한다. 그리고 정부의 이중거래를 배제하고 예산의 규모를 순계기준(純計基準)에 따라 표시해야 한다. 재정적자의 경우 그것이 어떻게 보전되며 재정흑자의 경우 그 잉여금이 어떻게 처리되는가를 명백히 하기 위해 보전재원의 상황을 명시해야 한다.

(4) 품목별 분류 품목별 분류(品目別 分類: classification by objects)는 정부가 구입하고자 하는 물품 혹은 용역의 항목별로 예산을 분류하는 방법이다. 이 방법은 세출에 대한 통제를 강화하는 데 유용한 것이다.

품목별 분류는 행정부에 대한 입법부의 지위를 강화하는 역할을 한다. 국회는 지출세목까지도 이를 심의 변경할 수 있기 때문이다. 국회가 세목에 지나치게 주의를 기울이게 되면, 마땅히 예산안에 반영해야 할 정책문제를 간과하는 결과를 가져올 수도 있다. 그러나 품목별 분류는 예산집행기관의 재량을 제한하고 회계책임을 확보하는 데는 유용하다.

우리 정부에서는 품목별 분류를 경비성질별 분류(經費性質別 分類) 또는 성질별 분류라고 부른다. 우리나라의 예산과목인 장 · 관 · 항 · 세항 · 목 가운데서 목을 품목별(경비성질별)로 분류하고 있다. 예컨대 '고속도로건설'이라는 세항 아래 시설비, 토지매입비, 시설부대비 등 목별 경비내역이 표시된다.

경비성질별 세출예산의 목별 분류는 예산사업의 경비성질을 밝혀 주는 최하 기본단위의 과목이다. 이 과목에 표시될 예산상 모든 경비의 성질을 인건비, 물건비, 경상이전지출, 자본지출, 융자 및 출자금, 보전재원, 정부내부지출, 기타지출 등으로 대분류하고 있다. 이렇게 대분류된 경비는 다시 세부경비의 성질에 따라 각목으로 세분된다.

근래 정부는 품목별 집행방식에 의한 예산운영의 경직성을 완화하기 위해 목을 대폭 통폐합하였다. 그리하여 전용승인요구의 필요를 줄였다.

Ⅵ. 예산절차

예산절차는 회계연도를 단위로 하여 주기적으로 입안 · 집행 · 통제가 되풀이 되는 순환적 과정이다. 예산의 편성 · 심의 · 집행 · 결산이 이어지는 일련의 과정을 예산절차 또는 예산의 순기(循期)라 한다.

이러한 기본적 절차는 대개 현대 민주국가의 예산제도에 공통되는 것이다. 오늘날 민주제국의 예산절차는 대체로 i) 행정부에 의한 편성, ii) 입법부에 의한 승인, iii) 정부에 의한 집행, 그리고 iv) 회계검사라는 4단계로 구분된다. 우리나라에서는 그러한 예산절차의 단계를 예산의 편성, 예산의 심의, 예산의 집행, 그리고 회계검사와 결산이라 부른다.

다음에 예산관계 법령과 예산편람 등의 자료를 참고로 우리나라 예산절차의 각 단계에 포함된 활동들을 검토하려 한다.

1. 예산의 편성

예산의 편성(編成)은 행정부에서 예산안을 만들어 국회에 제출할 때까지의 활동을 의미한다. 예산편성의 권한을 행정부가 갖게 하는 제도는 중요한 의미를 지니는 것이다. 대통령은 중앙예산관장기관(기획재정부)을 통해 정부기관들의 활동과 예산지출을 통제하고 조정할 수 있는 중요한 수단을 얻게 되기 때문이다. 그리고 정치과정에 있어서 행정부의 지위를 향상시키는 효과가 있다. 특히 행정부에 의하여 편성·제출된 예산안이 국회에서 크게 변동되는 일이 거의 없으므로 행정부의 의견이 대체로 존중된다고 볼 수 있다.

그 대신 정부에서 예산안을 준비할 때는 국회, 정당, 압력단체 등 여러 이익중추들과 공식적 또는 비공식적으로 접촉하여 이해를 조정하고 의견을 종합하는 역할을 한다. 이렇게 볼 때 예산절차에 있어서 주도적인 역할을 하는 것은 행정부라 할 수 있다.

근래 우리 정부는 예산편성절차를 크게 바꾸었다. 2004년까지는 전통적인 상향식 절차에 따라 예산을 편성하였다. 과거 「예산회계법」이 규정했던 상향식 예산편성의 기본적 절차에는 i) 투자계획서 작성·제출, ii) 예산편성지침 시달, iii) 예산요구서 제출, iv) 예산안 편성과 대통령의 승인, v) 예산안 국회제출 등의 활동단계가 포함되었다.

우리 정부는 2005년도 예산의 편성에서부터 총액배분 자율편성 예산제도라는 하향식 예산편성절차를 채택하였다. 이 제도하에서는 정부의 중앙예산기관이 국가발전전략에 입각하여 5개년 재원배분계획안을 만들고 국무회의에서 이를 토대로 분야별·부처별 지출한도를 미리 결정한다. 각 중앙관서의 장이 정해진 지출한도 내에서 예산을 요구하고 중앙예산기관이 이를 점검·보완하여 예산안을 작성한다.

「국가재정법」이 정하는 하향식 예산편성절차는 i) 부처별 중기사업계획서 제출, ii) 국가재정운용계획 수립, iii) 예산안편성지침 통보, iv) 각 중앙관서의 예산요구, v) 정부예산안 편성 등의 순서로 진행된다.

(1) **부처별 중기사업계획서의 제출** 중앙예산기관인 기획재정부장관은 국가재정운용계획 수립지침을 각 중앙관서('부처'라 흔히 약칭된다)에 통보한다. 이에 따라 각 중앙관서는 매년 1월 31일까지 당해 회계연도부터 5회계연도 이상의 기간 동안의 신규사업 및 기획재정부장관이 정하는 주요 계속사업

에 대한 중기사업계획서를 기획재정부장관에게 제출해야 한다.

(2) 국가재정운용계획 수립　기획재정부장관은 각 중앙관서에서 제출받은 중기사업계획서 등의 자료를 분석하고 다방면의 협의와 자문을 거쳐 5회계연도 이상의 기간에 대한 국가재정운용계획 시안을 작성한다. 이것을 국무회의 의결로 확정한다. 이 계획을 회계연도 개시 90일 전까지 국회에 제출해야 한다.

국가재정운용계획의 내용에는 재정운용의 기본방향과 목표, 중・장기 재정전망, 분야별 재원배분계획 및 투자방향, 재정규모 증가율, 조세부담률 및 국민부담률, 통합재정수지 및 국가채무에 대한 전망 등이 포함된다. 재정운용의 총량목표뿐만 아니라 구체적인 재원배분계획까지 제시하는 이 계획은 단년도 예산 및 기금운용계획을 수립하는 데 가이드라인을 제공한다.

(3) 예산안편성지침 통보　기획재정부장관은 국무회의의 심의, 대통령의 승인을 받은 다음 연도의 예산편성지침을 매년 4월 30일까지 각 중앙관서에 통보해야 한다. 예산편성지침에는 국가재정운용계획에 연계하여 설정한 분야별・부처별 예산지출한도가 표시된다.

(4) 각 중앙관서의 예산요구　각 중앙관서는 예산편성지침이 정한 예산 지출한도 내에서 정책목표・사업평가결과 등을 고려하여 자체예산을 자율편성한다. 각 중앙관서에서 작성한 다음 연도의 예산요구서는 6월 30일까지 기획재정부장관에게 제출해야 한다.

(5) 정부예산안 편성　기획재정부장관은 각 중앙관서가 제출한 예산요구서를 토대로 정부 전체의 예산안을 편성한다. 기획재정부장관이 정부예산안을 작성할 때는 각 중앙관서의 예산요구가 지출한도와 편성기준을 준수하였는지를 검토하고 국가재정운용계획의 정책방향과 우선순위에 부합되는지를 확인한다. 중앙관서 간 형평성 확보, 중복투자 방지 등을 위한 공통기준의 준수여부도 확인한다. 이러한 검토・확인의 과정을 통해 각 중앙관서의 예산요구를 수정・보완하여 정부의 예산안을 준비한다. 이것은 국무회의의 심의를 거친 후 대통령의 승인을 얻어 정부의 예산안으로 확정된다.

9월 말까지 확정한 정부예산안은 회계연도 개시 90일 전까지 국회에 제출해야 한다. 예산안은 소정형식 즉 예산형식에 따라 예산서로 작성한다. 국회에 제출하는 예산서에는 예산총칙, 세입・세출 예산, 계속비, 명시이월비, 국고채무부담행위 등을 표시하여야 한다. 이러한 예산서와 첨부서류는 기획재정부에서 작성한다.

2. 예산의 심의

예산안이 국회에 제출되면 국회는 이를 심의하여 승인함으로써 국가의 예산을 성립시킨다. 국회의 예산심의는 행정부에 대한 통제, 행정의 능률화촉진, 재원의 합리적 배분 보장 등 여러 목적을 가진 것이지만, 국회의 주된 역할은 정부수입과 지출의 고차적인 정책적 심사에 있다. 그러므로 보다 근본적인 세입세출 정책을 따져 바로 잡는 방향으로 심의하여야 하며 지엽 말단의 문제에만 주의를 기울이면 행정부보다 기술적으로 나은 일을 하기 어려울 뿐만 아니라 행정부의 역할을 부당하게 간섭하고 규제하는 결과를 빚기 쉽다.

우리나라의 예산심의는 i) 대통령중심제의 3권분립체제하에서 행해진다는 것, ii) 상임위원회중심으로 행해진다는 것, iii) 양원제가 아닌 단원제 국회에서 행해진다는 것 등의 특징을 가지고 있다.

대통령중심제하에서는 국회에 의한 예산통제가 의원내각제의 경우 보다 엄격하고 강력할 것이 제도적으로 기대되어 있다. 그러나 행정국가화의 추세와 정당제도의 활용은 국회에 의한 예산심의를 오히려 약화시키고 있다.

우리나라에서도 과거 본회의중심의 예산심의제도를 채택한 바 있으나 지금은 위원회중심체제로 되어 있다. 국회의원들의 참여기회를 확대한다는 등의 이점 때문에 그렇게 한 것 같다.

우리는 단원제 국회를 가지고 있다. 단원제에 의한 예산심의는 양원제의 경우보다 신속한 심의를 촉진할 수 있으나 신중한 심의가 어렵다는 난점이 있다.

정부가 제출한 예산안을 국회가 수정할 때 지출예산 각 항의 금액을 증가하거나 새 비목을 설치하려면 정부의 동의가 있어야 한다.

국회가 심의 · 확정한 예산은 법률의 형식을 갖지 않는다. 대통령에 의한 공포를 효력요건으로 하지 않고 정부에 의한 거부제도도 없다. 법률안과는 달리 예산안은 행정부만이 국회에 제출할 수 있으며, 제출기한 · 심의기한이 한정되어 있다. 그리고 효력의 범위도 법률과 다르다.

국회에 의한 예산심의의 핵심적 절차는 i) 각 상임위원회에 의한 예비심사, ii) 예산결산특별위원회의 종합심사, 그리고 iii) 본회의에 의한 심의 · 확정이다. 이 절차에 앞서 정부의 대표자가 시정연설을 한다. 국회는 매년 정기회 집회초에 소관 상임위원회별로 국정감사를 실시하는데 그 결과는 예산심의에 중요한 정보를 제공한다. 그러나 예산안 제출 전의 국정감사는 공식적인 예산절차에 포함되는 것이 아니다.

정부로부터 회계연도 개시 90일 전까지 제출받은 예산안을 국회는 회계연도 개시 30일 전까지 의결하도록 요구되어 있다. 그러나 실제로 이러한 시한이 잘 지켜지는 것은 아니다.

(1) 시정연설 예산안이 국회에 제출되면 이에 관하여 대통령은 국회본회의에서 시정연설을 하도록 되어 있다. 우리나라에서 대통령의 시정연설은 거의 국무총리가 대독하여 왔다. 대통령의 시정연설은 대개 추상적이며 예산과 직결되지 않는 내용도 포함된다. 기획재정부장관은 국회에 출석하여 예산안 제안설명을 하게 된다. 각 부 장관과 기타 관련공무원은 국회의 심의과정에 출석하여 질문에 답변하고 참고자료를 제출한다.

(2) 상임위원회의 예비심사 국회는 각 상임위원회별로 소관예산의 예비심사를 한다. 소관부처별로 구성되는 각 상임위원회는 국회의장이 정한 범위와 기한 내에 예산을 심사하도록 되어 있다.

상임위심사는 소관기관장의 시정방침과 제안설명을 듣는 데서부터 시작된다. 전문위원 검토보고를 들은 다음 소관기관 공무원들에 대한 정책질의를 하고 예산관련 자료를 요구한다. 부처별 예산조정을 위해 소위원회를 구성한다. 소위원회는 심사결과를 전체회의에 보고한다. 상임위 전체회의는 소관별로 예산안을 의결하고 이를 국회의장에게 보고한다. 국회의장은 상임위의 예비심사 보고와 예산안을 예산결산특별위원회에 회부한다.

상임위원회는 소관기관별 예산을 전문적이고 심도 있게 심사해 줄 것이 기대되지만 실제로는 그렇지 못하다. 심의기간이 짧고 다른 안건에 밀려 예산심사가 소홀해지고 있다. 소관기관의 통제에 무력하고 소관기관의 이익대변에 급급한 인상을 줄 때가 많다. 선거구민 등 이익중추들에게서 비난받지 않으려고 예결위에서 삭감될 것을 알면서도 증액수정을 하는 예도 흔하다.

(3) 예산결산특별위원회에 의한 종합심사 각 상임위원회에서 예비심사가 끝나면 예산안은 예산결산특별위원회의 종합심사에 붙여진다.

예결특위의 종합심사는 각 상임위원회의 심사가 끝난 뒤에 개시하는 것이 원칙이지만 약간 앞당겨 시작할 수도 있다. 상임위에 따라서는 예비심사가 지연될 수 있기 때문이다. 상임위의 형편이나 정기국회 전체의 일정을 고려하여 상임위 심사가 3분의 2 가량 진행되면 예결특위 심사를 시작하는 것이 예사이다.

예결특위 종합심사의 표준적인 절차는 국무총리 인사와 기획재정부장관의 제안설명, 전문위원 검토보고, 심의자료 요구, 종합정책질의와 국무위원 답변, 개별심사, 부처별 예산안에 대한 정책질의, 예산안조정소위원회의 계수조정, 예결특위 전체회의에서의 찬반토론과 채택여부 결정 등의 순서로 진행된다. 이런 표준적 절차가 때에 따라 유동적일 수 있는 것은 물론이다.

(4) 본회의의 의결 예산결산특별위원회의 종합심사를 거친 예산안은 국회 본회의에 상정하여 의결을 받는다. 예결특위 위원장의 심사보고에 이어 찬반토론을 하고 의결에 들어가는 절차를 밟는다. 본회의의 의결은 형식적인 절차로서 예산결산특별위원회의 안을 거의 수정 없이 받아들이는 것이 관례로 되어 있다. 이렇게 확정된 예산은 정부로 이송되고 이것을 대통령이 공고한다.

지금까지의 경험을 보면 국회심의의 전과정에 걸쳐 정파적인 쟁투가 심했다는 것, 그리고 합리적 판단보다는 정략적 · 집단이기주의적 판단이 앞서 왔다는 것을 알 수 있다. 과거 권위주의체제하에서 예산심의는 정치투쟁의 중요한 계기를 마련해 주었다. 야당은 거의 언제나 정치현안을 예산에 연계시켜 반대투쟁을 벌였다. 여야가 극한대립으로 시간을 끌다가 막판에 '날치기 통과' 시키는 일이 많았다. 예산심의를 다른 정치현안의 해결에 연계시키는 야당의 행태는 크게 달라지지 않고 있다.

그런 일이 아니더라도 정부안을 수정 없이 기일 내에 통과시키려는 여당과 대폭수정을 가하려는 야당 사이에 마찰과 줄다리기가 계속되었다. 자기 선거구의 이익을 챙기고 예산투쟁에서의 영향력을 과시하려는 국회의원들의 편파적 행태와 무성의한 태도도 고질적인 문제로 지적되고 있다. 공명하고 합리적인 예산심의 태도가 정당공천과 국회의원 당선의 기준으로 되지 못하는 우리 정치문화의 탓이 클 것이다.

3. 예산의 집행

예산이 성립하면 이를 집행한다. 좁은 뜻으로 예산집행이라 할 때는 예산에 정한 금액을 국고에 받아들이고 지출할 수 있는 한도 내에서 돈을 국고로부터 지불하는 것을 말한다. 그러나 보통 예산집행이라 할 때는 수납·지출행위 이외에 지출원인행위와 국고채무부담행위도 포함하며 예산성립 후의 사정변경에 따라 생긴 세출의 증감실행까지도 포함하는 뜻으로 쓰인다.

예산집행은 두 가지의 요청을 충족시켜야 한다. 그 중 하나는 국회에서 정해준 예산한도를 지키고 예산승인의 취지와 목적에 따라 성실하게 예산을 집행해야 한다는 요청이다. 다른 한편으로는 예산성립 후의 여건변동에 적응할 수 있는 신축성을 유지해야 할 필요가 있다. 특히 경제적 사회적 조건이 급속히 변동하는 나라에서는 신축성에 대한 요청이 커진다. 이와 같은 두 가지 요청은 서로 상반되는 것인데 이들을 어떻게 절충하느냐 하는 문제는 현대 민주국가의 예산운영에 있어서 매우 중요한 과제이다.

예산집행에 관련된 또하나의 문제는 예산의 낭비적 집행이다. 이를 막기 위한 여러 방안들이 탐색되고 있다. 정부가 1998년에 채택한 예산성과금제(豫算成果金制)는 예산을 아끼거나 정부의 수입을 늘리는 데 기여한 공무원들에게 유인급여를 주는 제도이다.

1) 예산집행의 일반절차

예산집행의 통상절차는 법률에 규정되어 있으며 법적 절차는 원칙적으로 재정한도의 엄수와 통제의 필요를 반영한다. 법령의 규정은 상세하며 집행활동은 모두 문서로 하도록 요구하고 있다.

예산이 국회에서 통과된 다음에는 정부 각 기관의 요구를 받아 예산을 배정하고 자금을 공급한다. 예산이 성립되면 각 중앙관서의 장은 사업운영계획 및 이에 따른 세입세출, 계속비와 국고채무부담행위를 포함한 예산배정 요구와 월별자금계획서를 기획재정부장관에게 제출한다. 기획재정부장관은 이러한 문서에 기초하여 분기별 예산배정계획과 월별 자금계획을 작성하고 국무회의의 심의를 거쳐 대통령의 승인을 받는다.

예산배정계획이 확정되면 그에 따라 기획재정부장관이 회계연도초에 매분기별 배정액을 명시하여 연간예산을 일괄배정한다. 중앙관서의 장은 배정된 예산을 산하기관에 재배정하고 매분기 초일에 예산이 배정된 것으로 보아 예산을 집행한다.

예산이 배정되면 각 부처는 배정된 예산액의 범위 내에서 지출원인행위를 한다. 지출원인행위는 각 중앙관서의 장 또는 그 위임을 받은 소속공무원이 한다. 계약체결 등 지출원인행위를 한 다음 국고를 지출하는 지출행위를 한다. 최종적인 현금지급은 한국은행을 통해서 한다.

2) 예산배정제도

예산배정이 있어야 그 한도 내에서 지출원인행위를 하고 국고자금을 지출할 수 있다는 것은 위에서 지적하였다. 그런데 이러한 배정제도는 단순한 기계적 절차를 규정하는 데 그치는 것이 아니라 중요한 정치적·경제적 기능을 수행하는 것이다. 즉 주요 정책도구가 되는 것이다.

예산의 배정은 우선 예산을 회계체계에 따라 질서 있게 집행하도록 하기 위한 내부통제의 기능을 수행한다. 이 제도는 또한 경기부양이나 경기안정화를 위한 시책의 수단이 된다. 예컨대 경기부양을 도모하려면 예산을 앞당겨 배정하고 안정화 시책을 추진하려면 주요 사업에 대한 예산배정을 늦출 수 있다. 정부가 절약운동에 앞장서려 할 때 경상경비나 행정사무비의 일부를 배정유보하거나 절감배정할 수 있다.

예산배정의 방법은 i) 정기배정, ii) 긴급배정, iii) 조기배정, iv) 당겨배정, v) 배정유보, vi) 수시배정, vii) 감액배정 등으로 나누어 볼 수 있다.

(1) 정기배정　이 방법은 4분기별 연간배정계획에 따라 정기적으로 예산을 배정하는 것이다. 정기배정에 따른 예산배정은 매분기 초일에 이루어진 것으로 보아 집행한다.

(2) 긴급배정　이 방법은 회계연도 개시 전에 예산을 배정하는 것이며 각 중앙관서장의 요구에 따라 기획재정부장관이 행한다. 긴급배정은 도서벽지의 인건비, 외국으로 출항중인 선박비, 재외공관의 특수활동비 등 한정된 지출에 국한하여 허용한다.

(3) 조기배정　이 방법은 경제정책상의 필요에 따라 사업을 조기집행하려는 경우 예산을 1/4분기나 2/4분기에 집중 배정하는 것이다.

(4) 당겨배정　이 방법은 사업을 실제로 집행하는 과정에서 계획 또는 여건의 변화 때문에 지출원인행위를 앞당겨 할 필요가 있을 경우 해당사업에 대한 예산을 정기배정계획에 불구하고 앞당겨 배정하는 것이다.

(5) 배정유보　이 방법은 분기별 배정계획에 있는 예산배정을 유보하는 것이다. 유보는 경제정책이나 재정운용상의 필요 때문에 하는 것이며 여건

이 변하면 유보를 해제할 수 있다.

(6) 수시배정 이 방법은 예산을 편성할 때 사업계획이 확정되지 않았거나 사업시행을 점검해야 할 사업에 대해 사업추진상황 등을 검토한 후 예산을 배정하는 것이다. 수시배정 대상이 되는 사업은 대개 정기배정에서 제외된다.

(7) 감액배정 이 방법은 사업계획 변동이나 차질 또는 재정운용상의 필요 때문에 이미 배정된 예산을 다시 감액하여 배정하는 것이다. 이것은 집행잔액에 대해서만 할 수 있다.

3) 예산집행의 신축성: 신축적 집행의 수단

예산이 성립된 다음 다소간의 사정변동은 불가피하다. 여기에 예산집행은 신축성 있게 대응할 수 있어야 한다. 예산집행에 관련하여 사정변동이 있고 이를 반영한 예산수정을 위해 오래 기다릴 수 없는 경우가 생긴다. 이러한 경우에 대응할 수 있도록 예산집행과정에 어느 정도의 신축성을 부여한다. 신축성 부여의 방법에는 예산의 이용과 전용, 예산의 이체와 이월, 계속비, 예비비, 수입대체경비와 수입금마련 지출 등이 있다.

(1) 예산의 이용 · 전용 · 이체 예산의 이용(移用) · 전용(轉用) · 이체(移替)는 「국가재정법」이 정하는 '목적 외 예산사용 금지'의 예외를 인정하는 제도이다. 예산의 이용은 예산에 정한 장(章), 관(款), 항(項) 사이에 서로 융통하는 것이며, 예산의 전용은 세항 · 목 사이에 융통하는 것을 말한다. 예산의 이용은 입법과목에 대한 변경이므로 미리 국회의 의결을 얻고 기획재정부장관의 승인을 받아야 한다. 예산의 전용은 행정과목에 대한 변경이므로 기획재정부장관의 승인만 있으면 할 수 있다.

예산을 전용하려면 기획재정부장관의 승인을 받아야 하는 것이 원칙이다. 그러나 각 중앙관서의 장은 매회계연도마다 기획재정부장관이 정하는 범위 안에서 각 세항 또는 목의 금액을 전용할 수 있다. 자체 전용권의 위임범위는 회계연도마다 정하기 때문에 매년 조금씩 다르게 조정될 수 있다. 이와 같은 자체 전용권을 인정하는 까닭은 주무부장관의 책임하에 사업을 적응성 있게 운영할 수 있도록 하려는 것이다.

정부조직 등에 관한 법령의 제정, 개정 또는 폐지로 인하여 그 직무와 권한에 변동이 있을 때 기획재정부장관의 승인을 받아 예산을 옮겨 쓰는 것이 예산의 이체이다. 예를 들면 어떤 하나의 행정기관이 폐지되고 몇 개의 부처에 그 기능이 흡수된 경우에 그 행정기관의 예산을 새로 기능을 흡수한 부처에서 사용하는 경우가 여기에 해당한다.

(2) 예산의 이월　　예산의 이월(移越)은 회계연도를 달리하여 다음 해에 예산을 옮겨 쓰는 것이다. 예산을 집행하다 보면 한 해 동안에 일을 못다 끝내는 경우가 생기기 때문에 이러한 제도를 인정하는 것이다.

예산의 이월에는 사고이월과 명시이월이 있다. 명시이월은 한 해 동안 예산집행이 다 끝날 수 없는 것을 예견하여 예산에 이를 밝히고 국회의 승인을 받는 경우의 이월이다. 사고이월은 회계연도 내에 지출원인행위를 하고 불가피한 사유로 연도 내에 지출하지 못한 경비와 지출원인행위를 하지 않은 그 부대경비의 금액을 다음 해에 옮겨 쓰는 것을 말한다. 이월은 일년에 한한다.

(3) 계속비　　한 회계연도에 한정하지 않고 5년까지는 필요에 따라 계속 옮겨 쓸 수 있는 경비를 계속비(繼續費)라 하는데 이것은 미리 예산에 들어있는 것이다.

국가는 공사나 제조에 있어서 그 완성에 수 년을 요하는 경우 경비의 총액과 연부액(年賦額)을 정하여 미리 국회의 의결을 얻은 범위 내에서 수 년도에 걸쳐 지출할 수 있다. 그러나 당해 회계연도로부터 5년 이내에 한하여 계속될 수 있다.

(4) 예비비　　예산에 정한 금액에는 그 사용목적이 명시되어 있는 것이 원칙이므로 위에서 본 여러 가지 예산의 신축성을 확보하기 위한 방안을 써서도 해결할 수 없는 지출의 필요가 생겨나는 경우 이를 메우려면 사용목적이 엄격히 명시되지 않은 경비가 있어야 한다.

예측할 수 없는 예산 외의 지출 또는 예산초과 지출에 충당하기 위하여 정부가 상당하다고 인정하는 금액을 세입세출 예산에 계상하여 국회의 승인을 받은 것을 예비비(豫備費)라 한다.

예비비의 사용을 행정부에 위임한다고 해서 아무런 제한이 없는 것은 아니다. 예산이 성립하기 전부터 있었던 일로서 국회에서 그에 대한 경비지출을 부결한 일에 대해서는 예비비를 지출할 수 없다.

예비비를 사용하려면 각 중앙관서는 요구서를 제출하여 기획재정부의 심사·조정을 받은 후 국무회의의 심의를 거쳐 대통령의 승인을 받아야 한다. 대통령의 승인이 나면 해당부처에 예비비를 배정한다. 예비비를 사용한 중앙관서의 장은 사용한 금액의 명세서를 결산서 제출 법정시한까지 기획재정부장관에게 제출해야 한다. 기획재정부장관은 그러한 명세서들을 취합하여 예비비사용 총괄표를 작성하고 국무회의의 심의를 거쳐 대통령의 승인을 받은 다음 국회에 제출하여 그 승인을 받아야 한다.

(5) **수입대체경비와 수입금마련 지출** 지출이 직접 수입을 수반하는 경비로서 기획재정부장관이 정하는 것을 수입대체경비(收入對替經費)라 한다. 그 지출에 대응하여 수납되는 수입을 수입대체경비수입이라 한다. '국고통일의 원칙'에 의하여 국고수입은 국고(國庫)에 납부해야 한다. 국고수입의 직접 사용은 원칙적으로 금지된다. 수입대체경비에 관한 규정은 국고통일의 원칙에 대한 예외를 인정한 것이다. 즉 자체수입으로 관련경비 총액을 충당할 수 있도록 한 제도이다. 기획재정부장관은 i) 국가가 용역 또는 시설을 제공하고 그 제공을 받은 자로부터 비용을 징수하는 경우의 당해 경비, 그리고 ii) 수입의 범위 안에서 관련경비의 총액을 지출할 수 있는 경우의 당해 경비 가운데서 수입대체경비를 결정한다. 그러한 경비의 예로서 대법원 산하 등기소의 등기부 등·초본 발행경비, 외교통상부의 여권발급경비 등을 들 수 있다.

수입금마련 지출은 특정사업에 대한 수요의 증가로 인한 예산초과수입 또는 초과할 것이 예측되는 수입에 직접적으로 관련하여 발생하는 비용지출을 말한다. 이것은 기업특별회계 등에서 인정하는 제도이며 지식경제부의 우표발행경비, 국립의료원 진료비 등을 예로 들 수 있다. 중앙관서의 장이 초과수입금을 사용하려면 기획재정부장관에게 그 이유와 금액을 명시한 조서를 제출하여 심사받은 후 국무회의의 심의를 거쳐 대통령의 승인을 얻어야 한다.

수입금마련 지출과 수입대체경비는 초과 또는 초과가 예상되는 경우 예산을 초과하여 관련 경비를 지출할 수 있다는 점에서 같으나 두 가지 점에서 차이가 난다. 첫째, 대상경비의 범위에 관하여 수입대체경비는 제한적이지만 수입금마련 지출은 무제한이다. 둘째, 지출목적을 보면 수입대체경비는 지출 자체가 주목적이고 수입은 부수적인 것이지만 수입금마련 지출의 경우 수입금마련 자체가 주목적이고 이 목적을 위해 지출이 불가피한 것이다.

4. 결 산

결산(決算)은 국가예산의 집행실적을 계수(計數)로 확정하는 활동이다.

결산이 끝나야 예산집행에 관한 정부의 책임이 해제된다. 그리고 결산의 결과 여하에 따라서는 회계검사에 의한 문책문제가 생겨난다. 그렇지만 결산의 효과는 주로 예산집행의 정치적 책임을 묻는 것이라고 할 수 있다. 결산이 다음 해의 예산을 직접 구속한다든가 하는 효과는 없다. 예산과 결산은 대체로 일치하지만 완전히 일치하는 경우는 거의 없다. 예산제도는 앞에서 본 바와 같이 집행과정의 융통성을 어느 정도 인정하기 때문이다.

예산에 따른 집행이 완결되어야 결산을 할 수 있다. 원칙적으로 수입과 지출을 회계연도 내에 모두 끝내야 하지만 미처 결재되지 않은 거래의 완결을 위해 출납정리기간을 두고 있다.

출납정리기간이 끝나면 각 중앙관서의 장은 회계연도마다 그 소관에 속하는 세입세출에 관한 결산보고서, 계속비결산보고서, 국고채무부담행위명세서, 성인지 결산서, 통합재정수지보고서 등 일련의 서류를 작성하여 기획재정부장관에게 제출한다. 기획재정부장관은 각 중앙관서의 장이 제출하는 각종 보고서에 기초하여 세입세출의 총결산을 작성하여 국무회의의 심의를 거쳐 대통령의 승인을 받는다.

감사원은 기획재정부로부터 총결산과 필요한 서류를 송부받아 결산의 합법성과 정확성을 검사하여 확인한다. 감사원에서 결산검사가 끝나면 검사보고서를 기획재정부장관에게 송부한다. 정부는 감사원의 검사를 마친 결산서류를 국회에 제출한다. 국회에서는 각 상임위원회와 예산결산특별위원회의 심의를 거쳐 본회의에 보고하여 처리한다.

Ⅶ. 예산관리체제의 개혁

1. 문 제 점

우리 정부 예산관리체제 전반의 문제로 지금까지 지적되어온 것들은 정책적 기능의 취약성, 불안정한 세입기반, 과잉규제, 투입중심주의, 점증주의, 기금 등의 남설, 예산항목 설정상의 형식주의, 예산구조의 복잡성, 예산절차의 투명성·개방성 제약, 집행상의 낭비, 낙후된 회계방식, 부실한 잉여자원 확보, 지방화 미흡 등이다.

예산절차의 각 국면에도 여러 문제들이 있다. 예산편성단계의 문제로는 지나친 정치적 고려, 집권주의, 예산과다청구 등이 지적되어 왔다. 예산심의단계의 문제로는 졸속심의, 상임위의 부실운영, 국회의 결산 감시기능 부실 등이 지적되어 왔다. 예산집행단계의 문제로는 과잉규제와 낭비가 들어졌다.

위에 지적한 문제들을 완화 또는 해소하려는 정부의 노력은 계속되어 왔다. 근래 도입된 하향식 예산편성절차, 복식부기제도, 기금의 감축, 성인지 예산제도, 예산과목의 단순화 등은 주목할 만한 개혁 아이템들이다. 그러나 전통적 예산관리체제의 여러 문제들이 아직도 남아 있어서 장애와 비효율의 원인이 되고 있다.

다음에 예산관리체제의 개혁방향을 처방하려 한다. 개혁방향의 처방은 지속적으로 추구해가야 할 지향노선을 말해주는 것이다. 현재 개별적 처방의 달성수준은 서로 다르다. 어떤 개혁처방이 겨냥하는 문제상황은 전혀 개선되지 않고 심각한 상태로 남아있을 수 있다. 다른 개혁처방에 관련된 문제는 현저히 개선된 것일 수 있다.

2. 개혁방향

1) 전반적 개혁방안

① **재정정책적 기능 강화** 거시적 경제조절 수단으로서 예산이 수행해야 할 기능을 강화할 필요가 있다.

② **세입구조와 행태의 개선** 세입기반의 안정화 그리고 확충을 위해 힘써야 할 것이며 탈세와 부패를 억제하기 위한 제도적·행태적 개혁활동을 강화해야 한다. 조세구조의 형평성을 향상시켜야 한다. 특히 개발이익이나 기타의 불로소득을 공공에 환원시키고 부당한 부의 편재를 해소하는 재정동원정책을 강화해야 한다.

③ **전통적 예산제도와 관행의 개선** 전통적 예산원칙의 적용에 의한 과잉규제, 투입중심의 예산제도, 점증주의적 예산제도 등이 빚는 폐단을 시정해야 한다.

여건변화에 대응하여 전통적 예산원칙들의 경직성을 수정해 나가고 예산결정과정의 기술을 발전시켜 자원배분의 효율성을 제고해야 할 것이다. 투입기준의 예산제도는 성과중심·산출중심의 예산제도의 이점을 수용해야 한다.

점증주의의 폐단을 시정하려면 영기준 예산제도 · 일몰법제도 등에서 많은 것을 배워야 할 것이다. 재정운영의 효율화를 위해 신축성을 제고하려면 단년도 회계주의의 경직성을 완화하고 예산비목의 통폐합을 촉진해야 할 것이다.

④ **예산의 포괄성 제고** 유사한 기금을 통폐합하고 영세한 기금과 미조성 기금을 정비하고 기금신설을 억제해야 한다. 공공기금과 기타 기금의 분류기준을 합리화해야 한다. 특별회계의 종류와 규모를 줄여나가야 한다.

⑤ **형식주의 배척** 예산항목의 나열이 형식주의에 흐르지 않도록 해야 한다. 형식주의의 폐단을 막으려면 활동 간에 적용될 생산목표의 배합에 관한 계획과 실제의 자원배분이 괴리되지 않도록 해야 한다. 생산활동의 우선순위에 따른 비례적 자원배분을 실질화하여 정부활동 전체의 목표왜곡을 막아야 한다. 일에 맞지 않게 유명무실한 또는 너무 적은 예산을 넓고 얇게 배분하는 것은 절약이 아니라 궁핍한 가운데서의 낭비를 초래한다.

⑥ **자율규제 · 절약유인 강화** 과잉규제, 단기적인 투입기준의 평가, 절차의 복잡성, 절약유인의 결여 등으로 인한 폐단을 시정해야 한다.

자율규제를 촉진하고 예산절차의 번문욕례를 시정해야 한다. 그리고 예산절약의 유인을 강화해 나가야 한다. 절약으로 생긴 예산불용액 때문에 다음 예산결정에서 입게 될 불이익에 대한 우려를 없애 줄 제도를 더욱 발전시켜야 한다.

⑦ **회계제도의 개선** 정부회계 전산화 작업을 촉진하고, 「국가회계법」의 규정에 따라 정부회계의 특성에 맞도록 수정된 복식부기제도의 적용을 확충하고 정착시켜야 한다.

⑧ **잉여자원 확보** 급속한 환경변화로 인하여 행정체제에 부하될 새로운 임무에 대응하기 위해, 그리고 지속적인 개혁의 필요에 대응하기 위해 필요하게 될 자원의 비축에 더 많은 정책적 관심을 가져야 한다. 앞으로 잉여자원의 비축을 늘려나가야 한다. 재정자원의 잉여를 포함하여 행정체제 전반의 잠재적 능력을 키우는 것은 격동하는 환경에 대응하여 끊임없이 변신해 나아가야 하는 행정체제의 필수적인 조건이다.

2) 예산편성의 개혁방안

① **합리적 판단의 촉진** 편성과정이 합리성보다는 초합리성 내지 정치성에 지나치게 편도되는 폐단을 시정해야 한다. 국가목표로부터 도출되는

계획과 사업우선순위의 인도를 받는 것보다는 관련 행동자들의 권력 게임이 지배적인 영향을 미치는 데서 비롯되는 폐단을 시정해야 한다.

예산편성과정에서 합리성과 정치성을 적정하게 조정하는 개혁이 필요하다. 예산과정의 정치성을 배제하는 것은 현실적으로 불가능할 뿐만 아니라 어떤 측면에서는 바람직하지 않은 일일 수도 있다. 그러나 합리성의 지나친 위축은 바람직하지 않다. 거시적 지출계획과 사업우선순위의 합리적 결정이 보다 강조되어야 할 것이다. 전년도 이전의 실적을 평가할 수 있도록 사업성과에 관한 환류제도를 발전시켜야 할 것이다. 과거실적의 엄격한 평가를 바탕으로 예산동제를 합리화해 나아가야 한나.

국가재정운용계획 수립의 법적 의무화는 예산과정 합리화를 위한 진일보라고 생각한다. 이 제도가 예산결정과정에 실질적인 도움을 줄 수 있도록 발전시켜 나가야 한다.

② **분권화와 참여의 촉진** 편성에서부터 시작되는 예산과정의 집권주의를 시정해야 한다. 편성과정에서 상향적 참여를 촉진하여야 한다. 예산요구기관들의 자율규제를 강조하여야 한다.

총액배분 자율편성 예산제도의 정착은 편성과정의 분권화와 참여 확대를 현저히 진척시킬 수 있는 것이다.

3) 예산심의의 개혁방안

① **졸속처리 시정** 예산심의의 기간을 늘리고 심의의 내실을 다지도록 행태적·제도적 개혁을 단행해야 한다. 예산심의에 대한 참여를 확대하기 위해 공청회제도를 적극적으로 활용해야 할 것이다. 국민생활에 지대한 영향을 미치는 사업의 예산만이라도 심층적으로 분석할 수 있는 방책을 찾아야 한다.

② **위원회 활동 개선** 상임위의 예산심의는 보다 합리적인 기준과 종합적인 자료에 의거하도록 유도해야 한다. 예결특위가 충분한 시간을 가지고 예산심의에 임할 수 있게 해야 한다. 위원의 선임과 재임에 관한 절차를 개선하여 위원의 전문성을 높여야 한다. 예산심의를 보좌할 기구를 강화하고 설립취지에 맞게 운영해야 할 것이다.

③ **국회의 결산심사기능 강화** 예산집행 실적에 대한 국회의 심사기능을 강화해야 한다. 회계검사자료의 국회보고를 보다 자주할 필요가 있다.

분기별보고 · 월별보고 · 수시보고 등을 제도화해야 한다. 그리고 국정조사 등의 자료수집 방법도 적극적으로 활용해야 할 것이다.

4) 예산집행의 개혁방안

① **예산집행의 자율규제 촉진** 한편으로는 예산집행의 효율화를 위해 필요한 자율성을 확대해야 한다. 통제기준의 현실화, 비목의 단순화, 신축성 부여 수단의 적극적 활용, 집행절차의 번문욕례와 지연의 배제 등 자율화 촉진정책을 추진해야 한다. 다른 한편으로는 신축성과 자율성을 향상시키려는 제도의 오용을 막아야 한다. 공무원의 책임의식 강화, 평가 · 환류의 강화, 예산단가의 현실성 제고, 집행절차의 투명화와 기술개선 등을 통해 자율규제를 촉진하고 또 가능하게 해야 한다. 집행과정에 대한 외재적 평가와 참여도 촉진해야 한다.

② **예산절감 유인 강화** 예산절감의 유인을 개발해야 한다. 예산을 아끼고 불용액을 반환하도록 유도하려면 일정비율의 보상금(예산성과금)을 지급하는 방법이나 불용액에 해당하는 예산액을 다음 해에 우선적으로 할당해 주는 기존의 방법들을 실질화하고 새로운 방법들을 개발해야 한다. 예산을 아껴서 남겼다는 이유로 장래의 예산결정에서 불이익을 받는 일이 없도록 해야 한다.

제 8 편
민원행정과 행정지도

우리나라에서 민원행정은 행정체제의 매우 중요한 부문이다. 민원행정은 국민과 직접 접촉하는 행정영역의 중심적 위치에 있다. 국민과 직접 접촉하는 행정영역에서 민원행정 다음으로 중요한 부문은 행정지도이다.

정부가 민원행정을 행정의 특별한 영역으로 규정하고 있으며 민원행정 개혁의지의 천명이 유별나다는 것은 우리나라 행정의 전통적 유산과 병폐를 반영하는 현상이다.

우리 정부의 행정지도 역시 여러 왜곡과 병폐를 노정하고 있다. 행정팽창의 연대에 행정지도는 거침 없이 팽창되어 왔다. 행정지도의 과대팽창 그 자체가 문제일 뿐만 아니라 팽창과정에서 오용·남용의 실책들이 저질러졌다.

우리나라에서 민원행정과 행정지도는 행정의 중요영역이며 지금 우선적인 개혁의 대상영역으로 되어 있다. 제8편에서는 이 두 가지 행정영역의 의미와 병폐 그리고 개혁방안을 논의하려 한다.

먼저 민원행정의 의미, 정부의 민원행정 개혁사업, 민원행정 개혁방안 등을 설명하려 한다. 집단민원에 대해서는 항을 나누어 따로 설명하려 한다. 이어서 행정지도의 의미, 행정지도 팽창 요인, 그리고 행정지도의 폐단과 개혁방향을 설명하려 한다.

Ⅰ. 민원행정

1. 민원행정이란 무엇인가?

1) 민원행정의 정의

민원(民願), 민원행정(民願行政) 또는 민원사무(民願事務)라는 말은 정부 내외에서 널리 쓰여 왔지만 그것이 정확하게 무엇을 의미하는가에 대한 사람들의 이해는 모호한 경우가 많다. 민원행정이라는 개념의 의미를 명료화하는 것은 민원행정연구의 선결과제라 생각한다.

(1) 정의의 차원　　민원행정 또는 민원사무를 정의하는 일은 여러 가지 차원에서 접근할 수 있을 것 같다.

첫째, 가장 넓게는 국민이 원하는 행정을 민원행정이라고 정의할 수 있을 것이다. 이것은 문자 그대로의 풀이로서 민원행정의 범위를 매우 포괄적인 것으로 이해하려는 관점을 대변한다고 할 수 있다. 우리나라는 민주국가이므로 행정은 국민이 원하기 때문에 그리고 국민을 위하여 존재하여야 하는 것이다. 행정은 국민이 원하는 바에 따라 그에 봉사하여야 한다. 이러한 이치는 민주행정의 당위적 존립논리이다. 그러므로 민원행정을 국민이 원하는 행정이라고 규정하는 경우 국가의 모든 행정은 민원행정이라 하지 않을 수 없다.

둘째, 약간 좁게는 일반 국민과 접촉을 갖는 집행적 성격의 행정을 민원행정이라고 정의할 수 있을 것이다. 이러한 정의는 집행적 내지 전달적인 행정국면에서 국민이 원하는 바가 구체적으로 실현되고 국민의 선호 또는 좋아하고 싫어함이 잘 감지될 수 있다는 관점에 입각한 것으로 이해할 수 있다.

셋째, 더욱 좁게는 집행적·전달적 행정 가운데서 '관계있는 국민'(고객)의 구체적인 요구투입에 대응하는 행정을 민원행정이라고 정의할 수 있을 것이다. 민원, 즉 국민이 원한다는 것을 이해관계자들의 구체적인 요구행위에 한정하는 견해라 할 수 있다. 이러한 견해는 우리 정부의 행정관행에 대체로 부합되는 것이라고 생각한다.

넷째, 가장 좁게는 대민창구 또는 민원창구라고 정부가 규정하는 장소와 담당공무원을 통해서 고객이 특정적이고 직접적인 대면적 청구행위를 하는 것에 대응하여 그것을 처리하는 행정을 민원행정이라고 규정할 수도 있을 것이다. 이러한 정의는 우리나라에서 창구민원이라고 부르는 업무에 부합되는 것이라고 할 수 있다.

(2) **저자의 정의** 저자는 위의 세 번째 관점을 채택하기로 한다. 즉, 민원행정을 "집행적·전달적 행정 가운데서 고객의 특정적 요구행위가 있을 때 그에 대응하는 행정"이라고 정의하려 한다. 이러한 민원행정의 특성은 다음과 같다.

① **집행기능적 행정** 민원행정은 행정의 정책기능이 아니라 집행기능에 포함된다. 입법행위 등 일반정책 형성에 관한 주장은 민원의 범위에 포함되는 것으로 보기 어렵다. 그러한 일반적 주장들은 민원에 연관된 정치적 및 행정적 요구투입으로 다루는 것이 합당할 것이다.

② **환경에 대한 산출작용** 민원행정은 행정체제의 내부관리적 기능이 아니라 환경에 대한 생산작용 내지 산출작용에 포함되는 것이라고 이해하여야 한다. 민원행정은 행정체제의 대내적 관계가 아니라 행정체제의 대외적 활동관계, 즉 행정체제와 국민의 의사교섭관계에 포함되는 것이라고 표현할 수도 있다. 민원행정은 고객의 특정적인 요구투입(demand input)에 대하여 산출을 내는 일종의 경계기능으로서 행정체제의 경계를 넘나드는 교호작용을 통하여 주로 규제와 급부(給付)에 관련된 행정산출을 전달하는 것이다. 경계기능이란 환경과 직접적으로 교호작용하는 체제의 기능을 말한다.

③ **국민과의 긴밀한 교섭** 민원행정은 행정산출의 아주 광범한 전달체제로서 국민과 직접적인 교호작용을 통해 행정산출을 현실화한다. 민원행정은 국민의 일상생활과 밀접하게 연관되어 있으며 민원행정과정에서 국민은 행정봉사도를 체감한다. 행정봉사의 수준을 피부로 느낀다는 뜻이다. 국민은 민원행정에 대한 일상적 경험과 인상을 행정 전반에 투사하는 경향이 있다. 민원행정에 대한 인상이 곧 행정전체에 대한 인상으로 되기 쉽다.

④ **국민통합에 대한 역할기대** 민원행정은 마치 모세혈관처럼 국민생활에 삼투되는 작용이므로 높은 대응성을 가지고 국민통합에 기여하는 일차적인 책임을 맡아 줄 것이 기대된다. 이러한 기대에 부응하려면 다양하고 급변하는 행정수요에 효율직으로 대응하고 행정산출의 인도적 전달을 보장해야 한다. 약자를 돕고 소외계층의 어려움을 해소하기 위해서도 능동적인 기능을 발휘해야 한다. 그뿐만 아니라 나아가서는 국민의 정치·행정의식 개발과 시

민성(市民性)의 함양을 위해 교화활동을 하는 임무도 맡아야 한다.

⑤ **환류의 통로** 민원행정의 체제는 행정의 현장부문이며 촉수(觸手)로서 행정활동에 대한 환류의 통로가 된다. 민원행정은 변화에 대응하는데 필요한 행정의 촉각장치로서 의미 있는 역할을 해야 한다. 행정의 환류통로이기도 한 민원행정은 각계 각층의 이익표출에 감수성 있게 대응해야 한다.

(3) **정부의 실무적 · 법적 정의** 정부가 민원행정의 문제를 제기하기 시작한 지는 오래되었다. 그러나 1970년대에 이르기까지 정부의 각종 보고서나 정책문서에서는 민원행정의 의미를 명료화하려는 노력을 거의 하지 않았다.

1970년 말에 제정된「민원사무처리규정」에서 처음으로 '민원사무'를 비교적 구체적으로 규정하였다. 이 규정에서 민원사무(民願事務 또는 民願事項)는 민원인이 행정기관에 제출하는 i) 허가 · 인가 · 면허 또는 승인의 신청, ii) 등록의 신청, iii) 증명 또는 확인의 신청, iv) 이의신청 · 진정 · 건의 또는 질의, v) 기타 행정기관의 특정행위를 요구하는 의사표시에 관한 사무라고 규정하였다.

「민원사무처리규정」을 갈음하여 1994년에 제정된「행정규제 및 민원사무기본법」에서는 민원사무를 민원인이 행정기관에 대하여 처분 등 특정한 행위를 요구하는 사항 즉 민원사항에 관한 사무라고 규정하였다. 동법 시행령에서는 민원사무의 종류를 「민원사무처리규정」에서와 비슷하게 열거하였다. 1997년에 제정된「민원사무처리에 관한 법률」도 이를 답습하였다.

「민원사무처리에 관한 법률」 제2조에서는 민원사무를 민원인이 행정기관에 대하여 처분 등 특정한 행위를 요구하는 사항, 즉 민원사항에 관한 사무라고 규정하였다.

「민원사무처리에 관한 법률 시행령」 제2조에서는 민원사무를 i) 허가 · 인가 · 특허 · 면허 · 승인 · 지정 · 인정 · 추천 · 시험 · 검사 · 검정 등의 신청, ii) 장부 · 대장 등에의 등록 · 등재의 신청 또는 신고, iii) 특정한 사실 또는 법률관계에 관한 확인 또는 증명의 신청, iv) 법령 · 제도 · 절차 등 행정업무에 관한 질의 또는 상담형식을 통한 설명이나 해석의 요구, v) 정부시책이나 행정제도 및 운영의 개선에 관한 건의, 그리고 vi) 기타 행정기관에 대하여 특정한 행위를 요구하는 사항이라고 규정하고 있다.

이러한 법령의 규정은 위에서 저자가 정의한 민원행정의 의미와 대체로 부합되는 내용을 '실무적인' 용어로 열거하고 있다. 다만 정책건의까지 민원사무에 포함시키는 것은 다소 무리한 일이라고 생각한다. 정부의 여러 민원담당부서에서 사실상 정책건의도 접수하고 있기 때문에 편의상 그렇게 규정한 것으로 보인다.

민원사무의 처리를 요구하는 민원인에는 자연인과 법인이 포함된다. 그러나 행정기관이나 공법인(公法人)은 거기에 포함되지 않는다. 그리고 행정기관과 사법상(私法上)의 계약관계에 있는 자가 사법적 효과를 얻기 위해 행정기관에 특정한 행위를 요구하는 경우에도 이를 민원인이라 보지 않는다.

민원을 받는 행정기관의 범위는 상당히 넓게 풀이해야 할 것이다. 국가기관 및 지방자치단체의 기관으로 이해되는 것뿐만 아니라 다른 공법인(公法人)과 행정사무를 위탁받은 사인(私人)이나 단체도 모두 행정기관의 범위에 포함되는 것으로 보아야 한다. 이러한 해석이 실제의 행정관행에 부합되기 때문이다.

2) 민원의 유형

위에서 본 바와 같이 「민원사무처리에 관한 법률 시행령」에서는 민원행정의 대상인 민원사무 또는 민원의 종류를 다섯 가지로 분류하였다. 그러한 분류 이외에도 민원행정의 실제에서 여러 기준에 의한 민원분류가 행해지고 있다. 중요한 예를 보면 다음과 같다.

(1) 단순민원과 복합민원 단순민원과 복합민원의 구분은 민원사무처리를 맡는 행정기관 또는 관계법령이 단수인가 아니면 복수인가에 따른 분류이다. 단순민원은 민원인이 하나의 목적을 실현하기 위하여 하나의 법령 또는 행정기관으로부터의 처분만 받으면 목적달성이 가능한 민원이다. 복합민원은 민원인이 하나의 목적을 실현하고자 할 때 복수의 기관(복수의 법령)에 의하여 복수의 인·허가 등 처분을 받아야 하는 민원이다.

(2) 창구즉결민원과 유기한 민원 이것은 처리기간에 따른 분류이다. 창구즉결민원은 민원인으로부터 민원을 접수한 즉시 처리해야 하는, 즉 행정조치를 취해야 하는 민원이다. 여기서 즉시 처리한다고 하는 것은 당일 이내에 처리한다는 뜻이다. 창구즉결민원은 대개 민원신청인이 창구에서 기다렸다가 처리결과를 보고 갈 수 있을 정도로 짧은 시간 안에 처리되고 있다. 유

기한 민원은 민원사무의 처리기간이 2일 이상 소요되는 민원이다.

(3) 개별민원과 집단민원 이 분류는 민원인의 수를 기준으로 하는 것이다. 개별민원은 민원인이 한 사람의 개인인 경우의 민원이다. 다수인관련 민원이라고도 하는 집단민원은 민원인의 수가 여럿이어서 집단을 이루는 경우의 민원이다. 집단이라하면 두 사람 이상의 모임이라 흔히들 이해하지만 집단민원의 경우 집단은 다중(多衆)을 형성할 정도의 많은 사람으로 구성되는 것을 지칭하는 것이 보통이다. 집단민원은 소란스러운 집단적 항의나 시위 등을 수반하는 일이 많기 때문에 특별한 관리의 대상으로 되어 있다.

(4) 문서민원, 전화·우편민원, 전자우편민원, 방문민원, 신문방송민원, 중계민원 이러한 분류는 민원을 제기하는 의사표시의 수단 또는 매체를 기준으로 한 것이다. 문서민원은 문서로써 민원을 신청하는 것이다. 방문민원은 민원인이 민원실 등 행정기관을 방문하여 제기하는 민원이다. 전화 또는 우편민원은 민원인이 민원행정기관을 방문하지 않고 전화나 우편으로 신청하는 민원이다. 우편민원에는 모사전송(facsimile)으로 신청하는 민원도 포함된다. 전자우편민원은 인터넷을 이용한 전자우편(e-mail)에 의해 접수·처리되는 민원이다. 신문방송민원은 신문지상이나 방송을 통해서 진정, 질의 등의 민원을 제기하고 응답을 얻는 민원이다.

중계민원은 민원인의 주거지와 가까운 동사무소 등 일선행정기관이 구청이나 기타 상급기관에서 발급하는 증명서류 등을 대신 발급받아 민원인에게 전달하는 것이다. 이 경우 일선행정기관은 민원인의 심부름을 해 주는 것이다. 근래에는 민원중계업무를 민간(은행, 백화점 등)에도 위탁하고 있다.

(5) 일반민원과 기타민원 민원사무의 주종을 이루는 허가·인가·승인·면허·등록·증명 또는 확인에 관한 민원은 일반민원이라 부르고 이의신청·진정·건의·질의 등은 기타민원이라 부르기도 한다.

(6) 고충민원 고충민원은 행정기관의 위법·부당하거나 소극적인 행정행위(사실행위·부작위 포함) 및 불합리한 행정제도로 인하여 국민의 권리를 침해하거나 국민에게 불편·부담을 주는 사항에 관한 민원이다.

(7) 정형민원과 비정형민원 정형민원(定型民願)은 허가·인가·등록·증명 등에 관한 민원의 경우에서 보는 바와 같은 반복적·정형적 민원으로서 전산처리가 용이한 것이다. 이의신청·진정·건의 등과 같이 컴퓨터 프로그램으로 처리하기 어려운 민원을 비정형민원이라 한다.

2. 정부의 민원행정 개혁사업

민원사무처리에 결부된 공무원의 부패와 불친절, 업무처리절차의 비능률성, 민원처리의 지연, 과도한 구비서류, 민원처리의 형평성 상실 등 여러 폐단들은 오래 전부터 있어 왔다. 따라서 정부의 대처 노력도 오래된 것이다. 다만 시대에 따라 개혁노력의 폭과 성격이 변천해 왔을 뿐이다.

1949년에 정부는 「행정사무처리간행령」(行政事務處理簡行令: 대통령령 197호)을 제정하고 공정 · 신속 · 정확 · 친절한 사무처리의무와 민원사무처리기간을 규정한 바 있다. 1963년에는 각령(閣令)으로 「민원서류처리규정」을 제정하고 일부 민원사무의 개선사업을 추진하기도 하였다. 그러나 민원행정개혁사업이 본격적으로 조직화되기 시작한 것은 1970년대부터라고 생각한다.

다음에 민원행정개혁사업이 본격화된 1970년대 이후의 자료를 참고로 정부가 그동안 추진해 온 민원행정개혁사업의 내용을 요약해 보려 한다.

1) 민원행정에 관한 정부의 문제인식

지금까지 우리 정부가 민원행정의 폐단이며 동시에 개혁의 과제라고 인식해 온 문제의 범주를 간추리면 다음과 같다.

① **민원담당 공무원의 부정적 행태** 민원행정 담당자의 부패(부조리) · 무능 · 불친절이 국민의 원망을 산다.

② **규제과다** 국민생활에 대한 법적 · 행정적 규제가 과도하다. 국민의 자유스러운 활동영역을 지나치게 규제하여 불필요한 민원사무를 만들고 국민의 원망을 산다.

③ **집권성** 민원처리 권한의 집권적 배분으로 인하여 민원인에게 불편을 준다.

④ **과중한 벌칙** 과중한 행정벌(行政罰) 복잡한 부관(附款) 등은 이른바 민원부조리의 발생소지가 된다.

⑤ **처리지연** 민원처리의 규정기간이 너무 길고 민원처리의 부당한 지연이 많아 국민의 불평을 사고 부조리를 야기할 수 있다. 즉 금품거래, 친지동원 청탁 등에 의하여 민원의 신속한 처리를 도모하려 할 수 있다.

⑥ **구비서류 과다 · 복잡한 절차** 각종 증명서 등 구비서류를 과다하게 요구하며 민원접수 절차를 복잡하게 하는 것은 국민의 불편과 부담을 가

중시키고 있다.

⑦ **복합민원의 문제** 복합민원의 복잡한 처리과정, 민원행정기관들의 할거주의로 인한 협조장애, 소관(所管)의 모호성으로 인한 민원처리 지연 등은 민원인에게 피해를 준다.

⑧ **민간위탁 부진** 민간에 위탁하여 처리하는 것이 더 능률적이거나 적어도 무방한 민원업무를 정부에서 관장함으로써 행정능력을 약화시키고 국민에게는 충분한 봉사를 하지 못한다.

⑨ **소극적 대응** 민원을 능동적·적극적으로 발굴하여 국민에게 봉사하려는 행정기관의 노력이 미흡하다.

⑩ **집단민원처리의 미숙성** 다수인관련민원 즉 집단민원에 대한 행정기관의 대처능력이 부족하다.

2) 민원행정 개혁사업의 내용

정부가 인지한 문제영역별로 지금까지 추진해 온 개혁사업의 주요 내용은 다음과 같다.

(1) **민원집중관리구조의 확충·개선** 민원행정은 행정체제 전반에 분산·연계되어 있기 때문에 대개의 행정기관은 다소간의 민원행정을 담당하고 있다. 민원행정을 직접 담당하는 각급 행정기관을 1차민원행정기관이라 부를 수 있는데 이러한 기관들이 민원행정의 기본적이고 원칙적인 기관적 기초가 되는 것이다.

그런데 민원행정 개혁사업이 촉진되면서 1차민원행정기관의 민원업무를 집중처리·보완·지원·감시 또는 평가하는 기구들을 강화하거나 신설하여 왔다. 이러한 민원집중관리구조의 예로서 각급 행정기관의 민원실(민원상담실, 시민봉사실, 종합민원실 등), 감사원, 국무총리실, 국민권익위원회, 청와대 대통령실 등을 들 수 있다. 이들 조직 가운데서 각급 기관의 민원실은 1차민원행정기관의 민원업무를 집중처리하거나 안내하는 기구이지만 나머지 조직들은 다른 조직의 민원처리를 보완·감시·평가하는 등의 역할도 수행한다. 그러한 역할을 수행하는 범위 내에서 2차민원행정기관이 된다.

(2) **공무원의 행태변화 촉진** 민원행정 공무원들의 부패를 억제하고 능력향상·사기진작·친절봉사를 촉진하기 위해 징계 등 처벌적 조치를 강화하는 외에 여러 가지 방책들을 강구해 왔다. 그 중요한 내용을 보면 다음과

같다.

① **공무원의 윤리성 제고와 부패방지대책** 창구민원을 담당하는 공무원들의 윤리성 제고를 위해 교육훈련을 강화하였으며 민원행정을 맡는 공무원의 수칙들을 제정하였다.

> 예컨대 정부가 채택했던 '민원담당 공무원의 5대 기본수칙'은 원칙적인 복무자세를 i) 대민자세: 민원을 찾아서 해결하는 적극적 자세, ii) 민원안내: 내집에 온 것처럼 따스하고 친절하게 안내, iii) 민원상담: 두 번 이상 찾아오지 않도록 자세히 설명, iv) 민원처리: 순서에 따라 신속하고 정확하게 처리, v) 처리결과: 민원인이 만족할 수 있게 공평하게 처리 등 다섯 가지로 규정하였다.
>
> 각 행정기관에서 만든 친절봉사의 세부지침들은 훨씬 구체적이고 자세하다. 전화통화 할 때의 대화방법, 찾아 온 민원인을 맞이하는 자세와 말하는 방법 등에 이르기까지 상세하게 규정하는 행동 지침들이 많다. 이러한 행동규범이 준수되는지를 확인·평가하기 위하여 민원담당 공무원의 '친절봉사도 평가기록제'를 실시하도록 하였다.

민원행정 담당공무원의 부패를 방지하기 위해 공무원에 대한 감독 강화, 비리공무원에 대한 처벌 강화, 부패유발 소지가 되는 제도의 개선, 대민홍보, 시민의 감시통로 확대 등을 추진해 왔다.

근년에 도입한 쇄신적 대책의 예로는 시민감사청구제도, 행정서비스에 대한 시민평가제도, 행정서비스헌장, 민원서비스헌장, 부조리신고엽서제도, 행정절차의 투명성 제고를 위한 전산화 등을 들 수 있다.

② **민원담당 공무원의 우대와 책임확보** 창구민원을 담당할 우수한 공무원을 확보하고 그들의 사기를 진작시키기 위하여 임용·보수·편익 등에 관한 특별조치를 취하였다.

우수한 정규공무원을 엄선하여 민원담당직위에 배치하도록 하였다. 민원창구 공무원에 대한 인사우대 규정을 마련하여 민원창구에 일정기간 이상 근무한 사람에게 우선승진, 희망부서 순환보직, 근무성적가점 등의 혜택을 주기로 했다. 그리고 매월 일정액의 민원창구 수당을 지급하고 청백리봉사상, 목민봉사상, 모범공무원 표창 등에 우선적으로 민원창구 공무원을 추천하도록 하였다.

③ **민원실의 분위기 개선** 친절·신속한 봉사가 가능하도록 각급 민원실이나 민원창구의 환경·시설·장비 등을 개선하도록 독려해 왔다. 민원

실의 분위기를 은행이나 백화점 같은 수준으로 개선하여야 한다는 말을 흔히 듣게 되었다.

(3) 공개-참여 촉진　　민원행정의 공개적 운영으로 민원행정의 공정성과 신뢰성 및 친절성을 높이려는 방안을 채택해 왔다. 그러한 계획의 일환으로 민원공지제도와 행정예고제도를 실시하고 민원행정의 홍보를 강화하였으며 민원모니터제도, 여론조사, 행정상담위원제도, 행정청문제도 등을 실시하였다.

민원공지제도(民願公知制度)란 민원사무를 처리하는 행정기관이 행정처분과 관련되는 후속사항, 행정벌, 각종 증명서의 유효기간 등 국민이 미리 알아두면 편리할 사항들을 널리 알리는 제도이다. 민원공지는 민원서식의 뒷면이나 대민공문서를 주로 활용하도록 하고 있다.

행정예고제도(行政豫告制度)는 국민의 일상생활과 밀접한 관계가 있는 사업을 시행하거나 새로운 정책 및 제도를 수립 또는 변경할 때에 국민이 그에 적응할 수 있도록 상당한 예고기간을 두는 제도이다. 행정예고에서는 각종 대중매체, 반상회보, 관보 등을 적절히 활용하도록 되어 있다. 행정예고로 말미암아 국가안보상의 위해 또는 경제질서의 혼란이 초래될 우려가 있는 경우에는 예고 없이 긴급 시행하지만 시행 직후에 충분한 홍보를 하도록 요구되어 있다.

행정예고대상의 예로서 시가지 변경과 같이 국민에게 불편을 끼치는 사업, 예방접종과 같이 국민의 참여를 필요로 하는 사업, 무허가건물 철거와 같이 국민에게 시간적·경제적 부담을 주는 사업, 도급경비사무처리 규칙의 개정과 같이 국민이 사전에 여유를 가지고 대비하여야 할 사항, 대학입시제도의 변경과 같이 국민생활에 영향을 미칠 수 있는 제도의 채택 또는 변경 등을 들 수 있다.

(4) 행정규제의 완화와 민원사무 민간위탁　　정부는 국민생활의 과도규제에서 비롯되는 민원사무를 줄이고 민원사무의 민간위탁을 확대하려고 노력해 왔다.

① 규제개혁　　정부 내외에서 가장 중요시되는 민원사무는 고객의 청구에 의하여 행정규제의 특정 내용을 결정하거나 또는 풀어주는 인·허가에 관한 사무이다. 정부는 행정규제를 줄이고 민원사무를 줄이기 위해 인·허가제도를 지속적으로 개혁해 왔다. 부당하거나 요긴하지 않거나 비합리적·비현실적이라고 판단되는 인·허가의 폐지, 통·폐합을 추진해 왔다.

정부는 행정규제의 남설을 막기 위해 규제의 원칙을 정하고 행정규제 법정주의를 채택하였다. 행정규제신설을 통제하기 위한 심의제도, 심사제도, 협의제도 등을 채택하였다.

② **행정벌의 조정** 행정규제 완화책의 일환으로 무리한 행정벌을 조정해 왔다. 행정벌의 조정에 있어서는 i) 과도한 행정벌의 규정은 완화할 것, ii) 행정벌을 적용하는 처분요건의 판단에 있어서 자의적인 재량의 여지를 최소화할 것, iii) 행정벌 적용의 처분기준은 훈령이나 예규가 아니라 상위법령에서 규정할 것, iv) 처분권자의 무리한 상향책정을 지양할 것 등을 기준으로 삼았다.

③ **민원처리의 민간위탁** 국민이 행정기관에 출입해야 하는 필요를 감소시키면 행정기관과 민원인의 마찰을 줄일 수 있으며 행정업무량이 감축되기 때문에 행정봉사 능력을 향상시킬 수 있다는 이점에 착안하여 정부는 민원업무의 민간위탁을 촉진해 왔다. 각종 시험·검사·승인·추천·허가 등에 관한 민원업무를 민간단체에 위탁해 왔다. 그리고 기업적 내지 봉사적 기능을 민영화하는 시책을 추진해 왔다.

(5) **행정기관 간의 협조체제 강화와 복합민원의 단순화** 행정기관들의 할거주의적 행태로 인한 민원인의 불편을 해소하기 위해 노력해 왔다. 이러한 노력의 특기할 만한 대상 또는 성과는 복합민원 개선과 민원 1회방문처리제의 채택이다.

① **협조강화** 정부는 민원의 효율적 처리를 위하여 다른 행정기관에 협조를 요구하였을 때 협조 요청을 받은 기관은 그 처리가 지연될 경우 처리기간을 연장하되 연장사유·진행상황 및 응신예정일을 지체 없이 협조를 요청한 기관에 통보하도록 함으로써 기관 간의 협조부진이나 지연으로 인한 민원인의 불편·불만이 없게 한다는 방침을 채택하고 있다. 그리고 각급 민원실 사이의 전화연락망을 확장하는 등 여러 가지 협조장치를 강화하기 위해 노력해 왔다. 여러 행정기관의 민원창구를 일원화한 온라인 국민참여포털시스템(참여마당신문고)의 가동은 행정기관 간 협조를 강화하고 복합민원이나 반복민원의 발생을 줄이는 데 기여할 수 있다.

② **복합민원의 개선** 복합민원은 행정수요의 양적 증대와 질적 변화 그리고 행정기능의 분화가 급속히 진행됨에 따라 점차 그 수가 많아졌으며 이로 인하여 행정능률의 저하와 국민불만의 발생이라는 폐단이 빚어지게 되었다.

무리한 복합민원의 폐단으로 정부가 스스로 지적하고 있는 것은 다음과 같다. 첫째, 민원처리의 창구가 다원화되어 민원인은 여러 기관을 찾아 다녀야 하는 번거로움이 있을 뿐만 아니라 이로 인하여 처리기간이 많이 소요된다. 둘째, 민원인은 하나의 목적을 위하여 주된 인·허가 외에 여러 가지 인·허가를 받아야 하는데 그 중 한 가지라도 불허된 경우에는 이미 받은 허가를 위하여 소비한 시간·비용·노력은 헛된 것이 된다. 셋째, 허가사항이 유사하거나 경미한 것도 별도의 허가절차를 거치도록 되어 있어 민원인의 불편은 물론 행정업무량도 늘어난다. 넷째, 특정사업용도로 건축허가를 받았으나 뒤에 사업승인을 내주지 않는 경우가 있어 민원인은 재산상 손실을 입게 되며 그것은 불만과 행정불신의 요인이 된다.

정부가 복합민원 개선작업을 할 때에 개선원칙으로 삼아 온 것은 i) 다원화된 민원처리 창구는 창구를 일원화한다는 것, ii) 유사·중복되는 관련 민원사무는 통·폐합 한다는 것, iii) 주된 인·허가를 받은 경우에는 관련된 인·허가도 함께 받은 것으로 간주하여 처리한다는 것, 그리고 iv) 복잡한 처리절차는 권한위임·위탁을 통해서 간소화한다는 것 등이다.

③ **민원 1회방문처리제** 민원 1회방문처리제는 담당공무원의 능동적이고 책임 있는 민원처리를 촉진하고 민원인이 반드시 필요하지도 않은데 같은 민원의 처리를 위해 재차·삼차 행정기관을 방문하는 일이 없도록 하려는 제도이다. 이것은 민원사무를 처리함에 있어서 해당 행정기관의 내부에서 할 수 있는 자료의 확인, 관계기관 또는 부서와의 협조 등에 따른 모든 절차를 담당공무원이 직접 이행하도록 하는 제도이다.

이 제도의 운영을 위해 민원실 안에 민원 1회방문 상담창구를 개설할 수 있다. 그리고 복합민원의 효율적인 처리를 위해 실무종합심의회의를 활용할 수 있으며 민원조정위원회의 재심의제도를 또한 활용할 수 있다.

일의 흐름을 중시하는 대국(大局)대부처제의 구축은 복합민원을 줄이고 일회방문처리제의 효율성을 높이는 데 기여할 수 있다.

(6) 권한위임, 민원접수·처리기간 및 구비서류에 관한 개선작업 민원인의 편의와 민원처리의 효율화를 위해 처리권한의 위임을 촉진하고 절차를 개선해 왔다.

① **권한위임** 인·허가 등 민원업무를 가급적 관계 있는 주민의 생활권과 가까운 일선행정기관에 위임하여 민원인과 민원처리기관의 시간적 및 공간적 근접성을 높이려고 노력하여 왔다. 동일기관 내의 위임전결 계층을 하

향조정하여 의사결정을 분권화하려는 시책도 함께 추진해 왔다.

② **간편한 접수** 정부는 민원접수 절차를 간편하게 하고 민원의 신속한 처리를 촉진하는 방안들을 채택해 왔다.

민원인의 편의를 위하여 우편, 전화, 팩시밀리, 전자우편으로 신청하여 처리의 회보를 받을 수 있게 하는 민원사무를 늘려 왔다. 중계민원처리제도의 활용을 확대하였으며 순회민원처리반, 야간접수창구, 은행 · 지하철역의 민원 접수창구 등을 개설하기도 하였다. 고객관리시스템을 구축하여 민원접수사실과 처리결과를 문자서비스나 전자우편으로 민원인에게 알려주기도 하였다.

③ **처리기간 단축** 신속한 민원처리를 촉진하기 위하여 공식적으로 규정되는 민원처리의 기간을 단축하도록 노력하여 왔으며 법령상의 처리기간 내에서라도 이유 없이 처리를 지연시키는 일이 없도록 주의를 환기해 왔다.

④ **구비서류 감축** 민원접수(처리요구)에 선행시키는 추천 · 확인 · 승인 등 절차 가운데서 요긴치 않은 것은 폐지하고 구비서류를 줄이는 작업을 계속해 왔다. 이 분야에서 민원행정 개혁의 가장 가시적인 성과를 거둔 것으로 보인다.

정부가 채택한 구비서류 감축의 기준으로는 i) 서류를 발급하는 기관과 그 서류를 받는 기관이 같기 때문에 당해 기관 내에서 확인이 가능한 구비서류는 폐지할 것, ii) 주민등록증 등 이미 발급한 증명서의 제시 · 확인으로 대체할 수 있는 구비서류는 폐지할 것, iii) 해당 민원처리에 직접 관련이 없는 서류는 폐지할 것, iv) 현존의 공부(公簿)로써 확인할 수 있거나 같은 사안에 관하여 행정기관에서 이미 확인한 서류는 폐지할 것, v) 인 · 허가를 변경신청하는 경우 당초의 인 · 허가 때에 이미 제출한 서류는 다시 받지 않도록 할 것 등을 들 수 있다.

(7) 민원후견인제와 민원조정위원회 민원인에게 전문적인 조력을 제공하고 민원인과 민원담당 공무원 사이의 갈등을 조정하기 위해 민원후견인제와 민원조정위원회제도를 채택하였다.

① **민원후견인제** 이것은 행정경험이 많고 지역실정에 밝은 시 · 도, 시 · 군 · 구의 계장 또는 과장을 여러 기관이 관련된 민원이나 처리기간이 10일 이상 걸리는 절차가 복잡한 민원의 후견인으로 지정해 접수민원의 처리가 끝날 때까지 전과정을 후견하게 하는 제도이다.

후견인으로 지정된 공무원은 민원 1회방문처리 실무종합심의회의에 참석하고 관련부서 공무원의 의견을 파악해 민원인에게 알려 주고 간단한 보완사항이나 다른 기관과의 협의도 대행해 준다. 민원처리 결과는 민원인에게 바로 알려 주고 처리되지 않은 민원에 대해서는 그 이유를 설명해 주도록 되어 있다.

② **민원조정위원회** 정부는 개별적인 민원담당 공무원에게 맡길 수 없거나 맡기면 민원처리가 제대로 될 수 없는 사안들을 심의·조정하기 위한 민원조정위원회를 행정기관에서 설치·운영할 수 있게 하였다.

처리주무부서의 국장, 관계부서의 국장, 감사담당관 등으로 구성되는 이 위원회는 해당기관의 부기관장이 주재한다. 이 위원회의 관장사항은 i) 처리주부부서 또는 실무종합심의회의에서 안되는 것으로 결정된 민원에 대한 법규적용의 타당성 여부, ii) 소관이 명확하지 않은 민원의 처리주무부서 지정, iii) 장기 미해결민원·반복민원·다수인관련 민원의 해소 또는 방지대책, iv) 심의결과 안 되는 것으로 결정된 민원과 관련하여 관계법령이나 제도의 적합성·타당성 검토 및 법령개정이나 제도개선의 필요성 여부, 그리고 v) 기타 민원의 종합적인 검토·조정을 위해 해당 기관의 장이 회부할 필요가 있다고 인정하는 사항이다.

(8) 집단민원 관리능력의 강화 집단민원이 빈발하는데도 정부가 이에 적절히 대응해오지 못했다는 문제인식에 따라 정부는 집단민원에 대하여 각별한 정책적 관심을 기울여 왔다.

집단민원에 대응하기 위해 '집단민원해소추진관리계획'수립, '다수인관련 민원 예방을 위한 사업영향평가제'실시, '다수인 관련민원 해소추진상황 분석·평가제'실시, 각급 행정기관장이 주재하는 '민원해소대책회의'운영 등의 조치를 취해 왔다.

3) 민원행정 개혁사업에 대한 평가

(1) 성 과 민원행정 개혁사업은 매우 광범한 영역에 걸쳐 추진되어 왔으니 실질적으로 개혁사업의 역점은 수단적·절차적인 문제와 그로 인해 초래된 결과적 요인의 처치에 놓여 있었던 것으로 보인다. 원인적인 문제에 대한 치유책이 수립되었더라도 그 성과는 근본적인 것이 못되었다고 말할 수 있다.

민원행정에 관한 개혁조치들 가운데서 제일 눈에 뜨이는 성과를 거둔 것은 처리기간의 단축, 구비서류의 감축, 민원사무 통폐합 등 민원처리과정의 단순화와 신속화라고 생각한다. 특히 민원행정정보통합관리와 민원처리의 온라인화에 많은 성과가 나타나고 있다.

근래에는 행정규제의 완화와 민원업무의 민간위탁에도 상당한 진척을 보이고 있으나 운영상 혼란과 형식주의가 문제이다. 권한의 하부위임은 공식적으로는 적지 않은 성과를 거두었으나 개선효과의 실효성 있는 정착에는 많은 시일이 걸릴 것으로 생각된다. 친절봉사를 무척 강조해 왔기 때문에 그리고 지방자치 실시의 영향 때문에 민원창구 직원들의 외형상 친절도 또한 개선된 것으로 느껴진다.

(2) 남겨진 숙제 다른 개혁조치들은 그 성과가 미미하거나 아직도 시행착오단계에 머물러 있는 것 같다. 민원행정을 맡고 있는 공무원들의 발전적 행태변화는 실로 장기적인 노력을 요하는 개선대상으로서 개선의 효과를 성급하게 기대하기는 어렵게 되어 있다. 더구나 행정관리체제의 기본정향을 전환시켜 권력중심적 행정성향을 바꿈으로써 민원관리의 제반 문제를 근원적으로 해결하려는 노력은 조직화되지 못하였다. 민원행정 개선을 위해 도입한 제도들 가운데는 유명무실화된 것들이 적지 않다.

민원행정 개혁의 숙제로 남아 있는 문제들을 보면 다음과 같다.

① **행정관리체제의 낙후성** 행정관리의 기본성향이 신뢰관리의 원리와 거리가 멀고 행정능력의 한계 때문에 이른바 관편의위주의 행정과정이 획기적으로 변화되지 못하고 있다. 정부 내외에 걸친 신뢰·참여의 결여 또는 미숙으로 말미암아 부당하거나 불필요한 민원사무 발생의 근원을 봉쇄하지 못하고 있다.

② **입증책임의 문제** 민원행정에서 권리·의무관계의 입증책임은 원칙적으로 민원인에게 전가되어 있으며 입증이 없으면 민원인에게 불이익이 되도록 해석·처리하는 절차상의 원리가 크게 달라지지 않고 있다.

③ **행태상의 문제** 공무원들의 책임 있는 능동성 결여, 획일주의적·형식주의적 행태, 부패행태, 그리고 자기보호적 안일주의가 민원행정 개선에 지장을 주고 있다.

④ **소극적 대응** 민원행정기관들은 민원의 소극적 접수·처리에 치중하고 있으며 민원의 능동적 탐색과 국민의 권리옹호에 적극적으로 나서는 일을 게을리 하고 있다.

⑤ **1·2차 민원담당기관의 취약성** 1차 및 2차민원행정기관들의 인

원 · 시설 · 장비 등 자원이 불충분하며 기관적 지위가 취약하다. 집권적 행정문화 때문에 민원담당 기관들의 책임과 권한 등의 자원이 부합되지 않는 경우가 많다.

⑥ **불신의 문제**　민원인과 1차민원기관 사이에 신뢰가 결여되어 2차 · 3차 민원을 늘리는 경향이 있다.

⑦ **절차적인 문제**　민원접수 · 처리의 여러 가지 절차적인 문제들은 앞으로도 개혁과제로 될 것이다. 절차적인 문제들에 대한 많은 개선이 있어 왔으나 그것이 만족스럽다거나 완결되었다는 평가를 할 수 없기 때문이다.

⑧ **민간위탁의 문제**　민원업무의 민간위탁 내지 민영화도 미완의 과제로 남아 있다. 지금까지 추진해 온 민간위탁에도 적지 않은 문제들이 제기되고 있다. 수탁기관의 심사 · 선정이 졸속에 흐르는 일, 민간위탁으로 공공의 통제와 감시가 약화되는 일, 민간위탁 업무의 독점성이 강하여 공공선택의 폭이 좁아지는 일, 정부기관의 지도와 감독이 적절치 못한 일, 고객의 권리구제 절차가 미흡한 일, 그리고 수탁기관의 부패 · 무능 · 불친절 등을 문제로 지적할 수 있다.

⑨ **중앙집권적 개혁추진**　민원행정 개선사업의 중앙통제적 추진은 일선행정기관의 민원행정 개선노력을 소극적 · 피동적인 것으로 만들고 있다.

⑩ **집단민원의 문제**　집단민원에 대응하는 행정능력은 취약하다.

3. 민원행정의 개혁방향

민원행정의 개혁을 위해 정부가 지금까지 고안해 낸 방안들은 '결과적으로' 표출된 민원행정의 폐단을 시정하는 데 관한 한 상당히 포괄적인 것이라고 평가할 수 있다. 지난 수십 년간 민원행정개혁이 우선순위가 높은 정책과제였기 때문에 비록 단편적으로 집적된 것이기는 하지만 많은 지혜가 모아졌다고 볼 수 있다. 정부가 그 동안 발굴하여 추진해 온 개혁방안들은 계속하여 가다듬으면서 실천해 나가야 할 것이다. 그런 노력이 형식에 그치게 해서는 안 되고 제대로 정착되게 해야 한다. 그리고 보다 근원적인 문제의 해결을 위해 새로운 방인들을 개척해 나가야 할 것이다.

(1) **민원처리 절차의 간소화 · 능률화**　민원의 접수 · 처리에 관한 절차와 그에 결부되는 여러 가지 기술적 · 제도적 측면의 문제들을 계속하여 개

선함으로써 민원인의 부담을 덜고 행정의 효율화를 기해야 할 것이다. 즉 민원접수의 편의제고, 사전승인 · 추천 등의 감축, 구비서류의 감축, 처리기간의 단축, 복합민원의 통폐합, 민원사무 처리의 전산화 등은 앞으로도 끊임없이 추구해야 할 개선과제임에 틀림이 없다.

특히 정보기술을 활용한 민원행정 정보화를 촉진해야 한다. 인터넷을 통한 비방문(非訪問: non-visit) 민원처리, 비대기(非待機: non-stop) 민원처리를 확대해 나가야 한다.

민원처리의 현지성과 처리절차의 신속성을 높이기 위해 분권화(처리권한의 하부위임)도 계속하여 추진하여야 할 것이다. 민원처리의 분권화에 있어서는 과거에 팽배해 있던 형식주의를 봉쇄하는 데 각별한 주의를 기울여야 할 것이다.

(2) 민원행정의 공개성과 능동성 제고 민원처리과정의 공개를 촉진하고 민원안내와 홍보활동을 강화해야 할 것이다. 민원행정의 공개를 촉진하면서 시민참여의 길도 확대해 나가야 한다. 시민참여를 유도할 때에는 그것이 실질적인 것이 되게 하고 대표성이 확보되도록 하여야 한다. 행정과정에의 참여에 단골로 동원되는 이른바 대표 또는 '유지(有志)'들이 민초(民草)와 행정 사이를 오히려 두절시키는 장애가 되지 않도록 경계해야 한다.

민원행정의 공지 · 예고제를 확대해 나가고 '권리 위에 잠자는 민원인' '불이익처분 발생의 위험을 모르는 선의의 민원인'을 추적 · 조사하여 두번 세번 일깨워 주는 친절한 행정풍토를 조성해 나가야 할 것이다. 민원의 능동적인 발굴과 민원처리의 책임 있는 능동성 발휘는 혜택 받지 못한 서민들을 위해서 더욱 절실히 요청된다.

(3) 민원실 · 민원창구의 개선 각급 행정기관의 민원실 등 민원집중관리구조를 강화하여 민원행정 개혁의 정착에 앞장서게 하여야 한다. 민원인과 1차민원기관 사이의 신뢰관계를 조성하는 데 힘써야 할 것이다. 장기적으로 2차 및 3차민원행정기관 내지 특별민원담당기관의 역할은 지도 · 감시 · 연구에 국한되도록 점차 유도해 나가고 민원행정 개혁활동의 분권화를 촉진해야 할 것이다. 민원담당기관 간의 할거주의를 타파하는 것도 끊임없는 과제이다.

(4) 행정규제 완화와 민원사무 민간위탁 확대 행정규제의 완화나 민원사무 민간위탁의 확대가 어느 수준으로 어떻게 이루어져야 한다는 보편적

법칙은 있을 수 없다. 그때그때의 정치·경제·사회적 요청에 비추어 결정하여야 할 문제이다.

그런데 민간의 기술수준이나 경영능력의 현저한 향상, 국민의 자율능력 증진, 세계화의 진전과 같은 사회·경제적 변화로 인하여 불필요하게 되거나 무리하게 된 규제와 그에 따른 인·허가제도를 계속하여 유지하면 민간활력의 발휘를 저해하고 기득권익의 옹호에 치우치는 결과를 빚을 수도 있고 국제적 마찰을 빚을 염려도 있다. 결국 행정봉사력을 둔화시키고 국민의 부담을 크게 한다.

우리 정부는 행정팽창과 행정규세 확대의 유산을 안고 있는 반면 행징간여 축소·규제완화를 요구하는 사회·경제적 변화는 급속히 진행되고 있으므로 과도규제로 말미암은 인·허가(그리고 과중한 행정벌, 복잡한 부관 등)의 폐지·완화를 위해 꾸준히 힘써야 할 것이다. 민원사무의 민간위탁도 확대하고 그 방법 또한 개선해 나가야 한다.

행정업무를 위탁받은 기관·단체뿐만 아니라 행정기관과 민원인의 중개를 업으로 하는 사인(私人: private agents)들에 대한 정부 및 공공의 통제도 효율화해 나가야 한다. 여기서 중개를 업으로 삼는 사람이란 변호사, 법무사, 세무사 등을 말한다. 이미 감시·지도의 제도가 공식화되어 있는 경우가 많지만 여건의 변화에 따라 새로이 생겨나는 중개업종들이 그러한 감시와 지도의 틀에서 벗어나 탈선할 우려가 있다.

(5) 행정절차제도의 운영내실화와 입증책임의 방향전환 행정의 공정성·민주성을 확보하고 민원인의 권익을 보호하며 민원관계 행정과정에 대한 민원인의 참여를 보장하도록 행정절차제도를 내실 있게 운영해야 한다.

민원행정에 관한 입법에서는 민원인에 대한 입증책임 전가의 원칙이나 입증이 없는 경우에는 민원인에게 불리한 처분을 하도록 하는 행정절차상의 원칙을 점차 시정해 나가야 한다. 법령정비작업을 할 때에는 부당하게 권리·의무관계의 입증책임을 민원인에게 전가하고 있는 규정들을 찾아내 시정하여야 한다.

(6) 청렴성·친절성의 함양 민원행정의 부패를 억제하고 친절봉사를 보장하기 위한 계속적 노력이 요망된다.

민원처리절차의 효율화와 공개 촉진, 공무원의 윤리성 제고, 공무원의 정직·친절한 봉사를 유도하는 적극적 강화요인의 제공, 물적시설·장비의 개선, 행정환경의 개선 등이 부패를 억제하고 친절성을 확보하는 조건들이라고 할 수 있다. 민원행정의 개선에서는 청렴성과 친절성이 동시에 확보될 수 있도록 각별히 주의하여야 한다.

(7) 집단민원 처리능력의 향상 집단민원은 늘어나고 있으며 집단민원이 제기하는 문제는 날로 복잡하고 어려워지고 있다. 집단민원 대처능력의 획기적인 향상을 위해 여러 분야에 걸쳐 포괄적인 개혁을 추진해 나가야 할 것이다.

집단민원에 관해서는 뒤에 따로 논의할 것이다.

(8) 행정관리체제의 개혁 행정관리체제의 기본정향과 구조설계의 원리를 바꾸어 민원행정의 폐단을 초래하는 원인을 제거해야 한다. 민원행정체제는 행정체제의 한 하위체제이기 때문에 행정체제의 기본적 성향이 민원행정의 폐단을 야기하게 되어 있는 한, 민원행정 개선을 위한 다른 방책들은 제대로 효력을 발휘할 수 없거나 고작해야 곁가지를 치는 정도에 그칠 수밖에 없을 것이다.

권한중심주의, 집권적 고층구조화, 불신주의적 감시·통제, 조직참여자의 피동화, 기능별 집단화에 의한 분산적·기계적 구조, 폐쇄적 조직운영과 비밀주의, 계서적 지위체제의 경직성, 목표보다 절차를 중요시하는 목표대치의 경향 등 전통적 관료제의 속성이 민원행정의 폐단을 초래하는 근본 원인이므로 이를 시정하거나 완화해야 한다.

행정관리체제의 기본 정향을 점진적으로 전환시켜 통합형 관리체제에 접근되도록 해나가야 할 것이다. 통합형 관리체제의 추구에 의하여 공무원의 자율성, 능동성, 그리고 자기실현 의욕을 북돋아 주어야 신뢰주의적·임무중심적·참여촉진적 행정문화를 발전시켜 나갈 수 있다.

일의 흐름을 원활히 하는 행정구조를 유기적·적응적인 것으로 발전시켜 나가야 한다. 임무중심적 내지 문제중심적 업무집단 형성을 촉진하고 행정권력은 업무기준과 능력기준을 중심으로 배분하도록 힘써야 할 것이다. 계서적 지위체제의 경직화를 막고 기관 간의 전통적 경계관념을 타파해야 한다.

여건의 변화와 그 요청에 따라 분권화를 촉진하고 행정구조의 저층화를 추진해야 한다. 그리고 업무수행 기준과 절차의 상황적응성과 공개성을 높여 목표대치의 폐단을 없애고 행정봉사의 적시성과 효율성 그리고 공정성을 확보하도록 해야 할 것이다.

4. 집단민원

1) 집단민원의 정의

집단민원은 민원인의 수가 여럿이어서 집단을 이루는 경우의 민원이다. 이것은 다수인관련 민원이라고도 부른다. 개별민원에 비해 집단민원에는 여러 가지 특이한 그리고 보다 심각한 문제들이 내포되어 있다. 집단민원의 특성은 다음과 같다.

① **다수의 민원인** 집단민원은 다수인의 이해관계에 관련된 것으로서 어떤 특정 사안에 관한 민원인의 수가 많다는 특징을 가지고 있다. 민원인 집단이 심리학적 집단의 요건을 갖춘 경우도 있지만 그러한 요건을 갖추지 못하고 그저 다중을 형성하고 있는 경우가 더 많다. 민원인이 다수라는 사실 자체만으로도 사회적 문제성과 정부기관에 대한 압박감을 크게 할 수 있다. 더구나 민원인집단이 비조직적인 다중일 때에는 정부기관이 그에 대해 질서 있게 대응하기가 어렵다.

집단민원을 야기하는 '집단'의 규모에 대해서 여러 의견이 있을 수 있다. 2인 이상이면 집단을 형성하는 규모의 요건을 갖춘다고 말하는 사람도 있을 것이다. 정부에서는 5세대 이상의 공동이해와 관련되어 5인 이상이 연명하여 제출하는 민원을 다수인관련 민원이라 규정하고 있다. 우리도 이 개념규정을 받아들여야 할 것 같다. 그러나 우리가 관심을 갖는 전형적인 집단민원의 경우 민원인의 수는 그보다 월등히 많은 것이 보통이다.

② **피해구제 지향성** 집단민원의 내용을 보면 피해구제요구적 성격의 것이 주종을 이루고 있음을 알 수 있다. 물론 집단민원의 종류가 그에 한정된다고 말할 수는 없다. 그러나 집단민원인들이 일반 국민보다 나은 특권이나 특혜를 요구한다든지 새로운 권리와 이익의 창출을 요구한다든지 하는 일은 드물다. 행정기관 또는 행정기관으로부터 허가·면허 등을 받은 사람들이 한 행위로부터 피해를 받았거나 피해를 받을 위험이 있는 당사자들이 집단으로 피해예방, 피해구제를 호소하는 집단민원이 대부분이다.

새로운 혜택을 요구하는 경우에도 비교열위의 약자 또는 소외계층이 최소한의 생활편의 등을 요구하는 일이 많아 뜻으로 풀이해 보면 일종의 피해구제민원이라고 말할 수도 있다. 예컨대, 상수도 취약지구 개선요구와 같은 집단민원은 뜻으로 새겨 본 피해구제민원이라고 할 수 있다. 이와 같은 집단민원의 성격은 민원제기를 흔히 과격하게 유도하고 쉽게 사회적 물의를 빚게 한다.

집단민원은 소외계층 인구가 주로 관련된다 하여 '소외민원'이라고도 부른다.

③ **곤란성 · 복잡성**　　집단민원 가운데는 특정한 일선행정조직이 독자적으로 대응하기 어려운 것, 정치적 타협이 필요한 것 또는 초법률적인 것들도 흔히 있다. 하나의 집단민원을 해결하면 그에 대립되는 다른 집단민원이 발생할 위험이 있는 경우도 많다. 집단민원은 연쇄적 영향을 미쳐 유사한 집단민원들을 연발하게도 한다. 이러한 여러 가지 이유로 집단민원의 해결과정에서 마찰이 빚어지고 시간이 많이 걸리는 사례가 비일비재하다.

집단민원은 쉽게 해결되지 않고 되풀이되어 '반복민원'으로 되는 경우가 많다.

④ **집단행동화경향**　　집단민원의 집단행동화경향에 주의를 기울일 필요가 있다. 집단민원인들의 행동은 과격해지기 쉽다. 이의신청, 건의, 진정 등을 서면으로 해당 정부기관에 제출하고 처분을 기다리는 예는 오히려 드물다. 사안의 직접 관할기관 이외에 각급 정부기관 기타 각계 요로에 진정서나 호소문을 보내는 일, 언론매체에 보도되게 함으로써 여론을 환기하려는 일 등은 예사로이 있다. 나아가서는 여러 형태의 집회와 시위를 벌이게 된다. 심한 경우에는 파괴행위까지 일어난다. 집단민원의 이러한 집단행동성향과 과격행동성향은 사회심리적 불안을 조성하고 제3자의 피해로 인한 갈등을 야기할 수 있다.

2) 집단민원의 증가원인

어느 시대에나 집단민원이라고 볼 수 있는 것은 있어 왔지만 근래에 들어 그 발생빈도가 부쩍 높아지고 있다. 집단민원이 늘어나고 집단행동화의 경향이 강해지는 원인을 규명할 필요가 있다. 원인을 알아야 대응책도 온당한 것이 나올 수 있기 때문이다.

(1) 산업화의 영향　　가장 일반적인, 그리고 포괄적인 원인의 하나는 우리 사회의 급속한 산업화과정에서 찾아야 할 것이다. 개발연대의 경제성장위주 정책추구로 인하여 사회체제의 불균형 성장과 부의 불균형 배분이 사회

문제화되었다. 부익부 빈익빈의 현상이 빚어지고 혜택받지 못한 사람들의 형평감 상실이 커졌다. 그리고 개발이익으로부터의 균등혜택에 관한 국민의 욕망은 팽창되고 있다. 경제의 민주화·복지화에 대한 요청이 커지고 있다. 이러한 풍조 속에서 절제되지 않은 과잉욕구의 표출이 정부기관을 압박할 수도 있다.

(2) 이익의 첨예한 대립　산업화의 진행에 따라 우리 사회는 격동적인 것으로 변모되어 가고 있다. 사회체제의 분화와 다양화, 그리고 급속한 변동이 사회의 복잡성을 크게 하고 있다. 심화된 도시화, 사회적 분화와 유동성의 증대, 빈번한 사회직 전위(社會的 轉位: social dislocation), 문화지체 등은 인간적 소외와 공동체의식 약화를 가져오고 그것은 이해관계의 첨예한 대립을 유도할 수 있다.

사회적 분화와 복잡화는 여러 방면에서 일어나는 이익표출을 더욱 다양하고 강력하게 한다. 그리고 이익 또는 요청의 대립을 점차 더 첨예하게 한다. 생산지향과 보존지향의 대립, 성장요청과 분배요청의 대립은 날로 심각해지고 있다. 산업 간의 연관성은 높아지고 개별산업의 파급영향은 커서 하나의 산업을 육성하는 것이 다른 산업에 도움을 주는 것도 크지만 피해를 주는 것도 크다. 공장지대 건설로 인한 어업권 침해는 하나의 산업이 다른 하나의 산업에 치명적인 해를 입히는 좋은 예이다. 이러한 경우 대단한 집단민원이 야기된다.

(3) 변동추구와 저항　급속한 변동이 일어나고 있는 우리 사회에는 쇄신적 요소·변동추구적 요소와 전통적 요소·변동저항적 요소가 공존하여 집단민원증가의 불씨를 만들기도 한다. 변동추구적 시책에 대한 저항세력이 야기하는 집단민원도 만만치 않다.

변동저항적 집단민원은 미지에 대한 단순한 불안, 개혁내용에 대한 이해부족, 개혁의 필요와 성과에 대한 의문, 새로운 상황에 적응해야 하는 심리적 부담, 정부시책에 대한 불신, 부적절한 변동추진방법 등으로 인해 야기될 수도 있다. 그러나 가장 큰 원인은 이익침해에 대한 인식이다.

(4) 행정의 폐단　제도화된 부패, 행정능력부족, 민원담당 공무원들의 소극적 자세, 군림·억입적 자세, 형식주의, 약자보다는 강자의 편에 서고 약자의 권리구제에는 무능한 행정, 고도의 집권화·권력집중으로 인하여 조성되는 공식적 민원처리절차 및 참여절차에 대한 불신 등도 집단민원을 증가시

키거나 그 표출양태를 과격하게 하는 요인들이다.

공무원들이 제도화된 부패에 휩싸여서 힘있는 자들과 유착하고 보호해야 할 약자들의 이익을 무시할 때에 민원인들의 집단행동은 과격해질 수밖에 없다. 집단민원의 발생 또는 과격화가 있기 전에 공무원들이 능동적으로 대처했더라면 이를 막을 수도 있으나 소극적으로 또는 형식적으로 대응하다가 시끄러운 집단민원을 야기하는 경우가 많았다.

(5) 자유신장과 권리의식 강화 정치적 자유신장의 분위기, 민원인의 권리의식과 이익표출 의욕의 향상 등은 집단민원 증가의 중요한 조건으로 되고 있다.

소득향상, 고학력화, 도시화, 수평적 사회관계의 확대, 국민의 다양한 욕구표출 증대와 이익집단의 발달, 정치의식 수준의 향상 등은 모두 국민의 정치적 자유와 참여정치의 확장을 요구·유도하고 있다.

정치적 자유의 신장은 단체행동의 자유신장을 동반한다. 이것은 집단민원의 단체행동화를 용이하게 한다.

(6) 행정의 과잉팽창 행정영역의 팽창도 집단민원 증가의 한 원인이다. 개발연대의 행정국가화 과정을 거치면서 행정의 영역은 급속하게 확대되었다. 행정의 팽창은 집단민원뿐만 아니라 각종 민원을 증대시켰다. 근래에 행정경계를 축소조정하는 개혁이 강조되어 왔으나 행정간여 범위는 아직도 넓다.

3) 집단민원에 대한 대응책: 방지·해소책

집단민원에 대한 가치판단은 획일적인 것일 수 없으며 그에 대한 해결처방도 단일차원적일 수 없다. 집단민원 가운데는 예방되었어야 할 것이 있고 옳지 못한 내용과 방법 때문에 비난받고 억제되어야 할 것도 있으나 집단민원을 정당한 것으로 보아 긍정적으로 받아들여야 할 때도 많다. 그리고 집단민원의 온당한 제기에 의하여 권리획득 또는 권리구제를 할 수 있도록 정부기관이 조력해 주어야 할 때도 있다.

정당한 내용의 집단민원을 정당한 방법으로 제기하는 데에 정부는 긍정적이고 능동적으로 대처할 수 있는 능력을 길러야 한다. 모든 집단민원은 나쁜 것이라고 생각하는 선입견 내지는 집단민원에 대한 공포심을 버려야 한다. 민주국가에서 집단민원이란 항상 있게 마련이므로 공무원들은 그와 더불어 살고, 제기된 문제에 대한 인간적 애정과 고객에 대한 애착심을 가지고 해결책을 찾아야 할 것이다.

제기되지 말았어야 하거나 예방되었어야 할 집단민원 그리고 방법에 있어서 옳지 못하거나 내용이 정당치 못한 집단민원의 방지 내지 해소대책을 다음에 검토해 보기로 한다.

(1) 균형발전과 사회정의의 구현 일반적이고 기본적인 대책은 우리 사회의 균형발전을 실현하고 사회정의를 구현하는 것이다.

사회전반의 부패, 사회계층 간의 심한 격차, 부문별 불균형성장, 정치행정적 억압 등 집단민원을 야기할 수 있는 근본적 조건들을 해소해 나가야 한다. 이러한 과업은 정부만의 힘으로 성취할 수 있는 것이 아니며 장기적으로 국민 모두가 합심협력해 추구해 나가야 할 과제이다.

그러나 정부가 이 목표에 주도적으로 기여할 수 있는 영역이 물론 있다. 경제성장에만 집착하던 정책에서 사회개발을 포함한 균형개발의 정책 그리고 통합추구적 정책으로 전환하여야 하며 그러한 노력은 이미 시작되고 있다. 사회통합정책을 더욱 강화하기 위해서는 정치적·사회적·경제적 민주화를 촉진하고 특히 복지경제의 실현을 위한 노력을 배가해야 할 것이다. 그 밖에 사회정의 실현을 위해 스스로 반부패운동을 전개하는 등 정부가 할 수 있는 일은 성심껏 해 나가야 할 것이다.

(2) 행정의 간여 축소와 신뢰성 제고 국민생활에 대한 행정간여를 줄이고 정부의 신뢰를 회복하여야 한다.

민간의 자율에 맡겨도 될 영역에 정부가 간여하거나, 특별히 요긴하지 않은 정부사업으로 인하여 많은 피해자가 생기게 하거나, 바람직하지 못한 민간의 사업을 허가하여 피해집단이 나오게 하거나 하는 일은 피해야 한다. 그리고 정부의 언행은 믿을 수 있다는 신념을 국민에게 심어 주어야 한다. 정부시책을 조령모개하여 시책의 일관성에 대한 신뢰를 잃고, 공식적인 민원처리절차가 만족스러운 방법으로 진행된다는 점에 대해서도 신뢰를 잃으면 집단민원은 시끄러워지고 그 방법은 점점 탈법·위법적인 것이 될 수밖에 없다.

신뢰관계 발전을 위해서는 정부가 어떻게 해서든지 제도화된 부패를 통제해야 한다. 그리고 정부는 돈 있고 권력 있는 사람들의 편만 든다는 국민적 인식을 불식시켜야 한다. 제도화된 부패는 언제나 억울한 사람들을 양산하게 된다. 정부가 억울한 사람들의 편을 들지 않으면 그들은 파괴적인 행동성향을 강화해 나가게 된다.

(3) **형식주의 배척** 행정의 형식주의화를 막아야 한다. 규범과 실천의 괴리, 공식적인 것과 비공식적인 것의 괴리를 줄여 나가야 한다.

행정수요에 대한 형식주의적 대응은 집단민원 발생의 원인을 만든다. 행정체제 내에서 권한과 능력, 책임, 자원이 조화를 이루지 못하고 서로 괴리되는 일이 없도록 제도를 개선해 나가야 할 것이다. 공식적인 민원처리기관은 빈껍데기이고 실질적인 결정권을 가진 사람들은 따로 숨겨져 있어서는 안된다. 실질적인 권력중추를 공식화하고 공개해야 하며 실질적인 권력배분의 재조정이 필요할 때에는 이를 공개리에 추진해야 한다.

(4) **분권화** 민원처리의 의사결정권을 분권화하고 민원담당조직의 적응성을 높여 급변하는 여건에 순조로이 대응할 수 있게 하여야 한다.

민원사무에 대한 관리단위를 하향조정함으로써 행정봉사의 현지성과 효율성을 높여야 한다. 관리단위를 하향조정한다는 것은 관리작용에 필요한 모든 것을 하향조정한다는 뜻이다. 책임만 내려 보내는 것이 아니다. 권한과 기타 자원이 함께 내려가야 한다.

(5) **공개와 참여** 정부활동의 공개를 촉진하여야 하며 정치·행정과정의 시민참여를 활성화하고 일상화해야 한다.

정부에서 하는 일과 계획을 공개하고 널리 알리도록 힘써야 한다. 비밀리에 일을 추진하다가는 집단민원을 유발하기 쉽다. 일을 비밀에 부쳤다는 것 자체가 저항·갈등의 원인이 될 수 있다. 공무원들은 "일을 공개하면 시끄러워진다"는 생각, 그리고 그것은 일을 망치게 된다는 생각을 버려야 한다. 토론이 활발해지는 것을 시끄럽다는 언짢은 표현으로 규정하는 것은 마음대로 독단이 안된다는 불만의 표출임에 불과하다.

지방자치의 실시와 더불어 선거라는 참여수단은 활성화되고 있다. 공무담임자의 선거 이외에도 정치·행정과정에 참여할 수 있는 길을 크게 넓히고 실질화해야 한다. 주요 시책에 대한 투표, 관련시민에 대한 여론조사, 시민과의 협의기구 운영, 민원창구의 활용 등은 활성화되어야 할 시민참여통로의 예이다. 평소 국민이 정부에 요구를 투입할 수 있는 언로가 활짝 열려 있으면 집단민원의 과격화는 진행되지 않을 것이다.

(6) **능동적 행정** 능동적 행정의 구현이 필요하다.

공무원들의 소극적·피동적 자세가 집단민원을 곪아터지게 하는 일이 많다. 공무원들은 미리미리 잠재된 집단민원을 찾아내 대책을 마련하는 책임 있는 능동성을 발휘해야 한다.

공무원들은 민원인들을 능동적·배려적으로 대해야 하지만 이웃을 괴롭히는 나쁜 민원인은 엄격히 규제해야 한다. 이른바 관청을 등에 업고 많은 사람에게 해를 끼칠 때 공무원들이 묵인, 또는 조장하는 것은 범죄의 공모가 된다. 공장 허가를 받아가지고 남의 어장을 망친다든지, 건축허가를 받아 옆집 일조권을 해치거나 축대 밑을 위태롭게 깍아 내린다든지 할 때 행정은 이를 단호히 시정해주어야 한다.

(7) 조정능력 향상 정부는 다양한 세력들의 이해관계를 조정하는 탁월한 능력을 키워가야 한다.

급속한 국가발전의 과정에서 지나치게 혹은 부당하게 높아진 일부의 욕망수준을 진정시키는 데도 정부는 홍보적·교화적 노력을 경주해야 한다. 되지도 않을 일을 탐욕스럽게 집단민원으로 주장하는 일은 빈축을 사게 되는 사회적 분위기가 조성되어야 한다. 민원인도 남의 손실과 피해 위에서 자기 이익만 챙기겠다고 나서는 것을 부끄럽게 느끼도록 되어야 한다. 부끄러운 일이라는 생각을 갖게 되기까지는 상당한 시간이 걸리는 것이므로 정부는 참을성 있게 대응하여야 한다. 강압으로 다스리면 부끄럽다는 생각을 잊어버리기가 쉽다.

(8) 접근방법의 인간화 정부는 민원인들보다 늘 한 발 앞서는 통찰력을 가지고 집단민원의 과격화를 막고 불필요하거나 해로운 집단민원의 발생을 예방하여야 한다. 이미 발생한 집단민원에 대해서는 현명하고 기민하게 대처해야 한다.

바람직스럽지 못한 집단민원을 진정시키는 접근방법에는 여러 가지가 있을 수 있다. 강압적 권력에 의하여 제재를 가하거나 그것을 위협함으로써 집단민원을 진압하는 강제적 접근방법이 있다. 이러한 방법의 동원이 불가피한 경우도 있겠으나 그것은 어디까지나 낮은 차원의 대책이며 미봉책이라는 것을 알고 남용하지 말아야 할 것이다. 민원인들의 이익침해를 방지 또는 보상하거나 다른 이익과의 교환을 제안하여 집단민원을 진정시키는 공리적 접근방법도 있다. 가장 바람직한 접근방법은 규범적·사회적 접근방법이다. 이것은 인간주의적 접근방법이다. 이 방법은 적절한 상징조작과 사회적·심리적 지원을 통해 자발적 협력과 정부시책의 수용을 유도하는 것이다. 집단민원의 동기를 인간적인 방법으로 약화 또는 해소하는 방법인 것이다.

(9) 시위에 대한 민주적 · 상황적응적 대응 우리나라에서 '데모'라고 흔히 부르는 시위(示威: demonstration)의 역사는 오래된 것이다. 시위의 양상은 정치 · 경제 · 사회적 조건의 변화에 따라 달라져 왔다. 그리고 시위의 대상과 목적은 다양하다. 여기서 우리가 관심을 갖는 것은 집단민원에 관련된 시위 즉 집단민원성 시위이다.

집단민원성 시위에 대응해야 하는 정부는 우리 사회의 권력중추가 다원화되는 것을 바람직한 것으로 받아들이고 시위는 민주사회의 일상적(日常的) 현상이라는 인식 위에서 시위관리능력을 향상시켜 나가야 한다. 모든 시위를 혼란시, 불온시하던 독재시대적 사고방식은 버려야 한다.

시위의 관리는 획일적인 것이 아니라 상황적응적인 것이라야 한다. 정당한 시위, 필요한 시위, 바람직한 시위는 문제를 노출시키고 해결하는 기회로 활용해야 한다. 정당한 시위의 주장은 수용되도록 지원해야 한다. 부당한 목적이나 파괴행동과 같은 수단 때문에 해로운 것으로 규정되는 시위는 막거나 극복해야 한다. 사회상규상 받아들이기 어려운 목적을 내세운 과격행동에 대해서는 단호한 진압조치가 필요하다.

정부는 시민의 시위문화 발전에도 기여해야 한다. 민주시민은 갈등을 풀어나가는 방법, 시위의 방법과 해결방법에 관해서 훈련을 받아야 한다. 이러한 사회화과정에 정부가 참여하고 기여할 수 있다.

II. 행정지도

행정법학이 행정지도라는 현상을 먼저 연구하기 시작하였다. 행정지도이론을 개척한 행정법학 특히 일본의 행정법학은 행정지도를 법외적(法外的) · 사실행위적(事實行爲的) · 비권력적(非權力的) 현상이라고 규정해 왔다. 우리나라의 행정법학도 그러한 입장을 수용하고 있다.

행정법학에서 발전시킨 행정지도이론에는 법학 특유의 목적 때문에 한계와 편향이 내포되어 있다. 그러나 우리 행정학의 필요에 부응하는 행정지도이론의 발전을 위해 중요한 아이디어들을 행정법학에서 빌릴 수 있다.

행정지도에 관한 법학적 이론을 빌리더라도 행정지도의 보다 온전한 이해에 도움이 되도록 이를 수정·보완해야 한다. 우선 행정지도를 비권력적 사실행위라고 하는 개념정의부터 재검토해 행정학의 관념구조에 맞게 수정해야 할 것이다. 행정기관을 행정주체, 국민을 행정객체라고 부르는 것과 같은 구시대적 용어들도 골라내서 버려야 할 것이다. 실천적인 행정지도의 능력과 그 개선방안에 대해서도 관심을 가져야 할 것이다.

1. 행정지도의 정의

행정지도는 아직 제정법(制定法)에 의하여 규율되는 법적 제도가 아니기 때문에 행정관행의 실제에서 그 의미는 흔히 모호하다. 그리고 행정지도를 권고, 협조요청, 지시, 지도, 단속 등으로 표현할 때가 있다. 지방행정분야에서는 행정지도라는 말 대신 주민지도라는 말이 더 많이 쓰이고 있다.

행정법학자들이 규정하는 학문적 개념정의도 통일되어 있는 것이 아니다. 학문상 행정지도라는 개념은 관념적 구성의 산물이기 때문에 학자마다 조금씩 다른 개념정의를 보이는 것은 어쩔 수 없는 일인지도 모른다.

저자는 행정지도를 다음과 같이 정의하려 한다.

"행정지도는 행정기관의 공무원이 그의 관할 내에서 어떤 행정목적의 달성을 위하여 시민에게 영향을 미치려는 활동으로서 법적 구속력을 직접 수반하지 않는 것이다."

이러한 개념정의에 함축된 행정지도의 특성은 다음과 같다.

① **공무원의 행위** 행정지도는 국가 또는 지방자치단체의 행정기관에 근무하는 공무원들이 담당업무와 관련하여 하는 활동이다.

공무원이 아닌 사람의 행위나 직무와 무관한 행위는 행정지도로 보지 않는다. 공무원의 행동도 그 정당한 관할을 벗어나면 행정지도의 범주에 포함되지 않는다.

공무원이면 그 관할 내에서 행정지도를 할 수 있다. 공무원이 범상 대외적으로 의사표시를 할 수 있는 행정관청(行政官廳)이라야만 행정지도를 할 수 있는 것이 아니다. 행정법학에서 말하는 보조기관도 행정지도를 할 수 있다. 중요한 행정지도는 조직상층부의 통합적 지휘를 받는 경우가 많지만 반드시 고급공무원만 행정지도를 하는 것은 아니다. 오히려 일상적인 행정지도는 조직하층부에서 더 많이 일어난다. 그러므로 행정지도를 하는 행위자를 행정기관이라고 표현하는 것보다 공무원이라고 표현하는 것이 더 정확하리라고 생각한다.

② **시민을 대상으로 하는 행위** 행정지도는 시민(국민)을 대상으로 하는 행정체제의 경계적 작용이다.

행정지도를 받는 시민은 특정한 개인일 수도 있고 법인이나 단체일 수도 있다. 개인의 경우 한 사람이 대상으로 될 수도 있고 동시에 여러 사람이 대상으로 될 수도 있다.

행정지도는 대시민적(對市民的) 행정의 일종이며 행정체제의 경계를 넘어 그 환경에 전달되는 집행적 활동으로 보아야 한다. 행정지도는 행정체제의 내부관리작용과 구별된다. 그리고 행정기관 간에 행해지는 각종 지휘나 지도 또는 협조요청 등은 행정지도에 포함되지 않는다.

③ **의사표시적 행위** 행정지도는 시민의 태도와 행동(하는 것과 하지 않는 것)에 영향을 미치려는 의사표시적 행위이다. 영향을 미치려고 하는 행동이 의사표시적이라고 하는 것은 행정지도가 물리작용이기보다는 원칙적으로 정신작용이라는 의미를 나타내려는 것이다. 시민의 태도와 행동에 영향을 미쳐 어떤 행정목적을 실현하려는 적극적 의지가 포함된 행동이라야 행정지도에 해당한다. 단순한 홍보활동이나 사실확인에 그치는 행동은 행정지도라 볼 수 없다.

④ **필수적이 아닌 법령의 규정** 특정한 행정지도를 직접 뒷받침하는 법령의 규정이 항상 있어야 하는 것은 아니다. 이러한 점에 착안하여 행정지도의 비공식성을 이야기할 수 있다.

그러나 행정지도가 진정 '법외적'일 수는 없다. '위법적'인 것은 더욱 아니다. 적어도 규범적으로는 법령의 범위 내에서 이루어져야 한다. 구체적인 행정지도를 직접 규정한 법령이 있으면 그것을 어겨서는 안된다. 그러한 법령이 없더라도 조직법상의 의무와 관할의 범위 내에서 행동해야 한다. 그리고 행위자체의 내용도 행정의 원리와 직업윤리에 어긋나지 않아야 한다.

⑤ **형식의 비통일성** 행정지도의 형식에는 통일된 제약이 없다. 말로 하는 경우도 있고 글(文書)로 하는 경우도 있다. 글로 하는 경우 그 형식에 제약이 있는 것도 아니다. 지도요강을 정하여 하는 경우, 즉 요강행정(要綱行政)의 경우도 있지만 그렇지 않은 경우가 더 많다.

⑥ **권력의 뒷받침이 있는 행위** 행정지도는 공무원의 각종 권력

(power)을 배경으로 하는 활동이다. 지도를 받는 사람들이 순수하게 자발적으로 순응하는 경우도 있을 것이지만, 규제적·조정적 행정지도는 대부분 공무원이 가진 각종의 권력에 의하여 그 실효성이 담보된다.

법형식상으로는 행정지도에 대한 복종이 상대방의 임의에 달려 있는 것으로 정의된다. 그리하여 행정법학에서는 사실행위성, 비권력성 그리고 복종의 임의성을 행정지도의 주요 특성으로 설명하고 있다. 그러나 행정지도가 비권력적이라고 하는 주장은 권력의 의미를 너무 좁게 이해하는 데서 나온 것이다.

행정기관의 공무원들은 행정지도에 대한 복종을 유도할 수 있는 여러 가지 권력을 지니고 있으며 행정지도의 상대방보다 우월한 지위를 가지는 것이 보통이다.

특정한 행정지도 자체에 대한 법적 권한(legal authority)이 규정되어 있지 않더라도 조직법상 그러한 행위가 정당한 것으로 인정될 때에 행정지도를 하는 사람은 정당한 권력을 행사하는 것으로 볼 수 있다. 행정지도에 관련하여 공무원은 상대방에게 각종 보상을 주거나 뺏을 수 있는 이른바 보상에 의한 권력을 지니는 경우가 많다. 우월한 지식·기술·정보를 보유하는 데서 나오는 전문지식에 의한 권력이나 행정체제의 공식적 상징성에 의한 준거적 권력(準據的 權力)도 행정지도에 대한 승복을 가져 오는 데 작용할 수 있다. 특정한 행정지도를 상대방이 거부하면 그 자체에 대해서는 법적 강제를 할 수 없더라도 다른 문제를 들고 나와 강제적·처벌적 조치를 할 수 있는 강압적 권력을 공무원들이 보유하는 경우가 많다.

행정지도의 실제에서 지도내용의 가치(설득력)를 받아들임으로써 그에 복종하는 경우도 있을 것이다. 그리고 지도를 거부하는 경우 장차 행정기관의 협력이나 지원을 얻지 못할 것이라는 막연한 우려 때문에 행정지도에 복종할 때도 있을 것이다. 그러나 보상적 내지 강압적 권력의 행사 또는 행사위협 때문에 복종하는 경우가 더 많을 것이다.

어떤 문제에 대하여 법적 강제조치를 바로 하지 않고 그에 앞서 같은 내용의 요구를 부수적 행정지도로써 한 경우 그에 불복하면 본래 가능했던 법적 강제조치를 할 수 있다. 행정지도에 대한 복종을 유도하거나 불복종을 제재하기 위해서 영업허가에 관련된 여러 가지 권한을 행사할 수도 있고 재량적 이익배분을 거부 또는 삭감할 수도 있다. 이른바 '공급거부'를 할 수도 있다. 공급거부란 급수거부, 단전과 같이 공적 재화나 용역의 공급을 거부하는 것이다. 행정지도에 불복하는 사람들의 명단과 불복의 내용을 공표할 수도 있다. 공표는 불응자들에게 불리한 여론을 조성하여 심리적 압박을 가하려는 것으로서 불응자들의 명예에 손상을 줄 수 있는 조치이다. 민간사업자들과 경쟁하는 사업을 정부가 운영하여 민간업자들이 정부가 제시하는 이윤율이나 서비스 수준을 따르지 않을 수 없게 하는 방법도 있다.

2. 행정지도의 유형

행정지도의 구체적인 종류는 무수하다고 할 만큼 많다. 이를 체계적으로 연구하려면 유형론을 발전시켜야 한다. 여기서는 지금까지 개발된 유형론 가운데서 기능을 기준으로 한 유형론과 법적 근거를 기준으로 한 유형론을 설명하고 다른 유형론에 대해서도 간단히 언급하려 한다.

1) 기능을 기준으로 한 유형론

기능을 기준으로 한 유형론은 행정지도의 주된 기능이 무엇인가를 기준으로 한 유형론으로서 성질별 분류라고도 한다.

기능을 기준으로 할 때에 행정지도는 i) 규제적 행정지도, ii) 조정적 행정지도, 그리고 iii) 조성적 행정지도라는 세 가지 유형으로 범주화해 볼 수 있다.

(1) 규제적 행정지도 규제적 행정지도(規制的 行政指導)는 공익 일반 또는 구체적인 행정목적에 위배되는 행위를 규제 또는 예방하려는 것이다. 예컨대 공해를 야기하는 행위를 하지 못하도록 하는 행정지도가 이 범주에 속한다.

규제적 행정지도에는 법적 강제력이 있는 행위와는 별개로 행해지는 독자적 내지 독립적인 것과 법제적 기준 또는 법적 강제력이 있는 행위에 부수적으로 행해지는 것이 있다. 전자는 독자적 행정지도라 하고 후자는 부수적 행정지도라고 한다.

(2) 조정적 행정지도 조정적 행정지도(調整的 行政指導)는 서로 대립되는 당사자들의 이해관계를 조정하려는 행정지도이다. 조정적 행정지도는 서로 대립적인 입장에 있는 당사자들의 어느 한편 또는 모두에 대해 담당공무원이 가지고 있는 법률상의 권한을 배경으로하여 행해지는 것이 보통이다.

시민 상호 간의 이해대립으로 말썽이 빚어지거나 경제활동의 과열경쟁으로 건전한 경제질서에 지장이 생길 우려가 있는 경우 등 행정목적에 비추어 바람직하지 못한 대립·갈등이 있거나 그 위험이 있는 경우 조정적 행정지도가 동원된다.

(3) 조성적 행정지도　　조성적 행정지도(助成的 行政指導)는 상대방인 시민의 이익을 증진시키기 위한 봉사적 성격의 행정지도로서 촉진적 또는 조언적 행정지도라고도 부른다. 이것은 상대방에게 우월한 지식, 기술 기타 정보를 제공하거나 조언을 하는 방법으로 행해지는 것이 보통이다.

조성적 행정지도에는 시민을 위해로부터 보호하려는 지도, 사회적 약자를 보호하려는 지도, 농촌지도와 같은 생활지도, 취업능력 향상과 취업촉진을 위한 직업지도, 기업육성을 위한 기업지도 등이 포함된다.

조성적 행정지도가 시민의 이익증진을 위한 봉사적 작용이라고 하지만 상대방에 의한 지도내용의 수용이 항상 자발적으로만 이루어지는 것은 아니다. 상대방의 저항이 있는 경우도 적지 않다. 저항에 직면하는 경우 지도를 포기할 수도 있지만 행정기관은 오히려 보다 강력한 권력을 동원하여 행정지도의 목적을 관철하려는 성향을 보여 왔다.

2) 법적 근거를 기준으로 한 유형론

행정지도를 법학자들은 법률행위가 아닌 사실행위라고 하면서 그 '법외성'을 논의하고 있지만 행정지도는 결코 법제도와 무관한 것이 아니며 법외적일 수도 없는 것이다. 무엇보다도 행정지도로써 법에 어긋나는 일을 할 수가 없다. 행정지도는 직접적이거나 간접적인 법규범의 테두리 안에서 이루어져야 한다. 여기서 법적 근거를 기준으로 한 유형론이라고 하는 것은 법적 근거가 지니는 직접성과 구체성의 수준을 기준으로 한 유형론이라는 뜻이다.

법적 근거를 기준으로 행정지도의 종류를 i) 법령의 직접적인 규정에 의한 행정지도와 ii) 법령의 직접적인 규정에 의하지 않는 행정지도로 나누어 볼 수 있다.

(1) 법령의 직접적인 규정에 의한 행정지도　　이것은 법령에서 어떤 행정지도를 해야 한다는 의무규정을 두거나 그러한 지도를 할 수 있다는 수권규정을 두었을 때 그에 따라하는 행정지도이다. 행정지도는 그것을 직접 규율하는 법규범이 없는 경우가 대부분이다. 그러나 예외적으로는 법령에서 행정

지도를 규정하여 그 공식성을 강화하는 경우가 있다.

(2) 법령의 직접적인 규정에 의하지 않는 행정지도 이것은 법규범의 근거제시가 간접적인 경우의 행정지도이다. 법령의 직접적인 규정에 의하지 않는 행정지도에 관한 법규범의 간접성은 여러 가지 차원으로 구분될 수 있다.

이 범주에 속하는 행정지도의 첫 번째 예는 법정의 강제력 있는 행정작용 대신에 하는 행정지도이다. 이 경우 행정지도 자체에 대한 법규는 없지만 같은 목적의 강제적 작용을 가능하게 한 법규정은 그러한 행정지도에 간접적인 근거를 제공한다.

두 번째 예는 법적 구속력이 있는 행정처분에 선행하여 지도·권고 등을 하는 사전권고와 법적 처분권을 배경으로 민원신청인에게 여러 가지 권고를 하는 것이다.

세 번째 예는 구체적인 행정지도의 내용이 되는 행위에 관한 법령의 언급이 없는 경우이다. 세 번째 예의 행정지도에는 관할에 관한 일반적 법규범이 그 주된 근거를 제시한다고 볼 수 있다.

3) 기타의 유형론

위에서 설명한 유형론 이외에도 행정지도 유형론은 많다. 몇 가지 예를 보면 다음과 같다.

첫째, 행정지도의 목적에 따라 준법생활화를 위한 지도, 생활향상을 위한 지도, 위해방지를 위한 지도, 사회적·경제적 약자를 보호하려는 지도 등을 구분하는 것이 있다.

둘째, 행정지도의 형식에 따라 말(口述)에 의한 지도, 글(文書)에 의한 지도 등을 구분하는 것이 있다.

셋째, 상대방의 수와 특정성을 기준으로 하여 개인에 대한 지도, 다수인에 대한 지도, 또는 개별적 지도와 집단적 지도 등을 구분하기도 한다.

넷째, 신청유무에 따라 상대방의 신청에 대응한 지도와 공무원의 일방적인 지도를 구분하는 것이 있다.

다섯째, 담당공무원과 시민의 접촉이 어느 정도나 직접적인가를 기준으로 직접적 행정지도와 간접적 행정지도를 구분하기도 한다.

3. 행정지도가 널리 쓰이는 이유

행정지도가 많이 쓰이는 이유, 특히 우리나라에서 그 사용이 크게 확장되어 온 이유는 여러 가지 측면에서 설명할 수 있을 것이다.

행정지도와 같은 현상이 나타나는 것은 어느 나라에서나 불가피하다. 구체적인 행정활동을 빠짐없이 법으로 규정하는 것은 불가능하기 때문이다. 행정지도의 본래적 불가피성은 대체로 논란권 밖에 있다.

여기서 행정지도가 많이 쓰이는 이유로 우리가 관심을 갖는 것은 행정지도의 기능적 효용성과 행정지도 팽창을 유발하는 여건이다.

법적 강제작용에 비해 여러 이점이 있고 법적 강제작용을 보완해 줄 수 있다는 데서 행정지도의 기능적 효용성을 찾는다. 행정지도의 기능적 효용은 어느 나라에서나 다소간에 발휘될 수 있는 것이다. 다만 기능적 효용발휘의 수준은 문화권에 따라 달라질 수 있는 것이다. 행정체제 내의 제반조건과 환경의 사회문화적·정치적·경제적 조건이 행정지도의 성격과 양을 좌우하는 데 크게 작용한다. 우리나라의 여건은 고도로 행정지도유발적인 것이라고 할 수 있다.

1) 행정지도의 기능적 효용성

법적 구속력이 있는 행위와 비교하였을 때 행정지도는 다음과 같은 기능적 효용 내지 이점을 지닌 것으로 보인다.

(1) 행정의 적시성·상황적응성 제고　　행정지도는 새로운 또는 긴급한 행정수요나 법률이 규율하지 못하는 행정수요에 응급적으로 또는 보완적으로 대응할 수 있다.

행정지도의 응급대응력은 행정체제로 하여금 상황에 따라 서로 다른 문제에 적합하게 그리고 시기를 놓치지 않고 대응할 수 있게 해 준다. 행정지도의 법규보완적 성격은 법규와 현실적 행정수요의 괴리를 적시성 있게 해소해 줄 수 있다.

새로이 개발한 행정시책에 관한 입법을 하기 전에 법시행의 분위기를 조성하거나 시책의 가능성과 타당성을 가늠해 보기 위해 행정지도가 쓰일 수도 있다.

(2) 행정의 간편성 제고　　행정지도의 과정은 간편하다. 입법과정의 복

잡한 절차를 거칠 필요가 없다. 법적 구속력이 있는 행위에 관하여 규정되어 있는 여러 가지 절차(예컨대 청문·예고·협의·결재 등)를 거치지 않고도 공무원은 간편하게 행정지도를 할 수 있으며 따라서 시간과 노력을 절약할 수 있다.

(3) 행정의 원활화　　행정지도를 활용하면 행정체제와 시민 사이의 분쟁 또는 마찰을 줄일 수 있다.

공무원이 곧바로 법적 처분을 하면 그에 불만인 상대방은 이의제기·행정소송 등 다툼을 일으킬 가능성이 크다. 행정지도의 과정에서 상대방과 대화하고 부드럽게 문제에 접근하면 그러한 분쟁을 줄일 수 있다.

(4) 온정적 행정의 촉진　　냉혹한 법적 조치보다는 융통성이 있으며, 때로는 상대방과 의논하여 관대한 처리를 해 줄 수도 있는 가능성이 있기 때문에 행정지도는 온정적 특성을 지닌다고 한다.

행정지도가 봉사적인 성격을 지닐 때 그 온정성은 더욱 커질 수 있다. 행정지도의 상대방은 곧바로 법적 제재를 받는 경우보다 안도감을 가지고 지도내용에 순응하는 길을 찾을 수 있을 것이다. 행정지도의 온정적 방법은 상대방의 심리적 승복을 받아내는 데 유리하다. 행정지도는 고객에 대한 애정과 애착이 담긴 행정을 구현하는 데 유용하게 쓰일 수 있는 수단이다.

(5) 행정절차의 민주화 촉진　　행정지도의 과정에서 당사자의 참여에 의한 협의가 이루어질 수 있으므로 행정지도는 행정절차의 민주화에 기여할 수 있는 것이라고 한다. 대개 행정지도는 상대방의 동의와 협조에 의한 행정목적실현을 명분으로 삼기 때문에 관계자의 참여와 협의를 촉진하고 따라서 행정의 민주화에 기여할 수 있다는 것이다.

(6) 행정의 비밀 보호　　행정지도는 법적 강제조치와는 달리 문서로 해야 한다든지 일정한 공개적 절차를 밟아야 한다든지 하는 제약을 별로 받지 않기 때문에 필요한 비밀보호요청에 대응하기 쉽다. 비밀보호요청에는 공익을 위한 보안유지의 필요성뿐만 아니라 프라이버시 보호의 필요성도 포함된다.

위에 열거한 행정지도의 기능적 효용은 '기대효용'이라 할 수 있다. 즉 기대할 수 있거나 실현될 가능성이 있는 효용인 것이다. 행정지도의 실제에서 그러한 효용이 언제나 발휘된다는 보장은 없다. 그리고 행정지도가 오용되는 경우 효용은 폐단으로 변할 수 있다.

2) 행정지도 팽창을 재촉한 여건

정부 내외의 여건으로서 행정지도의 팽창에 무관한 것은 별로 없겠지만 여기서는 중요하다고 생각되는 요인들만을 간추려 보기로 한다.

(1) 발전행정과 행정팽창　우리나라의 개발연대에 급속히 진행된 행정의 간여범위 팽창은 행정체제가 사회체제 전반을 압도하게 만들었다. 민간부문의 발전을 선도·관리하며 여러 가지 발전사업을 직접 수행하고 발전추진자로서 우월한 지식·기술·가치를 전파시키는 과정에서 행정지도의 영역을 엄청나게 확장시켜 놓았다. 행정간여의 팽창은 행정지도 확장의 원인이며 또 그 결과이기도 하다.

(2) 급속한 환경변화　행정환경의 급속한 변동도 행정지도를 팽창시킨 중요한 동인이다. 환경의 급속한 변화와 복잡성의 증대는 행정의 융통성과 응급적 대응능력 향상을 요구하게 된다. 급속히 변동하는 행정수요에 공식적 법규범이 신속하게 대응할 수 없을 때에 행정지도와 같은 작용이 늘어나기 마련이다.

변화하는 상황에 대응하려는 정책의 일관성 결여와 행정목적의 빈번한 변동도 행정지도를 더욱 빈번하게 한 원인의 하나로 지목할 수 있다. 상황의 변화보다 더 자주 일어난 정책변동은 행정지도를 양산하였다. 정책이 바뀔 때마다 새로운 행정지도가 있어야 했기 때문이다.

(3) 민간부문의 정부의존적 성장　국가발전이 정부주도로 추진되는 동안 민간부문, 특히 경제활동부문의 성장은 정부의존적으로 이루어졌다. 따라서 기업 등 경제활동 단위에 대한 행정지도가 많아졌고 지도의 상대방은 그것을 거부하기 어렵게 되었다. 행정지도가 쉽게 받아들여지기 때문에 더 많은 행정지도를 유발했을 것이다.

(4) 정부주도의 사회개혁운동　국가발전을 촉진하기 위해서 또는 국가발전의 과정에서 빚어진 병폐를 시정하기 위해 사회 전반의 개혁을 목표로 하는 운동을 추진할 때마다 정부는 외형상 민간주도의 운동임을 강조하였다. 그러나 그 내실은 정부주도의 운동이었다.

그러한 사회개혁운동의 대표적인 예가 새마을운동이었다. 새마을운동뿐만 아니라 행정을 포함한 사회전반의 개혁을 표방한 다른 개혁운동들이 그 강도를 높일 때마다 행정지도는 크게 늘어났다. 오늘날 사회개혁운동의 민간주도화가 많이 진척되었으나 과거의 정부간여 유산은 여러 곳에 아직도 남아있다.

(5) 외래적 법령과 현실의 괴리　우리나라에 도입된 현대법의 체계는 외래적인 요소를 많이 지니고 있다. 그리고 국가발전을 촉진하는 과정에서 새로운 행정문제를 규율하기 위해 제정한 법령 가운데는 선진외국의 법령을 그대로 모방한 것들이 많다. 이와 같은 외래적 성향의 법규범은 처음부터 법과 현실의 괴리를 안고 시행되는 일이 많았다.

법이 오래 시행되다 보면 처음에는 상황적합성이 있던 것도 상황변화로 인하여 현실과의 괴리를 드러내는 일이 많다. 사람들은 상황변화로 인한 법과 현실의 괴리에 주된 관심을 보여온 것 같다. 그러나 우리나라에서 더욱 중요한 것은 처음부터 토착적 전통 및 법생활의 현실과 부합되지 않게 만들어진 법령의 문제라고 할 수 있다. 법의 출발부터 있게 된 현실과의 괴리는 현실의 오판이라는 실책에서 비롯된 경우도 있고 법에 현실개혁의 임무를 맡기기 위해 일부러 그렇게 한 경우도 있을 것이다.

준법질서의 생활화를 이룩하지 못한 사회적 여건은 외래적 법령과 현실의 괴리를 더욱 크게 하였다.

위와 같은 이유로 우리 사회에는 법위반 상태가 아주 많아졌다. 법위반이 만연되어 있는 상황하에서 만약 법을 엄격하게 적용하려 하면 그에 저촉되지 않을 사람이 거의 없게 될 것이다. 그러므로 행정지도로 법규적용의 엄격성을 완화할 필요가 커진다. 그러한 필요 때문에 법적 강제행위보다 훨씬 관대한 행정지도, 그리고 실제적 행동을 법의 기준까지 서서히 유도하려는 행정지도가 늘어나게 된다.

법을 엄격히 적용하면 거의 언제나 위반사항이 적발될 수 있는 가능성이 있을 때에 행정지도의 상대방은 그에 복종하지 않을 수 없는 압박을 받게 된다. 이렇게 되면 행정지도의 실효성은 커지고 따라서 공무원들은 행정지도 남발의 유혹을 받게 된다.

(6) 공무원과 시민의 전통적 행태　법과 현실의 괴리를 넓히거나 행정지도가 많이 쓰이게 하는 데 연관된 공무원 및 시민의 사고방식과 행태적 특성은 많다. 그 예를 몇 가지 보기로 한다.

첫째, 편의주의적 행태를 들 수 있다. 이것은 원리·원칙에 구애받지 않고 그때그때 편리한 방법을 택하려는 행동성향이다. 공무원의 편의주의는 관편의위주의 행정지도와 임기응변적으로 목전의 어려움을 모면하려는 행정지도를 늘리는 데 작용한다. 시민의 이기적 편의주의는 특권의식과 겹쳐 자기에게 유리한 또는 편의로운 행정지도를 추구하는 행동으로 나타난다. 이러한 행동경향은 부패유발의 원인이 되기도 한다.

둘째, 정의적(情誼的) 행동성향을 들 수 있다. 공무원이나 시민은 정의적 성향 때문에 온정적인, 다시 말하면 법적 강제처분보다 덜 냉혹한 행정지도를 선호하게 된다.

셋째, 공무원들의 군림적 행정행태도 행정지도를 늘린 요인이라 할 수 있다.

넷째, 시민의 피동적 행태도 행정지도를 늘리고 또 그 실효성을 높이는 요인이다.

4. 행정지도의 폐단

위에서 본 바와 같이 행정지도는 정당화근거와 효용을 가지고 있다. 그리고 여러 가지 환경적 조건이 행정지도의 확산을 부추겨 우리나라에서 널리 쓰이고 있다. 그러나 행정지도의 과잉사용 때문에 빚어지는 폐단도 많으며 운영의 잘못으로 인한 비효율도 크다는 것을 지적하지 않을 수 없다.

행정지도의 폐단은 많은 경우 그 기능적 효용에 결부되어 있다. 기능적 효용 하나하나의 이면에는 폐해의 위험이 도사리고 있다. 행정지도가 악용되거나 남용되는 경우 그 효용이라고 하는 것들은 모두 폐해로 둔갑하게 된다. 아래에서 행정지도의 폐단과 비효율의 문제를 검토하려 한다.

(1) 법치주의의 침해　　행정지도는 구체적이고 직접적인 법규의 수권이 없이도 할 수 있기 때문에 법치주의 또는 법률에 의한 행정의 원리를 침해하게 된다. 특히 법률의 제정을 일부러 피하고 응급적 행정지도를 계속하는 경우나 행정기관에서 법규범처럼 일반적인 형식을 갖춘 지도요강을 만들어 요강행정을 실시하는 경우, 그리고 행정지도가 적정한 범위를 벗어나는 경우 법치주의를 공허한 것으로 만들 위험이 크다.

행정지도는 상대방의 임의적 동의와 협력에 의하여 행정목적을 실현하려고 하는 것이므로 법치주의에 어긋나지 않는다고 보는 견해도 있을 수 있다. 그러나 복종의 임의성은 형식적으로 의제(擬制)된(꾸며진) 것이다. 현실적으로는 공무원이 지닌 각종 권력으로 상대방의 복종을 사실상 강요하는 경우가 대부분이기 때문에 법치주의와의 마찰이 문제로 된다.

행정지도에 대한 직접적 법규정이 없더라도 조직법상의 관할규정에 따라서 하는 것이므로 법의 지배에 관한 원리에 어긋나지 않는다고 말할 사람도 있을 것이다. 그러나 관할규정의 모호성은 행정지도의 규율에 충분한 기준을 제공하지 못한다. 직무범위 내의 행동이거나 그에 연관된 행동이라고 담당공무원이 스스로 판단해서 하는 행정지도가 법치주의에 모두 부합된다고 보는 것은 무리이다. 직무관할의 범위 내에서라도 행정지도의 남발은 입법영역의 과도한 침해를 결과할 수 있다.

(2) 행정책임의 불명확성과 구제수단의 불비 행정지도의 절차와 형식은 대체로 법적 규제를 받지 않기 때문에 행정지도가 있었는지의 여부나 행정지도의 내용이 무엇이었는지가 모호하게 될 수 있다. 특히 은밀하게 말로 한 행정지도의 경우 그러한 모호성은 심각해질 수 있다.

행정지도의 책임자를 확인하기 어려운 때도 많다. 법률상 대외적 의사표시를 할 수 있는 이른바 행정관청만이 행정지도를 할 수 있는 권한을 갖고 또 그에 대하여 최종적인 책임을 지도록 한다는 원칙이 법제화되어 있지 않다. 공무원이면 누구나 행정지도를 할 수 있기 때문에 담당공무원의 독자적인 행동인지 상관의 지시에 의한 것인지 또한 심한 경우 행동을 한 사람이 누구인지 불분명할 때가 있다. 더군다나 책임전가의 경향이 강한 우리의 행정문화 속에서는 행정지도가 말썽을 일으키는 경우 선뜻 나서서 책임을 지려는 사람이 드물 것이기 때문에 행정책임의 소재는 더욱 불분명해질 수밖에 없다.

행정지도의 비강제성에 대한 법적 의제(法的 擬制), 즉 법률적으로 그렇게 간주하는 것도 행정책임을 불명케 하는 요인이다. 행정지도에 대한 상대방의 복종은 임의적이라고 보는 것이 법적 해석의 주류이기 때문에 지도의 결과에 대한 행정책임을 따지기 어렵게 되어 있다.

위에 지적한 것들은 행정책임을 불분명하게 하는 요인들일 뿐만 아니라 사법절차에 의한 시민의 권리구제를 어렵게 하는 요인들이다. 전통적인 법이론이나 법원의 판례는 행정지도가 비권력적 사실행위이며 복종의 임의성이 전제되기 때문에 사법심사의 대상이 될 수 없다는 견해를 대체로 지지해 왔다.

법제도의 문제를 떠나서라도 우리나라의 현실 여건은 행정지도에 불만을 가진 상내방이 공개적으로 이를 다투기 힘들게 되어 있다. 여러 가지 이해관계로 얽혀 있는 행정기관에 대해서 적대행동을 하는 것은 곤란하기 때문이다.

(3) 공익과 법규범의 실효성에 대한 침해 행정기관의 편의와 상대방

의 이익이 영합된 행정지도는 제삼자의 이익이나 공공의 이익을 침해할 수 있다. 엄격한 법의 집행으로 강경한 시정책을 강구해야 할 문제에 대하여 부드럽고 편의로우며 온정적인 행정지도로써 미봉적인 대응을 하면 당사자 아닌 다른 사람들에게 피해를 줄 수 있다는 것이다. 예컨대 화재의 위험이 있는 건물의 소유주에게 시정명령을 하고 대집행(代執行)을 하는 등 강경한 조치를 취하지 않고 형식적인 행정지도만 되풀이하다가 실제로 화재가 발생하면 많은 인명피해 등 공공의 피해가 발생한다. 이런 사례가 흔히 있는데 화재가 나고 말썽이 나면 감독관청에서는 여러 차례의 행정지도를 했다는 사실을 내세워 책임을 회피하려 하는 것이 예사이다.

행정지도의 빈번한 사용은 법정기준의 완화 또는 실효화(失效化)를 제도화하는 부정적 작용을 할 수도 있다. 행정지도라는 수단을 써서 위법상태에 대하여 관대하고 미온적인 처리를 되풀이할 때 법률의 처벌규정은 사문화될 것이다.

(4) 행정의 형평성 상실 행정지도는 원칙적으로 공무원들의 재량에 달려 있는 것이다. 행정지도를 할 것인가 아닌가 그리고 어떤 지도를 할 것인가를 공무원들의 재량으로 결정하기 때문에 행정지도의 형평성이 보장되기 어렵다.

같은 공무원이 하는 행정지도도 때에 따라 그리고 상대방에 따라 달라질 수 있다. 담당공무원이 다르면 같은 사안에 대한 행정지도가 여러 가지로 달라질 수 있다. 같은 종류의 상황인데도 행정지도의 시행여부와 행정지도의 내용이 납득할 수 없는 이유로 달라진다면 행정지도 나아가서 행정의 형평성은 크게 손상될 수밖에 없다.

(5) 행정의 밀실화 행정지도는 엄격한 요식적 절차를 거치지 않고 은밀히 할 수도 있다. 은밀한, 특히 지나치거나 은밀성의 필요가 없는데도 은밀한 행정지도의 빈발은 행정의 비밀주의를 조장한다. 행정을 폐쇄화하여 국민의 감시를 방해하게 된다.

(6) 행정의 과도한 팽창 행정지도의 증대는 행정팽창의 결과이기도 하며 동시에 그 원인이기도 하다. 행정이 팽창되기 때문에 행정지도가 늘어나지 않을 수 없는 연쇄적 관계가 있는가 하면 다른 한편으로는 행정지도의 증가 그 자체가 바로 행정의 팽창으로 나타나는 귀결적 관계가 있다.

(7) 비효율적 운영 위에서 지적한 폐단들도 거의가 행정지도의 운용

을 잘못하는 데서 빚어질 수 있는 것들이다. 그 밖에도 운용의 미숙이나 과오로 행정지도의 효율을 살리지 못하고 목표대치를 결과하는 등 문제를 야기할 수 있다.

① **획일주의 · 형식주의** 통일성이 없는 행정지도로 말미암아 행정의 형평성이 손상되는 것이 문제라는 점은 앞서 지적하였다. 그와는 반대로 개별적인 상황에 적응할 수 있는 행정지도의 융통성이 배제되는 경우 역시 행정지도의 실패를 결과할 수 있다. 집권화된 계서제의 상층부에서 획일적으로 지시한 바에 따른 행정지도는 구체적인 상황의 여하에 따라서는 그리고 상황변화의 여하에 따라서는 불합리하고 '실정에 맞지 않는' 행정지도로 될 수 있다.

행정지도의 형식주의도 큰 문제이다. 겉치레의 형식에 그치거나 전시성(展示性)의 활동에 치중하여 진정한 행정수요를 외면하는 일이 많다.

② **졸속성** 너무나 많은 일을 신속하게 성취하려는 과욕은 흔히 행정지도를 졸속적인 것으로 만들어 낭비를 빚고 지도의 조령모개를 초래한다. 이것은 국민에게 불편을 끼치고 국민의 행정에 대한 불신을 조장한다.

③ **단기적 관심** 졸속성에 긴밀히 연관된 것은 관심의 단기성이다. 단기적 안목으로 지도내용을 결정하고 시행하는 데서 오는 낭비가 매우 크다. 행정지도의 '좋지 못한 단기성'의 원인은 여러 가지이겠지만 행정책임자들의 짧은 재임기간과 눈에 띄는 공로를 빨리 성취하려는 욕심 그리고 공무원들의 업무량 과다가 가장 자주 지적되는 원인이다.

④ **일방적 · 군림적 자세** 행정지도에 임하는 공무원들의 태도는 고압적이고 일방통행적인 성향을 많이 지니고 있었다. 그런가하면 시민의 행정에 대한 불신감도 높은 편이다. 이러한 요인들은 당사자들의 참여를 저해하고 행정지도의 행정절차적 기능 내지 행정민주화 기능을 해친다. 협의와 협조의 과정을 통해서 상대방이 행정목적을 능동적으로 수용하도록 한다는 행정지도의 기능도 약화될 수밖에 없다.

5. 행정지도의 개선방안

근래 촉진된 민주화의 추세는 위에 지적한 행징지도의 폐단 가운데 일부를 이미 우리가 체감할 수 있을 만큼 완화시켰다. 지금과 같은 민주화 추세가 계속 진전되고 지방자치가 활성화되면 저절로 해결될 문제들이 많을 것이다.

공무원들의 고압적 자세는 많이 사라졌다. 관편의주의 행정이나 밀실적 행정도 점증하는 견제를 받고 있다. 행정의 고객중심주의는 핵심적 개혁원리로 되어 있다.

이와 같이 행정지도의 개선에 유리한 분위기가 조성되고 있지만 의식적 노력으로 가일층의 개선을 도모해야 할 것이다.

실효가 큰 궁극적 개선책은 행태적·윤리적인 국면에서 찾아야 할 것이다. 그러나 제도적 측면의 개선도 간과해서는 안된다. 행정지도 자체의 제도개선 그리고 그것을 둘러싸고 있는 조건들의 제도적 개선을 지속적으로 추진해 나가야 한다. 제도개선에서는 행정지도의 폐단이 대개 그 효용과 결부되어 있기 때문에 제도적 수술이 어려울 수 있다는 점을 유념해야 한다. 즉 폐단을 제도적으로 봉쇄하면 행정지도의 기능적 효용도 함께 손상을 입을 수 있는 가능성을 생각해야 한다.

행정지도 개혁의 방안을 다음과 같이 처방해 볼 수 있다.

(1) **민주주의 이념의 내재화** 행정민주화를 촉진해야 한다. 민주행정의 기본목표 내지 이념을 행정체제 전반에 내재화시키고 행정지도에 있어서 고객중심주의를 확고히 정착시키도록 노력해야 한다.

(2) **절차의 정당성 제고** 계속적·일상적인 행정지도에 대해서는 가능한 한 근거·절차 등을 규정하는 공식적 규범을 설정하도록 해야 한다. 반복적인 지도가 아니더라도 국민의 권익침해가 우려되는 경우에 대해서는 법적 제약을 두는 것이 바람직하다.

상충되는 요청(비공식성에 대한 요청과 공식성에 대한 요청)을 조화시킨 적정수준의 공식화는 행정지도의 형평성과 예측가능성을 높이고 시민의 권익침해를 막기 위해 필요한 것이다. 그리고 공익의 보호를 위해서도 행정지도의 적정한 공식화가 필요하다.

행정지도의 문서주의를 확대할 필요가 있다. 행정지도의 유형에 따라서는 문서화가 요긴하지 않거나 불편한 경우도 있을 것이다. 이런 경우에는 행정지도의 비공식성에서 오는 편의를 위해 문서주의의 예외를 인정해야 할 것이다. 그리고 응급할 경우 등 불가피한 사정이 있을 때에도 물론 비공식적 행정지도를 할 수 있는 여지를 두어야 한다.

그러나 행정지도가 상대방의 권익이나 공익을 침해할 우려가 있고 뒤에 다툼이 일어날 소지가 있는 사안에 대해서는 문서주의를 고집해야 할 것이다.

응급적 행정지도를 말로 할 수밖에 없는 경우에는 상대방이 뒤에 지도의 문서화를 요구할 수 있게 해야 한다.

행정지도를 받을 예정이거나 이미 받은 사람은 담당공무원과 그 감독계통에 의견을 말하고 불평을 제기할 수 있는 기회를 갖게 해야 한다.

전반적인 행정절차의 투명화와 재량행위의 투명화를 추진하는 정부의 노력을 더욱 강화하여 그 성과가 행정지도의 절차적 정당성을 높이는 데 기여하게 해야 한다.

(3) 권리구제의 통로 확대 행정지도로 인한 시민의 피해를 구제할 수 있는 수단을 확대해 나가야 한다. 우선 탈법적·월권적 행정지도를 방지하도록 노력해야 한다. 행정조직 내에서의 자율통제, 당사자의 참여, 다원적 권력중추에 의한 외재적 통제 등에 의하여 당사자나 공공의 이익에 손실을 입히는 행정지도가 행해지지 못하도록 감시해야 한다.

사법적 구제의 방안도 마련해야 한다. 앞으로 국가배상을 받을 수 있는 사법적 구제대상의 규정에서 직무상의 처분이라고 하는 경우 '직무상'이나 '처분'의 범위를 넓게 해석하여 행정지도로 인한 피해도 구제받을 수 있게 하는 길을 열어주어야 할 것이다.

(4) 행정의 간여범위 축소 행정의 간여범위와 그에 결부된 행정지도의 범위는 상황변화에 따라 끊임없이 조정되어야 한다. 영역별로 행정간여의 증감변동이 되풀이될 수밖에 없겠지만 앞으로 상당기간 전반적인 행정간여의 총량은 축소해 나가야 한다. 권위주의적 타성에 의한 행정간여, 그리고 민간부문의 성장이 극히 미약하던 때 필요했던 구시대적 행정간여는 과감히 폐지해야 한다. 특히 규제적 행정, 규제적 행정지도의 대폭완화가 요망된다.

(5) 법의 현실적합성 제고 입법의 적시성을 높여 응급적 행정지도가 남발되거나 요강행정이 장기화되는 것을 억제해야 한다. 그리고 법정신이 법과 현실의 괴리를 의도적으로 설정한 경우가 아닌 한 법과 현실적 요청의 괴리는 제거해야 한다. 즉 입법과정의 게으름이나 잘못에 기인한 법의 현실부적합성은 없애야 한다.

(6) 행정지도의 효율성 제고 행정지도는 형평성 있고 일관성 있게 그 목표를 달성할 수 있어야 한다. 행정시도의 병폐로 지적되어 온 졸속성과 형식주의는 시정해야 한다.

(7) 행정체제와 환경의 거시적 개혁 행정체제와 그 환경이 개혁되어

야 행정지도의 근본적인 개혁이 가능하다.

행정체제 전반의 분권화·자율화 수준을 높여야 행정지도의 상황적합성을 높일 수 있으며 형식주의를 억제하려는 노력도 실효를 거둘 수 있을 것이다. 민주화·자치화 시대에 걸맞는 자율적·협동적 행정관리체제를 구축하는 데도 힘써야 할 것이다. 그리고 정책결정과정을 개선하여 정책의 바람직하지 못한 조령모개와 그로 인한 행정지도의 남발을 억제해야 한다. 공개행정을 촉진하고 행정과정 전반에 대한 시민참여의 범위와 통로를 확대해 나가야 한다.

정치적 민주화 촉진, 지방자치 활성화, 시민의식 개발은 행정지도 개혁의 진제적 조건이 된다. 시민들의 준법정신과 권리·의무에 대한 자각이 높아져야 한다. 시민들은 행정과정에 능동적으로 참여할 수 있는 의욕과 능력을 갖추어야 한다.

(8) 공무원의 행태 개선 공무원들의 준법의식과 직업윤리 의식을 높이기 위한 프로그램을 강화해야 한다. 공무원들은 행정지도에 임하여 근거법규정, 조직법상의 규정, 정당한 절차의 원칙, 기타 행동규범을 준수해야 한다는 확실한 자각과 의욕을 갖게 되어야 한다. 그들은 부패로부터 벗어나야 한다. 그들은 고객지향적인 능동성을 발휘해야 한다. 그들은 행정권력의 의미와 정당화 근거를 깊이 성찰하고 남용의 유혹을 뿌리칠 수 있는 능력과 용기를 가져야 한다.

「행정절차법」은 행정지도 공무원의 실명제, 상대방에 의한 문서화 요구에 관한 규정을 두고 있다. 우리의 개혁처방과 일치하는 법조항이다. 이 법률은 또한 상대방의 의사에 반하는 행정지도를 부당하게 강요해서는 안 된다는 조항도 두고 있다. 그러나 그러한 금지조항이 공무원들이 사용할 수 있는 간접·재간접의 압력수단까지 막아줄지는 의문이다.

제 9 편
지방자치

지방자치란 일정한 지역을 기초로 하는 자치단체가 주민의 의사에 따라 관할구역 내의 공공업무를 자율적으로 처리하게 하는 제도이다. 지방자치단체의 주민은 주민자치의 권리를 행사하며 주민자치에 대한 책임을 지고 비용을 부담한다.

지방자치하에서는 일정한 관할구역 즉 자치단체의 구역 내에서 주민들이 지역공동체를 구성한다. 관할구역 내의 주민은 스스로 또는 그들의 대표를 통해 지역의 공동문제를 해결한다. 자치조직인 지방자치단체는 자치입법 · 행정 · 조직 · 인사 · 재정에 관한 자치권을 행사한다. 제도운영의 실제에서 그러한 자치권은 국가의 법률에 의해 그 한계가 설정된다. 지방자치단체는 그 사무를 수행함에 있어서 국가와 상급지방자치단체의 감독과 지원을 받는다.

지방자치는 정치권력분담과 시민참여를 촉진하는 제도이다. 이것은 민주적 정치 · 행정제도의 기반이 된다. 이것은 '풀뿌리 민주주의'의 초석이다.

제9편에서는 우리나라 지방자치의 연혁과 지방자치의 내용을 먼저 알아보려 한다. 이어서 지방자치의 필요성과 장애 그리고 발전과제를 논의한 다음 지방자치의 주요 행동자인 주민, 의회, 단체장, 행정공무원의 역할과 자격에 대해 논의하려 한다.

Ⅰ. 지방자치의 연혁과 내용

1. 지방자치의 연혁

우리나라에서 지방자치의 뿌리를 멀리 3국시대에까지 거슬러 올라가 찾는 사람들도 있다. 조선조의 주민결사체인 향약(鄕約)을 지방자치의 뿌리라고 해석하는 사람들도 있다. 그러나 근대적인 의미의 지방자치가 시도된 것은 대한민국 정부수립 이후의 일이라고 보아야 한다.

1948년 대한민국 정부가 수립된 다음 해인 1949년에 「지방자치법」이 제정된 이래 지방자치제의 포기가 정부에 의해 공식적으로 선언된 일은 없다. 지방자치가 정지되었던 시절에도 그 내실이야 어떻든 지방자치제의 형해(形骸)만은 유지했었다. 지방자치단체라 불리는 지방행정기구와 지방공무원이 줄곧 있었고 지방자치단체의 고유사무와 위임사무를 구분하는 명목상의 제도 또한 유지되었다.

1) 마지못한 출범과 탄압

건국 후 제2공화국의 짧은 기간을 제외하고 1980년대에 이르기까지 우리 정치체제는 '서구식 민주정체와 유사한 체제'(polyarchal competitive system)이거나 군사독재체제였다. 서구식 민주정체와 유사한 체제라고 하는 것은 선거, 대의기관, 권력분립, 정치적 의사표시의 자유 등을 특색으로 하는 구미의 정치제도와 유사한 제도적 장치를 가진 체제이다. 그러나 제도운영의 실제는 공식적 기준으로부터 크게 이탈되어 있는 체제이다. '형식적 민주정체'와 군사독재체제의 특성은 지방자치의 행로에 그대로 반영되었다.

지방자치제도의 출범부터 민주적 제도의 외형을 갖추는 형식구비의 일환으로 이루어졌다. 그리고 내내 정략과 억압의 희생물이었다. 이승만 대통령이 1952년 전쟁의 와중에 지방의회 의원선거를 실시한 것은 정략적 행동의 표본으로 지적되고 있다. 이대통령은 국회에서 반대파에 수적으로 밀리자 정치파동을 일으키고 지지세력을 규합하는 과정에서 자파세력의 행동대로 활용하기 위해 지방의회를 구성했다고 한다. 제1공화국 말기에 가까워지면서 제도적으로도 지방자치의 '자치적 요소'는 위축되었다.

제2공화국에서 잠깐 지방자치가 다시 개화되었으나 곧 등장한 군사정권은 지방자치의 이름만 남기고 실질은 완전히 폐지해 버렸다. 독재권력이 지방자치를 정지한다는 말로 이를 사실상 폐지한 기간은 아주 길다.

제6공화국에 들어서 민주화를 이야기하면서도 지방자치의 부활에는 인색하였다. 총선에서 '여소야대'라는 현상이 빚어지고 지방자치를 요구하는 공세가 거세어지자 마지못해 「지방자치법」을 전문개정하는 방식을 통해 사실상 새로 제정하였다. 그러나 3당합당으로 다시 여당이 커지자 지방의원 선거와 단체장 선거를 몇 차례씩 연기하는 저항을 보였다.

1995년에 지방의회(제2기)와 지방자치단체장(제1기)의 선거를 동시에 실시함으로써 지방자치제 실시 자체에 대한 저항은 끝냈다. 그러나 지방자치제가 실천적으로 완전히 정착하는 데는 많은 장애가 가로놓여 있다.

2) 제도의 변천

(1) 제1공화국의 지방자치 1949년에 「지방자치법」을 제정하고 그에 따라 1952년부터 지방의회를 구성하고 시·읍·면장을 지방의회에서 선출하는 등 자치적 요소를 지방행정체제에 도입하였으나 지방행정의 관리구조는 과거의 관치행정적 특성을 그대로 지니고 있었다. 이 때의 지방자치는 자치의 기반과 연관제도의 지원적 개편이 갖추어지지 않은 가운데 위로부터 주어진 것이었기 때문에 자치의 자생력이 아주 취약한 형편이었다.

1949년 7월 4일에 공포된 「지방자치법」은 서울특별시와 도 그리고 시·읍·면을 지방자치단체로 규정하였다. 그리고 각급 지방자치단체에는 주민직선에 의해 구성하는 지방의회를 두고 시·읍·면장은 해당 지방의회에서 선출하도록 규정하였다. 서울특별시장과 도지사는 대통령이 임명하도록 하였다. 이러한 법제는 실시가 유예되다가 1952년에야 지방의회의원 선거가 실시되었다. 이 때는 부산피난시절이었으므로 서울, 경기, 강원을 제외한 여타 지역에서 시·읍·면의회 의원과 도의회 의원의 선거를 실시하였다. 그 이전에는 「지방자치법」 1차 개정에 의해 지방의회의 권한은 내무부장관과 도지사가 대행하고 지방자치단체장은 임명제로 한다는 경과규정을 두고 있었다.

1956년의 2차 법개정에 의하여 시·읍·면장의 선출을 주민직선제로 고쳤다. 이 때에 지방의원과 직선제 자치단체장의 임기를 4년에서 3년으로 단축하고 지방의회의 권한을 축소하였다. 의원 수도 줄이고 회의 일 수도 줄였으며 단체장에 대한 불신임결의제도 폐지하였다. 이 개정법률에 따라 1956년 8월 8일 서울을 포함한 모든 지역의 지방의회 의원선거를 실시하고 시·읍·면장을 주민직선으로 선출하였다. 그 한 달 전에 시·읍·면장 임기에 관한 경과규정을 두기 위해 세 번째 법률개정을 하였다.

1958년의 제4차「지방자치법」개정에서 모든 지방자치단체의 장에 대한 임명제를 부활하고 지방행정의 관치행정적 요소를 강화하였으며 지방의회의 활동을 위축시켰다. 도지사와 서울특별시장은 원래 대통령이 임명하였으며 4차 법개정으로 시·읍·면장의 임명제를 부활시킨 것이다.

(2) 제2공화국의 지방자치 제2공화국 시절은 민주화·자율화의 갈망이 크게 고조되었던 시기이다. 이 때에 지방자치는 보다 온전한 모습으로 법제적 복원을 보게 되었다. 제2공화국 정부는 1960년 11월에「지방자치법」을 개정하여 모든 지방자치단체장과 동·리장을 주민직선에 의하여 선출하도록 규정하였다. 그들의 임기는 4년으로 규정하였다. 지방선거의 선거권 연령을 21세에서 20세로 낮추고 지방의회의 의원정수를 조정하여 늘렸으며 부재자투표제를 신설하였다.

개정된「지방자치법」에 의거하여 1960년 12월 12일에는 도와 서울특별시 의회의원을, 12월 19일에는 시·읍·면 의회의원을, 12월 26일에는 시·읍·면장을, 그리고 12월 29일에는 도지사와 서울특별시장을 각각 주민직선으로 선출하였다.

(3) 군사정부에서 제5공화국까지: 지방자치의 정지 제2공화국에서 각종 지방선거들이 마무리된 뒤 5개월도 다 되기 전에 5·16군사 쿠데타가 일어났다. 1961년 5월 16일의 이른바 군사혁명위원회 포고 제4호는 전국 지방의회를 해산하고 지방자치단체장들은 내각과 도지사가 임명하도록 하였다.

9월 1일에는「지방자치에 관한 임시조치법」을 제정하여 우리나라 지방자치제도에서 자치적 요소를 거의 전면적으로 철폐하였다. 지방자치단체라는 법인격은 인정하면서도 지방자치단체장의 선출을 임명제로 고치고 지방의회의 권한은 상급감독관청에서 대행하게 하였다. 이 때에 읍·면자치제를 폐지하고 군을 기초자치단체로 규정하였다.

이와 같이 자치적 요소가 배제된 지방행정제도의 골격이 제3공화국, 유신체제, 제5공화국을 거치는 동안에도 계속 유지되었다. 지방자치라는 이름뿐 그 실질은 존재하지 않았다.

1962년의 헌법개정에서는 지방의회 구성시기는 법률로 정한다는 부칙조항을 두었지만 정치현실에서는 별 의미가 없는 조항이었다. 1972년에 제정된 유신헌법에서는 지방의회를 조국통일이 있을 때까지 구성하지 않는다는 부칙조항을 두었다. 지방자치는 하지 않는다는 뜻을 노골적으로 표시한 것이다.

제5공화국 헌법은 제3공화국 헌법과 비슷한 규정을 하고 있었다. 즉 지방의회는 지방자치단체의 재정자립도를 감안하여 순차적으로 구성하되 그 구성시기는 법률로 정한다고 규정하였다. 지방자치에는 사실상 뜻이 없음을 내비친 것으로 보인다.

(4) 제6공화국의 지방자치 제6공화국 헌법은 지방자치를 실시하는 것으로 하되 지방자치단체의 종류와 지방의회·단체장의 선임 방법을 법률에 위임한다고 규정하였다.

제6공화국 노태우정권이 출범한 뒤 1988년 4월 6일「지방자치법」을 전문 개정하였다. 이 법률개정은 지방자치를 30여년만에 부활시키는 것이었으므로 사람들은 흔히 지방자치법의 '제정'이라고 표현한다.

이 개정법률은 실로 오랜만에 중요한 자치적 요소를 부활시키고 지방자치단체의 역할과 권능을 강화하도록 규정하였다. 지방자치단체의 종류는 서울특별시와 광역시 및 도, 그리고 시·군·자치구(특별시와 광역시의 구에 해당)로 정하였으며, 모든 자치단체의 장과 지방의회의원의 선거제를 규정하였다. 지방자치단체의 사무범위를 광범하게 규정함으로써 자치의 폭을 넓히려 하였다. 지방자치단체의 인사권 및 조직권을 강화하는 규정들도 두었다.

지방자치제도를 부활시키는 법개정을 한 뒤에도 이를 실천에 옮기기 위한 법적·정치적 준비작업이 복잡한 정치상황과 이해관계에 얽혀 여러 우여곡절을 겪게 되었다. 1989년 12월 4개 정당이 분립된 '여소야대'의 국회에서「지방자치법」은 또 한 차례의 개정을 겪었다. 이 때의 법개정에서는 지방의원 선거와 단체장 선거의 시한을 각각 1990년 6월 30일 이전과 1991년 6월 30일 이전으로 못박았었다. 그러나 이러한 시한은 지켜지지 않았다.

지방의회의원 선거는 1991년에 실시되었다. 구·시·군의회의원 선거는 1991년 3월 26일에 실시되었다. 개원날짜는 4월 15일이었다. 광역자치단체인 시·도의 의회의원 선거는 1991년 6월 20일에 실시되었으며, 광역의회는 7월 8일에 일제히 개원되었다. 지방자치단체장의 선거는 1995년으로 연기되었다. 1995년 6월 27일에는 제2대 지방의회의원 선거와 초대 지방자치단체장 선거가 함께 실시되었다.

1990년대에 다시 모습을 갖춘 우리나라 지방자치제도의 기본골격은 오늘날까지 이어져 오고 있다. 그동안 자치적 요소의 강화를 지향하는 개혁노력은 계속되어 왔다. 중앙행정권한의 지방이양을 지속적으로 추진해 왔다. 2004년에는 지방분권을 보다 조직적으로 추진하기 위해 「지방분권특별법」을 제정하기도 하였다. 지방교부세율 인상 등 지방재정자립도 향상을 위한 개혁도 계속하였다. 2005년에는 지방의원을 유급화하였다.

이 밖에 특기할 만한 제도 실시의 예로 주민감사청구제도(2000), 주민조례제정 및 개폐 청구제도(2000), 주민투표제도(2004), 주민소환제도(2006), 주민소송제도(2006) 등을 들 수 있다.

2. 지방자치의 내용

1990년대에 들어 복원된 지방자치제도의 골격을 보면 다음과 같다.

1) 지방자치단체의 종류

지방자치단체의 종류에는 광역자치단체인 특별시와 광역시 및 도, 기초자치단체인 시와 군 및 자치구(특별시와 광역시의 구에 해당)가 있다. 이러한 일반자치단체 이외에 특별지방자치단체를 둘 수 있게 되어 있다.

광역지방자치단체인 특별시·광역시 및 도는 중앙정부의 직할하에 두고 시와 군은 도의 관할구역 안에 두고 있다. 자치구는 특별시와 광역시의 관할구역 안에 두고 있다. 군에는 하부행정구조로 읍·면과 그 아래 리를 두고 있다. 시와 구 아래에는 행정단위인 동이 있다. 특별시 또는 광역시가 아닌 인구 50만 이상의 시에는 자치구가 아닌 구, 즉 행정구를 둘 수 있다.

2006년에 출범한 제주자치도는 다른 광역자치단체들과 확연히 구별된다. 제주자치도의 산하에는 기초자치단체가 없고 행정기관인 행정시만 있다. 행정시의 시장은 도지사가 임명한다. 도지사에게는 법률안 제출 요청권이 주어진다. 제주도에서 법률안을 제출하면 중앙부처는 의무적으로 그 타당성을 검토해야 한다.

교육자치수준 향상, 교육개방, 경제활동개방 확대, 특별지방행정기관 흡

수, 지방세의 도세로의 일원화, 중앙행정기관의 감사 배제, 자치경찰제 실시, 무비자입국범위 확대, 투자진흥지구 지정 등도 제주특별자치도의 특색이다.

2) 지방자치단체의 의회와 집행기관

우리 지방자치제도는 지방의회와 집행기관이 견제와 균형을 도모하도록 하는 권력분립형의 체제를 채택하고 있다.

지방의회는 주민직선으로 구성한다. 의원후보는 정당공천이 가능하다. 의원의 임기는 4년이다. 지방의회는 조례, 예산, 결산, 법령에서 규정하지 않은 수입과 의무부담이나 권리의 포기, 청원 등에 관한 권한을 행사 한다.

지방자치단체의 집행기관은 단체장, 부단체장과 행정기구 등 보조기관, 직속기관과 사업소, 출장소 등 소속기관, 읍·면·동장 등 하부행정기관으로 구성된다. 지방자치단체를 대표하고 그 사무를 통할하는 지방자치단체장은 주민직선으로 선출하며 그 임기는 4년이다.

3) 지방자치단체의 권한

(1) 행정권과 자치입법권 지방자치단체는 그 사무범위 내에서 업무를 자율적으로 처리하는 행정권을 가진다.

「지방자치법」은 지방자치단체의 사무범위를 광범하게 규정함으로써 자치의 폭을 넓히려 하고 있다. 물론 사무범위를 설정하고 이를 수행하는 데는 법률과 상위자치단체의 조례 및 규칙을 위반할 수 없다는 제한이 있다. 그리고 전국적인 통제가 필요한 국가사무는 지방자치단체에 위임하지 못하게 하는 제한규정도 있다. 그러나 이러한 제약조건이 있는 외에는 지방자치단체의 자치가 넓게 보장되고 있다. 즉 예시적 열거주의에 따라 규정된 지방자치단체 고유사무의 범위는 광범하다. 그리고 지방에서 시행되는 국가사무는 원칙적으로 지방자치단체에 위임하도록 되어 있다. 즉 광역지방자치단체와 시·군 및 자치구에서 시행하는 국가사무는 법령에 다른 규정이 없는 한, 시·도지사와 시장·군수 및 자치구의 구청장에게 위임하여 행하도록 규정되어 있다.

지방자치단체는 그 사무를 수행함에 있어서 국가와 상급지방자치단체의 지도·감독·감사를 받으며 재정지원 또는 기술지원을 받는다. 지방자치단체의 명령과 처분은 국가 또는 상급자치단체에 의하여 취소될 수도 있다. 그리고 중앙정부는 조례제정에 대한 통제권, 관할구역 변경에 대한 승인권, 지방자치단체 간 분쟁의 조정권, 지방자치단체의 공사(公社)·공단 기타 행정기관 설치에 관한 승인권, 인사·조직·재정에 대한 통제권 등을 행사한다.

지방자치단체는 법령의 범위 내에서 그 사무에 관한 조례(條例)를 제정할 수 있다. 주민의 권리제한 또는 의무부과에 관한 사항이나 벌칙을 조례로 정하려면 법률의 위임을 받아야 한다. 그리고 기초자치단체의 조례가 광역자치단체의 조례를 위반할 수 없다. 지방자치단체장은 법령이나 조례가 위임한 범위 내에서 그 권한에 속하는 사무에 관해 규칙을 제정할 수 있다.

(2) 인사권 지방자치단체의 장은 소속직원을 지휘·감독하고 법령과 조례·규칙이 정하는 바에 의하여 그 임면·교육훈련·복무·징계 등에 관한 사항을 처리하도록 되어 있다. 다만 시·도의 부시장 및 부지사는 대통령이 임명하도록 되어 있다. 이 경우에도 자치단체장의 제청권을 존중하도록 되어 있다.

(3) 조직권 지방자치단체는 조직권을 갖는다. 광역자치단체인 시·도의 행정기구는 대통령령으로 정하지만 기초자치단체인 시·군·자치구의 행정기구는 시·도지사의 승인을 받아 당해 단체의 규칙으로 정하도록 되어 있다. 지방정부 행정구조의 다원화가 일어날 수 있는 길을 터놓은 셈이다. 「지방자치법」의 규정에 의하면 지방자치단체는 직속기관이나 사업소 또는 출장소 등을 설치할 수 있다.

(4) 재정권 지방자치단체는 법령과 국가시책을 위반하지 않는 범위 내에서 재정자율권을 행사한다. 재정자립도가 높지 않은 현 상황에서 재정자율의 수준이 획기적으로 높아졌다고 말할 수는 없지만 관치행정시대보다는 제도상·운영상의 자율범위가 많이 넓어졌다.

(5) 사무의 위탁과 공동처리 지방자치단체 또는 그 장은 소관사무의 일부를 다른 지방자치단체 또는 그 장에게 위탁하여 처리하게 할 수 있다. 이 경우 지방자치단체의 장은 위탁사무의 당사자가 특별시·광역시·도 또는 그 장인 경우에는 행정안전부장관 및 관계 중앙행정기관의 장에게, 시·군·자치구 또는 그 장인 경우에는 특별시나 광역시의 시장·도지사에게 이를 보고하여야 한다.

그리고 지방자치단체는 2개 이상의 지방자치단체에 관련된 사무의 일부를 공동으로 처리하기 위하여 관계지방자치단체 간의 행정협의회를 구성할 수 있다. 이 경우 지방자치단체의 장은 특별시·광역시·도가 그 구성원인 경우에는 행정안전부장관과 관계중앙행정기관의 장에게, 시·군 또는 자치구가 구성원인 경우에는 특별시나 광역시의 시장·도지사에게 이를 보고해야 한다.

2개 이상의 지방자치단체가 특정사무의 전부 또는 일부를 공동으로 처리하기 위해 필요할 때에는 규약을 정하여 당해 지방의회의 의결을 거쳐 특별시·광역시·도는 행정안전부장관의, 시·군 및 자치구는 특별시나 광역시의 시장·도지사의 승인을 얻어 지방자치단체조합을 설립할 수 있다. 다만 조합의 구성원인 시·군 및 자치구가 2개 이상의 특별시·광역시·도에 걸치는 조합은 행정안전부장관의 승인을 얻어야 한다.

4) 변화의 물결

위와 같은 내용의 지방자치 제도화가 진행됨에 따라 통치구조의 지방부문에 많은 변화가 일어났으며 계속적인 변화가 또한 예상된다. 지방자치가 정지되었던 관치행정시대의 양상에 비교해 어떤 변화가 일어나고 있는지를 생각해 보기로 한다.

(1) 분권화와 자율화의 촉진　　가장 기본적이고 분명한 변화는 분권화와 자율화의 촉진이다. 지방자치의 진전에 따라 국가가 관리하던 지방적 업무의 지방이양이 촉진되고 있다. 지방자치단체의 자율적 정책결정영역은 확대되고 있다.

(2) 정치화의 촉진　　지방자치단체의 정치화가 촉진되고 있다. 관치시대의 지방행정기관에 정치가 도입되어 '지방정부'를 출범시켰다. 정치화의 가장 큰 계기는 단체장과 지방의회의원의 선거이다. 그 밖에 정치화 촉진의 요인은 많다. 정치화에 따라 지방자치단체의 정치적 역할 즉 주민대표적 기능과 정책기능이 확대되고 있다. 민선단체장들의 정치적 리더십에 대한 요청이 커지고 있다. 단체장들의 역량에 따라 행정서비스의 수준차가 예전보다 많이 커지고 있다.

(3) 대외적 연계의 변화　　지방자치단체의 대외적 연계가 변하고 있다. 관치시대의 대외적 연계는 주로 수직적이었다. 중앙의 지방에 대한 수권적 연계가 압도적이었으며 지방의 중앙지향성이 강했다. 이러한 관계가 지방자치의 실시로 변하고 있다. 국가와 상급자치단체에 의한 계층적 통제는 약화되고 있으며 협동적 관계의 강화에 대한 요청이 커지고 있다. 그런가 하면 지방자치단체의 주민에 대한 의존관계가 강화되고 있다. 예전에 비해 상급기관에는

강하고 주민에게는 약한 지방정부가 정착되어 가는 것이다.

(4) 주민의 위상변화 주민이 지방자치의 주역으로 떠오르고 있다. 주민의 발언권이 커지고 있다. 지방정부의 활동과정에 대한 주민참여와 통제가 강화되고 있다. 각종 주민운동도 활성화되고 있다. 주민의 선택과 선호가 보다 존중되는 분위기가 조성되고 있다. 관치시대에 행정객체였던 주민은 지방자치와 더불어 주권자 · 고객 · 소비자의 위상을 강화하게 되었다.

(5) 동반자적 · 경영자적 관계의 강화 민간부문과 지방정부는 경쟁하고 협동하는 동반자적 관계를 형성해 가고 있다. 정부가 설정하는 제관계를 특별권력관계라 하여 정부를 우위에 두던 관행은 약화되고 있다. 대신 대등한 관계, 민사적(民事的) 관계가 늘어나고 있다.

지방정부활동의 경영화가 촉진되고 있다. 수입증대, 감량경영, 기업방식의 행정서비스, 그리고 수익자부담원칙 등 시장논리의 도입에 대한 관심이 확산되고 있다.

(6) 다원화의 경향 획일적인 중앙통제를 벗어나는 부문이 늘어나면서 다양화의 길이 열리고 있다. 같은 계층의 지방자치단체라도 구체적인 상황적 조건과 행정수요 그리고 리더십 스타일이 다름에 따라 지방정부의 구조와 사업, 기술 등이 달라질 가능성이 넓어져가고 있다.

(7) 부작용에 대한 우려 지방자치에 따른 부작용과 애로도 적지 않다. 주민의 요구투입 폭증과 무리한 요구, 집단이기주의, 중앙과 지방 간의 갈등, 지방 간의 갈등, 과다한 지출, 부당한 엽관적 인사 등에 대한 위험이 커지고 있다. 지방자치단체장들이 선거만을 의식해 정책추진의 균형을 잃을 위험도 크다.

II. 지방자치의 필요 · 장애 · 발전방향

1. 지방자치의 정당화근거와 장애

지방자치가 이미 실시되고 있는 마당에 지방자치의 정당화근거 또는 필요성을 새삼스럽게 논하는 것은 의미 없는 일이라고 생각하는 사람들이 있을 수 있다. 그러나 지방자치의 정착과 계속적인 발전을 위해서는 지방자치가 왜

바람직하며 불가피한가에 대해 되풀이하여 명료화 작업을 해야 한다.

오랫동안 지방자치를 억압하던 과거의 유산이 너무 크고 지금도 자치화로 향한 변화요구에 저항하는 세력이 적지 않다. 지방자치의 부작용을 너무 부각시키는 사람들, 지방자치 성공에 회의적인 시각을 가진 사람들도 있다. 자치화의 진척을 제대로 이해하지 못하고 변화대응의 방향감각을 상실한 사람들도 있다. 회의론자와 방향감각 상실자들의 태도를 전환시켜 변화대응을 촉진하고 자치화의 순조로운 진행을 도모하려면 지방자치의 정당화근거와 거기에 시사되어 있는 자치의 목표, 그리고 지방자치의 장애요인들을 주기적으로 점검해야 한다.

1) 지방자치의 정당화근거

우리에게 지방자치는 민주주의 원리가 생활 속에서 실질화되는 것을 의미한다.

(1) 민주시민의 자율역량 향상　　지방자치는 국민의 자율능력을 향상시키고 창조적 생활의 발전을 북돋을 수 있다. 풀뿌리 민주주의 · 참여민주주의를 발전시키고 민주정치의 훈련장을 제공한다. 권력분산을 촉진하여 중앙집권적 권위주의를 약화시킨다.

(2) 행정의 수요대응성 향상　　지방자치는 주민에게 근접해 있는 지방정부를 인간화하는 길이며 행정봉사의 수요대응성을 높이는 길이다. 지방자치는 다원화 사회의 요청에 부응하는 것이며 행정봉사의 적시성 · 현지적합성을 높일 수 있는 제도이다.

(3) 주민통제 강화　　지방자치는 자율결정의 성과를 주민들이 보다 직접적으로 체감할 수 있게 해 준다. 주민통제를 강화하여 행정책임을 확보할 수 있게 해 준다. 주민참여 · 주민통제를 활성화하여 정치와 행정의 정당성을 높이고 협동적 정책결정과 집행에 의해 총체적 능률을 높일 수 있게 한다.

(4) 경제의 지역균형 발전　　지방자치는 전국적인 경제의 균형발전에 기여할 수 있다. 투자가 균등하게 배분되고 지방자치단체들은 각기 지역경제 발전에 힘쓰게 되면 중앙집권적 경제개발시대에 비해 월등히 균형잡힌 경제발전을 도모할 수 있다. 지역특화사업의 발전에 의해 경제의 세계화에 대응하는 노력을 키워줄 수 있다.

(5) 복지정책의 발전　　경제생활의 질적 향상과 복지민주주의의 발전

에도 기여한다. 지방공동체 중심의 복지정책 추진은 소외계층에 보다 자상한 주의를 기울일 수 있게 해 준다.

(6) 지역문화의 발전　　지방자치는 지역문화 발전에도 기여할 수 있다. 지방마다 특유한 문화유산을 발굴하고 가꾸어 나가는 데는 지방자치가 유리하다.

우리나라의 상황적 조건은 위와 같은 지방자치의 정당화근거 내지 필요성을 더욱 부각시키고 지방자치를 피할 수 없게 하는 것이다. 행정국가화 · 거대정부화는 지방자치를 통한 거대정부 통제의 필요를 크게 하였다.

집권화된 관료체제 · 전통적 관치행정체제는 격동하고 다양해져 가는 사회의 행정수요에 대응하기 어렵다. 그에 갈음할 강력한 대안으로 부상한 것이 자치정부이다.

지난날 권위주의체제의 압제를 허물어가는 과정에서 지방자치는 반독재의 아주 중요한 상징으로 자리매김하였다. 국민이 지방자치의 실시는 반독재투쟁의 결실이라는 이미지를 갖고 있기 때문에 지방자치를 후퇴시키기는 어렵게 되어 있다.

우리 국민의 민주주의적 행동양식에 대한 훈련과 자각이 아직도 낮아 어려움이 있는 것은 사실이다. 그러나 예전에 비해 국민의 정치의식 개발은 현저히 향상되었으며 국민의 욕구표출도 활발해졌다. 이러한 변화들이 지방자치를 불가피하게 하고 있다.

2) 지방자치의 장애

우리나라 지방자치의 앞길에는 여러 가지 장애가 가로놓여 있다.

(1) 성공에 대한 확신의 결여　　지방자치의 장애로서 제일 먼저 생각할 수 있는 것은 지방자치의 필요에 대한 회의론과 지방자치 성공에 대한 신념의 결여이다. 이러한 부정적 사고방식은 여러 가지 논거에 바탕을 두고 있다.

정치 · 행정적 집권화체제로 고도경제성장에 성공했다는 것, 강력한 중앙집권체제의 오랜 전통을 물려받았다는 것, 국민의 민주적 훈련이 부족하다는 것, 정보화시대의 정보통신 · 교통 발달은 중앙집권적 행정이 기술적으로 가능하고 효율적이라는 것, 지역갈등 심화 · 과열선거로 인한 혼란과 낭비 · 지방행정의 비능률과 예산낭비 등 실천적 애로와 부작용이 크다는 것 등이 회의론의 논거이다.

(2) 정치권의 회피적 · 소극적 행태 정치권의 정략적 대응도 지방자치 발전의 장애이다. 지방자치를 도입할 때나 지방자치를 복원하는 과정에서 정치권이 보여준 마지못한 움직임과 소극성 그리고 소승적인 이익집착을 상기할 필요가 있다. 앞으로도 정치세력들은 자치화의 물결에 부적응을 일으키고 정파적 이익, 정치적 기득권과 편의 등을 양보하지 않으려는 욕심 때문에 지방자치의 본지를 훼손할 우려가 있다.

(3) 정부관료제의 부적응 정부관료제의 대응능력 결여와 회피적 자세도 큰 문제이다. 정부관료제는 자치화에 스스로 적응하는 대책마련을 지연시키기도 하고 자치화에 역행하는 구상을 하기도 한다.

자치행정의 발전에 걸림돌이 될 행정적 요인들은 많다. 우선 정부관료제의 구조와 과정에 자리잡아 온 관치행정의 굴레가 있다. 전통관료제의 경직성, 획일주의, 집권주의, 그리고 권한중심주의와 지위중심주의는 자치행정으로의 전환을 어렵게 하고 있다. 지금까지의 행정관리모형은 전통적인 명령형이며 그것은 자율과 협동을 지향하는 자치행정의 요청에 부적응을 일으키고 있다.

행정체제는 '관념적'인 국민이 정해준 목표에 따라 '현실적'이고 '구체적'인 국민에게 행정산출을 일방적으로 전달해 주는 전달체계라고 이해하는 전통적 행정문화의 유산이 있다. 행정과정에서의 참여와 공공선택은 등한시하고 고객인 국민을 객체로 다루던 행정문화는 행정의 정치화, 대표성 제고를 요구하는 지방자치에 장애가 될 것은 자명하다.

오랫동안 행정관리는 지나치게 중앙지향적이었다. 공무원들의 행태 또한 심각하게 중앙과 본부에 지향된 것이었으며 행정에 임하는 그들의 마음은 수직적 · 명령적 구조를 가지고 있었다. 아직도 남아 있는 그런 행태적 성향은 지방자치와 마찰을 빚을 수밖에 없다.

(4) 지방행정의 상대적 낙후성 우리나라에서 오랫동안 문제되어 왔던 지방행정부문의 상대적 낙후성과 자원부족도 자치화에 장애가 되고 있다. 자치정부의 발전에 필요한 재정자원이 부족한 것은 주지의 사실이다.

그보다 더 심각한 문제는 지방행정부문에서의 훈련된 인적자원의 부족이다. 우수한 인적자원을 확보하지 못하면 자치행정의 자율성이 형식화될 것이다. 특히 정책결정 부문에서의 능력결핍은 심각한 문제이다.

(5) 주민의 자치능력 부족 자치정부의 주민인 국민의 자치능력 부족

은 지방자치의 큰 걸림돌이다. 각종 선거의 생활화에 아직 미숙하다. 불균형한 자치과열이나 시민만능주의적 방종도 문제이다. 주민의 민주적 정치의식이 예전에 비해 현저히 향상되었다고는 하지만 지방자치의 능숙한 운영을 보장할 만한 수준에는 아직 이르지 못한 것이다.

2. 지방자치 발전의 과제

우리나라의 지방자치가 복원된 후 비교적 빠른 진척을 보여 왔다. 그 동안에 거둔 성과도 적지 않다. 그러나 지방자치를 정착 · 발전시키기 위해서는 앞으로 많은 노력 · 비용 · 희생을 바쳐야 할 것이다.

관치시대의 사고방식 등 지방자치 발전의 장애 요인으로 지적된 것들을 극복해가야 한다. 정부체제 전반의 구조와 과정의 경직성, 지위중심의 명령형 관리체제, 참여를 꺼리고 공공선택의 창달에 소극적이던 행정행태, 공직자들의 중앙지향적 행태, 지방정부의 취약한 정책결정능력, 자원부족, 다원화와 갈등에 대한 대응능력 부족, 시민의 참여능력 제약 등 장애를 제거하면서 자치화의 상황과 요청에 적응하고 또 개혁에 앞장설 수 있는 체제를 발전시켜 나가야 한다. 중요한 개혁방향을 보면 다음과 같다.

1) 지방정부의 역할 개선

지방자치를 정착 · 발전시키려면 지방정부의 역할을 지방자치에 적합하게 개편해야 한다. 그리고 개편된 역할에 대응할 지방정부의 능력을 배양해야 한다.

(1) 성장과 통합의 조화 지방정부는 물량적 성장을 선도 · 관리하는 역할 못지 않게 지역사회의 통합을 유지 · 강화하고 적응을 촉진하는 역할을 효율적으로 수행할 수 있어야 한다. 그러기 위해서는 상충되는 이익들의 표출을 균형화시키고 조화시켜야 하며 빈부격차 · 문화지체 등으로 인한 계층 간의 격차를 완화하는 데 효율적으로 대처하여야 한다.

(2) 행정수요에 대한 대응성 제고 지방정부는 다양한 행정수요에 부응하는 공공산출을 공급하고 주민의 선택과 선호를 존중하여야 한다. 급변하는 행정수요에 대응하는 적응성도 높여야 한다. 중앙정부뿐만 아니라 지방정부도 과학육성, 공해방지, 복지주의증진, 문화예술진흥, 여가선용 등에 관한

업무영역을 확장해 나가야 할 것이다. 그러나 민간부문의 관할에 넘기는 것이 바람직한 것으로 판단되는 업무는 신속히(적시성 있게) 민간화함으로써 경제활동의 민간주도성을 높이고 주민에 의한 선택의 폭을 넓혀야 한다.

(3) 정보화 대응 지방정부들은 중앙정부와 협력하여 정보화사회의 기반을 조성하고 정보화를 지원·조정하는 데 힘써야 한다. 지방정부가 보유하는 정보를 주민에게 제공하여 활용하도록 하여야 한다. 정보유통을 지원하고 정보기술교육을 지원하여야 한다.

지방정부는 유의미한 일이 사회 각 분야에서 창출되도록 지원하고 고도의 지적 창조사회를 만드는 데 이바지하여야 한다. 기술적 정보화가 인간의 존엄성과 행복을 증진하도록 하는 데 앞장서고 그에 부합되는 여러 제도를 발전시켜 나가야 한다.

지방정부들은 민주적 가치와 인간적 행복에 부합되도록 사회제도의 개편을 유도하여 산업화·정보사회화에 수반될 수 있는 병폐가 확산되지 못하도록 제반의 노력을 경주하여야 한다. 정보독점에 의한 약자의 억압을 막고 인간의 자유를 신장시키면서 동시에 공익을 보호할 수 있도록 공공부문의 정보를 관리하여야 한다.

(4) 지방정부의 역할 확대 중앙에서 통제해 오던 업무의 지방이양은 적정수준에 이를 때까지 앞으로 상당기간 계속되어야 한다. 그러한 노력은 중앙정부에 대비한 지방정부의 역할을 확대시켜 나갈 것이다. 지방정부들은 앞으로 중앙정부에서 넘어오게 될 업무들을 감당할 능력을 기르고 자율성을 확대해 나가야 할 것이다. 스스로의 자율능력확대뿐만 아니라 민간부문에서도 창조적·지적 생활의 풍요화라는 요청에 부응할 수 있도록 행정규제를 줄이고 자율적 생활영역의 확대를 위해 노력해야 한다.

행정업무의 지방이양이 촉진된다고 해서 지방행정부문이 과잉비대화되어서는 안된다. 중앙에서와 마찬가지로 작은 정부를 지향해야 한다.

(5) 정치적 역할 증대 지방자치가 진척될수록 지방정부의 정치적 역할이 증대될 것이다. 지방정부의 정치적 역할이란 주민대표적 역할, 이익조정적 역할, 그리고 정책결정의 역할이다. 정책결정의 역할은 가치선택·목표선택의 역할이다. 지방정부는 징치적 역할을 감당할 수 있는 능력을 길러야 한다.

2) 주민참여와 공공선택

사회적 여건과 지방정부 역할구조의 변화에 부응할 수 있도록 지방행정과정에서 주민참여와 공공선택의 폭을 넓혀 나가야 한다. 지방정부가 주민들의 요청에 높은 대응성을 가지도록 해야 하며 고객에 대한 충성, 그리고 고객지향적 사업에 대한 충성이 확보되도록 해야 한다.

(1) 주민참여의 촉진 주민자율행정을 구현하고 지방정부의 주민본위적 행정서비스를 보장하려면 주민참여를 촉진하여야 한다. 지방자치제도하에서 지역사회의 정치과정에 주민이 참여하는 것은 당연하며 그러한 참여는 주로 투표의 방법에 의할 것이다. 투표에 의하여 주민의 대표를 선출하고 그들이 지방행정을 관리 · 통제하게 할 것이다. 이러한 정치적 참여가 공정 · 공평 · 원활하게 이루어져야 할 것임은 물론이다. 이것이 가능하도록 제도와 주민의 의식수준을 발전시켜야 한다.

주민의 참여는 그러한 선거과정에 대한 참여로 끝나는 것이 아니다. 주민의 참여는 행정과정에서도 활발히 이루어져야 한다. 행정과정의 주민참여가 실질화될 수 있으려면 무엇보다도 행정의 공개가 선행되어야 한다.

주민참여를 활발하게 하는 통로는 매우 다양하다. 우선 개별적인 고객의 행정기관에 대한 접근을 용이하게 하여 요구투입이 원활히 전달되게 하여야 할 것이다. 주민의 요구투입이 신속하게 처리될 수 있으려면 행정체제의 분권화가 실질화 되어야 한다. 구체적인 행정사안에 관련된 이질적 주민집단들과 특별히 구성한 주민위원회 등의 참여도 공평하게 이루어져야 한다.

(2) 공공선택의 강화 주민에 의한 공공선택을 강화하려면 지방행정체제의 주민에 대한 의존도를 높여야 한다. 지방행정조직들의 자원동원과 활동은 고객인 주민들의 지지를 얼마나 획득할 수 있는가에 의존하도록 해야 한다. 그렇게 하여야만 고객의 수요에 대한 지방행정의 대응성을 높일 수 있고 주민자율행정의 실효를 거둘 수 있는 것이다.

주민참여의 촉진은 공공선택 강화의 전제조건이다. 주민참여를 촉진할 뿐만 아니라 행정의 분권화를 촉진하는 것, 행정담당자들이 숨은 고객들을 찾아내 조직화하여 행정서비스의 혜택을 받도록 하는 것, 고객과 행정의 관계를 인간화하기 위해 태도변화훈련을 실시하는 것, 행정서비스에 대한 주민의 선택폭을 넓히기 위해 행정의 독점성을 약화시키는 것 등 공공선택 강화에 기여할 방안들을 발전시켜 나가야 한다.

그리고 행정서비스와 그에 대한 고객의 수요를 부합시키는 공급영역을 설정하도록 노력해야 한다. 가능한 한 선호가 동질적인 집단별로 공급영역을 설정하고 각 공급영역의 공공재 공급이 그 영역 밖의 시민에게 부담이나 구속을 가하지 않도록 행정산출체제를 개선해 나가야 한다.

그리고 행정서비스의 시장성을 높이고 공공선택의 폭을 넓히기 위해 수익자부담세, 수수료, 조직 간의 예산이관, 용역계약 등의 수단을 적절히 활용하여야 한다.

3) 적응적 체제

상황적 조건의 변화에 지방자치구조는 신속히 적응할 수 있어야 한다. 앞으로 예상되는 상황변화에 따라 다음과 같은 방향의 개혁이 추진되어야 할 것이다.

(1) 관료적 중앙통제의 완화 자치단체에 대한 중앙통제는 줄이고 자치단체 간의 계층적 관계도 완화해야 한다. 지방자치단체들은 높은 자율성을 누려야 하며 또 누릴 수 있도록 육성해야 한다. 계층적 권한에 의한 중앙정부의 통제는 제한해야 한다. 모든 지방정부를 집권적으로 조정하는 단일의 통합적 계서제를 고착시키려 해서는 안된다. 관료제적 조직들을 획일적으로 구성하고 그들을 통할하는 권력중추가 한 곳에 집중되게 하는 전통적 정부체제(중앙과 지방을 포함하는)는 점차 개편해야 한다.

(2) 다원적 · 적응적 구조 지방정부의 구성 그리고 그 하위행정단위의 구성은 획일주의를 탈피해 나가야 할 것이다. 주민들의 다양한 요구에 잘 대응하는 봉사를 하려면 구체적인 조건에 맞게 공공조직의 양태를 설계하여야 한다. 장차 공공부문의 다원조직제(多元組織制) 즉 상황적 요청에 적합하도록 조직양태를 다양화하는 체제를 발전시켜 나가야 할 것이다. 그리고 전통적 관료제로써는 대응하기 어려운 문제의 해결을 위해 일의 흐름을 중심으로 한 구조, 복합구조(기능구조와 사업구조를 복합시킨 구조), 잠정적 구조 등 쇄신적 설계들을 활용하여야 할 것이다. 구조상의 분권화를 지속적으로 추진하여 관리단위를 하향조정해 나가야 한다. 분권화와 경비절감을 위해서는 행정농도(관리계층의 상대적 규모)를 줄이고 저층구조화를 추진해야 할 것이다.

(3) 행정의 경계조정 지방행정의 경계를 여건의 변화에 따라 적시성 있게 조정해 나가야 한다. 주민자율을 신장하기 위해 지방정부 간여의 폭을

축소해 나가는 일반적 노선을 추구해야 하겠지만 축소 · 확대의 구체적인 국면과 그 진폭은 상황에 따라 달라져야 한다.

4) 관리체제의 개선

여건변화에 따라 지방정부의 내부관리 원칙도 달라져야 한다. 경제발전이 고도화되고 정보화시대가 전개되면 탈물질화(脫物質化)의 가치부각, 인적 전문화의 촉진, 직업생활에 관련된 가치관의 변화, 조직 내의 인간존중과 자율화요구 확대 등의 변화가 일어난다. 이러한 변화는 관리지향의 재설정을 불가피하게 할 것이다.

여기서 탈물질화라고 하는 것은 물질적 소비의 양적 충족보다는 삶의 질적 향상을 추구하는 경향을 말한다.

(1) 통합형 관리체제　　통합형 관리체제의 구축을 장기적인 발전과제로 삼아야 할 것이다. 통합형 관리지향의 핵심은 조직을 구성하는 개인의 목적과 조직의 목적을 접근시키고 융화시키는 데 있다.

(2) 정보화기술 도입　　행정정보화를 촉진해야 한다. 그리고 정보화 기술들이 '인간적'으로 활용될 수 있도록 각별히 주의해야 한다. 정보화 · 자동화가 인간의 소외와 창의성의 억압을 초래해서는 안된다.

(3) 행정정보 공개　　행정정보의 공개를 촉진하고 행정과정에 고객과 관련자들이 참여할 수 있는 통로를 넓혀야 한다. 다른 한편으로는 주민의 개인적 정보를 보호할 수 있도록 행정과정을 운영하여야 한다.

(4) 인적자원관리의 개선　　적극적 실적주의를 발전시키고 주민자치구현에 필요한 만큼의 대표관료제적 요소를 지방정부에 도입하여야 할 것이다. 직무개선을 촉진해야 한다. 적재적소의 원칙을 실질화하여 공무원들이 직무수행을 통해 자기실현의 의미를 발견하고 성장 · 성숙할 수 있게 하여야 한다. 조직 내에서 신뢰의 분위기를 조성하고 공무원의 창의성을 육성 · 지원할 수 있는 리더십을 발전시켜 나가야 한다. 조직 내에서 인간의 성장적 · 성숙적 · 자율규제적 측면을 강조하는 동기부여전략을 확대해 나가야 한다.

(5) 조정능력의 함양　　지방자치에 의해 지방정부의 자율성이 증대되면 각급 정부의 탁월한 조정력이 더욱 절실하게 요구된다. 명령형의 중앙통제가 약화되면 협동형의 조정체제가 그 공백을 채워야 한다. 앞으로 각급 정부는 협동적 조정에 능한 조정적 정부로 발전해야 한다.

5) 지방행정 계층수의 적정화

(1) 다계층제의 문제점 우리나라의 지방행정 계층수는 너무 많기 때문에 이를 줄여야 한다는 주장이 제기된지는 오래이다. 지금의 계층구조하에서 겪는 애로는 i) 기초자치단체와 주민 사이에 심리적 거리감이 커질 수 있다는 것, ii) 도(道)는 단순한 경유기관임에 불과하다는 것, iii) 계층 간의 업무분담이 모호하고 상급기관의 지도·감독이 중복된다는 것, iv) 보고문서 증가 등으로 인해 업무량이 많다는 것 등이라고 한다. 그런데다가 교통·통신의 발달, 도시화의 촉진, 주민생활과 행정수요의 광역화 등 여건변화는 다단계 구조의 결함을 더욱 부각시킨다고 한다.

(2) 개혁의 방향 지방행정계층의 수와 지방자치단체의 규모는 서로 긴밀히 연관되어 있다. 이 두 가지 요인에 대한 개혁을 구상할 때에는 행정서비스의 주민에 대한 근접성 그리고 행정서비스의 인간화라고 하는 개혁원리를 수용해야 한다. 그러한 원리를 따르려면 지방행정계층의 수는 조건이 허용하는 한 축소조정해야 할 것이다. 그리고 주민의 일상적인 생활에 관련된 생활행정 단위의 규모는 작게 유지해야 한다. 규모가 커지면 관료화되고 대응성이 약화될 가능성이 커진다. 생활행정을 기초자치단체가 직접 담당할 수도 있고 그에 소속된 하급행정체제라는 전달체계를 통해 수행할 수도 있다. 어떤 경우이든 주민과 직접 접촉하는 생활행정단위가 거대해지는 것은 바람직하지 않다.

(3) 개혁대안의 선택 지방행정계층의 수를 줄이자는 제안의 내용은 다양하다. 광역자치단체를 폐지하는 방안, 기초자치단체를 없애는 방안, 양자를 모두 폐지하고 중간 크기의 자치단체를 새로 구성하는 방안, 기초자치단체의 하부행정기관을 폐지하는 방안 등이 그 예이다.

여러 개혁대안의 보편적 우선순위를 규정할 수는 없다. 대안의 선택 또는 배합을 결정할 때는 구체적인 필요와 여건변화의 추세 등 영향요인들을 검토해 보아야 할 것이다. 각 대안에 대한 이론적 찬반논쟁도 참고해야 할 것이다.

근래 정부가 지지하는 대안은 읍·면·동과 같은 소규모의 일선행정단위를 폐지하거나 통폐합하는 것이다. 정부 내외에서 이를 지지하는 사람들은 교통·통신이 발달하고 여러 민원업무의 전산처리가 늘어나고 있다는 것, 전자화된 주민등록증이 쓰이게 된다는 것, 소규모의 분산된 일선행정구조는 낭비적이라는 것 등을 이유로 든다.

그러한 주장은 산업화시대의 거대화 논리와 정보화시대의 기술적 정보화 논리에 결부된 것이다. 거대화 논리는 조직의 규모확대에 의해 규모의 이익을 챙기자는 논리이다. 거대화 논리는 대규모 조직에 의한 획일적 대량생산, 수요자 내지 소비자의 규격화된 대중화를 전제로 하는 것이다. 군소일선행정기관을 없애고 이를 규모가 큰 상위계층의 조직에 통폐합하자는 주장은 기술적 정보화의 편의에 집착하는 것이기도 하다. 기술적으로 집중관리가 얼마든지 가능한데 주민에 근접한 구시대의 소규모 일선행정기구를 유지할 필요가 있느냐는 것이다.

그러나 정보화사회가 발전할수록 거대화 논리와 기술적 정보화 우선의 논리는 점점 더 많은 공박을 받게 될 것이다. 사람들은 자치화를 원하고, 인간적 정보화를 원하고, 개별화되고 인간화된 행정서비스를 원하게 될 것이다. 그리고 고객중심주의·소비자중심주의에 입각한 행정개혁을 원하게 될 것이다. 이러한 점증하는 갈망에 거대화되고 기술적 편의중심으로 꾸며진 지방행정조직이 대응할 수 있을지는 의심스럽다. 인간화된 행정서비스의 요청에 부응하려면 규모가 작고, 협동적으로 움직이고, 주민과 대면적으로 가까이 있고, 주민과의 관계에서 문턱이 높지 않고 친구같은 근린행정조직·생활행정조직이 있어야 한다.

소규모 지방행정단위의 우선적 폐지를 주장하는 사람들은 위와 같은 반대논리도 신중히 검토해 보아야 할 것이다.

Ⅲ. 지방자치의 행동자들

지방자치에 관련 없는 국민은 없다. 지방자치에 관련 없는 정치·행정기구도 없다. 지방정부뿐만 아니라 중앙정부도 지방자치의 중요한 일익을 담당하고 있다. 따라서 지방자치를 이끌어나가는 행동자 또는 행동주체들을 한정하고 선택하는 것은 어려운 일이다. 다만 지방정부에 초점을 맞춘 설명의 편의를 위하여 주요 행동자집단을 범주화해 볼 수는 있다. 여기서는 지방자치를 엮어 나가는 행동자들의 범주를 지방자치단체의 주민, 지방의회, 그리고 지방자치단체의 장을 포함한 집행기관의 공무원으로 나누고 각각의 역할을 논의하려 한다.

1. 주 민

1) 주민의 권리

지방자치하에서는 주민(住民)이 무대의 중앙을 차지한다. 단순한 행정객체가 아니라 지방정부의 주인이 된다. 주민은 다른 행동주체들에 대한 수권자(授權者)로서 지방자치권력의 근원이 된다.

해당 지방자치단체의 구역 안에 주소를 둔 사람을 법적으로 주민이라 규정한다. 주민은 지방자치단체에서 실시하는 지방의회의원 및 지방자치단체장의 선거에서 선거권과 피선거권을 가진다. 주민은 지방자치단체의 행정서비스를 받을 권리를 가지며 공적 재산과 시설을 이용할 권리를 가진다.

2) 주민의 책무

지방자치 성패의 궁극적 책임은 주민에게 있다. 주민은 소속 지방자치단체의 비용을 부담하는 외에 지방자치의 주인으로서 보다 폭 넓은 책무를 이행해야 한다. 지방정부의 주민들이 시민적 책무를 다하여 지방자치를 성공으로 이끌려면 우선 지방자치의 의미를 올바로 이해하여야 한다. 지방자치에 지장을 줄 불리한 조건들을 반성하고 시정운동에 적극적으로 가담하여야 한다. 그리고 지방자치를 위한 주민의 책무가 무엇인지를 자각하고 그러한 책무의 이행에 적극적으로 나서야 한다.

(1) 자치정부의 주인이라는 의식　　주민은 지방자치에 관련하여 적극적인 주인의식과 참여의욕을 가져야 한다. 그러한 의식과 의욕을 가지고 지방정치와 행정에 대한 주인으로서의 책무를 다해야 한다. 주민은 자기 지역에 애착심을 가지고 상부상조해야 한다.

지방자치에 관한 주민의 주인의식은 지방자치 차원의 시민의식이다. 시민의식이란 정치 · 행정을 자신의 일로 인식하고 거기에 책임을 지려는 의식이며 정치 · 행정의 과정에 적극적으로 참여하려는 의식이다.

지방정부의 주민들은 정치와 행정을 남이 해주는 일이라거나 정치인들만이 하는 일로 보아 왔던 전통적 관념을 타파하여야 한다. 주민들은 정치가 바로 자신들의 일이며 거기에 주도적으로 참여해야 한다는 생각을 하도록 정치의식화되어야 한다. 주민의 능동적 참여에 의하여 지방정부를 인간주의적이고 고객중심주의적인 정부로 만들어야 한다.

(2) 민주적 원리와 제도의 존중 주민은 민주주의 신봉자라야 한다. 주민은 민주적 정치과정이 성공적으로 작동할 수 있도록 이를 지지하고 감시해야 한다.

주민공동체는 민주적 정치과정을 왜곡시킬 전통적 문화유산의 변용을 위해 함께 노력해야 한다. 지방자치의 나아갈 길에 장애가 될 수 있는 전통문화적 요소로는 공·사(公·私)를 구분 못하는 미분화된 사고방식과 정실주의, 각종 연고주의, 집단이기주의, 특권의식 등을 지목할 수 있다. 이런 문화적 속성들의 부정적 측면이 지방자치의 공명한 운영에 지장을 주지 않도록 해야 한다.

주민은 지역이익뿐만 아니라 국가 전체의 이익도 중요하게 여기고 나와 남 그리고 우리의 공동번영을 추구할 줄 알아야 한다. 주민의 자치정신은 애국심에 바탕을 두어야 한다고 말할 수 있다.

주민이 지방자치의 주인이라고 해서 무엇이든 마음대로 할 수 있다는 생각은 버려야 한다. 공동의 이익을 해치는 이기적 요구와 행동 그리고 유권자라는 것을 내세운 방종은 가장 경계해야 할 도덕적 해이이다. 지방자치에 참여하는 주민의 역할에는 법적·도덕적 한계가 있어야 하고 또 그것이 잘 지켜져야 한다. 주민은 민주적 문제해결방식을 체득하여 독단과 방종에서 벗어나야 한다.

(3) 건전한 선거문화의 창달 주민은 선거문화 개혁을 주도해야 한다. 주민참여방법의 핵심은 선거이다. 투표와 표결이라는 선택행동 내지 주민의지 표현방법들이 그릇되고 오염되면 지방자치는 뿌리째 흔들리게 된다. 주민들은 능동적이고 공명하게 선거에 참여해야 하는 것은 물론 이를 저해하는 제약조건들에 저항하고 혹은 그것을 극복해야 한다.

지방선거의 공명성을 저해하는 요인은 여러 가지이다. 우리 사회에 널리 퍼져온 배금주의(拜金主義)와 제도화된 부패가 늘 선거를 혼탁시켜 왔다. 사회지도세력과 통치세력으로부터 뿌리 내려온 금권선거·관권선거의 오랜 전력이 있다. 선거에서 당선되기 위해서는 수단과 방법을 가리지 않는 선거문화의 유산이 뿌리깊이 남아있다. 실로 오랫동안 집권세력은 공무원을 여당의 선거승리를 위한 전위대로 이용했기 때문에 지금도 그에 대한 의혹제기가 정치불신을 조장하고 있다.

선거활동에 대한 규제기준들 가운데 많은 것이 너무 형식논리에 치우쳐 비현실적이거나 민주적 방법의 본질에 맞지 않는 비합리적인 것이다. 그 동안 비현실적인 통제기준과 실제적인 선거행태는 피할 수 없이 괴리되어 왔으며 그것이 결국 선거의 전반적인 혼탁을 조장해 왔다.

주민은 이런 장애들을 스스로의 노력으로 제거할 각오를 하고 이를 행동화해야 한다.

장애극복의 노력은 다방면에 걸쳐 추진되어야 하지만 무엇보다도 부정을 고발하고 정치행정체제의 통제중추들을 감시하는 데 역점을 두어야 한다. 그리고 정치자금의 흐름을 양성화하여 선거경비를 공개하게 하는 제도적 장치의 실효성을 높이도록 시민적 압력을 가해야 한다. 지방선거의 공영제를 충실화하도록 촉구해야 한다. 선거활동 규제조항들을 대폭 현실화하여 법규위반이 오히려 원칙적인 것으로 되는 상황을 방지해야 하는데 이를 위해서도 강력한 시민적 압력이 필요하다.

주민들은 합심하여 유능하고 양심적인 인물들이 지방선거에 출마하도록 유도하는 분위기를 조성하는 데 앞장서야 한다. 지방선거마다에서 악화(惡貨)가 양화(良貨)를 구축하도록 방치하면 안된다.

(4) 지방행정 개혁의 촉진 주민은 지방행정 개혁을 촉발하는 원천이 되어야 한다. 관치행정시대와는 다른 지방자치시대의 지방행정 개혁에는 주민의 요구투입이 더 강화되고 존중되어야 한다.

지방자치의 성공을 위해서는 지방자치 원리에 부합되는 지방행정체제의 서비스가 있어야 하고 지방정부 구성원들의 직업윤리, 즉 공직윤리가 높은 수준으로 확립되어야 한다. 자치적 상황하에서는 그러한 조건의 발전을 위해 주민이 보다 적극적인 역할을 수행해야 한다.

2. 지방의회

1) 구성과 기능

지방자치단체에는 의회가 있다. 광역자치단체의 의회와 기초자치단체의 의회는 그 역할과 권한에 있어서 본질적인 차이가 있는 것은 아니다.

지방의회는 주민직선으로 구성한다. 지방의회 의원후보는 정당공천이 가능하다. 의원의 임기는 4년이다.

지방의회는 주민의 주장과 이익을 대변하고 이익조정자의 역할을 수행한다. 지방자치단체의 정책을 의결하며, 조례를 제정하는 자치입법기능을 수행한다. 지방자치단체의 집행기관을 감시·통제한다. 이러한 여러 역할을 수행하기 위한 주요 의결권 행사의 대상은 조례, 예산, 결산, 법령에서 규정하지 않는 수입과 의무부담이나 권리의 포기, 청원 등이다.

2) 바람직한 지방의원상

지방의회의 기능은 그것을 구성하는 의원들이 수행하는 것이므로 그들의 능력과 태도는 지방자치의 성공 또는 실패에 중요한 영향을 미친다. 지방의회 의원의 바람직한 자질 즉 바람직한 지방의원상(地方議員像)을 생각해 보기로 한다.

(1) 도덕적 정당성　　의원은 도덕적으로 흠절이 없고 민주적 사고방식과 주민에 대한 봉사정신을 가진 사람이라야 한다. 민주적 사고방식을 갖는다는 것은 독단적이거나 권위주의적인 사고방식을 갖지 않는다는 뜻이며 특수이익에 결착된 편파적 행동을 하지 않고 공동선을 추구하려는 사고방식을 갖는다는 뜻이다. 주민에 대한 봉사정신이란 주민에 대한 충성과 주민을 대표하려는 의욕을 지칭한다.

(2) 의정활동의 성실성　　성실한 의정활동으로 주민의 신뢰를 받을 수 있는 사람이어야 한다. 지방의원이 성실한 의정활동을 할 수 있으려면 의정활동 시간을 할애할 수 있는 조건을 갖춘 사람이라야 한다. 그리고 의정활동을 원활히 수행할 수 있는 방법을 아는 사람이라야 한다.

(3) 정치·행정에 대한 식견　　지역사회의 행정수요를 이해하고 지방정부의 정치·행정과정에 대한 식견이 있는 사람이라야 한다. 현대의 복잡한 행정문제를 이해할 수 있는 지적 능력이 있고 전문적 행정지식을 배우고 실천적 경험을 쌓아가려고 노력하는 사람이라야 한다.

(4) 민주적 의사결정방법의 존중　　민주적인 의사결정방법을 존중하는 사람이라야 한다. 대화와 타협에 의한 문제해결의 결과에 승복함으로써 지방행정이 혼란이나 마비에 빠지지 않도록 하는 민주적 태도가 중요하다.

(5) 개혁적 성향　　개혁적 성향을 지닌 사람이라야 한다. 우리나라에서 지방자치를 이끌어 나간다는 것 자체가 거대한 개혁사업인 것이다. 수구적이고 현상유지적인 성향의 인물은 격동하는 개혁적 상황에 대응하기 어렵다.

위의 특성과는 반대되는 지방의원의 결격사유도 많다. 이권추구자, 관변

(官邊)의 바람직하지 못한 거간꾼, 투기성 재산축적자, 금품살포자, 지방정부와 지역의 발전에는 관심이 없고 선거직을 개인적 영달에만 활용하려는 나쁜 의미의 정치꾼, 정치도의적 흠절이 있는 자 등은 결코 지방의원으로 뽑지 말아야 한다.

3. 지방자치단체장

1) 선출과 기능

특별시에 특별시장, 광역시에 광역시장, 도에 도지사, 시에 시장, 군에 군수, 자치구에 구청장이 있다. 이들이 주민직선으로 선출되는 임기 4년의 지방자치단체장들이다. 그들은 당해 지방자치단체를 대표하고 그 사무를 통할한다.

지방자치 실시에 따른 지방정부조직의 변화 가운데서 가장 중요한 것은 지방자치단체장이 주민에 의해 선출된다는 것이다. 지방자치단체장의 행정적 임명이 정치적 선출로 바뀐 데 따른 변화의 파급은 실로 광범하다. 그들의 정치적 역할기대가 확대되었으며 그들의 지위는 현저히 격상되었다. 그들의 공식적·비공식적 지위 변화는 계서적인 정부 간 관계에 많은 변화를 초래하였다. 그들에 대한 중앙정부의 계서적 통제는 약화되고 그대신 그들의 주민에 대한 의존도는 높아졌다.

2) 바람직한 지방자치단체장상

지방화시대·자치화시대에 적합한 지방자치단체장의 역할과 자질에 대해 알아보기로 한다.

바람직한 지방자치단체장상(地方自治團體長像)의 일반적인 조건은 양식 있는 인격자라야 하며 자치의식과 전문적 식견을 갖춘 사람이라야 한다는 것이다.

우선 양식 있는 인격자라야 한다는 가장 일반적인 조건 즉 도덕적 정당성을 말할 수 있다. 그리고 지방자치의 정신을 이해하고 이를 실천해 나갈 수 있는 관념적 준비가 되어 있는 사람이라야 한다는 조건을 말할 수 있다. 관치시대의 사고방식을 자치시대의 사고방식으로 바꾸지 못한 사람들은 적임자라고 보기 어렵다.

지방자치단체장들은 지방정부라는 조직을 운영하는 데 필요한 기본적 식견을 구비할 것이 기대된다. 당장에 조직관리의 전문성을 갖추지 못했더라도 이를 쉽게 구비할 수 있는 잠재능력을 지닌 사람이라야 한다. 정치적으로 선출되어 종합적인 업무를 수행할 지방의원이나 지방자치단체장은 일반능력자일 수밖에 없다. 한정된 분야의 전문가가 아니라 정치・행정적 관리작용을 전반적으로 이끌어 갈 수 있는 일반능력자라야 한다. 그러나 일반능력자라는 것이 순수한 문외한을 뜻하는 것은 아니다. 지방정부 전체의 운영에 관한 전반적 이해와 관리능력을 갖춘 사람을 뜻한다.

인격자라야 한다는 것, 지방자치적 사고방식을 갖추어야 한다는 것, 그리고 지방정부 운영에 필요한 기본적 식견을 가져야 한다는 것은 지방자치단체장의 자격요건을 가장 포괄적으로 설명한 것이다. 그 안에 모든 것이 포함되어 있다고 말할 수 있다. 그 가운데에서 특별히 언급해 두어야 할 것은 다음과 같다.

(1) 정치적・정책적 능력 자치화・지방화의 시대에 지방정부를 이끌어갈 리더에게는 정치적・정책적 능력이 있어야 한다. 지방정부의 장은 관치행정 시절의 일선행정기관장이 아니라 엄청나게 늘어난 정치적・정책적 역할을 수행해야 할 책임이 있다. 이러한 역할 비대화 때문에 그를 도울 제한된 인원의 엽관임용도 필요하게 되는 것이다.

지방자치단체의 장에게는 대내・대외적으로 원만한 정치적 관계를 유지할 수 있는 능력이 매우 중요하다.

(2) 주민중심주의적 태도 자치정신에 부합되게 정치적・정채적 역할을 수행할 수 있으려면 주민중심주의직(고객중심주의적) 태도의 바탕을 가지고 있어야 한다. 주민과 고객 그리고 그들을 위한 사업에 충성하겠다는 마음가짐이 있어야 한다.

지방정부의 장은 주민중심주의적 역할 수행에 능동적이고 자기책임주의적으로 임할 수 있어야 한다. 고객을 위하여 그리고 그들의 노덕적 가치를 위해 위험을 무릅쓸 용기가 있어야 하며 약자의 편에 설 용기가 있어야 한다.

(3) 주민과의 근접성 주민과의 정치적・정책적 관계는 주민과 가깝게 지내야 한다는 원칙에 따라 설정되어야 한다. 지방성부의 장이 이러한 원칙에 충실하려면 주민과 고객에 대한 애정과 존경심을 가져야 한다. 고객의 행정수요에 민감하게 반응해야 하며 고객의 이익표출을 도와야 한다. 주민집

단의 다양한 이익과 요구를 조정하는 역할을 수행해야 한다. 주민의 비판과 제안이 지방정부에 잘 전달될 수 있도록 여러 가지 통로를 열고 주민에게 주요문제, 사업, 시책 등을 알리는 등 참여행정의 기반을 조성할 수 있어야 한다.

(4) **신뢰성과 공개행정능력** 지방정부의 장은 정직하고 신뢰할 수 있는 공개행정능력을 구비해야 한다. 공개는 믿을 수 있는 것이라야 한다. 비밀주의의 노예가 되어 있는 사람이나 사업계획이 미리 알려지면 시끄러워서 일을 추진할 수 없다고 생각하는 사람은 지방정부의 장으로서 적임자가 아니다. 참여행정의 강조는 행정서비스에 대한 소비자의 공공선택을 존중하는 목표를 지닌 것이다. 지방정부의 장은 그러한 목표의 인식에 투철해야 한다.

(5) **다양성의 존중** 지방정부의 장은 주민의 이익을 조정할 때 다양성을 사실 그대로 받아들이고 이를 존중하여야 한다. 초다원화(超多元化)의 사회가 펼쳐지는 마당에 고객의 다양성과 그들 사이의 갈등을 부정적으로만 보려는 사람은 적임자가 아니다.

(6) **장기적 안목** 지방정부의 장은 장기적인 안목을 가진 사람이라야 한다.

전통관료제는 그 안에 있는 사람들을 단기적·양적 성과에 집착하도록 길들인다. 목표보다는 절차를 우선시키고 사람들을 양적 복종과 양적 성장의 추구로 모는 경향이 있다. 각급 기관의 장들은 자기 재임중에 가시적인 업적을 내는 데 급급하여 장기적인 실책을 저지르는 경우가 허다하다. 이런 사람들은 의사결정비용을 최소화하기 위해 참여를 배제하고 졸속을 일삼아 결국 총체적 경비와 손실을 크게 하기도 한다.

지방자치하에서는 그러한 경향이 증폭될 위험이 있다. 선거에 의해 취임하는 지방정부의 장은 재임중 가시적인 업적을 자랑할 수 있어야 재선의 길이 열리고 나아가 개인의 발전기회가 넓어진다고 생각하여 단기적인 안목으로 조급한 행동을 할 위험이 있다. 선거직 공무원들의 단기적 안목은 거의 모든 나라에서 개탄의 대상이 되어 왔다. 그것은 우리에게도 큰 걱정거리이다.

급변하는 환경적 조건 때문에 정책결정자들이 임기응변력과 적응력을 발휘하고 원활한 환류에 의해 신속한 시정행동을 해야 할 정당한 필요도 물론 있다. 그리고 정치적 상황에서 활동하는 지방정부의 장들이 재임중의 성과를 과시하기 위한 정책변동을 완전히 배척하는 것도 어려울 것이다. 그러나 지방정부의 장은 전반적 정책지향의 일관성을 유지하고 지방자치의 장기적 발전목표에 귀일되는 정책추진을 할 수 있도록 노력하는 리더가 되어야 한다.

(7) **개혁추진자적 능력** 지방정부의 장은 개혁을 상시적인 임무로 받아들이는 개혁추진자이며 변혁적 리더라야 한다. 격동하는 환경에 처한 지방자치단체장들이 개혁요청에 둔감하거나 개혁추진능력이 없으면 안된다. 그들은 변동촉발 요인과 개혁요구 세력의 확인, 지방정부의 변동추구능력 확인, 개혁에 유리한 분위기의 조성, 개혁에 필요한 조직·자원의 동원, 개혁행동화의 유도, 개혁의 계획과 시행 등 개혁추진자의 임무를 감당할 의지와 능력을 가지고 있어야 한다.

4. 집행기관의 공무원

지방자치실시 전이나 실시 후나 민주국가의 공무원이 수행해야 할 임무와 갖추어야 할 행태적 조건에는 근본적 변화가 없다. 다만 지방자치라는 대변혁에 적응하고 또 변화를 이끌어 가려면 관치시대에 안주하던 구습에서 벗어나기 위한 획기적 노력이 필요하다는 점은 지적할 수 있다.

지방정부의 공무원들은 의존적 행태, 권위주의, 보수적·폐쇄적 태도, 공·사를 구별하지 못하는 미분화된 태도, 부패, 형식주의 등 전통적 병폐로부터 벗어나야 한다. 그리고 주민에 보다 근접해 가고 보다 능동적으로 일해야 하며 스스로를 낮추고 고객을 높이는 봉사자세를 갖추어야 한다. 지방자치시대의 지방공무원들이 갖추어야 할 덕목을 알아보기로 한다.

(1) **형식주의 배척** 형식주의적 행동성향을 시정하여야 한다.

공무원의 허황한 체면이나 명분 또는 실정에 맞지 않는 절차 때문에 실질적으로 추구해야 할 사명 또는 목표가 뒤틀리는 목표왜곡과 목표대치를 막기 위해 노력해야 한다. 외형과 실질이 다른 데서 빚어지는 불신, 무사안일주의, 부패, 자원의 낭비도 막아야 한다. 형식주의가 공무원들의 사기실현을 방해하고 의존적·미성숙적 행태를 조장하는 일이 없도록 각별히 경계해야 한다.

앞으로 우리 지방행정체제는 형식주의적 행태를 불식함으로써 언행일치의 행정, 형식보다는 실질을 중요시하는 행정, 그리고 절차보다는 목표를 더 중요시하는 행정을 구현하여야 한다. 이러한 행정행태는 광범한 개혁작업이 진행될 때 더욱 중요하다.

형식주의를 불식할 수 있는 원동력은 공무원 각자가 국가와 지방정부의 목표를 심리적으로 내재화하는 데서 나온다.

(2) 책임 있는 능동성 자기가 맡은 일에서 책임 있는 능동성을 발휘할 수 있는 태도를 육성해야 한다. 공무원들은 명령이나 지시가 없으면 일이 있어도 하지 못하는 피동성에서 탈피하여야 한다. 이를 위해서는 공무원들이 자아존중, 자기규제, 자기실현 그리고 성장 · 성취지향의 태도를 길러야 하며 직무수행에서 보람을 찾을 수 있어야 한다.

(3) 사회적 형평성 구현을 위한 헌신 공무원들은 사회적 형평의 추구에 앞장서야 한다. 공무원들이 혜택받지 못하고 불리한 위치에 있는 사람들의 편에 서서 그들의 지위와 복지를 향상시키기 위해 노력해야 한다. 공무원들은 부익부 빈익빈의 경향에 저항하는 도덕적 책임을 져야 한다. 공무원들은 약자와 혜택받지 못한 사람들의 편에 설 수 있는 용기를 길러야 한다.

(4) 고객에 대한 충성심 고객과 고객지향의 사업에 대한 충성심을 길러야 한다. 행정과정에 고객이 참여하는 것을 즐거이 수용하고 고객(주민)에 대한 이해심과 애착심을 길러야 한다. 고객의 선택과 선호에 민감한 반응을 보이도록 노력해야 한다. 자치행정에서 주민의 선호를 수렴하는 일은 가장 중요한 것이다.

(5) 정직성 믿을 수 있는 공무원의 존재는 자치행정 성공을 위해 불가결한 조건인 것이다. 공무원들은 정직하고, 공과 사를 구별하는 가치관을 확립하여야 한다. 공무원들은 주민에 대한 약속을 잘 지켜야 한다. 공무원들은 부패의 유혹으로부터 의연할 수 있어야 한다. 공무원들이 공직을 사적 이익추구의 도구로 삼는 일이 없도록 해야 한다.

제도화된(체제화된) 부패의 사슬에서 공무원들이 풀려나지 못하면 누구도 소신 있는 행동을 해 나갈 수 없다. 제도와 사람의 사고방식은 영향을 주고받는다. 그리고 제도를 바꾸는 것은 결국 사람이다. 공무원들의 정직성과 준법정신이 고양되지 않으면 제도화된 부패를 억제하기 위한 제도적 장치들이 실효를 거두기 어렵다.

(6) 특권의식 · 행정우월의식의 타파 공무원들은 특수신분의식을 버려야 한다. 즉 지역사회에서 특권층처럼 또는 사회적 혜택을 우선적으로 받아야 하는 사람처럼 생각해서는 안 된다. 전통적인 군림자세나 초창기적 발전행정의 부수물인 권위주의, 영도자처럼 행세하는 오만과 아집에서도 벗어나야

한다. 이른바 '관청'의 문턱을 높이는 폐쇄적인 마음가짐이라든지 배타적인 태도는 버려야 한다.

행정만능주의적 사고방식도 고쳐야 한다. 행정은 필요한 곳에만 있어야 한다. 모든 문제에 행정이 간여해야만 하는 것으로 생각했던 시대는 이미 지나갔다.

(7) **개혁지향성** 공무원들은 창의적이고 적응적인 태도를 길러 개혁수용자・개혁추진자로서의 자세를 갖추어야 한다. 급변하는 환경 속에서 조직의 적응성을 높이는 데 기여하고 새로운 행정수요에 대응하는 능력을 길러야 한다.

공무원들은 행정개혁의 대상이나 수용자이기만 한 것이 아니다. 그들에게는 많은 경우에 개혁의 주도자 또는 추진자로서의 역할이 맡겨진다. 앞으로 공무원들의 개혁추진자적 역할이 크게 확대될 것이다.

제10편
행정개혁

우리는 광범하고 근본적인 재창조적 행정개혁에 대한 갈망과 그에 대응한 개혁활동이 유례 없이 폭증된 시대에 살고 있다. 재창조적 행정개혁에 대한 열망은 오늘날 거의 세계적인 현상이다.

우리나라도 이 점에 있어서 예외는 아니다. 우리는 역사의 대전환기에 처해 있다. 개혁을 요구하는 다방면의 압력은 매우 크다. 행정개혁에 대한 국민의 기대 그리고 정부의 자각은 전에 없이 높아져 있고 획기적인 개혁실현을 위한 노력이 추진되거나 구상되고 있다.

행정의 연구는 궁극적으로 행정개혁에 지향된 노력이라고 할 수 있다. 행정을 보다 좋게 만들려는 생산적 목표를 위해 우리는 행정을 연구하는 것이다. 따라서 이 책에서 서술한 모든 논의는 행정개혁에 무관할 수 없다.

그럼에도 불구하고 행정개혁이라는 주제를 종합적·집중적으로 논의하는 분야가 따로 있어야 한다. 그래야 행정개혁 연구가 체계화될 수 있다.

제10편에서는 행정개혁의 의미를 먼저 규정하고 우리나라에서 행정개혁이 전반적으로 어떤 흐름을 보여 왔는지를 돌이켜 본 다음 장래에 추진해야 할 행정개혁의 원리와 전략을 구상해 보려 한다. 그리고 행정개혁의 현장에서 개혁을 좌절시켜 온 원인이 무엇인지에 대해서도 알아보려 한다.

Ⅰ. 행정개혁이란 무엇인가?

1. 행정개혁의 정의

현대행정개혁론의 행정개혁에 대한 정의는 몇 가지 기본적 전제에 입각해 있다.

첫째, 행정의 인위적 변동가능성을 전제한다. 즉 변동추진자들의 의식적 계획에 따라 행정의 변동이 유도될 수 있다고 전제한다.

둘째, 인간·조직·행정의 불완전성과 미래의 불확실성을 전제한다.

셋째, 인간·조직·행정의 변동에 대한 반응의 양면성 또는 갈등성도 전제한다. 여기서 양면성이란 변동추구적인 속성과 현상고수적인 속성을 함께 지닌 것을 말한다.

넷째, 행정개혁은 그 환경과의 관계에서 독립변수이면서 동시에 종속변수라는 것을 또한 전제한다.

이러한 연구의 전제들을 받아들여 행정개혁을 다음과 같이 정의할 수 있다.

행정개혁은 행정체제를 어떤 하나의 상태에서 그보다 나은 다른 하나의 상태로 변동시키는 활동이다. 행정개혁은 행정체제의 바람직한 변동(preferred change)을 추구하는 것이다. 행정개혁은 가치기준의 인도를 받는 계획적 변동이며 동태적이고 연관적 특성을 지니는 변동이다. 행정개혁은 지속적으로 추진되어야 하는 과정이다. 행정개혁에는 저항이 따른다. 행정개혁은 공적 상황(公的 狀況) 내지 정치적 상황하에서 이루어지는 것이다.

행정개혁의 주요 특성은 다음과 같다.

① **목표지향성**　　행정개혁은 의식적으로 설정한 목표를 추구하는 것이다. 목표가 있기 때문에 행정개혁은 의식적·계획적·유도적인 활동이라고 규정된다. 행정개혁의 일반적 및 구체적 목표는 결국 사람의 가치기준이 인도하는 바에 따라 설정될 수밖에 없기 때문에 행정개혁은 가치개입적인 현상이라고 한다.

행정개혁이 목표지향적이라고 하는 것은 그 행동과정에서 개혁의 목표와 그에 따라 도달하려는 상태(목표상태: end state)가 규정된다는 것을 의미한다. 그러한 목표상태의 설정은 물론 가치기준의 인도를 받는다.

② **동태성 · 행동지향성** 행정개혁은 동태적(dynamic)인 현상이다. 그것은 미래로 향한 시간선상에 펼쳐지는 변동이다. 무엇인가를 이룩하려는 사람들의 의식적 행동이 전개되기 때문에 행정개혁은 행동지향적(action oriented)이라고 한다. 계획한 바가 실천되어야만 행정개혁이라고 볼 수 있다는 점을 강조하기 위해 행동지향적이라는 말을 쓴다. 행정개혁의 동태적 · 행동지향적 특성에 착안할 때 우리는 개혁의 과정과 전략 및 방법에 관심을 갖게 된다.

행정개혁이 미래의 시간에 결부되어 있기 때문에 개혁의 행동과정에는 대개 불확실성과 위험이 개재된다. 사람들은 행정개혁에 연관되는 변수와 조건들을 통제하고 미래예측의 정확성을 높이려고 꾸준히 노력해 왔다. 그러나 그 성과는 아직까지 만족스러운 것이 아니다. 그러므로 많은 경우 개혁의 행동과정은 연속적 · 순환적이어야 하며 융통성 있는 것이라야 한다. 예정했던 방법과 수단뿐만 아니라 목표까지도 변동될 수 있다는 문제에 대비하여야 하며, 환류를 중시하여 계획을 수정해 갈 수 있어야 한다.

③ **포괄적 연관성** 행정개혁은 개방체제적인 것이다. 행정개혁은 개혁문제를 둘러싸고 있는 요인들의 포괄적 연관성을 중시하고 그에 대처하는 활동이다. 행정개혁의 대상이 되는 행정체제내적 요인들은 복잡하게 서로 연관되어 있으며, 그러한 내적 요인들과 그들을 둘러싼 환경적 요인들이 또한 상호의존적인 관계에 놓여 있는 것이다. 그러므로 행정개혁의 행동과정에서는 그러한 연관성과 연발적 영향관계를 충분히 감안하여야 한다.

현대행정개혁론은 개혁요인들 간의 포괄적 연관성을 중시하기 때문에 개혁의 실천과 연구에서 지식을 통합하는 학제적 연구를 촉구한다.

④ **지속성** 행정체제 전반에 걸친 개혁은 다발적(多發的)이고 지속적인 현상이다. 즉 한 차례의 단절적인 개혁으로 끝나버리는 것이 아니다. 왜냐 하면 행정체제 내에는 개혁의 필요가 거의 언제나 있기 때문이다. 행정 내외의 여건은 부단하게 변동하면서 개혁수요를 만들어 낸다. 여건의 현저한 변동이 없더라도 어느 한 시점에서 고쳐야 할 것이 없는 완벽한 행정이 존재할 수 있다고 생각하기는 어렵다.

장기적이고 전반적인 행정개혁사업은 대개 누진적으로 전개된다. 즉 장기적이고 지속적인 노력을 필요로 하는 행정개혁은 다단계적 개혁의 누진적인 전개에 의존하게 된다. 그리고 부분적인 문제에 한정된 개혁사업도 시행착오를 경험하면서 개혁의 과정을 순환적으로 되풀이하여 밟아야 하는 경우가 많다. 어느 경우이든 개혁의 성과를 제대로 거두려면 다소간의 지속적인 노력을 기울여야 한다.

⑤ **저항의 야기** 행정개혁은 인위적으로 현상유지상태를 무너뜨리는 행동과정이므로 거의 언제나 현상유지적 세력의 저항을 크건 작건 받게 마련이다. 행정개혁을 성공으로 이끌려면 저항의 원인과 양태를 진단하고 거기에 대처해야 한다. 저항극복의 전략과 방법을 결정하고 그것을 뒷받침할 자원도 준비하여야 한다.

⑥ **공적 상황에서의 개혁** 행정개혁은 공적 상황 또는 정치적 상황에서 추진되는 것이다. 다른 조직들의 개혁에서와는 달리 행정체제의 개혁은 공공의 감시와 통제를 더 많이 받으며 보다 큰 법적·정치적 제약하에서 진행된다.

2. 행정개혁의 과정

행정개혁은 관념적으로 구별할 수 있는 일련의 단계들을 포함하는 행동과정을 통해 추진된다. 개혁의 상황과 접근방법에 따라 개혁과정의 구체적인 단계와 행동수단들은 서로 달라질 수 있기 때문에 그에 대한 획일적 규정은 위험한 일이다. 그러나 조심스러운 분석을 통해 어느 정도 공통적인 기본적 단계들을 알아보는 것은 가능하다.

행정개혁의 공통적 기본단계를 i) 인지단계, ii) 입안단계, iii) 시행단계, iv) 평가단계 등 네 가지로 분류해 볼 수 있다.

(1) 인지단계 인지단계(認知段階: awareness stage)는 현실수준(실적)이 기대수준(기준)에 미달하는 차질(discrepancies)을 발견하고 개혁의 필요를 확인하며 그에 관한 합의를 형성하는 단계이다. 인지단계에서는 기준, 실적 및 양자 사이의 차질이 확인된다. 그리고 개혁의 필요에 대한 지각의 차이가 노출되고 조정된다.

인지단계에서는 차질이라는 문제를 지각하는 것, 관련자들의 지각차이를 조정하여 합의를 이룩하는 것, 지각되고 합의된 차질의 문제를 개혁이 필요한 문제로 확인하는 것 등이 중요한 행동과제로 된다.

문제의 인지를 촉발하는 기준과 실적의 차질은 현실수준의 저하 때문에 비롯될 뿐만 아니라 기대수준의 변동 때문에 비롯되기도 한다. 즉 실적에는 변함이 없으나 기준이 높아짐으로 말미암아 기준과 실적의 차질이 빚어지는 경우도 많다.

개혁을 추진하여야 할 사람들이나 그 밖의 관련자들이 기준과 실적의 차질을 지각하지 못하는 경우가 많다. 그러한 차질의 지각이 있더라도 그것을 개혁의 필요성 확인과 합의로 연결시키지 못하는 일이 또한 허다하다. 차질을 지각하더라도 이를 묵인하거나 참고 견디는 경우도 있다. 개혁의 요청이나 개혁의 확산을 권력중추에서 억압 또는 방해하는 일까지도 있다.

그와 같은 장애 때문에 행정이 침체되고 쇠락하는 것을 막으려면 개혁필요인지의 촉진, 개혁동기의 유발, 그리고 개혁에 대한 심리적 불안감의 해소를 위해 의식적인 노력을 해야 한다.

그러한 노력의 일환으로 개혁필요인지의 기능을 제도화하기도 한다. 그 실천방안에는 관리자들에게 행정개혁의 역할을 공식적으로 부여하는 것, 연구개발의 책임을 지는 참모단위를 설치하는 것, 외부전문가들을 고용하여 개혁필요의 인지를 촉진하는 것, 정기적인 조직진단을 실시하는 것, 제안제도·고충처리제도를 설치·운영하는 것 등이 있다.

(2) 입안단계 입안단계(立案段階: formulation stage)에서는 기준과 실적 사이의 차질을 해소할 수 있는 대안을 탐색하여 채택한다. 즉 개혁의 목표체계와 개혁실현의 내용 및 전략을 결정하여 개혁실천의 계획을 수립한다.

개혁을 입안한다는 것은 사전적 준비를 한다는 뜻이다. 입안단계에서는 미래에 향한 행동계획을 미리 세워야 하기 때문에 미래의 불확실성을 극복하고 개혁에 수반되는 위험을 최소화할 수 있는 방안을 찾아야 한다는 문제에 직면한다. 합리적 분석의 과정을 통해서 개혁을 입안할 수 있으면 가장 이상적일 것이다. 그러나 행정개혁의 실제에서는 합리적 입안을 방해하는 여러 요인들이 개입할 수 있다. 상충되는 세력의 작용으로 인하여 목표설정에서부터 타협과 양보라는 합리성제약 현상이 빚어질 수 있다. 시간적 긴박성, 정보의 부족, 정보분석능력의 부족 등 여러 가지 이유로 말미암아 행동대안의 합리적 선택이 제한되는 경우는 많다.

입안단계에서는 개혁의 목표상태를 설정할 뿐만 아니라 개혁추진의 우선순위에 관한 전략과 저항극복을 위한 전략도 수립해야 한다.

행정개혁의 목표상태를 총체적으로 설정해 놓은 기본계획의 범위 내에서 순차적으로 개혁사업을 추진하는 전략은 복수의 차원에서 체계화되어야 할 것이다. 우선 여러 하위목표(가치기준)와 개혁대상영역별 자원배분의 비율을 정해 놓아야 한다. 그리고 총체적인 행정개혁의 목표하에서 대상이나 국면이 한정된 부분적 개혁사업의 시행 우선순위를 결정해 두어야 한다.

개혁사업의 수용이 용이하게 이루어지게 하는 문제는 개혁의 목표와 내용을 결정할 때부터 유념해야 한다. 개혁의 입안단계에서는 개혁추구의 동기유발, 장애제거 그리고 개혁의 시행과 정착화에 방해가 될 저항의 극복 등에 관한 전략과 방법을 마련해 두어야 한다.

(3) 시행단계 시행단계(施行段階: implementation stage)에서는 입안된 개혁사업을 실천에 옮기고 개혁을 정착시킨다. 입안된 개혁을 현실화하는 단계에서는 먼저 개혁실현의 행동주체를 선정 또는 조직하고 필요한 지지와 인적·물적 자원을 동원하여야 한다. 개혁의 시행은 적응적으로 이루어져야 한다. 그리고 개혁의 영향을 받게 될 사람들의 태도를 개혁에 유리하게 형성하고 개혁에 대한 저항을 극복하는 것도 시행단계의 중요과제이다.

(4) 평가단계 평가단계(評價段階: evaluation stage)에서는 행정개혁의 진행상황과 성과 등을 분석·평가하여 그 결과를 개혁과정의 적절한 단계에 환류시키거나 새로운 개혁과정을 촉발하는 정보를 제공한다. 평가작업은 개혁이 당초의 처방대로 실현되었는가를 확인해 보는 목적도 지닌 것이지만 평가의 궁극적인 목적은 평가의 결과를 환류시킴으로써 행정개혁활동을 촉진 또는 개선하려는 것이다. 행정개혁의 평가대상은 상당히 포괄적이다. 즉 행정개혁사업의 모든 것이 평가대상으로 될 수 있다.

평가결과의 환류는 진행중인 개혁활동을 수정하거나 새로운 개혁활동을 유발하려는 것이기 때문에 평가·환류의 작용은 개혁과정의 흐름을 흔히 순환적인 것으로 만든다. 평가단계를 개혁과정의 마지막 단계로 배열하는 것은 설명의 편의를 위한 관념적 단순화라고 보아야 할 것이다. 개혁의 시행이 끝난 다음에 사후적으로 개혁사업의 공과를 따져 그 결과를 개혁결정중추에 환류시킴으로써 새로운 개혁과정을 유도하는 것은 평가단계의 중요 역할임에 틀림없다. 그러나 개혁과정의 실제에 있어서 평가활동이 진행되는 시기와 그 기능은 매우 복잡하다. 개혁과정이 진행되고 있는 동안에도 각 단계의 활동을 수시로 평가하여 시정조치를 취하는 것이 보통이다.

개혁과정 진행의 합리성이 높을수록 위에 정의한 행동단계들 사이의 구별이 뚜렷해진다. 그리고 문제의 인지에서 평가・환류에 이르기까지의 단계들이 순차적으로 진행된다. 그러나 합리성이 제약되면 단계들 사이의 구별이 흐려지고 진행순서도 교란될 수 있다.

3. 행정개혁의 접근방법

접근방법이란 문제와 자료선택의 기준을 뜻한다. 어떤 행정개혁문제를 선정하고 어떤 정보를 얻고 처리하느냐에 관한 접근방법은 대단히 많다. 그 가운데서 중요하다고 생각되는 접근방법들의 범주를 다음과 같이 간추려 볼 수 있다.

(1) 구조적 접근방법 구조적 접근방법(構造的 接近方法)은 행정체제의 구조적 설계를 개선함으로써 행정개혁의 목표를 달성하려는 접근방법이다. 조직의 구조적 요인을 대상으로 하는 접근방법이라고 할 수도 있다. 이 접근방법이 관심을 갖는 문제의 예로 분권화와 집권화, 통솔범위, 권한배분, 명령계통 등을 들 수 있다.

(2) 과정적 접근방법 과정적 접근방법(過程的 接近方法)은 행정체제 내의 과정 또는 일의 흐름을 개선하려는 접근방법이다. 행정과정에서 사용하는 기술의 개선까지를 포괄하기 때문에 과정적・기술적 접근방법이라고 부를 수도 있을 것이다. 이 접근방법의 개선대상으로 되는 것은 의사결정・의사전달・통제와 같은 과정들과 기타 일의 흐름 그리고 거기에 결부된 기술이다.

(3) 행태적 접근방법 행태적 접근방법(行態的 接近方法)은 조직 내의 인간행태에 초점을 맞추는 접근방법이다. 이 접근방법은 조직발전(組織發展: OD: Organization Developement)이라고도 부른다. 조직발전은 행태과학의 지식과 기법을 활용하여 조직의 목표에 개인의 성장의욕을 결부시킴으로써 조직을 개혁하려는 접근방법이다. 조직발전은 의식적인 개입을 통해서 조직 전체의 임무수행을 효율화하려는 계획적이고 장기적인 개혁활동이다.

(4) 사업중심적(산출중심적) 접근방법 사업중심적(事業中心的) 또는 산출중심적(産出中心的) 접근방법은 행정산출의 정책목표와 내용 및 소요자원 등에 관심을 가지고 행정활동의 목표, 행정서비스의 양과 질을 개선하려는 접근방법이다. 각종의 정책분석과 평가, 생산성측정, 직무검사와 행정책임평가

등은 사업중심적 접근방법의 주요도구들이다.

(5) **문화론적 접근방법** 문화론적 접근방법(文化論的 接近方法)은 행정체제의 보다 근본적인 개혁을 성취하기 위해 행정문화를 개혁하려는 접근방법이다. 문화개혁은 의식적·계획적 개입에 의해 바람직한 문화변동을 달성하려는 것이다. 근래 재창조적 행정개혁, 근본적·심층적 개혁의 필요성에 대한 연구인들의 자각이 문화론적 접근방법의 발전을 촉진하고 있다.

(6) **통합적 접근방법** 통합적 접근방법(統合的 接近方法)은 개방체제 관념에 입각하여 개혁대상의 구성요소들을 보다 포괄적으로 관찰하고 여러 가지 분화된 접근방법들을 통합하여 해결방안을 탐색하려는 것이다. 통합적 접근방법의 발전은 행정개혁론의 이상이다. 그러나 통합적 접근방법은 개혁추진자들의 실천적 작업에 많은 부담을 주는 것이다. 이 접근방법이 처방하는 포괄성을 한꺼번에 충족시키는 것은 너무 힘겨운 일이기 때문이다. 실천세계에서 통합적 접근방법이 차지하는 시장점유율은 별로 높지 않은 형편이다.

II. 행정개혁의 발자취

우리 행정의 장래 진로를 생각하기에 앞서 대한민국 정부수립 이후 전개된 행정개혁사업의 성격을 먼저 점검해 보려 한다.

1950년대까지의 행정개혁은 정부형성, 전통적 접근방법, 개혁정체기 등의 관념으로 수식할 수 있다. 1960년대와 1970년대의 행정개혁은 발전행정의 개혁전략으로 대변시킬 수 있다. 1980년대의 행정개혁은 정부실패에 주의를 기울이기 시작하였다. 1990년대 이후의 행정개혁은 탈산업화시대의 급진적 개혁모형을 본뜨기 시작하였다.

다음에 정권별로 행정개혁의 특성을 간추려 볼 터인데 거기에는 과잉단순화의 오류가 개입될 수 있다는 점을 독자들은 유념해야 한다. 대한민국 건국 이래 지금까지 변함없는 개혁표어는 민주화, 낭비배제, 부패통제이다. 행정의 변동이나 개혁이 없었던 시대는 없다. 개혁의 넓이와 깊이에 나타난 차이로 시대특성을 구분하는 것은 쉽지 않다. 선언과 실천의 차이로 구분하는 일도 어렵다. 정권초기의 이상이 시간의 흐름에 따라 변질되기 때문에 정권전체의 특성을 요약하는 것도 어렵다. 이런 애로들을 덮어두고 시대별 개혁특성을 개략적으로 설명하기 때문에 과잉단순화가 문제로 될 수 있다는 말이다.

1. 대한민국 정부의 수립

대한민국 정부를 출범시키고 행정체제의 기반을 구축한 정권을 우리는 제1공화국이라 한다. 새로운 정부를 수립한 정권이라고 하지만 제1공화국은 아주 무거운 역사적 유산 속에서 탄생하였다. 훗날 제1공화국은 낡은 제도와 사람을 너무 많이 수용했다는 비난을 받게 되었다. 그런가하면 새로운 독립국가의 건설에 따라 형성된 정권이었기 때문에 새로운 제도형성의 불가피성에 직면한 정권이기도 했다.

제1공화국이라는 한 시대, 특히 그 초기에는 국가형성·정부형성의 시기라고 규정할 수 있다. 당시의 행정변동과 관련 사건들은 개혁이라는 말보다 형성이라는 말로 설명하는 것이 더 적합할지 모른다.

1945년 광복 후 약 3년간의 미군정기(美軍政期)를 거치는 동안 일제하 총독행정체제의 기본 골격이 그대로 답습·사용되었으며, 다른 한편으로는 매우 이질적인 미국식 제도의 도입 내지 접목시도가 있었다. 그러나 미국식 제도의 도입은 대부분 미처 정착되기 전에 미군정이 종식되었다. 따라서 제1공화국에 이월된 행정제도는 '미군정적'이었다기보다 '일제적'이었다고 평가할 수 있다.

1948년 8월 15일 대한민국의 건국에 따라 민주정부를 표방한 제1공화국 정부가 출범하였다. 당초에는 내각책임제적 요소가 다소 가미되었다고 하지만 원칙적으로 대통령중심제라고 할 수 있는 정부가 구성되었다.

민주주의를 국시로 하는 헌법원리하에서 정부가 구성되었으므로 행정체제도 민주행정의 요청에 부합되도록 구성되고 운영될 것이 기대되었다. 그러나 정부 내외의 초창기적 여건은 그러한 기대를 충족시키기 어려운 것이었다. 제도의 정비가 불만스러웠을 뿐만 아니라 행태적 준비는 더욱 불만스러운 것이었다.

「정부조직법」 등 행정체제의 기반과 골격을 형성하는 법령의 입안에 참여하였던 사람들은 주로 일제하에서 법률교육을 받았거나 행정경험을 쌓은 사람들이었다. 그들은 민주적이고 적극적인 행정의 원리와 방법에 관하여 별로 많은 식견을 갖추고 있지 않았다. 그리고 건국 초에 밀어닥친 국가형성·정부형성의 긴박한 과제들이 너무 많았기 때문에 행정체제의 설계를 위해 충분한 연구·검토의 시간이 할애될 수 없었다. 획기적으로 쇄신된 행정체제를 구축하는 데 필요한 자원의 준비도 없었다. 당시의 통치지도자로 나선 대통령은 일제에 협력했던 관료집단 등을 흡수하여 세력기반을 구축하려는 전략을 구사하고 있었다. 이러한 사정으로 말미암아 새로운 나라를 개국하는 마당의 행정체제 설계는 강한 전례답습의 지향성을 보였다.

2. 제1공화국의 행정개혁

제1공화국이 출범된 후 정부는 비록 졸속적이고 선례답습적이기는 하였지만 제반 국가기구를 정비하고 필요한 법령을 제정하는 등 국가의 기본적 제도에 대한 정지작업을 하다가 6·25 한국전쟁을 당하여 경황없는 전시체제를 어렵게 지탱하게 되었다. 6·25 한국전쟁 후에도 점차 1인 장기집권의 정권보전을 위하여 정치·행정력이 크게 소모되었으며, 행정은 소극적이고 전통답습적인 관성을 이어가고 있었다.

제1공화국정부는 불리하거나 또는 적대적인 여건 속에서 건국의 어려운 과업을 수행하였으며 행정체제의 형성과 개혁을 위해서도 힘겨운 노력을 했던 것은 사실이다. 그러나 오늘날의 기준에 비추었을 때 당시의 행정개혁활동은 아주 부진하고 비조직적이었다고 하지 않을 수 없다. 통치지도자와 그를 둘러싼 권력중추에서 행정체제 자체의 효율화를 위한 투자에 결코 높은 우선순위를 부여하지 않았었다고 보아야 한다. 개혁문제 인지능력도 취약하였으며 개혁에 필요한 여러 가지 자원도 부족하였다.

종합하여 판단하건대 제1공화국에서 민주행정 발전을 위한 근본적인 개혁운동이 조직적으로 추진될 수는 없었다고 해야 할 것 같다. 제1공화국에서의 행정개혁이라고 하는 것은 대개 기구개편과 인원조정이었다. 그때그때의 필요에 임기응변적으로 대응한 수차의 기구개편과 경비절감을 이유로 한 감원과 같은 개혁 노력은 간헐적이었으며 포괄성을 결여하고 있었다. 개혁의 주된 준거 내지 가치기준은 낭비배제 또는 간소화였다. 부패통제에 관한 선언도 되풀이되었지만 실효를 거두지 못했다. 오히려 체제화된 부패의 온상을 만들었다. 민주행정구현의 가치는 그저 장식용인 것처럼 보였다.

3. 제2공화국의 행정개혁

제2공화국정부는 사회적 기강이 해이해진 가운데서 한꺼번에 폭증된 국민적 기대에 부응해 보려고 많은 노력을 하였다. 단기간에 많은 개혁을 시도하고 또 준비하였기 때문에 졸속의 결함을 면치 못한 점도 있었고, 행정개혁의 온전한 성과를 거두는 데는 역부족이었다고 생각되는 점도 있었다. 그러나 제2공화국의 개혁노력은 제2공화국의 막을 내리게 한 세력들에 의하여 너무 평가절하되고, 정파 간의 갈등은 지나치게 또는 적절치 못하게 공격되었다.

제2공화국의 민주당 정권이 더 많은 시간을 가지고, 언젠가는 한 번 겪어야 할, 거의 자유방임적인 정치연대(政治年代)를 통과하여 민주적 정치·행정질서를 성숙시킬 수 있었더라면 우리 역사의 전개과정은 아주 달라졌을 것이다. 제2공화국의 물리적 단절은 역사의 커다란 아쉬움으로 남아 있다.

제2공화국이 추진하고 또 계획하였던 제도개혁과 인사쇄신은 대체로 민주주의의 구현을 그 명분으로 하는 것이었다. 개혁의 과정과 개혁의 내용에서 민주화의 가치기준이 전면에 부각되었던 것은 특기할 만한 일이다. 능률개념도 개혁아젠다에서 중요시되었다. 개혁의 입안과정에는 외부의 전문가와 민간단체의 대표 등이 참여함으로써 행정체제 내의 폐쇄적이고 권위주의적인 의사결정과정에 상당한 수정을 가하였다.

경제제일주의를 표방했던 제2공화국에서의 행정개혁은 경제발전을 위한 정부의 적극적 역할을 강조함으로써 발전행정 분야의 확장을 가져오게 될 전기를 마련하기도 하였다.

4. 5·16 군사정권의 행정개혁

군사정권에 의한 행정개혁은 비상한 상황하에서 서둘러 이루어졌으며 흔히 긴급하고 강압적인 방법으로 시행되었다.

행정기구 등 각종 제도의 개편에 있어서는 행정의 적극화에 비중을 크게 두어 정부의 개입 특히 발전행정을 위한 개입이 필요하다고 판단되는 때에는 기구와 인원을 늘리는 데 주저하지 않았다. 행정개혁의 전반적인 지향성은 분권화보다는 집권화의 논리에 의하여 그리고 민주화보다는 능률화·표준화의 논리에 지배되고 있었다.

기구개편의 지침으로 지방분권화 등이 천명되기도 하고, 한정된 국면에서의 분권화조치가 실제로 있었던 것도 사실이다. 그러나 개혁활동의 실제에 나타났던 전반적 경향은 집권화와 수단적 능률의 제고에 기울어져 있었다. 각종 참모조직의 강화, 인사제도의 개선, 업무처리절차 개선 등의 분야에서 미국식 제도와 운영방식이 많이 도입되었지만 그것들은 대개 능률화와 표준화 그리고 고전적인 통제의 강화에 관한 제도와 방법들이었다.

군사쿠데타를 정당화하기 위해 공직뿐만 아니라 사회전체의 기강확립과 부패추방을 강조하기도 했다. 행정민주화도 내세웠으나 그것은 중심과제에서 벗어나 있었다.

군정기간중에 행정개혁을 입안하는 데 참여하거나 동원된 사람들의 구성과 그 배경이 과거의 경우와는 상당히 달랐다. 공무원뿐만 아니라 군인, 행정학자, 정치학자, 경제학자 등이 많이 참여하였다. 이들 가운데는 미국에서 교육을 받았거나 미국식의 훈련을 받은 사람들이 많았다. 그러나 개혁작업에 한정된 범위 내의 외부인들이 동원되었다고 해서 그것을 민주주의적 참여정치와 참여행정의 활성화로 보기는 어려운 사정이 있었다. 미국식 교육을 받은 행정학자들이 참여했지만 그들의 조직관·행정관은 고전적인 것이어서 수단적 능률추구에 주로 기여했을 것으로 판단된다.

군사쿠데타 주도자들이 지향했던 행정개혁의 목표상태가 명료하게 체계화되었던 것으로는 보이지 않는다. 그러나 그들이 한 일의 결과를 보면 거대정부화·행정국가화를 지지하고 개발독재형의 발전행정체제를 구축하기 시작한 것을 알 수 있다.

5. 제3공화국의 행정개혁

우리나라의 행정체제는 제3공화국에서 팽창일로를 걷게 되었다. 행정국가화를 재촉한 셈이다. 이 시대 행정개혁의 특징은 발전행정적·집권적·정보통제적 경향을 보이는 것이었다.

수출제일주의적인 경제성장을 내용으로 하는 국가발전을 정부가 주도하는 발전행정이 본격화되면서 그 필요에 좇아 행정기구와 기능은 팽창되고 개편되었다. 정부간여의 범위는 크게 확장되었다. 이 시기의 행정개혁은 발전행정의 수요를 뒤쫓아가는 규모의 확대와 간여범위의 확대, 그리고 짜깁기식의 행정개편이었다고 말할 수 있다.

권위주의적 정치체제하에서 행정체제의 운영은 집권적인 방식으로 이루어졌다. 권력의 핵은 청와대였다. 행정개혁도 하향적으로 부과되는 성격의 것이었다.

정보통제적이었다고 하는 것은 중앙정보부를 비롯한 정보통제조직을 확대하고 그 위상을 높여 정치·행정뿐만 아니라 국민생활까지도 감시하는 상황을 빚었기 때문이다. 정보통제의 정점은 물론 청와대였다. 이러한 정보통제는 집권화의 비공식적 역동성을 크게 강화하였다.

제3공화국에서 발전행정에 임하는 공무원들의 전문화 내지 기술관료화, 능률성제고를 위한 기술적·절차적 관리개선 등이 촉진되었던 것은 사실이다. 관리개선처방의 성향은 고전적 내지 전통행정학적 관점에 대체로 부합하는 것이었다.

그러나 행정의 양적 확대에 비해 질적 개혁을 추진하는 노력은 부진하였다. 비민주적인 정치·행정적 여건하에서 그리고 긴박한 발전행정의 와중에서 우리 행정체제의 전통적인 특성을 전반적으로 바꾸어 보려는 시도는 어려웠을 것이다.

6. 유신체제의 행정개혁

유신시대에는 정당성 없는 정권의 유지를 위해 민심수습차원의 변화들을 야기할 필요가 컸다. 그리고 그때까지의 발전행정 과정에서 쌓여 온 행정적 적폐가 심했고 또 한편으로는 행정선진화의 요청이 점증하고 있었으므로 대대적인 행정개혁이 필요한 상황적 조건이 설정되어 있었다. 그러나 서정쇄신운동을 중심으로 한 당시의 행정개혁은 행정체제 자체의 상황적 조건에서 비롯되었다기보다 정권보전을 위한 정치적 동기에서 출발된 것으로 보여진다. 국민의 관심을 행정문제로 돌리고 행정에 대한 응징으로 민심을 수습해 보려는 의도가 분명히 읽혀지고 있었다.

유신시대의 행정개혁은 '총화(總和)의 정치'와 '집권적·권위주의적 행정'이라는 테두리 안에서 국정능률의 극대화를 지향하는 것이었다. 유신시대의 개혁관은 원래 상위의 가치인 민주성과 하위의 가치인 능률성을 대등시하는 것이었다. 능률성의 요청에 따라 민주적 과정을 희생시킬 수도 있다고 보았다. 이러한 개혁관에 입각한 유신시대의 행정개혁은 집권적이고 권위주의적인 방법에 의하여 추진되었다. 유신시대 행정개혁의 제일 가시적인 부분은 과도하거나 가혹한 수단까지 동원한 부패척결 사업이었다.

정권의 정당성을 결여한 유신체제의 행정개혁에는 이념적 · 실천적 한계가 있었다. 그러한 한계는 매우 심각한 제약이었다. 유신체제의 후반으로 갈수록 1인장기집권체제를 유지하는 데 정치적 · 행정적 에너지가 너무 많이 소모되고 있었으므로 행정개혁의 추진력도 소진되어 가고 있었다.

7. 第5공화국의 행정개혁

제5공화국정권의 무리한 출범은 처음부터 강한 도전과 저항적 세력들을 양산하였으며, 정권의 유지는 그러한 반대세력의 철권적 억압에 의존할 수밖에 없었다. 국가발전의 진도와 속도에 비추어 용납되기 어려웠던 강압적 체제를 쿠데타적 방법으로 밀고 나왔던 제5공화국의 소위 '주체세력'은 그 대가를 치루어야 했다. 저항세력을 억압하거나 회유하느라 편한 날이 없었으며 정권 내부의 정치적 부패에 시달리고 집권 후반기에는 정권이양을 둘러싼 진통을 혹독하게 경험하였다.

행정적 폐단 가운데서 결과적 · 기술적 요인들을 개선하고 유신시대에서와 같은 국정능률을 추구하는 데 있어서 성과를 거둔 국면도 없지 않다. 정부규모축소의 의지를 보인 바도 있다. 민원행정개선을 강조하고 행정관리의 과학화를 선언하기도 하였다. 강압적 방법에 의한 비리척결사업이 부분적이고 단기적인 효험을 발휘하기도 했을 것이다.

그러나 제5공화국의 권력중추가 희망했거나 또는 천명한 바와 같은 선진민주행정의 구현에는 근본적으로 근접하기 어려웠다. 민주주의의 토착화 그리고 신뢰사회의 건설을 국정지표로 내세웠으나 실천은 그에 부응하지 못했다. 행정행태의 권위주의화는 조장되고 있었으며 불신관리의 그늘이 행정체제를 뒤덮고 있었다. 억압의 족쇄만 풀리면 자율화 · 자치화의 욕구가 엄청나게 분출되고 다기한 이익표출과 갈등이 폭주하게 될, 머지 않아 닥칠, 민주화의 시대에 대응할 수 있는 행정적 잠재력을 키우기는커녕 오히려 위축시킨 가운데 제5공화국은 막을 내렸다.

사회정화운동과 같이 국민의 이목을 집중시키려는 '강조주간적 개혁사업'

은 권위주의적인 추진방법과 졸속한 내용 때문에 부작용과 후유증이 많았으며 시간의 흐름에 따라 그 추진력이나 조정력은 현저히 감퇴되었다. 이러한 개혁운동들이 용두사미가 되고 정권이 바뀌면 종적을 찾을 수 없게 되는 것은 우리 행정개혁사에서 되풀이되어 온 일이다.

8. 제6공화국 노태우정부의 행정개혁

노태우정부는 과도적 성격이 강한 정부였다. 민주화로 향한 대세에 밀리면서 흘러간 노정권 치하에는 문제도 많고 일도 많았다. 과거의 정치적 유산을 청산하는 일, 5공화국 출범시에 빚어진 상처를 치유하는 일, 민주화 추진의 정치일정을 협상하는 일, 여소야대라는 정치적 상황에 적응하는 일, 올림픽을 개최하는 일, 대통령선거 공약으로 내세웠던 중간평가의 올가미에서 벗어나는 일, 방북인사들과 연관된 이른바 공안정국을 관리하는 일, 남·북한 UN 동시가입을 성취시키는 일, 대형비리·부정사건을 처리하는 일, 3당 합당 후 정치적 조정을 이루는 일 등 어려운 문제와 소용돌이가 그치지 않았다.

이러한 와중에서 행정관리에 대한 정치·행정의 에너지 투입은 상대적으로 위축될 수밖에 없었다. 정부관료제는 재적응의 어려움을 겪고 있었다. 경색했던 정치·행정의 이완과정에서 기강해이, 우유부단, 약속파기 등 부정적 현상들이 빚어졌다. 노태우정부가 하는 일은 물에 물탄 듯하다고 하여 '물태우' '물정부'라 부르는 사람들이 많았다.

대세에 밀려 흘러간 듯한 노태우행정부의 행정개혁이 확고한 짜임새를 보인 것은 아니었지만 민주화의 방향으로 나갔다는 점은 지적할 수 있다. 대표적인 민주화 조치는 지방자치를 부활시키는 입법이었다. 행정관리기능의 개선에서도 지방분권화와 국민편의가 강조되었다. 개혁논의에서 민주화 그리고 권위주의 타파라는 용어가 많이 쓰였다는 것, 각종 해금·규제완화에 역점을 두었다는 것, 정권에 대한 비판 허용의 범위가 넓어졌다는 것 등도 민주적인 분위기 조성에 이바지하였다.

노태우정부는 또한 경제활성화, 불합리한 제도의 현실화, 행정능률 향상, 지방화 촉진, 사회복지 확충, 공직기강 확립, 부패 척결, 균형발전 등을 행정개혁목표로 선언하였다. 작은 정부 구현도 표방하였지만 그 성과는 실망스러운 것이었다.

9. 제6공화국 김영삼정부의 행정개혁

'문민정부'를 표방한 김영삼정부의 행정개혁은 확실히 권위주의 타파와 민주화에 지향된 것이었다. 여러 분야에서 정당성을 복원하려는 노력도 두드러진 것이었다. 정치적 권위주의가 저지른 과거의 청산, 강압통치의 수단이 되었던 기관들의 축소와 기능제한, 행정기구 감축, 행정규제 완화와 국민편의위주의 행정개선, 부패추방 등의 분야에서 상당히 가시적인 성과를 보인 것이 사실이다.

그러나 대통령 한 사람이 독주하고 참여가 배제되었다는 비판이 있었다. 신권위주의의 등장이라고 말하는 사람들도 있었다. 개혁의 밀실화에 대한 비판도 많았다. 반부패운동에 수반된 이른바 '복지부동'이라고 하는 공직자의 피동화, 소극적 저항에 적절히 대응하지 못하였다. 부패척결 조치의 일부가 정치적 보복이라는 인상을 주기도 했다.

시간이 흐를수록 개혁의지와 능력이 흔들린다는 비판이 늘어나게 되었다. 특히 과거청산과 정당성 복원을 위한 활동은 점점 더 많은 좌절을 경험하게 되었으며 과거와의 재유착이라는 경향까지 보이게 되었다. 김정권은 과거의 군사정부와 그 후계세력의 유산을 안고 그 바탕 위에서 탄생했다는 것, 체제화된 부패의 뿌리가 너무 깊다는 것, 정당성 복원을 위한 투쟁은 오랜 세월에 걸쳐 형성된 정당치 못한 다수와의 투쟁이라는 것 등이 과거청산과 부패추방 노력에 근본적인 제약을 설정했을 것이다.

개혁 후퇴에 대한 비판을 의식했음인지 정부출범 2차년도 말부터는 '세계화를 위한 개혁'을 표방하고 대폭적인 행정기구 개편을 추진하였으며 경제·교육제도의 개편을 계획하는 등 개혁의 재도약을 위한 시도를 보였다. 전두환, 노태우 두 전직대통령의 형사소추를 결행하면서 '역사바로세우기'의 개혁의지를 천명하기도 하였다. 역사바로세우기를 천명한 까닭은 부패되고 정통성 없는 과거를 단호히 청산하겠다는 의지를 알리기 위해서였을 것이다. 그러나 현실에서는 단호한 청산이 어려웠다.

정권유지를 위해서는 청산대상 세력과도 손을 잡거나 타협하는 갈등적·비일관적 양상을 노정하였다. 독직사건으로 구속되었던 사람들을 여당에서 금방 영입한다든지, 이른바 '5·6공 잔존세력'을 여당 국회의원 후보로 공천한다든지, 뇌물공여혐의로 징역형을 구형받은 재벌 총수들을 청와대에 초청하여 만찬을 베푼다든지 하는 사례들이 그러한 비일관성의 징표들이었다.

10. 제6공화국 김대중정부의 행정개혁

김대중정부는 '국민의 정부'를 표방하면서 1998년에 출범하였다. 김대중정부출범에 관련하여 몇 가지 특기할 만한 것이 있다.

첫째, 대한민국 헌정사상 처음으로 평화적 방법에 의한 집권세력 교체가 성사된 것이다. 새로운 집권세력은 이를 건국이래 처음 있는 '수평적 정권교체'라고 규정하였다. 오래된 집권세력의 교체가 일으킨 정치 · 사회적 파장은 아주 큰 것이었다.

둘째, 이른바 'IMF(국제통화기금)사태'라고 하는 외환위기에서 비롯된 국가적 경제위기의 와중에서 정권이 출범하였다.

셋째, 김대중 대통령후보가 이끌던 새천년국민회의는 김종필총재가 이끌던 자유민주연합의 협력을 받아 대통령선거에서 승리하였다. 이런 까닭으로 김대중정부는 '공동정부'로 출범하였다. 대통령의 임기중반까지 양당연합관계가 국정에 미친 영향은 컸다. 임기후반에 자민련의 이탈로 양당연합 · 공조관계는 와해되었다.

넷째, 여 · 야의 역할전환에 익숙하지 못한 정치권의 갈등 속에서 김대중정부는 출범했고 임기중 내내 파행적 정치투쟁에 시달렸다. 자민련이 이탈한 후 '여소야대'의 상황에서는 더 많은 제약을 받았다.

다섯째, 김대중대통령이 집권초기에 노벨평화상을 받은 것도 특기할 만한 일이다.

어렵게 정권교체를 이룩해 낸 김대중정부는 국정을 획기적으로 개혁해야겠다는 역사적 소명의식을 드러내고 의욕적인 개혁의 청사진을 제시한 바 있다.

국민의 정부는 제2의 건국운동이라는 국가개혁 내지 사회개혁운동을 전개하였다. 무엇보다 다급한 'IMF사태' 극복을 위한 경제대책들을 고강도로 추진하여 외환위기를 극복하였다. 남 · 북한 관계에 대해서는 '햇볕정책'이라고 하는 대북포용정책을 꾸준히 추진하여 여러 성과를 거두었다.

국가인권위원회를 설치하고 여성부를 신설하는 등 국민의 인권보호와 여성의 권익신장을 위한 사업에 많은 힘을 기울였다. 문화산업을 국가기간산업화한다는 기치 아래 문화진흥에도 주력하였다. 정치분야에서는 저비용 정치구조의 구축을 위해 노력하였다.

정부조직에 대해서는 작은 정부를 지향하는 기구개편, 공기업 민영화와 구조개선 촉진, 책임운영기관과 같은 새로운 양태의 조직설계 도입 등의 개혁을 실행하였다. 행정서비스에 관한 시민헌장제를 채택하는 등 고객중심주의의 구현을 위해서도 노력하였다. 정부재정부문에서는 방만했던 기금을 축소 조정하고 예산성과금제를 도입하였으며 총액계상예산이나 총사업비 대상사업을 늘려 예산운영의 자율성을 높혔다. 인사행정분야에서는 임용의 개방화를 촉진하고 성과급적 보수결정기준을 강화하였다.

김대중정부의 행정개혁노선은 1980년대 이래 세계화되어 온 개혁원리들의 영향을 많이 받은 것이었다. 여기서 세계화되어 온 개혁원리들이라고 하는 것은 영연방제국에서 주도한 신공공관리운동과 미국의 정부재창조운동이 세계 각국에 널리 파급시킨 개혁원리들이다.

김대중정부는 남·북한관계 개선과 금융위기 극복이라는 큰 성과를 거두었다. 정부규제 개혁에서도 전례에 없는 큰 진척을 이룩했다. 정치·행정의 민주화와 효율화 그리고 부패방지를 위한 제도개혁을 위해서도 부지런히 노력했다고 평가할 수 있다.

그러나 여러 개혁영역에서 실효를 거두지 못하고 형식주의·과시주의에 흐른 일, 개혁을 뒷받침해 줄 인프라를 생각하지 못한 졸속적·과잉적·불균형적 개혁을 추진한 일, 작은 정부 구현에 실패한 일, 무리한 개혁정책의 강행으로 갈등과 낭비를 빚은 일 등은 개혁의 흠절로 남게 되었다.

11. 제6공화국 노무현정부의 행정개혁

'참여정부'를 표방한 노무현정부의 출범은 여러 가지로 특기할 만한 일이었다. 정권출범 전후에 전례를 볼 수 없었던 사건 또는 사태들이 일어났으며 정권의 성격이 기득권질서에 적지 않은 충격을 줄 수 있는 것이었기 때문이다.

특기할 만한 현상으로 새천년민주당의 노무현대통령후보는 국민경선을 통해 지명되었다는 것, 다른 야당후보와 여론조사방식으로 후보단일화를 성사시켰다는 것, 인터넷과 네티즌들 그리고 자원단체들이 대통령선거에 큰 영향을 미쳤다는 것, 집권여당이 분당하여 여·야로 갈렸다는 것, 야당들이 국회에서 대통령을 탄핵소추하고 헌법재판소가 이를 기각했다는 것 등을 들 수 있다. 행정수도이전입법이 정치적 소용돌이를 일으키고 결국 헌법재판소가 그에 대해 위헌판결을 한 것도 특기할 만하다. 대통령이 재신임국민투표를 제안하기도 하고 국회다수당에 대통령의 핵심권한을 이양하겠다고도 하고 대통령직을 사임할 수도 있다는 말을 되풀이 한 것 역시 특기할 만한 일이다.

노무현정부가 처해있던 여건들 가운데서 행정개혁에 유리한 것과 불리한 것을 구분해 볼 수 있다.

참여정부 탄생에 동인을 제공한 국민의 변화갈망, 정권주도세력의 비주류적 특성과 강한 변동의욕, 기성질서의 한계와 누적된 폐단에 대한 개혁문제인지의 확산, 개혁갈망세대의 발언권 강화, 시민사회의 지지 등 일련의 조건들은 개혁추진을 도울 수 있는 긍정적 자산이었다. 그리고 행정개혁의 세계적 급진화 추세는 '참여정부'의 급진적 개혁구상을 옹호하는 데 좋은 논거를 제공했을 것이다.

개혁에 불리한 조건들은 유리한 조건들보다 더 많은 것 같았다. 참여정부는 대중의 지지를 잃은 소수정부였다. 이 약점이 개혁추진력을 약화시킨 가장 기본적인 장애였다. 한때 여당이 국회 과반의석을 차지하기도 했지만 지지자보다 반대자들을 더 많이 몰고 다닌 정권이었기 때문에 소수정부라 하는 것이다. 정치적 기반, 목소리 큰 집단(vocal sector)의 구성비, 대중적 지지에서 모두 열세인 정부였다.

지지세력 결집에 실패하고 반대세력을 키운 것, 저항적 민심이 확산되었다는 것, 정책결정중추에 대한 참여가 편중되었다는 것, 개혁추진자들의 경륜·전문성 부족을 문제 삼는 사람들이 많았다는 것, 여러 가지 정책 실패는 정부에 대한 신뢰를 떨어뜨렸다는 것, 분권화·자율화의 진전에 따라 정부의 전통적 장악력이 현저히 약화되었다는 것 등은 모두 개혁추진에 불리한 조건들이었다.

'혁신'이라는 개념을 주로 사용한 노무현정부가 표방한 행정개혁 또는 공공부문개혁의 전체적인 기조는 대체로 현시대의 앞서가는 세계적 개혁사조를 반영하는 것이었다.

'국민의 정부'에 이어 신공공관리적 개혁원리의 영향을 강하게 받았다. 미국식 정부재창조운동의 영향도 컸다. 그러나 신자유주의에만 안주한 것은 아니었다. 참여와 파트너십 그리고 정부연구의 시야확대를 강조하는 뉴거버넌스모형을 본뜬 개혁구상들도 보였다. 종합하건데 오늘날 큰 파급력을 가진 개혁사조들이 각기 농담의 차이는 있지만 참여정부 행정개혁에 두루 영향을 미쳤다고 해야 할 것이다.

시장친화적 신자유주의 노선은 좌파적 노선 등 다른 사조에 의해 적어도 부분적으로는 수정되었다. 그 징상은 여러 곳에서 발견할 수 있었다. 성장국가에서 복지국가로 이행해 가려는 프로그램, 평등과 균형발전의 강조, 과감한 시장개입, 작은 정부에 대한 집착의 포기 등을 그 예로 들 수 있다.

참여정부가 추진한 행정개혁은 이상주의적·급진적·모방적인 면모를 보였다는 평가를 할 수 있다. 이러한 면모는 교과서적 특성이라고 할 수 있다. 오늘날의 교과서들이 이상으로 삼는 급진적 처방들을 앞다투어 채택하고 실천을 저질러놓고 보려는 행동성향을 자주 노출했기 때문이다.

참여정부가 행정개혁(정부혁신)의 목표로 내세우고 이를 실천했다고 자평하는 항목들이 있다. 행정개혁의 목표라고 부를 수 있는 개혁항목에는 투명성·개방성 제고와 부패 통제, 성과주의 확산, 분권화 촉진, 대국민 봉사성 제고, 전자정부화 촉진, 참여와 협력의 증진, 차별철폐, 정부관리체제의 연성화 등이 포함된다. 각 목표별로 실천상 짙거나 흐린 차이는 있었지만 그런 목표들을 향한 개혁노력이 있었던 것은 인정할 수 있다.

노무현정부의 행정개혁에 대한 비판은 거세다. 성공조건의 성찰을 앞지른 좌파적·급진적 개혁에 대한 저항이 컸다. 그 밖에도 행정력의 제약과 정부개입의 실천적 한계에 대한 인식이 부족했다는 것, '혁신제일주의'는 비개혁적 변동을 양산했다는 것, 평등화·차별철폐에 편중된 정책역점은 역차별·하향평준화의 부작용을 수반했다는 것, 성과통제의 강조는 목표왜곡과 형식주의를 조장했다는 것, 자가당착적·조령모개적 정책들은 정책신뢰를 떨어뜨렸다는 것 등의 비판이 쏟아졌다.

12. 제6공화국 이명박정부의 행정개혁

2007년 12월 19일에 실시된 대통령선거에서 '경제살리기'를 핵심 모토로 내건 한나라당 이명박후보는 직선제 부활 후 최대표차로 대통령에 당선되었다. 진보적·좌파적 성향을 보였던 노무현정부의 여러 정책실패와 경기침체·실업증가 등 경제적 어려움 때문에 감정화된 '반노무현정서'가 그런 결과를 빚었을 것이다. 기업인 출신인 이후보가 경제를 살려낼 것이라는 국민의 신뢰가 그의 도덕성에 관해 제기된 여러 의문을 능가한 결과이기도 했다.

이명박후보의 승리는 우리 헌정사상 두 번째의 평화적·합헌적 정권교체를 기록하였다. 두 번의 정권교체 경험은 우리나라 민주정치제도를 실천적으로 확립한 계기였다고 평가할 수 있다.

2008년 2월 25일 대통령 취임식과 함께 이명박정부가 출범하였다. 앞서의 두 정권이 문민정부, 국민의 정부와 같은 별칭을 스스로 표방하였지만 이명박정부는 그런 별칭을 선언하지 않고 그냥 '이명박정부'로 불리기를 바랐다. 그러나 사람들은 대통령의 어록이나 정권의 성향에서 힌트를 얻어 여러 별칭들을 만들어 냈다. 우파정부, 보수파정부, 실용정부, 시장친화적 정부 등이 그 예이다. 내각과 청와대에 부자가 많다고 해서 '1%정부'라는 냉소적 표현을 쓰는 비판자들도 나왔다. 국민의 경제적 지위에서 최상위 1%에 해당하는 사람들이 모여 꾸민 정부라는 뜻이다. 사람들은 이대통령을 경제대통령이라 즐겨 부르기도 했다.

이명박정부의 전반적인 정책노선은 진보에서 보수로, 평등에서 자유로, 분배에서 성장으로 각각 역점을 이동시키고 작은 정부·큰 시장을 지향한 특성을 지녔다.[1] 정부부문에서는 작은 정부 구현의 확실한 의지를 보여주었다. 정권출범초 정부기구와 인력을 대폭 축소한 데서 그런 의지는 뚜렷하게 표현되었다. 행정규제 해제 또는 감축, 민원사무 감축, 예산절감, 창의적·경영적 사고의 도입, 현장중시의 행정 등의 강조도 작고 효율적이며 국민을 섬기는 정부를 구현하는 데 지향된 것이다.

이명박정부의 전체적인 개혁구상은 정권출범초에 정부가 발표한 국가비전, 국정지표, 전략목표, 국정과제 등에 나타나 있다.

이명박정부의 국가비전은 선진일류국가이다. 그 지향점은 i) 잘사는 국민, ii) 따뜻한 사회, 그리고 iii) 강한 나라이다. 따뜻한 사회란 복지제도와 사회안전망이 잘 구축된 사회를 의미한다. 선진일류국가를 추구하는 행동규범은 창조적 실용주의이다.

국가비전을 구체화한 5대 국정지표는 i) 섬기는 정부, ii) 활기찬 시장경

1) 정권중반기 이후 집권세력은 '친서민정책'을 강조하고 보수적인 정책노선에 분배·평등에 대한 관심을 덧칠하려 하였다. 이런 행동은 정권에 대한 지지율을 높이고 정권을 재창출하는 데 유리하다는 현실적 판단에서 비롯되었을 것이다.

제, iii) 능동적 복지, iv) 인재 대국, v) 성숙한 세계국가이다. 성숙한 세계국가란 행정규제제도를 포함한 각종 제도를 글로벌 스탠더드에 맞게 발전시키고 국제적으로 책임있는 역할을 수행하는 국가를 의미한다.

5대국정지표의 성취를 위한 21개의 전략목표가 설정되었는데 섬기는 정부를 위한 전략목표는 i) 예산절감과 공공기관 혁신, ii) 국민편의 원스톱 서비스, iii) 창조적 광역발전과 실질적 지방분권, iv) 법과 원칙이 준수되는 신뢰사회 구현 등 네 가지다.

전략목표 실현을 위한 행동방안들은 국정과제로 설정되었다. 국정과제는 핵심과제, 중점과제, 일반과제 등 세 가지 범주로 구분된다. 섬기는 정부의 구현을 위한 세 가지 범주의 국정과제는 36개(핵심과제: 8개, 중점과제: 14개, 일반과제: 14개)이다.

국정과제 설정에서도 정부조직·공공기관 혁신, 예산절감과 균형예산 추구, 부패척결, 규제혁파, 창업절차 간소화, 민원행정 개선, 정부평가제도·직무감찰제도 개선, 지방분권화 촉진, 지방재정 확충, 광역경제권 구축을 통한 지역경제 발전, 국세행정 선진화 등이 강조되었다.

이명박 정부가 출범하면서 단행한 정부기구 축소·단순화는 특기할 만한 행정개혁조치였다. 2원·18부·4처·18청·4실·10위원회로 구성되었던 중앙정부조직을 2원·15부·2처·18청·3실·5위원회로 축소하였다. 중앙정부조직의 하부조직도 대국대과제(大局大課制)의 원칙에 따라 대폭 감축하였다.

인사행정분야에서는 성과주의적 인사운영을 강화하고 인사제도의 연성화를 위해 노력하였다. 그러한 노력의 일환으로 유연근무제를 채택하고 공무원 채용통로를 개방화·다원화하였다. 아주 오래된 행정고등고시제를 5급공채시험으로 대체하고 특별채용의 비율을 늘려 가려는 계획은 채용통로 개방화·다원화를 지향하는 개혁의 대표적인 예이다.

Ⅲ. 행정개혁의 필요성과 진로

1. 행정개혁의 필요성: 행정의 결함

우리나라 행정을 획기적으로 개혁해야 할 필요는 아주 크다. 우선 환경적 격동성을 거대한 행정개혁수요의 원인으로 꼽을 수 있다. 행정수요를 포함한 환경적 조건이 대전환을 겪고 있기 때문에 행정은 그에 대응하기 위한 변화를 서둘러야 하는 것이다.

급속히 변동하는 환경적 조건 가운데서 앞으로 개혁추진자들이 각별히 유념해야 할 것들은 산업화사회의 성숙과 정보화사회의 진전, 사회적 다원화, 민주화의 촉진과 지방자치의 발전, 국제경쟁의 격화, 새로운 남북관계의 전개, 산업화에 수반된 부작용과 폐단의 누적, 정당성 있는 비부패 사회의 구현을 요구하는 점증하는 압력 등이다. 세계화된 행정개혁의 연대에 사는 우리는 세계 각국의 심각한 행정개혁 노력에도 관심을 기울여야 한다.

환경적 변동이 행정개혁의 필요를 크게 하고 있는 반면 행정체제는 낙후되어 있고 여러 가지 병폐를 안고 있다. 과거로부터의 부정적 유산은 뿌리 깊다. 이러한 까닭으로 개혁의 필요는 더욱 증폭된다.

다음에 행정개혁의 필요를 가중시키는 행정의 낙후성 또는 결함을 알아보려 한다.

행정개혁은 늘 진행형이다. 그에 결부된 행정적 결함의 변화도 진행형이다. 독자들은 오랫동안 지적되어 온 행정적 결함의 폭과 수준은 변해왔고 또 변하고 있다는 점을 유념해주기 바란다.

(1) 행정의 과잉팽창　지난 수십 년 동안 우리 행정의 간여 범위는 엄청나게 확대되었고 사회 전반에 걸친 '행정부문 압도'의 전통이 세워졌다. 그 주된 원인은 절대관료제의 역사적 유산과 발전행정에서 찾아볼 수 있다. 그리고 산업화의 일반적 추세와 군사정권 등 권위주의적 정권의 군림도 행정팽창에 일조를 했다.

그런가하면 행정영역의 양적 팽창에 비해 행정의 질적 발전은 뒤처졌기 때문에 많은 문제를 야기하였다. 행정이 비만하지만 새로운 행정수요에 대응해야 할 부문에는 영양분을 제대로 공급하지 못하는 경직성을 드러내고 있다. 그리하여 급속히 부각되는 새로운 영역에서 '우리의 문제'를 해결할 행정력을 결여한다는 비판을 받고 있다.

행정여건이 변함에 따라 행정의 팽창은 과잉적인 것이 되고, 국민생활에 대한 규제와 간섭은 지나친 것으로 되었다. 지나친 간섭의 폐단을 제거하는 일은 대단히 힘든, 그러나 절실한 행정개혁 과제로 부각되어 있다. 그리고 행정의 과대팽창은 과부하로 인한 행정능력 결손을 초래하고 있다.

(2) 공무원의 부정적 행태 공무원들은 가치혼란을 겪고 있다. 전통적 행정문화가 잔존하는 가운데 급속한 변동을 겪고 있는 공무원들은 다소간의 부적응·문화지체·갈등·긴장·가치혼란을 경험하고 있다. 문화변동이 있을 때 바람직하지 못한 것들은 남고 바람직한 것들은 오히려 사라지는 경우가 많다. 오늘날 행정의 이념과 소속조직의 목표를 내재화하고 직무수행에서 자기실현의 보람을 찾는 공무원은 그리 많지 않은 것으로 보인다. 공무원의 가치혼란은 그 자체가 문제일 뿐만 아니라 여러 부정적 행태의 원인이 된다.

부정적 행태에는 권위주의적 행태, 무사안일주의적 행태, 형식주의적·과시주의적 행태, 연고주의적 행태, 부패 등 여러 가지가 있다. 이 가운데서 정치·행정체제에 가장 큰 부담을 주는 것은 부패이다. 우리는 체제적·제도적 부패 속에서 살아 왔다. 이러한 부패체제의 중심에 있는 것이 정치적·행정적 부패이다. 끈질긴 반부패투쟁에도 불구하고 체제적 부패의 유산은 아직도 우리를 괴롭히고 있다.

(3) 전통관료제적 구조의 폐단 우리 행정체제의 구조는 전통관료제의 구조적 특성을 답습하고 있다. 전통관료제의 구조란 집권화된 고층의 계서적 구조를 말한다. 과거 행정팽창의 과정에서 계서제의 고층구조화 그리고 관리구조의 비대화가 지나치게 진행되었다. 기구팽창의 과정에서 장기계획에 의한 조직관리를 제대로 하지 못했기 때문에 무질서한 기구증설, 임무를 끝냈거나 이름만 있는 것 같은 기구와 사업의 존속, 참모조직의 계선화와 같은 구조적 왜곡 등의 문제 또는 그 후유증을 남겨 놓게 되었다.

계속적인 분권화정책의 추진에도 불구하고 과잉집권화의 문제는 아직도 남아 있다. 구조설계상의 기능분립주의와 부처이기주의적 행태는 행정체제의 협동능력·조정능력을 약화시켜 왔다. 구조의 경직성은 오래 지적되어 온 폐단이지만 환경적 격동성이 높아질수록 그 폐단은 더욱 크게 부각되고 있다.

(4) 비통합적·권위주의적 관리체제 우리 행정의 관리체제는 교환형·강압형·비통합형의 색채를 짙게 가지고 있다. 그리고 임무중심적이라기보다는 지위중심적·권한중심적 성향 또한 강한 편이다. 이러한 관리지향이 빚어 내는 행정행태는 권위주의적인 것이다. 비통합형의 관리·권위주의적 관리행태는 조직구성원의 피동적·미성숙적 행태, 형식주의적 행태, 그리고 목표대치를 조장한다.

행정체제 내의 집권적·권위주의적 분위기는 국민과의 관계에 투사되어 왔다. 국민생활에 대한 일방통행적 직접간여와 통제가 아직도 지나치다. 국민에게 책임을 전가하는 일이 많고 고객의 요청에 둔감하다. 행정과정에 대한 국민의 참여는 대부분 형식적이다. 자치시대의 도래에도 불구하고 행정의 공개와 행정참여는 미숙하다.

(5) 행정절차의 결함 행정작용의 절차는 비효율적인 법령·규칙과 과도한 문서처리 때문에 형식주의의 희생이 되거나 적시성·상황적응성의 요청에 부응하지 못하는 경우가 많다. 행정절차가 소비자중심적이기보다는 공급자중심적이다. 특히 권리·의무관계의 확인절차에서 국민이 부담하는 입증책임이 과중하다.

행정절차의 과학화가 부진하다. 민주적 원칙에 입각한 정당한 절차의 발전이 또한 부진하다. 행정절차상의 과도한 비밀주의는 오래된 병폐이다. 공무원들은 참여적·협동적 의사결정절차에 아직도 익숙하지 못하다.

(6) 정책관리의 결함 정치·행정일원론의 처방에 걸맞는 정책기능의 발전은 부진하다. 정부관료제의 정책적·국민대표적 역량이 불충실하기 때문에 정책산출을 그르칠 때가 많다. 특히 정책의 일관성 결여가 많은 비판을 받고 있다.

정책은 다른 어떤 행정국면과 마찬가지로 상황변화에 적응하는 융통성을 지녀야 한다. 그러나 적응과정에서 내적·외적 일관성을 잃어 혼란을 조성하면 안 된다. 정책의 일관성 결여와 활동목표의 정당화하기 어려운 빈번한 변동도 우리 행정의 오래된 병폐이다. 빈번한 목표변동은 목표설정과정 자체의 결함에서 비롯되는 경우가 많다. 필요한 참여가 배제되고 집권적으로 활동목표와 사업이 결정되기 때문에 행정책임자의 결심에 따라 조령모개가 가능한 것이다. 그러므로 행정책임자가 바뀔 때마다 대폭적인 정책변경이 일어나는 것도 반드시 긍정적으로만 받아들이기 어려운 사정이 있다고 하겠다. 행정체제 외부에서 '내정한' 활동목표에 사후적으로 정책결정과정을 가져다 맞추는 것과 같은 양상도 흔히 본다.

(7) 취약한 변동대응성 위에서 본 여러 가지 전통관료제적 속성과 폐단은 급속한 여건변화에 대응하는 행정체제의 능력을 약화시키고 있다. 구조적 경직성, 과도한 규제와 번문욕례에 휩싸인 행정절차, 비통합적·집권적 관리작용, 공무원들의 피동적·변동저항적 행태 등은 대응성 약화를 가져오는 요인들이다. 변동대응성이 취약한 행정체제에서는 개혁의 신속하고 지속적인

추진, 그리고 개혁의 제도화가 어렵다.

2. 행정개혁의 원리

행정개혁은 원리 즉 목표상태를 처방하는 가치기준의 인도를 받아야 한다. 우리나라 환경변화와 행정체제의 결함을 고려하여 행정개혁 원리(기본적 가치기준)를 다음과 같이 처방하려 한다.

(1) 민주화 촉진의 개혁 　행정민주화를 촉진해야 한다. 행정체제가 스스로 민주적 역량을 키우고 국민생활의 민주화에 기여할 수 있도록 개혁해야 한다. 행정체제가 민주적 방법으로 역량을 강화해야 국민중심주의적 행정서비스를 충실화 할 수 있다. 다원화되어가는 권력중추들과 행정체제의 파트너십 발전도 민주화의 과정을 통해야 한다. 정부가 수평적 권력관계의 확대에 대비하려면 그렇게 할 필요가 크다.

민주행정은 국민의 자유·평등과 존엄성보호, 국민의사 존중, 공익추구, 국민에 대한 책임, 민주적 절차의 존중, 그리고 민주적 내부운영이라는 요건을 갖춘 행정이다. 민주행정은 또한 인간주의적 행정이다.

국민과의 관계에서 행정민주화의 제1원리는 국민중심주의이다. 국민중심주의는 국민결정주의, 위민봉사주의, 국민편의주의, 고객중심주의 등 여러 국면을 내포한다. 국민중심주의적 원리를 추구해 나가려면 행정체제의 행정수요에 대한 대응성을 높이고 국민의 선택과 선호를 존중하도록 해야 한다.

(2) 통합화 촉진의 개혁 　전통적인 의미의 관료화와 산업화의 분화지향성이 심화시킨 분립화는 통합하를 위한 노력의 필요를 절실하게 하고 있다. 통합성 향상을 위한 개혁은 조직과 구성원의 관계, 행정조직 단위간의 관계, 행정기관과 국민 간의 관계에서 함께 추진해야 한다.

통합성 제고의 노력은 조직 내의 인간관리에서부터 시작해야 한다. 조직의 목표와 개인의 목표를 접근시키고 융화시키는 통합형 관리의 영역을 넓혀 나가야 한다. 정부조직의 인적자원에 대한 통합형 관리는 탈관료화, 조직의 인간화, 참여관리, 신뢰관리 등의 요청에 연계된 것이다.

통합화를 위한 개혁의 다른 한 국면은 분화된 조직활동을 조직의 목표에 귀일시키는 것이다. 업무수행의 통합을 위해서는 집단적 문제해결과정의 활용을 촉진해야 한다. 그리고 통합조정능력을 강화하여 기능분립주의(부처이기주의 · 할거주의)와 각종 구조적 · 행태적 경계 때문에 일의 흐름이 장애받지 않도록 해야 한다. 고도로 집권화된 최고관리층의 통제로 기능분립적 구조를 조정하던 과거의 방식은 앞으로 점점 더 많은 한계에 봉착할 것이므로 협동화의 장치를 발전시켜야 한다.

행정체제와 국민 사이에 높아진 경계의식을 타파하여 통합을 이루는 것도 중요하다. 그리고 행정체제는 경제성장을 관리하는 능력뿐만 아니라 복지화 · 형평화에 의한 국민적 통합을 지원 · 촉진할 수 있는 관리능력도 획기적으로 강화해야 한다.

(3) 성과주의 지향의 개혁 성과주의 적용영역을 넓혀 나가야 한다. 성과주의를 실현하려면 행정활동의 목표달성을 지지 · 촉진할 수 있는 제도와 행태를 발전시켜야 한다. 절차와 수단에 의한 목표대치를 막아야 한다. 번문욕례와 과잉통제를 없애야 한다. 공식적 선언과 실천이 괴리되는 형식주의를 타파해야 한다.

행정활동의 산출을 중요시하는 산출중심의 관리를 발전시켜야 한다. 행정조직이나 사업의 건강도 또는 성공도를 평가하는 데는 투입보다 산출기준을 적용해야 한다. 업무수행 촉진을 위한 유인구조의 설계에서 성과기준의 적용을 강화해야 한다. 행정체제 내에서 직접적으로 생산적인 활동에 종사하는 하위체제와 국민에게 행정산출을 직접 전달하는 하위체제의 개혁에 역점을 두어야 한다. 행정활동의 성과를 실현하는 데 필요한 자원의 뒷받침이 적절하도록 하는 개혁도 꾸준히 추진해야 한다.

(4) 작은 정부 지향의 개혁 거대정부와 행정국가적 구조가 빚은 폐단을 시정해 나가야 한다. 작은 정부를 구현하고 민간화를 촉진해야 한다.

앞으로 상당기간 행정개혁은 작고 유능한 소수정예적 행정의 구현에 주력하여야 한다. 행정관리체제는 감축관리능력을 획기적으로 신장해야 한다.

행정의 과잉팽창, 국민생활에 대한 과잉규제, 얇고 넓게 퍼진 행정력으로 인한 집중력 결여와 같은 폐단을 시정하기 위해 민간화를 촉진하고 쓸모 없이 된 기구와 사업, 그리고 절약이 가능한 인적 · 물적 자원을 감축해 나가야 한다.

행정수요의 변화에 따라 강화 · 확대되어야 할 행정부문도 생길 수 있는 것은 당연하다. 그러나 개혁추진의 기본적 노선은 감축지향적인 것이라야 한다.

왜냐 하면 누적된 낭비적 요소가 너무 많고 행정환경 변화에 따른 민간화 요구가 확대 일로에 있기 때문이다. 행정경비 절감에 대한 국민의 요구가 커지는 것이 사실은 감축관리 촉구의 가장 큰 압력이다. 업무량에 불구하고 세력을 확장하여 '제국을 건설하려는' 정부관료제의 속성에 대항하는 개혁을 계속해 나가야 한다.

민간화에 의해 행정영역을 감축해 나갈 뿐만 아니라 행정은 민간의 경영원리에서 많은 것을 배워야 한다. 특히 고객중심주의적 운영방식에서 배울 것이 많다.

(5) **반부패의 개혁** 부패를 없애기 위한 개혁은 장기적인 행정개혁 과제이며 아주 어려운 과제이다. 광범한 반부패운동을 지속적으로 전개해 나가야 한다. 우리가 물려받은 부패문화의 뿌리는 깊기 때문에 한 두 가지 제도를 바꾸거나 단기적·대증적(對症的) 척결활동으로 부패체제를 무너뜨리기는 어렵다. 정권변동에 구애받지 않는 장기적이고 지속적인 반부패운동이 전개되어야 한다. 거기에는 많은 투자가 필요하다.

비부패 행정의 구현은 장차 행정의 정당성과 신뢰성을 확립하고 행정발전을 추구하는 데 가장 기초적인 필요조건이 될 것이다. 이 조건을 갖추지 않고 다른 가치기준들을 왜곡 없이 실현하는 것은 불가능하다.

(6) **정보화대응의 개혁** 행정체제는 정보화사회의 조건에 적응부터 해야 한다. 나아가서 정보화를 촉진하고 이를 바람직한 방향으로 유도해야 한다. 행정개혁은 정보화사회의 발전을 위한 행정의 피동적 및 능동적 역할을 개선하는 데 역점을 두어야 한다.

우선 내부관리의 효율성과 국민에 대한 봉사의 효율성을 높이기 위하여 행정체제의 정보화를 촉진해야 한다. 정보기술의 활용에 의한 기술적 정보화는 인간의 가치와 필요에 부응하고 직업생활의 질을 향상시키는 인간적 정보화에 종속되도록 해야 한다.

행정체제는 또한 국민생활의 질과 복지를 향상시키고 지적 창조생활을 윤택하게 하기 위해 사회 전체의 정보화를 도와야 한다. 정부는 정보산업의 발전을 지원하고 정보의 유통과 활용을 촉진하는 역할을 수행해야 한다. 그리고 사회적 정보화가 올바른 방향으로 나아가도록 후견하여야 하며 정보화의 폐단을 막는 데 힘을 보태야 한다.

(7) **정치화 대응의 개혁** 정치의 중요성 확대와 거버넌스의 발전에 발

맞추어 정치친화적 행정을 발전시켜야 한다.

주권재민의 원리를 실현하는 주된 통로는 정치이다. 따라서 민주화의 촉진은 정치화의 촉진이라고 할 수 있다. 정치화란 정치의 역할이 커지고 발전하는 현상을 지칭한다. 정치화의 시대를 열어 가면서 행정개혁과 맞물려 있는 정치개혁에도 많은 투자를 해야 한다. 국민과 일체가 되는 정치를 발전시키고 정치의 국민에 대한 충성을 강화해야 한다. 정치체제의 능력을 향상시켜 정치가 행정적 독단을 제어하고 행정국가화의 폐단을 시정할 수 있게 해야 한다.

정치친화적 행정이란 확대된 정치의 역할에 적응하고 스스로의 정치적 역량 또한 발전시킨 행정을 지칭한다. 정치친화적 행정의 발전을 위해서는 정부 내외에서 정치와 행정이 일탈했던 시대, 정치·행정 냉전시대의 정치혐오감을 청산해야 한다. 행정국가시대에 행정이 점령했던 정치영역에 속해야 할 결정권은 정치에 넘겨주어야 한다. 정치와 행정의 협력체제를 강화해야 한다. 거버넌스의 한 축으로서 행정부가 정당하게 맡아야 할 정치적 역할을 발전시켜야 한다. 행정은 정치로부터 정책기능과 국민대표기능 수행의 다이내믹스를 배워 민주행정의 역량을 향상시켜야 할 것이다.

(8) 지방화 대응의 개혁 정치·행정의 보다 많은 지방화를 요구하는 추세가 계속되고 있다. 지방화에 대한 시대적 요청을 전제하고 행정개혁을 구상해야 한다.

지방화시대를 열어가면서 전통적으로 국가행정이 차지했던 많은 부분을 지방에 내주어야 하며 행정의 지방부문에 힘을 실어주어야 한다. 그리고 지방자치행정의 원리로부터 중앙행정은 여러 가지를 배워야 한다. 행정의 인간화·현지화·시민결정주의 등이 지방자치로부터 배울 만한 주요 덕목이다.

행정의 지방화 촉진이 행정체제의 분열을 조장해서는 안 된다. 행정의 지방부문이 확대·강화되면 중앙·지방의 파트너십은 더욱 강화해야 한다. 지방부문의 일탈행동을 감시하는 체제도 강화해야 한다.

(9) 세계화 대응의 개혁 행정개혁 추진자들은 급속히 진전되는 세계화의 경향을 염두에 두고 그에 대응하는 개혁처방들을 실천해 나가야 한다.

세계화에는 유연하고 다면적인 접근을 해야 한다. 한편으로는 세계화에 적응하고 국제적 통제에 내놓을 것은 내놓아야 한다. 다른 한편으로는 얻을 것은 얻고 극복할 것은 극복해야 한다. 세계화에 대응하려면 탁월한 정치력과 행정력이 필요하다.

앞으로의 행정개혁에서는 행정체제의 세계화 대응능력을 키우는 데 주력해야 할 것이다. 국제적인 협동관계를 넓히고 국익을 보호하며 국민적 대응능력 즉 경쟁력 강화를 지원하는 행정의 능력을 신장해 나가야 한다. 그와 같은 세계화 대응능력을 키우기 위해서는 행정관리의 안목을 세계화해야 하며 행정체제의 국제적 연계부문을 강화하고 선진행정의 문물을 신속히 응용할 수 있도록 적응력을 향상시켜야 한다.

(10) **격동대응의 개혁** 우리 사회의 격동성이 높아지고 그에 따라 행정수요의 유동성이 높아질 것이며 신속하고 계속적인 행정개혁의 필요는 커질 것이다. 이러한 여건에 대응할 수 있게 하려면 행정체제의 연성화를 촉진해야 한다. 행정의 연성체제는 적응성·대응성이 높은 체제이며 변동에 능한 창의적 체제이다.

행정체제의 유연성을 높이려면 번문욕례, 지나친 규제, 계서적 구조의 획일화·기계화, 공무원들의 변동저항적 행태를 극복하여야 한다. 행정구조설계의 다원화, 복수기준에 의해 설계되는 복합구조의 운영, 경계관리구조의 민감성 제고, 행정조직에 내장된 문제인지 장치·개혁추진장치의 강화 등 일련의 방책을 강구해야 한다.

우리가 처한 시대적 상황은 안정보다 변동 쪽에 더 큰 비중을 두도록 요구하지만 절제없는 변동제일주의는 경계해야 한다. 유연성 제고가 혼란조성으로 이어져서는 안 된다. 적응적 구조에 내장된 유기적 조정장치에 의하지 않고 경성조직(硬性組織)을 다시 경성조직으로 개편하는 외재적 수술을 빈번하게 하면 효과보다 비용을 크게 하고 혼란을 야기할 수 있다.

3. 행정개혁 실천의 전략

과거 행정개혁의 접근방법과 추진전략(행동화의 방법)에는 많은 문제들이 있었다. 개혁의 근본적 전제, 개혁자체의 의미, 개혁의 원리 등이 명료화되지 못하고 개혁추진방법이 비효율적이었다. 개혁추진의 비일관성과 혼란이 비판되어 왔다. 개혁결과의 정착과 지속적 효과도 의문시되었다. 저항에 대응하는 방법도 적절치 않았다. 개혁의 접근방법은 균형을 잃고 대개 고전적인 구조적 접근방법에 편중되었다. 개혁추진에서는 보안과 비밀이 너무 강조되었다. 행정개혁의 추진전략이 앞으로 어떻게 개혁되어야 할지에 대해 생각해 보기로 한다.

(1) 목표체계의 명료화 행정개혁은 목표지향적인 것이다. 모호한 개혁목표는 개혁과정을 혼란에 빠뜨린다. 행정개혁을 입안할 때에는 목표체계를 분명히 설정하고 그것을 개혁과정에 내재화시켜야 한다. 선언된 목표와 실제의 개혁행동이 괴리된다면 목표체계의 설정은 무의미해진다.

행정개혁의 목표체계는 국가이념과 국민의 의사를 집약한 시대정신에 바탕을 두어야 한다. 민주국가에서 행정개혁의 목표를 설정할 때에는 바람직한 상태에 대한 합의를 형성하는 매우 복잡한 과정을 거쳐야 한다. 이를 외면하고 독단적으로 결행하면 의사결정 비용은 줄일 수 있겠지만 총체적 비용의 엄청난 낭비를 빚을 수 있다.

(2) 불확실성의 직시 행정개혁이 미래의 시간에 결부되어 있기 때문에 개혁의 과정에는 불확실성과 위험이 개재된다. 개혁의 행동계획은 대개 불완전한 정보와 변경될 수도 있는 합의에 근거하는 것일 수밖에 없다.

그러므로 개혁의 행동과정은 연속적·순환적이어야 하며 융통성 있는 것이라야 한다. 계획했던 방법과 수단뿐만 아니라 목표까지도 변동될 수 있는 상황에 대비하여야 하며 환류를 중요시하여 계획을 수정해 갈 수 있어야 한다.

(3) 행동지향성의 보장 행정개혁이 행동지향적이라고 하는 것은 무엇인가를 실제로 일어나게 하려는 사람들의 의식적 행동이 전개되는 것을 뜻한다. 행정개혁에 참여하는 사람들, 그리고 그에 관련된 사람들은 문제의 인지와 개혁방안탐색, 계획집행, 평가, 정착 등 일련의 단계를 모두 마무리해야만 개혁이 이루어진다는 사실을 항상 염두에 두어야 한다. 개혁의 정착에 필요한 후속조치를 하지 않음으로써 개혁의 효과가 길게 지속될 수 없게 하거나 부작용만 나게 하는 일을 막아야 한다. 개혁에 의해 도입된 변동의 정착에 보다 많은 관심을 가지고 추적관리를 강화해야 한다.

(4) 연관성의 중시 행정개혁은 개혁문제를 둘러싸고 있는 요인들의 포괄적 연관성을 중요시하고 그에 대처해야 하는 활동이다. 행정개혁의 행동과정에서는 그러한 연관성과 연발적 영향관계를 충분히 감안하여야 한다. 행정개혁의 마스터플랜은 거버넌스를 시야에 두고 입안해야 한다. 이러한 요청은 행정의 복잡성이 커질수록 더욱 절실해진다. 연관요인을 무시한 고립적 행정개혁은 실패하기 쉽다.

(5) 개혁의 지속적 추진　　행정개혁의 필요는 언제나 있다. 행정개혁은 되풀이하여 지속적으로 추진해야 한다. 개혁의 필요에 상시 대응하려면 개혁 필요의 인지를 촉진하며 개혁의 동기를 유발하고 개혁에 대한 심리적 불안감을 해소하기 위해 노력해야 한다.

(6) 저항에 대한 성숙한 대응　　행정개혁을 성공으로 이끌려면 저항의 원인과 양태를 진단하고 거기에 대처해야 한다. 개혁의 문제선정과 개혁방안의 입안단계에서부터 저항극복의 전략과 방법을 구상하고 그것을 뒷받침할 자원도 준비하여야 한다.

개혁을 그르치지 않으려면 저항의 의미와 실상을 신중히 검토해야 한다. 저항극복 전략에 대해서도 심사숙고해야 한다. 저항극복 전략은 상황적 조건에 따라 적응성 있게 선택해야 한다. 그러나 일반적으로는 심리적 지원을 통해 자발적 협력과 개혁의 수용을 유도하는 규범적 전략을 최선책으로 친다. 이익교환과 기술적 조작을 내용으로 하는 공리적·기술적 전략은 차선책으로 평가된다. 강제적 전략은 최하의 계책이다.

저항에 성공적으로 대처하려면 개혁추진체제의 역량을 강화하고 지지세력을 결집해야 한다.

(7) 균형있는 관점　　행정체제의 개혁은 사기업체의 개혁과 달리 공적 상황 또는 정치적 상황에서 진행된다. 따라서 보다 강한 법적·정치적 제약하에 놓이게 된다. 시장적 기준보다는 정치적·행정적 효용성의 기준이 더 강한 영향을 미칠 수 있다. 따라서 개혁추진자들은 정치적 요청과 합리주의적 요청을 조정하는 슬기를 발휘하여야 한다.

경쟁·갈등하는 가치나 요청들의 절충 또는 조화를 적정화해야 한다. 급진주의와 점진주의의 조화, 무결점주의적 개혁과 시행착오적 개혁의 조화, 창의적 개혁과 모방적 개혁의 조화 등등이 모두 상황의 필요에 맞게 적정해야 한다.

(8) 적응적 극복의 지혜　　문제를 해결하고, 폐단을 극복하고, 기존상태를 바꾸는 것이 개혁의 본령이다. 그러나 때에 따라서는 문제 상황에 적응하는 길을 찾는 것도 개혁의 방책일 수 있다. 언제나 극복만 하려고 하지 말고 적응도 할 줄 알아야 한다. 지극히 난해하거나 개혁에 긴 세월이 필요한 문제, 행정문화의 근원적 전제에 뿌리를 둔 문제에는 적응해가면서 타개책을 찾아야 한다.

정부의 한계, 개혁의 한계에 대한 인식을 바로 해야 적응적 극복의 지혜도 발휘할 수 있다. 그러한 한계를 잘 모르고 과시주의적 개혁, 역량초과의 개혁, 변동을 위한 변동을 남발하면 안 된다. 그것은 비개혁적 변동이거나 실패하는 개혁일 수밖에 없다.

4. 개혁현장의 정략적 행동

선의의 행정개혁추진자들이나 협력자들은 바람직한 개혁전략을 구사해 나갈 때 관련행동자들의 숨겨진 동기와 정략적 행동에 대해 경각심을 가지고 대처해야 한다.

여기서 정략적 행동이라고 하는 것은 자기이익추구적 · 기관이기주의적 · 파당적 동기에서 비롯되고 개혁을 왜곡하거나 개혁의 본말을 뒤집을 수 있는 행동을 말한다. 정략적 행동은 정치의 파당적 · 이기적 측면이라 할 수 있다. 정치의 이런 측면을 우리는 비난대상으로서의 정치로 이해하고 이를 지칭하여 정치라는 말 대신 정략이라는 말을 쓴다.

당위적으로 말한다면 개혁은 바람직한 것이며 개혁의 장은 밝고 정직하고 희망찬 것이라야 한다. 그러나 개혁의 실천세계는 그런 규범적 면모만 지닌 것이 아니다. 개혁현장은 허위와 가식으로 꾸며질 수 있고, 살벌할 수도 있으며, 속임수가 난무할 수도 있다. 행정개혁의 정략 즉 나쁜 정치와 그로 인한 그릇된 귀결의 예는 허다하다. 위에서 정책결정상의 실책을 논의할 때 정략적 행동의 동기를 이미 암시한 바 있으나 몇 가지 예를 다시 보기로 한다.

행정개혁의 표방된 명분과는 다른 숨겨진 목적 때문에 개혁사업이 벌어지는 경우가 많다. 경색정국을 타개하기 위해 또는 성난 민심의 관심을 돌리기 위해 국면전환용 개혁을 시도하는 예가 자주 있었다. 정당성 없는 정권연장을 위해 정부조직을 흔들거나 일제숙정과 같이 공무원을 희생양으로 삼기도 했다.

공직선거에서 득표전략의 미봉정책으로 현실성 없는 개혁을 약속하기도 하고 시국현안에 대한 민심을 달래거나 이익집단들의 요구를 진정시키기 위해 개혁을 약속하기도 한다. 이 때에 아주 많이 쓰이는 묘방이 위원회의 설치이다. 시끄러운 현안이 생길 때마다, 정책역점이 바뀔 때마다 정부위원회를, 특히 대통령직속의 위원회를 만들어 일을 해결해 나가겠다고 얼버무린다. 그리고 위원회 운영은 유야무야하는 것이 예사이다. 위원회는 참여를 늘린다,

위원회는 공정하다 등 대중적 착각을 이용하기도 한다.

문제풀이를 위원회 설치로 때우려는 관행은 우리의 행정문화로 정착되어 있다. 한 정권이 지속되는 동안 위원회 설치는 민망할 정도로 누증된다. 새 정권은 지난 정부의 위원회들을 대폭 폐지·정비한다. 그리고 새로 위원회들을 만들어 간다.

국민의 뜻 또는 공익이라는 말로 치장한 사익이나 집단이기주의가 개혁을 뒤틀리게 할 수 있다. 그것은 정파 간의 정략적 힘겨루기, 부처이기주의, 관료적 제국건설, 수구적 관료정치 등의 양태로 표출된다.

개혁현장의 정략은 개혁의 이름으로 변동을 위한 변동을 조장하기도 한다. 변동을 위한 변동이 무해무득하기만 한 것은 아니다. 형식주의적 개혁, 유명무실한 개혁이 많다. 일을 벌여놓고 뒷감당을 못하거나 처음부터 완성할 뜻이 없어 흐지부지하는 용두사미형 개혁들이 널려 있다. 문제가 없는데도 무리한 해결책을 들이 대 긁어부스럼을 만드는 예도 흔하다.

개혁의 정략 때문에 시야가 흐려지면 정부능력의 한계를 제대로 보지 못하거나 그러한 한계를 알더라도 뒷일은 알바 아니라는 무모한 배짱을 부리기 쉽다. 그러한 행동성향이 용두사미형 개혁, 긁어부스럼형 개혁을 만들어 낸다.

찬성하기 어려운 변동 가운데는 원상으로 되돌리거나 달리 바꾸기가 대단히 어려운 개혁도 있다. 이것은 개혁의 딜레마이며 민심분열의 원인이 된다.

이 보다 더 심각한 것은 회전문형 개혁이다. 이것은 변동과 역변동(逆變動)이 순환적으로 되풀이되는 현상이다. 폐지와 복구를 되풀이하는 개혁이다. 정부는 많은 비용을 들여 기구와 인력을 줄인 다음 점차 다시 늘려나간다. 정부규제를 대폭 폐지하고 다시 규제를 늘려 나간다. 앞서 언급한 위원회 증설·폐지의 반복도 회전문형 개혁의 한 예이다. 부총리제의 설치·폐지·복구도 극적인 예이다.

회전문식 개혁은 대개 외재적으로 촉발된 피동적 개혁의 처방과 관료적 선호 내지 습성이 마찰을 빚기 때문에 '관료적 환원'의 정치가 발동해 빚어진다.

개혁의 환원을 획책하는 관료정치는 명분을 축적하고 반대여론을 무마하기 위해 많은 재정투입을 서슴지 않으며 광범위하게 외부전문가들을 동원하기도 한다. 대대적인 조사연구사업을 벌여 정부 전체에 걸친 개혁안을 신통치 않게 만들면서 의중에 있는 구제도 복원안을 슬쩍 집어넣는 끼어넣기 전략은 고전적인 수법이다. 끼어넣기 전략에 사람들은 알면서도 속기 십상이다. 끼어넣기에 성공한 세력은 그 숙주(宿主)가 되었던 다른 개혁안들의 실현에는 진실한 관심을 갖지 않는다.

정략적 행동은 필요한 개혁을 좌절시킬 때가 많다. 무의사결정을 강요하기도 하고 실패한 정책의 채택을 되풀이하게도 만든다. 실패한 정책의 반복적 채택을 정책실패의 제도화라고도 한다. 개혁실패의 제도화가 드리우는 그림자에는 부패의 오염이 있는 경우가 많다.

시늉만 내는 형식주의적 개혁이 얼마나 많은지 헤아려 볼 일이다. 개혁원리가 시대사조에 맞고 이를 거스를 수 없지만 실천은 괴로운 경우 관료정치는 개혁의 외형만 꾸미고 실질에 있어서는 회피적 전략을 구사한다. 실질적으로 개혁을 무효화하는 저력을 발휘한다.

정략적 행동이 저지르는 실책들은 개혁쓰레기가 된다. 개혁쓰레기를 만드는 데는 많은 비용이 든다. 개혁쓰레기를 치우는 데도 많은 비용이 든다. 이런 실책으로 인한 낭비는 아주 크다. 개혁현장의 잘못된 정치는 개혁세계에 불신을 쌓고 부도덕한 분위기를 조성한다.

행정개혁의 이상은 바람직한 목표상태를 합리적으로 결정하고 집행하는 것이다. 그것이 가능한 영역도 있다. 그러나 인간행동의 합리성에는 한계가 있다. 합리적 접근방법만으로는 감당하기 어려운 문제영역이 더 넓다. 개혁은 불확실하고 혼돈스러운 복잡한 현상이다. 여기에 정치의 필요성과 불가피성이 있다.

좋은 정치는 합리적 접근방법의 능력부족을 메꾸어 불확실한 미래와 혼돈을 헤쳐나갈 수 있도록 도울 수 있다. 그런데 개혁의 정치에 나쁜 정치가 끼어들 수 있는 길이 있으며, 그 길은 의외로 넓다.

무목적적 행동들이 쌓여 문제를 해결해줄 수도 있고 나쁜 동기에 의한 행동이 좋은 결과를 가져 올 수도 있다. 그러나 개혁에 끼어드는 나쁜 정치는 십중팔구 우리 생활에 해독을 끼친다.

Ⅳ. 행정개혁 실패의 원인

행정개혁이 의도한 대로 언제나 성공만 하는 것은 아니다. 개혁목표를 달성하지 못하거나 불완전하게 달성하는 경우, 부작용을 수반하거나 역효과를 내는 경우, 낭비를 빚는 경우, 혼란을 초래하는 경우, 개혁이 개혁을 상쇄하는 경우 등 실패사례도 많다. 우리나라에서 행정개혁의 빈도가 높아지면서 개혁실패 사례도 늘어나고 그 심각성도 커지고 있다.

행정개혁의 성공을 좌절시키는 원인 즉 개혁실패요인들은 많다. 많은 실패요인들을 i) 정책결정상의 실책, ii) 개혁의 장애, iii) 개혁에 대한 저항, iv) 개혁추진자의 포획 등 네 가지 범주로 나누어 설명하려 한다.

1. 정책결정상의 실책

정책결정과정에서 행정체제의 생존과 발전을 현실적으로 제약하는 요인들을 적절히 고려하지 않고 무모한 개혁목표를 설정하면 개혁실패가 뒤따르게 마련이다. 행정개혁을 입안하는 정책결정과정에서의 잘못이 행정개혁의 그릇된 목표상태 설정을 결과한다. 그러한 결과를 초래하는 정책결정과정상의 문제들을 먼저 살펴보고 개혁목표상태의 문제들을 검토하려 한다.

1) 정책결정과정상의 문제

타당한 목표상태 설정을 좌절시키는 정책결정과정의 문제들을 보면 다음과 같다.

(1) 정부관료제의 개혁 주도 개혁의 대상인 정부관료제가 개혁정책결정의 지배적 집단이기 때문에 개혁추진에 애로가 있다. 변동저항적인 행정이 스스로의 기득권을 손상할 수도 있는 근본적 개혁에 적극적으로 나설 것을 기대하기는 어렵다. 관료조직 내에서 개혁문제의 인지가 봉쇄되고 개혁적 아이디어들이 묵살되는 일이 많다. 정부관료제가 주도하는 능동적 개혁의 입안과 실천에서는 관료적 이익을 보호하려는 데서 비롯되는 한계를 벗어나지 못한다. 외재적으로 추진되는 피동적 개혁에서는 저항이라는 교란행동을 일삼는다.

(2) 정책결정과정의 집권성 정책결정과정의 과도한 집권성은 개혁실패의 원인이 된다.

산업화의 초기에는 집권적 정책추진이 불가피했고 또 상당한 효험을 발휘할 수도 있었다. 기능분립적 행정체제를 추스르고 다스리는 데는 집권적 통제에 호소할 수밖에 없었는지도 모른다.

그러나 고도산업화·정보화의 길로 접어든 지금 집권체제는 더 이상 효율성을 발휘할 수도 없고 그것은 여러 방면의 저항에 봉착해 있다. 사회체제의 복잡성이 높아졌기 때문에 정책문제는 복잡하고 어려워졌다. 문제의 복잡성이 커지면 집권적 문제해결이 어려워진다. 행정의 인간화, 고객중심적 봉사, 행정의 상황적합성 제고 등에 대한 요청이 커질수록 분권화는 불가피해진다. 이러한 분권화 요청을 묵살하는 집권주의는 과오와 낭비를 초래한다.

집권화와 분권화의 축을 이동하는 과도기에 빚어지고 있는 여러 가지 혼란도 개혁정책수립과정을 교란한다. 필요에 제대로 부응하지 못하는 불충실한 분권화 그리고 형식만 있고 내실은 없는 분권화가 혼란을 자초한다. 그런가하면 앞서가는 분권화를 뒤따르지 못하는 제도와 행태가 문제로 되는 경우도 있다. 명령형의 정책추진체제에 안주해 있던 관료들은 위임받은 일을 자율적·협동적으로 수행하지 못한다. 이 경우 정책조정의 실패, 정책의 비일관성 등이 심각한 문제가 된다.

(3) 형식주의와 비밀주의 정책결정과정의 형식주의와 비밀주의가 개혁을 그르치는 원인이 된다.

정책결정의 공식절차와 비공식절차가 심히 괴리되는 예가 흔하다. 권력중추에서 정책내용을 미리 결정하거나 관련자들이 그에 관해 배후에서 합의를 하고 공식적인 정책결정절차는 형식으로 또는 '요식행위적으로' 진행시키는 경우가 흔하다는 뜻이다. 그런 경우 정책분석·평가의 절차는 형식화되고 낭비적인 것이 되기 쉽다.

비밀주의는 정부관료제의 오랜 고질이다. 그러한 고질이 개혁정책결정과정에도 투사된다. 오늘날의 여건하에서 비밀스러운 개혁입안과 추진의 폐단은 아주 크다. 비밀주의는 의사결정비용을 줄일 수 있을지 모르나 개혁의 총체적 비용을 크게 하고 개혁실패의 가능성을 높인다. 비밀리의 결정·시행은 저항을 크게 하고 결국 강압적인 저항극복수단을 불러 들여 개혁상황을 악화시킬 수 있다.

(4) 정책과정 참여자의 흠절 개혁정책결정 참여자들의 이기주의·할거주의는 편파적이거나 일관성 없는 개혁목표설정의 원인이 된다. 기득권에 집착하는 이기주의는 개혁안의 성립 자체를 좌절시킬 수도 있다.

정책결정자들의 편파성뿐만 아니라 능력부족, 정당성 결여, 과거의 실책 등은 그들의 신망을 떨어뜨린다. 개혁정책을 입안하고 시행하는 사람들의 신망저하는 불신을 낳고 불신은 개혁실패로 이어진다.

우리는 너무나 오랫동안 정당성 없는 정권하에서 부패된 세월을 살아 왔기 때문에 개혁정책추진자들 가운데는 정당성 없는 전력과 부패의 혐의가 있는 과거를 가진 사람들이 드물지 않다.

과거 개혁정책에 관해 거짓말을 했던 사람이 다시 정책을 맡으면 당연히 불신을 산다. 실패할 수밖에 없는 개혁정책을 고집하고 실책을 되풀이하여 개혁실패를 제도화했던 사람도 마찬가지이다. 예견력과 조정력이 취약하다는 의심을 받는 정책입안자들도 불신의 대상일 수밖에 없다.

2) 잘못 설정된 목표상태

잘못된 개혁정책형성과정은 개혁목표와 내용의 처방 즉 목표상태처방의 결함으로 귀결된다. 잘못된 목표상태 처방은 개혁실패로 통하게 되어 있다. 잘못된 목표상태처방이란 근본적으로 개혁수요에 올바로 대응하지 못하는 처방이라는 뜻이다.

상황인식, 전제조건인식, 그리고 문제인식이 잘못되거나 개혁원리의 설정과 적용에 혼란이 있으면 개혁활동 전체가 혼란에 빠지고 개혁실패를 부르게 된다. 그런데 개혁의 실제에서는 개념적 혼란, 원리에 대한 합의부재, 원리의 명료화실패, 그리고 원리의 비일관적 적용이 흔하다. 그로 인한 목표상태처방의 실책은 많고 다양하다.

(1) 불필요한 개혁안　　불필요한 개혁안이 나오는 경우가 있다. 이것은 문제가 없는데 해결책이 나오는 경우이다. 이것은 일을 위한 일이며 변동을 위한 변동이다. 불필요한 개혁안의 시행은 그것 자체로서 낭비일 뿐만 아니라 긁어부스럼의 폐단을 빚을 수 있다. 그렇게 되면 선부른 개혁이 진짜 개혁문제를 야기한다. 개혁이라는 약이 빚어 놓은 화근은 치유하기가 대단히 어렵다.

(2) 일관성 없는 개혁안　　개혁의 혼란, 그리고 개혁사업 전반에 걸친 실패의 가장 큰 원인은 일관성이 결여된 목표상태의 처방이다. 예컨대 작은 정부의 구현을 주창하면서 부총리제 증설을 기도하기도 하고, 교육자율화를 주창하면서 교육을 '행정화'하는 제도들을 채택하기도 한 사례들이 있다. 상위직 감축의 원리를 표방하면서 조직계층의 고층화를 기도한 사례도 있다. 앞에서는 지방자치를 표방하면서 뒤에서는 자치에 역행하는 중앙통제장치들을 안출하는 데 몰두한 사례도 있다.

(3) 철회하기 어려운 졸속적 개혁안 한 번 채택하면 버릴 수 없는 개혁방안들을 철저히 시행할 자신도 없으면서 경솔하게 채택하는 일도 흔하다. 한 번 채택하면 폐지하기 어려운 개혁제도들을 시행하면서 이를 유야무야로 운영하려고 애쓰기도 한다.

(4) 집행하기 어려운 개혁안 집행하기 어려운 법률을 제정하기도 하고 집행할 능력이 없는 제도나 시책을 채택하기도 한다. 제도의 운영이 잘못되면 사람의 잘못을 생각하지 않고 제도 탓만 하는 경향이 있다. 그리하여 운영의 실패를 제도로써 다스리기 위해 제도를 추가하고 또 추가한다. 이런 옥상옥의 제도들은 다시 개혁해야 할 문제를 만든다. 국면전환용 또는 국면모면용(局面謀免用)의 제도들을 급조했다가 나중에 흐지부지해서 제도의 찌꺼기만 만들고 마는 사례도 적지 않다.

(5) 과시주의적 개혁안 정치 · 행정의 과시주의가 개혁행태에도 나타난다. 과시주의는 필요나 능력 이상으로 실속 없는 일을 해서 부작용과 불신을 자초하는 행태적 특성을 지칭한다. 과시주의적 개혁에는 목적과 수단의 전도, 번문욕례, 낭비, 관료적 세력팽창 등 여러 가지 폐단이 뒤따른다.

(6) 강자의 편만 드는 개혁안 강자에 약하고 약자에 강한 개혁처방의 성향은 우려스러운 것이다. 이런 성향은 근본적 개혁을 좌절시킨다. 약자의 편에 서는 것은 현대행정의 한 이념이다. 이를 저버리는 개혁이 올바로 된 개혁이라 할 수는 없다.

(7) 시기와 방법의 선택이 잘못된 개혁안 개혁의 시기 선택이 잘못된 예도 많다. 그릇된 시기의 선택이 개혁과 연관 없는 정치적 의도나 다른 저의에서 비롯되는 경우 불신을 낳고 반발을 야기한다. 많이 속고 살아 온 국민들은 그렇지 않아도 개혁조치 특히 제재적 조치가 있을 때마다 그 저의와 배후의 이유가 따로 있을 것이라는 의심을 품는다. 개혁의 시기선택에서뿐만 아니라 개혁추진방법의 처방에서도 자주 실책을 범한다.

개혁 또는 정책결정의 시간 선택에 따라 달라지는 효과를 중요시하는 사람들은 개혁 또는 정책결정의 '시차적 접근'이라는 개념을 사용하여 연구하기도 한다.

2. 개혁의 장애

여기서 개혁의 장애라고 규정하는 것은 개혁을 직접 좌절시키거나 저항을 야기할 수 있는 상황적 조건을 말한다. 위에서 본 정책오류도 장애의 일종으로 볼 수 있겠으나 여기서는 제외하기로 한다. 장애의 의미를 넓게 해석하면 개혁을 어렵게 하는 모든 원인들을 거기에 포함시킬 수 있을 것이다. 그러나 장애라는 말에 한정적인 의미를 부여해 사용하려 한다. 여기서는 정책오류, 저항, 포획 이외의 실패요인들에 '장애'라는 이름을 붙이려고 한다.

장애의 주요 범주를 보면 다음과 같다.

(1) 개혁추진체제의 과부하 가장 일반적인 장애는 개혁추진체제에 대한 과부하(過負荷: overload)이다. 과부하의 경우 과다한 개혁수요는 개혁의 장애로 된다. 행동자의 능력에 비해 문제가 너무 엄청나면 해결의 엄두를 못 낸다. 설령 해결을 추진하더라도 문제를 제대로 해결하지 못한다.

(2) 갈등과 혼란 소용돌이치는 환경, 사회적 갈등, 정치적 혼란, 문화적 혼란 등도 장애가 된다.

연속적 과도기에 처한 행정환경은 다양한 요청과 세력이 부딪히고 뒤엉키는 가운데 소용돌이를 일으키고 있다. 혼란과 갈등이 소용돌이치는 환경으로부터는 개혁에 필요한 지지를 동원하기 어렵다. 대신 봉착하는 저항은 크다. 개혁목표에 관한 합의를 형성하기 어렵고 따라서 개혁의 정당성을 확보하기도 어렵다.

(3) 자원부족 자원부족은 개혁을 직접적으로 좌절시키는 원인이 된다. 여기서 자원이란 인적자원, 재정적자원, 권력, 정보 등을 포괄하는 개념이다.

자원과 유사한 성격을 가진 시간도 개혁성패에 중요한 영향을 미친다. 시간부족, 잘못된 시간선택, 미래예측의 실패 등 시간관련요소가 개혁의 장애로 되는 일은 흔하다.

(4) 개혁에 대한 법적·관행적 제약 행정개혁을 공식적·비공식적으로 제약하는 법령, 관행 등이 장애로 되는 것은 물론이다.

(5) 매몰비용 기존 상태에 투입된 매몰비용(埋沒費用: sunk-cost)이 많고 기득권이익의 옹호자가 많으면 그것이 개혁의 장애로 될 수 있다.

(6) 통제체제의 취약성 행정에 대한 외적 통제체제가 취약하고 왜곡

되어 있는 것도 장애가 된다. 행정개혁을 촉발하고 지원하는 데 힘을 실어주지 못할 뿐만 아니라 왜곡된 투입으로 개혁을 방해할 수도 있다.

(7) 정부관료제의 강한 세력과 역기능 정부관료제의 경직성과 보수적 관성, 그리고 막강한 세력이 개혁의 결정적인 장애가 될 수 있다.

전통관료제의 속성은 경직적이고 변동저항적이다. 획일적인 계서제, 집권적 지배, 기능분립적·할거적 구조, 절차상의 번문욕례, 임무중심적이기보다 권한중심적이고 지위중심적인 명령형의 업무관계, 권위주의적 관리방식, 공무원의 무사안일과 피동적·가치혼란적 행태, 기구팽창과 계급인플레 등은 오랫동안 개혁의 현안이면서 동시에 개혁의 장애가 되어 왔다.

행정의 규모는 방대해지고 업무의 전문성은 높아지고 권력은 강화되었다. 독자적인 세력을 구축하고 있는 거대한 행정은 외부로부터의 개혁압력에 강한 저항력을 과시할 수 있다.

3. 개혁에 대한 저항

개혁을 촉구하고 지지하는 세력이 있는가하면 그것을 반대하는 세력이 또한 있게 마련이다. 행정개혁은 거의 언제나 다소간의 저항에 봉착하게 된다. 저항에 적절히 대응하지 못하면 개혁은 실패한다.

저항(抵抗: resistance)이란 개혁에 반대하는 적대적 태도와 행동을 말한다. 저항의 증상으로 나타나는 태도와 행동의 양태 및 그 심각성의 수준은 경우에 따라 모두 다를 수 있다. 저항의 증상이 개혁 그 자체나 개혁추진자들에 대한 공개적 적대행동으로 노골화되는 경우가 있는가 하면 간접적이고 완곡한 반발의 형태로 나타나는 경우가 있다. 개혁에 무관심하거나 비협조적인 태도를 보이는 것도 저항의 한 증상인 것이다.

1) 저항의 심리적 이유

사람들이 저항을 야기할 수 있는 상황적 조건을 인식하고 그러한 인식이 저항동기를 유발하는 심리적 과정을 통해서 태도와 행동이라는 저항의 증상으로 전환되면 저항이 있다고 본다. 저항의 상황적 조건 가운데 중요한 것들은 위에서 고찰하였다.

중요하고 흔히 볼 수 있는 심리적 원인의 범주들을 보면 다음과 같다.

(1) 이익침해의 우려 이익침해를 당할 것이라는 생각이 있다. 정부관료제에 대한 개혁에서 가장 흔히 생기는 저항의 이유는 이익침해에 대한 인식일 것이다. 이익침해 인식의 구체적인 내용은 매우 다양하다. 감원의 위험이 있다고 생각하는 것, 지위와 신망이 손상된다고 생각하는 것, 권력을 잃게 된다고 생각하는 것, 불편과 부담이 는다고 생각하는 것, 제재와 처벌이 강화된다고 생각하는 것 등을 예로 들 수 있다. 전통적 관료제 속에서는 드문 일이겠지만 직무수행의 의미가 손상된다고 믿을 때도 반발할 수 있다.

(2) 개혁성과에 대한 불신 개혁의 필요와 성과에 대해 의문을 가진 사람들은 개혁에 저항할 수 있다.

개혁안이 처방하는 목표상태가 기존상태보다 나을 것이 없다고 생각하거나 다른 개혁대안이 더 효율적이라고 생각할 때, 개혁의 이익보다 비용이 더 크다고 생각할 때, 개혁안의 실현이 불가능하다고 생각할 때, 같은 내용의 개혁안이 과거에 실패했다고 믿을 때 사람들은 저항의 반응을 나타낼 수 있다.

지속성 · 일관성이 결여된 개혁운동들은 불신을 양산한다. 반짝 나타났다가 흐지부지되는 '강조주간적', '용두사미적' 개혁을 많이 보아 온 사람들은 개혁운동 전반에 대해 냉소적인 태도를 가질 가능성이 크다. 그들의 저항은 대개 개혁에 대한 협조장애라는 모양으로 나타난다.

(3) 변동자체에 대한 부담감 변동 자체를 싫어하는 사람은 개혁이 몰고 올 변동을 예상하고 저항한다. 경직되고 보수적인 관료제 그리고 보수성향의 관료들은 현상유지를 깨는 일에 반대해 놓고 보는 경향이 있다. 변동을 싫어하는 이유는 여러 가지일 것이다. 알지 못하는 미래의 상황에 대한 불안감 때문일 수도 있고 재적응 · 재학습의 부담 때문일 수도 있다.

기존질서 속에서 안정감을 느끼고 있는 사람들은 개혁에 의해 새롭게 펼쳐질 미지의 상황에 대해 불안감을 느끼게 된다. 개혁이 기존의 사회적 유대를 단절시키고 새로운 사회관계의 형성을 강요하여 재적응의 부담을 안겨주는 것이라고 생각할 때 사람들은 저항하게 된다. 기술변화 때문에 재학습의 필요가 발생한다고 생각하면 그것이 싫어서 저항할 수 있다.

(4) 개혁에 대한 몰이해 개혁안의 내용을 잘 모르기 때문에 저항할 수도 있다. 개혁과정의 비밀주의와 의사전달의 장애, 개혁추진자의 의도에 대한 불신, 계서제의 상층부에서 소수인이 은밀히 결정하고 하향적으로 추진하는 개혁 등은 몰이해로 인한 저항의 가능성을 키운다.

(5) 심리적 손상　　개혁추진방법의 잘못으로 심리적 손상을 입을 때 사람들은 저항하게 된다. 여기서 심리적 손상이란 주로 사회적 욕구, 긍지와 자존의 욕구에 관련된 것이다. 개혁의 내용 때문에도 소외감을 느끼고 자존심이 상할 수 있지만 개혁추진 방법상의 문제 때문에 생기는 심리적 손상을 여기서 논하는 것이다. 개혁추진자가 일방적으로 개혁을 추진하면서 과거의 실책을 비난하거나 특정한 개인을 비판하면서 개혁의 대상으로 삼을 때, 그리고 공격적이고 권위주의적인 방법으로 밀어붙일 때 저항의 반응을 일으킨다.

2) 저항의 극복

저항이 좋은 역할을 해낼 때도 있다. 모든 변동을 여과 없이 수용하는 유기체는 사멸할 수밖에 없다. 유기체에 해로운 변동투입은 가로막고 배척해야 한다. 그런 역할을 하는 것이 저항이다. 개혁이라는 관념은 바람직한 것이라고 규정되고 저항은 개혁을 가로막는 것이라고 정의된다. 그러나 실천의 세계에서는 해롭거나 허울뿐인 개혁(실질은 비개혁적 변동)도 많다. 겉으로는 개혁이지만 그 실질은 개악인 경우가 많다는 뜻이다. 이런 때에는 저항이 오히려 바람직하다는 실질을 갖게 된다.

그러나 바람직한 것이라고 합의된 개혁에 대한 저항은 극복해야 한다. 개혁추진자는 저항의 원인과 증상 및 그 강도를 잘 진단하고 구체적인 경우에 적합한 저항극복의 전략과 수단을 동원해야 한다. 저항을 야기할 수 있는 상황적 조건을 고치기도 하고 심리적 원인을 해소 또는 억제하기도 해야 한다.

저항극복의 전략을 세 가지 범주로 구분해 볼 수 있다. 세 가지 범주란 강제적 전략, 공리적 · 기술적 전략, 그리고 규범적 · 사회적 전략을 말한다.

(1) 강제적 전략　　강제적 전략은 개혁추진자가 강압적 권력에 의해 제재를 가하거나 제재의 가능성을 위협하거나, 계서적 권한의 일방적 행사에 의하여 저항을 극복하는 전략이다.

강제적 전략은 저항을 근본적으로 해결하지 못하고 그것을 단지 단기적으로 또는 외형적으로 억압하는 대증요법(對症療法)일 때가 많다. 강제적 전략을 쓸 때 개혁의 영향을 받는 사람들은 소외감을 느끼게 된다.

(2) 공리적 · 기술적 전략　　공리적 · 기술적 전략은 관련자들의 이익침해를 방지 또는 보상하고 개혁과정의 기술적 요인을 조정함으로써 저항을 극복하거나 회피하는 전략이다. 개혁으로 인한 이익상실 또는 이익의 부적정한 배분 때문에 저항하는 경우, 그리고 개혁추진의 기술적 측면에 대한 저항이

있는 경우에 효험을 볼 수 있는 전략이다.

그러나 이익과 손실을 교환하는 전략을 구사할 때에는 비용이 많이 들고 그나마 장기적인 효과를 기대하기 어렵다는 문제가 있다. 저항을 본질적으로 극복하는 것이 아니라 저항에 양보하고 굴복하는 결과를 빚는다는 문제에 봉착할 수 있다. 그리고 지나친 기술적 조작은 불신조장 등 후유증을 수반할 수도 있다.

(3) 규범적 · 사회적 전략 　규범적 · 사회적 전략은 사회적 · 심리적 지지를 통해 자발적 협력과 개혁의 수용을 유도하려는 전략이다. 개혁의 의도를 심리적으로 수용하여 개혁에 적극적으로 가담하게 하려는 전략이다. 이 전략은 저항문제를 해결하는 가장 근본적인 대책이라고 한다. 인간주의를 신봉하고 개혁의 인간화를 촉구하는 오늘날의 연구인들이 가장 선호하는 전략이다. 그러나 이것은 인간의 노력과 시간을 많이 소모하는 어려운 전략이다.

4. 개혁추진자의 포획

개혁추진자들이 개혁대상인 행정조직에 포획되어 개혁추진에 지장을 주는 일이 많다. 여기서 포획(捕獲: capture)이란 정부관료제를 대상으로 하는 개혁사업을 입안 · 권고하는 조직이나 개혁정책에 의하여 도입된 규제적 · 통제적 조직 등 이른바 '개혁조직'에 참여하는 사람들이 개혁 내지 통제의 대상인 '개혁대상조직'의 영향하에 들어가 그 이익을 옹호하게 되는 현상을 지칭한다.

포획이 일어나면 개혁조직이 개혁대상조직을 장악하는 것이 아니라 그 반대의 상황이 벌어진다. 개혁조직은 개혁대상조직의 포로처럼 행동하거나 개혁대상조직의 이익을 대변하는 들러리가 된다. 그렇지 않더라도 그럭저럭 명맥이나 유지하는 유명무실한 조직으로 전락한다.

포획의 양태는 아주 다양하다. 개혁추진자들이 포획을 처음부터 자청하는 능동적 포획이 있는가 하면 시간의 흐름에 따라 이런저런 사정으로 어쩔 수 없이 포획되는 피동적 포획도 있다. 능동적 포획은 투항(投降: surrender)이라고 표현할 수도 있다. 개혁대상조직의 이익을 앞장서 옹호하고 개혁대상인 폐단을 감싸는 적극적 포획이 있는가 하면 개혁과 통제의 임무를 제대로 수행하지 못하는 부작위적 · 소극적 포획도 있다.

1) 포획의 원인

정부관료제를 대상으로 하는 개혁추진자 또는 개혁조직의 포획을 유발하는 요인들을 다음과 같이 분류할 수 있다.

(1) 거대관료제의 압도적 세력 포획을 야기하거나 이를 유도하는 가장 근본적인 원인은 행정국가에서 정부관료제가 차지하는 막강한 권력과 개혁에 대한 저항력이다.

정부관료제와 같은 거대세력에 맞서 이를 개혁하고 규제하려는 시도는 개별적 개혁조직의 능력 밖이라고 처음부터 생각할 사람들이 많을 것이다. 거대관료제의 제국건설경향과 변동저항성향에 주목하는 사람들은 외재적 노력에 의한 행정개혁의 가능성에 대해 회의적일 수밖에 없다.

(2) 광범한 행정적 폐단 개혁하고 규제해야 할 행정적 폐단이 아주 크고 광범하며 문제의 해결이 어려운 경우 개혁조직들은 그에 압도되고 무력감에 빠지기 쉽다. 체제화된 부패 등의 폐단에 소규모의 개혁조직이 대항한다는 것은 너무 어려운 과제인 것이다. 문제가 지나치게 어려워 해결의 승산이 없다고 생각하면 좌절한다. 임무를 사실상 포기하는 경우도 흔하다.

(3) 개혁조직의 의존성과 취약성 정부관료제를 규제 또는 개혁하는 임무를 수행하도록 설치된 조직체는 대부분 개혁대상조직 내지 의뢰조직(client)에 많은 것을 의지한다. 비록 외적 자극과 정치적 주도로 개혁조직들이 설치되고 그것이 관료제에 의해 피동적으로 수용되는 것처럼 보이더라도 그것은 겉모습뿐일 때가 많다. 관료제는 대개 개혁조직들의 구성과 존속에 결정적인 영향을 미친다.

개혁조직의 도입에 대한 저항이 사뭇 거센 경우 개혁조직의 탄생 자체가 좌절된다. 강한 관료적 저항에도 불구하고 설치된 개혁조직들은 오래 지탱하지 못하거나 머지 않아 형식화된다.

관료조직은 개혁조직 구성원의 인선에 간여하는 것이 보통이다. 위원회 형태의 개혁조직인 경우 개혁대상조직의 관료들이 부분적으로나마 참여할 때가 많다. 그런 '관료위원'들은 대개 다른 위원들을 압도한다. 규제대상조직의 구성원이 개혁조직(규제조직)의 구성원이 되고 개혁조직의 활동을 주도하면 개혁활동이 오도되거나 둔화될 가능성이 크다.

개혁조직에 참여하는 외부인사의 인선에도 대개 개혁대상조직인 관료제가 개입한다. 개혁대상조직은 외부로부터 참여하는 개혁추진자의 인선에서 부드러운 또는 타협적인 인물들을 골라 추천하려 할 것이다. 개혁의 원칙론을 끝까지 고집할 인물들이 선임되면 어려움에 봉착할 것이기 때문이다.

관청의 눈에 들어 장차 관운(官運)을 개척하려는 사람, 다음에도 또 부름이 있기를 기대하는 사람, 이권을 기대하는 사람, 무슨 위원이라는 감투를 썼다는 사실만으로 자족하는 사람 등등이 개혁추진자로 선임되면 개혁대상조직이 다루기가 쉬울 것이다.

개혁대상조직은 대개 개혁조직의 예산을 장악한다. 예산뿐만 아니라 다른 지원체제도 개혁대상조직의 영향하에 있는 것이 보통이다. 개혁조직의 실무보조요원이 개혁대상조직으로부터 파견되는 경우 개혁대상조직의 조종능력은 한층 확고해진다. 이른바 보조인력의 보조라는 것이 말뿐이고 실제로는 주도로 되는 경우가 대부분이다.

개혁조직들은 그 임무수행에 필요한 주요 정보를 개혁대상조직으로부터 얻는다. 개혁대상조직의 정보독점력은 개혁조직을 조종하고 그것을 허수아비로 만들 수도 있는 지렛대가 된다. 개혁조직의 구성원들이 대부분 비전문가인 경우 개혁대상조직의 정보제공에 더 많이 의존하고 제공되는 정보에 대한 판별력도 약화될 수밖에 없다.

개혁제안의 채택여부가 개혁대상조직의 재량에 달려 있는 경우가 있다. 개혁요구가 개혁대상조직에서 무시되더라도 법적 강제의 방법이 없는 경우도 있다. 이러한 조건들도 개혁추진자들을 무력감에 빠지게 하고 그들의 포획을 유도할 수 있다.

여러 개혁조직들은 기관적 능력 자체의 취약성을 보이고 있다. 구성원이 소수라는 것, 구성원들이 비전임(非專任)이며 그들의 지위가 취약하다는 것, 권한이나 예산과 같은 자원이 빈약하다는 것, 구성원들의 전문적·기술적 능력이 부족하다는 것 등이 기관적 취약성의 원인이 되는 조건들이다.

취약한 개혁조직이더라도 통치지도층, 외적 통제체제, 그리고 국민의 관심과 지지를 확보할 수 있는 동안에는 추진력을 발휘할 수 있고 포획에 저항할 수 있다. 그러나 그러한 관심과 지지가 산만해지고 약해지면 개혁조직의 포획에 대한 저항력은 급속히 떨어진다.

(4) 마찰회피·동화·목표대치 개혁조직에 참여하는 개혁추진자들은 대상조직과 대립하고 마찰을 일으키는 데 심적 부담을 느낀다. 그들은 마찰없이 그럭저럭 잘 지내려는 유혹을 받는다. 교호작용관계가 오래 지속될수록

규제자와 피규제자 사이의 정의적(情誼的)인 관계는 더욱 강화된다. 정의적인 관계가 발전하고 마찰을 피하려는 의도가 커지면 개혁과 감시는 형식화된다.

개혁추진자들이 관료조직에 동화(同化)될 수도 있다. 개혁추진자들이 개혁대상조직의 울타리 안에 들어가 오래 활동하다 보면 개혁대상을 닮아가는 과정이 진행될 수 있다. 개혁추진자들이 개혁대상자들과 같은 사고방식의 틀에 빠지면 개혁문제의 인지에 둔감해진다. 그리고 개혁대상자들의 입장을 옹호하게 된다.

개혁조직의 목표대치(目標代置)도 흔히 있을 수 있다. 정부관료제를 개혁하고 감시·통제하는 본래적 목표를 개혁조직자체의 존속과 구성원의 지위유지를 추구하는 목표가 대치하도록 조장하는 유인들은 많다.

목표대치를 저지르는 사람들은 자기의 감투와 지위를 유지하기 위해 개혁목표를 뒷전으로 돌린다. 개혁을 표방하기는 하지만 그것은 개혁추진자들의 지위유지를 위한 수단에 불과하게 된다. 이름뿐인 개혁추진자들은 개혁대상조직의 비위를 거스르지 않는 행동을 한다. 개혁대상인 병폐를 감싸는 일도 서슴지 않는다.

개혁조직의 활동목표가 모호하고 활동성과의 평가기준이 모호한 것은 목표대치를 쉽게 한다. 개혁조직이 무슨 일을 해야 하며 얼마나 일을 잘하고 있는지를 외부에서 정확하게 판단하기 어려울 때 개혁추진조직들은 본래적 목표의 수행에 어물어물 하기가 쉽다. 개혁목표를 빙자하여 다른 목표를 숨겨서 추구하기도 쉽다.

(5) 부패의 영향　　부패는 개혁조직의 포획에 촉매제가 된다. 부패가 개혁추진자들의 사익추구(私益追求)에 영합할 때 그것은 포획의 직접적인 원인이 된다. 그리고 체제화된 부패는 포획의 보다 광범한 조건을 설정한다. 만연된 부패는 개혁추진자의 포획을 유도하는 일반적 분위기를 조성한다.

2) 포획의 결과

개혁추진자와 개혁조직이 포획되면 그 임무수행이 좌절되거나 왜곡된다. 개혁실패 자체만이 문제가 되는 것은 아니다. 국가자원의 낭비를 초래하고 불신풍조를 조성하는 등의 폐단이 또한 큰 것이다.

(1) 개혁의 실패　　개혁추진조직이 포획되면 그 개혁임무는 실패한다. 개혁실패의 양태는 다양하다.

개혁조직이 개혁임무를 사실상 포기하고 그 조직은 유명무실해지는 경우가 있다. 개혁대상조직이 용인하고 유도하는 범위 내에서만 타협적인 임무를 수행하거나 그릇된 임무를 수행하는 경우도 있다. 개혁추진자들이 임무수행에 대한 관심도 의욕도 없으면서 사임하지도 않는 모호한 태도를 보임으로써 개혁대상조직의 의도대로 일이 흘러가게 방치하기도 한다. 개혁과 통제의 대상인 병폐를 적극적으로 은폐하거나 비호하는 경우도 있다.

(2) 낭 비　　포획된 개혁조직은 예산과 인적자원을 낭비하는 정부조직의 또다른 군더더기로 전락한다. 정부에서 도태되는 사람들에게 월급을 주어 소일하게 하는 잉여인력처분장('양로원')이 되기도 한다. 정치적 추종세력에게 감투를 나누어 주는 데 쓰이기도 한다. 이런 편의를 노리는 정부는 유명무실한 개혁조직들을 장기간 존속시키려 한다. 주기적인 정리작업에도 불구하고 허다한 위원회들이 남설되고 유지되는 것을 보면 그러한 형편을 족히 짐작할 수 있다.

(3) 불신의 조장　　개혁조직의 포획에서 비롯되는 가장 큰 피해는 불신풍조의 조장일 것이다. 임무수행목표의 선언과 그 실천행동 사이의 심한 괴리는 개혁에 대한 신뢰를 무너뜨린다.

포획으로 인한 개혁실패가 타성화 또는 '제도화'되는 것을 경험한 사람들은 개혁운동이라는 것을 일반적으로 불신하게 된다. 개혁운동 전반에 대해 냉소적이고 회의적인 사람들은 새로이 설치되는 개혁조직의 실패를 예단하고 기대한다. 이러한 불신이 만연되면 개혁사업은 추진력을 상실한다.

개혁조직의 포획으로 인한 개혁실패와 불신풍조 조장을 시정하는 방안의 하나로 감시장치를 따로 만들기도 한다. 즉 감시자를 감시할 감시자를 또 두는 것이다. 감시자를 감시하지 않으면 안되는 형편이 불신의 분위기를 심화할 수도 있다. 감시자에 대한 재차의 감시가 허구적이고 야합적이면 불신은 물론 더욱 커진다. 포획을 초래한 정부관료제의 구성단위가 감시자에 대한 감시자로 나서는 경우가 대부분이기 때문에 재감시의 실패확률은 높다. 그 결과는 불신의 골을 깊게 하는 것이다.

찾아보기

[ㅎ]

[저자소개]
법학사, 서울대학교 법과대학
행정학 석사, 서울대학교 행정대학원
행정학 박사, 미국 University of Pittsburgh
서울대학교 행정대학원 교수
서울대학교 행정대학원 원장
서울대학교 교수윤리위원회 위원
한국행정학회 회장·고문
한국인사행정학회 고문
조직학연구회 고문
한국조직학회 고문
한국거버넌스학회 고문
현재 서울대학교 행정대학원 명예교수

[저　서]
인사행정론, 조직이론, 행정개혁론, 행정학, 전환시대의 한국행정, 행정학의 주요이론(편저), 조직학의 주요이론(편저), 정책학의 주요이론(편저), 발전행정론(공저), 국가발전론(공저), 한국행정사(공저), 조직행태론(공저), 행정개혁실천론(편저) 등

한국의 행정 [제4판]

2002년 7월 20일 제2판 발행
2008년 8월 28일 제3판 발행
2010년 9월 10일 제4판1쇄 발행
2011년 8월 10일 제4판2쇄 발행

저 자 오 석 홍
발행인 배 효 선
발행처 도서출판 法 文 社
413-756 경기도 파주시 교하읍 문발리 526-3
등 록 1957년 12월 12일/제2-76호(윤)
전 화 (031)955-6500~6 FAX (031)955-6525
E-mail (영업) bms@bobmunsa.co.kr
(편집) edit66@bobmunsa.co.kr
홈페이지 http://www.bobmunsa.co.kr
조 판 ㈜ 성 지 이 디 피

정가 29,000원 ISBN 978-89-18-02359-5